हिंदी उपन्यास : राष्ट्र और हाशिया

हिंदी उपन्यास
राष्ट्र और हाशिया

शंभुनाथ

वाणी प्रकाशन

वाणी प्रकाशन
4695, 21-ए, दरियागंज, नयी दिल्ली 110 002

शाखा

अशोक राजपथ, पटना 800 004

फ़ोन : +91 11 23273167 फ़ैक्स : +91 11 23275710

www.vaniprakashan.in
vaniprakashan@gmail.com
sales@vaniprakashan.in

HINDI UPANYAS : RASHTRA AUR HASHIYA
by Shambhunath

ISBN : 978-93-5229-454-1
Criticism

प्रथम संस्करण
मूल्य : ₹ 595

यश प्रिंटोग्राफिक्स, नोएडा-201 301 (उ.प्र.) में मुद्रित

वाणी प्रकाशन का लोगो मक़बूल फ़िदा हुसेन की कूची से

एक हवाई कंपनी का विज्ञापन :

हमारे बड़े एयरक्राफ्ट ऐसे बने हैं और
इतने खरे हैं कि आसमान में चिड़ियों
की टक्कर का सामना कर सकते हैं।

यह पुस्तक साहसी चिड़ियों को समर्पित!

भूमिका

राजा दुष्यन्त के दरबार में आकर शकुन्तला ने जब अपना परिचय दिया, दुष्यन्त ने विस्मय से पूछा, 'किमिदमुपन्यास्तम्', यानी यह कैसा उपन्यास या कल्पित कहानी सुना रही हो! कालिदास के साहित्य में उपन्यास के इस उल्लेख से बोध हो सकता है कि हक की आवाज से उपन्यास, कल्पित कहानी या कथा का पुराना सम्बन्ध है। अँग्रेजी के 'नावेल' से, जिसका अर्थ नया होता है, उपन्यास इस अर्थ में भिन्न है कि यह हमेशा हक की आवाज है। प्राचीन महाकाव्यों और लोककथाओं दोनों में ऐसी ढेरों जगहें हैं, जहाँ बहिष्कृत और वंचित बोलते हैं, प्रश्न उठाते हैं और जीवन का अर्थ खोलते हैं। नये युग के हिन्दी उपन्यासों में वह सिलसिला बना हुआ है। इनमें वे अग्रभूमि में हैं जो इतिहास, राष्ट्रवाद और आधुनिकता द्वारा निर्मम ढंग से पृष्ठभूमि में फेंके जाते रहे हैं और बहिष्कार झेलते रहे हैं। वे पहले वनों में बहिष्कृत होते थे, अब अपने ही देश, शहर या घर में।

उपन्यास को 'आधुनिक युग में मध्यवर्ग का महाकाव्य' कह कर उसे एक सार्वभौम अवधारणा का जामा पहनाया गया और कभी उपनिवेशित देशों के उपन्यास को 'राष्ट्रीय रूपक' कहा गया। मानो पश्चिम के उपन्यास अन्तरराष्ट्रीय रूपक हों या उपन्यास से पहले भारत न हो। दरअसल उपन्यास उन प्राचीन लोककथाओं का नया अवतार है, जो सैकड़ों साल से कल्पित कहानी या झूठ के शिल्प में जीवन की सच्चाइयों, स्मृतियों और आशाओं को बचाकर रखती आयी हैं। प्रेस के आविष्कार ने कथाओं की महान मौखिक परम्परा को 'लिखित मौखिकता' का रूप दिया। इस तरह उपन्यास का सम्बन्ध राष्ट्र के जन्म से नहीं है, कुछ कहने-सुनने की प्राचीन परम्परा से है। वह एक मानवीय रूपक है, जो हमेशा सत्ता और प्रचलित ज्ञान का विखंडन करता आया है, क्योंकि इसके बिना कुछ नया, चुनौतीपूर्ण और मूल्यवान देना सम्भव नहीं है। उपन्यास हमेशा एक दार्शनिक विद्रोह है, प्रतिवाद है और उनकी आवाज है जो हाशिये पर हैं, भेदभाव के शिकार हैं या बहिष्कृत हैं। यहाँ तक कि किसी उपन्यासकार का नया उपन्यास लिखना पुराने अनुभव से जेल तोड़

कर बाहर निकालने का मामला है। यह अलग बात है कि कई बार सिर्फ गिनती बढ़ाने के लिए उपन्यास लिखे जाते हैं, लेखक का मुख्य पात्र उसके नये उपन्यास का पीछा करता रहता है।

कभी उपन्यास की मृत्यु की घोषणा की गयी थी, पर आज दुनिया में यह सबसे ज्यादा चर्चित विधा है। मनोरंजन उद्योगों द्वारा साहित्य के सामाजिक विस्थापन के दौर में यदि कोई साहित्य आज भी ज्यादा पढ़ा जा रहा है तो वह उपन्यास है। यह उपन्यास का युग है। इसकी एक वजह यह है कि यह निजीपन या गिने-चुने सन्दर्भों तक सीमित नहीं है। आज बड़ी मेहनत से और कई बार काफी शोध करके उपन्यास लिखे जा रहे हैं। वे कलात्मक होते हैं, पर उनका कलात्मक होना कलाविलास नहीं है। हर युग में सवाल रहा है कि उपन्यास कैसे लिखा जाए, क्योंकि उपन्यास इसलिए पढ़ा जाता है कि कुछ नया मिले। उपन्यास पढ़ कर पाठक अपने को पुनर्उपलब्ध करता है, वह आनन्द पाता है। वह घटित और कल्पित के मिश्रण से बना पाठ पढ़ कर सोचता है कि सदा इन्हीं चीजों के बीच रहते हुए भी इनसे कितना अपरिचित था। इसलिए लेखक का उपन्यास लिखना प्रत्यक्ष वास्तव का सृजनात्मक अपरिचितिकरण है, जो हमेशा चुनौतीपूर्ण होता है। उसी तरह पाठक का उपन्यास पढ़ना अन्तःमूर्तिभंजन है, जो आत्मऔचित्यीकरण से एक भिन्न मामला है। लोग कई बार समय काटने के लिए उपन्यास पढ़ते हैं, जबकि उपन्यास पढ़ना समय को जानना है, जीना है और इसे बदलने के लिए कुछ नया सोचना है।

उन्नीसवीं सदी से नयी यात्रा शुरू करके हिन्दी उपन्यास तमाम परिवर्तनों के बीच से आज जहाँ पहुँचा है, वह एक उद्वेलित करनेवाली जगह है। हिन्दी में उपन्यास देर से लिखे जाने शुरू हुए, पर प्रेमचन्द ने इसके पहले महत्त्वपूर्ण दौर में ही इसे काफी ऊँचाई पर पहुँचा दिया था। उन्होंने ऐसी समस्याएँ उठायी थीं, जो आज भी ताजा हैं। उनके साथ और आसपास ही प्रसाद और जैनेन्द्र ने उपन्यास लिखे। इसके बाद अज्ञेय, यशपाल, हजारी प्रसाद द्विवेदी, अमृतलाल नागर, रेणु, भीष्म साहनी, निर्मल वर्मा, श्रीलाल शुक्ल जैसे महत्त्वपूर्ण लेखक हुए, जिनके उपन्यास आज भी विस्मित करते हैं। वे ऐसे समाज में लिख रहे थे जो उच्च विरासत के बावजूद एक अजीब विरोधाभास उपस्थित करते हुए विसंगतियों और क्रूरताओं से भरा रहा है। उन्हें अपने बनते हुए राष्ट्र की विडम्बनाओं के अलावा पश्चिमी प्रभावों से भी जूझना था। उल्लेखनीय है कि भाषायी उपन्यासों में विदेशी प्रभावों को लेकर कभी गहरी उद्विग्नता रही है और कभी उन प्रभावों को रचनात्मक संघर्ष का उपकरण बना लेने की सचेत तत्परता।

उपन्यास को निश्चय ही बाजार का बल मिला है, पुरस्कारों का बल मिला है और इस विधा को शिखर पर पहुँचाने में विवादों की एक बड़ी भूमिका है। देखना

होगा कि इधर उपन्यास विधा में जो फर्क आया है, उपन्यास को जनप्रिय बनाने में उसकी क्या भूमिका है। पहले था, दुनिया को जैसा देखते हो और जैसा अनुभव है वैसा चित्रित करो। यह जीवनगाथा माना गया, चाहे इसमें मध्यवर्ग का जीवन हो या कृषक का। फिर उपन्यास में सिद्धान्त घुसे, मुख्यतः मनोवैज्ञानिक, मार्क्सीय और अस्तित्त्ववादी सिद्धान्त। व्यक्ति चरित्र बने और वर्ग चरित्र भी। पिछले लगभग ढाई दशकों से इन चीजों को पीछे छोड़ते हुए एक नया परिदृश्य है। अब स्थान और काल ही महत्त्वपूर्ण नहीं हैं, सामुदायिक परिवेश का एक तीसरा आयाम है। 1990 के आसपास से उपन्यास में जो बदलाव आया है, वह इस तीसरे आयाम की वजह से सम्भव हुआ है। इसने सार्वभौमता और राष्ट्रवाद के मिथ को तोड़ा, क्योंकि वे ढकोसलों से भर गये थे। इसके अलावा नस्ल, जाति, जेंडर और मजहब की संकीर्णताओं पर आधारित भेदभाव और तमाम किस्म के प्रभुत्वों को इसने चुनौती दी। अब स्थानीय और सामुदायिक में मानवीय की खोज शुरू हुई, क्योंकि वैश्वीकरण के जमाने में 'मानवीय' अब अपरिचित स्थानों, वंचितों, मूक करके रखे गये समुदायों या इतिहास की खाली जगहों में ही कहीं बचा है तो बचा है।

हम हिन्दी उपन्यासों को कैसे पढ़ें, कैसे ये भारत के आम लोगों की समझ, संवेदना और उसकी समस्याओं को सामने लाते हैं, ये विकट हिन्दी जीवन को कितना प्रतिबिम्बित करते हैं और पिछले लगभग ढाई दशकों से उत्तर-औपनिवेशिक सिद्धान्त किस हद तक इनके लिए प्रेरणाओं और बाधाओं का काम करते रहे हैं, ऐसे कई प्रश्नों पर विचार करने की जरूरत है। खासकर इधर के उपन्यास उस मौखिक परम्परा का स्मरण करा रहे हैं, जिसमें कथा कही-सुनी जाती थी। आज का पाठक कुछ पढ़ना नहीं चाहता, यदि उसे कुछ सुनने और शब्दचित्रों के जरिये कुछ देखने को न मिले। इसलिए आज उपन्यास विभिन्न शैलियों में बहुचित्रमय लिखित मौखिकता है, जिसकी ताकत को समझना चाहिए।

कविता रचयिता का मामला है, पर उपन्यासकार 'रचयिता' से अधिक 'लेखक' होता है। उसमें रचयिता का अहं नहीं होता। उसके लेखन में वे बोलते हैं, जो किसी न किसी रूप में हाशिये पर हैं। यह कम विलक्षण नहीं है कि आज के उपन्यासों की प्रेरणा पश्चिम नहीं है, वहाँ अब जैसे कथा ही नहीं है!

गौर करने की चीज है कि हिन्दी उपन्यास में स्थान, राष्ट्र और विश्वदृष्टि का त्रिभुज सदा रहा है। इसका कभी कोई कोण छोटा और बड़ा हो सकता है। दरअसल स्थान, राष्ट्र और ग्लोबल में किसी एक से पूर्णतः बँध जाने पर या तात्कालिकता को एक मूल्य बना देने पर उपन्यास कभी अच्छे और जीवन से भरपूर नहीं हो सकते। हिन्दी उपन्यास कभी महज राष्ट्रीय रूपक नहीं था और न वह कभी महज स्थानीय था। उसमें खासकर, इधर जो फर्क आया है उसे यथार्थवाद, आधुनिकतावाद, नयी

आलोचना या उत्तर-औपनिवेशिक सिद्धान्तों के चौखटे में रखकर नहीं समझा जा सकता। फिर भी आज के उपन्यास को एक समावेशी प्रगतिशील परम्परा के भीतर रखकर देखना होगा, विच्छिन्नता में नहीं। भारत जैसे कथाओं से भरे देश में जहाँ पहाड़, नदियाँ, पेड़-पौधे, पशु-पक्षी भी कथाओं में डूबे हुए हैं, हिन्दी उपन्यासों का विविधतापूर्ण, सांकेतिक और सोद्देश्य होना स्वाभाविक है। यह देखना रोचक हो सकता है कि वे इतिहास की एकरेखीयता को चुनौती देते हुए अतीत और समकालीनता का कई 'स्थानों' से किस तरह सामना करते हैं। उनमें भारतीय अनुभव के बहुरंगेपन के अलावा तीखापन सहज ही लक्षित किया जा सकता है।

उपन्यास विस्थापित इतिहास, विस्थापित राष्ट्रीय टुकड़ों की सबसे सबल मानवीय आवाज होने की वजह से कुछ सार्थक कहने में आज सभी विधाओं से आगे है। फिर भी उपन्यास को महज समस्यामूलक कृति, विमर्श या आवाज कहना काफी नहीं है। वह एक सतत शिल्पगत अन्वेषण भी है। उपन्यास लिखने का अर्थ प्रचारित शैली में बस एक और कथा लिखना नहीं हो सकता और न इसे सैद्धान्तिक लक्षण ग्रन्थ बना देना काफी होगा। यह क्रीड़ामय होने के साथ एक चुनौतीपूर्ण विधा है।

यह भी एक प्रश्न है कि उपन्यास और इतिहास का साहित्यिक खिच्चड़ पहले किस उद्देश्य से बन रहा था और आज किस उद्देश्य से बन रहा है। उपन्यासकार अपने ढंग से इतिहास कहता है, पर उसका काम इतिहास लिखना नहीं है। देखा जा सकता है कि इधर इतिहास के राजनीतिक और व्यापारिक दुरुपयोग बढ़े हैं। अक्सर वर्तमान के जो नियामक हैं, वे अपनी ताकत से सिर्फ भविष्य ही नहीं निर्धारित करते अतीत पर भी नियन्त्रण करना चाहते हैं। उपन्यास में भी बड़े पैमाने पर अतीत के 'चिह्न' आ रहे हैं। अतः देखना जरूरी है कि यह अपने साहित्यिक ढाँचे में वस्तुतः विस्थापित इतिहास है या विकृत इतिहास। उपन्यास सांस्कृतिक पाठ होते हैं, पर वे सामाजिक-ऐतिहासिक सन्दर्भों में रचे जाकर एक बिन्दु पर जीवन के व्यापक दुख-सुख, हँसी-खुशी, उलझन-संकल्प और भटकावों-अन्वेषणों की मानवीय कथा होते हैं, क्योंकि तभी वे पाठक के लिए सहज आत्मीय हो पाते हैं। वे एक विजन के साथ निश्छल भाषा में व्यक्त किये गये अनुभव हैं। कहा जा सकता है कि औपन्यासिक भाषा की निश्छलता ही सामाजिक व्यवस्था, राजनीति और बाजार की क्रूरताओं को वेध पाती है और एक साहित्यिक प्रति-ध्रुव रच पाती है। देखा जा सकता है कि नयी औपन्यासिक शैलियों ने इस निश्छलता को पुनः उजागर किया है और एक न एक तरह से उपन्यास को पठनीय बनाने पर काफी जोर है।

उपन्यास की आलोचना करना पहले उसका पाठक होना है। पाठक निष्क्रिय इतिहासविहीन सत्ता नहीं है। हर पाठक के पास प्रश्न होते हैं। हो सकता है कि आलोचक के पास कुछ ज्यादा प्रश्न हों। कुछ साझा प्रश्न हों और जीवन को

देखने-समझने की कुछ उसकी खुद अपनी साहित्यिक उत्कटता हो। आलोचना करना कट्टरताओं के बीच जीवन के लिए जगह बनाना है, कभी कृति के साथ घुलमिलकर और कभी अकेले। हिन्दी उपन्यास का यह मूल्यांकन कोई सर्वेक्षण नहीं है। हिन्दी में अनगिनत अच्छे उपन्यास हैं। इस पुस्तक में 'राष्ट्र बनाम हाशिया' की जगह 'राष्ट्र और हाशिया' के प्रश्नों पर कुछ चुने उपन्यासों से आलोचनात्मक संवाद है। यह राजनीतिक बाजार की सफलता है कि आज अनगिनत 'हम' और 'वे' हैं, इनके बीच बर्लिन दीवारें हैं। प्रेमचन्द बनाम प्रसाद, जैनेन्द्र बनाम यशपाल, अज्ञेय बनाम नागार्जुन, रेणु बनाम निर्मल वर्मा जैसे कई 'बनाम' हैं। वर्तमान दौर का सैद्धान्तिक घेटोकरण अलग से है। साहित्य राजनीति की कार्बन कॉपी नहीं है और न बाजार का माल है। 'बनाम' बहुत हो चुका, अब थोड़ा 'और' के लिए जगह बननी चाहिए।

आज विमर्श ही नहीं विचार-विमर्श भी जरूरी है। यह विमर्श को इकतरफेपन से मुक्त करना है। विमर्श का विमर्शरंजन बनना आत्मघात है। निःसन्देह समाज में एक व्यापक आलोड़न उपस्थित है, हाशिये धधक रहे हैं। भूलना नहीं चाहिए कि बहिष्कृत करनेवाला खुद कहीं बहिष्कृत हो रहा होता है। बदले परिदृश्य की खूबी है कि उन्हें अब सुनना पड़ रहा है जो सैकड़ों साल से सिर्फ बोल रहे थे, हालाँकि ताकत की संस्कृति ही भारी है। अब कई बारीक किस्म के अत्याचार हैं, जो नहीं दिखते। इतनी ऊँची सभ्यता में भी स्त्री, दलित, किसान, अल्पसंख्यक, आदिवासी और शहरी साधारण नागरिक दैनिक अपमान, वंचना और हिंसा के बीच निस्सहाय होकर जी रहे हैं। इसी तरह दुनिया भर के छली प्रलोभन छाये हैं, छद्म मानवीय चेहरे हैं। इसलिए बौद्धिक स्थिति यह है कि धर्म, आधुनिकता, बुद्धिवाद और यथार्थवाद को ही सन्देह से नहीं देखा जा रहा है, 'राष्ट्र' भी प्रश्नों से घिर गया है। इसके मूल में लोकतन्त्र का दम्भ भरनेवालों के द्वारा निर्मित वर्चस्व और जारी रखे गये भेदभाव बने हुए हैं। ऊपर से वैश्वीकरण की नव-उदारवादी बदहजमी है! यह विडम्बनापूर्ण है कि एक तरफ तमाम किस्म के केन्द्रवाद टूट रहे हैं, दूसरी तरफ वैश्वीकरण से जन्मी नयी औपनिवेशिकता फिलहाल चुनौतीविहीन है।

वैश्वीकरण के वर्तमान युग में दुविधा की वैसी ही स्थिति है, जैसी कभी 19वीं सदी के अँग्रेजी राज में थी—आधुनिकता चाहिए या स्वाधीनता? आज पूछा जाता है, विकास चाहिए या न्याय? विखंडता आज वैसी ही है, जैसे पहले थी, बल्कि असिहष्णुता बढ़ी है। दमन और भय भी कम नहीं छाये हैं। फिर भी आवाजें हैं, भले वे छोटी हों और 'नीचे से राष्ट्रीय जागरण' की उभरती तस्वीरें लक्षित की जा सकती हैं। इनका मुख्य स्वर है, हमें विकास और न्याय दोनों चाहिए।

हिन्दी उपन्यास में विभिन्न जगहों से विषय आ रहे हैं, विषय विकेन्द्रण हुआ है। इससे रचनात्मकता को ही नये क्षेत्र नहीं मिले हैं, जीवनबोध का भी विस्तार

हुआ है। उपन्यास के विषय ही नहीं, पाठक भी नये-नये स्थानों से आ रहे हैं। यह हिन्दी उपन्यास के लिए एक अभूतपूर्व समय है। इधर काशीनाथ सिंह और विनोद कुमार शुक्ल से लेकर मैत्रेयी पुष्पा, संजीव, ओमप्रकाश वाल्मीकि, भगवानदास मोरवाल, अनामिका आदि तक उपन्यासकारों की कई पीढ़ियाँ हैं, जिनकी कृतियों में न सिर्फ बर्बर सामन्ती पुनरुत्थान के खिलाफ आवाजें हैं, बल्कि राष्ट्र पर मँडराती नव-औपनिवेशिक छायाओं के चित्र भी हैं। आज के लेखक यथार्थवाद की यान्त्रिकता से ही बाहर नहीं निकल आये हैं, आधुनिकता के सर्वसत्तावादी रूपों से ही नहीं टकराते हैं, वे अधबने राष्ट्र के मन में पलती शंकाओं और विद्रूपताओं को भी खुले मन से पढ़ते हैं। उपन्यास अन्ततः एक मानवीय जगह, कॉमन प्लेस है, जहाँ पाठक आकर थोड़ी देर खुलकर साँस लेता है।

आलोचना की यह किताब आलोचना कम और सहयात्रा ज्यादा है। यह एक बड़ा प्रश्न है कि उपन्यास या आलोचना या कोई साहित्यिक कृति आज क्या दे सकती है, जब बड़े मनोरंजन उद्योगों और मुक्त बाजार व्यवस्था ने रुचियाँ बदल दी हैं। साहित्य कभी बाजार की रुचियों और शोर में बह नहीं सकता, यह रुचियों का रचनात्मक पुनर्निर्माण करता है। निश्चय ही आज कोई चीख, विद्रोह या आन्दोलन बाजार के रेंज के बाहर नहीं है। ऐसी गहन चुनौती के बीच हाशिया बोल रहा है तो यह न 'राष्ट्र' को खोना है और न 'मानवीय' को। हाशिया बोल रहा है। हाशिये की आवाजों को अन्ततः कौन सुनेगा—बाजार या राष्ट्र?

शंभुनाथ

अनुक्रम

खंड-1

प्रेमचन्द की रंगभूमि	17
कृषक का हाशियाकरण और गोदान	41
प्रसाद के उपन्यास : राष्ट्र में स्त्री	74
पितृसत्ता और जैनेन्द्र के उपन्यास	88
शेखर : एक जीवनी : अज्ञेय की अन्तर्दृष्टि	106
ऐतिहासिक उपन्यास और बाणभट्ट की आत्मकथा	128
क्रान्ति, यौन नैतिकता और यशपाल	149
आधुनिकता, भारतीयता और निर्मल वर्मा	160
उपन्यास : गाँव और विश्वगाँव	183
श्रीलाल शुक्ल के उपन्यास : पॉकेट थिएटर	208

खंड-2

वैश्वीकरण, उपन्यास और विचारधारा	227
राष्ट्रवाद और हाशिये के विमर्श	245
क्या उपन्यास विस्थापित इतिहास है	263
चाक की कथा : स्त्री की लड़ाई	279
दलित आवाज का महत्त्व	294
उपन्यास और स्थानीय समुदाय	310
आज के यथार्थ : आज के उपन्यास	322
दरअसल उपन्यास अनसुनी आवाजें हैं	342

खंड-1

प्रेमचन्द की रंगभूमि

एक

औपनिवेशिक ढाँचे में औद्योगिक विकास और गरीबों के उजड़ने के बीच क्या सम्बन्ध है, यह जितना आज स्पष्ट है, प्रेमचन्द के जमाने में भी स्पष्ट था। 'रंगभूमि' में उद्योग के लिए जमीन लेने की समस्या औपन्यासिक केन्द्र में है। अन्धा सूरदास अपनी जमीन कारखाने के लिए देना नहीं चाहता। वह भले गरीब है, पर उसकी गरीबी में ताप है। उसमें आम जन की नैतिक ताकत समायी हुई है। उसका संघर्ष जैसे-जैसे तेज होता है, प्रभुत्व और विस्थापन निर्मम हो उठता है। निश्चय ही प्रेमचन्द आधुनिक विकास के विरोधी नहीं थे, पर वह ऐसा औद्योगिक विकास भी नहीं चाहते थे, जो गरीबों का जीवन अधिकार छीने। आज उदारीकरण और उद्योगपतियों के लिए 'सेज' के सन्दर्भ में 'रंगभूमि' नये सिरे से महत्त्वपूर्ण हो उठा उपन्यास है, क्योंकि प्रभुत्व और विस्थापन की समस्याओं को यह साफ ढंग से सामने लाता है।

20वीं सदी की शुरुआत में प्रेमचन्द ने भारत का शहरीकरण नजदीक से देखा था। शहर बन रहे थे, व्यापार की सभ्यता आ रही थी और गाँव मिट रहे थे। हर फैलते शहर के आसपास गरीबों की बस्तियाँ होती हैं। उनके झोंपड़े, मन्दिर, चरागाह, छोटी दुकानें-खोमचे, पेड़-पौधे, कुएँ, बच्चों के खेल, सड़क से कभी-कभार गुजरती सवारी, चरती हुई गायें और सरल जीवन के अनगिनत छोटे-छोटे संसार होते हैं। शहरीकरण का इतिहास ऐसे संसारों के उजड़ने का इतिहास है। प्रेमचन्द ने 'रंगभूमि' की शुरुआत शहर और गरीबों के इलाकों की विषमता से की है, "शहर अमीरों के रहने और क्रय-विक्रय का स्थान है। उसके बाहर की भूमि उनके मनोरंजन और विनोद की जगह है। उसके मध्य भाग में उनके लड़कों की पाठशालाएँ और उनके मुकदमेबाजी के अखाड़े होते हैं, जहाँ न्याय के बहाने गरीबों का गला घोंटा जाता है। शहर के आसपास गरीबों की बस्तियाँ होती हैं। बनारस में पांडेपुर ऐसी ही बस्ती है।" 'रंगभूमि' का अन्धा नायक सूरदास इसी बस्ती का है, जहाँ न बिजली और

साफ पानी है, न कोई स्कूल है। उसकी बस्ती में बाप-दादों की 10 बीघे की एक खाली जमीन है जिस पर पशु चरते हैं, बच्चे खेलते हैं और तीर्थयात्री आश्रय लेते हैं। 'रंगभूमि' में लड़ाई इसी जमीन को बचाने के लिए है। हम पाते हैं कि सूरदास यह लड़ाई भले अकेले लड़ता है, पर प्रभुत्व और विस्थापन के विरुद्ध उसके संघर्ष में आम वंचित लोगों का दर्द गूँज उठता है।

'रंगभूमि' (1925) को स्वाधीनता संग्राम से जोड़कर देखा गया है। सूरदास में गाँधी की छवि देखी गयी है। नामवर सिंह कहते हैं, "'रंगभूमि' उस दौर का, आजादी की लड़ाई के उस दौर का इतिहास है, जब आजादी की लड़ाई प्रत्यक्ष रूप से नहीं चल रही थी, आन्दोलन जिस समय पस्ती में था। सूरदास प्रेमचन्द का सबसे लड़ाकू नायक है और कदाचित साहित्य में उसके जोड़ का कोई दूसरा 'हीरो' नहीं है। यह 'हीरो' तब सामने आया, जब राष्ट्रीय आन्दोलन उतार पर था।" (प्रेमचन्द और भारतीय समाज)। प्रेमचन्द के कथा साहित्य का राष्ट्रीय आन्दोलन से गहरा सम्बन्ध है। 'रंगभूमि' का सिर्फ आजादी की लड़ाई से नहीं, बल्कि औद्योगिक विकास की समस्याओं से भी रिश्ता है। यह उपन्यास शहर के आसपास रहनेवाले गरीबों का प्रश्न उठाता है, जो अपने पर्यावरण और अपनी संस्कृति में जीते हैं। एक गहरे अर्थ में राष्ट्रीय आन्दोलन सिर्फ अँग्रेजी राज खत्म करने के लिए नहीं था। इसका सम्बन्ध गरीबों के जीवनाधिकार से भी था।

आज अनुमान लगाया जाता है कि दुनिया में 1 अरब ऐसे गरीब लोग हैं, जिनके परिवार की रोजाना आमदनी औसत 60 रुपये है। सबसे ज्यादा गरीब भारत और अफ्रीका में हैं। वैश्वीकरण के रणपति आशा करते हैं कि 2030 तक दुनिया से गरीबी का उन्मूलन हो जाएगा, जबकि फिलहाल सरकारी आँकड़े बताते हैं कि शहरों में गरीब बढ़ते जा रहे हैं और विषमता बढ़ने की रफ्तार तेज है। विषमता का एक यह रूप भी है कि 2011 के सर्वेक्षण के अनुसार, भारत में जो लोग गरीबी रेखा पर हैं, उनकी रोजाना आमदनी 32 रुपये है, जबकि अमेरिका में जो गरीबी रेखा पर हैं, उनकी रोजाना आमदनी 3500 रुपये है। गरीबी का अर्थ कहाँ से निर्धारित होगा, कौन निर्धारित करेगा?

प्रेमचन्द ने सूरदास के घर का चित्र दिखाकर औपनिवेशिक समय की दरिद्रता का चित्र खींचा है, "न खाट, न बिस्तर, न बरतन न भाँड़े। एक कोने में एक मिट्टी का घड़ा था, जिसकी आयु का कुछ अनुमान उस पर जमी हुई काई से हो सकता था। चूल्हे के पास हाँड़ी थी। एक पुराना, चलनी की भाँति छिद्रों से भरा तवा, एक छोटी-सी कठौती और एक लोटा। बस, यही उस घर की सारी सम्पत्ति थी। मानव लालसाओं का कितना संक्षिप्त स्वरूप!" दूसरी तरफ कुँवर भरत सिंह का भवन है जहाँ बाग-बगीचों के अलावा है, "दीवारों पर मनोहर पच्चीकारी, कमरों की

दीवारों पर बड़े-बड़े आदमकद आईने... जापान, चीन, यूनान और ईरान की कला निपुणता के उत्तम नमूने, सोने के गमले, लखनऊ की बोलती हुई मूर्तियाँ, इटली के बने हुए हाथीदाँत के पलंग... ।" इस चित्र को उद्योगपति मुकेश अम्बानी के मुम्बई में बने 27 मंजिले भवन तक लाया जाए तो छवि कुछ ऐसी है—चार लाख वर्गफुट का निवास स्थान, 168 गाड़ियाँ रखने का गैरेज, तीन मंजिलों का बागीचा, हैलीपैड, 600 नौकर-चाकर और भी बहुत कुछ! आम जन की गरीबी और महानगरीय ऐश्वर्य की इस किस्म की दूरी एक 'निर्मित विषमता' की देन है, कुछ ऐसा ही प्रेमचन्द सोचते थे।

प्रेमचन्द की पूँजीवादी विकास की योजनाओं पर तीखी नजर है। वह 'रंगभूमि' में इसकी एक पूरी तस्वीर खींचते हैं कि जानसेवक अपना सिगरेट कारखाना लगाने के लिए कितने स्तरों पर तिकड़म और जबर्दस्ती करता है। वह अपने बेटे प्रभुसेवक को उसकी रुचि के विरुद्ध तकनीकी शिक्षण पाने के लिए विदेश भेजता है। वह कुँवर भरत सिंह जैसे प्रभावशाली जमींदारों और राष्ट्रीय आन्दोलन से जुड़े राजा महेन्द्र कुमार सिंह जैसे म्युनिसिपैलिटी के प्रधान को वाक्पटुता से प्रभावित कर लेता है। वह अँग्रेज जिला हाकिम मि. क्लार्क से अपनी बेटी सोफिया की शादी करना चाहता है, ताकि इस रिश्ते के आधार पर औपनिवेशिक ताकत का भी फायदा उठाया जाए। वह बस्ती के लोगों को लालच देता है और उनमें चालाकी से फूट डाल देता है। इस तरह सूरदास की जमीन हड़पने के लिए वह औपनिवेशिक छाया में बन रहे 'राष्ट्र' और ग्राम समाज में भी सेंध डालता है।

जान सेवक का कुँवर सिंह को अपने सिगरेट कारखाने का शेयर खरीदने के लिए राजी करना और म्युनिसिपैलिटी के प्रधान राजा महेन्द्र कुमार से मधुर रिश्ता बनाना पूँजीपति-जमींदार गठजोड़ का ठोस रूप है। दोनों राष्ट्रीय आन्दोलन के बड़े कर्त्ताधर्ता हैं और जनवाद के समर्थक हैं। प्रेमचन्द बेशक एक देशभक्त कथाकार हैं, वह साम्राज्यवाद-विरोधी राष्ट्रीय आन्दोलन के समर्थक हैं। वह देख रहे थे कि राष्ट्रीय आन्दोलन के बढ़ते प्रभाव से आशंकित होकर कई जमींदार और राजा भी अब इसमें शामिल होने लगे हैं। उनके घर में देशसेवा करनेवाले लोग इकट्ठे होते हैं, बड़ी-बड़ी योजनाएँ बनती हैं। वे अपने विलास महल में राष्ट्रीय वेशभूषा में रहते हैं। विनय कुँवर भरत सिंह और जाह्नवी का बेटा है, जो सोफिया से अपने प्रेम को दबाकर राष्ट्र सेवा के लिए बेमन से जाता है। प्रेमचन्द के सामने स्पष्ट था कि ये सभी राजसी सज्जन राष्ट्र के लिए चिन्तित हैं, पर अपने स्वार्थों को कुरबान करके नहीं।

यही वजह है, कुँवर साहब लालच में पड़कर सिगरेट कारखाने के 500 शेयर लेना चाहते हैं और अन्ततः जान सेवक के इस तर्क से सन्तुष्ट होते हैं, "म्युनिसिपैलिटी और सरकार दोनों ही को कारखाने से हजारों रुपये साल की आमदनी होगी, हजारों शिक्षित-अशिक्षित मनुष्यों का उपकार होगा। इस पहलू से देखिए तो यह सार्वजनिक

काम है।" हमेशा 'पब्लिक इंटरेस्ट' में ही उद्योगों के लिए जमीन अधिग्रहण या 'सेज' बनाने की बात होती है। आज भी व्यापारिक घरानों का हित ही राष्ट्रहित का पर्याय बनता है और जो इसका विरोध करते हैं, वे राष्ट्रीय विकास के शत्रु के रूप में देखे जाते हैं।

प्रेमचन्द उद्योगीकरण और व्यापार के विरोधी नहीं थे, बल्कि औपनिवेशिक शासन में व्यापारिक वृद्धि न होने से चिन्तित थे। उन्होंने लिखा है, "व्यापार है नहीं, विलायती माल करोड़ों रुपये का बह रहा है। ... सरकार के पास कुछ बचत है तो उचित यह है कि वह भारतीय वस्त्र-व्यवसाय को और संरक्षण दे। इससे देशी व्यापार पनपे। ... सह-औद्योगिक संस्थाओं को, देशी व्यवसाय को वह उन्नत करके करोड़ों प्राणियों की जान बचा सकती है।" (विविध प्रसंग-2) प्रेमचन्द 'रंगभूमि' में दिखा रहे थे कि जान सेवक किस तरह राष्ट्रीय पूँजीवाद का उपनिवेशवाद और सामन्तवाद से सम्बन्ध स्थापित करना चाहता है। उसका उद्देश्य 'देशी व्यवसाय को उन्नत करके करोड़ों प्राणियों की जान बचाना' नहीं है, बल्कि उनकी जान पर आफत पैदा करके मुनाफा लूटना है और औपनिवेशिक हितों की रक्षा करना है। प्रेमचन्द नयी औद्योगिक सभ्यता में धर्म और धन की साँठगाँठ भी देख रहे थे। जान सेवक धर्म को व्यापार का शृंगार मानने के बाद कुँवर साहब से यही कहता है, "धर्म और व्यापार को एक तराजू में तौलना मूर्खता है। धर्म धर्म है, व्यापार व्यापार। इनमें परस्पर कोई सम्बन्ध नहीं। संसार में जीवित रहने के लिए व्यापार की जरूरत है, धर्म की नहीं।" जान सेवक एक कठोर धार्मिक परिवेशवाले ईसाई परिवार का व्यापारी है। वह देशभक्ति का स्वांग करता है। वह एक ईसाई की जगह मुख्यतः नवोदित व्यापारी पूँजीपति वर्ग का दृष्टिकोण व्यक्त करता है, "मेरा सिद्धान्त है कम से कम खर्च और ज्यादा से ज्यादा नफा।" यह कम रोचक नहीं है कि वह सिगरेट का व्यापार चुनता है। इसके पक्ष में वह ऐसे ही तर्क रखता है जो किसानों की जमीन हड़पने के लिए अक्सर दिये जाते हैं।

जान सेवक—सिगरेट के कारखाने से कम से कम एक हजार आदमियों के जीवन की समस्या हल हो जाएगी और खेती के सिर से उनका बोझ टल जाएगा। ... मेरा कारखाना ऐसे बेकारों को अपनी रोटी कमाने का अवसर देगा।

कुँवर साहब—लेकिन जिन खेतों में इस वक्त नाज बोया जाता है, उन्हीं खेतों में तम्बाकू बोई जाने लगेगी। फल यह होगा कि नाज और महँगा हो जाएगा।

जान सेवक—अगर उस जमीन के मेरे हाथ आने से तुम्हारा सोलहों आने फायदा हो, तो भी तुम हमें न लेने दोगे?

बजरंगी—हमारा फायदा क्या होगा, हम तो मिट्टी में मिल जाएँगे।

जान सेवक—मैं तो दिखा दूँगा कि यह तुम्हारा भ्रम है। बतलाओ, तुम्हें क्या एतराज है?

बजरंगी—पंडा जी के हजारों जात्री आते हैं, वे इसी मैदान में ठहरते हैं। ...

जान सेवक—जात्रियों के लिए सड़क किनारे खपरैल के मकान बना दिये जाएँ तो कैसा?

बजरंगी—इतने मकान कौन बनवाएगा?

जान सेवक—इसका मेरा जिम्मा। ...

बजरंगी—मेरी और मुहल्ले के आदमियों की गायें-भैंसें कहाँ चरेंगी?

जान सेवक—अहाते में घास चराने का तुम्हें अख्तियार रहेगा।... जब यहाँ कारखाना खुल जाएगा, तो हजारों आदमियों की बस्ती हो जाएगी, तुम दूध की मलायी बेचोगे।.. तुम्हें तो कारखाना खुलने से नफा ही नफा है।

कारखाने के लिए किसान की जमीन चाहिए, क्योंकि औद्योगिक विकास होना है। जमीन के बदले उसकी कीमत या मुआवजा, नौकरी का प्रलोभन या छोटे व्यापार बढ़ने के सब्जबाग हैं। हर बार यही घटता है कि कुछ व्यक्ति आश्वासनों में आ जाते हैं। सूरदास की जान सेवक की योजना से बुनियादी असहमति है। उसने रोज के अपने संघर्ष-भरे जीवन से जाना है कि ऐसे आश्वासन और वादे धोखे से भरे होते हैं और भविष्य को सुरक्षित करने के लिए लड़ाई ही बस एक रास्ता है। इसलिए वह अपनी बस्ती के प्रभावशाली व्यक्ति नायक राम पण्डा की बातों में नहीं आता।

राजा साहब, जो म्युनिसिपैलिटी के प्रधान हैं, समझाते हैं, "आसपास के किसानों को अपनी शाक-भाजी लेकर शहर न जाना पड़ेगा, यहीं खरे दाम मिल जाएँगे।" सूरदास विरोध में कहता है, "जहाँ यह रौनक बढ़ेगी, वहाँ ताड़ी-शराब का भी तो परचार बढ़ जाएगा, कसबियाँ भी तो आकर बस जाएँगी, परदेशी आदमी हमारी बहू-बेटियों को घूरेंगे, कितना अधर्म होगा! दिहात के किसान अपना काम छोड़कर मजूरी के लालच में दौड़ेंगे, यहाँ बुरी-बुरी बातें सीखेंगे और अपने बुरे आचरण अपने गाँव में फैलाएँगे।" वह अपनी जमीन जान सेवक को नहीं देना चाहता, जबकि उस पर दबाव बढ़ता जा रहा था। वह सिगरेट कारखाना खुलने के बाद गाँव में फैलनेवाली जिन बुराइयों को लेकर चिन्तित था खासकर नशाखोरी, अपराध और दिमागी गुलामी—इनसे गाँव अब आक्रान्त हो चुके हैं!

'रंगभूमि' को औद्योगिक विकास बनाम किसान की लड़ाई के रूप में देखकर सवाल उठाया गया, क्या प्रेमचन्द उद्योगीकरण के विरुद्ध हैं? किसी आलोचक ने सूरदास के बारे में कहा, वह अनजाने में सामन्तवादी व्यवस्था को लौटा लाने का एजेंट है। जान सेवक को आधुनिकीकरण के ध्वजवाहक के रूप में देखा गया, जो कला-कौशल और उद्योग की उन्नति में देश का उद्धार देखता है। भारत को खेतिहर देश बनाकर नहीं रखा जा सकता। शहर और राजमार्गों के पास अच्छी जमीनों का अधिग्रहण करके या इन्हें खरीद करके उद्योगपतियों को न देने से विकास रुक

जाएगा। विकास होगा, तो कुछ लोगों को विस्थापन झेलना होगा, उन्हें उजड़ना होगा। वे इसके बदले अपनी जमीन की बाजार कीमत ले लें और क्या। पूँजीवाद सामन्तवाद से प्रगतिशील है। इस दृष्टि से सोचा जाता है कि जान सेवक समाज को आगे की ओर ले जाना चाहता है और सूरदास पीछे की ओर। वह पिछड़ेपन का प्रवक्ता है। क्या ऐसा है? सूरदास यदि सामन्ती व्यवस्था को लौटानेवाला एजेंट होता–समाज को पीछे की ओर ले जानेवाला, वह राजा महेन्द्र कुमार से लोहा नहीं लेता। इसके अलावा धर्म, जाति और स्त्री-प्रश्न पर उसकी दृष्टि संकीर्ण होती। वह एक 'मंगता' है, दलित है, गवैया है, बहुत ज्यादा 'नीति-धरम' वाला है, सिर्फ ऐसी ही चीजों से उसे समझना मुश्किल है। सूरदास को चौरीचौरा के किसानों के आक्रोश, बाबा रामचन्द्र और अछूतानन्द के आन्दोलन और राष्ट्रीय जागरण की रोशनी में देखने की जरूरत है।

प्रेमचन्द भारत के पहले लेखक हैं, जिन्होंने उद्योगीकरण के लिए किसानों की इच्छा के विरुद्ध जमीन अधिग्रहण को एक समस्या के रूप में उठाया और औपनिवेशिक पूँजीवादी बर्बरता का नग्न चित्र उपस्थित किया। सैकड़ों गाँव शहर के अंग बन रहे थे। लोगों का अपने पूर्वजों की जमीन से ही नहीं स्वच्छ पर्यावरण और मूल्यों के संसार से भी सम्बन्धविच्छेद हो रहा था। आपस में प्रेम की जगह कलह छा रहा था। त्याग की जगह लोभ बढ़ रहा था। धर्म स्वार्थपूर्ण संगठनों को बदल रहे थे, नैतिक क्षय के दृश्य थे। 'रंगभूमि' में सूरदास की लड़ाई जमीन बचाने के लिए ही नहीं थी, पर्यावरण और उच्च सांस्कृतिक मूल्यों को बचाने के लिए भी थी। वह शहरी तरीके से व्यावहारिक होकर नहीं सोचता था। उसके मन में लोभ नहीं आ पाता था। वह खजड़ी-करताल बजाता था, मग्न होकर गाता था। मन से सरल था। अपनी जमीन को गाँव की जमीन मानता था। उसका जीवन शहरवासियों से भिन्न था। क्या वह विचित्र था?

'रंगभूमि' के सूरदास को देखकर भारतीय मन की बुनावट का बोध होता है। वह इतना अनोखा चरित्र नहीं है कि उसके गुण औपनिवेशिक सभ्यता से बचे भारतीय लोगों में न मिलें, खासकर जिनका गाँव की संस्कृति से नाता है। ऐसे सरल, परोपकारी और जुझारू लोग आज भी दुनिया में हैं। प्रेमचन्द ने सूरदास को हवा से नहीं हकीकतों से गढ़ा है। यह उनका एक शानदार चरित्र है, जिसमें भारत का सद्‌गुणों से भरा किसान दिखता है।

प्रेमचन्द किसानों के बारे में एक जगह लिखते हैं, "साक्षरता अच्छी चीज है और उससे जीवन की कुछ समस्याएँ हल हो जाती हैं, लेकिन यह समझना कि किसान निरा-मूर्ख हैं, उसके साथ अन्याय करना है। वह परोपकारी है, त्यागी है, परिश्रमी है, किफायती है, दूरदर्शी है, हिम्मत का पूरा है, नीयत का साफ है, दिल का दयालु है,

बात का सच्चा है, धर्मात्मा है, नशा नहीं करता, और क्या चाहिए। कितने साक्षर हैं जिनमें ये गुण पाये जाएँ। हमारा तजरबा तो यह है कि साक्षर होकर आदमी काइयाँ, बदनीयत, कानूनी और आलसी हो जाता है।... किसान इसलिए तबाह नहीं है कि वह साक्षर नहीं है ... उसमें सबसे बड़ी कमी संगठन की है।" (विविध प्रसंग-2)। आम किसान के उपर्युक्त सभी गुण सूरदास में हैं। यह भी स्पष्ट है कि वह संगठित नहीं है। उसे अकेले ही लड़ाई ठाननी पड़ती है। औपनिवेशिक औद्योगिक विकास के ताने-बाने से जन्मा मुख्य संकट दरअसल आम उपयोग के लिए छोड़ी गयी गाँव की जमीन पर ही नहीं है। प्रेमचन्द कहना चाहते हैं कि संकट उन भारतीय मूल्यों पर है, जिनको सूदरास तल्खी से अपने जीवन में जीता है और उसका सामना एक पढ़े-लिखे आधुनिक इंसान जान सेवक से है जो काइयाँ, बदनीयत और कानूनी है।

दो

अँग्रेजी राज से राष्ट्रीय पूँजीपति वर्ग के हितों की एक हद तक स्वाभाविक टकराहट थी, पर यह वर्ग उपनिवेशवाद को सभ्यता के स्तर पर अपना चुका था। प्रेमचन्द ने 'रंगभूमि' के जरिये उद्‌घाटित किया है कि भारत के पूँजीपति वर्ग का राष्ट्रीय आन्दोलन के जमींदार नेताओं के अलावा अँग्रेजी सत्ता से भी सम्बन्ध है। वे मिस्टर क्लार्क जैसे प्रशासकों से सहयोग लेकर ही अपना काम निकालते थे या श्रमजीवियों का दमन करते थे। वे अपने मुनाफे के मामले में देशभक्ति से ज्यादा सजग थे। प्रेमचन्द को इस पर सन्देह था कि राष्ट्रीय पूँजीपति वर्ग पूरी तरह राष्ट्रीय है और उसकी राष्ट्रीय उन्नति की चिन्ता मुनाफे के अधीन नहीं है। आभास हो सकता है कि जान सेवक में राजभक्ति ईसाई होने के वजह से पैदा हुई है। इसके उदाहरणों की कमी नहीं है कि देशोन्नति चाहनेवाला पूँजीपति वर्ग अपने हित से जुड़े मामलों में ही अँग्रेजी राज का आलोचक था। वह वस्तुतः औपनिवेशिक सभ्यता का गुलाम था, सैद्धान्तिक रूप से विदेशी वस्तुओं का जितना विरोधी और स्वदेशी का समर्थक हो। उसकी नजर में 'राष्ट्रीय' एक लाभजनक व्यापार था, इसलिए वह राष्ट्रीय था। जान सेवक की नजर में इसका अर्थ औपनिवेशिक सम्पर्क तोड़ डालना नहीं है, "मिस्टर क्लार्क कहते थे कि अगर राजा साहब जमीन का मुआवजा तय न करेंगे तो मैं जाब्ते से उसे आपको दिला दूँगा।" राज्य शक्ति का कदम-कदम पर सहयोग लिये बिना पूँजीवाद की दिग्विजय सम्भव नहीं है। क्या भारत में पूँजीवादी विकास औपनिवेशिक ताने-बाने से कभी बाहर आ पाया और क्या सच्चे अर्थों में वह कभी 'राष्ट्रीय' था?

जमींदारों की देशभक्ति सन्दिग्ध थी। राष्ट्रीय आन्दोलन के अंग बन रहे जमींदार

दिखाते थे कि ऐश्वर्य के आगे झुकने और कर्तव्य से पीछे हटनेवाले नहीं हैं। प्रेमचन्द ने 'रंगभूमि' में खुलासा किया है कि वे राष्ट्रीय जोश में जनवाद की ओर आकर्षित जरूर होते हैं, पर यह थोड़े वक्त के मीठे नशे से अधिक कुछ नहीं है। जान सेवक जब म्युनिसिपैलिटी के प्रधान महेन्द्र कुमार को एक छोटे-मोटे झगड़े की आड़ में सूरदास के खिलाफ भड़काता है, वे बात सच मानकर अपना असली चेहरा सामने ले आते हैं, "मैं स्वयं जनवादी हूँ और उस नीति का हृदय से समर्थन करता हूँ, पर जनवाद के नाम पर देश में अशान्ति फैली हुई है, उसका मैं घोर विरोधी हूँ। ऐसे जनवाद से तो धनवाद, एकवाद, सभी वाद अच्छे हैं। आप निश्चिन्त रहिए।" इस तरह साम्राज्यवाद और 'ऊपर के लोगों के राष्ट्रवाद' दोनों के सहयोग से किसान की जमीन हड़पने का कुचक्र खड़ा हो जाता है। यह औद्योगिक विकास के नाम पर होता है।

प्रेमचन्द की नजर में राष्ट्रीय भावना का अर्थ है, "जब यह प्रवृत्ति प्रबल हो जाती है, तो किसी प्रान्त या देश के निवासियों में भ्रातृभाव जागरित हो जाता है। तब उनमें रूढ़ियों से पैदा होनेवाले भेद, पुराने संस्कारों से उत्पन्न होनेवाली विभिन्नताएँ और ऐतिहासिक तथा धार्मिक विषमताएँ मिट जाती हैं। प्रान्त के निवासियों में एक नये जीवन का संचार हो जाता है। एक नगर में बाढ़ आ जाती है तो सारे देश में हाहाकार मच जाता है और पीड़ितों की सहायता के लिए चारों ओर से धन और जन की वर्षा होने लगती है। एक स्त्री का अपमान होता है तो सारे देश को ताव आ जाता है।" (विविध प्रसंग-2)। यह राष्ट्रीय भावना एक बड़ा रूप है।

भारत में एक समय रूढ़ियों, पुराने संस्कारों, भिन्नताओं और विषमताओं को मिटाकर राष्ट्रीय भावना पैदा हो रही थी। धर्म, जातीयता और जातिवाद से ऊपर उठकर परस्पर सामाजिक सहयोग की चेतना बन रही थी। इसके स्रोत सूरदास जैसे आम लोग थे। ऐसी राष्ट्रीय भावना अभी बन ही रही थी कि पश्चिम ने अन्ध-राष्ट्रवाद का नंगा रूप दिखाया और यह जहर दुनिया में फैल गया। प्रेमचन्द ऐसे राष्ट्रवाद की आलोचना करते हैं, "संस्कृति तो आज भी यूरोप और अमेरिका की एक ही है, लेकिन वहाँ बीसों ही राष्ट्र हैं, उनमें आपस में लड़ाइयाँ होती हैं, एक-दूसरे को शंका और अविश्वास की आँखों से देखता है। एक-दूसरे को निगल जाने को तैयार बैठा हुआ है। वर्तमान 'राष्ट्र' यूरोप की ईजाद है और राष्ट्रवाद वर्तमान युग का शाप। पृथ्वी को भिन्न-भिन्न राष्ट्रों में विभक्त करके उनमें कुछ ऐसी प्रतियोगिता, ऐसी स्पर्धा भर दी गयी है कि आज प्रत्येक राष्ट्र की यही कामना है कि संसार की सारी विभूतियों पर उसी का अधिकार रहे, वही संसार में फलने-फूलने के योग्य है और किसी राष्ट्र को जीवित रहने का अधिकार नहीं है।" (वही)। अन्ध-राष्ट्रवाद का विरोध रवीन्द्रनाथ की तरह ही प्रेमचन्द ने भी किया। 20वीं सदी में जो दो भयानक विश्व युद्ध हुए, वे यूरोप के अन्ध-राष्ट्रवाद के ही नतीजे थे। दुनिया के हर हिस्से

पर यूरोप के अन्ध-राष्ट्रवाद का असर पड़ रहा था। प्रेमचन्द की आँखों के सामने विश्व युद्ध घटित हुआ था। कहना न होगा कि अन्ध-राष्ट्रवाद यूरोप की देन है, जिसे लेकर प्रेमचन्द बेहद चिन्तित हो उठे थे।

भारत में अपनी राह से राष्ट्रीय जागरण आ रहा था, जो अँग्रेजी राज और खुद अपने अतीत से निर्माणात्मक मुठभेड़ की देन था। राष्ट्रीय जागरण देश की विविधताओं और जन-आकांक्षाओं को समाविष्ट करते हुए 19वीं सदी में एक ऐतिहासिक मोड़ पर पहुँच चुका था। यह 20वीं सदी के राष्ट्रीय आन्दोलनों में एक नयी ऊँचाई हासिल कर रहा था। इस पर काफी विवाद है कि भारत में राष्ट्रवाद यूरोप और अमेरिका की देन है या यह एक स्वतन्त्र भारतीय अनुभव है। उस समय की घटनाओं और विचारों को देखने से लगता है कि इसका एक ही रूप न था। भारत के राष्ट्रवाद में कई तरह के विचार घुले-मिले थे, यह महज पूँजीवादी निर्मिति न था। इतना सबकी नजर में स्पष्ट था कि इसका यूरोपीय राह पर चलना संहारक है। भारत के वर्तमान विघटनवादी परिदृश्य से भी स्पष्ट है कि वैश्वीकरण की छाया में राष्ट्रवाद व्यापक जमीनी हकीकतों को समेटने की जगह 'पश्चिमी मॉडल' की तरफ झुकता जा रहा है।

पश्चिम का अन्ध-राष्ट्रवाद भारत जैसे औपनिवेशिक देशों में राष्ट्रीय भावना को प्रभावित करने लगा था। इसी का नतीजा है एक-दूसरे को शंका और अविश्वास से देखना, आपस की लड़ाइयाँ, लोभ, भीषण स्पर्धा, एकाधिकार की भावना, अपना भला और दूसरे का नाश सोचना। प्रेमचन्द ने समग्रतः रवीन्द्रनाथ से भिन्न रास्ता पकड़ा, क्योंकि रवीन्द्रनाथ पूरी तरह अन्तरराष्ट्रीयतावादी हो चुके थे। प्रेमचन्द ने 'रंगभूमि' के केन्द्र में सूरदास जैसे चरित्र को रखकर राष्ट्र की भारतीय धारणा को उज्ज्वल रूप दिया और इस पर संकट बनकर आ उपस्थित हुई पश्चिम की नयी आक्रामक सभ्यता का एक दहशत-भरा चित्र खींचा।

क्यों सूरे, कोई विपत आनेवाली है क्या? प्रेमचन्द की 'रंगभूमि' में जब गाँववालों ने चौपाल पर यह सवाल सूरदास से पूछा, यह साधारण सवाल नहीं था। पाण्डेपुर न पूरा गाँव है और न शहर। यह ग्रामीण जीवन के नजदीक ऐसी बस्ती है, जिसे औद्योगिक शहर बनाने की योजना बनती है। जमींदार-पूँजीपति गठजोड़ 'रंगभूमि' में अपना कोई राजनीतिक रंग बाकी नहीं रखता और ग्रामीण वर्गों के साथ पूरी कठोरता से पेश आता है। प्रेमचन्द की खूबी है कि वह अँग्रेजी राज से जमींदार-पूँजीपति गठजोड़ का ही अनावरण नहीं करते, वे अपनी दूरदर्शिता से पश्चिमी सभ्यता के भयंकर आक्रामण की भी शिनाख्त करते हैं। सूरदास का संघर्ष चरागाह के लिए छोड़ी सिर्फ अपनी जमीन के लिए नहीं था, औपनिवेशिक-सामन्ती दुश्चक्र और आक्रामक सभ्यता से भी था।

तीन

प्रेमचन्द ने 'प्रेमाश्रम' (1922) और 'रंगभूमि' (1925) में इस धारणा को झुठलाया है कि भारत के आम ग्रामीण वर्ग जड़मति और सहनशील रहे हैं। इन्होंने कभी असन्तोष प्रकट नहीं किया और जातीय हितों की रक्षा के लिए आवाज नहीं उठायी। उपर्युक्त उपन्यासों की रचना के पहले चम्पारण का किसान आन्दोलन हो चुका था, बारदोली आन्दोलन की पृष्ठभूमि तैयार हो रही थी और अवध में बाबा रामचन्द्र के नेतृत्व में गरीब किसान, जिनमें पिछड़े और दलित भी थे, आवाज उठा रहे थे। बाबा रामचन्द्र का कृषक आन्दोलन धार्मिक तौर-तरीकों से मुक्त नहीं था। कृषकों के बीच 'रामचरितमानस' का पाठ होता था और जमींदार-अँग्रेजों के खिलाफ गरमागरम भाषण दिये जाते थे। प्रेमचन्द ने अपने उपर्युक्त उपन्यासों में किसान के प्रतिरोधों को दिखाया है। उन्होंने 'प्रेमाश्रम' में ग्रामीण विरोध का हिंसात्मक रूप रखा और 'रंगभूमि' में अहिंसात्मक, हालाँकि दोनों उपन्यास में उन्होंने दमनात्मक़ औपनिवेशिक सत्ता और जमींदार वर्ग को बेनकाब किया। 'रंगभूमि' में दो कदम आगे बढ़कर उन्होंने पूँजीपति वर्ग और शिक्षित समुदाय को भी एक्सपोज किया है। उनका सब मिलाकर कहना है कि अभाव और दुखों से भरी ग्रामीण जिन्दगी धधक रही है। गाँव के लोगों में अन्तर्कलह के बावजूद बेमिसाल सौहार्द, झूठ-सच का विवेक और जीवन से प्रेम है।

भारत के गाँवों में एक बुनियादी भाईचारा रहा है। राष्ट्रीय आन्दोलन में कृषकों की बढ़ती हिस्सेदारी से यह मजबूत हो रहा था। 'रंगभूमि' में ब्राह्मण और दलित सभी साथ बैठकर हँसी-ठिठोली, भजन-कीर्तन करते हैं। सभी का एक-दूसरे से रिश्ता है। प्रेमचन्द की दृष्टि से जाति-भेदभाव के नजारे ओझल नहीं हैं। लेकिन उस दौर में आदमी की जाति-पहचान पर मानवीय पहचान भारी है। सामाजिक माहौल बदल रहा था। प्रेमचन्द ने इसका चित्र बस्ती के चौपाल पर होते भजन-कीर्तन के वर्णन में खींचा है। पनवाड़ी ढोलक बजाता था, अहीर करताल, मिठाईवाला तम्बूरा और ब्राह्मण सारंगी बजाते थे। भैरों जैसे पिछड़े और दलित मजीरा बजाते थे। इनके वाद्ययन्त्रों के बँटवारे में एक यथार्थपरक दृष्टि है। इसके तुरन्त बाद सूरदास के बारे में कथन है, ढोल, मजीरे, करताल, सारंगी, तम्बूरा सभी में समान रूप से अभ्यस्त था। संगीत सबको जोड़ता है। प्रेमचन्द ने दिखाना चाहा कि समाज में ऊँच-नीच का 'सासतरार्थ' खत्म नहीं हुआ है, पर किस तरह अब एक-दूसरे से लगाव बन रहा है और सभी मिलकर जीवन रस ले रहे हैं।

'रंगभूमि' एक बहुकथापरक उपन्यास है। मुख्य कथा है भिखारी सूरदास की, जिसका अपनी जमीन बचाने का एकाकी संघर्ष एक मोड़ पर राष्ट्रीय मुक्ति संग्राम

की कथा बन जाता है।

उपन्यास का सबसे गरिमापूर्ण चरित्र सूरदास स्पष्ट रूप से चमार घोषित नहीं है, पर वह दलित ही है। प्रेमचन्द लिखते हैं, "ठुमरी-गजल में उसकी रुचि न थी। कबीर, मीरा, दादू, कमाल, पलटू आदि सन्तों को गाता था।" वह निर्गुण सन्तों और भक्तों की परम्परा का जातिमुक्त आदमी है। वह भभूत लगाने और जटा बढ़ाने को धार्मिक पाखंड मानता है। जी.डब्लू. ब्रिग्स ने 1920 में चमारों के सामाजिक जीवन का सर्वेक्षण करते हुए एक किताब लिखी थी 'द चमार्स'। इसमें चमारों की कई उपजातियों में एक को 'मंगता' या 'मंगतिया' कहा गया है। यह भी स्पष्ट लिखा है, "अब चमार लोग केवल चमड़ा परिशोधन और चमड़े का काम करनेवाले ही नहीं हैं।" यह भी कहा गया है, "कुछ चमार भूस्वामी हैं।" जाहिर है, प्रेमचन्द ने एक बड़ी औपन्यासिक संरचना के भीतर यदि कहीं-कहीं चमार का जिक्र किया है, उनका उद्देश्य कभी उन्हें अपमानित करना नहीं रहा है, बल्कि दूसरी जातियों और वर्गों से उनके बदलते सामाजिक रिश्तों को उद्घाटित करना, उनके भीतर छिपी मानवीय अन्तःशक्ति को पहचानना और उनमें एक 'राष्ट्रीय नायक' खोजना रहा है। इसके अलावा अन्धे सूरदास को नायक बनाकर उन्होंने उन विकलांगों के प्रति धारणा बदल दी, जो निरीह समझे जाते थे या शैतान।

भारतीय समाज में दलितों के भीतर भी कई स्तर बन गए थे। ताड़ी बेचेनवाला भैरों पासी था। उसकी सूरदास से नहीं बनती थी। प्रेमचन्द का कोई चरित्र एकरेखीय नहीं है। हर चरित्र में दुर्बलताएँ और सबलताएँ एक साथ हैं। चौपाल पर 'सासतरार्थ' और दिल्लगी के वक्त ब्राह्मणों के बारे में भैरों कहता है, "हमारी दुकान पर एक दिन आकर बैठ जाओ, तो दिखा दूँ, कैसे-कैसे धर्मात्मा और तिलकधारी आते हैं।" यह दलित का साहस है, जिसका चित्र प्रेमचन्द ने खींचा है। समाज में जो बहिष्कृत समझे जाते थे, अलग टोले में रहते थे, वे अब धीरे-धीरे पूरे समाज में मिश्रित हो रहे थे, हँस-बतिया रहे थे, एक-दूसरे के सुख-दुख में हिस्सा ले रहे थे। जगधर जब संकट में था, चमारों के चौधरी ने ताहिर अली से कहा कि उसका जो पावना है, वह जगधर को दे दे। प्रेमचन्द ने 'रंगभूमि' में राष्ट्रीय दृश्य को पकड़ा। औद्योगिक विकास के लिए जब सूरदास की जमीन हड़पने की योजना बन रही थी, "ये चमार आपस में बातें किये जा रहे थे कि साहब ने जमीन ली, तो खून की नदी बह जाएगी।" प्रेमचन्द ने राष्ट्रीय जागरण में दलितों की हिस्सेदारी का चित्र एक अलग स्तर पर खींचा है। यह भी दिखाना चाहा है कि उत्पीड़ित ग्रामीण वर्गों में असन्तोष का स्तर क्या है।

प्रेमचन्द के उपन्यास 'रंगभूमि' को जलाने (2004) का अर्थ है, बीसवीं सदी के तीसरे दशक में हिन्दी क्षेत्र के उत्पीड़ित वर्गों के एक अंग के रूप में दलितों में जो

जागरण आ रहा था और दलित सूरदास का जो उदात्त चित्र खींचा गया था, उस पर और अपने ही मुँह पर कालिख पोतना। यह ज्ञान से भागना है। क्या जी.डब्लू. ब्रिग्स की लगभग उसी समय प्रकाशित किताब 'द चमार्स' सिर्फ इसलिए जला दी जाएगी कि उसमें इस जाति के जीवन की समाजशास्त्रीय पड़ताल है? साहित्यिक कृतियों या कलाकृतियों को जलाना फासीवाद का चिह्न है। प्रेमचन्द ने सारा जीवन स्त्रियों के साथ-साथ दलितों का भी पक्ष लिया। उन्होंने निःसन्देह दलितों के संघर्ष को अलगाव में न देखकर, उपनिवेशवाद-सामन्तवाद विरोधी संघर्ष के अंग के रूप में देखा और महाजनी सभ्यता के उस विराट जाल को पहचाना, जो नये रूप-रंग में अब भी मौजूद है।

सूरदास ने इसी विपदा की चर्चा की थी, "ऐसे बुरे दिन आ रहे हैं जब तुम्हें सेवा और टहल करके पेट पालना पड़ेगा। जब तुम अपने नौकर नहीं पराये नौकर हो जाओगे, तब तुममें नीतिधरम का निशान भी न रहेगा।" आज नव-उदारीकरण समाज में ऐसी ही गुलामी और मूल्यहीनता का परिदृश्य लेकर आया है। 'रंगभूमि' में जॉन सेवक के सिगरेट कारखाने का जो विरोध है, उसे उद्योगीकरण के विरोध की जगह औपनिवेशिक सभ्यता की गुलामी और मूल्यहीनता का विरोध समझना चाहिए। देशी पूँजीपतियों का एक वर्ग स्वाधीनता संग्राम के लिए चन्दा दे रहा था तो एक दूसरा वर्ग 'एंटी-नानकोआपरेशन एसोसिएशन' बनाकर साम्राज्यवाद के तलवे चाट रहा था। जॉन सेवक सूरदास की जमीन जबर्दस्ती लेने के मामले में स्पष्ट तौर पर कहता है, "इसमें सरकार से सहायता लेने में मैं औचित्य का उल्लंघन नहीं करता।" दूसरी तरफ, उसे सिगरेट कारखाना खोलना देश सेवा से कम नहीं लगता। वह एक उत्साही और निर्दयी पूँजीपति है, तभी वह कुछ और नहीं सिगरेट कारखाना खोलना चाहता है। उसकी पतनशील मानसिकता सूरदास की जमीन हड़पने की उसकी हर चाल में लगातार खुलती जाती है। इसलिए सूरदास का जॉन सेवक से विरोध साम्राज्यवाद से संघर्ष का रूपक है।

अँग्रेजी राज में साम्राज्यवाद का सामन्ती व्यवस्था से बना सम्बन्ध स्पष्ट है, लेकिन जो हल्का-फुल्का उद्योगीकरण शुरू हुआ था, उसका भी साम्राज्यवाद से सम्बन्ध था, यह उद्घाटित करना जरूरी था। प्रेमचन्द ने यह काम किया। वह पश्चिमी तर्ज पर उद्योगीकरण नहीं चाहते थे। उन्हें किसानों से हमदर्दी थी। वह ऐसे उद्योगीकरण को समर्थन नहीं दे सकते थे, जो किसानों को उजाड़कर आये। वह निश्चय ही देशी उद्योग-धन्धों के समर्थक थे। उन्होंने 1905 में 'जमाना' में एक लेख लिखा था, 'देशी चीजों का प्रचार कैसे बढ़ सकता है?' आज लगभग सौ साल बाद जब उदारीकरण ने बहुराष्ट्रीय कंपनियों के माल से बाजार पाट दिया है या विदेशी पूँजी और सेवाओं का बोलबाला है, प्रेमचन्द की उपर्युक्त टिप्पणी से एक शिक्षा मिलती है। वह वस्तुतः

भारत के उद्योगीकरण का स्वागत करते हैं, "कहीं-कहीं देशी चीजों का जिस जोश और हमदर्दी से स्वागत किया गया है, वह उम्मीद दिलाता है कि अब हिन्दुस्तान का व्यापारिक जागरण बहुत दूर नहीं है।" मुख्य बात है कि वह उद्योगीकरण को कृषि और साधारण जनता के हितों से जोड़ना चाहते हैं। वह नहीं चाहते कि खेती उजड़े और गरीब सिर्फ अमीरों की जरूरतें पूरी करने के लिए काम करें।

प्रेमचन्द ऐसे उद्योगों के विरोधी थे, जो अन्न का उत्पादन रोककर तम्बाकू जैसी नशीली चीजों का उत्पादन बढ़ाते हैं। इससे पैसों और स्वास्थ्य की हानि है। पूरा मामला सांस्कृतिक ह्रास की तरफ जाता है। आज सिगरेट के व्यापक विरोध और उस पर पाबन्दियों से स्पष्ट हो जाता है कि कभी प्रेमचन्द कितने सही थे। प्रेमचन्द आगे देखनेवाले कथाकार थे, वह सिर्फ बुरी आधुनिकता के विरोधी थे। जॉन सेवक बुरी आधुनिकता का वाहक था। यही वजह है कि 'रंगभूमि' के सूरदास का संघर्ष वस्तुतः व्यापार के मुखौटे में बढ़ रहे उस साम्राज्यवाद से है, जिसकी गिद्ध दृष्टि नयी मानवता पर थी। जॉन सेवक का बेटा प्रभुसेवक, जिसका अपने पिता जॉन सेवक के प्रति नजरिया आलोचनात्मक है, खोलकर कहता है, "कोई समय वह था, जब न्याय को राज्य की बुनियाद समझा जाता था। अब वह जमाना नहीं है। अब व्यापार का राज्य है और जो इस राज्य को स्वीकार न करे उसके लिए तारों का निशाना मारनेवाली तोपें हैं।" सूरदास का जॉन सेवक का विरोध करना व्यापार राज्य को अस्वीकार करने का साहस दिखाना है। यह 'व्यापार राज्य' की जगह 'राष्ट्र राज्य' की माँग करना है। इसी का नतीजा है कि उसकी झोंपड़ी के सामने तोपें तैनात कर दी जाती हैं। क्लार्क भी सूरदास के नैतिक साहस का लोहा मानते हुए कहता है, "एक सेना का मुकाबला करना इतना कठिन नहीं, जितना ऐसे गिने-गिनाये व्रतधारियों का, जिन्हें संसार में कोई भय नहीं है।" सूरदास की निर्भयता साम्राज्यवादी जुल्म की हर लपट से ऊँची है।

जलियाँवाला बाग का हत्याकांड (1919) अँग्रेजी राज के आतंकवाद का एक उदाहरण है। 'रंगभूमि' में जनरल डायर की ही तरह ब्राउन निहत्थी जनता पर गोलियाँ चलाता है, इन्द्रदत्त सहित कई व्यक्ति मारे जाते हैं। क्लार्क साम्राज्यवाद का राजनीतिक दर्शन देता है, "हमारा साम्राज्य तभी तक अजेय रह सकता है जब तक प्रजा पर हमारा आतंक छाया रहे, जब तक वह हमें अपना हितचिन्तक, अपना हितरक्षक, अपना आश्रय समझती रहे, जब तक हमारे न्याय पर उसका अटल विश्वास हो।" ब्रिटिश सरकार का हुक्म ही उसका न्याय था। इसमें उसके दाँवपेंच शामिल थे। क्लार्क, राजा महेन्द्रनाथ, जॉन सेवक आपस में एकजुट होकर अपने स्वार्थों का एक राजनीतिक त्रिकोण बनाते हैं। इसी तरह जॉन सेवक की विद्रोही बेटी सोफिया, विनय, इन्द्रदत्त, राजा महेन्द्रनाथ की विद्रोही पत्नी इन्दु और गांगुली राष्ट्रीय

आन्दोलनकारियों का एक समानान्तर वृत्त बनाते हैं, जो अपना केन्द्र अन्ततः सूरदास में पाता है। आखिरकार प्रेमचन्द ने 'रंगभूमि' में विनय, इन्द्रदत्त या वीरपाल सिंह की जगह एक दलित को ही साम्राज्यवाद विरोधी संग्राम का केन्द्रबिन्दु क्यों बना दिया?

राष्ट्रीय जागरण ने देश के पूँजीपति वर्ग, यहाँ तक कि जमींदारों पर भी एक असर डाला था। वे कष्ट उठाना या सरकार की निगाहों में सन्देहास्पद हो जाना नहीं चाहते थे, पर ऐसे कई बड़े लोगों की सहानुभूति आन्दोलनकारियों के साथ थी। कुँवर भरत सिंह और जाह्नवी अपने बेटे विनय को राष्ट्रीय बलिवेदी पर उत्सर्ग करने के लिए तैयार थे, पर विनय प्रेम और राष्ट्रीय कर्त्तव्य के बीच झूलते हुए असमंजस से भरा चरित्र है। वह सेवक दल बनाकर राष्ट्रीय जागरण में हिस्सा लेते हुए एक मोड़ पर इसका एकदम शत्रु हो जाता है। क्योंकि वह रियासत की जिस जनता को 'समान स्वत्व' की शिक्षा देते हुए घूम रहा था, वह वस्तुतः अब सचमुच विद्रोह पर उतारू हो गयी थी और शेर को जैसे वापस पिंजड़े में लाना नामुमकिन था। विनय जनता के बीच से भागकर साम्राज्यवादियों के गोल में मिल जाता है। वह सेवा और परोपकार की जगह अपने निजी जीवन के बारे में सोचने लगता है।

उस जमाने में प्रश्न था, जीवन की सफलता चाहिए या सार्थकता। 'रंगभूमि' का विनय कभी आगे, कभी पीछे चलनेवाला एक दुविधाग्रस्त चरित्र है। वह अपनी माँ की भावना का आदर करते हुए अपना जीवन बड़े बेमन से राष्ट्र के लिए अर्पित करता है, क्योंकि वह सोफिया के प्रेम में पागल है। उसे अपने सुख की चिन्ता है। सोफिया के प्रेम में भावनात्मक आवेग की कमी नहीं है, पर उसका प्रेम एक भिन्न चरित्र का है। यह राष्ट्रीय संकल्पों की आँच में तपा हुआ है। विनय कष्टों की दुनिया से जब सफल जीवन संसार में लौटना चाहता है, सोफिया धिक्कारती है, "मुझे उस वस्तु से घृणा है जिसे सफल जीवन कहते हैं। सफल जीवन पर्याय है खुशामद, अत्याचार और धूर्त्तता का।"

'रंगभूमि' में विनय और सोफिया का प्रसंग जरूरत से ज्यादा विस्तृत और नाटकीय भले हो, पर यह एक भावुक मानसिकता के असमंजस को नंगा करता है, जबकि जॉन सेवक के परिवार की होने पर भी सोफिया एक न्यायप्रिय, उदात्त और विद्रोही चरित्र है।

सोफिया का मन धर्म से विद्रोह कर उठा था, "धर्म स्वतन्त्रता का गला घोंट देता है। मैं अपनी आत्मा को किसी मत के हाथ नहीं बेचना चाहती।... असली स्वाधीनता वही है, जो विचार के प्रवाह में बाधक नहीं हो।" प्रेमचन्द ने धर्म को बौद्धिक स्वतन्त्रता के मार्ग में बहुत बड़ा बाधक पाया। उन्होंने 'रंगभूमि' में कहा, "धर्म और ज्ञान, दोनों एक हैं और इस दृष्टि से संसार में केवल एक धर्म है। हिन्दू, मुसलमान, ईसाई, यहूदी, बौद्ध—ये धर्म नहीं हैं, भिन्न-भिन्न स्वार्थों के दल हैं।"

आज यह बात कोई कहे तो आग लग जाए।

प्रेमचन्द ने यह भी दिखाया कि भारतीय ईसाई देशभक्त हैं। सोफ़िया का भाई प्रभुसेवक यथार्थों से दूर दिवास्वप्नों में जीता है। वह इस रोमांटिसिज्म में जीता है, “मुझे तो रहने के लिए एक झोंपड़ी चाहिए और दर्शन और साहित्य का एक्र अच्छा-सा पुस्तकालय!” वह इतना जानता है, “अमेरिका के हब्शी ईसाई हैं, लेकिन अमेरिकी गोरे उनके साथ कितना पाशविक और अत्याचारपूर्ण बर्ताव करते हैं। हमारी मुक्ति भारतवासियों के साथ ही है।...” प्रभुसेवक के ज्ञान में एक उच्चता ग्रन्थि है, पर उसमें लोभ नहीं है, बल्कि देशभक्ति है। उसका पूँजीवादी पिता जॉन सेवक लोभ में इतना पागल है कि वह अँग्रेजी प्रशासन से कुटिल सहयोग लेने में नहीं हिचकता है।

बीसवीं सदी के तीसरे दशक में सम्प्रदायवादी ताकतें अपने खेल दिखाना शुरू कर चुकी थीं। प्रेमचन्द की चिन्ता स्वाभाविक थी कि अँग्रेजी राज से भारतीय जनता के संघर्ष को ईसाइयत से संघर्ष, ईसाइयों से घृणा के रूप में न देखा जाए। सोफिया सूरदास के संग्राम में कूद पड़ती है। इसके अलावा, रक्ताक्त पांडेपुर ‘अब मुसलमानों का शहीदगाह और हिन्दुओं की तपोभूमि’ हो गया था। भारत के जन-आन्दोलनों के धर्मनिरपेक्ष चरित्र को लेकर प्रेमचन्द जीवन भर चिन्तित थे।

जॉन सेवक के परिवार का प्रभुसेवक न्यायप्रिय है, पर कल्पना के संसार में रहनेवाला एक लगभग निष्क्रिय दार्शनिक चरित्र है। इन्द्रदत्त उससे कहता है, ‘केवल कविता लिख डालने से काम नहीं चलेगा!’ एक चरित्र राजा साहब से विद्रोह कर चुकी इन्दु है, जो सूरदास के संघर्ष को एक रोचक खेल की तरह देखती है, वह दर्शक है। इन्द्रदत्त दुविधाग्रस्त रईसों पर टिप्पणी करता है, ‘रईसों में नैतिक बल नहीं रहा’, क्योंकि ये साम्राज्यवाद के हित साध रहे थे। एक अन्य चरित्र है बंगाली गांगुली, वह काउंसिल में राष्ट्रवाद पर बहस करते हैं। वह औपनिवेशिक स्वशासन की धज्जियाँ उड़ाते हैं, “काउंसिल को सरकार बनाता है और सरकार के ही मुट्ठी में है। जब जाति द्वारा काउंसिल बनेगा, तब उससे देश का कल्याण होगा।” इन्दु ने उनसे पूछा, ‘क्या आप बाहर रहकर कुछ नहीं कर सकते? गांगुली जवाब देते हैं, ‘हमारा जिन्दगी काउंसिल में गुजर गया, अब हमको कोई दूसरा रास्ता नहीं दिखाई देता।’ राष्ट्रभक्त गांगुली की जान काउंसिल की मेम्बरी में है। वह इतना जरूर जानते हैं, “जो सिपाही सोने की ईंट गर्दन में बाँधकर लड़ने चले, वह कभी लड़ नहीं सकता।” यह उस सम्पत्तिशाली वर्ग पर व्यंग्य है, जिसे साम्राज्यवाद से संघर्ष में पहली चिन्ता अँग्रेजों की कृपा से जुटी अपनी अपार सम्पत्ति की रक्षा को लेकर थी। जॉन सेवक कहता है, “मेरा न कोई दल है और न होगा। मैं इसी विचार और उद्देश्य से (काउंसिल में) जाऊँगा कि स्वदेशी व्यापार की रक्षा कर सकूँ। ... मैं इंग्लैंड की व्यावसायिक दासता का घोर विरोधी हूँ।” ये ‘रंगभूमि’ में राष्ट्रवाद के

विभिन्न प्रतिरूप हैं, जिनके बरक्स सूरदास एक अलग ही आलोकस्तंभ है—भारत की मिट्टी से धधकता।

'रंगभूमि' में एक चरित्र है इन्द्रदत्त और दूसरा वीरपाल सिंह। एक की राजनीति अहिंसा है, दूसरे का रास्ता हिंसा है। दोनों उपनिवेशवाद-विरोधी संघर्ष की डोर से बँधे हैं। 'प्रेमाश्रम' में मनोहर ने जमींदार के दुष्ट कारिन्दे का खून किया था। वीरपाल सिंह में उस चरित्र को 'काँटिन्यूटी' है। वह निश्चय ही अधिक सचेत, विवेकवान और बहादुर है। प्रेमचन्द अपने समय के सभी आलोड़नों और आँधियों के प्रति संवेदनशील थे। फिर भी वह इस लाइन पर सोचते थे, 'मैं रंगढंग सब बदल देना चाहता हूँ, पर ध्वंस करना नहीं चाहता।' उनका ध्वंस से अभिप्राय व्यक्ति हत्या से है, "दो-चार कर्मचारियों की हत्या करके वह चाहे अपने को विजयी समझ ले, लेकिन यथार्थ में उसके हाथों राष्ट्र का जो अहित हो रहा है, उसका अनुमान करना कठिन है।" (हंस, दिसम्बर 1931)। सोफिया वीरपाल सिंह के संगठन में शामिल होकर भी अन्ततः उसे त्याग देती है। वह रेलगाड़ी में सफर करते समय एक वृद्धा से सुनती है कि किस तरह आन्दोलनकारियों ने उसके बेटे की हत्या कर दी। उसका मन द्रवित हो जाता है। इससे स्पष्ट हो सकता है कि प्रेमचन्द व्यक्ति-हत्या को क्रान्ति का हथियार बनाने के पक्ष में नहीं थे।

भारत एक विविधता से भरा देश है। इसलिए राष्ट्रवाद के कई पाठ स्वाभाविक हैं। राष्ट्रीय स्वाधीनता आन्दोलन के दौर के राष्ट्रवाद की जब उत्तर-औपनिवेशिक सिद्धान्तों की जमीन पर व्याख्या की जाती है, उसे 'होमोजीनियस' बना दिया जाता है। सिद्धान्त की जगह उपन्यास में भारतीय राष्ट्र के बनने की घटना ज्यादा यथार्थपरक मालूम देती है। 'रंगभूमि' सबसे पहले इस औपनिवेशिक धारणा का प्रत्याख्यान है कि पिछड़े लोग सांस्कृतिक दृष्टि से हीन हैं। सूरदास गरीब होते हुए भी झुकता नहीं है। वह अपनी जमीन को लेकर अपनी तरह से स्वप्न देखता है कि वह पैसे इकट्ठे कर इस पर यात्रियों की सुविधा के लिए कुआँ बनाएगा, इसी तरह की चन्द दूसरी बातें। वह एक तरह से 'राष्ट्र' को श्रम, सच्चाई और त्याग की बुनियाद पर खड़ा होते देखना चाहता है; भोग-विलास, अन्याय और लोभ की बुनियाद पर नहीं। वह सिगरेट कारखाने की 'आधुनिकता' को खारिज कर देता है। 'रंगभूमि' में वैचारिक टकराहट तीखी और स्पष्ट है। प्रेमचन्द देख रहे थे कि उपनिवेशवाद अपना प्रभुत्व सिर्फ सैन्यशक्ति और औद्योगिक-प्रौद्योगिक ताकत के बल पर ही स्थापित नहीं करता है, बौद्धिक स्तर पर भी अपना प्रभुत्व लादता है। इसलिए राजनीतिक लड़ाई के अलावा सांस्कृतिक स्तर पर भी उपनिवेशवाद से टकराना जरूरी हो जाता है, यदि इसका मूलोच्छेद करना है।

'रंगभूमि' में साम्राज्यवाद, अन्ध-व्यापारवाद और सामन्तवाद से लड़ाई सूरदास

के पास आकर केन्द्रित हो जाती है। सूरदास दरअसल कुँवर भरत सिंह, विनय, इन्दु, प्रभुसेवक, गांगुली, वीरपाल सिंह, इन्द्रदत्त आदि से एक अलग चरित्र है। उसके मन में न कभी दुविधा पैदा होती है, न सुख-सम्पत्ति की कामना है, न डर है, न वह रोमांटिक दिवास्वप्नों में भटकता है, न अन्धी हिंसा में विश्वास करता है और न वह बीच का आदमी है। सिर्फ सोफिया उसकी भावूमूर्ति के करीब पहुँच सकी है। उसने भी लड़ाई बीच रास्ते में छोड़कर विनय के पास पहुँचने के लिए अपने को गंगा में विसर्जित कर दिया, आत्महत्या कर ली। विनय और सोफिया ऊँचे वर्गों से राष्ट्रीय आन्दोलन में आये थे। दोनों ने आत्महत्या कर ली, क्योंकि वे निष्ठा के बावजूद पर्याप्त जुझारू न थे। मैदान में टिक न सके। टिका सूरदास, वह आम आदमी था। इसमें सन्देह नहीं कि सूरदास यथार्थ और कथा के मिश्रण से बना चरित्र है। वह भारतीय आशाओं की औपन्यासिक मूर्ति है। वस्तुतः एक दलित को साम्राज्यवाद के मुखामुखी इस तरह खड़ा करना प्रेमचन्द की दलित समुदाय और जनता के सबसे उत्पीड़ित हिस्से में उनकी आस्था की सूचना है।

साम्राज्यवादी अन्याय के खिलाफ एक अन्धे 'मंगता' का, एक मामूली इन्सान का नायक हो जाना हिन्दी साहित्य की एक बड़ी घटना है। उपन्यास पहले मध्यवर्गीय जिन्दगी की आशा, आकांक्षाओं और संघर्षों की अभिव्यक्ति रहा है। उसके आधार में एक साधारण आदमी को प्रतिष्ठित करके प्रेमचन्द ने भारतीय कथा संसार में एक मौन क्रान्ति ला दी। वह बताना चाहते थे कि समाज में जिस आदमी को सबसे कमजोर समझा जाता है, उसमें कितना अधिक नैतिक साहस हो सकता है। अतीत में भी बड़े सवाल आम लोक ने ही उठाये हैं। वे जो दबाये गए और निस्सहाय हैं, वे ही साहस करके नये सवाल उठाते हैं, यह 'रंगभूमि' के इतने चरित्रों के बीच सूरदास प्रमाणित कर देता है।

सूरदास अकेला होते हुए भी अत्याचारों का मुकाबला आखिरी दम तक बहादुरी के साथ करता है। यही वजह है कि एक जमाने में जेलों में कैद स्वाधीनता सेनानी 'रंगभूमि' बड़े चाव से पढ़ते थे। यह उपन्यास काफी लोकप्रिय था। चौरीचौरा घटना (1922) के बाद जब गाँधी ने सत्याग्रह वापस ले लिया और चारों तरफ एक सम्भ्रम, एक निराशा की स्थिति थी, 'रंगभूमि' के सूरदास ने राष्ट्रीय जीवन में फिर से आशा पैदा की थी। वह देशवासियों की हालत ही नहीं, उनके संघर्ष की ताकत का भी प्रतीक था। वह अहसास करा रहा था कि राष्ट्रीय आन्दोलन का नेतृत्व अगर निराशाओं से घिरा हो, तब भी जनता की लड़ाई नहीं थमती।

सूरदास कोई दिव्य वैष्णव विभूति न था। उसकी ईश्वर में आस्था साम्प्रदायिक तत्त्व न होकर आत्मविश्वास का एक रूप है। वह मनुष्य के जीवन को भौतिक खेल के रूप में देखता है, ईश्वरीय लीला नहीं मानता। उसके लिए जीवन एक रंगभूमि

है। उसमें आम किसान का-सा क्रोध, लोभ, मोह, अहंकार, हताशा, सभी किस्म की मानवीय दुर्बलताएँ हैं। जब एक बार मिठुआ से चिढ़कर भैरो उसको पीटने लगता है, अन्धा सूरदास लाठी की मूठ कसके पकड़कर तिलमिलाते हुए खुद मिठुआ की भाषा में बोलता है, 'भैरो भैरो ताड़ी बेच या बीबी की साड़ी बेच' और भैरो को ललकारता है। उसे उस वक्त अपनी अन्धता, दीनता और बेकसी का निर्मम बोध होता है, जब इस अंधे के क्रोध पर बस्तीवासी हँसते हैं।

सूरदास की दुनिया में उजाला नहीं है, यही उसकी सबसे बड़ी निर्बलता है। लेकिन उसकी अन्तरात्मा में एक कभी खत्म न होनेवाली रोशनी है। उसमें यह ताकत आध्यात्मिक रास्ते से नहीं आयी, भौतिक स्थितियों में जूझते हुए विकसित हुई। सूरदास शरीर से कमजोर नहीं है, "सूरदास था तो दुबला-पतला, पर उसकी हड्डियाँ लोहे की थीं। बादल-बूँदी, सरदी-गरमी झेलते-झेलते उसके अंग ठोस हो गए थे।" सूरदास अन्धा होकर भी कुश्ती में जगधर को पछाड़ देता है। भैरो अपनी पत्नी सुभागी को पीटता था। एक दिन वह मार के डर से सूरदास के झोंपड़े में शरण लेती है। इस वजह से भैरो गुस्से में आकर सूरदास को गिरा देता है। सूरदास उठता है और भैरो की कमर पकड़ लेता है, "अब चुपके से चले जाओ, नहीं तो अच्छा न होगा।" भैरो को लगा, मानो लोहे का शिकंजा हो। सूरदास आम जनता की हालत ही नहीं ताकत का भी बिम्ब है।

सूरदास कोई दम्भ नहीं पालता। वह व्यक्तिगत सम्पत्ति की धारणा में विश्वास नहीं करता, अपनी जमीन सब की समझता है। वह भीख माँगकर इकट्ठा किये गए पैसे से कुआँ खुदवाने या तालाब बनवाने के स्वप्न देखता है। वह मन से भिखारी नहीं है, एक त्यागी आदमी है। उसके भीतर सैकड़ों वर्षों की उच्च भारतीय परम्पराओं की शक्ति भरी हुई है, वह एक ऐतिहासिक निर्मिति है। उसे अन्धा होने का गहरा दुख है। उसे कोई काम मिलता तो करता, "सुनता हूँ—अन्धे कुर्सी, मोढ़े, दरी, टाट बुन सकते हैं। पर यह काम किससे सीखूँ।" प्रेमचन्द ने एक दलित, वह भी विकलांग को औपन्यासिक केन्द्रीयता देकर बड़े साहस का काम किया था। सूरदास अँग्रेजी राज से ही नहीं जूझता, देश के उन क्षमतावान लोगों से भी लड़ता है जो राष्ट्रसेवा की बात करते हुए मुख्यतः अपने वर्गीय हितों के पोषक थे। वह इन सभी के विरुद्ध जो लड़ाई लड़ता है, उसे प्रेमचन्द नीति और धर्म की लड़ाई कहते हैं। सूरदास अपनी बस्ती में फूट और स्वार्थपरकता के बावजूद सभी के बीच मेलभाव बढ़ाना चाहता है। वह किसी से वैर नहीं रखता। भैरो उसकी झोपड़ी में आग लगा देता है, उसका सब कुछ जल जाता है। भैरों उसकी जिन्दगी भर की कमाई चोरी कर लेता है। सूरदास नैराश्य, ग्लानि और चिन्ता में पागल होने लगता है। तभी बच्चों की बातें सुनाई देती हैं, 'खेल में रोते हो'। वह सँभल जाता है, उसकी नैतिक

ताकत पुनः जाग जाती है। प्रेमचन्द दिखाना चाहते हैं कि इंसान को ध्वस्त कर दिया जाए, तब भी उसमें पुनर्निर्माण की ताकत बची होती है। मनुष्य जाति ऐसी ही है।

मिठुआ ने पूछा : दादा अब हम रहेंगे कहाँ?

सूरदास : दूसरा घर बनाएँगे।

मिठुआ :. और जो कोई फिर आग लगा दे?

सूरदास : तो फिर बनाएँगे।

मिठुआ : और फिर आग लगा दे?

सूरदास : तो हम फिर बनाएँगे।

मिठुआ : और जो कोई हजार बार लगा दे?

सूरदास : तो हम हजार बार बनाएँगे।

प्रेमचन्द चाहते थे कि गाँव के लोगों के बीच फूट और वैर मिटे—एकता कायम हो, क्योंकि साम्राज्यवाद को समूल उखाड़ने के लिए किसानों का एकजुट होकर सामने आना जरूरी है। वह एक ऐसे समाज का स्वप्न देखते हैं, जिसमें "प्रत्येक व्यक्ति केवल अपने लिए नहीं, दूसरों के लिए भी है। वह अब अपने प्रतिद्वन्द्वियों से घिरा हुआ नहीं, मित्रों और सहयोगियों से घिरा हुआ समझता है।" जबकि सूरदास का गाँव पाण्डेपुर मानो हिन्दी पट्टी की फूट और वैर का अखाड़ा है। लोग एक-दूसरे से डाह करते हैं और आपस में हमेशा लड़ते-भिड़ते दिखते हैं। भैरो अपनी पत्नी सुभागी को अक्सर पीटता है। वह एक दिन भागकर सूरदास के घर में आश्रय लेती है। सूरदास भी मनुष्य है, "काश यह मेरी स्त्री होती, तो कितने आनन्द से जीवन व्यतीत होता। अब तो भैरो ने इसे निकाल ही दिया, मैं रख लूँ तो इसमें कौन-सी बुराई है। मैं अन्धा हूँ तो क्या आदमी नहीं हूँ।" गृहस्थी के पचड़े देखकर उसका मन तुरन्त बदल जाता है। उसने सुभागी को बहन की तरह रखा। उसकी बदनामी होने लगी, जबकि उसने सुभागी को पुतलीघर जाने से बचाया। भैरो ने राजा साहब के यहाँ फरियाद की। राजा साहब सूरदास को मजा चखाना चाहते थे, क्योंकि उसने उनका मुखौटा उतारा था। उनके जनवाद के भीतर छिपे पूँजीवाद को नंगा कर दिया था।

सूरदास पर मुकदमा चलता है। राजा साहब उसे सजा सुनाते हैं। वह भरी अदालत में अपना ऐसा मर्मस्पर्शी विक्षोभ प्रदर्शित करता है कि दर्शक चकित रह जाते हैं। जनता में एक नयी लहर उठ गयी, 'अदालत नहीं दीनों की बलिवेदी है।' कई हजार कण्ठों से प्रतिध्वनि निकली, 'अमीरों के हाथ में अत्याचार का यन्त्र है।' सूरदास के एकाकी विक्षोभ ने जनता में हलचल पैदा कर दी, चेतना ला दी। वह जेल जाते हुए जनता की आँखों में सितारा था। यह आम आदमी एक नायक था।

सेवक दल का देशभक्त कार्यकर्ता इन्द्रदत्त जुर्माना अदा कर सूरदास को छुड़ाता है। वह सूरदास को बचे पैसे देना चाहता है ताकि वह अपनी जली झोंपड़ी फिर से

बना ले। सूरदास अनोखा चरित्र है। उसने वे पैसे भैरो के पास भिजवा दिये, ताकि वह अपनी जली दुकान बना ले। मिठुआ ने प्रतिकार में उसकी दुकान जला दी थी। सूरदास गाँव की फूट मिटाने के लिए दुष्टता का बदला बार-बार परोपकार से देता है। वह 'बुरे' के मन को बदलता चाहता है, ताकि समाज मिथ्या प्रतिद्वन्द्विता की जगह मित्रों और सहयोगियों की तरह रहने की जगह बने।

कहीं-कहीं लगता है, प्रेमचन्द ने सूरदास की सत्यवादिता को बढ़ा-चढ़ाकर पेश किया है। सुभागी अपने पति से छिपाकर सूरदास के रुपयों की थैली उसको वापस कर देती है। सूरदास न सिर्फ इसे भैरो को दे आता है, बल्कि सुभागी का नाम भी बता देता है। वह मरणशय्या पर जान सेवक को सावधान कर देता है कि मिठुआ ने उसके कारखाने में आग लगाने की योजना बनायी है। इन प्रसंगों को लेकर यही कहा जा सकता है कि सूरदास सत्य के रास्ते में रिश्ते-नाते नहीं देखता। उसमें सत्य को महत्त्व देने की एक धार्मिक जिद है। गाँधी सत्याग्रह के साथ धर्म पर भी जोर देते थे। प्रेमचन्द ने सूरदास की धार्मिक भावना का चित्र उसके चरित्र में सजीवता लाने के लिए खींचा है, क्योंकि शोषित जनता एक निर्मम समाज में धर्म से ही जीने की शक्ति पाती है।

सूरदास जिस धर्म के बल पर हिंसक साम्राज्यवाद के खिलाफ खड़ा था, वह सम्प्रदायवादियों का धर्म नहीं था, मनुष्य का धर्म था। पाण्डेपुर में जब झोंपड़े को गिराने के लिए तोपें मुँह खोलने के लिए प्रस्तुत होती हैं, चारों तरफ एक अद्‌भुत राष्ट्रीय साहस आ जाता है। इस अवसर पर बस्तीवासियों की एकता देखते ही बनती है। वैसी ही एकता जैसी संगीत सभा में दिखती है, वैसा ही उल्लास जैसा लोक नृत्य के वक्त नजर आता है। यह जनयुद्ध भी जैसे एक संगीत था।

'रंगभूमि' एक ऐसी कृति है, जिसमें विस्थापन का दर्द व्यक्त हुआ है। एक अच्छी-भली, बच्चों की शैतानियों और ग्रामीण कलह-कलरव से गूँजती हजारों लोगों की बस्ती को उजाड़ा जा रहा था। आज यह सब पढ़कर टिहरी, हरसूद और नन्दीग्राम की याद आती है। विकास के बुलडोजर से नगरों के समीप उजाड़े जाते ऐसे सैकड़ों गाँव-बस्तियाँ-गलियाँ किस तरह खोते जा रहे हैं। वे लोग जो कभी साथ रहते थे, बिखरते जा रहे हैं।

पाण्डेपुर के उजड़ने पर ताकतवर व्यक्ति ज्यादा मुआवजा ले जाते हैं, कमजोर टूँगता रहता है। मामला सूरदास की जमीन तक सीमित नहीं रह जाता। पूरी बस्ती का ही दृश्य कुछ और था, "एक पूछता, अच्छा बताओ, हमारा घर कहाँ था? दूसरा कहता, वह जहाँ कुत्ता लेटा हुआ है। तीसरा कहता—वहाँ तो बेचू का घर था। देखते नहीं, यह अमरूद का पेड़ उसी के आँगन में था। दुकानदार आदि भी यहीं शाम-सवेरे जमा हो जाते हैं। यह मेरा आँगन था, यह मेरा दालान था, यहीं बैठकर

मैं बही लिखा करता था। अरे, मेरी घी की हाँड़ी पड़ी हुई है... अरे मेरा पुराना जूता पड़ा हुआ है।" यहाँ भविष्य एक भय है।

सूरदास कहता है, "भला सोचो, कितना अँधेर है कि हम जो सत्तर पीढ़ियों से यहाँ आबाद हैं, निकाल दिये जाएँ और दूसरे यहाँ आकर बस जाएँ। यह हमारा घर है, किसी के कहने से नहीं छोड़ सकते।" वह यह भी कहता है, "तुम्हारे हाथ में बल है, तुम हमें मार सकते हो। हमारे हाथ में बल होता तो हम तुम्हें मारते।" सूरदास में गाँधी की छवि ढूँढ़ी जाती है, जबकि उसमें एक पूरे युग के क्रान्तिकारी जनमानस की झलक है।

आज हमारा बहुत कुछ छीना जा रहा है—हमारा राष्ट्र, हमारी जातीय संस्कृति, हमारे रोजी-रोजगार, हमारी मानवीय पहचान, हमारा जनतन्त्र। हमारे बीच के बहुत से लोग उपभोक्तावाद की लहरों में सुखमग्न हैं। पहले व्यक्ति प्रेम में पागल होते थे, अब लोभ में पागल हैं। 'रंगभूमि' के सूरदास ने कहा था, "मेरा धर्म तो यही है कि जब कोई मेरी चीज पर हाथ बढ़ाए, तो उसका हाथ पकड़ लूँ। वह लड़े तो मैं लड़ूँ और उस चीज के लिए प्राण तक दे दूँ।" एक जमाने में स्वाधीनता, भारतीय राष्ट्र और जीवन के ऊँचे आदर्श कितने महत्त्वपूर्ण थे और प्राण कितनी मामूली चीज थी, देह कितनी मामूली चीज थी और भोगविलास कितनी तुच्छ चीज थी।

सूरदास टिड्डी है, पर आँधी को रोकने की चेष्टा करता है। वह साम्राज्यवाद के प्रतीक क्लार्क एवं जॉन सेवक और सामन्तवाद के प्रतीक राजा महेन्द्र कुमार से कहीं समझौता नहीं करता। उसकी झोंपड़ी गिराने का आदेश पाकर, "सशस्त्र पुलिस और मजदूरों का एक दल उनके साथ चला, मानो किसी किले पर धावा करने जा रहे हैं। उनके पीछे जनता का एक समूह भी चला। राजा ने इन आदमियों के तेवर देखे तो होश उड़ गए। उपद्रव की आशंका हुई। झोंपड़े को गिराना इतना सरल प्रतीत नहीं हुआ जितना उन्होंने समझा था।" प्रेमचन्द ने एक कुशल कथाशिल्पी की तरह एक गरीब के साधारण से झोंपड़े को राष्ट्रीय एकता के मन्दिर का रूप दे दिया। उन्होंने एक आदमी की नैतिक आत्मशक्ति को हजारों व्यक्तियों के साम्राज्यवाद-विरोधी संघर्ष और सत्याग्रह में विकसित कर दिया। सूरदास गोली चलने पर भी नागरिक अवज्ञा स्थगित नहीं करता, "पहले मेरी देह पर फावड़ा चल चुकेगा, तब घर पर फावड़ा चलेगा।"

सूरदास के संघर्ष को गाँधी के उस 'निष्क्रिय प्रतिरोध' का प्रतिबिम्ब माना जाता है, जो उनके नेतृत्व में चले पहले सत्याग्रह (1919-22) का मुख्य हथियार था। गाँधी ने 1921 में कहा था, "एक ही पूर्ण प्रतिरोधकर्त्ता बुराई के विरुद्ध अच्छाई की विजय के लिए काफी है।" (यंग इण्डिया)। सूरदास अहिंसक तरीके से जरूर लड़ता है, पर उस के साथ बस्ती की पूरी आबादी और शहर के राष्ट्रवादी लोग खड़े हो जाते हैं।

उसका प्रतिरोध राष्ट्रीय जागरण का चिह्न बन जाता है। सूरदास की जीत भले ही न हो पायी, वह साबित कर देता है कि आदमी के मन का बल शरीर के बल से श्रेष्ठ है। यह भी उल्लेखनीय है कि इतनी बड़ी ताकतों से लड़ते हुए भी उसमें किसी स्तर पर अहं नहीं है। उसने अहं की हर दीवार तोड़ रखी है, वह एक सादा इन्सान है।

सूरदास की साधारण-सी झोंपड़ी स्वाधीनता का चिह्न बन गयी। इस पर अनगिनत आदमी अपने को उत्सर्ग करने के लिए तैयार थे। प्रेमचन्द ने एक दलित, सर्ववंचित और आम इन्सान को राष्ट्रीय संघर्ष की एक प्रेरणा के रूप में प्रतिष्ठित करके यही कहना चाहा कि एक साधाराण आदमी में भी साम्राज्यवाद से मुठभेड़ की कितनी शक्ति होती है।

विनय ने सूरदास से कहा, "तुम्हारी झोंपड़ी नहीं, हमारा जातीय मन्दिर है। हम इस पर फावड़े चलते देखकर शान्त नहीं बैठे रह सकते।" प्रेमचन्द ने विनय का अन्तर्द्वन्द्व दिखाया है। विनय साम्राज्यवाद-विरोधी संघर्ष में लौट आया, पर जनता ने उसे ताने मारे। उसे इतनी ग्लानि हुई कि अन्ततः वह रणभूमि में ही आत्महत्या कर लेता है। उसके मरने पर जनता में एक उदासी छा जाती है। एक मुसलमान आन्दोलनकारी उसी दौरान सिपाही की गोली से शहीद हुआ था। विनय की माँ जाह्नवी कहती है, "यह युवक जिसने विनय पर अपने प्राण समर्पित कर दिये विनय से बढ़कर है। क्या कहा? मुसलमान है। कर्तव्य के क्षेत्र में हिन्दू और मुसलमान का भेद नहीं, दोनों एक नाव पर बैठे हुए हैं। डूबेंगे तो दोनों डूबेंगे, बचेंगे तो दोनों बचेंगे।" साम्राज्यवाद के आगे हिन्दू और मुसलमान की नियति न तब भिन्न थी और न अब भिन्न है।

सूरदास हार गया। एक क्षण के लिए जॉन सेवक जीत गया। प्रेमचन्द ने सूरदास का चित्र इस तरह खींचा है, "वह यथार्थ में खिलाड़ी था—वह खिलाड़ी, जिसके माथे पर कभी मैल नहीं आया, जिसने कभी हिम्मत नहीं हारी, जिसने कभी कदम पीछे नहीं हटाये, जीता तो प्रसन्नचित्त रहा, हारा तो प्रसन्नचित्त रहा, हारा तो मारनेवाले से कीना नहीं रखा, जीता तो हारनेवाले पर तालियाँ नहीं बजायीं, जिसने खेल में सदैव नीति का पालन किया, कभी धाँधली नहीं की।... कभी तन पर वस्त्र पहनने को नहीं मिला, पर हृदय धैर्य और क्षमा, सत्य और साहस से भरा हुआ था। देह पर मांस नहीं था, पर हृदय में विनय, शील और सहानुभूति भरी हुई थी।" यह भारत के गरीब देशवासियों के अन्तःकरण की तस्वीर है, जो आज भी मिटी नहीं है, धूमिल भले हुई हो। यह भारतीय अनोखापन है। प्रेमचन्द खुलासा कर देते हैं, "वह साधु न था, महात्मा न था, देवता न था, फरिश्ता न था, एक क्षुद्र शक्तिहीन प्राणी था, चिन्ताओं और बाधाओं से घिरा हुआ।" 21वीं सदी में जिस मामले में बहुत से लोगों को सहिष्णु होना चाहिए, वे असहिष्णु होते जा रहे हैं और जिस मामले में अन्यायों

के मामले में असहिष्णु होना चाहिए, वे विरोध करने की जगह शान्त-सहिष्णु बने हुए हैं। ऐसे लोगों से सूरदास को आज भी बहुत कुछ कहना है।

प्रेमचन्द ने 'रंगभूमि' में दिखाया कि सूरदास की जिन्दगी किस तरह एक खेल की तरह है और किसी भी हार को खेल की हार की तरह लेना चाहिए। हो सकता है कि साम्राज्यवाद की कभी तात्कालिक जीत हो जाए। गाँधी का प्रथम सत्याग्रह विफल हो गया था। वैश्वीकरण के युग में भी विपक्ष की विफलता के दृश्य हैं। सूरदास जीवन के अन्तिम क्षणों में एक बड़ा राजनीतिक सत्य कहता है, "तुम जीते, मैं हारा। यह बाजी तुम्हारे हाथ रही, मुझसे खेलते नहीं बना। तुम मँजे हुए खिलाड़ी हो, दम नहीं उखड़ता, खिलाड़ियों को मिलाकर खेलते हो और तुम्हारा उत्साह भी खूब है। हमारा दम उखड़ जाता है, हाँफने लगते हैं और खिलाड़ियों को मिलाकर नहीं खेलते, आपस में झगड़ते हैं, गाली-गलौज, मार-पीट करते हैं, कोई किसी को नहीं मानता। तुम खेलने में निपुण हो, हम अनाड़ी हैं। बस इतना ही फरक है।... हम हारे, तो क्या, मैदान से भागे तो नहीं, रोये तो नहीं, धाँधली तो नहीं की। फिर खेलेंगे, जरा दम ले लेने दो। हार-हार कर तुम्हीं से खेलना सीखेंगे और एक न एक दिन हमारी जीत होगी, जरूर होगी।" सूरदास का उपर्युक्त कथन 20वीं सदी के तीसरे दशक की ही नहीं हर युग की राजनीति पर एक सटीक टिप्पणी है। इसमें आम जनता का दर्द ही नहीं संकल्प भी व्यक्त हुआ है।

सूरदास एक साधारण प्राणी है, चिन्ताओं और बाधाओं से घिरा हुआ है। 'रंगभूमि' में उसकी साधारणता की छिपी ताकत कदम-कदम पर देखने को मिलती है। सूरदास गाँधी की छाया नहीं है, पर उसके चारित्रिक गठन पर गाँधी का असर है। हम सूरदास को देखकर गाँधी को थोड़े और निकट से समझ सकते हैं। प्रेमचन्द सूरदास के बारे में कहते हैं, "क्रोध, लोभ, मोह, अहंकार, ये सभी दुर्गुण उसके चरित्र में भरे हुए थे, गुण केवल एक था। किन्तु ये सभी दुर्गुण उस एक गुण के सम्पर्क से नमक की खान में जाकर नमक हो जानेवाली वस्तुओं की भाँति देवगुणों का रूप धारण कर लेते थे। वह गुण क्या था? न्याय, प्रेम, सत्य भक्ति, परोपकार, दर्द उसका जो नाम चाहे रख लीजिए। अन्याय देखकर उससे न रहा जाता था, अनीति उसके लिए असह्य थी।" प्रेमचन्द ने ऐसे समय का चित्र 'रंगभूमि' में रखा है, जब लोग अन्याय और अनीति सह नहीं पाते थे। उनमें 'सच्चाई का दर्द' था। सूरदास गाँधी की छाया है या नहीं, यह मुख्य बात नहीं है। एक समय सैकड़ों भरतीयों में गाँधी नंगे यथार्थ की तरह दहक रहे थे, आज भले वह अँधेरे में एक टिमटिमाते आदर्श हों। प्रेमचन्द ने अपने जमाने में सैकड़ों आम लोगों को गाँधी बनते देखा था।

क्लार्क राजा साहब से कहता है, "हमें आप जैसे मनुष्यों से भय नहीं, भय ऐसे ही मनुष्यों से है।" साम्राज्यवाद को अपनी तोप का निशाना मालूम है। राजा साहब

भी सूरदास की जन स्वीकृति से डर गए थे।

क्या 'रंगभूमि' पराजय का उपन्यास है? प्रेमचन्द राष्ट्रीय आत्मविश्वास व्यक्त करते हैं, 'हार-हार कर तुम्हीं से खेलना सीखेंगे।' वह सूरदास के संघर्ष को किसान द्वारा अपनी जमीन बचाने की लड़ाई से आगे ले जाकर स्वाधीनता के लिए अनवरत संग्राम की शक्ल दे देते हैं। अगर राष्ट्रीय आत्मविश्वास न टूटा हो और हार से सीखने का जज्बा हो, जोर से लड़ने के बाद मिली पराजय भी भावी जीत की राह होती है।

उपन्यास में जीत का संकेत है। सूरदास के मरने के बाद उसकी प्रतिमा बनती है, जिसे राजा महेन्द्र कुमार ईर्ष्यावश तोड़ने जाते हैं और अन्ततः उस भारी प्रतिमा के नीचे दबकर दम तोड़ देते हैं। सूरदास का अनोखा संघर्ष पाठक के मन पर एक अमिट छाप छोड़ता है। स्पष्ट हो जाता है कि किस तरह वह महज व्यक्ति नहीं, एक बनते राष्ट्र की घायल आत्मा है।

कृषक का हाशियाकरण और गोदान

एक

निर्मल वर्मा ने प्रेमचन्द पर टिप्पणी करते हुए लिखा है, "प्रेमचन्द ने अपने उपन्यास और कहानियों में किसान की मेलन्कॉली—औपनिवेशिक विषाद को अभिव्यक्त किया था, किन्तु आज की स्थिति में इस विषाद के लिए भी कोई गुंजाइश नहीं बची रही है। यदि व्यावसायिक औद्योगीकरण की मार भारतीय किसान पर उतनी ही निर्ममता से पड़ती रही, जिसका दुःस्वप्न मार्क्स ने देखा था, तो अगले कुछ वर्षों में हमें गाँवों में पूँजीवादी फार्मर, जो किसान या पीजेन्ट नहीं है या खेतिहर मजदूर मिलेंगे—किसान नहीं।" (उपन्यास की मृत्यु और उसका पुनर्जन्म)। वैश्वीकरण आज इसी स्थिति की ओर अग्रसर है, जब कृषि में पूँजीपति होंगे या खेतिहर श्रमजीवी। प्रेमचन्द ने 20वीं सदी के तीसरे-चौथे दशक की भारतीय उथल-पुथल का एक ऐसा ही विराट चित्र 'गोदान' में खींचा था, जिसमें कृषक के हाशियेकरण, उसके उजड़ने और सड़क पर फेंक दिये जाने के बिंब हैं।

'गोदान' को किसान-जीवन के महाकाव्य या एक ट्रैजिक नॉवेल के रूप में देखा गया है। हम जानते हैं कि इसमें महाकाव्य की तरह न जीवन की पूर्णता का आनन्द है, न यह एक ही चरित्र होरी पर केन्द्रित है और न यह ऐसी विशुद्ध ट्रैजडी है कि हीरो की मृत्यु के बाद सबकुछ शेष हो जाता है। हम स्पष्ट तौर पर पाते हैं कि प्रेमचन्द ने 'गोदान' को महाकाव्य के तत्त्वों और करिश्मा से मुक्त कर दिया है। इसमें महाकाव्य के सशक्त विकल्प की तलाश ही नहीं है, 'नावेल' के पश्चिमी ढाँचे से मुक्ति की कोशिश भी है।

भारत एक बड़ा देश है, यह जटिलताओं से भरा देश है। उस दौर के उपन्यासकार देश को छोड़कर नहीं सोच सकते थे। इसलिए 'गोदान' में सिर्फ उच्च या मध्यवर्ग की जिन्दगी नहीं हो सकती थी और खासकर जब औपनिवेशिक हिंसा व्यापक होती जा रही हो, यह उपन्यास सिर्फ धार्मिक व्यवस्था की आलोचना तक सीमित नहीं

रह सकता था। इसका व्यक्ति के अन्तर्संसार से बँधना भी मुश्किल था, जैसा कि प्रेमचन्द के जमाने में ही पश्चिम के कई महान उपन्यास थे। यह कहना भी जरूरी है कि राष्ट्रीय आन्दोलन की सफलता भारत की विशाल किसान जनता को साथ लिए बिना सम्भव नहीं थी। इसलिए प्रेमचन्द जैसे सजग कथाकार के उपन्यास में अन्ततः कृषक को केन्द्रीयता मिलना स्वाभाविक है।

भारत के लोगों के पास जो कुछ अपना था, पाँच बीघे की जमीन हो, संयुक्त परिवार हो, नैतिक मरजाद हो या गाय पालने जैसी छोटी-छोटी आकांक्षाएँ हों—यह औपनिवेशिक दुश्चक्र में दरअसल इन चीजों से वंचित होने और एक निर्मम सभ्यता का सामना करने का समय था। 'गोदान' इसी 'डिप्राइवेशन' और एक भिन्न सभ्यता के आक्रमण की कथा है। होरी एक वंचित और 'दूर से आक्रमण' का शिकार किसान है, जो शुभचिन्तकों के वेश में दुश्मनों से घिरा है। वह सिर्फ मेहनत करना और धर्म का पालन करना जानता है, जहाँ उसकी इच्छाओं का सीमान्त है।

'गोदान' की शुरुआत में होरी की हँसी-ठिठोली से भरी जिन्दगी के चित्र हैं। वह एक अच्छा-भला किसान है। उपन्यास जैसे-जैसे रंग पकड़ता है, होरी उजड़ते हुए धीरे-धीरे गाँव से शहर की सड़क पर फेंक दिया जाता है। पहले चित्र में हरे-भरे मिजाज के साथ उसके राय साहब के घर जाने की तैयारी है। धनिया उसके लिये धुली मिरजई, पगड़ी, जूते, लाठी और तमाखू का बटुआ लाती है। दोनों आपस में हँसी-ठिठोली करते हैं। धनिया जैसे जीवन में अन्तिम बार हँसती है, 'तुम्हारे जैसे मर्द साठे पर पाठे नहीं होते।' होरी जैसे ही कहता है, साठ तक पहुँचने की नौबत नहीं आयेगी धनिया, हँसी पर दुख का यथार्थ छा जाता है। एक दिन उसके घर जैसे-तैसे एक गाय आती है। गाय को होरी का भाई ही जहर खिला देता है। गाय के मरने के बाद होरी का समय बदलने लगता है। उसकी मिरजई फटी हुई होती है। एक कम्बल का जिक्र आता है, जो उसके जन्म से पहले का है। वह बचपन में बाप के साथ इसमें सोता था। कुछ और समय बीतने पर वह पण्डित दातादीन का यजमान नहीं रह जाता, उनका बँधुआ मजदूर हो जाता है। अन्ततः पाँच बीघे जमीन का किसान शहर की ओर जानेवाली सड़क पर मजदूरी के लिए आ जाता है। यह है औपनिवेशिक-सामन्ती शोषण की प्रक्रिया में कृषक के हाशियेकरण की कहानी, जो आज कम ताजा नहीं है।

वेलारी गाँव और इसके जीवंत पात्रों के जरिये प्रेमचन्द ने एक ऐसा जीवन-चित्र खड़ा किया है, जो सिर्फ उस गाँव का न होकर पूरे देश का चित्र है। इसमें भारत के वर्तमान और भविष्य को पढ़ा जा सकता है। आज भी भारत के कृषक विकास के हाशिये पर हैं, जिस तरह औपनिवेशिक समय में थे और वे विभाजित हैं। पुलिस का दमन इसकी लोकहितैषी छवि के ताजा प्रचार के बावजूद बढ़ा है। गरीबों पर

भारी कर्ज है, बल्कि अब मध्यवर्ग भी बैंकों के एक अधिक विराट महाजनी जाल में फँसा हुआ है। वह जीवन के सारे उच्च मूल्य खोता जा रहा है। उद्योगपतियों और व्यापारियों के निरंकुश व्यवहार से श्रमिक इतने बेबस और असुरक्षित कभी नहीं थे। धार्मिक रूढ़ियों का जाल पहले से ज्यादा फैला है। अब सांप्रदायिक सम्मोहन है। दहेज प्रथा चरम पर है, रूपा जैसी कई लड़कियाँ पिता के घर में बूढ़ी हो जा रही हैं। जाति संघर्ष बढ़े हैं, दातादीन-हरखू के संघर्ष का विस्तार हुआ है। इसी तरह राजनीतिक किंकर्तव्यविमूढ़ता है, जैसी खुर्शीद में दिखाई दे रही थी और तंखा-ओंकारनाथ जैसे दलाल हैं। हम आज पा रहे हैं कि होरी की पीढ़ी अपने जीवन संघर्षों, लालसाओं और आत्महत्याओं के साथ एक बार फिर हमारे सामने है और 'गोदान' ताजा हो उठा है। यह प्रश्न ताजा हो उठा है कि जिसके पेट में भूख है, वह हमेशा 'आर्थिक वृद्धि' के महारथियों की दया पर निर्भर रहेगा या उसके हाथ में भी कभी सत्ता होगी।

1936 में जवाहरलाल नेहरू ने रोहतक की एक सभा में स्वतःस्फूर्त ढंग से 'भारतमाता की जय' का नारा लगाते कृषकों से पूछा, "यह माता कौन है, जिसको आपने प्रणाम किया है और जिसकी जय के नारे लगाये हैं?" बेहद हिम्मत करके एक आदमी ने जवाब दिया कि "माता से मतलब धरती से है।" वह इस धरती की मुक्ति के माध्यम से राष्ट्रीय स्वाधीनता का स्वप्न देख रहा था। नेहरू ने अपने भाषण में 'भारतमाता' को गाँव के अलावा शहर से भी जोड़ा। आजादी के बाद भारतमाता शहर एवं व्यक्ति-केन्द्रित हो गयी। शहर के बारे में विलियम डिग्बी ने 'प्रास्परस ब्रिटिश इंडिया' (1901) में लिखा है, "भारत में अँग्रेजों के रहने के लिए शहरों के रूप में 'इंग्लिस्तान' बनाया जा रहा है और ग्रामीण क्षेत्रों को 'हिन्दुस्तान' समझा जाता है। एक में शासक-वर्ग के लोग रहते हैं, दूसरे में शासित-वर्ग के।" औपनिवेशिक समय से भारत का किसान जीदन के कम साधनों के बीच 'शासित' के रूप में किस तरह रहता आया है, इसका बेबाक चित्र 'गोदान' में है।

प्रेमचन्द जिस युग के अनुभव को व्यक्त कर रहे थे, उसमें गाँव और शहर का एक पूरा भारतीय जीवन है। वह जितनी गहराई से समाज में प्रवेश करते हैं, उतनी ही गहराई से मनुष्य में भी। कोई यथार्थ उपन्यास तभी बनता है, जब उसमें मनुष्य उभरता दिखे। उपन्यास में मनुष्य तभी दबेगा, जब उपन्यास का सामाजिक यथार्थ, मनोविज्ञान और विचारधारा से यान्त्रिक किस्म का सम्बन्ध होगा। प्रेमचन्द अपने चरित्रों की जड़ों में जाते हैं, तभी उनमें से किसी का व्यक्तित्त्व दब नहीं पाता। उनकी जुबान से पूरे ऐतिहासिक समय की आवाज निकलती है।

जमींदार राय साहब ने राष्ट्रीय स्वाधीनता आन्दोलन में हिस्सा लिया था। वह किसानों के श्रद्धा के पात्र हो गए थे। जमींदार कभी उपनिवेशवाद की तरफ झुकते थे, कभी राष्ट्रवाद की ओर आकर्षित होते थे। अधमरी सामन्ती व्यवस्था अपने

पुनर्जीवन के लिए किस तरह प्रयासरत थी, उसका प्रेमचन्द ने 'गोदान' में बड़ा सजीव चित्र खींचा है। उन्होंने राय साहब के दर्द को नाटकीय ढंग से दिखाया है। रायसाहब होरी के सामने अपना दुखड़ा रोते हैं, "मुझे यही आश्चर्य होता है कि क्यों तुम्हारी आहों का दावानल हमें भस्म नहीं कर डालता। मगर नहीं, आश्चर्य करने की बात नहीं। भस्म करने में तो बहुत देर नहीं लगती। वेदना भी थोड़ी ही देर होती है। हम जौ-जौ और अंगुल-अंगुल और पोर-पोर भस्म हो रहे हैं। ... लक्षण कह रहे हैं कि बहुत जल्दी हमारे वर्ग की हस्ती मिट जानेवाली है। मैं उस दिन का स्वागत करने के लिए तैयार बैठा हूँ।" पुराने ढंग की सामन्ती व्यवस्था पर चोटें पड़ रही थीं। उसकी डावाँडोल स्थिति पूँजीवाद के अभ्युदय और जनजागरण की वजहों से स्वाभाविक थी। राय साहब गरीबों की आहों का दावानल लक्षित कर रहे थे, इसलिए वह नाटकीय ढंग से पेश आ रहे थे।

'प्रेमाश्रम' (1922) का जमींदार सार्वजनिक चरागाह छीन लेता है, तालाब का पानी रोक देता है और झोपड़ियों में आग लगवा देता है। 'गोदान' के राय साहब का हृदय मुलायम है। एक ओर उनकी ऊँची शान है, रामलीला के आयोजन के बहाने सामाजिक शक्ति का प्रदर्शन है, शिकार का शौक है, मालती की महिला समिति में किसी से भी कम चन्दा नहीं देने का रौब और चुनाव जीतने की तमन्ना है। दूसरी ओर, उन पर खन्ना का भारी कर्ज है, अपने ही बेटे का विद्रोह और बेटी की दुखी जिन्दगी है, तंखा द्वारा अपमान है, मुकदमे हैं और इन सबके साथ जुड़ी है उनकी गिरती आर्थिक स्थिति। राय साहब की शान खोखली है, उनके मन में नये सिरे से उठने की भावना जन्म ले रही है। वह अपनी सहृदयता, मिलनसारिता और विनम्रता दिखाकर अपना प्रभाव बनाये रखना चाहते हैं। वे सत्ता खोने के लिए तैयार नहीं हैं। इसलिए होरी से दो-चार मीठी बातें करके वह अक्सर अपना स्वार्थ सामने रख देते हैं। दरअसल पहले के जमींदारों की तुलना में राय साहब के शोषण की शैली बारीक है। झुनिया को रखने के आरोप में गाँववालों ने होरी पर जो डांड़ की रकम बैठाई थी, राय साहब उसे खुद हड़पना चाहते हैं। यह है होरी के प्रति उनके सद्भाव का एक नमूना। क्या राय साहब का सितारा डूबा? खन्ना का राय साहब की तरफ झुकना और उन्हें अपने व्यापार का भागीदार बनाने के लिए जी-तोड़ मेहनत से स्पष्ट है कि भारत का नवोदित पूँजीवाद औपनिवेशिक छाया में इतना ताकतवर नहीं था कि वह नये राष्ट्र पर अपने अकेले दम पर प्रभुत्व जमा ले।

भारत के सुधारवादी आन्दोलनों पर पश्चिम के आदर्शों का असर था और जमींदारों का एक वर्ग आधुनिकीकरण में रुचि ले रहा था। उसका मकसद अँग्रेजों की नजर में 'आधुनिक' दिखना और औपनिवेशिक सत्ता में अपनी दावेदारी को मजबूत बनाना था। इसी तरह राष्ट्रीय आन्दोलनों के उभार के दौर में जमींदारों

की दिलचस्पी सुधार कार्य में लगने की जगह 'राष्ट्रीय' दिखने में थी। 'गोदान' से यह भी स्पष्ट हो जाता है कि पूँजीपति खन्ना का वर्ग सिर्फ मध्य वर्ग के बल पर राष्ट्रवाद में प्रभुत्व निर्मित नहीं कर सकता था। उसे राय साहब जैसे जमींदारों की जरूरत थी और इनसे उसका मेलजोल था। राष्ट्रीय आन्दोलन में आम लोगों के सामने 'स्वाधीनता' का मुद्दा रखकर अँग्रेजी राज को चुनौती जरूर दी जा रही थी, पर जिस तरह उपनिवेशवाद ने भारत के जमींदारों और सामन्तवाद को मजबूत बनाने में विशेष दिलचस्पी ली, राष्ट्रीय आन्दोलन में भी सुधारों की बात छेड़ते हुए सामन्तवाद के मजबूत बने रहने के लिए काफी 'स्पेस' छोड़ दी गयी थी। खन्ना-राय साहब की आपसी साझेदारी से स्पष्ट है कि भारत में पूँजीवाद ने सामन्तवाद की जड़ खोदने की जगह वस्तुतः उसे बढ़ावा दिया।

दो

'गोदान' में ग्रामीण अर्थव्यवस्था का नग्न यथार्थ है। आदमी की रीढ़ तोड़ देनेवाली अर्थव्यवस्था में मुख्य सवाल यह नहीं हो पाता कि मुक्ति किस प्रकार होगी। सबसे बड़ी तमन्ना यह हो जाती है कि बस मोटाझोटा पहनना, मोटाझोटा खाना और मरजाद के साथ रहना किस तरह सम्भव है। अन्ततः यह सब भी सम्भव नहीं होता। धनिया सोचती है, "यद्यपि अपने विवाहित जीवन के बीस बरसों में उसे अच्छी तरह अनुभव हो गया था कि चाहे कितनी भी कतर-ब्योंत करो, कितना ही पेट-तन काटो, चाहे एक-एक कौड़ी को दाँत से पकड़ो मगर लगान बेबाक होना मुश्किल है।" यह दुरवस्था कृषक-वर्ग की नियति थी, क्योंकि भारतीय भूमि-व्यवस्था में यूरोपीय सामन्ती पद्धति लागू करके अँग्रेज भारतीय कृषकों का दोहरा शोषण कर रहे थे। 1935-36 की आर्थिक मन्दी, सूखा, अनाज की दर में गिरावट और दुर्भिक्ष जैसी स्थितियों में भी वे पहले जितनी कठोरता से मालगुजारी वसूल कर रहे थे।

जमींदारों का भी शोषण बढ़ रहा था। किसान आर्थिक अत्याचारों को आमतौर पर चुपचाप सह लेते थे। अकाल, बाढ़, सूखा ऊपर से गुजरते रहते थे। वे कर्ज से हमेशा लदे रहते थे। इन हालात के बीच पानी जब हद से गुजर जाता था, उसके मन की संचित आग कभी-कभी फूट पड़ती थी। किसानों ने आज तक संगठित होकर कोई राष्ट्रीय संघर्ष खड़ा नहीं किया। स्थान-स्थान पर कुछ स्वतःस्फूर्त और अर्ध-संगठित आन्दोलन जरूर हुए, जिनकी उपेक्षा नहीं की जा सकती। 'गोदान' के आरम्भ में धनिया खुशामद के लिए जमींदार के पास जा रहे होरी से कहना चाहती है, "हमने जमींदार के खेत जोते हैं, तो वह अपना लगान ही तो लेगा। उसकी खुशामद क्यों करें, उसके तलवे क्यों सहलाएँ?" धनिया किसान को दयनीय रूप में

नहीं देखना चाहती। वह एक विद्रोही है। उसकी विद्रोही चेतना के पीछे भारतीय किसानों का लम्बा संघर्ष है।

बीसवीं सदी शुरू होने से पहले भारत का किसान अनगिनत दुर्भिक्ष झेल चुका था, जिनमें सर्वाधिक विनाशकारी दुर्भिक्ष 1870, 1896 के थे। काँग्रेस ने आमतौर पर किसानों की जरूरतों पर ध्यान नहीं दिया, जितना भारतीय उद्योगों की राष्ट्रीय सुरक्षा का ख्याल रखा। गाँधी किसान और खेतिहर को 'धरतीपुत्र' मानते हुए और उनके प्रति सहानुभूति रखते हुए भी कहते थे, "मैं जमींदार को नष्ट करना नहीं चाहता, मैं जमींदार को अपराधी भी नहीं मानता।... मैं मानता हूँ कि अहिंसक तरीके से जमींदारों और पूँजीपतियों का हृदय परिवर्तन किया जा सकता है।" (हरिजन)। 1917-18 में महात्मा गाँधी के नेतृत्व में चम्पारन के किसानों ने नील की खेती कराने वाले मालिकों के खिलाफ संघर्ष किया था। मालिकों में अधिकांश यूरोपीय थे। संघर्ष के बाद किसानों को कुछ सुविधाएँ मिलीं, लेकिन अत्यधिक लगान, ऋणभार जैसे बुनियादी सवालों पर स्थिति पूर्ववत थी। कर वसूली के विरुद्ध महात्मा गाँधी ने कैरा के किसानों का आन्दोलन चलाया। असहयोग आन्दोलन (1919) को कृषकों ने भूमिकर के विरुद्ध संघर्ष माना और इसमें हिस्सा लिया। केरल के मोपला-विद्रोह (1922) का आधार आर्थिक था, पर आगे चलकर साम्प्रदायिक हो गया, क्योंकि जो किसान मालाबार के ब्राह्मण जमींदार के शोषण के शिकार थे, वे मुसलमान थे। उत्तर प्रदेश और बिहार के कई जिलों में किसानों का संघर्ष हुआ। 1918 से 1936 तक में संगठित संघर्ष के लिए देश में कई जगहों पर किसान सभाओं की स्थापना हुई। 1926-28 में बल्लभभाई पटेल के नेतृत्व में बारदोली में किसानों ने महान संघर्ष किया और सफलता पायी। बाबा रामचन्द्र ने उत्तर प्रदेश में प्रथम सत्याग्रह के दौर में किसानों को संघर्ष के लिए संगठित किया, जिसके सहजानंद सरस्वती ने आगे बढ़ाया। फिर भी भारत में किसान संघर्ष बिखरे होने की वजह से राष्ट्रीय आन्दोलन में दबे या खोये हुए थे। विभिन्न कृषक संघर्षों के बीच से जो थोड़ी जागरूकता पैदा हुई थी, उसके चित्र धनिया और गोबर में हैं, पर होरी की उदासी ही भारतीय किसानों की हालत का सच्चा बयान है।

औपनिवेशिक शोषण की मार ने कृषक जीवन में जो विषाद पैदा किया था, इसका एक बिम्ब धनिया के इस चित्र में हैं, "धनिया को छत्तीसवाँ साल ही था, पर सारे बाल पक गए थे, चेहरे पर झुर्रिया पड़ गयी थीं।" इतना होने पर भी धनिया में स्त्री का तेज है। होरी के घर दारोगा तलाशी लेना चाहता है और बदले में घूस लेता है तो धनिया विद्रोह करती है। वह गाँव के ठेकेदारों की मिलीभगत का पर्दाफाश कर देती है। होरी जाति-बिरादरी की जिस आत्मनिष्ठ मरजाद की रक्षा में तत्पर था, वह जीवन की कठोर सच्चाइयों के आगे रेत के महल की तरह ढह जाता है।

धनिया जीवन की वास्तविक हालत की ओर इशारा कर होरी को झिड़कती है, "घर के परानी रात-दिन मरें और दाने-दाने को तरसें, लत्ता भी पहनने को मयस्सर न हो और अँजुली भर रुपये लेकर चला है इज्जत बचाने। ऐसी बड़ी है तेरी इज्जत। जिसके घर में चूहे लोटें, वह भी इज्जतवाला है। दारोगा तलासी ही तो लेगा। ले ले जहाँ चाहे तलासी। एक तो दो सौ रुपये की गाय गयी, उस पर यह पलेथन।" वह जाति-बिरादरी के लोगों से लोहा लेती है, उनके छक्के छुड़ा देती है। वह स्त्री प्रतिरोध में चुन-चुनकर गालियाँ देती है और गरीबी का दर्द निकालती है। होरी दब जाता है, धनिया सबसे टकराती है।

विलक्षण बात यह है कि धनिया का तेवर जितना जुझारू है, यह स्त्री उतनी ही उदारवादी है। वह दूसरी जाति की एक विधवा झुनिया को अपनी बहू मान लेती है, बिना डरे गर्भवती स्त्री सिलिया को अपने घर में जगह देती है। वह होरी से लड़ती है तो हर विपत में साथ भी देती है। आखिरकार आधुनिकता और कहते किसे हैं, यदि ये उदारवादी तत्त्व न हों? हम देख सकते हैं, यह साधारण लोगों की मानवीय संवदेना में बसी आधुनिकता है।

होरी के जीवन में भूचाल आया था। वह निरन्तर कर्जभार से लदता गया। इसकी पृष्ठभूमि में देश की गिरती आर्थिक दशा है, जिसकी वजह उपनिवेशवाद है। दिनभर खटने के बावजूद उसके पास खाने के लिए अन्न और पहनने के लिए वस्त्र नहीं हैं। यह हालत तब है, जब पूरा परिवार मिट्टी और पसीना एक कर रहा है, "होरी बैलों को हाँक रहा था और गोबर मोट ले रहा था। सोना और रूपा दोनों खेत में पानी दौड़ा रही थीं।" होरी ने अपने खेत की पैदावार अच्छी करने के लिए अथवा अपना घर बनवाने के लिए कर्ज नहीं लिया। उसे महाजनी सभ्यता के जाल में फँसना पड़ा बैल खरीदने, फसल बोने, लगान चुकाने अथवा सूद चुकाने के लिए। लगान और सूद के भुगतान के लिए उसकी ईख की खड़ी फसल बहुत कम कीमत में बिकी। फसल के समय बाजार में कीमत गिरा दी जाती थी, जबकि कुछ समय बाद किसान को अपने पेट की भूख मिटाने के लिए बाजार से ऊँची कीमत में अन्न खरीदना पड़ता था।

'गोदान' में ऋण समस्या की प्रधानता है, पर देखना होगा कि ऋण किसलिए लिया जा रहा है। किसान आर्थिक वृद्धि के लिए ऋण नहीं ले रहा है। वह अपनी जीवन शैली को उन्नत करने के लिए ऋण नहीं ले रहा है। वह निरन्तर गरीब होता जा रहा है और लगान चुकाने, पिछला सूद चुकाने के लिए ऋण ले रहा है। वह औपनिवेशिक-महाजनी सभ्यता के जाल से निकलने की जितनी कोशिश करता है, उसमें उतना अधिक फँसता जाता है।

'गोदान' की ऋण-समस्या को अलगाव में नहीं, बल्कि औपनिवेशिक-महाजनी

सभ्यता द्वारा किसानों के जीवन में पैदा किये गए संकट के सन्दर्भ में समझना होगा। सिर पर जितना अधिक ऋण होता है, मनुष्य का जीवन औपनिवेशिक-महाजनी संगठनों के जाल में उतना अधिक फँसा होता है। आज भारत के सिर पर करीब 90 लाख करोड़ रुपयों का विदेशी कर्ज है। यह बड़ी रकम है तो होरी जैसे कृषकों की तुलना में आज के कृषकों का जीवन-स्तर भी पहले से भिन्न है। यह फर्क भी है कि आज ऋण शर्म की नहीं, विकास और गर्व की वस्तु है। साहुकार की जगह अब वित्तीय संगठन हैं। ऋण पकड़-पकड़कर दिये जाते हैं, हर सुख ऋण पर खड़ा है। यह भी कहना होगा कि नव-औपनिवेशिक वित्तीय संगठनों का जाल सख्त है, भले सूद की दर पहले के साहुकारों के सूद की दर से कम हो। हो सकता है कि आदमी आज बाहर से ज्यादा भीतर उजड़ रहा हो। वह दरअसल सभ्यता के सीमान्त पर चला जा रहा है। किसानों की आत्महत्या के दृश्य बता रहे हैं कि इस चमक-दमक में भी विषाद की मौजूदगी कम नहीं है। गाँव के होरी से फैलकर, आज की आर्थिक मन्दी में शहर के करोड़ों लोगों के चेहरे पर है यह विषाद!

प्रेमचन्द ने किसानों की गरीबी का चित्र खींचने के लिए ऋण-समस्या को उठाया, इसे महाजनी सभ्यता ने एक नया चरित्र दे दिया था। इस समस्या की गहराई में जाने का अर्थ था औपनिवेशिक शासन-व्यवस्था की पोल खोलना। किसानों पर बढ़ते कर्ज और दरिद्रता का सीधा सम्बन्ध अँग्रेजी राज के जनविरोधी चरित्र से है। बाढ़ या सूखा के कारण किसानों की फसल मारी जाती, तब भी लगान देना पड़ता। इसके लिए महाजनों से कर्ज लेना पड़ता। एक रपट के अनुसाद, "चीनी, किरासन, तेल, नमक तथा दैनिक उपभोग की अन्य चीजों पर लगाये जाने वाले कर का भार अलग से बर्दाश्त करना पड़ता है। इसके विपरीत स्थायी बन्दोबस्तवाले इलाकों के जमींदार को बहुत सारी सुविधाएँ प्राप्त हैं। इन्हें बड़ी दूर तक फैली हुई जमींदारी के लिए नाममात्र का शुल्क देना पड़ता है।" (इंडियन स्टेच्युटरी कमीशन की रिपोर्ट, 1930)। कृषक परिवार खुद पूरा पेट नहीं भर पाता था और जानवर भी भूखे रहते थे। इसका असर उत्पादन पर पड़ता था। होरी को कई बार चबैना भी नहीं मिलता। भूखी रूपा हीरा के द्वार पर जाकर खड़ी हो जाती। एक तरह से कृषक जीवन का अकाल और भुखमरी से गहरा नाता था।

देश का धन विदेशों में जाता था, फिर भी पूरा मुल्क कर्जदार साबित किया जा रहा था। किसानों की जमीनें छीनी जाने लगी थीं। इन्हें मुकदमेबाजी में फँसाया जाने लगा था। बेलारी गाँव में किसानों पर पटेश्वरी, झिंगुरी सिंह, नोखेराम और पण्डित दातादीन का आतंक बढ़ गया। सरकार की मालगुजारी, जमींदार का लगान और साहुकार-महाजन के सूद का हिस्सा चुकाकर अपनी गुजर के लिए किसानों के पास क्या बचता था, इसका जवाब 'गोदान' है। सूद की दर भयानक थी, फिर भी

किसान उधार लेने के लिए अपनी जिन्दगी गिरवी रख देता था, "पाँच साल हुए होरी ने दुलारी से तीस रुपये लिए थे, तीन साल में उसके सौ रुपये हो गए, तब स्टाम्प लिखा गया। दो साल में उस पर पचास रुपये सूद चढ़ गया था।" मंगरू साह के मूल पचास रुपये दस साल में 300 हो गए। एक किसान गिरधर ने 20 रुपये लिए थे, जिसके बदले 160 रुपये भरने पड़े। उसकी खड़ी फसल लुट गयी। वह नशे में होरी से कहता है, "साँझ हो गयी। जो पानी की बूँद भी कंठ तले गयी हो, तो गोमांस के बराबर। एक इकन्नी मुँह में दबा ली थी। उसकी ताड़ी पी ली। सोचा साल भर पसीना गारा किया है, तो एक दिन ताड़ी तो पी लूँ। मगर सच कहता हूँ कि नशा नहीं है। एक आने में क्या नशा होगा। हाँ, झूम रहा हूँ, जिसमें लोग समझें कि खूब पिये हुए है।" भारतीय कृषि-व्यवस्था में कृषक के विलगाव का इससे अच्छा उदाहरण क्या होगा? गिरधर में अपने परिश्रम की कमाई को भोगने की कितनी बलवती तड़प है, लेकिन वह सर्ववंचित है। वह ताड़ी पीकर समाज-व्यवस्था को मुँह चिढ़ाता है, बहुत-कुछ 'कफन' के घीसू-माधव की शैली में!

गिरधर महाजनी सभ्यता के जाल को समझता है। इसलिए वह कर्ज चुकाने से पहले एतराज करता है। होरी ऐसे नैतिकता बोध से पीड़ित है, जिस पर एक सभ्यता की निराशा और उदासी की गहरी छाप है। होरी की ईख के 125 रुपये निकलते हैं, पर झिंगुरी सिंह, जिसका सम्बन्ध शक्कर मिल और महाजनी कोठी—दोनों से है, सूद समेत 100 रुपये काटकर सिर्फ 25 रुपये होरी के हवाले करता है। होरी हताशा में कहता है, "यह भी लेकर क्या करूँगा ठाकुर, यह तुम्हीं ले लो। मेरे लिए मजूरी बहुत मिलेगी।" बचे हुए पचीस रुपये नोखेराम झपट लेता है।

पंडित दातादीन ने होरी को बैल खरीदने के लिए 30 रुपये दिये थे, जो नौ साल में दो सौ हो गए। सूद बढ़ता जा रहा था। बाध्य होकर होरी को दातादीन के खेत में बँधुआ मजदूर बन जाना पड़ा। कृषकों की त्रासदी का चरम रूप बँधुआ मजदूरी है। दातादीन का कहना था, "होरी की मजदूरी पर तीन रुपये महीने सूद के कटते जाएँगे।" 'रायल कमीशन ऑन एग्रीकल्चर' की एक रपट के अनुसार, "आर्थिक दासता किस हद तक पहुँच गयी और साहुकार की पकड़ कितनी मजबूत हो गयी, इसके दो उदाहरण दिये जा सकते हैं। बिहार और उड़ीसा में 'कमिऔटी' नाम की प्रथा प्रचलित थी। यह व्यवहारतः कृषि दासों द्वारा खेती की प्रथा है। कमिया लोग अपने मालिक के बाँधे हुए नौकर होते थे। ऋण के मूल पर जो सूद आता है, उसके एवज में उन्हें सारे भृत्योचित काम करने पड़ते थे।" काम करने के बाद होरी के थोड़ा-बहुत भी सुस्ताने पर दातादीन किस तरह डाँटता-डपटता है, इसका दृश्य प्रेमचन्द ने अपनी कुशल लेखनी से अंकित किया है। बँधुआ मजदूरी के विरुद्ध कानून बन जाने के बावजूद देश के कई हिस्सों में यह प्रथा हाल तक थी।

यह सम्भव नहीं था कि सूद की ऊँची दर पर कर्ज लेकर किसान रुपये न चुकाए। किसानों को राहत देने के लिए अँग्रेज सरकार ने कुछ कानून बनाये थे, मसलन बंगाल में 1933 का 'मनी लेंडर्स एक्ट', उत्तर प्रदेश में 1934 का 'डेट रिलीफ एक्ट'। इन कानूनों का वास्तविक फायदा किसानों तक नहीं पहुँच पाता था, क्योंकि औपनिवेशिक शासन मूलतः महाजनी सभ्यता का पोषक था। पुराने जमाने के दातादीन ने नये जमाने के झिंगुरी सिंह से घबराकर कहा, "सरकार भी महाजनों से सूद घटाने को कह रही है, नहीं तो डिग्री नहीं मिलेगी।" झिंगुरी सिंह ने जवाब दिया, "पंडित मैं तो एक बात जानता हूँ। तुम्हें गरज पड़ेगी, तो सौ बार रुपये उधार लेने आओगे और हम जो ब्याज चाहेंगे, लेंगे। सरकार अगर असामियों को रुपये उधार देने का बन्दोबस्त न करेगी, तो हमें इस कानून से कुछ नहीं होगा। हम दर कम लिखाएँगे, लेकिन एक सौ में पचीस पहले ही काट लेंगे।" यह है महाजनी सभ्यता का चक्रव्यूह, जिसका इन दिनों नये दाँव-पेंच के साथ नव-औपनिवेशिक विस्तार हुआ है।

प्राचीन कानून के अनुसार कर्ज के बदले किसानों की जमीन छीनना सम्भव नहीं था। अँग्रेजी राज में यह सम्भव था, उन्हें जेल भी भेजा जा सकता था। महाजनों को लूटने की छूट न देने पर सरकार को पूरा लगान नहीं मिल सकता था, क्योंकि किसान कर्ज लेकर लगान चुकाते थे। भारत की व्यापक आबादी को दबाने के लिए इसी देश के उन लोगों से काम लिया जा रहा था, जो थोड़े-बहुत क्षमता-सम्पन्न थे। बदले में महाजन और जमींदार वर्गों को विशेष सुविधाएँ मिलती थीं। कृषक लोग अन्दरूनी समस्याओं से जितना अधिक घिरे रहेंगे, शोषक वर्गों की राजनीतिक सुरक्षा उतनी पक्की होगी। महाजनी व्यवस्था के पोषक कानूनों के जरिये ही 1928-29 में 33 करोड़ 10 लाख रुपये की मालगुजारी वसूल की गयी। इस समय के औसत दामों को आधार मानने पर करीब 1034 करोड़ रुपये का कृषि-उत्पादन हुआ था। 1933-34 में मात्र 473 करोड़ रुपये की पैदावार हुई थी, फिर भी किसानों से जबर्दस्ती 30 करोड़ रुपये की मालगुजारी वसूली गयी थी, पहले से थोड़ी ही कम। किसानों को अन्य कई तरह की रकमें चुकानी पड़ी थीं। इसके लिए उन्हें अपनी जमीनें बेचनी पड़ी थीं। इस आर्थिक संकट का उग्र रूप बंगाल के अकाल में देखने को मिला था।

उपर्युक्त तस्वीर के बाद स्पष्ट हो जाता है कि किस आर्थिक प्रक्रिया में व्यापक खेत मजदूर-वर्ग का उदय हुआ, जिसका होरी भी एक सदस्य बना। सिर्फ बोआई करा देने के कारण होरी को अपने खेत की आधी फसल दातादीन को दे देनी पड़ती थी। उसने यह जुल्म यह सोचकर स्वीकार किया था, "और कुछ न मिलेगा, लगान तो निकल ही आयेगा। नहीं अबकी बेबाकी हुई तो बेदखली आयी धरी है।" सिर्फ

होरी नहीं, धनिया, रूपा, सोना—एक तरह से पूरा परिवार खेत मजदूर बन जाता है। डाँट खाता है और व्यापक यन्त्रणा झेलता है। चौथे दशक के प्रारम्भ में खेतों के पतन के परिणामस्वरूप खेत-मजदूरों की संख्या बढ़कर 3 करोड़ 30 लाख पहुँच गयी थी। 1888 में यह संख्या सिर्फ 75 लाख और 1922 में 2 करोड़ 10 लाख थी। भूमिहीन खेत मजदूरों की संख्या-वृद्धि की दर में उछाल आयी। शिकमी काश्तकार बढ़े। इस प्रकार किसान की दरिद्रता बढ़ती गयी।

तीन

होरी के दुख में सभी किसान लोगों का दुख है। उसका जीवन ऊपर से शान्त, भीतर से तनाव भरा है। उसके भीतर सुखी जीवन के लिए पछाँही गाय की एक साधारण आकांक्षा जगी थी। फिर चाहे गाय के मरने का प्रसंग हो, लगातार कर्ज से दबने का, गोबर के विद्रोह को दबा रखने की चेष्टाएँ, सारा अन्न खुद ढो-ढोकर डाँड़ चुकाने का मामला हो या झिंगुरी सिंह को ऊख की खड़ी फसल सौंप देने की विवशता, खेत मजदूर, बँधुआ मजूर फिर सिर्फ मजदूर बनने की दुर्दशाएँ हों या जवान बेटी रूपा का एक प्रौढ़ से विवाह करने की लाचारी हो, होरी कहीं तनाव से मुक्त नहीं है। प्रौढ़ रामसेवक उसके हाथ में रुपये रखता है, "होरी ने रुपये लिए तो उसका हाथ काँप रहा था, उसका सिर ऊपर न उठ सका, मुँह से एक शब्द न निकला, जैसे अपमान के अथाह गड्ढे में गिर पड़ा है और गिरता चला जाता है। आज तीस साल तक जीवन में लड़ते रहने के बाद वह परास्त हुआ है और ऐसा परास्त हुआ है कि मानो उसको नगर के द्वार पर खड़ा कर दिया गया है और जो आता है, उसके मुँह पर थूक देता है। वह चिल्ला-चिल्लाकर कह रहा है, भाइयो, मैं दया का पात्र हूँ। मैंने नहीं जाना, जेठ की लू कैसी होती है और माघ की वर्षा कैसी होती है। इस देह को चीरकर देखो, इसमें कितना प्राण रह गया है, कितना जखमों से चूर, कितना ठोकरों से कुचला हुआ। उससे पूछो, कभी तूने विश्राम के दर्शन किये, कभी तू छाँह में बैठा? उस पर यह अपमान। और वह अब भी जीता है, कायर, लोभी, अधम। उसका सारा विश्वास जो अगाध होकर स्थूल और अन्धा हो गया था, मानो टूट-टूट कर उड़ गया है।" होरी के इस आत्मालाप में समाज की एक ऐसी विराट सच्चाई व्यक्त हुई है जो ब्रिटिश साम्राज्य के उस शोषण चक्र को नंगा करती है, जिसने भारत के किसान को इस दशा में पहुँचा दिया था।

सबसे बड़ी समस्या है कृषकों के बीच फूट, संगठन का अभाव। क्या हिन्दी लोग घुलमिलकर नहीं रह सकते? होरी की गाय को ईर्ष्यावश उसके भाई हीरा ने माहुर दिया। बाद में वह ग्लानिवश भाग गया। लौटने पर होरी उससे जिस आनन्द

से गले मिलता है, लगता है, प्रेमचन्द इसमें कृषकों की महान एकता का दर्शन कर रहे हों। होरी आशावान हो उठता है, "कौन कहता है, वह जीवन संग्राम में हारा है। यह उल्लास, यह गर्व, यह पुलक क्या हार के लक्षण हैं? इन्हीं हारों में उसकी विजय है। उसके टूटे-फूटे अस्त्र उसकी विजय-पताकाएँ हैं।" महाभारत के महारथियों से घिरे अभिमन्यु जैसा ही मानो इस वक्त का किसान हो। 'गोदान' की ट्रैजडी को भागे हुए भाई के घर लौटने पर होरी के मन में जन्मा उपर्युक्त आनन्द भाव एक झटका देता है।

'गोदान' में परम्परागत गाँव के विघटन का चित्र है। उत्पादन से विच्छिन्नता ने कृषकों की मानसिकता खंडित कर दी थी। होरी के नैतिक अहं और परिस्थिति की क्रूरता के बीच जितनी बार टकराहट हुई, होरी उतनी बार टूटा। उसका संयुक्त परिवार टूट गया। धनिया असन्तुष्ट रहने लगी। गोबर नाराज होकर चला गया। होरी जिन नैतिक मूल्यों की हिफाजत करना चाहता था, वे उस परम्परागत ग्रामीण व्यवस्था के मूल्य थे, जिसमें कृषक की अपनी एक मरजाद और पहचान थी। इन मूल्यों में मुख्य रूप से सच्चाई, न्याय, भाईचारा और त्याग के मूल्य थे। परम्परागत कृषि-व्यवस्था में किसानों का आर्थिक शोषण होता था, पर उनके कुछ अधिकार सुरक्षित थे। 19वीं-20वीं सदी के भारत में जब औपनिवेशिक अर्थतन्त्र की एक नयी दुनिया घुसपैठ करने लगी, पुरानी कृषि व्यवस्था टूट गयी। होरी में नैतिक अन्तर्मुखता की यही वजह है कि वह उजड़ते हुए भी अन्त तक परम्परागत कृषि-जीवन के उन उच्च मूल्यों की हिफाजत करता है, जिनके बिना मनुष्यों का समाज अधूरा है।

होरी की जिस भोलेपन, बन्धुत्व, त्याग और सच्चाई के लिए आचोलना की जाती है और गोबर भी फटकारता है, वे बातें अगर होरी में नहीं होतीं, तो वह झुनिया और सिलिया को घर में रखने का समर्थन नहीं करता, अपने संयुक्त परिवार का विघटन रोकने की कोशिश नहीं करता, वह अपने परिश्रम से उत्पादन करके इसके हिस्से हीरा के परिवार को नहीं दे देता और न भोला को संकट के वक्त सूखा चारा ही देता। होरी जड़ नहीं था। ऐसे परम्परागत सामन्ती समाज में, जहाँ पूँजीवादी रूपान्तरण हो रहा है, पुराने अच्छे मूल्य बच नहीं पाते हैं और दमन से मुक्ति का रास्ता भी नहीं मिलता है। होरी लाचार था, वह एक अमानवीय व्यवस्था में मनुष्यता के हथियारों से लड़ रहा था और हार रहा था, बल्कि हारने में भी एक पीड़ा-मिश्रित उल्लास का अनुभव कर रहा था।

प्रेमचन्द के कथा-साहित्य में परिवार और व्यक्ति से अन्तर्सम्बन्ध का बहुत महत्त्व है। यह अन्र्तसम्बन्ध नये आर्थिक दबावों के कारण बदल रहा था। संयुक्त परिवार टूट रहे थे। आर्थिक अभाव में उत्पन्न सन्देहों के कारण अलगौझे की बीमारी बढ़ रही थी। भारत का समाज ढह रहा था, अन्तर्शत्रुता बढ़ रही थी। प्रेमचन्द आधुनिक विकास के ऐसे सामाजिक नतीजों को स्वीकार नहीं कर पा रहे थे। उन्होंने होरी के पीछे मनुष्यता की पूरी ताकत झोंक दी। होरी तमाम लड़ाई-झगड़े के बावजूद हीरा

की अनुपस्थिति में उसका खेत जोतता है। बाँस काटने की घटना लेकर जब चौधरी और पुनिया में विवाद हुआ, पुनिया का रोना सुनकर होरी दौड़ा आता है, "होरी ने समझा, चौधरी ने पुनिया को मारा है। खून ने जोश मारा और अलगौझे की ऊँची बाँध को तोड़ता हुआ, सब कुछ अपने अन्दर समेटने के लिए बाहर निकल पड़ा।" इसी पारिबारिक भावना से हीरा बड़े भाई होरी के सामने आँखें नीची कर लेता है। प्रेमचन्द इस तथ्य से परिचित थे कि ग्रामीण अर्थव्यवस्था की प्रगति के लिए न केवल परिवार का इकट्ठा रहना जरूरी है, गाँव में परस्पर सहयोग और सौहार्द भी जरूरी है। वैयक्तिक स्वार्थ के आधार पर परिवार के टूटने से खेत भी टुकड़े-टुकड़े हो जाते हैं। इसका उत्पादन पर बुरा असर पड़ता है। औद्योगिक समाज में परिवार का विघटन उतने बुरे नतीजेवाला न हो, ग्रामीण अर्थव्यवस्था में यह क्षयरोग है। कृषकों के बीच फूट होने पर सामन्ती शोषण से मुक्ति कभी सम्भव नहीं है। संयुक्त परिवार टूटने के पीछे काम कर रही व्यक्ति स्वातन्त्र्य की भावनाओं को पहचानते हुए प्रेमचन्द किसानों और मजदूरों के बीच फूट की बीमारी दूर करना चाहते थे।

प्रेमचन्द को लगता था कि सामाजिक और पारिवारिक मूल्यों का संरक्षण जरूरी है। मनुष्य जाति ने हजारों वर्षों में विवाह, परिवार, सामाजिक बन्धुत्व और परस्पर सहयोग के मूल्य अर्जित किये हैं। ऐसे मूल्यों और संस्थाओं को खोकर आधुनिक मनुष्य अपनी ही महान ऐतिहासिक उपलब्धियों से वंचित रह जाएगा और उपनिवेशवाद से लड़ाई में कमजोर पड़ेगा। प्रेमचन्द के मूल्य संरक्षण का दृष्टिकोण उनके पूरे कथा साहित्य में है। हम पाते हैं कि जिन स्थानों पर वह परिवार को टूटने से बचाना चाहते हैं, वहाँ उनकी बुनियादी इच्छा उन खास मूल्यों को बचाने की है, जिनके बिना आधुनिक जीवन खोखला है।

प्रेमचन्द कई नये कथाकारों की भाँति परिवार को नष्ट कर देने के पक्ष में नहीं हैं, बल्कि इसके मानवीय और जनतान्त्रिक रूप को विकसित करने पर बल देते हैं। कृषि एवं छोटे उद्योगोंवाली भारतीय व्यवस्था में विवाह, परिवार, सामाजिक बन्धुत्व और सहयोग के भावों की अर्थवत्ता असन्दिग्ध रूप से है। पूँजीवादी विकास के कारण ये भाव नष्ट हो रहे थे, सामाजिकता का विघटन हो रहा था। औपनिवेशिक समय में सामन्ती व्यवस्था के कठोर रूप धारण करने की वजह से परिवार का ढाँचा कठोर हुआ, स्त्री-उत्पीड़न बढ़ा, सामाजिक भेदभाव फैला और बन्धुत्व घटा। उपनिवेशवाद इनसे भिन्न नतीजे नहीं लाता। अब संयुक्त परिवार ऐसे हो उठे, जिनमें मानवीय व्यक्तित्त्व का विकास सम्भव नहीं रह गया। परिवार का ढाँचा अलोकतान्त्रिक होता गया। हम 'गोदान' में पाते हैं कि विषमता की मार झेलते हुए भी होरी लिबरल है। एक यथार्थपरक चरित्र होने की वजह से उसमें भारतीय किसान की स्वाभाविक दुर्बलताएँ हैं, पर समग्रता में वह परिवार और उच्च जीवन मूल्यों के लिए जीता-मरता

है। उसका जीवन संकीर्णता और भेदभाव से मुक्त है।

पुरुष प्रभुत्ववादी समाज में विवाह के बाद स्त्री पर शक्ति प्रदर्शन की घटनाएँ आम हैं। स्त्री की इच्छा का कोई महत्त्व नहीं है। वह जानवरों की तरह खटती है, फिर भी पुरुष के पाशविक अत्याचारों की शिकार होती है। शहर जाते हुए गोबर की भेंट एक कृषक-दम्पति से हुई। दोनों आपस में झगड़ रहे थे। गोबर के बीच में पड़ने पर पुरुष गुस्से में कहता है, "मेरी औरत है, मैं उसे मारूँगा, काटूँगा। तुम कौन होते हो बोलनेवाले।" स्त्री-उत्पीड़न के मूल में यही दृष्टिकोण काम करता है, पुरुष अपनी स्त्री को व्यक्तिगत सम्पत्ति समझता है। शहर में पहली बार जाते समय जो गोबर स्त्री को पीटने का विरोध करता है, वह शहर की औद्योगिक सभ्यता में अपनी पत्नी झुनिया को खुद पीटने लगता है। पूँजीवादी घराने का खन्ना अपनी पत्नी गोविन्दी को यातना देता है। जमींदार खानदान के दिग्विजय सिंह और मीनाक्षी एक-दूसरे के खून के प्यासे हो जाते हैं। स्त्री-पुरुष सम्बन्ध का यह अमानवीय रूप उस औपनिवेशिक व्यवस्था की उपज है, जिसका ऊपर से चमकता ढाँचा बुरे सामन्ती तत्त्वों को उभारते हुए निरन्तर अजनतान्त्रिक होता गया।

प्रेमचन्द के जमाने में पश्चिम का आधुनिक दृष्टिकोण व्यापक हो चुका था। कहा जा रहा था, अब विवाह की कोई प्रासंगिकता नहीं है। विवाह स्त्री-पुरुष दोनों के व्यक्तित्त्व के स्वतन्त्र विकास में बाधक है। 'गोदान' में गपडू नामक एक कश्मीरी के बड़े घराने का किस्सा है। उसके घर झुनिया दूध देने जाया करती है। वहाँ तीन लड़कियाँ हैं, जो विवाह करना पसन्द नहीं करतीं, पर गुलछर्रे उड़ाती हैं। वे सम्पन्न हैं, इसलिए उन्हें समाज का डर नहीं है। क्या एक खुले समाज का अर्थ यह है कि उसमें परिवार और विवाह न हों? इतना निश्चित है कि विवाह स्त्री और पुरुष के जीवन की एक मानवीय संस्था का रूप तभी ग्रहण कर सकता है, जब दोनों में बराबरी और सहयोग की भावना हो। मेहता का विचार है, "विवाह को मैं सामाजिक समझौता समझता हूँ और इसे तोड़ने का अधिकार न पुरुष को है और न स्त्री को। समझौता करने के पहले आप स्वाधीन हैं, समझौता हो जाने के बाद आपके हाथ कट जाते हैं।" प्रेमचन्द परिवार संस्था के जबर्दस्त समर्थक हैं, क्योंकि पश्चिम से भिन्न भारत में परिवार की एक खास महत्ता है। 'गोदान' में खन्ना और गोविन्दी के बुरे सम्बन्धों में सुधार के दृश्य नहीं हैं, पर गोबर के घर अजनबी की तरह रहती झुनिया गोबर को वापस प्रेम की जमीन पर पा जाती है। इसका अर्थ है, प्रेमचन्द आम जनजीवन में परिवार और उच्च मूल्यों का क्षय नहीं देख सकते थे, क्योंकि फिर ये दूसरी किस जगह बचे मिलेंगे।

समाज में पीढ़ियों का संघर्ष एक समस्या है। उपनिवेशवाद या किसी भी बड़ी चुनौती का सामना सबलता से तभी किया जा सकता है, जब पुरानी और नयी पीढ़ी

मिलकर लड़ें, काम करें। पीढ़ियों के संघर्ष की जगह विचारों का संघर्ष प्रधान है। शहर से लौटने पर गोबर की होरी से चख-चख बढ़ गयी। होरी हमेशा धर्म और नीति पर चलने की बात करता है। गोबर समझता है कि उन लोगों की पारिवारिक दुर्दशा धर्म और नीति की सड़ी धारणाओं की वजह से है। होरी जो तर्क देता है, वह गोबर को खोखला लगता है। एक दिन दोनों में तन जाती है। गोबर निश्चय करता है कि वह अपने बाप की खोदी हुई खन्दक में गिरने के लिए तैयार नहीं है, "दादा भी चाहते हैं कि मैं सारा कर्जा चुकाऊँ, लगान दूँ, लड़कियों का ब्याह करूँ। जैसे मेरी जिन्दगी तुम्हारा देना भरने ही के लिए है। मेरे भी तो बाल-बच्चे हैं?" गोबर के रुख से शहर जाने के बाद किसान के बदले मन, उस पर शहरी प्रभाव का बोध होता है। गोबर की बात सुनकर धनिया सन्नाटे में आ जाती है।

होरी के पास रुपये आते थे, वह पूरे परिवार के बारे में सोचता था। गोबर के पास पिता से अधिक रुपये आने लगे, लेकिन शहर के कमाये हुए हर रुपये के पीछे एक नयी सभ्यता की चेतना है। गोबर में निजी उपभोग की प्रवृत्ति पैदा हो जाती है। इसलिए उसके मन में व्यापक पारिवारिक दायित्व की भावना मिटने लगती है। होरी के आर्थिक रूप से जर्जर परिवार में दरार पड़ने लगती है। एक और उदाहरण है, नयी स्त्री लाने के कारण भोला, अपने बेटे द्वारा घर से निकाल दिया जाता है। वह अपने बेटे की लात खाता है। भोला से मिलने पर होरी अपनी पीढ़ी का दुखड़ा रोता है, "लड़कों की आजकल कुछ मत पूछो भाई। मर-मरकर पालो, जवान हों, तो दुश्मन हो जाएँ। मेरे ही गोबर को देखो। माँ से लड़कर गया और सालों हो गए, न चिट्ठी न पत्तर।" होरी की व्यथा में सच्चाई थी। प्रेमचन्द ने यह भी दिखाया कि जब गोबर सबक पाकर दुबारा गाँव लौटता है, वह अपने पिता के सामने लज्जित होता है। वह अपनी माँ से स्नेह करता है और कमाने के लिए जब वापस शहर जाता है, अपनी पत्नी को गाँव पर ही छोड़ देता है।

राय साहब अपने परिवार के सामन्ती ढाँचे में बेटे रुद्रपाल को कैद करके नहीं रख सके। रुद्रपाल अपनी मर्जी से मालती की बहन सरोज से प्रेम विवाह करता है, सम्पत्ति पर अधिकार कर लेता है और इंग्लैण्ड चला जाता है। अब राय साहब और रुद्रपाल में पिता-पुत्र का नाता नहीं है। वे प्रतिद्वन्द्वी हैं। भारतीय परिवारों में पिता और बेटे के बीच पीढ़ियों का संघर्ष शुरू हो चुका था। यह घटना अमीरों के परिवार में थी और गरीबों के परिवार में भी थी। अब फूट धर्म और जाति के स्तर से परिवार के स्तर पर भी आ गयी थी। प्रेमचन्द परिवार के विघटन से दुखी थे। वह इसके पीछे सिर्फ आर्थिक कारण नहीं, बल्कि एक सभ्यतागत संकट भी देख रहे थे।

प्रेमचन्द 'गोदान' में जब कृषक के हाशियेकरण का चित्र खींच रहे थे, वह ऋण-जाल ही नहीं दिखाना चाहते थे, वह औपनिवेशिक समय का सभ्यतागत संकट भी उपस्थित

करना चाह रहे थे। वह परिवार, विवाह, पिता-बेटे के सम्बन्ध, सामाजिक बन्धुत्व—इन सभी स्तरों पर एक गिरावट लक्षित कर रहे थे, हालाँकि उन्होंने यह भी दिखाया कि बर्बर होते जा रहे समाज में मनुष्यता अब भी लड़ रही है। यह उन्होंने होरी, धनिया, गोबर, मातादीन, खुर्शीद आदि आम जीवन के कई चरित्रों के भीतर से दिखाया। वह खासकर गाँव को एक परिवार के रूप में देखना चाहते थे और एक आदर्श गाँव चाहते थे। वह देख रहे थे कि उनकी ऐसी सदिच्छाओं के बावजूद हवा उल्टी बह रही है।

प्रेमचन्द ने स्थान-स्थान पर दिखाया कि राय साहब, दातादीन, झिंगुरी सिंह, पटेश्वरी जैसे लोग किस तरह गाँव के पर्यावरण को नष्ट कर रहे हैं। उपनिवेशवाद का दबाव जितना बढ़ रहा है, परिवार, सामूहिक प्रगति, न्याय-भावना और उच्च ग्रामीण मूल्यों पर संकट छाता जा रहा है। बन्धु के छद्मवेश में शत्रु हैं। वे मीठा बोलकर शिकार करते हैं। उन्होंने धर्म को गन्दा कर दिया है। वे गलत शिक्षा देते हैं। जमींदार राय साहब होरी से बन्धुत्व रखते हैं। पंडित दातादीन होरी के मुख्य सलाहकार हैं। मुख्य रूप से ये दोनों ही उसे तबाह करते हैं। भोला जब होरी के बैल खोलकर ले जाना चाहता है, पटेश्वरी अपने स्वार्थवश ही उसे रोकता है। बड़े लोगों के बन्धुत्व से आम लोगों का बन्धुत्व भिन्न चरित्र का है। होरी पुनिया की मदद करता है। नोहरी संकट के वक्त होरी को रुपये उधार देती है। शहर में एक आम स्त्री चुहिया विपत्ति में पड़े झुनिया-गोबर को हर तरह का सहयोग करती है। खुर्शीद अपने को लुटाकर गाँव से आये गरीबों की मदद करते हैं। वे खन्ना के मिल-मजदूरों के आन्दोलन का नेतृत्व भी करते हैं। ये सभी सामाजिक बन्धुत्व के दृश्य हैं, जो गाँव और शहर दोनों जगह मनुष्यता के बचे होने के चिह्न हैं।

भारत में औपनिवेशिक सभ्यता और सामन्तवाद से टकराने की ताकत है। गाँव में गरीबी, भेदभाव और अन्तर्शत्रुता के बावजूद बन्धुत्व और पर्व-उत्सवों में जीवन का उल्लास अभी भी बचा हुआ है। किसान अपने युग की 'भौतिक प्रगति' से सम्बन्ध बनाने में औपनिवेशिक-सामन्ती शोषण की वजह से भले असमर्थ हो चुका हो, वह अपने 'सांस्कृतिक अन्तर्जगत' को बचाये रखना चाहता है और इसे खोने के लिए तैयार नहीं है। यह होरी के नैतिक-धार्मिक भाव और गाँव के पर्व-त्यौहारों में उभर आते बन्धुत्व से स्पष्ट है। प्रेमचन्द ने 'गोदान' में दिखाया है, "देहातों में साल के छः महीने किसी-न-किसी उत्सव में ढोल-मजीरा बजता रहता है। होली के एक महीना पहले से एक महीना बाद तक फाग उड़ती है, आषाढ़ लगते ही आल्हा शुरू हो जाता है और सावन-भादो में कजलियों के बाद रामायण गान होने लगता है। सेमरी भी अपवाद नहीं है। महाजन की धमकियाँ और कारिन्दे की बोलियाँ इस समारोह में बाधा नहीं डालतीं।" ये उत्सव जन भावनाओं के सांस्कृतिक दुर्ग हैं। प्रेमचन्द को इन उत्सवों, आल्हा-कजली और गाने-बजाने में जीवन की भूख

दिखती है। इनसे पता चलता है, कृषक अपनी खुशियाँ पहचानता है, उसमें जीने की भूख है। आधुनिकता की आँधियाँ लोक संस्कृति के कई रूपों को उजाड़ती गयीं या इनका बाजारीकरण होता गया। कहा जा सकता है कि 'गोदान' में प्रेमचन्द ने सामन्ती क्रूरता के माहौल में भी कृषकों के आनन्द क्षणों को अच्छी तरह पहचाना।

गोबर और उसके साथ के कई नौजवान शहर से एक नयी जागरूकता लेकर गाँव आये थे। होली के अवसर पर गोबर ने गाँव के सारे युवकों को अपने दरवाजे पर खींच लिया। कारिन्दा नोखेराम की चौपाल खाली पड़ गयी। होली का एक नया आनन्द छा गया। कुछ युवक एक प्रहसन खेलते हैं, जिसमें महाजनी शोषण पर व्यंग्य है। एक दृश्य में किसान 10 रुपये के लिए झिंगुरी सिंह का पैर पकड़कर रोने लगता है। बड़ी मिन्नत के बाद जब उसे कर्ज में दस रुपये के स्थान पर पाँच रुपये मिलते हैं, तो वह चकरा कर पूछता है, 'यह तो पाँच ही हैं मालिक।' ... 'पाँच नहीं, दस हैं, घर जाकर गिनना।' झिंगुरी सिंह बतलाता है कि एक-एक रुपया नजराना, तहरीर, कागद, दस्तूरी और सूद का है और ये नगद पाँच!

'हाँ सरकार, अब यह पाँचों भी मेरी ओर से रख लीजिए।'

'कैसा पागल है?'

'नहीं सरकार, एक रुपया छोटी ठकुराइन का नजराना है। एक रुपया बड़ी ठकुराइन का। एक रुपया ठकुराइन के पान खाने का, एक बड़ी ठकुराइन के पान खाने का। बाकी बचा एक, वह आपके क्रिया-करम के लिए।'

कुछ नेता अपनी गलतियों के कारण मिली असफलता का दोष जनता पर मढ़ते हैं अथवा इसे गँवार और मूर्ख मानते हैं। उन्हें ऊपर की पंक्तियों में व्यक्त जनता की समझदारी से सबक लेनी चाहिए। यह प्रहसन उसी गिरधारी का किया हुआ है, जिसकी ईख की खड़ी फसल महाजनों द्वारा लूट ली गयी थी। ऐसे आयोजन में जनता की आत्मा बोलती है, "रात भर भड़ैती होती रही और सताये हुए दिल, कल्पना में प्रतिशोध पाकर प्रसन्न होते रहे।" हँसी-हँसी में एक ओर कृषकों का राजनीतिक प्रशिक्षण हो रहा था, दूसरी ओर, सांस्कृतिक मार से महाजनों का मुखौटा उतर गया था। वे नाराज हो गए थे। अपने देश की आत्मा में झाँककर प्रेमचन्द ने भारतीय जनता की जुझारू शक्ति की थाह ली और देखा कि इसमें समझ की कमी नहीं है। कमी है संगठन और नेतृत्व की।

चार

'गोदान' में हिन्दू धर्म के पतन का चित्र है। उपन्यास का शीर्षक 'गोदान' मृत्यु से सम्बन्धित एक धार्मिक रिचुअल पर आधारित है, जो कृषकों के शोषण के सन्दर्भ में एक आत्मव्यंग्य जैसा है। उपन्यास का शीर्षक 'गोदान' सिर्फ एक धर्मानुष्ठान

का उल्लेख भर नहीं है, बल्कि यह धर्म पर करारा प्रहार है। धर्म किस तरह सामंती शोषण का कवच बन जाता है, यह बात कृषक के हाशियेकरण के साथ पिरोई हुई है।

प्रेमचन्द एक नास्तिक कथाकार थे। उनका ईश्वर पर विश्वास नहीं था। इसका यह अर्थ नहीं है कि वह आम लोगों की धर्म भावना में कुछ भी सकारात्मक नहीं देखते या धर्म भावना को ही होरी की मुसीबत की एकमात्र वजह मानते हैं। धर्म मनुष्य को जीने की ताकत और एक नैतिक पथ देता है, यह गाँधी और प्रेमचन्द दोनों मानते थे। प्रेमचन्द को पता था कि धर्म को रूढ़ि, आडम्बर या विद्वेष में बदलकर सामन्ती सत्ताओं द्वारा शोषण का अस्त्र बना लिया जाता है। धर्म के हानिकर तत्त्व आम लोगों की धर्म-भावना में पैठ जाते हैं। ये हर चीज को भगवद्कृपा पर निर्भर बना देते हैं और समाज में फूट डाल देते हैं। भगवान के ठेकेदार बनकर आते हैं पंडा, महन्त, पंडित, पुरोहित, स्वामी और धर्मगुरु। आधुनिक युग में ये नये वेश में हैं।

प्रेमचन्द ने अपने उर्दू उपन्यास 'असरारे मआबिद' (1905) में धार्मिक पाखंड का चित्र खींचते हुए लिखा था, "महन्त जी के माथे पर लाल निशान देख रहे हैं, यह चन्दन के निशान नहीं, बल्कि इस बात को सिद्ध कर देते हैं कि हजरत ने न्याय और धर्म का खून कर डाला है। आज जो इनके गले में मोहनमाला देख रहे हैं, यह असल में लोभ का फन्दा है...।" धर्म के प्रति प्रेमचन्द की दृष्टि शुरू से आलोचनात्मक थी। वह जानते थे कि भारत एक धार्मिक देश है। आधुनिक और प्रगतिशील माने जानेवाले लोग भी धार्मिक अन्धविश्वासों को चुनौती नहीं दे पाते, बल्कि कभी उग्र ढंग से इनकी शरण में चले आते हैं। मनुष्य के जीवन में जब आर्थिक संकट बढ़ता है, निराशा में धार्मिक अन्धविश्वास मजबूत होने लगते हैं।

प्रेमचन्द ने स्पष्ट किया है कि धर्म की आड़ में कृषकों का शोषण किस तरह होता है। दातादीन जजमानी को जमींदारी समझते हैं, बंकघर। वह कहते हैं, "जब तक हिन्दू जाति रहेगी, तब ब्राह्मण भी रहेंगे और जजमानी भी रहेगी।" होरी दातादीन के धार्मिक शोषण तन्त्र में अन्त तक पिसता है। दातादीन के धर्मरूप और होरी के धर्मरूप में फर्क है। दातादीन होरी से कहता है, "मैं ब्राह्मण हूँ। मेरे रुपये हजम करके तुम चैन न पाओगे।" यह धर्म के पतन की घड़ी है, जब धर्म सिर्फ लोभ और भय पर टिका होता है। गाय के मरने पर गोहत्या का दण्ड लेने के लिए दातादीन पहुँच गए। गोबर के दूसरी जाति की एक विधवा झुनिया से विवाह करने पर पंचायत ने धार्मिक आड़ में होरी पर डाँड़ लगायी। होरी धार्मिक रूढ़ियाँ, सामाजिक भेदभाव और पाखंड नहीं मानता। उसकी नैतिक आत्मा की आवाज ही उसका धर्म है, जबकि दातादीन का धर्म भेदभाव, आर्थिक लूट और भय का हथियार है। राय साहब के घर में रामलीला के अवसर पर किसान चबैना खाकर धनुष यज्ञ की उत्साहपूर्वक तैयारी कर रहे थे और भीतर बड़े लोगों की काकटेल पार्टी चल रही थी।

गोबर धार्मिक शोषण पर चोट करते हुए दातादीन से कहता है, "तुम्हारे घर में किस बात की कमी महराज, जिस जजमान के घर पर जाकर खड़े हो जाओ, कुछ न कुछ मार ही लाओगे। जन्म में लो, मरन में लो, शादी में लो, गमी में लो।" आधुनिक लोगों में कितने ऐसे हैं, जो गोबर की भाषा में बात कर सकते हैं?

धर्म यदि सामाजिक भेदभाव का स्रोत है, यह उसका दिवालियापन है। भारत में हिन्दू धर्मशास्त्र और धर्मगुरुओं ने सैकड़ों साल तक वर्ण-व्यवस्था का संरक्षण किया और जातिभेद को मजबूत बनाया। 'गोदान' में जातिभेद का नग्न रूप है, यह पंडित दातादीन जैसे धर्मध्वजधारियों के दलितों के प्रति रुख से स्पष्ट है। वह किसानों के प्रति जितने क्रूर हैं, उतने ही दलितों के प्रति भी। द्विज दलित स्त्रियों का शोषण करते हैं। भारतीय समाज में दलितों पर अत्याचार राष्ट्रीय आन्दोलन के दौर में भी होते रहे हैं, हालाँकि समाज बदल रहा था। दातादीन के बेटे मातादीन ने सिलिया चमारिन से हाथ में जनेऊ लेकर कहा था, 'जब तक दम है, तुझे ब्याहता की तरह रखूँगा।' समय बीतने पर दोनों का सम्बन्ध मालिक-मजूर का हो गया।

सिलिया ने अनाज ओसाते हुए आहत गर्व से पूछा, "तुम्हारी चीज में मेरा कुछ अख्तियार नहीं है?" मातादीन ने गुस्से में कहा, "नहीं, तुझे कोई अख्तियार नहीं है। काम करती है, खाती है। जो तू चाहे कि खा भी, लुटा भी, तो यह यहाँ न होगा। अगर तुझे यहाँ न परता पड़ता हो, कहीं और जाकर काम कर। मजूरों की कमी नहीं है।" भारत में दलित स्त्री पर जुल्म नयी घटना नहीं है। माना नहीं जाता कि उसका भी एक सम्मान है, उसका भी एक हक है। प्रेमचन्द ने सिलिया के संघर्ष को मानवीय आत्मसम्मान के लिए दलित संघर्ष के रूप में उपस्थित किया।

चमार एवं अन्य पिछड़ी जातियों के काफी लोग भूमिहीन हैं। वे उच्च जाति के भूमिधरों के यहाँ मर-खप कर काम करते रहे हैं। निःसन्देह पिछड़ों में भी कुछ भूमिधर तथा द्विजों में भी कई भूमिहीन हैं, पर ज्यादा भूमिहीन दलित हैं। गाँव में भूमि को लेकर संघर्ष होते हैं। विषम सामाजिक स्थितियों में भूमिहीन खेत मजदूरों का संघर्ष कभी-कभी जाति संघर्ष का रूप धारण कर लेता है। ऐसे संघर्ष में हिंसा निरन्तर बढ़ी है और समाज में जाति की ताकत एक बड़ी हकीकत बनती गयी है। प्रेमचन्द के जमाने में समाज विखंडित नहीं हुआ था, लेकिन जाति-संघर्ष के चिह्न दिखाई पड़ने लगे थे। सिलिया का बाप हरखू पंडित दातादीन को चुनौती देता है, "तुम हमें ब्राह्मण नहीं बना सकते, मुदा हम तुम्हें चमार बना सकते हैं। हमें ब्राह्मण बना दो, हमारी सारी बिरादरी बनने को तैयार है। जब यह समरथ नहीं है तो फिर तुम भी चमार बनो। हमारे साथ खाओ-पिओ, हमारे साथ उठो-बैठो। हमारी इज्जत लेते हो तो अपना धर्म हमें दो।" हरखू अपने मानवाधिकार के लिए लड़ता है। उसमें अपमान की जिन्दगी से निकलने और बराबरी की जिन्दगी की भूख है।

धर्म ने हरखू को नीची जाति का बनाकर रखा था। वह आर्थिक स्तर पर दबा हुआ था, सामाजिक स्तर पर भी अवमानना का शिकार था। उसकी लड़ाई दोहरी है, होरी की लड़ाई से कम मार्मिक नहीं। उसकी माँग है कि अगर मातादीन ने उसकी बेटी सिलिया को रखा है, तो उसे ब्याहता का दर्जा दे। उसके संघर्ष में उग्रता आती है। सिलिया की माँ मातादीन पर व्यंग्य करती है, "तुम बड़े नेमी-धरमी हो। उसके साथ सोओगे, लेकिन उसके हाथ का पानी न पिओगे।" चमार लोग मातादीन का जनेऊ तोड़ डालते हैं। मुँह में हड्डी का टुकड़ा डालकर उसका धर्म गिरा देते हैं। धर्म ही मातादीन और सिलिया के बीच की दीवार है। प्रेमचन्द ने एक अच्छी बात लिखी है, "खलिहान के सारे आदमी जमा हो गए, पर आश्चर्य यह कि कोई इन धर्म के लुटेरों से मुजाहिम न हुआ।" यह संघर्ष जातिवादी संघर्ष का रूप न ले सका, बल्कि गाँव के मरजाद और मानवाधिकार का संघर्ष बना।

'हंस' के फरवरी 1934 के अंक में प्रेमचन्द ने लिखा था, "दस-बीस साल में वह सभी जातियाँ जिन्हें शूद्र कहा जाता है, ब्राह्मण नहीं तो क्षत्रिय अवश्य बन चुकी होंगी। और क्षत्रिय से ब्राह्मण बनना तो उसके केवल एकदम उछलने का काम है।" इस कथन में उनका अभिप्राय यह है कि दलितों की सामाजिक ताकत एक-न-एक दिन फूटेगी और उनकी आर्थिक स्थिति मजबूत होगी।

भारत में जाति संघर्ष सबसे पहले महाराष्ट्र और दक्षिण के राज्यों में शुरू हुए। फुले, नारायण स्वामी, पेरियार और अम्बेडकर ने दलितों को जगाया। 1930 में रंगनाथपुरम का दंगा एक उदाहरण है, जिसमें हरिजन जिन्दा जलाये गए थे। हिन्दी पट्टी में भेदभाव और अत्याचार थे, पर सबल प्रतिरोध न था। राष्ट्रीय आन्दोलन में गाँधी के प्रवेश के बाद एक हलचल पैदा हुई। अस्पृश्यता मिटाने के लिए 'राष्ट्र' तैयार होने लगा। विभिन्न जातियों के बीच परस्पर सहयोग का भाव पैदा हुआ। हिन्दी पट्टी में दलितों के साथ भेदभाव और अन्याय होता था, पर न रंगनाथपुरम जैसी कोई घटना थी और न वैसा कुछ था, जैसा बाद में पिपरा, अलवर, बेलछी जैसी जगहों पर घटित हुआ। उस जमाने में राष्ट्रीय आन्दोलन के एक अंग के रूप में अछूतों के मन्दिर प्रवेश का आन्दोलन चला था। इसी क्रम में रखैल हरिजन औरतों को ब्याहता का दर्जा देने की माँग प्रबल हुई थी। दलित मुखर होने लगे थे, जिसका एक चित्र हरखू के आक्रोश में है। प्रेमचन्द समझते थे कि दलितों की मुक्ति के लिए सामन्ती व्यवस्था से कई स्तरों पर लड़ना होगा और जातिवाद का कोढ़ समाप्त करना होगा।

'गोदान' में सिलिया मातादीन का साथ छोड़ना नहीं चाहती। माँ के बहुत पीटने पर भी वह अपनी बिरादरी में नहीं लौटती। वह जाति-विषमता का युद्ध अपने तरीके से लड़ती है। वह माँ बननेवाली होती है और होरी के घर में आश्रय लेती है। वह

पूरी सामाजिक व्यवस्था को चुनौती देकर मातादीन का हृदय अन्ततः जीत लेती है। मातादीन की आँखें खुल जाती हैं। वह अपने बच्चे की एक झलक पाने के लिए तड़प उठता है। उसका बच्चा होरी के घर पल रहा था। अब मातादीन से बम्हनई का बोझ नहीं उठ पाता। दो रुपये के लिये उसे कई कोस पैदल जाना पड़ता था। एक दिन मातादीन ने अपने कमाये दो रुपये सिलिया को खर्च के लिये दे दिये। दातादीन और मातादीन की कमाई के चरित्र में फर्क उत्पन्न होने लगा। मातादीन होरी से अपना निश्चय बतलाता है, "तो जब बेधरम होकर ही रहना है, तो फिर जो कुछ करना है परतच्छ करूँगा। समाज के नाते आदमी का अगर कुछ धरम है, तो मनुष्य के नाते भी तो कुछ धरम है।" मानवीय भाव पैदा होने के बाद उसके जीवन में परिवर्तन आया। वह अपने को वर्ण व्यवस्था से बाहर निकालता है। वह ब्राह्मण से खेतिहर बन जाता है। उसमें मनुष्यता और वर्ग चेतना एक साथ पैदा होती है। संघर्ष का भाव जागते ही वह मेहनतकश, निर्मल हृदय, निर्भय, स्पष्टभाषी और सामाजिक समानता का पक्षधर हो जाता है। निमोनिया से बच्चे की मृत्यु के बाद तो उसके मन में असीम साहस का संचार हुआ। वह अपने दोनों हाथों पर उठाकर बच्चे का शव ले गया। जनता ने अँगुली नहीं उठायी, उसकी तारीफ की। मातादीन के चरित्र में नया मोड़ देकर प्रेमचन्द ने जाति-विषमता के मूल में विद्यमान धार्मिक रूढ़ियों की चिन्दी-चिन्दी उड़ा दी।

प्रेमचन्द ने होरी के साथ सिलिया-मातादीन प्रसंग को पूरा महत्त्व दिया है। वह कहना चाहते हैं कि गाँव में शोषण और दमन है तो संघर्ष के भी विविध रूप हैं। समाज स्थिर नहीं है, बदल रहा है। इसका असर राय साहब पर ही नहीं है, शहरों में ही नहीं है, गाँवों में भी है। 'गोदान' में साफ झलकता है कि भारतीय समाज में एक ऐतिहासिक उथलपुथल उपस्थित है और रूपान्तरण हो रहा है। लोगों में स्वातन्त्र्य-भावना का प्रसार हो रहा है। सुधारवादी आन्दोलन की चेतना गाँव में फैल रही है। धर्म और जाति को लेकर एक नयी धारणा बन रही है। जीवन की एक नयी शैली विकसित हो रही है। विवाह, नैतिकता तथा स्त्री-पुरुष सम्बन्ध के स्तर पर परिवर्तन आ रहे हैं। कुल मिलाकर जड़ सामाजिक ढाँचा चरमराने लगा है, भले टूट नहीं पा रहा हो।

पाँच

राष्ट्रीय आन्दोलन का असर गाँव में कम था, शहर में ज्यादा था। इसने शिक्षा, कानून, वाणिज्य, प्रशासन, संस्कृति—हर चीज पर असर डालना शुरू कर दिया था। एक तरफ पश्चिम की औपनिवेशिक आधुनिक सभ्यता का प्रसार हो रहा था। दूसरी तरफ राष्ट्रीय आन्दोलन की गतिविधियाँ तेज हुईं और राष्ट्रीय संस्कृति को

बल मिला। प्रेमचन्द ने राय साहब, खन्ना और शहर के दूसरे चरित्रों के जरिये दिखाया कि किस तरह ऊँचे आदर्शों से प्रेरित होने के बावजूद राष्ट्रीय आन्दोलन में औपनिवेशिक सभ्यता के तत्त्व छिपे रूप में मौजूद हैं। इस वजह से देश स्वाधीनता प्राप्ति की ओर अग्रसर जरूर हो रहा है, पर कृषक के हाशियेकरण और मजदूरों के विलगाव के साथ। देशभक्त कथाकार प्रेमचन्द की यह समझ साफ थी। इसलिए राष्ट्रवाद के उभार के समय ही वह उसके प्रति पर्याप्त क्रिटिकल थे।

गोदान का शिकार-प्रसंग महत्त्वपूर्ण है। इसके माध्यम से प्रेमचन्द ने विभिन्न वर्गों का मनो-सामाजिक चित्र प्रस्तुत किया है, उनकी वास्तविकता उजागर की है। राय साहब अपनी ह्रासात्मक आर्थिक स्थिति से दुखी हैं। खन्ना शिकारी की पोशाक पहनकर भी तेंदुआ देखकर डर जाते हैं। वे अपना मुख्य व्यावसायिक निशाना राय साहब को बनाते हैं। यदि पास में धन है, नयी स्थिति में वह अगर सामाजिक तौर पर कमजोर भी हो रहा हो, कई तरफ से लोग सँभालने के लिए दौड़ पड़ते हैं। पूँजीपति खन्ना राय साहब को मिल कर शेयर बेचना चाहते हैं।

शिकार के समय का दूसरा दृश्य यह है, मेहता पश्चिमी रंगढंग की मालती से जरा भी प्रभावित नहीं होता। वह जंगल में शिकार के लिए भटकने की जगह वन कन्या का सहयोग करता है, जो निर्मल हँसी और पवित्र श्रम लुटाती हुई अपने अतिथियों को जरा भी काम करने नहीं दे रही थी। जनजातीय कन्या अपनी खुशी से अतिथि सत्कार करती है, पर जब मालती उसे नौकर समझकर कठोर स्वर में आदेश देती है, 'तू जा, गाड़ी ला', वन कन्या का स्वाभिमानी मन आहत हो जाता है। वह प्रतिरोध करती है, "मैं किसी की लौंडी नहीं हूँ बाई जी! तुम बड़ी हो, अपने घर की बड़ी हो। मैं तुमसे कुछ माँगने तो नहीं जाती।" मालती विशिष्टवर्गी शहरी चेतना और अहंबोध से आक्रान्त स्त्री है। जनजातीय होते हुए भी वन कन्या का स्वाभिमान-भरा व्यक्तित्त्व कोमल और विलक्षण है। वह अपनी अस्मिता के प्रति सजग है।

एक अन्य ग्रुप में झाँसेबाज वकील तंखा है, जो मन और शरीर दोनों से कमजोर है। मिर्जा खुर्शीद हिरण का शिकार करने के बाद इसे अपने ही कन्धे पर ढोते हैं। वह विनोद ही विनोद में तंखा की खबर भी लेते रहते हैं। उसके दिखाये लोभ में नहीं आते। उनमें वर्गच्युति के उदय का उदाहरण इससे मिलता है कि उन्होंने पूरा हिरण लकड़हारे को दे दिया। उसके साथ खुशियाँ मनायीं। उन्हें परमार्थ में ही आनन्द मिलता है। शिकार से जब सभी लौटने लगे, एक मिर्जा खुर्शीद ही थे जो प्रसन्नता और ताजगी से भरे हुए थे। बाकी सभी के चेहरे लटक रहे थे। हम आगे भी देखते हैं कि मिर्जा खुर्शीद ने दूसरों की खुशियों में ही अपनी खुशी की तलाश की। एक दिन यह नौबत आयी कि गोबर के आगे दो रुपया कर्ज के लिए उन्हें गिड़गिड़ाना

पड़ा, दारू नहीं पी सके थे। वह तब पूँजीवाद के कट्टर दुश्मन बन चुके थे।

'गोदान' के विभिन्न शहरी पात्र राय साहब के आस-पास जिस तरह घूमते हैं, स्पष्ट हो जाता है कि सामन्ती वर्ग का पतन नहीं हुआ है, इसका रूपान्तरण हो रहा है। समाज में जमींदारों की महत्ता गिरी नहीं है। राजा सूर्यप्रताप सिंह और राय साहब अमरपाल के बीच चुनाव प्रतिद्वन्द्विता के कारण इस वर्ग में फूट दिखाई पड़ती है, लेकिन शीघ्र मिट जाती है। राय साहब की राष्ट्रीय आन्दोलन से शक्ति लेकर चुनाव में जीत से उनकी स्थिति फिर मजबूत होने लगती है। तंखा फिर आकर उनकी चाटुकारिता शुरू कर देता है। राजा साहब से सम्बन्ध स्थापित कर अपनी वर्ग स्थिति मजबूत करने के लोभ में राय साहब अपने एकमात्र बेटे रुद्रपाल की इच्छाओं का आदर नहीं करते। उनका बेटा सामन्ती परम्पराओं को तोड़कर मालती की बहन सरोज से प्रेम विवाह करना चाहता था। उसमें स्वच्छंदतावाद था, सामन्ती व्यवस्था से निकलने की छटपटाहट थी।

भारत का जमींदार वर्ग आधुनिक शिक्षा, जनतान्त्रिक मूल्य, सामाजिक सुधार और प्रगति का विरोधी था, क्योंकि इन चीजों से सामन्ती किला टूटने का डर था। राय साहब का मत है, "पूँजी और शिक्षा, जिसे मैं पूँजी का ही एक रूप समझता हूँ, इनका किला जितनी जल्दी टूट जाए, उतना ही अच्छा है।" वह पूँजीवाद के मुनाफावाले पक्ष से अपना सम्बन्ध जोड़ने के लिए जरूर तत्पर हैं, जिससे वे मजबूत हो सकें। अन्यथा उन्हें शिक्षा एक खतरनाक चीज लगती है। पूँजीपति खन्ना से सम्पर्क बनाकर जमींदारों की बर्बरता पुनः जाग उठती है। राजा सूर्यप्रताप राय साहब के बेटे की प्रेमिका को गायब करने की योजना बनाने लगे। प्रेमचन्द ने टिप्पणी की, "गुफावासी मनुष्य दोनों ही व्यक्तियों में जीवित था। राय साहब ने उसे ऊपरी वस्त्रों से ढँक दिया था। राजा साहब में वह नग्न था।"

राय साहब का सितारा बुलन्द था। उनके तीनों मंसूबे पूरे हो गए। कन्या की शादी धूमधाम से हो गयी, मुकदमा जीत गए और निर्वाचन में सफल ही नहीं हुए, होम मेम्बर हो गए। नैनीताल, मसूरी और शिमला में बँगले खरीद लिये गए। उन्हें अँग्रेजों ने 'राजा' की पदवी दी। उनकी स्वीकारोक्ति है, "यह है जीवन। नहीं, विद्रोहियों के फेर में पड़कर व्यर्थ बदनामी ली, जेल गए और अफसरों की नजरों में गिर गए।" राय साहब ने समाज में अपना खोया सम्मान पुनः प्राप्त कर लिया—कुछ राष्ट्रीय आन्दोलन से ताकत लेकर और कुछ उपनिवेशवाद से ताकत लेकर। वह समाचार पत्रों को रुपयों के बल से प्रभावित करते हैं, किसानों की आवाज रुकवा देते हैं। राय साहब की खूबी है कि वह कठिन स्थितियों में भी घबराते नहीं हैं। उन्हें लोगों को पटाने की कला आती है। वह 'बिजली' के सम्पादक ओंकारनाथ से कहते हैं, "आखिरकार मैं आपके पत्र को पाँचगुना चन्दा क्यों देता हूँ! केवल इसलिए कि

वह मेरा गुलाम बना रहे। मुझे परमात्मा ने रईस बनाया है। पहचत्तर रुपया देता हूँ कि आपका मुँह बन्द रहे। जब आप घाटे का रोना रोते हैं और सहायता की अपील करते हैं और ऐसी शायद ही कोई तिमाही जाती हो, जब आपकी अपील न निकलती हो, तो ऐसे मौके पर मैं आपकी कुछ-न-कुछ मदद कर देता हूँ। किसलिए? दीपावली, दशहरा, होली में आपके यहाँ बैना भेजता हूँ और साल में पच्चीस बार आपकी दावत करता हूँ, किसलिए?" प्रेमचन्द ने दिखाया कि मीडिया को समाज के शक्तिशाली वर्ग कैसे नियन्त्रित करते हैं और पेड न्यूज छपवाते हैं।

प्रेमचन्द हिन्दी के एक बड़े कथाकार के अलावा पत्रकार भी थे। वह एक प्रतिबद्ध पत्रकार थे। उनके लिए पत्रकारिता एक मिशन थी, जबकि उनके महान युग में ही ओंकारनाथ जैसे ढुलमुल और सुविधावादी पत्रकारों की संख्या बढ़ती जा रही थी।

आधुनिक भारत में राजाओं और जमींदारों की भूमिका समाप्त नहीं हुई। पूँजीवाद के आने से सामन्तवाद का पतन नहीं हुआ। वह और अधिक फला-फूला। राय साहब कुछ समय हार का अनुभव इसलिए करते हैं कि उनका बेटा रुद्रपाल उनके नियन्त्रण के बाहर था और बेटी मीनाक्षी की जिन्दगी बरबाद हो रही थी, "उन्हें डिग्री का उतना दुःख न हुआ, जितना अपने अपमान का। अपमान से भी बढ़कर दुःख था जीवन की संचित अभिलाषाओं के धूल में मिल जाने का और सबसे बड़ा दुःख था कि अपने बेटे ने ही दगा दी।" राष्ट्रीय आन्दोलन के दौर में जमींदार वर्ग का राजनीतिक आधार समाप्त नहीं हो रहा था। इसका रूपान्तरण हो रहा था। जमींदार समझ गए थे, राष्ट्रवादियों के साथ ब्रिटिश शासक वर्ग को भी लगने लगा था कि बढ़ते कृषक विक्षोभ के परिणामस्वरूप भारत की अर्थव्यवस्था में अब जमींदारों की उत्पादक भूमिका नहीं है। यही सोचकर राय साहब में अपने अस्तित्त्व को लेकर बेचैनी पैदा हुई थी। उन्हें विश्वास था कि अँग्रेज उनका पक्ष लेंगे, लेकिन इनके पैर भी अब उखड़नेवाले थे। इसलिए वे ताकत के लिए राष्ट्रवादी पूँजीपति खन्ना की ओर बढ़े।

'गोदान' की कथा को सामन्तवाद के ह्रास और पूँजीवाद के उदय के रूप में नहीं पढ़ा जाना चाहिए। ब्रिटिश साम्राज्य जब राष्ट्रीय आन्दोलन की चुनौतियों से घिर रहा था, जमींदार-पूँजीपति गठबन्धन पश्चिमी सभ्यता से सम्पर्क रखते हुए आकार लेने लगा था। राय साहब-खन्ना के अन्तर्सम्बन्ध से यही लक्षित होता है।

एक प्रश्न है, आखिरकार क्यों यूरोप में सामन्तवाद का तेजी से पतन हुआ और पूँजीवाद का विकास हुआ, पर भारत में पूँजीवाद के विकास के साथ सामन्तवाद का पतन शुरू नहीं हुआ, बल्कि उसे बार-बार पुनर्जीवन मिला? भारत में सामन्तवाद से पूँजीवाद में सम्पूर्ण संक्रमण दरअसल औपनिवेशिक और नव-औपनिवेशिक स्थितियों की वजह से ही लगातार एक पेचीदा मामला बनता गया।

'गोदान' में राय साहब उपर्युक्त वजह से ही अन्ततः शक्तिशाली हो उठते हैं। उदारवादी दिखने के बावजूद उनके मन में कृषकों के प्रति कोई वास्तविक सहानुभूति नहीं है। इसलिए मेहता ने साफ शब्दों में यह कहकर आपत्ति की कि सिद्धान्त और कर्म में एकता होनी चाहिए, सिर्फ मौखिक सहानुभूति का कोई अर्थ नहीं है। राय साहब के अन्तर्द्वन्द्व को प्रेमचन्द ने इस रूप में रखा है, "राय साहब को अपना राजसी ठाठ निभाने के लिए वही असामियों पर इजाफा और बेदखली और नजराना करना और लेना पड़ता था, जिससे उन्हें घृणा थी। वे प्रजा को कष्ट न देना चाहते थे। उनकी दशा पर उन्हें दया आती थी, लेकिन अपनी जरूरतों से हैरान थे।" आधुनिक युग में सामन्ती क्रूरता वस्तुतः औपनिवेशिक क्रूरता का ही एक रूप है।

छह

'गोदान' में सामन्तवाद की हिफाजत के लिए पूँजीवाद के खड़े होने के स्पष्ट दृश्य हैं। खन्ना मिल मालिक के अलावा बैंकर भी है। उसकी महाजनी कोठियाँ हैं। होरी के गाँव में झिंगुरी सिंह खन्ना का ही व्यावसायिक प्रतिनिधि है। खन्ना के पौ-बारह हैं। वह अपने हितों के बारे में सावधान है। व्यापार में मानवतावाद नहीं चलता। इसलिए वह राय साहब की लाचारी देखकर सिर्फ दोस्ती की वजह से अपना कमीशन छोड़ने की गलती नहीं करते। खन्ना का विश्वास 'बिजनेस इज बिजनेस' के सिद्धान्त में है। वह शिकार खेलने जाएँ अथवा राष्ट्रीय आन्दोलनों के एक केन्द्र मिर्जा खुर्शीद के अखाड़े पर, हर जगह उनका एक लक्ष्य है, कैसे उनके मिल के शेयर बिकें अथवा हिस्सेदारों को मुनाफा हो। आर्थिक रूप से टूटते राय साहब को उन्होंने विकास के नये रास्ते से परिचित कराया। प्रेमचन्द ने भारतीय समाज में शोषण के विविध स्तरों को पहचाना है।

कारखानों-मिलों में काम करनेवाले मजदूरों की पुरानी पीढ़ियाँ कृषि-व्यवस्था से सम्बद्ध रही हैं अथवा ग्रामोद्योग से। उनके खेत, ग्रामोद्योग अथवा हस्तशिल्प का जब पतन होने लगा, वे शहर में रोजगार के लिए आने लगीं। 1934-36 के आर्थिक मन्दी के दौर में जब किसानों पर वज्रपात हुआ, कृषक अधिक संख्या में शहरों की ओर आने लगे। जन सर्वेक्षण के अनुसार, 1901-11 तक शहर की अपेक्षा गाँवों की जनसंख्या में वृद्धि की दर अधिक थी। 1914 तक भारतीय उद्योगों का विकास बहुत मन्थर गति से हुआ था। अँग्रेज भारतीय उद्योग के शत्रु थे, क्योंकि उनका मूल लक्ष्य भारतीय बाजार में ब्रिटिश मालों का आधिपत्य कायम रखना था। उन्होंने मुख्यतः आर्थिक शोषण के लिए भारत पर औपनिवेशिक नियन्त्रण रखा था। उन्होंने ऐसी स्थिति पैदा नहीं होने दी, जिससे भारतीय उद्योग ब्रिटिश उद्योग से होड़ ले सकें और

स्वयं कच्चे माल का इस्तेमाल कर सकें, क्योंकि इससे भारतीय श्रम का उपयोग होता और ब्रिटिश उद्योगों की साम्राज्यवादी प्रगति में बाधा पहुँचती।

अँग्रेजों ने एक ओर यूरोपीय व्यापारियों को रियायती चुंगी समेत ढेर सारी सुविधाएँ दे रखी थीं। दूसरी ओर उत्पादन के साधन निर्मित करनेवाले देसी उद्योगों को दबाकर रखा था। भारतीय उद्योगपतियों के एक वर्ग ने राष्ट्रीय आन्दोलन को सहायता दी, ताकि स्वदेशी के प्रचार और विदेशी मालों के बहिष्कार आन्दोलनों से सरकार बाध्य होकर उन्हें छूट दे। भारतीय पूँजीपतियों ने अपने वर्गहित के लिए अपनी संस्थाएँ बनायीं। इन्होंने 'इंडियन नेशनल कॉंग्रेस' का अपने राजनीतिक मंच के रूप में उपयोग किया। पूँजीपति राष्ट्रीय आन्दोलनों को सहयोग देते थे और मजदूरों का शोषण भी करते थे। खन्ना दो बार जेल हो आये थे, आदर्श की बातें हाँकते थे। वह मजदूरों के बुनियादी अधिकार के विरोधी थे। प्रेमचन्द ने उनका चरित्र खोलकर रखा है, "मिस्टर खन्ना को मजदूरों की यह हड़ताल बिल्कुल बेजा मालूम होती थी। उन्होंने हमेशा जनता के साथ मिले रहने की कोशिश की थी। वे अपने को जनता का ही आदमी समझते थे। पिछले कौमी आन्दोलन में उन्होंने बड़ा जोश दिखाया था। जिले के प्रमुख नेता भी रहे थे, दो बार जेल गए थे और कई हजार का नुकसान उठाया था। अब भी वह मजदूरों की शिकायत सुनने को तैयार थे, लेकिन यह तो नहीं हो सकता कि वह शक्कर मिल के हिस्सेदारों के हित का विचार न करें।" प्रेमचन्द ने राष्ट्रीय आन्दोलन में पूँजीपति वर्ग की भागीदारी का मूल उद्देश्य स्पष्ट कर दिया।

प्रथम विश्वयुद्ध (1914-18) के दौरान विदेशी माल का आना कम हो गया था। अतः ब्रिटिश सरकार ने भारतीय उद्योगों को थोड़ी ढील दी थी। 1911-12 से गाँव में जनसंख्या-वृद्धि की दर घटने और शहरों में बढ़ने लगी। 1921-31 में शहरी जनसंख्या में वृद्धि की दर 19.1 प्रतिशत, 1931-41 में 32 प्रतिशत और 1941-51 में 41.4 प्रतिशत थी। हम लक्षित कर सकते हैं कि 'गोदान' में गोबर, भोला का लड़का जंगी और खुर्शीद के अखाड़े में भाग लेनेवाले अनगिनत लोग वस्तुतः अपने खेतों से उखड़ कर शहर आये थे। अँग्रेजों ने हिन्दुस्तान को लूटा, यह कहने का एक ही अर्थ समझ में आता है कि उन्होंने कृषकों को लूटा था। गाँव में आँधी-सी उठी, 'परदेश चलो'। ग्रामीण लोग शहरों को परदेश समझते थे। शहरों में मध्य वर्ग थोड़ा-बहुत पनप रहा था। लोगों के मन में बस, ट्राम, रेलगाड़ी, बिजली, कल-कारखानों और रंगीले बाजारों का आकर्षण था।

'गोदान' में एक खास वक्त तक मिल मालिक खन्ना बड़ा उत्साहित था। उसकी सौदेबाजी में राष्ट्रीय पूँजी की फड़फड़ाहट थी। उसका उत्साह बरकरार नहीं रह पाता। युद्ध और आर्थिक मन्दी की वजह से भारत में ब्रिटिश पूँजी का आना

कम हुआ तो इससे क्या, अँग्रेजी शासन ने बजट में कपड़ा, शक्कर इत्यादि वस्तुओं पर कर बढ़ा दिया था, उसने अपनी लूट जारी रखी थी। खन्ना ने कर का विरोध नहीं किया। उसने गरीब श्रमिकों की मजदूरी जरूर घटा दी, "ड्यूटी से पाँच की हानि थी, तो मजदूरी घटा देने से दस का लाभ था।" प्रेमचन्द की एक कहानी 'डामुल का कैदी' का सेठ खूबचन्द आँख मूँदकर मजदूरों को लूटना और मुनाफा कमाना चाहता था। इस पर मजदूरों के युवक नेता ने कहा, "इस मिल में इस साल दस लाख का फायदा हुआ है। वह हम लोगों की मेहनत का फल है, लेकिन फिर भी हमारी मजूरी काटी जा रही है। धनवानों का पेट नहीं भरता। हम निर्बल हैं, निस्सहाय हैं, हमारी कौन सुनेगा?" श्रमजीवी सोचते थे, व्यापार मण्डल उनकी ओर है, सरकार उनकी ओर है, मिल के हिस्सेदार उनकी ओर हैं, हमारा कौन है? समाज में एक नया वर्ग पनपने लगा था, जो पैसा कमाना ही जीवन का लक्ष्य समझता था। वह विलासिता का जीवन व्यतीत करता था। इस वर्ग ने कभी हृदय परिवर्तन नहीं किया। प्रेमचन्द इन बातों से परिचित थे और देख रहे थे कि सामाजिक-सांस्कृतिक जीवन पर पूँजीपतियों की पकड़ मजबूत होती जा रही है।

मिल मजदूरों का वेतन इतना कम था कि वे न पेट की भूख मिटा पाते थे, न बीमारी या किसी अन्य विपत्ति का सामना करने में सक्षम थे। उनकी बस्तियाँ गन्दी थीं, स्वच्छता का चिह्न न था। मेहता खन्ना के पूँजीवादी दृष्टिकोण का विरोध करते हुए मजदूरों के दुर्दशापूर्ण जीवन के बारे में कहते हैं, "मजदूर बिलों में रहते हैं—गन्दे बदबूदार बिलों में—जहाँ आप एक मिनट भी रह जाएँ तो आपको कै हो जाए। कपड़े जो वह पहतने हैं, उनसे आप अपने जूते भी न पोछेंगे। खाना जो वह खाते हैं, वह आपका कुत्ता भी न खाएगा।" अधिकांश मजदूर कर्ज से लद गए। खन्ना अत्यन्त गर्व से राय साहब को बतलाते हैं कि इस साल उन्होंने अपने शेयरधारकों को कितना फायदा कराया।

मिल-मजदूरों ने वेतन घटाने के विरोध में हड़ताल कर दी। उनमें गोबर भी था। मिल बन्द हो गयी। उसमें आग लगा दी गयी। खन्ना की स्थितियों पर उपन्यास में परस्पर विरोधी टिप्पणियाँ हैं। कहीं है, खन्ना धराशायी हो गए, कहीं है, उन्होंने श्रमिक आन्दोलन को दबाकर मिल चालू कर ली।

मेहता : आपको मालूम है, खन्ना की आजकल क्या दशा है?

राय साहब : सुन चुका हूँ और बार-बार इच्छा हुई कि उनसे मिलूँ, लेकिन फुरसत न मिली। उस मिल में आग लगना उनके सर्वनाश का कारण बन गया।

मेहता : जी हाँ। अब वह एक तरफ दोस्तों की दया पर अपना निर्वाह कर रहे हैं। उस पर गोविन्दी महीनों से बीमार है। उसने खन्ना पर अपने को बलिदान कर दिया, उस पशु पर, जिसने हमेशा उसे जलाया। अब वह मर रही है।

प्रेमचन्द ने मेहता के माध्यम से एक जगह यह बताया कि खन्ना का हृदय बदल गया। एक स्थान पर यह लिखा कि खन्ना ने एक दूसरी मिल खड़ी कर ली और दूसरे मजदूर पहले से आधे वेतन पर रख लिये। खन्ना का तर्क है, "मजदूरों को सन्तोष क्यों नहीं होता कि मन्दी का समय है और चारों ओर बेकारी फैली रहने के कारण आदमी सस्ते हो गए हैं?" पूँजीवाद की नजरों में पैसे की तुलना में मनुष्य का कोई अर्थ नहीं है। खन्ना की नयी मिल खुल गयी और वह दौलत के पंजे से छूटकर दया के पात्र भी हो गए—कथा के इन दो सूत्रों में सम्बन्ध नहीं है। ऐसी कोई प्रत्यक्ष घटना नहीं है, जिससे माना जाय कि खन्ना का मजदूरों के प्रति दृष्टिकोण बदला है। उसमें ऐसे बाघ की हिंस्रता है, जो मेमने की खाल पहनकर घूमता है।

सात

प्रेमचन्द ने 'गोदान' में बताया, पूँजीवाद के प्रभाव से पारिवारिक और मानवीय सम्बन्धों में किस तरह विघटन और साथ ही ध्रुवीकरण हो रहा है। खन्ना और गोविन्दी के टूटते सम्बन्ध पर पूँजीवादी सभ्यता की छाया है। गोविन्दी पारिवारिकता की भावना, सात्त्विक प्रेम, त्याग और सेवा को महत्त्व देती है। वह कहती है, "पीड़क होने से पीड़ित होना कहीं श्रेष्ठ है। धन खोकर अगर हम अपनी आत्मा को पा सकें, तो यह कोई महँगा सौदा नहीं है।" दूसरी ओर, खन्ना न केवल गोविन्दी से विमुख है, बल्कि उसमें बुनियादी मानवीय संवेदना भी नहीं है। वह पूँजीवादी मानसिकता के कारण स्त्री को मनोरंजन की वस्तु मानता है। महिला समिति में चन्दा नहीं देता, पर मालती पर हजारों रुपये फूँकता है। वह अपनी पत्नी के साथ पशुता से पेश आता है, टेनिस खेलता है! गोविन्दी की गृहस्थी इतनी खोखली हो जाती है कि वह घर छोड़ देती है। मेहता उसे समझा-बुझाकर वापस भेजते हैं। औपनिवेशिक सभ्यता ने खन्ना की आँखों को इतना अंधा कर दिया कि वह गोविन्दी का निश्छल प्यार और सेवा का महत्त्व समझ नहीं पाता।

साम्राज्यवादी सभ्यता में मजदूरों की भी पारिवारिक भावना नष्ट हो रही थी। वे न सिर्फ बुरी हालत में जी रहे थे, उनका नैतिक पतन भी होता जा रहा था। मिल ने जीवन में एक कोलाहल पैदा कर दिया था। गोबर ने खन्ना की शक्कर मिल में मजदूरी शुरू कर दी। प्रेमचन्द दिखाते हैं कि उसका पारिवारिक जीवन किस तरह प्रभावित होने लगा। कहाँ तो गोबर ने जातिवाद से भरे समय में प्रेम का साहस दिखाया था। वह अहीरिन झुनिया पर अपनी जान न्योछावर करता था, शहर आते वक्त इस औरत पर मर्द द्वारा हाथ उठाने के खिलाफ था। वही अब ताड़ी-शराब के नशे में घर लौटकर झुनिया को पीटता है। उसे अपने लोग ही बेगाने लग रहे

थे। उसे घर से कोई मतलब नहीं था। उधर झुनिया को भी "अब गोबर पर गुस्सा आता। उसने शहर के जीवन का कितना मोहक चित्र खींचा था और यहाँ इस काल-कोठरी के सिवा और कुछ नहीं। बालक से भी उसे चिढ़ होती। ...पति और पुत्र किसी से भी उसे स्नेह नहीं था।" शहर की विषमता जीवन को अमानवीय बना रही थी। मनुष्य क्रूर हो रहा था। पुरुष बाहर की कठोर व्यवस्था से लड़ नहीं पाता था तो औरत-बच्चों पर अपनी असफलता, क्लान्ति और हीनता की हिंसा उतारता था। गोबर का बच्चा बिना इलाज के मर गया, तब भी वह झुनिया पर जबर्दस्ती करता था। यदि एक तरफ खन्ना और गोविन्दी के बीच तनाव था, तो दूसरी तरफ एक साधारण मजदूर परिवार के दो प्राणी भी उसी शहर में अजनबीपन का अनुभव करते हुए जी रहे थे।

विलगाव, अजनबीपन और कुंठाओं से भरे जीवन में भी पुनर्निर्माण की शक्ति हो सकती है, यह प्रेमचन्द ने कहना चाहा। इस आस्था के बल पर उन्होंने चुहिया जैसे पात्र की रचना की, जिसने आड़े वक्त झुनिया की मदद की, उसका प्रसव कराया तथा माँ के सूखे शरीर में दूध न होने पर उसके बच्चे को अपने स्तन का दूध पिलाया। हड़ताल की मारपीट में जब गोबर घायल होकर घर लौटा, चुहिया ने उसकी सेवा-शुश्रूषा की। अपने पैसे खर्च किये। शहरी जीवन में भी मानवीय संवेदना थी। गोबर चुहिया को बुरा-भला कहता था, पर चुहिया अपना कर्त्तव्य समझती थी। वह ऐसी औरत थी, जो किसी से दबनेवाली नहीं थी। उसके मातृत्व का रूप अप्रतिम था। प्रेमचन्द के कथा-साहित्य में ऐसे व्यक्तियों का चरित्र पर्याप्त विश्वसनीय और समूचेपन के साथ उभरा है।

आम लोगों की आँखें कभी न कभी खुलती हैं, उनके आदर्श विध्वस्त नहीं किये जा सकते। चुहिया के व्यवहार से गोबर का मन बदलता है, उसकी आत्मा में जागृति आती है। झुनिया के प्रति उसका प्रेम पुनः उमड़ पड़ता है। वह समझता है कि अपने परिवार को ठुकराकर कोई बड़ा संघर्ष नहीं चलाया जा सकता। आखिरकार जनता का संघर्ष पूरे समाज को ऊपर उठाने के लिए है, जिसमें पत्नी-बच्चे भी आते हैं। गोबर के मित्र पहले वे लोग थे, जो श्रमिक आन्दोलन के वक्त मजे से मोटर में घूम रहे थे और बैरिन थी झुनिया। अब स्थिति बदल जाती है। झुनिया भी गोबर के जीवन को नये स्नेह से भर देती है।

प्रेमचन्द अपने चरित्रों में जिस तरह का बदलाव लाते हैं, यह कुछ आलोचकों को नाटकीय लगता है। ऐसे बदलाव को नाटकीय हृदय परिवर्तन कहना गलत होगा, क्योंकि कथाकार इनकी पृष्ठभूमि में सामाजिक परिवर्तन की बुनियादी मानवीय भूख और जन-जागरण का परिवेश भी उपस्थित करता है। मनुष्य बुरी परिस्थितियों में पड़कर बुरा हो सकता है, तो नयी हलचलों के बीच बुरे से अच्छा भी हो सकता

है। प्रेमचन्द ने जिस हृदय परिवर्तन की पृष्ठभूमि में सामाजिक हलचलों को रखा है, वह वास्तविक लगता है। गोबर एक गहरी नींद से जगा। इस जागरण में श्रमिक चेतना का उदय प्रतिध्वनित है। यह अजूबा नहीं है कि प्रेमचन्द के स्त्री पात्रों में मानवीय संवदेना अधिक है। उन्होंने धनिया और चुहिया में अद्भुत जुझारू व्यक्तित्त्व स्थापित किया है।

मिर्जा खुर्शीद बड़े लोगों की संगत छोड़कर श्रमजीवियों के साथ आ गए थे। उनके नेतृत्व में मिल-मजदूरों का आन्दोलन शुरू हुआ। वह चल न सका, विफल हो गया। मजदूरों में राजनीतिक चेतना का अभाव था। उनके आन्दोलन में अवसरवादी सहयोगियों की प्रचुरता थी। ओंकारनाथ 'बिजली' की प्रतियाँ बिकने भर के लिए मजदूरों के साथ था। वह कठिन वक्त पर भाग खड़ा हुआ। अँग्रेज सरकार मजदूरों के संगठित होने के विरुद्ध थी। उससे बल पाकर खन्ना का रुख कड़ा हो चुका था। बेरोजगारी और भुखमरी चरम सीमा पर थी। कुछ भी मिल जाए, मजदूर काम करने के लिए तैयार थे। खन्ना के मिल मजदूर हड़ताल पर थे, तो जो बेरोजगार थे, वे काम पाने के लिए टूट पड़े और हड़ताली मजदूरों से लड़ने पर उतारू हो गए। जनता से जनता भिड़ जाए, यह उपनिवेशवाद की शाश्वत परियोजना है। मिल मालिक के हितों की हिफाजत के लिए पुलिस आती है, यह साम्राज्यवादी व्यवस्था है। खुर्शीद आन्दोलन में डटे थे। गोबर भयंकर मारपीट के बीच उनकी रक्षा करने में आहत हो गया। खुर्शीद विफल हो गए, पर प्रेमचन्द ने उनके संघर्षशील और सेकुलर चरित्र को उभरा है और दिखाया है कि बदलती स्थितियों में श्रमिक आन्दोलन एक नयी सम्भावना है। उन्होंने श्रमिक आन्दोलन की कमजोर नशों पर भी अँगुली रखी है। कमजोरियों में मिर्जा खुर्शीद की अदूरदर्शिता है, मजदूरों की फूट है और श्रमिक आन्दोलन में सुविधावादी नेतृत्व की घुसपैठ है। 'गोदान' में मजदूर आन्दोलन का रूप कच्चा इसलिए है कि देश में मजदूरों की राजनीतिक चेतना का पर्याप्त विकास नहीं हुआ था। मजदूर सभाओं पर प्रतिबन्ध लगाने के अलावा सरकार ने साधारणतः इनके प्रति कठोर रुख अपना रखा था।

'गोदान' में कृषक जीवन की ट्रैजडी की दो घटनाएँ हैं। गाँव में होरी खेत से सड़क पर फेंक दिया जाता है और लू से मरता है। शहर में होरी के बेटे गोबर के साथ ट्रैजडी घटित होती है। होरी ने राय साहब के घर हुई रामलीला में अभिनय करते हुए माली की भूमिका निभायी थी। उसका बेटा श्रमिक हड़ताल में छँटनी के बाद वास्तविक जीवन में माली हो जाता है। यह भी एक ट्रैजडी ही है।

'गोदान' में सामाजिक ध्रुवीकरण का स्पष्ट चित्र है। शहर से मेहता, मालती, खुर्शीद, गोविन्दी, गोबर, झुनिया और चुहिया आकर तथा गाँव से होरी, धनिया, भोला, गिरधर, हीरा-सिलिया और अन्ततः मातादीन आकर सामाजिक चेतना का एक वृत्त

बनाते हैं। दूसरे सामाजिक वृत्त में हैं शहर के खन्ना, राय साहब, अमरपाल सिंह, राजा सूर्यप्रताप सिंह और गाँव से पंडित दातादीन, झिंगुरी सिंह, नोखेराम, पटेश्वरी जैसे दमन करनेवाले व्यक्ति। वकील तंखा और पत्रकार ओंकारनाथ दलाल हैं। दो भिन्न सामाजिक वृत्त के लोगों के मानवीय सम्बन्ध भिन्न तरह के हैं। होरी और धनिया लाख लड़ते हैं, पर उनके बीच सम्बन्ध वैसे नहीं बिगड़ते, जिस तरह खन्ना-गोविन्दी के। राय साहब और खन्ना के बीच स्वार्थपूर्ण सम्बन्ध हैं। दूसरी ओर, झुनिया के होरी के घर रहने पर भोला ने कितना नहीं ठान लिया, पर अन्ततः दोनों में मित्रता हो जाती है। अन्त में दोनों एक साथ बैठकर एक-दूसरे को अपने बुढ़ापे का दुखड़ा सुनाते हैं। मिर्जा खुर्शीद ने अपने को कहाँ से वर्गच्युत किया और वह किनके बीच आ गए। मालती बदल गयी। साम्राज्यवादी माहौल में सारा समाज एक ही दिशा में नहीं जा रहा था, बल्कि एक स्पष्ट सामाजिक-बौद्धिक ध्रुवीकरण हो रहा था।

'गोदान' में भारतीय औपन्यासिक संरचना का उत्कर्ष है। यह एक बहुकथापरक या बहुकेन्द्रिक उपन्यास है। इसमें कई तरह के पात्र हैं, कई जगहों के पात्र हैं और कोई एक केन्द्र नहीं है। होरी कहीं है, मेहता-मालती कहीं हैं, गोबर कहीं चला जाता है, मातादीन-सिलिया कहीं है, राय साहब कहीं और खन्ना कहीं है, पर ये सभी पात्र एक ही समाज के हैं, जो बदल रहा है। प्रेमचन्द ने खुद कहा है, "उपन्यास में आप चाहे जितने स्थान जाएँ, चाहे जितने दृश्य दिखाएँ, चाहे जितने चरित्र खींचें, पर यह कोई आवश्यक नहीं कि सब घटनाएँ और चरित्र एक ही केन्द्र पर आकर मिल जाएँ।" (कुछ विचार)। प्रेमचन्द ने उपन्यास के पश्चिमी ढाँचे को तोड़ा है और आदि-अन्त की बँधी-बँधाई धारणा को भी नहीं माना है। उनका औपन्यासिक शिल्प लचीला है, शिथिल नहीं है। 'गोदान' में ग्रामकथा के साथ नगर-कथा है। दोनों का एक-दूसरे से गहरा सम्बन्ध है। एक समय यह विवाद का एक मुद्दा बना था।

जैनेन्द्र कुमार का मत है, "हठात शहर ने आकर पुस्तक के गाँव को चमकाया नहीं है, बल्कि कहीं कुछ बिखरने और ढँकने का प्रयास किया है।" शहर हठात नहीं आता। यह लाखों गोबर के धरती से उखड़ने और औद्योगीकरण की वजह से अस्तित्व में आता है। होरी के जीवन को ठहरे रूप में देखने के कारण 'गोदान' में शहर आरोपित लगता है। नन्ददुलारे वाजपेयी को 'गोदान' के नागरिक और ग्रामीण पात्र एक बड़े मकान के दो खंडों में रहनेवाले दो परिवारों के समान दिखते हैं, जिनका एक-दूसरे के जीवन-क्रम से बहुत कम सम्बन्ध है। इंद्रनाथ मदान ने प्रेमचन्द को सुझाव दिया कि वे गोदान से शहरी कथा निकाल दें। 'गोदान' को एक प्रौढ़ कृति मानते हुए भी जब आलोचक इसकी आधारभूत औपन्यासिक संरचना पर आक्षेप करते हैं और साथ में प्रेमचन्द की महानता भी निरूपित करते हैं तो इससे यही साबित होता है कि प्रेमचन्द के व्यापक यथार्थवादी दृष्टिकोण पर प्रश्नचिह्न लगाना

चाहते हैं, लेकिन उनसे आतंकित भी हैं।

'गोदान' को साम्राज्यवाद से टकराकर बनते राष्ट्र की जीवन-कथा के रूप में पढ़ा जाना चाहिए। राष्ट्रवाद में बनते वर्चस्वों की पहचान के अलावा इस उपन्यास में कई छोटे-छोटे मुक्ति-संघर्ष हैं। इसमें किसी आदर्शवाद या यूटोपिया की जगह भारतीय जीवन के अनगिनत छोटे-छोटे यथार्थ हैं। कोई चरित्र परिपूर्ण नहीं है और सभी चरित्र विश्वसनीय ढंग से सामने आते हैं, जैसे पाठक से बातचीत कर रहे हों। देखने की जरूरत है कि शहर में गोबर के साथ जो ट्रैजडी घटित होती है, वह उसके पिता होरी की ट्रैजडी का ही विस्तार है। ये दोनों चरित्र कुछ बड़ी समस्याओं को सामने लाते हैं। प्रेमचन्द ने 'गोदान' में राष्ट्रीय आन्दोलन का स्पष्ट चित्र न खींचा हो, वह कृषकों के सामन्ती शोषण के औपनिवेशिक चरित्र को नंगा करते हैं। यदि शहर की कथा नहीं होती, न सामन्तवाद-पूँजीवाद गठबन्धन उजागर होता, न औपनिवेशिक सभ्यता से भिन्न राष्ट्रीय मूल्य सामने आते। राय साहब के घर धनुष यज्ञ के समारोह में होरी और गाँव के लोग होते हैं, तो खन्ना, मेहता-मालती ओंकारनाथ आदि भी होते हैं। इस समारोह में मेहता के खान बनने के स्वांग और हँसी-मजाक के नाटकीय चित्रों के बीच से समाज के विभिन्न वर्गों का चरित्र सामने आता हैं। गाँव में रहने वाला झिंगुरी सिंह शहर के पूँजीपति खन्ना का आदमी है, जो गाँव में महाजनी कोठी चलाता है। स्पष्ट हो जाता है कि औपनिवेशिक शोषण की प्रक्रिया में गाँव निरन्तर पिछड़ते जा रहे हैं, शहर चमक रहे हैं। गाँव के कृषक अपनी धरती से उजड़कर शहर में मजदूर बन रहे हैं।

प्रेमचन्द कहना चाहते हैं कि शहर में आकर गोबर की स्थिति कुछ अच्छी नहीं हुई और न जागरूक नागरिक के रूप में मालती के गाँव जाने पर कोई सुधार हुआ। इसमें सन्देह नहीं कि गाँवों को औपनिवेशिक-सामन्ती जाल से निकाल कर विकास के पथ पर खड़ा करना ही सही समाधान है, गाँव का उजड़ना भारत का विनाश है। गाँव और शहरों की कथाओं के साथ 'गोदान' एक 'टोटल नावेल' है, जिसका अन्त मार्मिक है।

शहर जानेवाली सड़क पर मजूरी करते समय होरी की लू लगने से मृत्यु हो जाती है। धनिया जैसे जीवन के एक कटु यथार्थ का सामना कर रही हो, उसका दुर्भाग्य जैसे अब भी पीछा न छोड़ रहा हो। चारों तरफ से आवाजें आती हैं, गोदान करा दो। धनिया यन्त्र की भाँति उठी, आज तो सुतली बेची थी, उसके बीस आने पेसे लायी और पति के ठंडे हाथ में रखकर सामने खड़े दातादीन से बोली, "महाराज, घर में न गाय है, न बछिया, न पैसा। यही पैसे हैं, यही इनका गोदान है। और पछाड़ खाकर गिर पड़ी।" इन पंक्तियों से स्पष्ट है कि इस उपन्यास का शीर्षक 'गोदान' क्यों है। यह एक हिन्दू धर्मानुष्ठान पर ही नहीं, पूरी सामन्ती व्यवस्था पर प्रहार है।

यह उस क्रूर धार्मिक व्यवस्था में मनुष्य के विलगाव का चरम रूप है, जिसमें होरी पिस रहा था। कहने के लिए यह 'गोदान' का अन्त है। दरअसल, इसके बाद की कहानी गोबर के जीवन में है।

20वीं सदी के भारत का जितना व्यापक यथार्थ 'गोदान' में है, दूसरी किसी कृति में नहीं है। एक तरफ राय साहब जैसे जमींदार ऐसे ज्वालामुखी के मुँह पर खड़े हैं, जहाँ वे भस्म हो सकते हैं। दूसरी तरफ खन्ना जैसे पूँजीपति हैं, जिनमें नया आर्थिक नेतृत्व ग्रहण करने का उत्साह है, पर वे ठीक से खड़ा नहीं हो पा रहे हैं। अँग्रेजी शासन से राय साहब और खन्ना दोनों का नाता आत्मीय विरोध का है, दोनों ही सज्जन औपनिवेशिक सभ्यता में डूबे हुए हैं। यही नहीं, मध्यवर्ग पर भी पश्चिमी सभ्यता का गहरा असर है, हालाँकि मध्यवर्गीय चरित्रों में अन्तर्द्वन्द्व है। प्रेमचन्द ने यह अन्तर्द्वन्द्व मेहता, मालती और खुर्शीद के जरिये दिखाया है। गाँवों में परम्परागत संस्कृति उजड़ रही है, वहाँ अन्तर्शत्रुता, हाशियाकरण और विलगाव बढ़ रहा है। राष्ट्र सच्चे अर्थों में बन रहा है तो उन्हीं के दिलों में, जो गाँव को सुधार के केन्द्र में रखते हैं या होरी की तरह संस्कृति के उच्च मूल्यों को जीवन में बचाना चाहते हैं। 'गोदान' में औपनिवेशिक सभ्यता और राष्ट्रवाद के बीच घालमेल की जगह एक स्पष्ट वैचारिक ध्रुवीकरण है, जो भारत के दुर्भाग्य को समूल बदलने की भावना से प्रेरित है। प्रेमचन्द कहना चाहते हैं कि कृषक को हाशिये पर रखकर राष्ट्र का कोई अर्थ नहीं है।

प्रसाद के उपन्यास : राष्ट्र में स्त्री

एक

पश्चिमी रोमांटिक कवियों ने उपन्यास लिखने की ओर ध्यान नहीं दिया, जबकि हिन्दी के छायावादी कवि प्रसाद और निराला ने उपन्यास लिखे। उपन्यास बहिर्मुखता और मानव-जीवन के अनेक रूपों से परिचय के बिना नहीं लिखे जा सकते। ये आमतौर पर वह सब बताते हैं जो हम नहीं जानते और उन लोगों के पास ले जाते हैं जो समाज में सिर्फ सुनते हैं और कभी सुने नहीं जाते। छायावादी काव्य चेतना 'मैं'-केन्द्रिक थी। यह बुद्धि और कल्पना, सत्य और फैंटेसी के मिश्रण से बनी थी। इन स्थितियों में छायावादी कवियों का उपन्यास विधा की ओर आकर्षित होना 'राष्ट्र' से अनोखे संवाद जैसा था।

'नावेल' का एक अर्थ है कुछ नया। उपन्यास हमारे जीवन के चारों तरफ जो परिचित चीजें हैं, उनसे हमारा नया सम्बन्ध जोड़ता है। यह अन्तर्जगत से बाहर निकालता है और उन अपरिचित चीजों की दुनिया में ले जाता है जो हमें अपनी-सी लगती हैं। उपन्यास विधा की ओर आकर्षण ने जीवन की ठोस चीजों से छायावादी कवियों के रिश्ते को प्रगाढ़ बनाया। कवि अमूर्त्त से मूर्त्त की तरफ गए। प्रसाद ने जब 'कंकाल' लिखा, प्रेमचन्द ने पहली बार प्रसाद की किसी कृति की समीक्षा करते हुए सराहना में कहा, "यह प्रसाद जी का पहला ही उपन्यास है, पर आज बहुत कम ऐसे उपन्यास हैं, जो इसके सामने रखे जा सकें। ... प्रसाद जी ने इस उपन्यास में समकालीन सामाजिक समस्याओं को हल करने की चेष्टा की है और खूब की है।" (विविध प्रसंग)। प्रसाद के 'कंकाल' की काफी चर्चा हुई, भले उन्हें प्रसिद्धि 'कामायनी' से मिली।

आमतौर पर उपन्यास से रोमांटिक कवियों के स्वभाव का मेल नहीं बैठता, क्योंकि उनका मुख्य लक्ष्य होता है काव्यात्मक आत्मजगत का उद्घाटन। फिर भी छायावादी कवियों ने जो उपन्यास लिखे, वे सूक्ष्म आत्मानुभूति न होकर कठोर सामन्ती

व्यवस्था को स्पष्ट चुनौती थे। वे प्रचलित धारणाओं से टकराते थे। ऐसे उपन्यासों के मुख्य चरित्र समाज के उपेक्षित तबकों के थे। वे कई बार उपेक्षित स्त्रियाँ होती थीं। छायावाद स्त्री के सामाजिक अधिकार की नवजागरणकालीन परियोजना को आगे बढ़ा रहा था। यह काम उपन्यासों के जरिये ज्यादा हुआ। खासकर प्रसाद के 'कंकाल' (1929) और 'तितली' (1931) उपन्यास छायावाद की साहित्यिक परिभाषा में विस्तार लानेवाले माने जा सकते हैं। ये इस धारणा को भी चुनौती देते हैं कि प्रेमचन्द और प्रसाद दो भिन्न साहित्यिक परम्पराएँ हैं।

हिन्दी कथा समीक्षा और शिक्षा में लम्बे समय से 'प्रेमचन्द स्कूल' और 'प्रसाद स्कूल' का सरलीकृत विभाजन चलता आया है। प्रेमचन्द स्कूल में यशपाल, नागार्जुन, रेणु आदि को रखा गया, जबकि प्रसाद स्कूल में जैनेन्द्र, अज्ञेय, निर्मल वर्मा आदि को। यह सूझ मूलतः जैनेन्द्र की थी, जो उन्होंने प्रेमचन्द के सामने रखी थी। प्रेमचन्द ने इस पर आपत्ति की थी, जिसे लोग भूल गए हैं। उन्होंने जैनेन्द्र को एक पत्र में लिखा था, "मैं तो कोई स्कूल नहीं मानता। आपने ही एक बार प्रसाद स्कूल-प्रेमचन्द स्कूल की चर्चा की थी। शैली में जरूर कुछ अन्तर है, मगर वह अन्तर कहाँ है, यह मेरी समझ में खुद नहीं आता।... प्रसाद जी के यहाँ गम्भीरता और कवित्व अधिक है। 'रियलिस्ट' हममें से कोई नहीं है। हममें से कोई भी जीवन को उसके यथार्थ रूप में नहीं दिखता, उसके वांछित रूप में ही दिखता है। मैं नग्न यथार्थवाद का प्रेमी नहीं हूँ।" (जैनेन्द्र कुमार, ये और वे)। प्रेमचन्द का 'यथार्थवाद' से यहाँ आशय प्रकृतिवाद से है। वह युग यथार्थोन्मुख होते हुए भी कुछ समान आदर्शों के साथ जीने-मरने का था। आज निश्चय ही ऐसा नहीं है। उच्च आदर्शों के उस युग में प्रेमचन्द और प्रसाद कई बिन्दुओं पर समान युग चेतना के साझेदार थे। उन्हें उनकी विशिष्टताओं के बावजूद दो परम्पराएँ नहीं कहा जा सकता।

प्रसाद भाववादी थे, पर वे न व्यक्तिवादी थे, न बुद्धिवाद से तटस्थ थे और न इतिहास-विरोधी थे। उनकी आस्था अपने युग के आदर्शों पर थी। प्रेमचन्द अपनी जिन्दगी के आखिरी सालों में आदर्शवादियों के खोखलेपन से चिढ़ गए हों, पर उच्च आदर्शों पर उनकी आस्था जिन्दगी भर थी। उनका आखिरी उपन्यास 'गोदान' इसका सबूत है। इसमें होरी के यथार्थवाद के साथ मेहता-मालती का आदर्शवाद भी है। उनके उपन्यास में समाज के हाशिये के लोगों की चिन्ता के साथ राष्ट्रीय चिन्ताएँ हैं। प्रेमचन्द और प्रसाद दोनों ही सामन्तवाद-साम्राज्यवाद विरोधी हैं। वे अपनी-अपनी पद्धति से मानवतावादी-जनतान्त्रिक चेतना का विकास करते हैं। उनका साहित्य भारतीय जनता के स्वाधीनता संग्राम से जुड़ा हुआ है।

रोमांटिक कवियों ने उपन्यास में पाठकों को ध्यान में रखा, भले उनकी काव्य भाषा अमूर्त्त हो। इसमें सन्देह नहीं कि उपन्यास विधा के विकास में पाठकों की एक

बड़ी भूमिका है, बल्कि कहना चाहिए कि उपन्यास विधा ने ही पाठकों को पहली बार उनकी सत्ता का अहसास कराया। पाठक का महत्त्व बढ़ गया। पाठकों-लेखकों पर अपना ढंग बदलने का दबाव बनाया।

प्रसाद के सामने पुराने समाज से बाहर निकलने के लिए बेचैन नये मनुष्य की पीड़ाएँ थीं। उनकी नजर में यथार्थवाद 'लघुता की ओर दृष्टिपात' है। यही वजह है कि 'कंकाल' में तारा, घंटी, लतिका, सरला, गाला और मंगलदेव—ये सभी चरित्र साधारण वर्ग के हैं। इनके जरिये व्यक्तिगत जीवन के दुख व्यक्त हुए हैं। गौर किया जा सकता है कि 'कामायनी' के सभी चरित्र असाधारण हैं, खासकर मनु की मानसिकता उच्च-मध्यवर्गीय है। प्रसाद 'महत्ता के काल्पनिक चित्रण से अतिरिक्त व्यक्तिगत जीवन के दुख और अभाव का वास्तविक उल्लेख' जरूरी मानते हैं। उनकी यह बात उल्लेखनीय है, "यथार्थवाद क्षुद्रों का नहीं, महानों का भी है। वस्तुतः यथार्थवाद का मूल भाव है वेदना।" उनके उपन्यास 'कंकाल' में साधारण की ओर दृष्टिपात है, जबकि महाकाव्य 'कामायनी' में उनकी नजर महान की ओर गयी है। प्रसाद ने दोनों में समान कार्य किया है मनुष्य जीवन की उस पीड़ा के उद्घाटन का, जो यथार्थ और नयी आकांक्षाओं की टकराहट से पैदा होती है।

निश्चय ही कवि प्रसाद का प्रगीतों की भावुकता, आन्तरिक तीव्रता और सौन्दर्य के ऐश्वर्य से 'कंकाल' की ऊबड़खाबड़ औपन्यासिक जमीन पर आना आसान न था। हालाँकि छायावाद विशुद्ध रोमांटिसिज्म नहीं था। हिन्दी में छायावाद और यथार्थवाद साथ चल रहे थे। प्रेमचन्द और प्रसाद दोनों एक ही साहित्यिक कालखंड में लिख रहे थे। हिन्दी में उपन्यास विधा का विकास कुछ देर से शुरू हुआ, पर चारों तरफ के प्रभावों से पककर यह विधा जल्दी प्रभावशाली हो गयी। प्रसाद इस विधा की ओर आकर्षित हुए। वह 'लय' से 'विडम्बना के वृत्तान्त' की ओर बढ़े। इस प्रक्रिया ने 'कामायनी' की काव्यानुभूति को भी आगे चलकर प्रभावित किया। हम आसानी से लक्षित कर सकते हैं कि 'कामायनी' में 'महान' मनु पर टूट पड़ा 'साधारण' का आक्रोश है। इतना ही नहीं, बुद्धिवाद के अलावा 'वर्गहीन समाज की भी एक दबी-सी अनुगूँज' है।

छायावादियों ने नवजागरण की पृष्ठभूमि में अपने युग के राष्ट्रीय आन्दोलन को काव्यात्मक स्वर दिया था। प्रसाद के बारे में एक प्रचार यह हुआ कि वह बुद्धिवाद के विरोधी हैं। हम न केवल 'कामायनी' में देखते हैं कि श्रद्धा अपने बेटे मानव को तर्क, बुद्धि और विज्ञान की नेत्री इड़ा के पास छोड़कर जाती है, इससे काफी पहले 'कंकाल' में पाते हैं कि उपन्यास का केन्द्रीय चरित्र विजय बुद्धिवादी है। वह स्वच्छन्दतावादी प्रकृति का होते हुए भी धार्मिक पाखंड और रूढ़िवाद का वैयक्तिक स्तर से प्रचंड विरोध करता है। उनकी खिल्ली उड़ाता है। यह अलग बात

है कि वह विरोध करते हुए अन्ततः एक घनीभूत पीड़ा और त्रासदी में फँस जाता है, जो भारत की सामन्ती व्यवस्था की कठोरता और क्रूरता का नतीजा है। 'कंकाल' में प्रसाद ने पतनशील सामन्ती समाज की विद्रूपताओं की ही आलोचना प्रस्तुत नहीं की है, सामाजिक विकास का चित्र भी खींचा है। वह बुद्धिवाद के प्रति बढ़ते आकर्षण के सकारात्मक दृश्य रखते हैं। यह भी दिखाते हैं कि समाज में धार्मिक-सामन्ती क्रूरताओं के बावजूद मनुष्य में प्रेम की गंगा सूखी नहीं है। मनुष्य खत्म नहीं हुआ है। इस सन्दर्भ में व्यक्ति की आत्मालोचना जैसे-जैसे तीव्र होती है और उसका अन्तर्द्वन्द्व बढ़ता है, वैसे-वैसे समाज में जागरण आता है। वह बुद्धिवादी करवट लेता है। प्रसाद के युग में यही सब हो रहा था। औपनिवेशिक सामन्ती समाज के पतित चरित्रों को उठाकर प्रसाद ने वस्तुतः यही कहना चाहा है कि भारतीय समाज अब ऐसे मोड़ पर खड़ा है, जहाँ यदि सड़ी धार्मिक व्यवस्था और नैतिक दृष्टि में परिवर्तन नहीं हुआ तो कोई उच्च-मानवीय आदर्श बचा नहीं रह सकेगा।

दो

प्रसाद के काव्य में राग की प्रधानता है, लेकिन उनके उपन्यास में राग और क्षोभ दोनों हैं। 'कंकाल' में रागात्मकता का प्रतिनिधित्व तारा, घंटी, लतिका, सरला, गाला और मंगलदेव जैसे चरित्र करते हैं और क्षोभ का प्रतिनिधित्व विजय करता है। प्रेम या राग की वेदना से राष्ट्रीय पुनर्निर्माण की आकांक्षा व्यक्ति होती है और क्षोभ से कठोर औपनिवेशिक-सामन्ती दमन के प्रतिरोध का जन्म होता है। यह उपन्यास के ढाँचे की विशेषता है कि प्रसाद वेदना से प्रतिरोध की ओर छलांग लगाते हैं। उनका रोमांटिसिज्म यथार्थवाद की आँच से लाल हो जाता है।

उस जमाने में 'क्लासिक' का आकर्षण खत्म नहीं हुआ था। 'क्लासिक' और 'रोमांटिक' के बीच कहीं सम्बन्ध था और कहीं तनाव था। प्रसाद के कृतित्त्व में महाकाव्य और उपन्यास दोनों की उपस्थिति इसका सबूत है। फिर भी प्रसाद का 'ममता', 'महुआ', 'गुंडा', 'नन्हा जादूगर' जैसी कहानियाँ लिखना, 'कंकाल' और 'तितली' जैसे उपन्यास लिखना या 'प्रलय की छाया' जैसी लम्बी कविता लिखना रोमांटिक के भीतर क्लासिक के सन्धान जैसा है। इनमें परम्परागत सुरुचि और शिल्प से विद्रोह है और एक उच्चतर मूल्य व्यवस्था की खोज है। इनमें ऐसे चरित्र हैं, जिन्हें परम्परागत समाज अच्छी निगाह से नहीं देखता, पर जैसे इन्हीं के बीच मानवता की नयी मूर्ति गढ़ने वाले लोग हों।

'कंकाल' पर आलोचकों ने अश्लीलता का आरोप लगाया, जबकि इसमें ऐसा कुछ नहीं है। नन्द दुलारे वाजपेयी ने 1931 में लिखा था, "कंकाल' के प्रोपेगंडा

को समझने की योग्यता हिन्दी भाषी समाज में अब तक पर्याप्त रूप में नहीं हुई है। 'कंकाल' को इसका इन्तजार करना होगा।" इसके अलावा, दोनों ही उपन्यासों में पुनरुत्थानावाद देखा गया, जबकि धर्म को स्वीकृति देते हुए धार्मिक रूढ़ियों और पाखंडों का विरोध लेखक का साहसपूर्ण कदम था। छायावाद इस अर्थ में भी उल्लेखनीय है कि यह धार्मिक भेदभाव, कट्टरवाद और पाखंड के विरोध में था। इसमें सम्प्रदायवाद लेशमात्र न था।

उपन्यास काल्पनिक चरित्रों के जरिये एक खास समय के मानव सम्बन्धों, खासकर स्त्री-पुरुष सम्बन्धों के अन्तस्थल में ले जाते हैं, जहाँ कई बार यथार्थ भी रहस्यमय और रहस्यमय भी यथार्थ हो उठता है। 'कंकाल' में दिखाया गया है कि भारत के धार्मिक समाज में एक व्यापक आलोड़न है, पर यह परम्परागत स्त्री-पुरुष सम्बन्ध को बदल नहीं पा रहा है।

पुरुष कभी धर्म और कभी प्रेम की आड़ में निजी आजादी लेते हैं। वे हमेशा अपनी महत्त्वाकांक्षाएँ पूरी करना चाहते हैं, जबकि स्त्रियाँ उनकी महत्त्वाकांक्षा की शिकार होती हैं। उनका यौन शोषण होता है। गाला मंगल से कहती है, 'पुरुष की महत्त्वाकांक्षा में प्रेम भी एक महत्त्वाकांक्षा है।' स्त्रियाँ अब प्रेम के क्षय के साये में जीने लगी हैं। वे समझौता करके जीने के लिए मजबूर होती हैं और कई बार अपनी आहुति तक दे देती हैं। वे प्रेम देकर प्रेम चाहती हैं पर ढोंग मिलता है। प्रसाद ने पुरुष-प्रभुत्ववाद की आलोचना करते हुए स्त्री की वेदना को पकड़ने और उद्घाटित करने का काम 'कंकाल' में किया है। उपन्यास दिखाता है कि राष्ट्रीय आन्दोलन और समाज सुधार के युग में ही सम्पूर्ण व्यवस्था किस तरह कंकाल जैसी होती जा रही है। यह उपनिवेश से निकलकर बन रहे राष्ट्र का अन्तःयथार्थ है। यह विडम्बना उभरती है कि अतीत और पश्चिम से जबर्दस्त लड़ाई है और कहीं दोनों भारत को निगल रहे हैं।

प्रसाद ने स्त्री की स्वतन्त्रता का स्वप्न छायावादी जमीन से देखा था, उनकी 'चित्राधार' में संकलित एक आरम्भिक पद्यमय गद्य रचना है 'उर्वशी' जो कम चर्चित है। इसमें उर्वशी कामी, अभिमानी और स्वामित्वाकांक्षी पुरूरवा को त्यागती हुई प्राचीन मिथकीय कथा में यह कहकर नया मोड़ ला देती है, "मैं तो पहले ही कह चुकी हूँ कि मैं स्वतन्त्र हूँ। इसी स्वतन्त्रता को छीनने के लिए आगे चलकर अनेक कठोर नियम बनेंगे, बड़े-बड़े प्रलोभन और बड़ी-बड़ी धमकियाँ होंगी, फिर भी हमारा दल बना रहेगा और स्वतन्त्र रहेगा।" स्त्रियों के लिए आज भी अलग तरह के कम नियम नहीं हैं, प्रसाधनों-गहनों के कम प्रलोभन नहीं हैं और धमकियाँ, मारने-पीटने की कम घटनाएँ नहीं हैं। फिर भी स्त्रियों के दल बन रहे हैं और स्वतन्त्रता, स्वाभिमान और गरिमा के लिए

दामिनियाँ गरज रही हैं। प्रसाद ने जहाँ प्रेम को महत्ता दी, अपनी कृतियों में चम्पा, मधूलिका, देवसेना, घंटी जैसे चरित्र रखकर स्त्री की स्वतन्त्रता का भी उद्‌घोष किया।

धर्म की आड़ में व्यभिचार, पुरानी नैतिक रूढ़ियों का आतंक, स्त्री-उत्पीड़न और स्त्री की निस्सहायता आज भी कठोर यथार्थ हैं। धार्मिक परिवेश को मूर्त करने के उद्देश्य से 'कंकाल' में मथुरा, वृन्दावन और हरिद्वार का परिवेश है। इससे स्पष्ट होता है कि धार्मिक नगरों में ही सबसे ज्यादा मूल्य क्षय है। यहाँ महन्त और प्रवचनकर्ता विद्वान देवनिरंजन, चमत्कारी पुजारी और ईसाई पादरी बाथम हैं। 'भारत संघ' बनता है, जो धार्मिक व्यभिचारियों और पाखंडियों का राष्ट्रीय मुखौटा है। देवनिरंजन कहता है, "स्त्रियों की पाठशाला खोली जाएगी, जिसमें उनकी पूर्णता की शिक्षा के साथ वे इस योग्य बनायी जाएँगी कि घरों में, पर्दों में, दीवारों के भीतर नारी जाति के सुख, स्वास्थ्य और स्वतन्त्रता की घोषणा करें।" समाज का प्रभावशाली राष्ट्रवादी तबका स्त्रियों की स्वाधीनता की कल्पना पर्दों, घर की दीवारों और गृहस्थी के बाहर नहीं कर पा रहा था। ब्रह्मचारी देवनिरंजन के दो स्त्रियों से यौन सम्बन्ध हैं। प्रसाद दिखाना चाहते थे कि हिन्दी क्षेत्र के राष्ट्रवाद पर 20वीं सदी के तीसरे दशक तक अभी धार्मिक पाखंडियों का ही दबदबा है। हिन्दी क्षेत्र में समाज सुधार आन्दोलन कच्चा है।

प्रसाद राष्ट्रभक्त लेखक थे, पर उनकी दृष्टि में राष्ट्रवाद स्त्रियों के बारे में सकारात्मक चिन्ताओं के बावजूद उद्धार के लिए प्रतीक्षालय से अधिक नहीं है। वह चाहते थे कि स्त्रियाँ खुद अपने लिए सोचें और सक्रिय हों। कंकाल में ढोंग और उत्पीड़न की शिकार सभी स्त्रियाँ अन्ततः अपने दुखों के साथ इकट्ठी होती हैं—लतिका, तारा, सरला और घंटी। उनके मन में वेदना और क्षोभ है। घंटी कहती है, "स्त्रियों को स्वयं घर-घर जाकर अपनी दुखिया बहनों की सेवा करनी चाहिए। पुरुष उन्हें उतनी ही शिक्षा और ज्ञान देना चाहते हैं, जितना उनके स्वार्थ में बाधक न हो। घरों के भीतर अन्धकार है, धर्म के नाम पर ढोंग की पूजा है और शील तथा आचार के नाम पर रूढ़ियों की।" स्पष्ट हो जाता है कि प्रसाद अपने समय के स्त्री आन्दोलनों से कितने प्रभावित थे। वह समय से आगे बढ़कर स्त्रियों के पक्ष में बोलते हैं। छायावाद के स्त्री पक्ष को कम महत्त्व नहीं देना चाहिए। यह ठीक है कि लतिका अपनी पूरी सम्पत्ति अन्ततः 'भारत संघ' को ही देती है, पर वह साथ देती है घंटी का। इससे संकेत मिलता है, भारतीय समाज में धीरे-धीरे एक भिन्न स्थिति पैदा होने लगी है। स्त्रियाँ अब अपनी मुक्ति के लिए पुरुषों पर निर्भर न रहकर खुद आवाज उठाना और प्रयास करना चाहती हैं।

'कंकाल' 1929 में छपा था, जो पूर्ण स्वाधीनता की घोषणा का दौर था। यह

छायावाद में भी एक मोड़ आने का समय था। इस दृष्टि से उपन्यास का महत्त्व बढ़ जाता है। लगता रहा है कि छायावाद और यथार्थवाद परस्पर विरोधी विचारधाराएँ हैं। भारतीय स्थितियों में रोमांटिसिज्म या छायावाद का विकास पश्चिम से प्रभावित होते हुए भी उस रास्ते से नहीं हुआ, जिस रास्ते से पश्चिम में हुआ। भारत में उपनिवेशवाद था, पश्चिम की तरह औद्योगिक विकास की स्वाधीन स्थितियाँ नहीं थीं, वैसा उत्थानशील मध्यवर्ग भी नहीं था और सामन्तवाद ज्यादा कठोर था। छायावाद इन स्थितियों से तटस्थ नहीं रह सकता था। इसकी कल्पनाशीलता को स्वप्न के साथ यथार्थ की भी खुराक चाहिए थी।

तीन

यूरोपीय रोमांटिजिस्म के दो मुख्य वैचारिक स्रोत थे—फ्रांस की राज्य क्रान्ति (1789) और आदर्शवादी जर्मन विचारधारा (हीगेल)। भारतीय रोमांटिसिज्म के लिए फ्रांस की राज्य क्रान्ति की जगह राममोहन राय द्वारा प्रवर्तित नवजागरण था और 1857 का स्वाधीनता संग्राम था। आदर्शवादी जर्मन विचारधारा की जगह आदर्शवादी विवेकानन्द और गाँधी की विचारधारा थी। प्रसाद के शब्द उधार लेकर कहें तो यह महानों का यथार्थवाद था। भारतीय रोमांटिसिज्म की पृष्ठभूमि में एक तीसरी चीज भी थी—रूस की क्रान्ति। इसका बाद में जो हश्र हुआ हो, उस समय पूरा विश्व एक नयी आशा से भर उठा था। इस प्रकार छायावाद की पृष्ठभूमि यूरोपीय रोमांटिसिज्म से भौतिक स्तर पर पिछड़ी होकर भी बौद्धिक स्तर पर व्यापक थी। इसकी चेतना अधिक विविध और बहुआयामी थी। इसका भारतीय प्रकृति के समावेशी राष्ट्रवाद से घनिष्ठ सम्बन्ध था। प्रसाद 'कामायनी' में 'अपने सुख को विस्तृत कर लो, सबको सुखी बनाओ' का सन्देश देते हैं या अपने नाटक 'स्कन्दगुप्त' में कहते हैं, 'अन्न पर स्वत्व है भूखों का और धन पर स्वत्व है देशवासियों का।' इतना उग्र विचार किस असर से आया? 'कंकाल' में उनकी उक्ति है, "क्या हिन्दू होना परम सौभाग्य की बात है? जब उस समाज का अधिकांश पददलित और दुर्दशाग्रस्त है, जब उसके अभिमान और गौरव की वस्तु धरापृष्ठ पर नहीं बची—उसकी संस्कृति विडम्बना, उसकी संस्था सारहीन और राष्ट्र बौद्धों के शून्य सदृश बन गया है, जब संसार की अन्य जातियाँ सार्वजनिक नेतृत्व और साम्यवाद को लेकर खड़ी हैं, तब आपके इन खिलौनों (देवमूर्तियों) से भला उसकी सन्तुष्टि होगी?" प्रसाद अन्तरराष्ट्रीयतावाद से प्रभावित थे, पर यह अन्तरराष्ट्रीयतावाद आज के बाजारवादी वैश्वीकरण से भिन्न था।

प्रसाद व्यक्ति और समाज, व्यक्ति और राष्ट्र के साथ-साथ व्यक्ति और विश्व के बीच मानवतावादी अन्तस्सम्बन्ध स्थापित करना चाहते थे। भारतीय रोमांटिसिज्म

एक विश्वबोध से जुड़ा था, पर भारतीय यथार्थों को लेकर भी चल रहा था। प्रसाद को उनके साहित्यिक विकास में देखें और खास कर उनके उपन्यासों को देखें तो यह घटना आसानी से समझ में आ सकती है।

धर्म लम्बे समय से काल्पनिक दार्शनिकता या ज्ञानाभास के भँवर में फँसा हुआ था। वह मनुष्य के आत्मजगत के लिए एक जंजीर में बदल चुका था। प्रसाद ने 19वीं सदी के धार्मिक सुधारकों की चिन्ताओं में साझा करते हुए धर्मान्धता और रूढ़ियों का विरोध किया। 'कंकाल' की पंक्तियाँ हैं, "देखो, यह बीसवीं शताब्दी में तीन हजार बी.सी. का अभिनय। समग्र संसार अपनी स्थिति रखने के लिए चंचल है, रोटी का प्रश्न सबके सामने है, फिर भी मूर्ख हिन्दू अपनी पुरानी असभ्यताओं का प्रदर्शन कराकर पुण्य संचय करना चाहते हैं।" प्रसाद के कई आलोचक उनके ऐसे बुद्धिवादी विचारों को उपेक्षित कर यही सिद्ध करते रह गए कि वे कितने 'नियतिवादी' और 'दिव्य आर्य संस्कृति' के उद्घोषक हैं। उन्होंने धर्म और संस्कृति के सम्बन्ध में प्रसाद के आलोचनात्मक रुख की उपेक्षा की। प्रसाद का यह रुख केवल आर्य समाज का असर नहीं था। यह उनके युग के बुद्धिवाद और यथार्थ स्थितियों के व्यापक दबाव का नतीजा था। 'तितली' में हम ये पंक्तियाँ पाते हैं, "दरिद्र किसानों से अधिक से अधिक रस चूसकर एक धनी थोड़ा-सा दान—कहीं-कहीं दया और कभी-कभी छोटा-मोटा उपकार करके सहज में ही आप जैसे निरीह लोगों का विश्वासपात्र बन सकता है। सुना है, आप धर्म में प्राणी मात्र की समता देखते हैं, किन्तु वास्तव में कितनी विषमता है।" जमींदार अपने वर्गहित के लिए धर्म का इस्तेमाल करते थे, प्रसाद की यह पहचान सही थी। वह यह भी देख रहे थे कि धर्म ने पारमार्थिक सत्य के रूप में अद्वैत को प्रतिष्ठा दी, लेकिन व्यावहारिक जीवन में उसने अद्वैत के स्थान पर वर्ण और वर्ग-विषमता बढ़ायी।

प्रसाद ने यौनाचार और वर्गहित के लिए धर्म के इस्तेमाल का विरोध किया। उन्होंने शाश्वतता, पूर्ण सत्य, धार्मिक वर्जनाओं, यौन-पवित्रतावाद और पाप-पुण्य के परम्परागत नैतिक प्रतिमानों की भी कबीर की भाषा में खिल्ली उड़ायी। उन्हें स्थूल धार्मिक सुधार काफी नहीं लगे। इसलिए उनका दृष्टिकोण कृष्णशरण के प्रवचन तक सीमित नहीं रहता।

गोस्वामी कृष्णशरण गीता की महत्ता पर उपदेश देते हैं। वे अतीत का गुणगान करते हुए धार्मिक सुधार पर जोर देते हैं। स्पष्ट हो जाता है कि नवजागरण और पुनरुत्थान में फर्क है। पश्चिमी तर्ज पर नवजागरण को पुनरुत्थान काल कह दिया जाता है, जो गलत है। पुनरुत्थानवाद आधुनिक वर्तमान और नए मानव भविष्य पर हमला है, जिससे बचना होगा। भारतीय नवजागरण के दौर में पुनरुत्थानवाद एक तत्त्व था, जिसके असर में कुछ राष्ट्रवादी चिन्तक आधुनिक विकास का निषेध करते थे। वे अतीत-प्रेमी होते जा रहे थे। प्रसाद ने अतीत से सिर्फ प्रेरणा ली।

उनके साहित्य में स्वाभाविक वजहों से पुनरुत्थानवाद के कुछ तत्त्व यत्र-तत्र हैं, पर वह अन्ततः इनसे उबरते हैं। उन्हें भारतीय परम्परा से प्रेम था, पर वह अतीत से चिपके हुए नहीं थे। वह कृष्ण के सन्दर्भ में कहते हैं, "उनका सन्देश था आत्मा की स्वतन्त्रता का, साम्य का, कर्मयोग का और बुद्धिवाद का। आज हम धर्म के जिस ढाँचे को, शव को घेर कर रो रहे हैं, वह उनका धर्म नहीं था।" (कंकाल) प्रसाद बुद्धिवाद, विज्ञान और तकनीकी विकास के समर्थक थे।

'कंकाल' में मंगल और एक मुसलमान लड़की गाला के बीच गहरा लगाव है। प्रसाद ने सरला के माध्यम से ईसाई और हिन्दू के बीच प्रेम दिखाया। ईसाई बाथम का विवाह भारतीय स्त्री लतिका से होता है। प्रसाद में 'सर्व धर्म सम भाव' है। 'तितली' में शैला और वाटसन आपस में बातचीत करते हुए इस निष्कर्ष पर पहुँचते हैं कि उनमें न कोई हिन्दू है न ईसाई, वे स्त्री-पुरुष हैं। प्रसाद कहते हैं, "संसार में जितनी भी हलचल है, आन्दोलन हैं, वे सब मानवता की पुकार हैं।" वह संसार भर की हलचलों और आन्दोलनों की रोशनी में अपने युग की मानवता को वाणी दे रहे थे। उन्हें यह भी दिख रहा था कि रक्ताक्त श्रेणी संघर्ष से समाज नहीं बदल सकता। यह सही पथ नहीं है, अब सिद्ध हो चुका है। इतिहास हमेशा परिवर्तन के वैकल्पिक रास्ते दिखाता है। प्रसाद 'कंकाल' में संघर्ष से इनकार नहीं करते, "सुधार और उन्नति में संघर्ष अनिवार्य है, पर संघर्ष से बचने का एक उपाय है आत्मनिरीक्षण।" हर युग में ही दोनों जरूरी हैं—आत्मनिरीक्षण और संघर्ष, पुनर्निर्माण के लिए संघर्ष।

प्रसाद में यह बोध था, "व्यक्ति अपनी छूँछी महत्ता पर इतराता हुआ दूसरे को नीचा—अपने से छोटा समझता है, जिससे सामाजिक विषमता का विषमय प्रभाव फैलता है।" प्रसाद के छायावाद में इतना स्पेस है कि वह 'सामाजिक विषमता के विषमय प्रभाव' के बारे में सोच सकते हैं। प्रसाद एक अन्य मामले में चिन्तित थे—भारतीय समाज में यौन दमन और इससे पैदा होने वाली कुण्ठाओं और विकृतियों को लेकर। स्त्री-पुरुष के हृदय में भीतर ही भीतर रह जाने वाले प्रेम और इसकी वेदना को उन्होंने अपने साहित्य की मुख्य विषयवस्तु के रूप में चुना था। 'कंकाल' की मुख्य विषयवस्तु वेदना है। व्यक्ति के 'स्व' और कठोर सामन्ती व्यवस्था के बीच टकराहट से इस वेदना का जन्म होता है। प्रसाद इसे जितनी गहराई से अनुभव करते हैं, भारतीय समाज की विडम्बनाएँ और विसंगतियाँ उतनी ही व्यापकता से 'एक्सपोज' होती हैं। 'कंकाल' में तारा, घंटी, लतिका, सरला, गाला और मंगलदेव—सभी के सभी पात्र एक गहरी आत्मवेदना में अपने अन्दर सिसकते-छटपटाते रहते हैं, जो वस्तुतः समाज व्यवस्था पर चोट है।

प्रसाद के 'कंकाल' में दलित स्त्रियों की भी पीड़ा है, जो लेखक की संवेदना के एक नए आयाम को उद्घाटित करती है। धार्मिक नगर में सुधारवादी दल का एक

सदस्य मंगल कहता है, "देखिए धर्म के नाम पर हिन्दू स्त्रियों, शूद्रों, पाप योनियों की क्या दुर्दशा हो रही है।" 'गीता' को ध्यान में रखते हुए कथन में व्यंग्य स्पष्ट है। उपन्यास में पददलित और दुर्दशाग्रस्त लोगों को लेकर गहरी चिन्ता है, हालाँकि धर्म के मुद्दे पर अभी दुविधा मिटी नहीं है। यह आसानी से मिटने वाली चीज नहीं है। फिर भी विधवा घंटी, जिसका सबसे ज्यादा उत्पीड़न होता है, अपने 'स्व' और 'इच्छाओं' के लिए लड़ती है। वह कलाकार विजय से कहती है, "तुम कहोगे कि मैं सब जानकर भी तुम्हारे साथ क्यों घूमती हूँ। इसलिए कि इसे मैं कुछ महत्त्व नहीं देती। हिन्दू स्त्रियों का समाज ही कैसा है, उसमें कुछ अधिकार हो, तब तो कुछ सोचना-विचारना चाहिए। और जहाँ अन्ध-अनुकरण करने का आदेश है, वहाँ प्राकृतिक स्त्री-जनोचित प्यार कर लेने का जो हमारा नैसर्गिक अधिकार है...उसे क्यों छोड़ दूँ।" यह एक बड़ी बात है। स्त्रियों को भी अपनी इच्छा से किसी के साथ घूमने, प्रेम करने और यौन तृप्ति का अधिकार है। यह उनका प्राकृतिक अधिकार है, इसलिए स्त्री अंकुश क्यों माने। पुरुष पर अंकुश नहीं है, स्त्री पर अंकुश क्यों हो? यह खाप पंचायत और स्वनियुक्त नैतिक अभिभावकों को परेशान करनेवाला कथन है। प्रसाद अतीत हो या पश्चिम-प्रसंग, अन्धानुकरण का विरोध करते हैं, क्योंकि यह स्वतन्त्रता का दुश्मन है। दूसरी तरफ, स्त्रियों के अपनी इच्छा से सेक्स के अधिकार का समर्थन करते हैं। छायावादी भावभूमि की इस विराटता की ओर दृष्टि जानी चाहिए कि इसमें 'स्त्री की स्वतन्त्रता' और 'उदारवादी समाज' की माँग प्रतिध्वनित हुई है और 'स्त्री पर जबर्दस्ती' का विरोध हुआ है।

प्रसाद की आकांक्षाओं से जन्मा चरित्र है विजय। वह विद्रोही कलाकार है। वह देखता है कि जो सचमुच धर्म है, वह आजकल भीतर ही भीतर विलुप्त हो रहा है। अधर्म ही धर्म बनता जा रहा है, "जिन्हें हम छिपाकर किया चाहते हैं, उन्हीं कर्मों को पाप कह सकते हैं, परन्तु समाज का एक बड़ा भाग उसे यदि व्यवहार्य बना दे तो वही कर्म हो जाता है, धर्म हो जाता है।" इसी तरह धर्म से झूठ, दिखावा, यौन-अराजकता, अर्थ-लूट का विरोध समाप्त हो जाता है। ये सब बुराइयाँ धर्म हो जाती हैं, बल्कि तामझाम से भरा बाह्य धर्माचरण आन्तरिक पतन का आवरण होता है। विजय को धार्मिक जड़ता विचलित करती है। इसलिए कहता है, 'स्वतन्त्रता और हिन्दू धर्म दोनों विरुद्धवाची शब्द हैं।' एक ठहरे हुए धर्म के प्रति रोमांटिसिज्म का यह विद्रोह है, "मैंने कालेज में एक संशोधन समाज स्थापित किया है। उसका उद्देश्य है, जिन बातों में बुद्धिवाद का उपयोग न हो सके, उसका खंडन करना और तदनुकूल आचरण करना। देख रही हो कि मैं छूतछात का कुछ विचार नहीं करता। प्रकट रूप में होटलों तक में खाता हूँ। इसी प्रकार इन प्राचीन कुसंस्कारों का नाश करना मैं अपना कर्तव्य समझता हूँ, क्योंकि ये ही रूढ़ियाँ आगे चलकर धर्म का रूप

धारण कर लेती हैं। जो बातें कभी देश, पात्रानुसार प्रचलित हो गयी थीं, वे सब मानवीय नहीं, हिन्दू समाज के पैरों की बेड़ियाँ हैं।" विजय का विरोध हिन्दू धर्म से नहीं है, उन धार्मिक बेड़ियों से है जो काल के प्रवाह में बनीं।

उपभोक्तावाद ने रोमांटिसिज्म को खत्म कर दिया है, पर कभी इसमें एक गरमी थी। प्रसाद बनारस के थे, जो धर्म का गढ़ है। इसी जगह भारतेन्दु, प्रेमचन्द और प्रसाद धार्मिक रूढ़ियों, पाखंडों तथा वर्जनाओं को वैचारिक स्तर पर चुनौती देते थे और मानवतावाद का मार्ग निकालते थे। आज हिन्दी प्रदेश में धार्मिक कट्टरता–हिन्दू हो या मुस्लिम, धर्म स्थलों को फूहड़ कुरुक्षेत्र में बदलने की साजिश कर रही है। देश में चारों ओर रक्त और राख है। ऐसे ही समाज में प्रसाद ने मानवतावाद का पथ चुना था। उन्होंने संघर्ष के साथ दुख और वेदना को जीवन के मंगलमय उपहार के रूप में चुना था। वह रईस खानदान के होकर भी उत्पीड़ितों के पक्ष में थे।

प्रसाद वैराग्य नहीं, राग के कवि थे। उन्होंने एक बार विश्वम्भरनाथ जिज्जा को लिखे अपने एक पत्र में स्वीकार किया कि उन्हें कभी किसी से प्रेम हुआ था, 'आलिंगन में आते-आते वह मुस्क्या कर भाग गया!' ऐसा प्रेम जब पूरी तरह नहीं खिलता, लगता है, जीवन की हरी पत्तियाँ मुरझा कर गिरने लगी हैं। प्रसाद ने आत्मदमन के हर रूप का विरोध किया। भारतीय समाज की कठोर व्यवस्था में ऐसे विरोध का नतीजा आमतौर पर त्रासदी है। 'कंकाल' का विद्रोही विजय अन्ततः घुट-घुट कर मर जाता है। यह 'गोदान' के होरी जैसी मृत्यु है। यह त्रासदी विजय (कंकाल) की नहीं, एशियाई बुद्धिवाद की है। उस समाज में आत्मदमन और घुटन ज्यादा होगा, जहाँ बुद्धिवाद कमजोर होगा।

यह भी उल्लेखनीय है कि इंद्रीयपरायण प्राणी होने के कारण मनुष्य के जीवन में दुर्बलता के क्षण आते हैं। धर्म की वर्जनाएँ उसे पाप की ओर ढकेलती हैं। धर्म पाप रोकता नहीं, पाप बढ़ाता है। 'कंकाल' में जड़ धार्मिक व्यवस्था में पाप की ओर बढ़ते मध्यवर्गीय पात्रों में पापबोध और आत्मालोचन है। यह इसका संकेत है कि मनुष्य में सम्भावनाएँ मौजूद हैं। मंगल समाज सुधार की बड़ी-बड़ी बातें करते हुए वेश्यालय से तारा को बचाकर उससे प्रेम करने लगता है, पर बाद में उसे छोड़कर एक दूसरी लड़की गाला की ओर आकर्षित हो जाता है। उसे पछतावा होता है, उसमें अन्तर्द्वन्द्व है। एक अवसर ऐसा आता है, जब वह 'सुधार' की जगह 'परिवर्तन' की जरूरत महसूस करता है, पर कोई दूसरी जगह न पाकर घूम-फिर कर ढकोसले से भरे 'भारत संघ' में आता है। प्रसाद ने अपने चरित्रों को 'काले और सफेद', 'बुरे और अच्छे' के रूप में कभी नहीं रखा। यह उनकी खूबी है। उन्होंने मनुष्य हृदय के रहस्यों को खोलना चाहा। वह समाज के ढहते आदर्शवादी ढाँचे का निर्मम

आलोचनात्मक यथार्थ प्रस्तुत करते हुए मानवीय सम्भावना के आयामों का अन्वेषण करते हैं—राग और क्षोभ दोनों धरातलों पर।

चार

रोमांटिसिज्म का विकास आमतौर पर नगरीय आधुनिकता से जुड़ा है, लेकिन निराला हों, महादेवी, प्रसाद या माखनलाल चतुर्वेदी; इन सभी के काव्य में किसान जीवन के बिंब हैं। उसकी आकांक्षाओं और संघर्ष के बिंब। छायावाद भारतीय किसान जीवन से सम्पर्क के बिना नकली होता। निराला का कृषक जीवन से सम्बन्ध है, चाहे कविता 'बादल राग' हो या उपन्यास 'बिल्लेसुर बकरिहा'। कई काव्य बिंब गँवई परिवेश से जुड़े हैं। भले उषा नागरी हो, पर वह अम्बर पनघट पर गगरी के साथ है! 'तितली' में कृषक मधुबन और तितली के प्रेम की कथा है। इसके समानान्तर इन्द्रदेव और पश्चिमी युवती शैला की कथा भी साथ चलती है, जिस प्रकार 'गोदान' में होरी-धनिया के समानान्तर मेहता और मालती की कथा। मधुबन उच्च जाति का है, पर वह आर्थिक दबाव में हल की मूठ पकड़ता है। यह भी एक तरह का व्रिदोह है। आर्य समाजी बाबा रामनाथ तहसीलदार का विरोध करते हैं। उन्हें सामन्ती-धार्मिक शोषण का बोध है। मनुष्य का तरह-तरह से शोषण होता है। प्रसाद ने किसान जीवन के यथार्थ का बयान इस प्रकार किया है, "घर की स्त्रियाँ रात को साग घोंट कर ले आती हैं। वही उबालकर नमक से खाकर सो रहती हैं। दूसरे-तीसरे दिन अन्न कभी-कभी, वह भी थोड़ा मुँह में चला जाता है।" इस कठोर यथार्थ के समानान्तर ग्राम सुधार एक मनोरम यूटोपिया है, जो रोमांटिक नजरिये का नतीजा है।

प्रसाद की कथाओं में जीवन के कठोर यथार्थों के बीच, उनका सम्बन्ध सांस्कृतिक भिन्नता से हो या आर्थिक विषमता से, स्त्री-पुरुष के प्रेम का रहस्यमय खेल चलता रहता है। उनका पूरा लेखन ही जैसे इस प्रेम की उथल-पुथल, घात-प्रतिघात के भीतर से जीवन के सत्य को पहचानने के लिए है। प्रेम हर युग में एक बड़ा विषय रहा है, जिससे सामाजिक विसंगतियाँ भी उजागर हुई हैं। एक तरफ जमींदार का नौजवान बेटा इन्द्रदेव और उसकी विदेशिनी पत्नी शैला है। वे सामन्ती अन्तःकलह का सामना करते हुए ग्राम-सुधार में लगते हैं। अपनी पश्चिमी प्रकृति के अनुरूप शैला अँग्रेज कलेक्टर वाटसन की ओर आकर्षित होती है; पूर्व और पश्चिम का भेद सामने आता है। दूसरी तरफ, साधारण वर्ग की तितली है, जो निजी जीवन के अवसाद को भूलकर गरीब लोगों के बीच सेवा में लगती है। वह अपने पति मधुबन के लापता होने पर अकेले कठिनाइयों और अत्याचारों का दृढ़ता से सामना करती है। राष्ट्रीय स्वाधीनता

आन्दोलन के महौल में हर तरफ सुधार, निःस्वार्थ सेवा और जन-कल्याण का जज्बा है। बाबा रामनाथ एक आदर्शवादी चरित्र के रूप में सामने आते हैं। अप्रत्यक्षतः हर तरफ गाँधी के आन्दोलन का व्यापक असर दिखता है।

'तितली' में भी धर्म और संस्कृति के जड़ रूपों से निराशा है। इन्द्रदेव कहता है, "सामाजिक बन्धन इतना विशृंखल है कि इसमें आदमी केवल ढोंगी बन सकता है। दरिद्र किसानों से अधिक से अधिक रस चूसकर एक धनी थोड़ा-सा दान, कहीं-कहीं दया और कभी-कभी छोटा-मोटा उपकार करके सहज ही में निरीह लोगों का विश्वासपात्र बन सकता है।" अब धर्म शान्ति नहीं देता। धार्मिक चीजों में बनावट, छल-प्रपंच भरा रहता है। छायावाद स्वच्छन्दतावाद का एक बड़ा निशाना सामाजिक बन्धन, कृत्रिमता और छल-प्रपंच है, जो आज चरम पर है। उस जमाने में सुधारवादियों की धारणा थी, "पश्चिम एक शरीर तैयार कर रहा है, किन्तु उसमें प्राण देना पूर्व के अध्यात्मवादियों का काम है। यहीं पूर्व और पश्चिम का वास्तविक संगम होगा।" यह कथन सुधारवादी बाबा रामनाथ का है। आज भी कई बार लगता है कि पश्चिम भौतिक सुख और विचार दे रहा है, जबकि भारत मुख्यतः योग, अध्यात्म और धार्मिक गुरुओं का निर्यात कर रहा है।

प्रेमचन्द धन के दुश्मन थे। प्रसाद ने 'तितली' में मुख्यतः कहना चाहा है, "जनता को अर्थप्रेम की शिक्षा देकर उसे पशु बनाने की चेष्टा अनर्थ करेगी।" या "मनुष्य मनुष्य के दुख-सुख का सौदा करने लग जाता है और उसका मापदंड बन जाता है रुपया।" उस युग के लेखक धन के प्रति इतने संशक क्यों थे? प्रसाद की कहानी 'मधुआ' प्रेमचन्द की कहानी 'कफन' से लगभग 10 साल पहले की है। दोनों कहानियों की रचना-भूमि में अद्भुत समानता है। 'मधुआ' के शराबी और बालक बहुत कुछ 'कफन' के घीसू-माधव की शैली में औपनिवेशिक-सामन्ती व्यवस्था का अनावरण करते दिखते हैं। 'मधुआ' का शराबी कुछ घीसू-माधव जैसा ही सोचता है, "मौजबहार की एक घड़ी एक लम्बे दुखपूर्ण जीवन से अच्छी है।" वह जमींदार को किस्सा सुनाकर वस्तुतः उसकी खिल्ली ही उड़ाता है। जैसा विद्रोह और करुणा भाव 'कफन' के घीसू-माधव में है, वैसा ही 'मधुआ' के शराबी और बालक में भी है। दोनों कहानियों में फर्क यह है कि 'मधुआ' में मानवीय संकल्प तथा 'कफन' में सामाजिक व्यंग्य की प्रधानता है।

'आकाशदीप' में चम्पा के प्रेम, अन्तर्द्वन्द्व और वेदना की बार-बार व्याख्या करते हुए भी यह नहीं बताया जाता कि आखिरकार वह बुद्धगुप्त से विवाह क्यों नहीं करती। ज्यादा से ज्यादा कह दिया जाता है कि बुद्धगुप्त ने ही चम्पा के पिता की हत्या की थी। चम्पा के अन्तर्द्वन्द्व, वेदना और विलगाव की मूल वजह निजी नहीं, ऐतिहासिक है। चम्पा बुद्धगत से प्रेम करते हुए भी जो मुख्य आरोप लगाती है, जरा

उस पर गौर कीजिए, "अब तो बाली, जावा और सुमात्रा का वाणिज्य केवल तुम्हारे हाथ में है महानाविक। परन्तु मुझे उन दिनों की स्मृति सुहावनी लगती है, जब तुम्हारे पास एक ही नाव थी और चम्पा के उपकूल में पण्य लादकर हम लोग सुखी जीवन बिताते थे।" बुद्धगुप्त के पूँजीवादी व्यावसायिक विकास के नये रूप से चम्पा आहत थी। चम्पा का हृदय सादगीपूर्ण जीवन, मानवीय प्रेम और लोकमंगल से भरा था, जबकि बुद्धगुप्त पतनशील पूँजीवाद की ओर आकर्षित होता जा रहा था। भारत में जिस औद्योगिक पूँजीवाद का विकास प्रारम्भ हुआ था, वह औपनिवेशिक असर में आरम्भ से ही विकृत और पतनशील था। इसने धर्मनिरपेक्षता, राष्ट्रीय भावना तथा बुद्धिवाद को ही खतरे में नहीं डाल दिया था, सामान्य मानवीय मूल्यों को भी विकृत करना शुरू कर दिया था। 'आकाशदीप' में चम्पा बुद्धगुप्त की पूँजीवादी लिप्सा के प्रतिवाद में अपने छोटे से द्वीप में ही रुक जाती है। वह विलगाव के अन्धकार में मानवीय मूल्यों का आकाशदीप प्रज्वलित करती है।

यह सही है कि समग्रता में प्रसाद आलोचनात्मक यथार्थवाद की प्रवृत्तियों के बावजूद 'तितली' में जो समाधान देते हैं, वह यूटोपियन है। 'तितली' में मधुबन उत्तेजना में हिंसात्मक संघर्ष का रास्ता चुनकर भाग खड़ा होता है और तितली चकबन्दी जैसे सुधारवादी कार्यक्रम से सन्तुष्ट हो जाती है। प्रसाद यथार्थोन्मुख होते हुए भी अपने रोमांटिसिज्म के चलते इस उपन्यास में आदर्शवाद में अटक जाते हैं। हालाँकि उस जमाने के आदर्शवाद को खोखला नहीं कहा जा सकता, क्योंकि उसमें एक तेज था। उस समय ऊंचे आदर्शों के लिए लड़ने-मरनेवाले लोग कम नहीं थे। 'कंकाल' और 'तितली' उपन्यासों को देखकर स्पष्ट हो जाता है कि आदर्शवाद के आलोचनात्मक निर्माण में स्त्रियों की एक महत्त्वपूर्ण भूमिका है। खासकर जब स्त्रियों के मौन में ही सौन्दर्य देखा जा रहा था, प्रसाद ने अपने कथा साहित्य में उन्हें मुखर रूप से केन्द्र में ला दिया। उनके उपन्यास और कहानियों में जो स्त्रियाँ हैं, उनके मन की हलचलों में राष्ट्र की एक अलग ही तस्वीर नजर आती है।

पितृसत्ता और जैनेन्द्र के उपन्यास

एक

जैनेन्द्र कुमार ने अँग्रेजी राज के सबसे आन्दोलित समय में लिखना शुरू किया था। उनके सामने वे स्त्रियाँ थीं, जिन तक राष्ट्रीय आन्दोलन की गरमाहट पहुँच रही थी। एक तरफ पितृसत्ता के बन्धनों से जकड़ी, दूसरी तरफ औपनिवेशिक संस्कृति की चुनौतियों से घिरीं। उनकी एक कहानी 'अपना-अपना भाग्य' में नैनीताल में तफरीह के लिए आये अँग्रेजीदाँ भारतीय भद्रवर्ग और एक जरूरतमन्द गरीब बच्चे का मार्मिक विरोधचित्र है। इसमें उपनिवेशवाद के साथ भारतीय पितृसत्ता का दृश्य है, जो एक खास जमाने का है, "अँग्रेज रमणियाँ थीं जो धीरे नहीं चलती थीं, तेज चलती थीं। उन्हें न चलने से थकावट आती थी, न हँसने में लाज आती थी। कसरत के नाम पर भी घोड़े पर बैठ सकती थीं। वह दो-दो, तीन-तीन या चार-चार की टोलियों में निश्शंक, निरापद, इस प्रवाह में मानो अपने स्थान को जानती हुई, सड़क पर से चली जा रही थीं। उधर हमारी भारत की कुल-लक्ष्मियाँ सड़क से बिल्कुल किनारे-किनारे दामन बचाती और सँभालती हुई, साड़ी की तहों में सिमट-सिमट कर लोक लाज, स्त्रीत्व और भारतीय गरिमा के आदर्श को अपने परिवेष्टनों में छिपाकर सहमी-सहमी धरती में आँख गाड़े, कदम-कदम बढ़ रही थीं।" ये दो भिन्न समाज की स्त्रियाँ थीं—पश्चिम और भारत की।

उपर्युक्त कहानी में जैनेन्द्र ने भारतीयों के बौद्धिक उपनिवेशन का चित्र भी खींचा है, "इसके साथ ही भारतीयता का एक और नमूना था। अपने कालेपन को खुरच-खुरच कर बहा देने की इच्छा करने वाले अँग्रेजीदाँ पुरुषोत्तम भी थे, जो नेटिव को देखते ही मुँह फेर लेते थे और अँग्रेज को देखकर आँखें बिछा देते थे, और दुम हिलाने लगते थे। वैसे वह अकड़कर चलते थे—मानो भारतभूमि को इसी अकड़ के साथ कुचल-कुचल कर चलने का उन्हें अधिकार मिला है।" जैनेन्द्र 'अपना-अपना भाग्य' जैसी तल्ख, सीधी चोट करने वाली और मार्मिक यथार्थवादी रचना दुबारा नहीं लिख सके।

प्रेमचन्द के जीवनकाल में ही जैनेन्द्र कुमार ने राष्ट्रीय यथार्थों को छोड़कर मनुष्य के अन्तर्जीवन की उलझनों, खासकर स्त्री-मन को अपने उपन्यासों का विषय बनाया था और एक अलग रास्ता चुन लिया था। पता नहीं, प्रेमचन्द ने क्या सोचकर उनमें गोर्की और शतरचन्द्र की झलक देखी थी, जबकि वह एक प्रस्थान बिन्दु थे। जैनेन्द्र में क्रान्ति चेतना उतनी ही थी, जितनी गोर्की में अहिंसा। उन्होंने स्त्री भावना के उदात्त सौन्दर्य का उतना ही अनुभव किया था, जितना शरतचन्द्र ने दार्शनिकता का। जैनेन्द्र के कथा-साहित्य में झलक है तो मुख्यतः विवाह, सेक्स और नैतिकता के स्तर पर उदारवादी भारतीय आत्मनिरीक्षण की और उपनिवेशक पश्चिम से—इन सन्दर्भों में जातीय टकराहट की। उस जमाने में वे बड़ी संजीदगी से स्त्री-प्रश्न उठा रहे थे और जब स्त्री की जिन्दगी में घना अँधेरा पिघल नहीं पा रहा था, उन्होंने उसकी कसक खोलकर रखी थी। सम्भवतः यह सब देखकर ही प्रेमचन्द को उनसे उम्मीद बँधी थी।

जैनेन्द्र कुमार का आदर्शवाद एक हद तक परम्परावाद ये घिरा और बड़ा जटिल है। उनका यथार्थवाद एक खास समाज का है और उनका रोमांटिसिज्म धीमा है। छायावाद के उत्कर्ष के दौर में ही उनका पहला उपन्यास 'परख' (1929) आया था। सत्यधन सोचता है, "प्रेम जीवन को बहलाने की वस्तु तो बन सकती है, लेकिन जीवन उसके लिए स्वाहा नहीं किया जा सकता।" यह बात जैनेन्द्र का लगातार पीछा करती है, "जीवन एक दायित्व है और विवाह उसकी पूर्णता की राह—उसकी शर्त।" (वही)। प्रेम और विवाह का द्वैत जैनेन्द्र की सनातन साहित्यिक गाँठ है। ऊपर से लगता है कि जैनेन्द्र प्रेम और जीवन के खुलेपन के समर्थक हैं। उनकी बुनियादी धारणा है, "प्रेम विरह में फलता है, मिलन में सूखता है।...दैहिक प्रेम हिंस्र भाव के बिना बनता नहीं।....प्रेम भक्ति में सार्थक होता है, भक्ति बनकर वह निर्वैयक्तिक बन जाता है।" (अनाम स्वामी)। उनके प्रेम पर परम्परागत नैतिकता हमेशा भारी पड़ती है।

जीवन किसके प्रति एक दायित्व है, "बिहारी होता तो कहता—अपने प्रति, अपने अन्तःकरण के प्रति।" 'परख' में सत्यधन और बिहारी जिन्दगी के प्रति एक नया नजरिया रखने वाले दो शिक्षित नौजवान हैं। सत्यधन अपनी बालसखा और 'विधवाजी' कट्टो को चाहकर भी नहीं अपनाता। उसका सारा ग्रामीण रोमांटिसिज्म शहरी व्यावहारिक सोच की भेंट चढ़ जाता है। उसने दिल्ली की एक पढ़ी-लिखी लड़की से विवाह कर लिया। अन्ततः उस लड़की का भाई बिहारी विधवा कट्टो से विवाह करता है। वह समाज में इसकी घोषणा भी करता है, लेकिन जैनेन्द्र पवित्रतावादी नैतिकता की रक्षा के लिए इन दोनों को पारिवारिक जीवन नहीं देते। उनके रोमांटिक आदर्शवाद को परम्परावाद पंचर कर देता है। इससे यह जरूर समझ में आता है कि भारतीय रोमांटिसिज्म की राह में शहरी व्यावहारिकता और परम्परावाद के कितने तीखे काँटे थे।

जैनेन्द्र अपने पहले उपन्यास की भूमिका में कहते हैं, "उपन्यास का काम है,

कुछ आगे की, भविष्य की सम्भावनाओं की जरा झाँकी दिखाना और जो कुछ अब है, उसकी तह हमारे सामने खोलकर रख देना।" औपन्यासिक सत्य में स्वप्न का पुट भी होता है। 'गोदान' का अन्त होरी की मृत्यु और सुतली बेचकर मिले बारह आने के गोदान से हुआ, लेकिन यह त्रासदी बता देती है कि भारत के किसान का स्वप्न क्या है, उसे क्या चाहिए। जैनेन्द्र जो कुछ है उसकी कुछ 'तहें' बेशक खोलते हैं, पर वे 'भविष्य की जातीय सम्भावनाओं' को मूर्त नहीं कर पाते।

प्रेमचन्द ने 'परख' की समीक्षा (1931) में स्पष्ट कर दिया था, "मगर यह नयी विवाह प्रथा हमारी समझ में नहीं आयी। यदि कट्टो और बिहारी को सेवाव्रत ही धारण करना था—और ऐसा प्रतीत होता है कि जीवन में वे फिर न मिले होंगे—तो विवाह बन्धन की क्या जरूरत थी? विवाह वासना की चीज न हो, सन्तान पैदा करने की चीज न हो, पर संगति की चीज तो है ही, ऐसी गाड़ी तो है ही जिसके दो पहिये होते हैं। यदि स्त्री और पुरुष को एक-दूसरे के प्रेम, सहारे और सहानुभूति की जरूरत न हो तो विवाह का नाम ही कौन ले।" प्रेमचन्द की शिकायत वाजिब थी।

जैनेन्द्र आरंभ से ही सुधारवाद और परम्परावाद एक साथ नदी के दोनों किनारों पर थे। उनके असमंजस की शिकार उनके कथा साहित्य की प्रायः हर स्त्री है। फिर भी जैनेन्द्र के कुछ उपन्यासों और कहानियों के जरिये यह देखना कम रोचक नहीं होगा कि राष्ट्रवादी आन्दोलन में स्त्री चेतना कौन-सा आकार पा रही थी, पुरुष स्त्री के बारे में अपनी सोच किस हद तक बदल रहे थे। राष्ट्रवादी मिजाज के लोग स्त्री शिक्षा और सामाजिक सुधारों के पक्षधर थे, पर वे स्त्रियों को परम्परागत पारिवारिक दायित्व से जरा भी मुक्त देखना नहीं चाहते थे। वे अपने देश की स्त्रियों में उच्च परम्परागत गुण पाते थे, जिन्हें छोड़ देना उन्हें मंजूर नहीं था। उन्हें लगता था कि इससे आम जीवन विपर्यस्त हो जाएगा। निःसन्देह वे सभी लोग रूढ़िवाद के विरोधी थे, सामान्यतः पश्चिम के प्रति खुला रुख रखते थे और अपनी संस्कृति को लेकर वृथा दंभ से भी उबर रहे थे। जैनेन्द्र ने भी आगे चलकर लिखा, "'अपनी' संस्कृति का दर्प यह भाव ही मिथ्या है।" (पूर्वोदय, 1950)। इन्हीं स्थितियों में परम्परा से मिश्रित स्त्री की एक आधुनिक भारतीय छवि बन रही थी, परिवार से अलग किये बिना उसकी एक सामाजिक भूमिका घोषित की जा रही थी। निःसन्देह स्त्री की नयी भारतीय छवि पश्चिमी स्त्री की छवि से भिन्न थी।

दो

स्त्री के आधुनिकीकरण के मसले पर उपनिवेशवादी और राष्ट्रवादी सोच अलग-अलग थी। पश्चिमी औपनिवेशिक समझ यह थी कि भारतीय स्त्रियाँ अन्धविश्वासों और

रीति-रिवाजों से बहुत बंधी हैं, उनमें कोई उच्च गुण नहीं है। अँग्रेज सोचते थे, इनके मामलों में सांस्कृतिक हस्तक्षेप अँग्रेजी राज के लिए नुकसानदेह है। उन्हें वोट का अधिकार देना भी, जिसकी माँग असरदार हो चुकी थी, अनुचित है। उपनिवेशकों की नजर में स्त्रियों को आधुनिक बनाने का एक ही अर्थ था, उन्हें अँग्रेजीदाँ और पश्चिमपरस्त बनाना। इस तरह वे एक तरफ भारतीय सामाजिक मामलों में हस्तक्षेप नहीं करने की नीति पर चल रहे थे, दूसरी तरफ पश्चिमी जीवन शैली भी आरोपित कर रहे थे। इसी समय पश्चिम से स्त्री स्वतन्त्रता की एक नयी धारणा आ रही थी, जो मातृत्व से बचने की सीख देती थी और पत्नीत्व को दासता का चिह्न कहती थी। वहाँ प्रेम, सेक्स और नैतिकता पर एक नयी बहस छिड़ी हुई थी, हालाँकि वहाँ भी बड़ी संख्या में स्त्रियाँ अन्धविश्वासों और दुर्दशाओं से घिरी थीं।

जैनेन्द्र राष्ट्रवादी थे। वह स्वाधीनता आन्दोलन में कई बार जेल हो आये थे। वह राजनीतिक स्तर पर पर्याप्त सक्रिय और बहिर्मुख थे। गाँधीवादी होते हुए भी वह अपनी रचनात्मक स्वतन्त्रता का उल्लेख करते हैं, "गाँधी मेरी मुक्ति में सहायक हो सकते हैं, मुझे बाँध नहीं सकते।" यह भी कहा जा सकता है कि जैंनेद्र ऐसे लेखकों में हैं, जिन्होंने अपने विचार और कर्म में भरसक एकता रखने की कोशिश की और जीवन में प्रयोग किये।

जैनेन्द्र में उपन्यास को ऐतिहासिक दस्तावेज बनाने की प्रवृत्ति नहीं है, वे पात्रों की वैयक्तिकता का आविष्कार करने वाले कथाकार हैं। उनकी स्त्रियों में कट्टो, सुनीता, मृणाल, कल्याणी और नीलमदेश की राजकन्या अनोखे व्यक्ति चरित्र हैं। जैनेन्द्र व्यक्ति और उसके अन्तर्जीवन को ही बार-बार पढ़ना चाहते थे, सामाजिक यथार्थ पर ज्यादा गौर नहीं करते थे। वह कहते हैं, "उपन्यास में जैसी दुनिया है वैसी ही चित्रित नहीं होती। दुनिया का कुछ उठा हुआ उन्नत कल्पित रूप चित्रित किया जाता है। वह उपन्यास किसी काम का नहीं है, जो इतिहास की तरह घटनाओं का बखान कर जाता है।" वे यह भी साफ कर देना चाहते हैं, "दार्शनिक मैं हूँ कहाँ? मैं अपने को निपट जिज्ञासु मानता हूँ।...बौद्धिक निश्चिति ही सबसे बड़ी समस्या और विपदा है।" वे यह भी कहने से नहीं हिचके, "परिस्थिति मेरे लिए कोई मनःस्थिति से स्वतन्त्र अस्तित्त्व रखने वाली चीज नहीं है।" इन वक्तव्यों के बावजूद आजादी के पहले के उनके उपन्यास-त्रय 'परख', 'सुनीता' और 'त्यागपत्र' और कुछ हद तक उनके आखिरी उपन्यास 'दशार्क' निहायत व्यक्तिपरक और अलग दुनिया के उपन्यास नहीं हैं। औपन्यासिक लेखन सामाजिक तटस्थता में नहीं हो सकता। इसलिए उपर्युक्त उपन्यासों में यदि स्त्री के आत्मसम्मान, स्वाधीनता और मातृत्व-विवाद से जुड़े सवाल उठे हैं और राष्ट्रवादी आन्दोलन की सोच अपने अन्तर्विरोधों के साथ प्रतिबिंबित हुई है, तो चौंकने की कोई बात नहीं है।

बीसवीं सदी की उथल-पुथल ने दुनिया में स्त्री को केन्द्र में ला दिया। हालाँकि जो औपनिवेशिक शासन उन्नीसवीं सदी में स्त्री से सम्बन्धित सुधारों के मामले में संवेदनशील था, बीसवीं सदी में स्त्री-अधिकारों के सवाल पर अब उसका रुख हठात कठोर हो चुका था। भारत के लोगों को, स्त्रियों को भी अक्षम और असभ्य बताना और अपने 'सभ्यता के मिशन' की बार-बार दुहाई देना उसका तोतारटन्त था। वह 'विकास' की वर्तमान दुहाई जैसा मामला था। यह भी एक महत्त्वपूर्ण तथ्य है कि उस काल में मध्यवर्गीय स्त्रियों के पास रोजगार के अवसर नहीं के बराबर थे। इसलिए जैनेन्द्र के कथा साहित्य में स्त्रियाँ केवल सोचती हुई, पुरुष के लिए प्रेरणाशक्ति बनी हुई, अपना कर्त्तव्य पालन करती हुई या बार-बार अपनी भावनाओं को कुचलती हुई विवश दिखाई देती हैं, कुछ अलग से करती हुई नहीं। वे देश को पुनर्निर्मित करने की एक ठोस श्रमशक्ति के रूप में नहीं देखी गयीं। स्त्री अभी मानो सिर्फ नयी दुनिया की भावनात्मक प्रेरक भर थी। इसमें सन्देह नहीं कि स्त्री को मध्ययुगीन माया और आधुनिक सेक्स आब्जेक्ट की धारणाओं से मुक्त कर 'नयी भावनात्मक दुनिया की प्रेरक और निर्माता' के रूप में देखना भी पुरुष की स्त्री-सम्बन्धी दृष्टि में आया एक उल्लेखनीय ऐतिहासिक परिवर्तन है। हालाँकि उन दिनों की आकांक्षा और बेचैनी वस्तुतः इससे ज्यादा थी।

जैनेन्द्र राष्ट्रवादी आन्दोलन की सीमाओं की वजह से 'परख' में सिर्फ यह कह सके, "स्त्री ही व्यक्ति को बनाती है, घर को, कुटुम्ब को बनाती है, जाति और देश को भी, मैं कहता हूँ स्त्री बनाती है। फिर उन्हें बिगाड़ती भी वही है। आनन्द भी वही और कलह भी, हराव भी और उजाड़ भी, दूध भी और खून भी, रोटी भी और स्कीमें भी और फिर अपनी मरम्मत और श्रेष्ठता भी—सब कुछ स्त्री ही बनाती है। धर्म स्त्री पर टिका है, सभ्यता स्त्री पर निर्भर है और फैशन की जड़ भी वही है। बात क्यों बढ़ाओ, एक शब्द में कहो—दुनिया स्त्री पर टिकी है।" जैनेन्द्र के सोचने का तरीका यह है कि उनके पास आँखें हैं, 'जिनके आँखें नहीं, वे (इस बात को) मानें या न मानें हमारी बला से।' जाहिर है, यह स्त्री की उदात्त राष्ट्रीय भूमिका को समर्थन देते हुए भी पुरुष प्रभुत्ववाद को, जो स्त्री की दुर्दशा के मूल में है, क्लीन चिट देना है। स्त्री पर धर्म और सभ्यता टिकी है, पर इन दोनों चीजों को बनाने में खुद इसकी भूमिका क्या है, इस पर जैनेन्द्र ने कोई चर्चा नहीं की।

निश्चय ही जमाना बदल रहा था। माहौल में आजादी की आवाज गूँज रही थी। बाहरी संसार में ही नहीं, आदमी के अन्तःसंसार में भी लड़ाइयाँ छिड़ी हुई थीं। आदमी में एक भावात्मक अन्तर्द्वन्द्व था। प्रसाद की ममता, चम्पा, मधूलिका जैसी स्त्रियाँ हों या प्रेमचन्द की मालती, हम इन सबके अन्तर्द्वन्द्व को देखें तो पाएँगे कि इस अन्तर्द्वन्द्व से आदमी का नया जीवन संसार निकल रहा था। 'परख' जैनेन्द्र का

पहला और महत्त्वपूर्ण उपन्यास है, "अपने आपसे लड़ते रहना ही तो जीवन में एक कीमती चीज है।" आगे चलकर जैनेन्द्र निर्णयवादी अधिक हो गए, अन्तर्द्वन्द्व और दुविधा के चिह्न मिट गए।

भारतीय जनता के राष्ट्रीय आन्दोलनों का ही असर था कि आदमी की सुख के बारे में धारणा बदल रही थी, जबकि पश्चिमी संस्कृति समाज के एक वर्ग को संसार का अधिकाधिक सुख हथिया लेने की प्रेरणा दे रही थी। उस समय यह प्रश्न गरम था, "जिन्हें उसका कण भी नहीं मिल पाया है...उनके खातिर क्या हम अपना सुख कम नहीं कर सकते?" राष्ट्रीय मुक्ति आन्दोलनों के जमाने में देश के छोटे-बड़े नेता गाँधी के असर के कारण स्वेच्छया अभाव की जिन्दगी बिताते थे। वे ऐयाशी और आरामदायक जीवन से बचते थे। देश के नौजवानों पर वैसा ही असर पड़ता था। आज के उपभोक्ता समाज में, जहाँ मॉल-मल्टीप्लेक्स बढ़ते जा रहे हैं और देश के नेता भौतिक सुख-सुविधाओं से घिरे हैं, नौजवान अपना सुख कम करने की सोच नहीं सकते। 'परख' के पढ़े-लिखे नौजवान सत्यधन के मन में एक समय तक द्वन्द्व था, "अब तक सजधज, ठाटबाट और प्रतिष्ठा के एवरेस्ट पर पहुँचे हुए असाधारण जीवन के स्वप्न देखते थे, अब सोचने लगे....अज्ञात और साधारण रहकर ही जीवन की क्यों न पूरी तुष्टि प्राप्त कर ली जाए? उन्होंने मार्ग पर किनारे खड़े पोस्टरों पर से 'उन्नति' मिटाया और 'उत्सर्ग' लिख लिया। अब शेक्सपीयर की नायिका की जगह किसी सकुचायी-सी गँवई किशोरिका को घर में ले आकर प्रतिष्ठित करना ज्यादा प्रिय लगने लगा, जो अभी जीवन के साथ शिक्षा की और सभ्यता की बहुत-सी व्यर्थताएँ लपेटना न सीखी हो...जिसे सुखी बनाकर यह समझें, 'हाँ मैंने कुछ किया'...।" अन्ततः सुखवाद ने सत्यधन के उपर्युक्त रोमांटिसिज्म को मिटा दिया। उस जमाने में जीवन, शिक्षा और पश्चिमी सभ्यता की व्यर्थ चीजों के खिलाफ एक जज्बा पैदा हुआ था। वह कमजोर था, क्योंकि 'भारत को सभ्य बनाने का मिशन' आँधी जैसा था और उस मिशन की सामन्तवाद से साँठगाँठ काफी गहरी थी।

उपन्यास में समय की तहों को खोलकर 'भविष्य की सम्भावना की झाँकी दिखाना' तभी सम्भव है जब कथाकार के पास एक दृष्टि हो। यह जैनेन्द्र को 'परख' के बाद समझ में आया। उनके फिक्शन में दृष्टि का आग्रह बढ़ता गया। वह बनी-बनायी दृष्टि ज्यादा थी, उसका बाहरी जगत के यथार्थ से सम्पर्क क्षीण था। जैनेन्द्र के सामने सबसे बड़ी समस्या स्त्री थी, जिस पर पूरी दुनिया टिकी थी! उनको स्त्री कभी आदिम रहस्य नजर आती थी, कभी खुली किताब। वे स्त्री को मातृत्व और सेवा की मूरत समझते थे। उन्होंने उसमें एक और चीज भी पहचानी। वह है सेक्स की उसकी अपनी इच्छा। यह इच्छा ही उसे स्वत्व देकर मानो पुरुष से कुछ स्वतन्त्र करती थी, वह टैबूज से बाहर निकलती थी।

जैनेन्द्र की खूबी है कि उन्होंने गाँधीवाद से प्रतिबद्धता के बावजूद स्त्री-पुरुष यौनिक सम्बन्ध पर खुलकर लिखा। गाँधी और फ्रायड एक बेमेल जोड़ी है, लेकिन पहले विश्वयुद्ध के बाद फ्रायड का असर भारत में पहुँच चुका था। साहित्यिक दुनिया पर उसका दबदबा बढ़ता जा रहा था। विवाहित स्त्रियों का प्रेम जैनेन्द्र का प्रिय विषय बना। उनके उपन्यासों में स्त्रियाँ पहली बार पुरुष की तुलना में अधिक प्रभावी भूमिका लेकर आयी थीं। इसका यह अर्थ नहीं है कि वे स्त्रियों को पुरुषों के समान ही यौन मुक्ति का अधिकार देने के पक्षधर थे। इसके विपरीत उनमें द्विवेदीयुगीन नैतिकता और रोमांटिक गाँधीवाद जैसी चीजें ही ज्यादा थीं। विश्वयुद्ध के बाद की हिन्दी कहानी पर उनकी इस टिप्पणी से प्रेम पर बड़े वक्तव्य देने वाले इस कथाकार की मूल आकांक्षा स्पष्ट हो सकती है, "विवाह की पवित्रता और परिवार की मर्यादा भारतीय समाज के मूल में घुले-मिले तत्त्व हैं। इन संस्थाओं ने इतिहास के आक्रमणों के बीच भारत को थामे रखा है। लेकिन कहानियाँ लिखी गयीं और कम संख्या में नहीं, जिनमें इन मर्यादाओं को मिटा देने की खुली स्पर्धा है।" (पूर्वोदय, 1950)। कोई आश्चर्य नहीं यदि वे यशपाल, अज्ञेय आदि की रचनाओं के सन्दर्भ में यह टिप्पणी कर रहे हों।

तीन

निःसन्देह जैनेन्द्र ने मनुष्य को स्त्री-पुरुष की श्रेणियों में बाँटकर देखा, इनके जेन्डर आधारित अन्तर्मन को छाना। स्त्री क्या सोचती है, पुरुष क्या सोचता है, स्त्री किस तरह पत्नीत्व को कर्त्तव्यपरायणता और साधना समझती है, उसे किस तरह विश्व से अधिक घर चाहिए, पुरुष को कैसे गृहस्थी के अलावा कुछ और चाहिए—उसे वस्तुतः विश्व का चित्र-वैचित्र्य, देश, सुधार या तोड़फोड़ भी चाहिए। पुरुष प्रयोग करना चाहता है। जैनेन्द्र खुद अपने बनाये प्रश्नों के कैदी हो जाते हैं। उन्हें एक और प्रश्न बार-बार हाँट करता है—मनुष्य आत्म प्रदेशों में रहते हुए शाश्वत को कैसे छुए, सार्वभौम का रस कैसे पाए।

'सुनीता' में उन्होंने जीवन विमुख क्रान्तिप्रेमी हरिप्रसन्न के सामने सुनीता को बिल्कुल नग्न खड़ा कर दिया। एक विवाहिता हिन्दू स्त्री दूसरे पुरुष के आगे सेक्स के लिए खुद अपने कपड़े उतार रही थी और जीवन का महत्त्व समझा रही थी। वह अपने भीतर सैकड़ों साल से घुसे-पैठे चारों तरफ से बन्द भाववाद से भी मुक्त हो रही थी। एक खादी पहनने वाले कथाकार का साहस के साथ यह दिखाना क्या था, स्त्री द्वारा देह की मुक्ति के जरिये अपने स्वत्व का उद्‌घोष, त्याग से मंडित गाँधीवादी किस्म का सेक्स या उसका निर्वस्त्र सत्याग्रह? जैनेन्द्र निषिद्ध क्षेत्र में बार-बार प्रवेश

करते हैं, अक्षत लौट आने के लिए। हरिप्रसन्न सेक्स के लिए उतावला था, पर अब उसने आँखें बन्द कर लीं। उसके और सुनीता के बीच नैतिकता, अपरिग्रह और त्याग के प्रश्न कूद पड़े थे, सेक्स भस्म हो गया था।

भारत के राष्ट्रीय मुक्ति संग्राम में क्रान्तिकारियों की एक बड़ी भूमिका है। उन्हें सिर्फ उनके आत्मबलिदान का रास्ता चुनने के लिए ही नहीं, बल्कि भारतीय राष्ट्र और जनता की आजादी को लेकर उन सभी का जो वृहत्तर स्वप्न था, इसके लिए भी याद करना चाहिए। जैनेन्द्र का मकसद उपन्यास में राष्ट्रीय मुक्ति आन्दोलन की तस्वीर पेश करना कभी न था। फिर भी 'सुनीता', 'सुखदा', 'विवर्त्त', 'दशार्क' आदि कृतियों में वे क्रान्तिकारियों को कामासक्त, चोर, रहस्यात्मक और आतंकवादी के रूप में चित्रित करने का कोई अवसर हाथ से जाने नहीं देते थे। हरिप्रसन्न सुनीता को मायारानी का नया नाम देकर जंगल ले गया, ताकि वह क्रान्ति की माता बनकर युवकों को सम्बोधित करे। सुनीता साधारण कपड़ों में जाना चाहती थी, पर सादगी से जीनेवाला क्रान्तिकारी हरिप्रसन्न ने ही कहा, "भाभी, वह पहनो जो अच्छे से अच्छे हों।...रेशमी?....हाँ, कम से कम रेशमी।" अचानक उसकी रुचि आभिजात्यवादी हो गयी और वह कामुक तो बना ही। स्त्रियाँ क्रान्तिकारियों के असर में आने के बाद अपना धन गँवाती हैं, उनका यौन तुष्टि के लिए उपयोग होता है। वे अपने पति की जिन्दगी उजाड़ देती हैं। उनका दुखद अन्त होता है। ऐसी चीजें उपन्यास में देकर जैनेन्द्र स्त्री पर टिप्पणी करते हैं या क्रान्ति के प्रति अपनी वितृष्णा जाहिर कर रहे होते हैं, स्पष्ट कहा नहीं जा सकता। वे यह काम इतने बारीक शिल्प और फुर्तीली भाषा में करते हैं कि पता नहीं चलता कि यह उनका एक मुख्य मकसद है। क्रान्तिकारी चरित्रों को हमेशा यौन निराशा का शिकार बताना उन्हें सहानुभूति देना नहीं है, जबकि जैनेन्द्र का दावा है कि वे हर चरित्र को सहानुभूति से आँकते हैं। गाँधी ने वैचारिक असहमति के बावजूद हिंसा की राह अपनाने वालों को कभी ऐसी नजरों से नहीं देखा था।

निःसन्देह जैनेन्द्र की स्त्री के बारे में सोच उदार पुरुषवादी है। वह स्त्री को सिर्फ स्त्री या जेंडर मानने के लिए तैयार नहीं हैं और न महज देह। वह वस्तुतः पश्चिमी पैटर्न की स्त्री-स्वतन्त्रता के विरोधी हैं। स्त्री को देह या यौनिक वस्तु मानकर वे न 'नारी की झाईं पड़े, अन्धा होत भुजंग'-सा रूढ़िवादी दृष्टिकोण अपनाते हैं, ब्रह्मचर्य का पक्षधर होना चाहते हैं और न ही यौनिकता को जिन्दगी का सार बना देना चाहते हैं। उल्लेखनीय है कि पूँजीवाद सेक्स को वैवाहिक मामले से आजाद कर, यहाँ तक कि प्रेम से उसके सम्पर्कों को मिटाकर एक स्वायत्त वस्तु, एक आनन्द-क्रीड़ा और आदमी की सारी गतिविधियों को संचालित करने वाली एक प्रबल 'ताकत' बना देना चाहता था। वह यौनिकता का बाजारीकरण कर चुका था। मनुष्य कुछ अधिक

ही इन्द्रियपरायण प्राणी बनता जा रहा था। आदमी आमतौर पर एक आर्थिक और सांस्कृतिक प्राणी होने के साथ इन्द्रियपरायण प्राणी भी है। वह अचानक कभी बहुत आत्मपरक, आत्मवादी या कामुक हो उठता है, ऊँचे आदर्श और नैतिकता धरे रह जाते हैं। जैनेन्द्र जिन्दगी के ऐसे क्षणों को समझने की कोशिश करते हैं और दिखाते हैं कि यह कैसे होता है और जीवन का दायित्व क्या है।

पितृसत्ता परिवार और आदमी का अर्थ बदल देती है। 'परिवार' का अर्थ हो जाता है स्त्री और 'आदमी' पुरुष को कहते हैं। आम बातचीत में पत्नी 'फेमिली' है। उससे उम्मीद की जाती है कि वह अपने पति के बाइक की आवाज इतनी अधिक पहचान ले कि दरवाजे की घंटी बजाने से पहले ही स्वागत में खड़ी हो जाए। आधुनिक भारत की पितृसत्तात्मक पारिवारिक व्यवस्था में स्त्री की दुर्दशाओं का अहसास करते हुए भी जैनेन्द्र स्त्री के आदर्शीकरण से नहीं चूकते। वे 'सुनीता' में कहते हैं, ''स्त्री को स्त्री' संज्ञा देकर पुरुष को न छुटकारा है, न होगा। उसे कुछ न कुछ और भी कहना होगा, माता कहो, बहिन कहो, पत्नी कहो, उपपत्नी कहो—कुछ न कुछ अपनापन जतलाये बिना मात्र 'स्त्री' संज्ञा का प्रयोग करके उस स्त्री द्रव्य से छुट्टी तुमको नहीं मिलेगी।'' भारत में रिश्ते अपनापन देने के अलावा एक सामाजिक श्रृंखला से बाँधते हैं। पश्चिमी समाज में रिश्ते तरल हैं, उनका अहसास तात्कालिक है। वहाँ बन्धन कम हैं, स्वतन्त्रता ज्यादा है। भारत के राष्ट्रवादी सिर्फ पुरुष के पक्ष से सोचते थे, यह बात नहीं है। वे 'परिवार' की अवधारणा को पश्चिमी प्रभाव में कमजोर करना नहीं चाहते थे, क्योंकि भारत में जीवन संघर्ष ज्यादा था और मिल-जुलकर ही किया जा सकता था। इसलिए जैनेन्द्र श्रद्धा, विश्वास, मातृत्व, सेवा, त्याग, शालीनता जैसे परम्परागत स्त्री गुणों को स्त्री के राष्ट्रीय गुण बनाकर पेश करते दिखाई देते हैं, क्योंकि उनका एक लक्ष्य मानवीय रिश्तों पर पश्चिमी पूँजीवाद के आक्रमण का और इसके साथ उपनिवेशवाद का विरोध करना था। यह स्त्री स्वतन्त्रता के पश्चिमी अभिप्राय की जगह एक नये भारतीय मॉडल को सामने रखकर ही सम्भव था। ध्यान में रखना होगा कि उन दिनों स्त्री को सामन्ती दुश्चक्र से बाहर निकालकर औपनिवेशिक दुश्चक्र में फँसा देना पश्चिमी पूँजीवाद का एक प्रधान मकसद था।

जैनेन्द्र कुमार 'सुनीता' में एक बिन्दु पर सुनीता और हरिप्रसन्न को सिर्फ स्त्री-पुरुष बना देते हैं। सुनीता 'पत्नी' से स्त्री बनती है और हरिप्रसन्न 'क्रान्तिकारी' से पुरुष बनता है। दोनों को इससे 'हर्ष और रसास्वाद की ही अनुभूति प्राप्त हुई।' जैनेन्द्र की जीवनदृष्टि में गड़बड़झाला हो, पर उनके पास जीवनरस की खोज में पुरानी रूढ़ियों को चुनौती देता मन है। वहाँ प्रेम को लेकर बहुत से प्रश्न हैं, जिज्ञासाएँ हैं, जो जीवन के सूखेपन को मिटाने के लिए हैं। भारत का समाज बाहर जितना दिखता

है, उससे बहुत अधिक भीतर है, जहाँ दबी-कुचली आकांक्षाएँ हैं और इनके खेल हैं—परम्पराओं को भीतर से चुनौती देने वाले। भारत का आदमी बहुत आत्मदमन करता है और वर्जनाओं-कुंठाओं से जकड़ा होता है। इसलिए यौन नैतिकता के सवाल आधुनिक जमाने में उतने सहज नहीं माने गए, जितने पहले थे। यशपाल और अज्ञेय की तरह ही जैनेन्द्र ने बड़े-बड़े प्रश्नों के धक्के से किनारे पड़ गए यौन नैतिकता के उन प्रश्नों को उठाया, जिनसे आँखें चुराना अब सम्भव नहीं था।

जैनेन्द्र की प्रेमचन्द से एक ही मुद्दे पर सोच में समानता है, परिवार। दोनों लेखक परिवार, यानी हजारों साल की एक उच्च मानवीय उपलब्धि को विघटन के दौर में बचाना चाहते हैं। 'सुनीता' में क्रान्तिकारी हरिप्रसन्न को जीवनमुखी बनाने की योजना के बाद यही प्रश्न केन्द्र में है, बल्कि यह योजना भी एक क्रान्तिकारी को ग्रन्थिमुक्त कर परिवारमुखी बनाने से ही जुड़ी है। जैनेन्द्र पूछते हैं, ''क्या, सच, मानवता नहीं कायम है उस रूढ़ संस्था के सहारे, जिसे कुटुम्ब कहते हैं और जो विवाह पर टिकी है।'' पश्चिमवासियों के लिए कुटुम्ब 21वीं सदी में एक स्पृहनीय वस्तु बन चुकी है और तलाक को लेकर अब एक सार्वभौम नफरत पनप रही है।

'सुनीता' परिवार और क्रान्तिकारी व्यक्तियों की जीवन-विमुखता के बीच रस्साकशी की कथा है। जैनेन्द्र कुमार क्रान्ति नापसन्द करते थे और सोचते थे कि क्रान्तिकारी यदि गृहस्थ हो तो वह समाज के लिए ज्यादा उपयोगी होगा। वह यह असम्भव चीज भी चाहते थे कि बाहर की दुनिया को बदलने से पहले अन्तःसंसार को बदला जाए। वे रिश्तों की चेतना में क्रान्ति के पक्षधर थे। स्त्री परिवार में कभी असहमत नहीं हो सकती, उससे यही उम्मीद की जाती है। वह परिवार में किस तरह आज्ञाकारी जीव से ज्यादा नहीं है, यह जैनेन्द्र ने अपनी एक चर्चित और बहुत अच्छी कहानी 'पत्नी' (1936) में दिखाया। देश में क्रान्ति लाने के लिए प्रयत्नशील कालिन्दीचरण साथियों के साथ ड्राइंग रूम में बहस करता है और पत्नी रसोईघर के दरवाजे पर खड़ी इस प्रतीक्षा में होती है कि खाने-पीने की किसी नयी चीज की फरमाइश हो तो तत्काल पूरी करे। स्त्री के साथ पुरुष के रिश्ते में क्रान्ति की जरूरत थी। इसे एकायामिता से मुक्त करने की यही घड़ी थी। इसका अर्थ गृहस्थी का विलोप नहीं, बल्कि पुरुष-सोच में परिवर्तन है। स्त्री से न बिल्कुल छुट्टी पा ली जाए और न उसे महज बेड पार्टनर या रसोईरानी समझा जाए, यह वैचारिक तत्त्व राष्ट्रीय आन्दोलन में प्रधानता पा रहा था।

हरिप्रसन्न सुनीता को क्रान्ति में शामिल करना चाहता है और उसकी दुविधा देखकर उसे 'पतिव्रता गृहस्थिन' कहकर व्यंग्य करता है। इस पर सुनीता तकलीफ से भरकर एक सवाल करती है जो सभी स्त्रियों का सभी पुरुषों से सवाल है, ''मेरा यह गृहस्थिन का रूप क्या कभी मुझसे अलग कर पाओगे?''

स्त्री शिक्षित और किसी पेशे में निपुण होने के बावजूद कई बार पितृसत्तात्मक तर्कों से बँधी होती है। जैनेन्द्र के एक अन्य उपन्यास 'कल्याणी' में कल्याणी डॉक्टर है। वह व्यक्तित्त्व की टकराहट में पति द्वारा अपमानित होती है, तब भी कहती है, ''पति ने प्रेम के कारण ऐसा किया।....प्रेम करते हैं इसी से मार तक सकते हैं।'' वह स्त्री स्वातन्त्र्य का विरोध करती है, ''स्त्री स्वातन्त्र्य और कुछ नहीं, मातृत्व से बचने की चाह है।....स्त्री की सार्थकता मातृत्व है।...पति प्रेम ही सत्य है, बाकी प्रेम माया है। उस पर घर नहीं बन सकता, जैसे रेत पर दीवार नहीं बन सकती।....भोग प्रेम नहीं, नहीं, वह प्रेम कभी नहीं। प्रीति का भोग है त्याग। विवाह और सतीत्व—ये समाज और स्त्री के आधार हैं।'' जैनेन्द्र बुद्धि और विश्वास की टकराहट के उस युग में पश्चिम से आयी आधुनिकता पर सन्देह करते हुए अपने को विश्वास के नजदीक ज्यादा पाते थे, ''बुद्धि श्रद्धा को काटती नहीं, न उसे संस्कार, परिष्कार देती हुई कही जा सकती है। वह श्रद्धानुसारिणी ही होती है।'' निश्चय ही वे श्रद्धा में विचार की कट्टरता का परिहार करते हुए सृजनात्मक विश्वास की बात करते हैं। वे जीवन की समस्या को व्यक्ति की समस्या बनाकर पेश करते हैं। इसलिए प्रश्न उठ सकता है, क्या जैनन्द्र की स्त्रियाँ सचमुच अपने ऐतिहासिक समय का प्रतिनिधित्व करती हैं? जैनेन्द्र में कुछ भी 'क्रिटिकल' है या नहीं?

ऐसा लगता है कि गाँधी बड़े मर्यादावादी और मन से सूखे थे। जैनेन्द्र गाँधी को मानते थे और वहाँ स्नेह का अक्षय भंडार पाते थे। लेकिन ब्रह्मचर्य की बात करने वाले गाँधी बहुतों को प्रेम-विरोधी लगे। जैनेन्द्र ने गाँधी पर रसविहीनता के आरोप को गलत माना, मानो यह आरोप उनके ऊपर हो। कल्याणी कहती है, 'यह तो (ऐसा मानना तो) गाँधी को गाँधीवाद से भून देना होगा।' जैनेन्द्र की स्त्रियाँ कभी गृहस्थी ओर जीवन रस, दोनों चाहती हैं और कभी श्रद्धा बन जाती हैं। पढ़ी-लिखी कल्याणी कहती है कि वह गृहस्थी और बाहरी दुनिया की जिम्मेदारी (डॉक्टरी पेशा) में कोई एक सँभालेगी, दोनों नहीं। इस उपन्यास में पुरुष का यह गर्व भी प्रकट होता है, 'मैंने ही तुम्हारा उद्धार किया।' कल्याणी का दुखद अन्त होता है, जो स्त्री की ट्रैजेडी है।

स्त्री रोटी बनाती है, लेकिन उसमें दुनिया की विचित्रताओं को जानने और इनमें शामिल होने की उत्सुकता भी होती है। कुटुम्ब के कट्टर समर्थक जैनेन्द्र कुमार ने निःसन्देह इस चीज को महसूस किया था। उन्हें संसार स्त्री-पुरुष में बँटा दिखा था, "प्रथमतः वह (मनुष्य जाति) द्विविध है—स्त्री और पुरुष। कुटुम्ब-परिवार पीछे आते हैं, नाते-रिश्ते, नाम-गोत्र, मत पन्थ, वर्ण-सम्प्रदाय सब पीछे आते हैं।" (सुनीता)। उन्होंने प्रेमचन्द के अमीर और गरीब के विभाजन को बदल दिया, हालाँकि पैसे के प्रति वितृष्णा जाहिर की। पश्चिमी पूँजीवादी सभ्यता को चुनौती देते हुए उन्होंने कहा था, "सम्पत्ति का और प्रभुता का केन्द्रीकरण मानवता के विकास का लक्षण

नहीं है।'' (पूर्वोदय)। एक जमाना जरूर था, जब आदमी के पास कम पैसा है तो यह गौरव की बात समझी जाती थी। पैसे की बाढ़ से आदमी का मिजाज बदलने लगता है। फिर भी किसी बाजार-समाज में पैसा अछूत नहीं हो सकता। जैनेन्द्र ने एक समय अपने जीवन में पैसे का स्पर्श करना छोड़ दिया था, उनकी जरूरतें पूरी करने के लिए पैसे दूसरे व्यक्ति खर्च करते थे।

जैनेन्द्र गृहस्थी से बँधी स्त्री की जिन्दगी में गतिशीलता चाहते थे, ''पानी बहते-बहते कहीं बँध गया है, उसे खुलना चाहिए। जीवन को कुछ बहिर्गमन मिले और घर के भीतर की गृहस्थी को घर के बाहर की दुनिया का अधिक संसर्ग और अधिक संघर्ष मिले तो शायद कुछ इसकी सृष्टि हो, चैतन्य जागे...।'' 'सुनीता' भारतीय स्थितियों को सन्तुष्ट करते हुए गतिशील स्त्री-जीवन की माँग है। उसमें गृहस्थी की स्थिरता पर चोट है, जिसमें पुरुष सोच में आ रहे बदलाव के संकेत मिलते हैं। श्रीकान्त उदार है, सुनीता को पूरा मौका देते हैं। वे सामान्यतः पितृसत्ता का दुश्चक्र बनाते नहीं दिखते। सुनीता भी सोचती है, ''अपने जीवन और घर के किवाड़-खिड़कियाँ खोल दे, खूब हवा आने-जाने दे, तभी ठीक होगा।'' हवा में जो अशुद्ध है उसका अस्वीकार और जो शुद्ध है उसका अंगीकार, ''दोनों की क्षमता अपने प्राणों में जगानी होगी और इस प्रकार अपने को और अपने घर को पुष्ट और विशद बनाते चलना होगा।'' जैनेन्द्र स्त्री के खुलेपन में आदर्शवाद या शुद्धतावाद का ताला लगाना नहीं भूलते। वे वस्तुतः स्त्री व्यक्तित्त्व और घर में अन्तर्विरोध नहीं देखते थे। वे कुटुम्ब और स्त्री-पुरुष के विवाहेतर प्रेम में भी अन्तर्विरोध नहीं देखते थे। वे पति और प्रेमी या पत्नी और प्रेयसी के द्वैतवाद को उस हद तक प्रबल समर्थन देते थे, जहाँ तक घर या पारिवारिक विश्वास क्षतिग्रस्त न हो। वे ऐसी बिल्ली खोज रहे थे, जो दूध की रखवाली करे!

चार

प्रेम जीवन की एक महत्त्वपूर्ण चीज है। दुनिया में हर जगह हर काल में जब भी यह मुद्दा उठा है, नैतिकता का सवाल जरूर सामने आया है। प्रेम आदमी का जन्मसिद्ध अधिकार है, फिर भी हर समाज में वह एक जोखिम है। जैनेन्द्र के उपन्यास में स्त्रियाँ प्रेम का जोखिम उठाती हैं, जो शिक्षा के बाद स्वतन्त्रता की दूसरी सीढ़ी थी। वे ठोस सामाजिक स्थितियों के बीच प्रभावी ढंग से ऐसा करती हैं। इसलिए जैनेन्द्र के आरम्भिक उपन्यास विशिष्ट हो उठे हैं। स्त्री-स्वतन्त्रता की अकुलाहट पर 'देवि', 'जननी' और 'नारी तुम केवल श्रद्धा' के पितृसत्तात्मक भुलावे बार-बार धावा बोल रहे थे, यह भी उनके उपन्यासों से स्पष्ट होता है। यही वजह है कि इनमें प्रेम की

नहीं, स्त्री स्वतन्त्रता भी अन्ततः एक आत्मव्यथा है।

नैतिकता का हाहाकार वहीं होता है, जहाँ संस्कृति होती है। संस्कृति हर समाज में अस्तित्त्वमान है। जैनेन्द्र की खूबी है कि उन्होंने मनुष्य में व्यक्ति को पहचाना। वे व्यक्ति की संस्कृति रचना चाहते थे, सामन्तवाद का गढ़ ढाह कर। इस तरह उन्होंने रोमांटिसिज्म को अपनी मर्यादावादी सीमा में आगे बढ़ाया। यह संस्कृति और उस नैतिकता को चुनौती देने के लिए जरूरी था, जिसका मूल स्रोत धर्म था। जैनेन्द्र ने एक जगह लिखा, ''मानव व्यक्ति स्वयं ही वह मोर्चा है और रचनात्मक और सर्जनात्मक सब शक्तियों को वहाँ लगना है। शेष व्यर्थताओं पर कान न देकर एक मानव पर टेक रखने वाली श्रद्धा का नाम संस्कृति है। उसके सिवा संस्कृति और कहीं नहीं है।'' (रोटी का मोर्चा और संस्कृति, पूर्वोदय)। संस्कृति के निर्माण की ताकत धर्म के हाथ से छीनकर मानव व्यक्ति के हाथ में सौंपी जा रही थी। इससे नैतिकता के स्रोत अब कहीं बाहर नहीं मानवीय संवेदनशीलता से भरे व्यक्ति के कहीं भीतर थे, उसके अन्तः विवेक और अनुभूति में। व्यक्ति तात्पर्यपूर्ण हो उठा था, कहने का एक ही अर्थ है कि अब धर्मशास्त्र की जगह मनुष्य का अन्तःविवेक और अनुभव महत्त्वपूर्ण था। भौतिक दुनिया में पाखंड और होड़ बढ़ते जा रहे थे, ''सच यह है कि संस्कृति के सिवा यह किसी और का काम नहीं है कि होड़बाजों और स्पर्द्धावादियों के गिरोहों और मोर्चों के बीच वह उस निरीह मानव की प्रतिष्ठा करे, जिसके पास स्नेह का हृदय और कामकाज के हाथ हैं।'' (वही)। आज के खुले बाजार में जैसी भयानक होड़ है, उपर्युक्त कथन का महत्त्व बढ़ जाता है। जैनेन्द्र ने उस संस्कृति और नैतिकता का समर्थन किया, जिनकी जड़ें लोगों के स्नेह भरे हृदय और श्रम में हों। भूलना नहीं चाहिए कि जैनेन्द्र एक संक्रमणकालीन दौर के लेखक थे। वे तब व्यक्ति, संस्कृति और नैतिकता को एक नयी भूमिका लेकर उभरते देख रहे थे।

प्रेम, संस्कृति और नैतिकता की नयी जमीन पर खड़ी होकर ही जैनेंद्र के उपन्यास 'त्यागपत्र' की मृणाल धर्म और आर्थिक होड़ को चुनौती देती है। वह बहिष्कृत थी और स्त्री थी। उसकी आत्मव्यथा उसे नैतिक-अनैतिक का एक भिन्न विवेक देती है, ''जो शास्त्र से नहीं मिलता, वह ज्ञान आत्मव्यथा से मिल जाता है।''

मृणाल ने अपने पहले प्रेम का हाल पति से सच-सच कह दिया था। वह छल नहीं जानती थी, जबकि नयी सभ्यता इसी पर टिकी थी। वह पति द्वारा परित्यक्त होकर गरीबों और दुर्जनों की बस्ती में आ बसती है और अपनी देह का दान भी करती है। वह कुछ समय एक स्कूल में काम करती है, जो छूट जाता है। उसमें श्रम का उज्ज्वल ताप है। वह प्रमोद के बार-बार प्रेम-भीगे आग्रह के बावजूद उसके घर, मायके और प्रतिष्ठित समाज में नहीं लौटती। मृणाल जिस स्थिति में थी, उसके लिए बाबुओं और साहबों का समाज ही जिम्मेदार था। इस समाज ने अपने असंख्य

गरीब लोगों को असहाय छोड़ दिया था। ऐसे समाज में न लौटना स्त्री का एक मौन प्रतिवाद था। मृणाल को प्रतिष्ठित लोगों के समाज की तुलना में लगता है, "इन लोगों में जिन्हें दुर्जन कहा जाता है, कई तह पार कर वह तह भी है कि उसको छू सको तो दूध-सी श्वेत सद्‌भावना का स्रोत फूट निकलता है।...यहाँ छल असम्भव है जो छल शिष्ट समाज में जरूरी है।" छलों से भरा शिष्ट समाज ही सभ्य समाज कहा जाता है। जैनेन्द्र सीधे ऐसे गरीबों और दुर्जनों को कभी औपन्यासिक केन्द्र में नहीं ला सके, जबकि उन्हें नयी आक्रमक सभ्यता के बरक्स बस्ती के आम लोगों के जीवन में सद्‌भावना और निश्छलता के तत्त्व मिले थे। दरअसल बहिष्कृत की नैतिकता समाज व्यवस्था की प्रतिष्ठा कायम रखने वालों की नैतिकता से हमेशा भिन्न होती है। अभाव पीड़ित इंसान की संस्कृति खाये-पीये-अघाये लोगों की संस्कृति के मुँह पर हमेशा ही एक थप्पड़ है।

'त्यागपत्र' की मृणाल पतन के अँधेरे गर्त में आकंठ डूबकर भी अपनी अस्मिता के लिए नहीं, सभ्यता की उस रोशनी के लिए भी सवाल उठा रही थी, जिससे भारत का भद्र वर्ग वंचित था। यह उपन्यास एक दार्शनिक रूपक और फैंटेसी बनकर रह जाता, यदि प्रमोद और उसकी बुआ मृणाल के बेइन्तिहा प्रेम की कथा भर होता। यह मृणाल की कथा है। वह अपने बारे में स्वयं सारे निर्णय लेती है। वह न 'सेवासदन' की सुमन की तरह और न 'गबन' की जोहरा की तरह आदर्शवाद का हिस्सा बनती है। वह विकास के पिछवाड़े में रहने वाले 'दुर्जनों' के बीच जी कर हर सुधार, आदर्श और नैतिकता की धज्जियाँ उड़ा देती है। उसकी देह पाप में डूबी थी, लेकिन आत्मा पवित्र और उच्च थी। मनुष्य के पतन और पाप को देखने का यह जैनेन्द्र का अपना अन्दाज था। मृणाल भद्र वर्ग में नहीं लौटती और अनैतिक स्थितियों में भी नैतिकता का एक नया पाठ देती है। यह अलग बात है कि इस पाठ को सिर्फ प्रमोद उर्फ एम. दयाल ही खोल पाता है और जब खोल देता है, सिर्फ जजी ही नहीं भद्र वर्ग की संस्कृति और नैतिकता से भी त्यागपत्र दे देता है। क्या यह उसकी निजी आत्मग्लानि थी?

जैनेन्द्र की कुछ स्त्रियाँ अपने भटकन में जीवन का अर्थ खोजती हैं, अनैतिकता में डूबती-उतराती हैं। क्या इनकी अनैतिकता के पक्ष में खड़ा हुआ जा सकता है? मैं कहूँगा, हाँ। क्योंकि उनकी आत्मव्यथा से भरी अनैतिकता भद्र समुदाय की दर्पभरी नैतिकता से ज्यादा श्रेष्ठ है। इनमें आत्मसम्मान है, गुलामी नहीं। मृणाल कहीं से कृतार्थ हुए बिना अपनी अस्मिता के साथ दुर्जनों के बीच रहने में ज्यादा गौरव महसूस करती है। पहली बार जैनेन्द्र ने विवाह और भद्रवर्ग की नैतिकता से हमेशा के लिए बाहर निकल आयी स्त्री के मौन विद्रोह को स्पृहा से देखा और प्रचलित संस्कृति को आलोचनात्मक नजरिये से। मृणाल के जीवन का दर्द जैसे-जैसे बढ़ता जाता है,

धर्म समर्थित नैतिकता एक्सपोज होती जाती है। 'सुनीता' में कुटुम्ब और विवाह के प्रति जैनेन्द्र की आस्था व्यक्त हुई और यही उनकी मूल विचारधारा है, जबकि 'त्यागपत्र' में कुटुम्ब और विवाह के कठोर परम्परावादी ढाँचे की, उसकी विडम्बनाओं की आलोचना है। जैनेन्द्र इससे बेहतर उपन्यास अपनी जिन्दगी में नहीं लिख पाये।

जैनेन्द्र में एक स्त्री बैठी थी, जो लड़ती थी और एक पुरुष बैठा था जो उसे 'देवी', 'दाता, 'श्रद्धा', 'दिव्यता' बना रहा था। उनकी प्रेम की अवधारणा में भी द्वैत था, मर्यादा से बँधा हुआ प्रेम नहीं और उसे तोड़नेवाला प्रेम भी नहीं। जैनेन्द्र का प्रेम चिन्तन एक हद के बाद रहस्यात्मक हो जाता है। वह वस्तुतः सेक्सहीन प्रेम के समर्थक हैं और प्रकारान्तर से सेक्स को सिर्फ विवाह से जोड़कर देखना चाहते हैं। उन्होंने प्रेम को आन्तरिक मानवीय उच्चता के लिए बड़ी जरूरत बतलाते हुए भी एक दार्शनिक वस्तु बना दिया। प्रेम बाँधता नहीं, मुक्त करता है। वह यदि सहज हो तो भोग नहीं है। वह अखिल व्याप्त तत्त्व है। यह आवेग से भरा मामला है, जिसमें स्वार्थ का तत्त्व नहीं होता। यह आत्मदान है, त्याग है, स्फूर्ति देता है और मनुष्य के लिए प्राणवायु है। जैनेन्द्र अपनी धारणा को कभी फैलाते और कभी सिकोड़ते हैं। प्रेम के बारे में उनका एक और कथन है, ''प्रेम जो है वह आदमी की दिव्यता से जुड़ा हुआ सम्बन्ध होता है और प्रेयसी उसी दिव्यता का प्रतिरूप होती है। पत्नी सामाजिकता है और प्रेयसी दिव्यता है। ईश्वरत्व के दर्शन प्रेयसी में ही प्राप्त होते हैं।...यह प्रेम पति-पत्नी के बीच अनाचार को जन्म नहीं देता। इससे विवाह समृद्ध होता है।'' उपर्युक्त कथन को एक-दूसरे सन्दर्भ में भी रखकर देखा गया है, ''पति सामाजिकता है और प्रेमी दिव्यता है।'' 'जयवर्द्धन' में एक जगह जैनेन्द्र कहते हैं, ''प्रेम मुक्त है, विवाह आबद्ध है। अन्त में विवाह बस निर्वाह ही रहता है।'' इससे 'पत्नी घर में और प्रेयसी मन में' का जो विवादास्पद समाधान निकलता है, वह जीवन में सरसता और गतिशीलता लाने के लिए जितना भी अनिवार्य लगे, विवाह और प्रेम की अवधारणा को और खुद स्त्री की अवधारणा को भी संकुचित कर देता है। इस समाधान का स्त्री-पुरुष रिश्ते में आ रहे भारी बदलावों से सम्बन्ध नहीं है। कहा जा सकता है कि यह परम्परावाद में ही थोड़ा आधुनिक स्पेस पैदा करने जैसा है, एक उदारवादी सोच है।

जैनेन्द्र का बुनियादी मकसद प्रेम को नैतिकता का रक्षक बनाना है, जबकि प्रेम और नैतिकता के बीच अक्सर तनाव रहा है। दूसरी तरफ, प्रेम का एक ही रूप सर्वमान्य नहीं हो सकता। प्रेम के उतने रूप हैं, जितने प्रेम करने वाले। निःसन्देह जैनेन्द्र नैतिकता की धारणाओं में सुधार चाहते हैं, ''नैतिकता के नाम पर निस्तेज का सत्कार और तेजवान का तिरस्कार ही चलता है तो वह स्वयं नीति के पक्ष में घाटे की बात होगी।'' स्पष्ट होता जा रहा था कि भौतिक उन्नति के साथ नैतिक

उन्नति नहीं हो रही है। बाजार की कोई नैतिकता नहीं है, उसकी एक ही नैतिकता है—फायदा। यह आज से ज्यादा स्पष्ट कभी नहीं था। साफ है कि नव-औपनिवेशिक संस्कृति में कामुकता एक प्रधान मूल्य है, कामुकता ही नैतिकता की नयी गंगोत्री है। यह नैतिकता के विलोप का जमाना है। इसलिए जिन लेखकों और राजनीतिज्ञों में कभी 'नैतिक सुधारवाद' के साथ एक आधुनिक बेचैनी थी, वे आज कुछ कहते-से दिखाई देते हैं।

नैतिकता का सवाल सिर्फ प्रेम के साथ जुड़ा न होकर जीवन के हर मामले से सम्बद्ध है। नैतिकता का एक स्रोत है धर्म, दूसरा स्रोत है बाजार और तीसरा स्रोत है बन्धुत्व, बराबरी और स्वतन्त्रता पर आधारित मनुष्यता। ऐसी नैतिकता जो बन्धुत्व, बराबरी और स्वतन्त्रता का अहसास नहीं कराती, नैतिकता में छिपी घनघोर अनैतिकता है। इसी के विरोध में खड़ी थी 'त्यागपत्र' की मृणाल। जैनेन्द्र की कोई दूसरी स्त्री उसका मुकाबला नहीं कर पाती।

पाँच

जैनेन्द्र के अन्तिम उपन्यास 'दशार्क' की स्त्री एक ऐसे समाज में है, जो अब बाजार ही अधिक है। पैसा बहुत कुछ से अब सबकुछ है। 'त्यागपत्र' में मृणाल एक लम्बी प्रक्रिया में 'गन्दी बस्ती' तक पहुँची थी, जबकि इस उपन्यास की स्त्री सरस्वती पति से सम्बन्ध टूटने के बाद तत्काल वेश्या बनती है। वह सरस्वती से रंजना बन जाती है, विवाह की धारणा, परिवार और नैतिकता को धता बताकर अपने 'प्रेम' से लोगों के रुग्ण मन का विरेचन करती हुई। वह शिक्षित है, सम्भ्रान्त है और एक बड़ा दायरा पाती है। इसलिए जो करती है, वह जैनेन्द्र की दृष्टि में अर्थ के लोभ और देह से परे 'प्रेम का व्यवसाय' है। उसकी देह अक्षत है। वह यथार्थ से दूर एक चमत्कारी स्त्री-सी दिखती है, "पैसे की दुनिया मर्दों की बनायी हुई है।....हम औरतों की दुनिया वह नहीं है। न ही होनी चाहिए। हमारी दुनिया प्यार की है।" आमतौर पर जैनेन्द्र पूँजीवाद की आलोचना करते नहीं दिखते। इस उपन्यास में अर्थकेन्द्रित दुनिया पहली बार उनका निशाना बनी, फिर भी प्रेम का आदर्शीकरण पहले जैसा है। 'दशार्क' की स्त्री समाज की बड़ी हस्तियों द्वारा समझाने-बुझाने के बाद परिवार में लौटने के लिए तैयार हो जाती है, उसमें मृणाल-सी दृढ़ता नहीं दिखती। 'दशार्क' 'त्यागपत्र' की फूहड़ पैरोडी है।

उपन्यास को 'जातीय हृदय का मुकुर' होना चाहिए या सामाजिक यथार्थों की अभिव्यक्ति, जैनेन्द्र के निकट वह उड़ानों की हवाईपट्टी है। उनके उपन्यास अर्ध स्वप्न से होते हैं। उनके पात्र आमतौर पर उनके लेखकीय हाथों की कठपुतली हैं।

वे कथा के लिए सामाजिक जीवन से थोड़े से पात्र चुनकर उनके भीतरी चरित्र को मनचाहे रंगों से रँग देते हैं। उनके चरित्रीकरण का भारतीय उद्वेलनों से सम्पर्क कहीं बना रहता है—उपन्यास विधा की भीतरी माँग की वजह से कई जगहों पर बना रह गया है और कहीं सम्पर्क टूट जाता है। ऐसे उपन्यास या औपन्यासिक चरित्र जहाँ यथार्थ से सम्पर्क टूट गया है, दार्शनिक रूपक और फैंटेसी बन गए हैं। वर्तमान के यथार्थों को पहचाने बिना भविष्य की सम्भावनाएँ बताना सम्भव नहीं है।

जैनेन्द्र की एक चर्चित कहानी 'नीलम देश की राजकन्या' मुख्यतः एक फैंटेसी है, जो कभी दार्शनिकता के धुँधलके में खोयी होती है, कभी उसके बाहर झाँकती है। इस कहानी में स्त्री की शंकाएँ नहीं हैं, अभिलाषाएँ हैं। राजकन्या एक भिन्न स्त्री है, फिर भी उतनी भिन्न नहीं। वह पितृसत्ता के लुभावने बन्धनों से आजाद होना चाहती है। उसके चारों तरफ का जो लुभावना पितृसत्तात्मक संसार है, इससे अलग तरह की आकांक्षाएँ उसके मन में पैदा होती हैं। सुख के सारे तामझाम और सुरक्षा हटाकर उसकी अकेलेपन की आकांक्षा आजादी की चाह है। उसकी उदासी पर-अधीनता का प्रतिवाद है। राजकुमार का उस तक कभी नहीं पहुँचना स्त्री-स्वत्व का टूटता स्वप्न है। स्त्री की स्वतन्त्रता एक प्रतीक्षा है, कभी न आने वाले राजकुमार की तरह। राजकन्या जब तक अकेलापन, उदासी, स्वत्व और स्वतन्त्रता का स्वप्न महसूस कर रही थी, चारों तरफ प्रलयंकारी तूफान, झंझावात और उजाड़ था। वह अपनी प्रतीक्षा में असुरक्षित थी पर अपने 'स्व' का अनुभव कर रही थी। उसने जैसे ही दार्शनिक ऊहापोह में फँसकर अपने 'मैं' या स्वत्व को छोड़ा, उसका अकेलापन, उदासी और बेचैनी दूर हो गयी। दरअसल ये चीजें ही तो उसका स्वत्व थीं, उसकी स्वतन्त्रता की छटपटाहटें थीं। उसने सुरक्षा के लिए जैसे ही कहा, 'मैं नहीं हूँ', उसने स्वत्व की आकांक्षा जैसे ही छोड़ी, उसे पितृसत्ता की सारी सुन्दर सुरक्षाएँ और क्रीड़ाएँ वापस मिल गयीं। अब सिर्फ स्वतन्त्रता नहीं थी उसके पास, क्योंकि अकेलापन नहीं था, उदासी नहीं थी, स्वप्न नहीं थे। 'जाह्नवी' में इसी स्त्री-नियति की ओर इशारा है, पर वहाँ अपनी आँखों के लिए संघर्ष बचा रह जाता है, "दो नयना मत खाइयो पिया मिलन की आस।" जाह्नवी के आस-पास के कौवे नीलमदेश की राजकन्या की किन्नरियों और उनकी विनोद लीलाओं से अधिक यथार्थपरक वातावरण रचते दिखते हैं। दोनों फैंटेसी हैं, जिनका स्त्री यथार्थ से नाता नहीं टूटता। सिर्फ यह कहा जा सकता है कि ये कहानियाँ पितृसत्ता के लुभावने बन्धनों से जकड़न को स्त्री की नियति बनाकर पेश करती हैं और अपने समय के स्त्री-आन्दोलनों की उपेक्षा करती हैं।

इसमें सन्देह नहीं कि जैनेन्द्र कुमार के दिमाग में काफी चीजें साफ थीं। उन्हें कुछ दार्शनिक-नैतिक गाँठों के बावजूद उदारवादी बुद्धिजीवी कहा जा सकता है। वे बेझिझक गाँधीवादी थे। गाँधीवाद ने उनके मार्ग में जहाँ अवरोध पैदा किया, वहाँ

उन्होंने जैन दर्शन में रास्ता निकाला। उनका शरीर से आत्मा को एकदम अलग करके देखना और देह से पाप के बावजूद आत्मा की पवित्रता और ऊँचाई की कल्पना ऐसा ही एक मामला है। जाहिर है, जिस सृजनात्मक अन्तर्दृष्टि से उन्होंने जीवन को देखा, वही अन्तर्दृष्टि एक सीमा के बाद उनकी अन्धता बन गयी। उनकी कृतियों में स्त्रियाँ बहुत सहती हैं। उन्हें स्त्री की सहनशीलता में पितृसत्ता और समाज के शोषक वर्गों की भूमिका समझ में नहीं आती।

फिर भी गहराते सांस्कृतिक संकट के सन्दर्भ में उन्होंने एक जगह कहा था, ''धर्म क्षेत्र के विद्वेष और विग्रह को राज और समाज के क्षेत्र में लाकर रोप देने से ही संस्कृति की रक्षा और सेवा हो जाएगी। इसे भ्रम ही मानना चाहिए।'' (संस्कृति और संकट)। वे संस्कृति को धर्म से अलग करके देखते थे, यह उनकी सोच का प्रगतिशील पक्ष था। वे कहते थे, ''गाँधी जी के बाद भारत कसौटी पर है।''

देश और समाज को लेकर उनकी कामनाएँ आदर्शवादी हैं, ''आदमी का आदमी पर प्रहार न हो, दबाव न हो, असम्मान न हो, बल्कि हर दो के बीच सहानुभूति, सम्मान और सहयोग का सम्बन्ध हो, हर दो पड़ोसी भाईचारा रखें, अर्थ सम्बन्ध सहकार के आधार पर हो, समाज स्वेच्छित सहयोग पर बने और व्यक्तित्त्व की निजता के अवसर हों और अवकाश हो—ये संस्कृति की आवश्यकताएँ और लक्षण हैं। बेशक हर एक की निजता अलग और अनोखी होने के कारण समस्याएँ होंगी और संघर्ष होंगे, लेकिन यदि उन संघर्षों में भी सद्भाव रह सका तो जिन्दगी को और भरा-पूरा, विविध और सुन्दर बनानेवाले वे होंगे। इस तरह मतभेद बड़ी पवित्र और मूल्यवान वस्तु होगी।'' कठोर धार्मिक और भूमण्डलीय एकरूपीकरण के आक्रामक माहौल में इन्सान की निजता एक असुरक्षित चीज है। निजता मुश्किल में फँसी, क्योंकि 'दूसरे' के प्रति सहानुभूति, सम्मान और सहयोग का भाव मिटता गया। पूँजीवाद के असर में निजता अपने में बन्द होकर अराजकता, व्यक्तिवाद और यहाँ तक कि अमानवीयता की तरफ मुड़ गयी। अब तो 'निजस्वी' (सेल्फी) का जमाना है!

जैनेन्द्र ने सही मायने में निजता और वैयक्तिकता के आधुनिक पहलुओं को साहित्य में प्रतिष्ठित किया था। स्त्री की भी अपनी निजता और वैयक्तिकता होनी चाहिए, उसका भी एक आत्मसम्मान है, जैनेन्द्र ने इस विद्रोही दृष्टिकोण को अपनी आदर्शवादी हदों में समर्थन दिया। उन्होंने जीवन भर मतभेद बनाकर रखा और मतभेद को आदर दिया। आज के कट्टर समय में भी निजता, वैयक्तिकता और मतभेद को आदर और 'दूसरे' के प्रति सहानुभूति मूल्यवान चीजें हैं। क्या इन्हें विश्व बाजार निगल लेगा और ये दुर्लभ हो जाएँगी?

शेखर : एक जीवनी : अज्ञेय की अन्तर्दृष्टि

'शेखर : एक जीवनी' का पहला भाग 1941 तथा दूसरा 1944 में छपा था। 1930 के दिसम्बर के दिनों में अज्ञेय अमृतसर जेल में थे, जहाँ उन्हें एक रात वह अन्तर्दृष्टि हासिल हुई होगी, जिसे शब्दबद्ध करने के प्रयास में यह उपन्यास लिखा गया। रघुवीर सहाय से एक साक्षात्कार में अज्ञेय इसके पहले प्रारूप के बारे में कहते हैं, "जेल जाते ही जब लिखने की सामग्री मिली और यह सम्भावना हुई कि कुछ लिखकर जल्दी से कहीं बाहर भेज दे सकते हैं, या छिपा दे सकते हैं, या सुरक्षित रख सकते हैं, तब मैंने तीन-चार दिन में उसका एक रूप लिख डाला, कुछ पेंसिल से, कुछ स्याही मिली तो स्याही से, कुछ यों ही अँधेरे में अटकल से कापी पर, लेकिन कुछ लिखता चला गया। इसलिए कि लगा कि यह जो इतना तीव्र अनुभव है, ठंडा पड़ जाने से पहले इसको लिख लेना चाहिए, फिर यह चाहे जिस रूप में काम आये। या कि मेरे काम न आये, और किसी के काम आये" (अज्ञेय, अपने बारे में, 1984)। फाँसी की आशंका के किनारे खड़ा स्वाधीनता संग्राम का एक रचनाशील व्यक्ति सहसा मिली किसी अन्तर्दृष्टि को, उसके बिखरे हिस्सों को सहेजने के लिए कितनी बेचैनी से भरा था, यह ऊपर के वक्तव्य से स्पष्ट है। यह अँग्रेजी राज ही नहीं, एक सभ्यता से मुठभेड़ की प्रक्रिया में कौंधी अन्तर्दृष्टि थी। इसलिए 'शेखर: एक जीवनी' पर विचार करने का अर्थ दरअसल उस अन्तर्दृष्टि को पहचानना है, जो आधुनिकता की नयी लहरों से बनी थी।

उपन्यास का दूसरा खंड पूरा होने और छपने तक अज्ञेय करीब तैंतीस साल के हो चुके थे। वह युग गाँधीवाद और नेहरूवाद के बीच वैचारिक रस्साकशी का था, भारतीयता और पश्चिम के द्वन्द्वात्मक रिश्तों को समझने का था। यह स्वीकार कर लेना चाहिए कि अज्ञेय ने जेल में हासिल की हुई मूलभूत अन्तर्दृष्टि को उसके औपन्यासिक रूपान्तरण तक बिलकुल कवचबद्ध करके नहीं रखा होगा। वे उसमें लगातार कुछ न कुछ जोड़ते गए होंगे, क्योंकि तभी इस उपन्यास में आधुनिकता की इतनी ज्यादा परतें हैं। इसमें बुद्धिवाद और रोमांटिसिज्म से लेकर अस्तित्ववाद

तक की वैचारिक हलचलें हैं, जिनका महज उन्नीस साल के व्यक्ति की अन्तर्दृष्टि में आलोकित होना कभी सम्भव नहीं था। यह भी स्पष्ट हो जाना चाहिए कि अज्ञेय के जीवन में बचपन से एक खास युवावस्था तक जो घटनाएँ घटीं, उपन्यास में उनका उसी रूप में होना न सम्भव था और न ही पर्याप्त। उपर्युक्त साक्षात्कार में उन्होंने स्वीकार किया, ''मेरे सोचने का जो ढंग था, उस पर तो लगातार प्रभाव होते ही रहे'' (वही)। यही वजह है कि किसी एक रात में देखा हुआ 'विजन' उपन्यास के साथ अपनी यात्रा में विकसित होकर एक खास दौर की आधुनिकता का 'विजन' बना। यदि 'शेखर : एक जीवनी' में महात्मा गाँधी के नेतृत्व में चलने वाले पहले अहिंसक सत्याग्रह से लेकर दूसरे विश्व युद्ध तक के एक अत्यन्त महत्त्वपूर्ण काल की मानवीय संवेदना, जातीय आधुनिक पहचान की खोज और वैयक्तिक अन्तर्द्वन्द्व मिलें तो इसमें कुछ भी आश्चर्यजनक नहीं है।

एक

'शेखर : एक जीवनी' अन्ततः एक उपन्यास है। इसके लिए अज्ञेय ने आत्मजीवनी की शैली चुनी। उस युग में आत्मकथाएँ लिखी जा रही थीं, जो जातीय आस्था के अनउपनिवेशीकरण का नतीजा थीं। अज्ञेय और यशपाल एक ही क्रान्तिकारी दल में थे। यशपाल ने आत्मकथा लिखी–'सिंहावलोकन'। अज्ञेय का कहना है, ''मैंने भी इस तरह की सामग्री का उपयोग किया और उपन्यास में ही किया, और मैं उन लोगों में से हूँ जो समझता हूँ कि आत्मकथा में सच लिखना ज्यादा कठिन है। उपन्यास में सच अगर कोई लिखना चाहे तो ज्यादा आसानी से लिख सकता है।'' (वही)। 'शेखर : एक जीवनी' के शेखर और अज्ञेय की अपनी किशोरावस्था की बहुत-सी चीजों में समानता है, लेकिन जानबूझकर अज्ञेय ने उपन्यास का ढाँचा चुना था। हालाँकि उन्होंने इसकी भूमिका में स्वीकारा है, ''शेखर में मेरापन कुछ अधिक है, इलियट का आदर्श मुझसे निभ नहीं सका है।'' भोगने वाले व्यक्ति और सृजन करने वाले कलाकार के बीच दूरी कहीं टूट जाती है और कहीं पुनर्स्थापित हो जाती है। शिल्प की यह द्वन्द्वात्मकता अज्ञेय की भीतरी जद्दोजहद व्यक्त करती है, इस उपन्यास को खास भी बनाती है।

उपन्यास का माध्यम साहित्यकार को मैं-केन्द्रिक नहीं होने देता, उसे बार-बार 'मैं' से बाहर की दुनिया में ले जाता है। 'मैं' के अर्थ की तलाश बाहर की दुनिया में घटित होती है। शायद यही वजह है कि 'भवन्ती' (1972) में अज्ञेय ने यह आत्मस्वीकृति दी, ''कालान्तर में मैंने मान लिया कि मेरी जैसी दृष्टि है–उसकी जो विशिष्टता है और सीमा है–उसे देखते हुए मैं कवि ही रहूँगा, उपन्यासकार नहीं

बनूँगा।'' यह विधा चयन की स्वतन्त्रता का मामला नहीं है, उस बौद्धिक मनोभूमि से प्रस्थान का मामला है, जिसका बाहर की दुनिया से घना सम्पर्क 'शेखर : एक जीवनी' (1941-44), 'तारसप्तक' (1943), 'शरणार्थी' (1948) आदि तक बना हुआ है। 'इन्द्रधनुष रौंदे हुए ये' (1957) की कुछ कविताओं और 'रोज' कहानी में इस सम्पर्क के चिह्न हैं।

अज्ञेय 'दूसरा सप्तक' के प्रकाशन के साथ बाहर की दुनिया से अपना सम्पर्क धीरे-धीरे समेटकर मुख्यतः आधुनिकतावादी हो गए। उनके चिन्तन से आधुनिकता के कुछ जरूरी चिह्न—प्रश्नशीलता, आत्म-आलोचनात्मकता, सामाजिक परिवर्तन की प्रक्रिया में बौद्धिक हिस्सेदारी और आधुनिकता के कई अन्य बुनियादी गुण मिटने लगे। वह ऐसे आत्मान्वेषण की ओर मुड़ गए, जिसमें आत्मालोचन का कोई तत्त्व नहीं था, केवल आत्मविमुग्धता थी। उनका आत्मबोध ऐसा था, जिसमें दूसरे से तर्कसंगत रिश्ते के लिए कोई जगह नहीं थी। उनके साहित्यिक जीवन का एक पूर्वार्ध है तो एक उत्तरार्ध। अपने उत्तरार्ध में अज्ञेय अपनी पूर्ववर्ती रचनाओं में व्यक्त सामाजिक सरोकारों को नयी आधुनिक भूमि पर आगे बढ़ाने की जगह, राष्ट्रीय आधुनिकता की खोज की जगह पश्चिमी कला-सिद्धान्तों की ओर झुक गए। 'प्रतीक' (1947) से उनका यह रुख स्पष्ट होने लगा था। ''संस्कृति, साहित्य, कला आदि तो उतने प्रत्यक्ष संघर्ष के क्षेत्र नहीं हैं। (साहित्यकार को) क्यों इस नाते अक्षम्य अपराधी माना जाए कि वह कला का प्रतिपादन करता है।'' अज्ञेय के उपर्युक्त वक्तव्य में 'उतने प्रत्यक्ष संघर्ष के क्षेत्र नहीं हैं' यथार्थ का सम्पूर्ण निषेध नहीं करता, लेकिन कलावाद की ओर बढ़ने का संकेत साफ है। यह भारतीय आजादी का उषःकाल था। उस समय पश्चिमीकरण को आधुनिकीकरण का पर्याय बनाने की मुहिम हर स्तर पर शुरू हो गयी थी, एक धुँधलका छाने लगा था।

'तारसप्तक' के काल में पुनर्निर्माण की 'राहों का अन्वेषण' हो रहा था। शेखर भी राहों का एक अन्वेषी है। उसमें अछूत, निर्धन और स्त्री के प्रति गहरा प्यार भरा है और पूरी व्यवस्था से गहरा असन्तोष। वह नवजागरण और उपनिवेशवाद-विरोधी संग्राम से कटा नहीं है, बल्कि उसके जीवन के बहुत से आदर्श नवजागरण और स्वाधीनता-संग्राम के हैं। 'शेखर : एक जीवनी' और 'तारसप्तक' के प्रकाशन तक अज्ञेय के सामाजिक-राजनीतिक विचार लगभग वही थे, जो शेखर के थे।

'शेखर : एक जीवनी' के शिशु शेखर में अहं, भय और सेक्स जिन रूपों में विद्यमान हैं, यह नहीं सोचना चाहिए कि अन्त तक उन्हीं रूपों में वे बने रह जाते हैं। शेखर के शिक्षित सम्पन्न, उच्च पदासीन पिता का नये-नये शहरों में तबादला होता रहता था। इसलिए शेखर को जीवन के आरम्भ से ही एक गतिशील आधुनिक परिवेश मिला था। इसके बावजूद उसमें अहं के उच्चवर्गीय सामंती तत्व थे। वह माँ की जगह पिता के अधिक नजदीक था, पिता से कई मुद्दों पर लड़ने के बावजूद वह

मुख्यतः पितृसत्तात्मक प्रवृत्ति का बालक था।

आधुनिकीकरण आदमी में जातीय आत्मपहचान, राजनीतिक अधिकार की चेतना, वैयक्तिक दायित्वबोध और स्व-चेतना पैदा करता है। शेखर का लेटरबक्स की ऊँचाई पर खड़ा होकर संसार की क्षुद्रता पर हँसना, ऊपर से कूदकर डाकिये का पैर कुचल देना, एक दलित कुमार पर द्विजवादी समलैंगिक प्रभुत्ववाद और यह सोचना, 'तू शेखर है, तू महान् है' आधुनिक समाज में अवशिष्ट सामन्ती अहं के चिह्न हैं, जिनका मनोवैज्ञानिक औचित्य साबित करने की कोशिश शेखर के मूल्यांकन को सही दिशा में नहीं ले जाएगी। अज्ञेय द्वारा ऐसे अहं को व्यक्ति के विकास की पूर्व शर्त मानना और खुद इससे आजीवन आच्छादित रहना आधुनिक मनुष्य की जटिलता का संकेत है।

अहं एक उत्पादन है, जबकि भय और सेक्स मनुष्य की सहजात प्रवृत्तियाँ हैं। उपन्यास में शिशु शेखर के भय का चित्र बड़ा स्वाभाविक है। उसका अहं बना रहता है, पर घासफूस से भरे नकली बाघ को फाड़कर भय तत्काल दूर हो जाता है। उसकी निर्भीकता उसके स्वच्छन्द विचारों और राष्ट्रीय आतंकवाद में उसकी हिस्सेदारी में स्पष्ट झलक तो है। वह जेल के यातनामय वातावरण में भी साहस से भरा होता है। अज्ञेय शेखर के अहं की तरह उसकी निर्भयता को भी दर्शन बना देते हैं। वे डर को समाज की आधारशिला घोषित करते हैं, 'डर के बिना समाज का अस्तित्त्व नहीं चल सकता।' ऐसे समाज की कोई जरूरत नहीं है, अतः डर का समूल नाश करो—ऐसे समाज को बदलने के लिए। अज्ञेय ने 'आत्मनेपद' (1960) में स्वीकार किया था, ''मैं आतंकवादी दल से सम्बद्ध रहकर भी 'कन्विस्ड' आतंकवादी नहीं रहा, पर मुझे इसमें बड़ी दिलचस्पी रही कि आतंकवादी का मन कैसे बनता है।'' यह परवर्ती सोच हो सकती है। यह भी सम्भव है कि उस समय अज्ञेय में सचमुच आतंकवादी का मन न हो। वे फैशन में उधर गए हों और राष्ट्रीय उत्सर्ग भावना पर ढुलमुलपन मध्यवर्गीय भारी पड़ गया हो। यशपाल के बारे में जो कुछ कहा जाता है और अज्ञेय ने जो आत्मस्वीकृति दी है, दोनों में बुनियादी फर्क नहीं है। दरअसल राष्ट्रीय आतंकवादी लक्ष्य की स्पष्टता और केन्द्रीयता किसी व्यक्तिगत स्वच्छन्दता के लिए स्पेस नहीं छोड़ती। यही उसकी शक्ति है, यही उसकी सीमा है।

दो

नैतिक वर्जनाओं से जकड़े भारतीय समाज में सेक्स एक रहस्य है, एक अपराध है, एक धार्मिक अनुष्ठान है, नारी-उत्पीड़न है, वह सहज अनुभूति नहीं है। शेखर अपने अहं और भय के स्तर पर चाहे जिन अतिवादी बिन्दुओं पर हो, सेक्स के

स्तर पर वह एक उदात्त स्वच्छन्दतावादी है। वह शिक्षित परिवार और बिरादरी के जिस आधुनिक परिवेश में था, उसमें स्त्रियों को देखकर यौनाकर्षण स्वाभाविक था और परम्परागत दबावों की वजह से जाहिर है कि वर्जना-रेखा भी कठोर थी। यह कोई पेरिस-लन्दन का समाज नहीं था। इसलिए शेखर की आकांक्षा और यथार्थ की टकराहट की एक ही परिणति थी वेदना। याद रखने की चीज है कि शेखर में प्रेम की वेदना है, वेदना से प्रेम नहीं है। यह वह बिन्दु है, जहाँ शेखर छायावाद से अलग होता है। छायावाद में 'वेदना से प्रेम' है, जबकि शेखर में प्रेम की वेदना है जो अंततः अस्तित्त्व की वेदना में रूपान्तरित होती है। शेखर इस बिन्दु पर सामन्ती कठोरता और पूँजीवादी व्यवस्था की विकृति दोनों के तनाव झेलता है। वह अपने प्रेम की शक्ति से ही रूढ़िवादी नैतिकता और आधुनिकीकरण की विकृतियों को चुनौती देता है।

दरअसल 'शेखर : एक जीवनी' की सरलीकृत विवेचनाओं में बार-बार आश्चर्य व्यक्त किया गया है कि शेखर के शारदा, सरस्वती, शान्ति और खासकर शशि से कितने अनोखे गैर-परम्परागत सम्बन्ध हैं। यह भी एक तरह की नैतिक कूपमंडूकता है कि स्त्री-पुरुष के सम्बन्ध को केवल सेक्स के आधार पर देखा जाता है। उसे दो व्यक्तियों के खुले आत्मीय सम्बन्ध की भूमि पर समझने की कोशिश नहीं होती। शेखर 'चारित्र्य' पर जोर देता है, जबकि परम्परागत पाठकों को वह चरित्रहीन लगता है। खुद अज्ञेय ने अहं और भय के साथ सेक्स का उल्लेख करके खुद ही आलोचकों को मनोविश्लेषणवाद का चश्मा थमाया था, क्योंकि एक खास दौर में यह फैशन में था। 'शेखर : एक जीवनी' को मनोविश्लेषणवादी दृष्टिकोण से देखकर उसके साथ न्याय नहीं हो सकता, क्योंकि इसके केन्द्र में प्रेम की वैयक्तिक अनुभूति है, जो सामन्ती यथास्थितिवाद को विचलित करती है और भोगवादी पश्चिमी सभ्यता के मॉडल को भी चुनौती देती है।

आधुनिकीकरण अन्तर्वैयक्तिक सम्बन्धों में विस्तार लाकर सामाजिक परिवर्तन को गति दे रहा था। उससे समाज की दमनकारी सामन्ती व्यवस्थाओं को तोड़ने की शक्ति मिल रही थी। वह प्रेम की नयी अवधारणाएँ दे रहा था। प्रेम जीवन में फर्क लाता है। वह ऐसे सम्बन्ध पैदा करता है, जिनके परम्परागत नाम नहीं होते। निश्चय ही इससे कोई अनुभूति नैतिकताविहीन नहीं हो जाती। शेखर प्रेम को लेकर अपने अन्तर्द्वन्द्व की तरह से ही प्रेम की एक सच्ची आधुनिक धारणा तक पहुँचता है। वह एक जगह सोचता है, ''प्रेम व्रेम कुछ नहीं है। शरीर है। बुद्धि है। एक शरीर को पकड़ता है, दूसरा पैसे को, बस यही तो प्रेम है।'' पश्चिमी आधुनिकीकरण से प्रेम को महज सेक्स और हिसाब-किताब समझने की दृष्टि मिल रही थी, जबकि शेखर का प्रेम मानव सभ्यता के आत्ममन्थन से उपजा

था। वह जब सोचता है, 'प्यार एक आकर्षण है, एक शक्ति, जिससे जीवन की स्थितिशीलता विचलित हो जाती है', तब वह प्रेम को जीवन में फर्क उपस्थित करने वाली अनुभूति के रूप में देखता है।

सामन्ती नैतिकता को चुनौती देने के साथ रुग्ण आधुनिकीकरण के प्रति शेखर का आलोचनात्मक रुख इस उपन्यास की एक और परत खोलता है। आधुनिक साहित्य में रुग्ण आधुनिकीकरण की आलोचना, खासकर ऐसे युग में जब राष्ट्रीय चेतना के आवेश में पश्चिम को विदाई देते-देते उसका अभिनन्दन करने की विडम्बना पैदा हो चुकी हो, काफी तात्पर्यपूर्ण है। शेखर के साथ पढ़नेवाली एक मॉड छात्रा थी मणिका, ''उसकी श्रेणी की आत्मा रोगग्रस्त थी, किन्तु थी आत्मा और यह रोग भी उसका अकेला नहीं था, वह आधुनिक आत्मा का ही रुझान था।'' मणिका कहती थी, 'मैं पुरुषों का संग्रह करती हूँ।' इस तरह आधुनिक परिवेश में शेखर विलगाव का अनुभव करता है। भारत के रूढ़िवादी सामन्ती समाज में नैतिक आत्मदमन लम्बे समय से मौजूद है, उसमें विकृत आधुनिकता ही ज्यादा पनपी। शेखर उसके प्रभाव से बच नहीं पाता। अतृप्त वासना के तीव्र क्षणों में उसे मणिका अच्छी लगने लगती है।

अपने जीवन के लक्ष्य से न भटकते हुए भी एकाकी शेखर एक बार सोचता है, "उससे तो मणिका की जीवन परिपाटी कहीं अच्छी थी—उसमें थी वह साहसिकता जो मिट्टी की तरह जीवन को फेंक सकती है। 'मेरे जीवन की मोमबत्ती दोनों सिरों से जल रही है। वह रात भर नहीं जलेगी, पर मेरे बन्धुओ और शत्रुओ, उसकी दीप्ति कितनी सुन्दर है।' उसमें थी यह सामर्थ्य कि ऐसी दीप्ति से नभ को आलोकित करे।" आधुनिक जीवन में एक आग होती है, जिसे अज्ञेय सम्पूर्ण मानवता को आलोकित करने वाली एक दीप्ति के रूप में ग्रहण करना चाहते थे, पर ऐसी आधुनिकता मानवता को जला भी सकती है। शेखर देख रहा था कि उसके समाज में आधुनिकीकरण का प्रवेश इसी रूप में हुआ है।

एक बार बनारसीदास चतुर्वेदी ने अज्ञेय से पूछा, "शेखर के निर्माण के समय क्या किसी विदेशी उपन्यास का कोई पात्र आपके सामने था?" अज्ञेय ने इसका उत्तर देते हुए कहा, "ज्याँ क्रिस्तोफ ने अनवरत आत्मशोध और आत्मसाक्षात्कार का जो चित्र प्रस्तुत किया है, उससे मुझे प्रेरणा मिली है।" (आत्मनेपद)। शेखर में एक सीमा तक आत्मशोध की प्रक्रिया है और मुक्तिबोध के शब्द में कहें तो खासकर मदन सिंह और शशि के सम्पर्क में उसका 'व्यक्तित्त्वांरण' होता है। वह अपने अहं से बाहर निकलता है और सामाजिक उद्देश्य से अपने भय को तोड़ता है। उसका रोमांटिसिज्म उसे सामन्ती संस्कारों से विद्रोह की ओर प्रवृत्त करता है। उसका स्वातंत्र्यबोध जितना अस्तित्त्ववाद की देन है, उससे काफी अधिक रोमांटिसिज्म की देन है।

तीन

समाज में जब तक दमनकारी तत्त्व हैं, रोमाटिसिज्म एक प्रगतिशील तत्त्व के रूप में जीवन और साहित्य में बना रहेगा। एक जड़विहीन, उपभोक्तावादी या उत्तर-आधुनिकतावादी समाज ही रोमांटिकताविहीन होगा। रोमांटिसिज्म ने एक बड़ा काम किया था, आदमी में 'व्यक्ति' की स्थापना का। किसी भी सामन्ती समाज में 'व्यक्ति' की स्थापना का एक ही अर्थ है स्वच्छन्दता के लिए रूढ़ियों से विद्रोह। शेखर बचपन से ही रूढ़ियों से विद्रोह करता आया है। वह औपचारिक शिक्षा नहीं लेता, सामाजिक निषेधों को तोड़ता है, पिंजरे में बन्द चिड़िया उड़ा देता है, परिवार की कठोर व्यवस्था से बार-बार टकराता है, प्रकृति की ओर आकर्षित होता है और स्त्री को एक भिन्न अनुभूति की रोशनी में देखता है। उसके पिता उस वर्ग के थे जो अँग्रेजी में ही स्वप्न देखता था। वे जब अँग्रेजी के पक्ष में खड़ा होकर ताना मारते हैं, "हिन्दी की हैसियत ही क्या है?" शेखर जातीय स्वाभिमान के साथ कहता है, "हिन्दी जन-भाषा है। करोड़ों व्यक्तियों के प्राण इसमें बोले हैं...और हमारी जाति की परम्परा इसमें बोलती है—हमारा सारा अतीत इसमें बँधा है।" पिता कहते हैं, "होगा। पर जिससे आदमी का भविष्य न बने उससे अतीत को लेकर क्या करें। चाटें?" शेखर जवाब देता है, "मुझे तो भविष्य दिखता ही हिन्दी में है—अगर हिन्दी हम सबसे छूट गयी तो भविष्य हुआ-न-हुआ बराबर है।" अज्ञेय यहाँ क्षणकेन्द्रिक न होकर अतीत से अपने को जोड़ते हैं और भविष्य की चिन्ता से भी। वे हिन्दी भाषा को हिन्दी जाति से जोड़ने का काम काफी पहले करते हैं, हालाँकि इस परियोजना को स्पष्टता से आगे नहीं बढ़ाते।

रोमांटिकताबोध अज्ञेय के आधुनिकताबोध का अभिन्न अंग है। शेखर अतीत का पुनराविष्कार करता है। उसकी दृष्टि बार-बार अतीत की ओर जाती है, जो रोमांटिसिज्म का एक प्रमुख लक्षण है। अँग्रेजी राज के उपनिवेशवाद-विरोधी संघर्ष में भारत का गौरवशाली अतीत भी अपने ढंग से लड़ रहा था। शेखर सोचता है, "अतीत से मेरी दृढ़ता घटती नहीं, बढ़ती है, क्योंकि जितना ही मैं उसे देखता हूँ, उतना ही मैं उसके भीतर की अनिवार्यता को पहचानता हूँ।" शेखर की वैयक्तिक स्वातन्त्र्य-चेतना राष्ट्रीय स्वाधीनता संग्राम से भी सम्पर्क स्थापित करती है। वह असहयोग आन्दोलन में शामिल होता है, अपने कीमती विदशी कपड़ों की होली जला देता है। उसे विदेशी मात्र से घृणा हो जाती है। उसकी रुचि हिन्दी में बढ़ जाती है। वह स्वातंत्र्य चेतना की एक उग्र प्रक्रिया में जेल जाता है। उसे फाँसी की आशंका होती है। अज्ञेय ने फाँसी को रोमांटिक क्रान्तिकारिता के जिस जज्बे से देखा था, वह उस युग के सभी क्रान्तिकारी नौजवानों का बेमिसाल जज्बा था, "मुझे

तो फाँसी की कल्पना सदा मुग्ध ही करती रही है—उसमें साँप की आँखों-सा एक अत्यन्त तुषारमय किन्तु अमोघ सम्मोहन होता है।" अज्ञेय रोमांटिसिज्म से प्रस्थान नहीं करते, उसे कुछ और प्रस्फुटित करते हैं, उसकी नई आधुनिक परतें बनाते हैं। हम इसे क्लासिक रोमांटिकता की जगह नयी रोमांटिकता कह सकते हैं और इसे अच्छे अर्थ में ही लिया जाना चाहिये।

अज्ञेय की नयी रोमांटिकता छायावाद को समेटते हुए भी उसका अतिक्रमण है। 1936 में छायावाद समाप्त नहीं हुआ था, सिर्फ उसके कुछ पहलू पुराने पड़े थे और सीमाएँ स्पष्ट हुई थीं। दरअसल कुछ समय बाद भावना और कल्पना ने यथार्थ को ढकना शुरू कर दिया था। ऐसे दार्शनिक रुझान पैदा हो रहे थे, जो छायावाद को जीवन से अलग कर रहे थे। छायावादी लेखक का सौन्दर्य-प्रेम एकांगी होता जा रहा था। अज्ञेय और शेखर का बुनियादी मानसिक गठन छायावादी युग का था। लेकिन 'शेखर : एक जीवनी' मुख्यतः लिखा उस युग में गया, जब न केवल छायावाद की सीमाएँ स्पष्ट हो गयी थीं, बल्कि एक ओर भारतीय स्वाधीनता संग्राम विकसित चरण में पहुँच गया था, दूसरी ओर, अन्तरराष्ट्रीय राजनीतिक और साहित्यिक दुनिया में नयी घटनाएँ घट रही थीं। यही वजह है कि भावनाशील और कल्पनाशील होते हुए भी शेखर में विस्तृत तर्कबुद्धि है। वह तर्कबुद्धि द्वारा ही विभिन्न अनुभवों में सम्बन्ध सूत्र बनाता है। उसकी अनुभूति अपनी विस्तृत कल्पनाशीलता में एक बौद्धिक अनुभूति है। उसमें प्रेम के साथ एक 'शीतल बौद्धिक घृणा' भी है, जो छायावादी रचना में सम्भव नहीं थी। छायावाद में विद्रोह सामान्यतः एक अन्तर्मुखी अनुगूँज है, जबकि नये रोमांटिसिज्म में विद्रोह बाहर कड़कता है। शेखर का प्रेम भी वेदना से प्रेम तक सीमित नहीं है। वह न केवल बाहर जाहिर होता है, बल्कि समाज में अपने भौतिक आकार भी बनाता है।

छायावाद ने किसी बिंदु पर जीवन की समस्यायों को वेदना से प्रेम में केंद्रित कर रखा था, जबकि अज्ञेय इस उपन्यास में कहते हैं, "जिन लोगों की बुद्धि अशान्त है, जिन्हें हमेशा नयी समस्या से टक्कर लेने में मजा आता है, उनके सामने पहली समस्या हमेशा एक ही होती है—दुख-दर्द की समस्या। संसार का पहला दर्शन सदा ही उसके पीड़ा भरे रूप का दर्शन होता है।" शेखर की यथार्थोन्मुखता छायावाद का अतिक्रमण है। छायावाद राष्ट्रीय स्वातन्त्र्य की बात करता है, जबकि शेखर देश की आजादी के साथ व्यक्ति स्वातन्त्र्य का भी उद्घोष करता है। यह छायावाद का अतिक्रमण है, साथ ही यथार्थवाद का भी।

शेखर के व्यक्तित्त्व में विरुद्धों का सामंजस्य है। उसके व्यक्तित्त्व को 'प्रेम' और 'बौद्धिक घृणा के साथ विद्रोह'—ये दो तत्त्व आकार देते हैं। अज्ञेय कहते हैं, "मैं उस दिन की कल्पना करता हूँ कि जिस दिन हमारे देश के, सारे संसार के

क्रान्तिकारी कहाने वाले व्यक्तियों में ऐसी प्रखर किन्तु शीतल बौद्धिक घृणा जागेगी। ...क्योंकि विद्रोह अनन्त है, नित्य है, क्योंकि उसके उपकरणों में, प्रेम के बाद सबसे बड़ा और सबसे अमोघ अस्त्र है यही बौद्धिक घृणा।" शेखर की बौद्धिक घृणा प्रेम की ऊर्ध्वगामी दीप्ति में आकार पाती है। यही वजह है कि 'शेखर : एक जीवनी' छायावाद के उच्चतर मूल्यों को समेटते हुए उसका अतिक्रमण है।

शेखर सुरम्य प्राकृतिक वातावरण की तुलना में नगर पसन्द करता है, क्योंकि ये जीवन की हलचलों के केन्द्र हैं, "वह फिर अपने नगर, उसकी गन्दगी और भीड़, कलह और कोलाहल के लिए छटपटाने लगा। वे चीजें सुन्दर नहीं थीं, तो कम से कम ग्राह्य तो थीं।" यह भी एक बिन्दु है, जहाँ अज्ञेय रोमांटिसिज्म से गहरे सम्पर्क के बावजूद उसे झटका देते हैं। शेखर की सोच में अन्तर्विरोधों की भरमार है, उसमें आधुनिकता की आड़ी-तिरछी, एक दूसरे को काटती कई परतें हैं। अज्ञेय ने शेखर अन्तर्विरोधों को छिपाया नहीं है, खोल कर कह दिया है।

शेखर सौन्दर्यप्रेमी है। वह सौन्दर्य में ही ईश्वर को देखता है। अज्ञेय शेखर की शिशु अवस्था की एक खास अनुभूति का चित्र खींचते हैं, जब वह प्रकृति का एक अनोखा दृश्य देखकर प्रसन्नता से भर जाता है। अज्ञेय लिखते हैं, "कुछ जिसका वह वर्णन नहीं कर सकता, लेकिन जो बहुत सुन्दर है। बहुत विशाल है। बहुत पवित्र...इतना पवित्र है कि शेखर को लगा, वह स्पर्श के योग्य नहीं है। वह मैला है, मैल से आवृत्त है, छिपा हुआ है। वह क्या था? प्रकृति? शैतान, दबी वासना? ईश्वर?" ये प्रश्न दरअसल उस युग के हैं, जब अज्ञेय यह उपन्यास लिख रहे थे। उस समय सामाजिक वातावरण पर धर्मांधता का इतना दबाव नहीं था और मनुष्य विश्वास की एक नयी दिशा की खोज में था। सौन्दर्य में ईश्वर को देखना ईश्वर की परम्परागत अवधारणा से विद्रोह है। जब यूरोप में पहले-पहल नवजागरण आया था, माइकेल एंजिलो और लियानार्डो द विंची की कला ने सौन्दर्य को ईश्वर से ऊपर प्रतिष्ठित किया था। यह अन्ततः वैयक्तिक अनुभूति को महत्ता देना था। शेखर का युग केवल अनुभूति का नहीं, तर्क और विवेक का युग भी था। विश्व युद्ध ने समाज का बहुत विनाश किया, लेकिन उसने अंध आस्थाओं को झकझोर कर मनुष्य को बाध्य कर दिया कि वह तार्किक बने। सिख अँग्रेजों के पक्ष में जर्मनों से लड़ रहे थे, युद्ध में बहुत से सैनिक मारे जा रहे थे। शिशु शेखर सरस्वती से तर्क करता है :

— इतनी सब जानें ईश्वर के पास गयी होंगी?

— हाँ।

— जर्मनों की भी?

— हाँ।

— सब शरीर भी ईश्वर बनाता है?

— हाँ।

— सब कुछ ईश्वर करता है?

— हाँ।

— तब लड़ाई भी ईश्वर ने करायी होगी?

.....

— ईश्वर सब कुछ कर सकता है?

— हाँ, ईश्वर सब कुछ कर सकता है।

— महँगी भी उसी ने की है?

लेखक के व्यापक सौन्दर्य प्रेम ने उसकी तर्क क्षमता को विकसित किया। अज्ञेय नवजागरण के बचे-खुचे असर में कहते हैं, "रात इतनी अतिशय सुन्दर है कि शेखर उसके अतिरिक्त कुछ भी नहीं सोच सकता। उसकी अवर्णनीय सुन्दरता ने, विशेषणहीन रात्रिता ने यह प्रमाणित कर दिया है कि ईश्वर नहीं है, क्योंकि भूख और लड़ाई बनाने वालों का कौन-सा ऐसा ईश्वर हो सकता है, जो इतनी सुन्दरता बना सके?" शेखर अनुभव करता है कि "ज्ञान के पथ में सबसे बड़ा विघ्न है ईश्वर।" वह अपने परिवार के साथ मन्दिर गया था, पर दूर खड़ा था। पिता के यह पूछने पर कि बुलाने पर क्यों नहीं आया? शेखर जवाब देता है—"मैं ईश्वर को नहीं मानता। मैं प्रार्थना को भी नहीं मानता। भवानी झूठी है। ईश्वर झूठा है। ईश्वर नहीं है।" उसकी बौद्धिक घृणा का यह पहला प्रस्फुटन है। भारतीय जमीन पर ईश्वर के विरोध में यह पहला कथन नहीं है। ढाई हजार साल पहले से हमारे यहाँ ऐसी बातें कही जाने लगी थीं। कई अनीश्वरवादी दर्शन हैं। उपर्युक्त कथन की विशिष्टता एक भिन्न सन्दर्भ में है। नवजागरण, स्वाधीनता-संग्राम और विश्व की परिस्थितियों में आ रहे बदलाव की वजह से भारत के जागरूक लोग न केवल राजनीतिक आजादी चाहने लगे थे, बल्कि अब अधिक खुलकर धर्म के उपनिवेश से भी मुक्ति चाहते थे। शेखर को उपर्युक्त कथन के बाद बेंत से बुरी तरह पिटना पड़ा था। फिर भी उसके विश्वास की दिशा नहीं बदलती। उसके अन्दर अपनी वैयक्तिकता और सोच की स्वतन्त्रता को बचाने की तड़प पहले से ज्यादा बढ़ गयी। वह सोचने लगा, "कोई ऐसा नहीं है जिस पर निर्भर किया जा सके, जिसे प्रत्येक बात में पूर्ण, अचूक माना जा सके। यदि किसी का कोई है तो उसकी अपनी बुद्धि, मनुष्य को इसी के सहारे चलना है, इसी के सहारे जीना है।" यह बुद्धिवाद है और यह सामन्तवाद से संघर्ष है।

सामन्तवाद में गहरी जड़ें रखने वाले भारतीय समाज में बुद्धिवाद, अनुभव की स्वतन्त्रता या बौद्धिक स्वतन्त्रता की व्यापक गुंजाइश नहीं है। आज भी देखा जा सकता है कि बौद्धिक स्वतन्त्रता का दमन सिर्फ शासक वर्गों द्वारा ही नहीं होता।

कहीं भी कोई संगठित समुदाय उन्माद से भर कर आज बौद्धिक स्वतन्त्रता का दमन करने पर उतारू हो जाता है और धार्मिक फतवे जारी कर देता है। कहना न होगा कि यूरोप में आदर्शवाद, बुद्धिवाद तथा अनुभववाद को पनपने के लिए जितनी उर्वर बौद्धिक भूमि मिली और इसके लिए एक लम्बा वक्त मिला, एशियाई देशों को साधारणतः नहीं मिला। यहाँ एक औपनिवेशिक वातावरण था, नवजागरण का काल उतना विस्तृत नहीं था और यह परियोजना अभी असम्पूर्ण है।

अज्ञेय 'शेखर : एक जीवनी' में एक हिन्दू की धार्मिक आस्था की जो अनोखी तस्वीर पेश करते हैं, वह धार्मिक अंधास्था के विनाशकारी रूप से हमें परिचित नहीं कराता है, धार्मिक बुद्धि की विडम्बना भी प्रस्तुत करता है। अज्ञेय बताते हैं, "एक को साँप ने काट खाया था, मन्दिर के सामने। (फिर भी) मन्दिर के भीतर चला गया। पूजा करके बाहर निकल आने पर ही उसने काटे का उपचार आरम्भ किया।" आधुनिक युग में मानव-विवेक पर अंधविश्वासों का इतना व्यापक कब्जा है कि आदमी को उस जीवन की कोई सुधि नहीं है, जिसकी बदौलत उसकी आस्था का अस्तित्त्व है। घंटा भर में उस आदमी के मर जाने के बाद शेखर संशयग्रस्त हो जाता है, 'ईश्वर, क्या सचमुच तू है?'

चार

अज्ञेय की दृष्टि 'शेखर : एक जीवनी' में साधारण लोक पर टिकी है। शेखर एक यात्री है, जीवन के नये-नये अनुभव हासिल करता है। वह अपनी वैयक्तिकता को प्राणों से चिपका कर रखता है, पर उसकी दृष्टि लोक पर है। उसकी वैयक्तिक सृजनात्मकता 'मैं' और 'लोक' के बीच एक पुल बनाकर रखती है। अज्ञेय के साहित्यिक पूर्वार्ध में यह पुल बरकरार है। यदि शेखर लोक का अंग नहीं है तो उससे दूर और असंवेदित भी नहीं है। वह बाढ़ से घिरे निर्धनों की सेवा करता है, बीमार फूला की देखभाल करता है, अछूतों से कहता है—"मैं ब्राह्मण होकर आप लोगों को अपने साथ ले रहा हूँ, आपका भाई हूँ।" शेखर में त्याग का दम्भ हो, पर इस उपन्यास में एक खास युग के आधुनिक भारतवासी के बुद्धिवादी, राष्ट्रीय, क्रान्तिकारी और मानवीय विमर्श की झलकें हैं। इसका लक्ष्य एक खास युग के पूरे संघर्ष का प्रतिबिम्ब देते हुए एक-एक व्यक्ति के संघर्ष के गतिशील चित्र उपस्थित करना है। निःसन्देह अज्ञेय ने अपनी वैयक्तिक नजर से युग को देखा है, पर यह 'एक आदमी की निजी बात' भर नहीं है।

आगे चलकर अज्ञेय सोचने लगे थे, "अब विकास की, यान्त्रिक विकास की ही कहना चाहिए या कि सभ्यताओं के विकास की जो प्रवृत्ति है, उसमें लोक तो मिट

जाएगा।...सभ्यता एक ऐसी दीक्षा की बात मानकर चलती है जो कि स्वयं चेतन है, आत्मचेतना-दीक्षा ही सभ्यता होती है और लोक वह है जो कि आत्मचेतन नहीं है।'' (अज्ञेय, अपने बारे में)। निश्चय ही यह एक प्रभुत्ववादी सोच है, जो लोक को कहीं न कहीं सभ्यताहीन मानकर चलती है और पश्चिमी सभ्यता की छाया में लोक के ध्वंस का सिर्फ साक्षी होना चाहती है। आत्मचेतन–दीक्षा बस एक साक्षी होकर रह जाना है। 'शेखर : एक जीवनी' में मदन सिंह कहते हैं, "मैं संहारकारी युग में भी मानव के भविष्य में विश्वास करता हूँ–भविष्य वर्तमान की क्षतिपूर्ति है...।" इसे उपर्युक्त परवर्ती सोच से अलग देखा जा सकता है। शेखर अपने युग में अँग्रेजी राज और पश्चिमी सभ्यता द्वारा उपस्थित विध्वंस का महज साक्षी न था। खुद अज्ञेय शेखर के साक्षी नहीं, उसके निर्माता कहे जाएँगे और यह निर्माण उन्होंने अपने अनुभव और एक विस्तृत भविष्य-दृष्टि के साथ किया था। पश्चिमी सभ्यता लोक को जहाँ-जहाँ मिटा रही थी, शेखर वहाँ-वहाँ पहुँच रहा था। वह सोच रहा था, 'अगर हिन्दी हमसे छूट गयी तो भविष्य हुआ न हुआ बराबर है।' वह दलित के पास पहुँच रहा था, स्त्री के पास पहुँच रहा था, उसे निर्धन का दुख बेचैन करता था। उसका आत्मचेतन होना महज साक्षी होना न था। साक्षी एक ऐसा दर्शक है, जो अपना अतीत और भविष्य लुट जाने देता है।

अज्ञेय को यह महसूस हो रहा था कि उनका उपन्यास 'शेखर : एक जीवनी' भाषा के अटपटेपन के बावजूद अभी काफी समय तक पढ़ा जाएगा, "उसमें मानवीय परिस्थिति और नियति की कुछ बातें उठायी गयी हैं, जिनकी सचाई लोगों को बाद में भी दिखती रहेगी।... 'नदी के द्वीप' सफल उपन्यास है, लेकिन मैं सोचता हूँ वह जल्दी पुराना पड़ कर समाप्त हो जाएगा।" (वही)। इससे पहले 1976 में अज्ञेय ने अपने एक वक्तव्य में 'शेखर : एक जीवनी' को बिल्कुल खारिज कर दिया था, "विद्रोह और क्रान्ति की जो परिकल्पना 'शेखर : एक जीवनी' के चरितनायक की थी, वह आज मेरी नहीं है। रोमानी भावना का मुलम्मा काफी कुछ उतर चुका है।" यह आपातकाल के दिनों का वक्तव्य है, जब व्यक्तिगत स्वतन्त्रता का सैनिक उस घड़ी बिल्कुल चुप था, जिस घड़ी यह स्वतन्त्रता सबसे अधिक खतरे में थी। फ्रांस में दगाल के शासन में सार्त्र जुल्म के प्रतिवाद में सड़कों पर आ गए थे। भारत का अस्तित्ववादी चुप बैठा प्रतीक्षा कर रहा था कि कब इस चुप को दहाड़ घोषित करने का वक्त आये और इस क्षयशील चुप को भी महिमामंडित किया जाए। वह सचमुच रोमांटिक नहीं रह गया था, क्योंकि रोमांटिस्ज्म सामन्ती व्यवस्था ही क्यों, हर दमन से बेहिचक टकराहट की आवाज है।

'शेखर : एक जीवनी' के रचनाकाल तक अज्ञेय की वैयक्तिकता और यथार्थ में कोई बड़ा अन्तर्विरोध नहीं था। शेखर सोचता है, "व्यक्ति के हित और विश्व

के हित में भेद नहीं होना चाहिए।" भारतीय नवजागरण और छायावाद की परम्परा में अज्ञेय पश्चिमी सभ्यता और राष्ट्रीयता, व्यक्ति और विश्व तथा अनुभूति और यथार्थ के बीच अन्तःक्रिया के पक्षधर थे। वह इस उपन्यास में एक उदार आधुनिक बुद्धिजीवी के रूप में उपस्थित होते हैं जो पिछड़ी, सामन्ती तथा विकृत पूँजीवादी व्यवस्था से बार-बार आघात पाकर भी यथार्थ से अपना जीवित सम्पर्क बनाये रखता है।

पाँच

'शेखर : एक जीवनी' की शुरुआत होती है जेल की काल कोठरी में मृत्यु की चरम प्रतीक्षा से और अन्त होता है शशि की मृत्यु के निकट जीवन का अर्थ पाने में। अस्तित्ववादी प्रकृति का मृत्युबोध दोनों जगहों पर है। शेखर अस्तित्ववादी अकेलेपन और बेगानेपन के अनुभव से मुक्त नहीं है, बल्कि वह कभी-कभी पूँजीवादी व्यवस्था में पाये जाने वाले विलगाव का बड़ा तीखा अनुभव करता है, "एकाएक जीवन निरे अस्तित्त्व के रूप में सामने आया, अस्तित्त्व जो निरी एक घटना है।" कई बार शेखर की आकांक्षा होती है कि वह एक निर्विघ्न और स्वतन्त्र सत्ता बने। इस उपन्यास पर दूसरे विश्वयुद्ध काल के अस्तित्ववादी दर्शन की छाया है। लेकिन एक विकसित समाज के अस्तित्ववाद और साम्राज्यवादी गतिरोध से गुजरते पिछड़े समाज के अस्तित्ववाद में फर्क होगा। इसीलिए 'शेखर : एक जीवनी' में 'अपने-अपने अजनबी' के तेवर का अस्तित्ववाद नहीं है। इसमें अस्तित्ववाद के साथ रोमांटिसिज्म का अनोखा सह-अस्तित्त्व है, जबकि दोनों दर्शन परस्पर विरोधी हैं—एक के केन्द्र में अस्तित्व होता है, दूसरे के केन्द्र में व्यक्ति।

सार्त्र ने 1937 में अपनी पुस्तक 'द ट्रांसिडेंस ऑफ द ईगो' में लिखा था, "हमारे सचेत जीवन का प्रत्येक क्षण अन-अस्तित्त्व की संरचना है न कि व्यक्ति की।" शेखर को कभी-कभी अन-अस्तित्व की यन्त्रणा निरे अस्तित्व की यंत्रणा होती है, किंतु अंततः व्यक्ति की चेतना प्रबल हो जाती है। यंत्रणा पर सृजनशील वेदना भारी पड़ जाती है। अस्तित्ववाद पूँजीवाद व्यवस्था में एक खास मानव-नियति से बाँध देने वाला दर्शन है, जबकि अज्ञेय शेखर के बारे में कहते हैं, "वह नियति का गुलाम नहीं है, उसका प्रतिद्वन्द्वी है।" यह अस्तित्ववाद का अतिक्रमण है। फिर भी शेखर दो चीजें चाहता है—व्यक्तिगत स्वतन्त्रता और मानवीय गरिमा। इनके लिए उसे लगातार व्यवस्था के निषेध एवं विद्रोह से गुजरना पड़ता है, यन्त्रणा से गुजरना पड़ता है, जो अस्तित्ववादी बोध है। इतना जाहिर है कि शेखर एक गहरी यन्त्रणा के बावजूद अपनी दुनिया को पूरी तरह मिटाना नहीं चाहता, उसे पुनर्निर्मित करना चाहता है। वह अपने 'मैं' को भी मिटाना नहीं चाहता, उसका कोई विश्लेषण आत्मबेधी और

निर्मम नहीं है। इसलिए उसकी अस्तित्ववादी आधुनिकता स्वतः सीमित हो जाती है, 'व्यक्ति' का पुनर्विन्यास होता है। 'शेखर : एक जीवनी' में अस्तित्ववादी विद्रोह के साथ रोमांटिक दर्द भी है, निर्विघ्न और स्वतन्त्र सत्ता की कामना के साथ 'मैं' का बोध भी है, जो 'दूसरे' के सन्दर्भ में आकार पाता है। उसमें सन्देह के साथ विश्वास भी है, जो शशि के सम्पर्क में पैदा होता है।

'शेखर : एक जीवनी' में 'प्री-कंसीव्ड मोटिवेशन' का विरोध करके व्यक्ति-केन्द्रिक वर्तमान और वर्तमान केन्द्रिक व्यक्ति की धारणा है। विरोधाभास यह है कि अतीत और भविष्य दृष्टि भी है। हमारी हर दृष्टि पर अतीत का बोझ होता है, पुरानी रुचि, संस्कार और रीति का। हम अनायास और बिलकुल स्वतन्त्र होकर कुछ भी नहीं देख पाते। अस्तित्ववाद की समस्या यह है कि पूर्व रुचियों, पूर्वसंस्कारों और पूर्वरीतियों से मुक्त होकर आदमी कुछ भी कैसे देखे या सोचे। क्या वर्तमान बिल्कुल व्यक्तिकेन्द्रिक और व्यक्ति बिल्कुल वर्तमानकेन्द्रिक हो सकता है? शेखर पुरानी रुचियों, संस्कारों और रीतियों को छोड़ता है। वह शशि के आत्मपीड़न की आलोचना करते हुए कहता है, "तुम निरी हिन्दू हो गयी हो, आत्मपीड़न को तपस्या मानने वाली।" वह शशि से एक ऐसे रिश्ते की ओर बढ़ता है, जहाँ कोई 'प्री-कंसीव्ड मोटिवेशन' नहीं है। वहाँ न कोई अतीत है और न भविष्य। इसका यह अर्थ नहीं है कि शेखर का स्मृति और आशा से रोमांटिक सम्पर्क टूट गया था। अज्ञेय अपने जीवन में आगे चलकर स्मृति का दामन ज्यादा कठोर होकर पकड़ते हैं, "स्मृति नहीं है तो व्यक्तित्त्व भी नहीं है, बल्कि काल भी नहीं है और रचना भी नहीं है। 'मैं' जानता हूँ कि मैं कौन हूँ, क्योंकि मैं वही हूँ जो मुझे स्मरण है। वही और उतना ही।" (स्मृति के परिदृश्य, 1986)। अपने जीवन के अन्तिम दिनों में अज्ञेय (1911-87) ने स्मृतिवाद का दामन थाम लिया था। उन्होंने सन्देह, विद्रोह और लोकोन्मुखता की प्रवृत्तियाँ त्याग दीं, 'मैं' को स्मृतिवाद के हवाले कर दिया, कहीं-कहीं नकारात्मक स्मृतिवाद के हवाले।

छह

शेखर सन्देह के युग का ऐसा चरितनायक है, जो नये विश्वास की खोज में है। शेखर का युग एक यथार्थ और विश्वास से एक दूसरे यथार्थ और विश्वास में छलाँग लगाने को तत्पर है, लेकिन खाई बढ़ती जाती है। इसलिए शेखर का अविश्वास भी बढ़ता जाता है और विश्वास की भूख भी। उसका अविश्वास अपने पारिवारिक ढाँचे से शुरू होता है। माता-पिता से शुरू होकर, शिक्षा-व्यवस्था और शासन-व्यवस्था तक दौड़ जाता है उसका अविश्वास। वह शशि से कह भी देता है "मैंने सत्य कहाँ पाया है, मैंने तो सन्देह ही सन्देह पाये हैं।" औपनिवेशिक शिक्षा ने परिवार

के एकाधिकारवादी तथा सुविधावादी तत्त्वों को ही मजबूत बनाया था। शेखर के माता-पिता परिवार, विवाह, व्यवसाय, जीवन-बीमा आदि के अपने ढाँचे में ढालना चाहते हैं। पिता यह सिद्धान्त समझाना चाहते हैं, "जीवन में सिक्योरिटी बड़ी चीज है।" राष्ट्रीय पुनर्निर्माण की चेतना में सुविधावाद के घुन लग चुके थे। शेखर जवाब देता है, "आप घर-गृहस्थी, निश्चित आमदनी और सिक्योरिटी की बात करते हैं। मुझे यही जीवन के रोग लगते हैं—इन्हीं से तो मैं बचना चाहता हूँ। यह चैन की जिन्दगी, यह आश्वासन का भाव, यह दिनोंदिन जोखम की अनुपस्थिति—यही तो घुन है, जो शक्ति को खा जाता है। मैं इन सबका उलटा चाहता हूँ। चाहता हूँ निरन्तर आशंका और जोखम का वातावरण, ताकि मैं हर समय लड़ने को बाध्य होऊँ, अपने हाथ से तोड़कर नष्ट करूँ और अपने ही हाथ से फिर नये सिरे से बनाऊँ।" यह शेखर की वह आधुनिकता है, जो परजीवी सभ्यता के ढकोसलों का विरोध करती है। वह अन्यत्र इस कथन को और स्पष्ट करता है, "मैं अपने समाज की, अपने आस पास के जीवन के सब अंगों की व्यवस्था बदल देने का व्रत ले रहा हूँ।'' यह उस युग के जागरूक नौजवानों के दिलों की बेचैनी का प्रतिबिम्ब है।

हम लोग नवजागरण और स्वाधीनता-संग्राम के दिनों के महान लोगों को खूब याद करते हैं, उनके आदर्शों को याद करते हैं। क्या अपने उपभोक्तावादी समाज में आशंका और जोखम से भरे वैसे किसी वातावरण का अनुभव करते हैं, जैसे वातावरण में वे महान लोग घिरे हुए थे और अशान्त रहते थे। हम लोग अपना सुरक्षित जीवन व्यतीत करते हुए उन लोगों को और उनके आदर्शों को याद करते हैं। हम सुविधा-संपन्न और चैन की जिन्दगी की खोज करते हुए उन्हें याद करते हैं। शेखर सन्देह के युग का ही चरितनायक नहीं है, वह एक ऐसे युग का चरितनायक भी है, जिसमें आदर्शों और नये विश्वासों का क्षय शुरू हो चुका था।

पश्चिम का अंधानुकरण जातीय अस्मिता को नष्ट करना शुरू कर चुका था। पश्चिम के बराबर भारत का राष्ट्रीय गौरव स्थापित हो जाने के बावजूद, राष्ट्रीय आधुनिक अस्मिता की खोज की जगह जीवन के पश्चिमी प्रतिमानों की श्रेष्ठता जिस युग में प्रतिपादित की जाने लगी थी, शेखर उसी युग का चरितनायक है। नेहरू अपनी 1927-28 की प्रगतिशील भूमिका और उत्साह से पीछे हट रहे थे। गाँधी को नेहरू की दिशा गलत लग रही थी, पर वे अपनी सीमाओं को लाँघ नहीं पा रहे थे। साम्राज्यवादी व्यवस्था ने राजनीतिक स्वतन्त्रता सौंपने से पहले कितनी व्यापकता से उपनिवेशितों की बौद्धिक सम्प्रभुता को क्षति पहुँचायी थी, इसका अहसास आज जाकर हो रहा है। यह क्षय इतनी तेजी से हुआ कि 'निरन्तर आत्मविसर्जन' आधुनिक नियति बन गया।

शेखर ने अपने युग के 'निरन्तर आत्मविसर्जन' का प्रबल स्वर में विरोध किया।

वह परम्परा और आधुनिकीकरण दोनों में से किसी को भी अपनी अनुभूति और तर्कबुद्धि की कसौटी पर बिना परखे स्वीकार करने के लिए तैयार नहीं था। अज्ञेय के साहित्य में उस युग तक अनुभूति और तर्कबुद्धि के बीच सम्बन्ध बचा हुआ था, व्यक्ति और समाज के बीच भी सम्बन्ध बचा हुआ था। इन दो सार्वभौम छोरों में एक अन्तःसंगति थी। शेखर के 'मैं' में कहीं वैयक्तिकता के संरक्षण की प्रवृत्ति है, कहीं जातीय स्वाभिमान प्रतिबिंबित है। वह अपमान नहीं सह सकता, अपमान देश का हो या व्यक्ति का। अज्ञेय अँग्रेजी राज में जातीय स्वाभिमान को एक मूल्य बनाकर उपस्थित करते हैं, पर उतने ही तीखेपन से धर्मांधता का विरोध करते हैं, "धर्मांध रोष में सबसे पहली बात होती है व्यक्तिगत असहिष्णुता—मैं सिद्ध करना चाहता हूँ कि मेरा धर्म तुम्हारे धर्म से अच्छा है, क्योंकि मैं तुमसे अच्छा हूँ। यह अनुचित है और इस अभिमान की तो जड़ ही उखाड़नी चाहिए।" आधुनिक युग की धर्मान्धता के मूल में सत्ता की राजनीति है। इसी तरह, '(अंध) राष्ट्रीयता भी एक पाप है' इस निष्कर्ष तक शेखर विद्याभूषण के सम्पर्क से पहुँचता है।

'शेखर : एक जीवनी' में मानवीय सौहार्द की एक अनोखी कथा है। यह कथा बताती है कि धर्म किस तरह मानवीय सौहार्द में बाधक नहीं होता, बल्कि आत्मबल देता है। जेल का एक मुसलमान कैदी मुहम्मद मोहसिन शेखर को उसकी दाढ़ी देखकर मौलवी तथा शेखर उस कैदी को पंडित कहकर पुकारता है। यह कथा-प्रसंग विनोद से भरा है, पर उतना ही त्रासद भी है। मोहसिन शेखर को मानवीय सुख देने के लिए अपनी दाढ़ी छिला लेता है, क्योंकि उसे पंडित दिखना है। जेल के सिपाही उसे रोक नहीं पाते। वह असह्य पुलिस-यन्त्रणा सहकर भी सौहार्द के इस प्रतीक की रक्षा करता है। उसे औंधा लटका दिया जाता है, उल्टी हथकड़ी डाल दी जाती है। वह प्रतिरोध में जेल में मशक्कत का हुक्म नहीं मानता। चक्की में पीसने के लिए जो अन्न मिला था, कबूतरों को खिला देता है। वह एक जवान शरारती छोकरा है। यह जानकर कि शेखर स्वराज की लड़ाई में जेल आया है, उसका मन प्यार से भर जाता है। वह शेखर को दूर अपनी कोठरी से ही गाना सुनता है। वह बाहर से कठोर पर भीतर से संवेदनशील है। उसे रिश्ते का दर्द मालूम है।

शेखर को यदि मदन सिंह से तर्कबुद्धि मिली तो मोहसिन से मानवीय सम्बन्ध का अर्थ। मोहसिन पर हजामत बनाने तथा दारोगा की अवज्ञा के जुर्म में बेंत की सजा हुई। जब वार्डर उसे शेखर की कोठरी के सामने से ले जाने लगा, मोहसिन ने शेखर से हँस कर कहा, "देख मौलवी, मैं हज्ज करने चला हूँ।" वह 30 बेंत खाकर भी मुस्करा रहा था। दारोगा ने उसे कपड़ों की तरह टाट-बोरे का सिर्फ एक जांघिया पहने रहने का आदेश दिया था। मोहसिन ने इस आज्ञा का भी पालन नहीं किया और नंगा रहना पसन्द किया। मोहसिन को परास्त नहीं किया जा सका। 'शेखर :

एक जीवनी' से लगभग 12 साल पहले प्रकाशित 'कर्मभूमि' (प्रेमचन्द) में एक ऐसा ही चरित्र था काले खाँ, जो जेल में देशभक्तों के सम्पर्क में आकर बुरे से अच्छा हुआ और अद्भुत भावनात्मक स्फूर्ति से भर गया। जब वह नमाज पढ़ रहा था, जेलर उस पर बूट की ठोकरें बरसाने लगा था। खून से लथपथ हो जाने के बावजूद वह अल्लाह का नाम लेता रहा और अन्त में एक ओर लुढ़क गया। उसे भी परास्त नहीं किया जा सका था। ऐसे चरित्र सन्देश देते हैं कि धर्म जब पाखंड की जगह नैतिक आत्मबल होता है, सभी साम्प्रदायिक विभेद गायब हो जाते हैं। मनुष्य कठोर से कठोर दमन से टकराने की हिम्मत पा जाता है और मिटकर भी मनुष्यता को बचा लेता है। मनुष्यता को मिटा कर धर्म को नहीं बचाया जा सकता।

एक अन्य मजबूत सामन्ती अवशेष जातिवाद का भी शेखर ने विरोध किया। महज समाज सुधार नहीं, बल्कि समाज को बदलने की इच्छा से शेखर दलितों के बीच काम करता है और जातिवाद का मूलोच्छेद चाहता है। यह भी राष्ट्रीय जागरण की स्वच्छंदतावादी प्रतिध्वनि है। शेखर में 'रिनेसाँ' और 'रोमांटिसिज्म' के तत्त्वों का अच्छा सामंजस्य है, दोनों मिलकर अस्तित्ववाद को पीछे दोड़ देते हैं।

शेखर के अहं के मूल में सामन्ती गर्व हो अथवा पूँजीवादी विकास, यह अन्ततः उसके जीवन का अनिवार्य तत्त्व नहीं है। वह अपने अहंकार के खोखलेपन को कई बार पहचानता है, क्योंकि वह जिज्ञासा के किसी भी बिन्दु पर ठहरता नहीं है। कभी उसे लगा था कि जिज्ञासा ही आदमी की जिन्दगी का सबसे बड़ा तप, सबसे बड़ी आधुनिक पीड़ा है। उसकी लगातार जिज्ञासा उसे संकीर्ण अहं से विकसित करके उच्च अहं और लोकभूमि से जोड़ती है। वह बाबा मदन सिंह से कहता है, "मैं तो जिज्ञासु हूँ ही।...मालूम होता है अहंकार स्वाभाविक होता है, विनय सीखनी ही पड़ती है।" अहंकार प्रकृति है विनय संस्कृति है। जिस शेखर ने प्रकृति की सन्तान के रूप में पहली चेतना अर्जित की, वह सिर्फ प्रकृति ही नहीं, परम्परा और आधुनिक सभ्यता को भी पहचानता है। वह सामान्यतः परम्परा और आधुनिक सभ्यता के प्रगतिशील तत्त्वों को चुनता है, बुरे तत्त्वों पर आक्रमण करता है। आत्मतुष्टि के लिए नहीं, देश की स्वस्थ प्रगति के लिए ऐसा करता है। बचपन में कभी उसने लेटरबाक्स से कूद कर डाकिये के पैर की अँगुली कुचल दी थी और एक आत्मतुष्टि का अनुभव किया था। शेखर जीवन भर वहीं खड़ा नहीं है। अपनी जिज्ञासा, कर्मठता तथा द्वन्द्वात्मक प्रकृति के कारण उसके जीवन में कई विकास घटित होते हैं।

धर्म एक यन्त्रणा बन चुका था। महात्मा गाँधी की सत्य और अहिंसा की राह की दयनीय दशा थी। शेखर के समक्ष जीवन के किसी राहहीन बड़े मैदान में चलने की ऐतिहासिक विवशता थी। आदर्शवाद धोखा साबित होता जा रहा था। फिर भी शेखर के मन में एक दिवास्वप्न सुरक्षित है, "उसके चारों ओर दुख है, दारिद्र्य

है, पीड़ा, रोग, मृत्यु सब कुछ है। देश-विदेश के धर्म के ठेकेदारों ने अपनी कुछ आविष्कार-शक्ति को खर्च करके नरक में जिन बुरी से बुरी और भयंकर से भयंकर यातनाओं का सृजन किया है, वे सभी संसार में उसके संसार में भी मौजूद हैं और वह उन्हें स्वीकार नहीं करता। उनके विरुद्ध विद्रोह करता है, लड़ता है। किन्तु क्या यह इसलिए नहीं कि उसकी आत्मा ऐसे किसी स्थान को देख या अनुभव कर सकती है जिसमें ये सब नहीं हैं, कि उसकी आत्मा एक पारलौकिक शान्ति की झलक पा चुकी है। इस नरक में रहकर भी एकात्मक है इस नरक में नहीं, बल्कि उच्च विश्वशान्ति से।'' भले ही अस्पष्ट पर एक उच्चतर भविष्य कल्पना के साथ विद्रोह ही शेखर की मूल प्रवृत्ति है, जो शेखर के युग में बड़े पैमाने पर थी—विकृत धर्म, सामन्तवाद और अंध आधुनिकीकरण के विरुद्ध विद्रोह की प्रवृत्ति।

शेखर शशि से कहता है, ''कुछ करूँगा जिसे क्रान्ति कहते हैं। सब चीजें उलट-पलट कर रखूँगा, कुछ टूट-फूट जाएँगी तो कहूँगा कि पुरानी सड़ी हुई थीं।'' शेखर औपनिवेशिक-सामन्ती व्यवस्था का अन्त चाहता था, उसमें उग्र-व्यक्तिपरकता का उदय इसी उद्देश्य से हुआ था। उपर्युक्त विद्रोह भाव को आतंकवाद से जोड़कर देखना गलत है। यह भ्रम हो सकता है, क्योंकि शेखर एक आतंकवादी दल का कार्यकर्ता है। अज्ञेय लिखते हैं, ''आजकल के जमाने में जिस आदमी का राजनीतिक दर्शन आतंकवाद तक जाकर समाप्त हो जाता है, वह मानसिक विकास की दृष्टि से सात साल का बच्चा है।'' यदि अहिंसा का गाँधीवादी पथ दोहरे चरित्र का शिकार था तो आतंकवाद भी अन्तिम पथ नहीं था। शेखर की दृष्टि में, ''राजनीति क्यों है यह प्रश्न राजनीति का नहीं जीवन का था।'' 'शेखर : एक जीवनी' में अज्ञेय ने विद्रोह की कोई एक निश्चित राह न खोज कर इसकी निरंतरता का प्रतिपादन किया है, इसके लिए वैयक्तिकता की जरूरत बतायी है। उन्होंने विद्रोह के मार्ग में होने वाली पीड़ा का भी अंकन किया है।

सात

'शेखर : एक जीवनी' की शशि धार्मिक-सामन्ती व्यवस्था में एक उत्पीड़ित स्त्री है। वह भारतीय अर्थ में आधुनिक स्त्री है। उसके व्यक्तित्त्व के सम्पर्क में ही शेखर विद्रोही बनता है, वह सामन्तवाद और ब्रिटिश साम्राज्यवाद से एक अधिक सार्थक संघर्ष के लिए आगे आता है। शशि सुंदर है। उसके व्यक्तित्त्व में सौंदर्यात्मक आकर्षण कम नहीं है। शेखर के निकट सौन्दर्य का अर्थ प्रचलित से भिन्न है। उसकी नजर में शशि की सुन्दर हँसी सृष्टि के सौन्दर्य को अधिक आकर्षक बना देती है। वह सोचता है, ''मेरे मन का दूसरा खंड, जो कि सृष्टि के सौन्दर्य को ही प्रतिबिम्बत

कर सकता है, जो वास्तव में मेरे मस्तिष्क का हृदय है और इसलिए कवि है, वह जागता था शशि की हँसी से। उस हँसी में कुछ था जो चौंका देता था, पर साथ ही वाणी की शक्ति को भी छीन लेता था। वह कविता से भी परे थी। उसे सुनकर चुप ही होना पड़ता था। कल्पना देखती थी नदियों के, जल प्रपातों के, चन्द्रोदय के, समुद्र के, व्योमगंगा के दृश्य, और फिर चुपचाप लौट आती थी उसी हँसी को सुनने।'' मानव जाति प्रकृति में सर्वश्रेष्ठ है, सुन्दरतम है। पाल वैलरे ने लिखा है कि एक अच्छा उपन्यास संगीत के पास पहुँच जाता है, वह एक संगीत हो जाता है। 'शेखर : एक जीवनी' में उपन्यास और संगीत एकाकार नहीं हैं। उनके बीच तनाव है। यह तनाव उन भारतीय स्थितियों के कारण है, जिनमें कोई उपन्यास महज संगीत होकर नहीं रह सकता। आधुनिक भारतीय लेखकों ने सौन्दर्य का जो अनिन्द्य और मुक्त वर्णन किया है, उसके मूल में रोमांटिक जागरण है। भारत के रोमांटिक जागरण का एक दूसरा पहलू त्रासदी है। इसलिए जितना गहरा आकर्षण सौन्दर्य के प्रति है, उतनी गहरी है त्रासदी।

शेखर का सौन्दर्य से प्रेम उसके हृदय को उदार ही नहीं बनाता, परतन्त्रता की सभी आन्तरिक बेड़ियाँ तोड़ डालता है, हर तरह की संकीर्णता मिटा देता है। यह प्रेम अपनी निष्कलुष अनुभूति के आगे किसी भी जड़ परम्परागत नैतिकता को स्वीकार करना नहीं चाहता। शेखर निरा सौन्दर्यवादी नहीं है, वह अपने जीवन के एक बिन्दु पर जान जाता है, ''उसने सौन्दर्य में वेदना को भुला देने की, संघर्ष से बच भागने की कोशिश की थी, वह व्यर्थ थी, गलत थी। सौन्दर्य कुछ नहीं है, यदि वह शक्ति नहीं है, प्रेरणा नहीं है। यह उसे समुद्र ने सिखा दिया था, उस आदि गुरु, आदि शिव, आदि सुन्दर समुद्र ने। सौन्दर्य वहीं है, जहाँ संग्राम है और उसे वही देख सकता है जिसके भीतर शक्ति है।'' यह शेखर में संघर्ष के सौन्दर्य के प्रति बढ़ा आकर्षण है, यह शेखर का विकास है। शशि उसके लिए सौन्दर्य की प्रतिमूर्ति ही नहीं, संघर्ष की प्रेरणाशक्ति भी है। 'शेखर : एक जीवनी' में सौन्दर्य महज रूप न होकर जीवन मूल्य है।

भारतीय समाज में सामान्यतः हर विद्रोह एक दर्द की ओर ले जाता है। शेखर अहंकार से बाहर निकला था, लेकिन उपर्युक्त दर्द को ही तपस्या मान बैठा था। यह उसका 'पैसिव रोमांटिसिज्म' था। शशि ने शेखर को समझाया, ''दुख सब जगह है। आप उसे एक ही जगह समझ उसकी छाया में रहना चाहते हैं, और आपका जो काम है उसमें अनिष्ठा दिखा रहे हैं।'' शशि ने शेखर के विद्रोह और दर्द को एक निर्माणात्मक आधार दिया। उसमें 'एक्टिव रोमांटिसिज्म' पैदा हुआ। शेखर ने जेल में मदन सिंह से जाना कि ''अभिमान से बड़ा दर्द होता है, पर दर्द से भी बड़ा एक विश्वास है।'' उसने शशि से जानी सर्वव्यापी दुख में हिस्सा लेने की कला, अपने

दुख को निर्माण की शक्ति में रूपान्तरित करने की कला। दूर के रिश्ते की मौसेरी बहन शशि को उसके पति ने सिर्फ इसलिए त्याग दिया था कि वह एक रात बुखार में तपते शेखर की सेवा के लिए उसके घर रुक गयी थी। वह तब से एक जटिल व्यक्ति शेखर के साथ थी। मदन सिंह और शशि की भावनाओं को जोड़ने से ही वह 'विजन' बना जो इस उपन्यास का सार है। अहं और भय छोड़कर, वेदना में एक विश्वास से भरकर निर्माण व्यक्ति का लक्ष्य होना चाहिए, यही है एक रात में पाया हुआ शेखर का 'विजन'। ऐसे ही एक निर्माण में शशि ने अपने जीवन का अन्त कर लिया था।

शेखर के 'विजन' से शशि का यथार्थ कम व्यापक नहीं है। यह भारतीय स्त्री का यथार्थ है, "मैंने ब्याह किया नहीं था, मेरा तो ब्याह हुआ था।" भारतीय समाज में दमन सहने की कितनी अधिक ताकत है, यह विवाह के बन्धन में बँधी भारतीय स्त्री के पाठ में पढ़ा जा सकता है।

समाज की जैसी हालत है, हर विद्रोह एक दर्द बन जाता है। भारतीय साहित्य में दर्द एक प्रमुख विषय है। अज्ञेय स्त्री-उत्पीड़न को एक मुद्दा बनाते हैं। शशि एक सभा में कहती है, "नारी केवल पुरुष के उपभोग की साधन रह गयी है, निरी सामग्री, जिसे वह जब चाहे, जैसे चाहे, जहाँ चाहे, अपनी तुष्टि की आग में झोंक दे।" विद्रोह में शशि की उठी वह आवाज समाज की निम्न-बौद्धिक मानसिकता के कुछ व्यक्तियों के कहकहे में खो जाती है। भारतीय समाज में चेतना का स्तर यही है। अज्ञेय का व्यक्ति समाज से नहीं, ऐसे सामाजिक आघातों से घबराता है, जो बुनियादी मानवीय पहचान को ही तोड़ देते हैं। अज्ञेय 'शेखर : एक जीवनी' में अपने 'व्यक्ति' को कछुए की गरदन की तरह अन्दर नहीं समेटते। उनके उस दौर की वैयक्तिकता यथार्थ से लगातार मुठभेड़ करती दीखती है। इस प्रक्रिया में शशि टूट कर भी शेखर को टूटने नहीं देती। लेकिन यह चीज सामन्ती दृष्टि का अवशेष है, 'सम्पूर्णता की ओर पुरुष की प्रगति में स्त्री माध्यम है।' यह बात अज्ञेय ने शशि के मुख से कहलायी है। यह उनकी पुरुष-प्रभुत्ववादी दृष्टि है। इसकी स्वीकृति वे विद्रोही भारतीय स्त्री शशि से कराते हैं, खुद आगे नहों आते। क्या स्त्री को प्रगति और सम्पूर्णता का अधिकार नहीं है?

'शेखर : एक जीवनी' की मुख्य समस्या यह नहीं है कि शेखर और शशि दूर के रिश्ते के भाई-बहन हैं और एक-दूसरे से प्रेम करते हैं। इस उपन्यास में अज्ञेय नैतिकता और अनुभूति के बीच संघर्ष दिखाते हैं, जो आधुनिक युग में स्वाभाविक है। यह उपन्यास विवाह संस्था के कठोर और अमानवीय ढाँचे को अनावृत करता है। फिर भी एक पुरुष के रूप में शेखर की ईमानदारी एक बिन्दु के बाद शक के दायरे में आ जाती हे। शशि ने शेखर से यहाँ तक कहा था, "तुमसे मेरा वह जीवन

है जो मैं हूँ, जो मेरा मैं है।'' शेखर अपने ''मैं'' को अर्थ देने के चक्कर में शशि के ''मैं'' को दबा ही रहने देता है। अज्ञेय शशि को प्रेरणामूर्ति बनाकर रखते हैं। वे शशि को तटस्थ होकर देख नहीं पाते। इसलिए वस्तुतः उसकी कहानी लिख ही नहीं पाते, वे शेखर में खोये रह जाते हैं।

'शेखर : एक जीवनी' में शशि वैसे ही मरती है, जैसे एक भिन्न सामाजिक वर्ग के सन्दर्भ में 'गोदान' का होरी मरता है। दोनों की मृत्यु अस्वाभाविक है। ये एक ही सामन्ती-धार्मिक व्यवस्था की विडम्बनाएँ हैं। दो अलग-अलग वर्गों के व्यक्ति विचारधारा और कथा शिल्प की अलग-अलग जमीन पर समान विडम्बना के ग्रास बनते हैं। दोनों की मृत्यु दरअसल हत्या है।

सामन्ती व्यवस्था में यातना पा रही शशि का जीवन एक आम सामाजिक घटना है। वह शेखर की घृणा और वासना को, उसके विद्रोह और दर्द को एक निर्माणात्मक आधार देती है। शशि के सन्दर्भ में परम्परागत नैतिकता और अनुभूति के बीच संघर्ष अपने चरम पर पहुँचता है। दूसरी नारियों के सम्पर्क में शेखर की वासना भटकती रही, लेकिन शशि ने मानो शेखर की पुनर्रचना की थी।

'शेखर : एक जीवनी' में व्यक्ति के विद्रोह से अधिक बड़ा संसार है विडंबनाओं का। शेखर इनके बीच स्व-चेतना के जरिये अपनी वैयक्तिकता का संरक्षण करता है। उपनिवेशवादी व्यवस्था में आधुनिकीकरण मनुष्य की वैयक्तिकता ही नहीं, खुद व्यक्ति को खत्म कर उसे अपनी विकृत पुनरुत्पादन क्षमता का हिस्सा बना लेता है। आज व्यक्ति पूर्णतः विलुप्त होता जा रहा है। वह उपभोक्तावादी या धार्मिक-सामन्ती झुँड का अंग बनता जा रहा है। इस परिदृश्य में वैयक्तिकता और व्यक्तिवाद का फर्क समझना चाहिए। भारतीय माहौल में व्यक्तिवाद सामन्ती अहं का ही आधुनिकतावादी रूपान्तरण है। अज्ञेय 'शेखर : एक जीवनी' में व्यक्तिवादी नहीं हैं। वे पश्चिमी सभ्यता से आक्रान्त सामन्ती समाज में मनुष्य की अनुभूति, वैयक्तिकता, घृणा और वासना की महत्ता घोषित करना चाहते हैं। वह बुरे और अच्छे तथा पाप और पुण्य की परम्परागत सामन्ती धारणाओं को तोड़ना चाहते हैं। वे सच और सदाचरण की परिभाषा आधुनिकता की जमीन पर तय करना चाहते हैं, सामन्ती जमीन से हटकर। उन्हें दिख रहा था कि आने वाला युग सम्भावनाओं से अधिक विडम्बनाओं का है। फिर भी वह स्थापित करना चाहते हैं कि मनुष्य में अपार क्षमता है, सिर्फ उसमें एक अन्तर्दृष्टि होनी चाहिए जिससे वह अपने जीवन और अपनी क्षमता को देख सके। शेखर अपनी क्षमता कुछ ज्यादा कूतता है, पर यह अहं, सेक्स और महज आतंकवाद-केन्द्रित चरित्र नहीं है। जो शेखर अपनी विशिष्ट वैयक्तिक प्रकृति के बावजूद राष्ट्रीय जागरण से जुड़ा रहा है और अपनी आधुनिक पहचान की खोज में अपने मन पर बहुत से आघात सहता है, उसे ट्राटस्कीवादी या

फासिस्ट कहना उचित नहीं है, जैसा कहा गया है।

अज्ञेय में वैचारिक आक्रमणों के प्रति असहिष्णुता थी और वे प्रतिक्रिया में कुछ मौकों पर व्यक्तिवादी हो गए। उनका रुख इनता कड़ा होता गया कि हिंदी में एक माहौल ही बन गया—अज्ञेय बनाम बाकी। यह अच्छे साहित्यिक वातावरण का लक्षण नहीं था। उसी का नतीजा है कि 'शेखर : एक जीवनी' के कई रोष से भरे मूल्यांकन हुए। दरअसल 'शेखर : एक जीवनी' का मूल्यांकन उसके पाठ और उस युग की मनःस्थिति-परिस्थिति के आधार पर करने की जरूरत है, शेखर को उसके विकासों के साथ पहचानने की जरूरत है।

ऐसा नहीं है कि 'शेखर : एक जीवनी' में एक पूरे युग की अन्तर्दृष्टि है। यह अन्ततः एक व्यक्ति की कथा है, जिसमें युग भी मुखर है। आजादी की देहरी पर मूल्य-विभ्रान्ति और विडम्बनाओं के बीच से गुजरते हुए शेखर यदि बौद्धिक घृणा और प्रेम के थोड़े संदर्भ भी पहचानता है, पश्चिमी सभ्यता और अतीत से अपने तार्किक संबंध की तलाश में थोड़े विवेक का भी परिचय देता है और अपने दर्द को पारदर्शी बनाता है तो इससे भी पता चल सकता है कि आजादी की देहरी पर इस देश की आधुनिकता कैसे, कौन-सा आकार ले रही थी—वह बुद्धिवादी, राष्ट्रीय चेतना और लोक की आकांक्षाओं से कितनी सम्पर्कित थी, कितनी बिच्छिन्न। इसमें सन्देह नहीं है कि एक रात का वह विजन, जिससे शेखर की जिन्दगी आलोकित हुई, उस युग के यथार्थ से ही छन कर आया था। यदि शेखर अपने भटकावों से होकर अन्ततः बौद्धिक घृणा और प्रेम की सच्ची राह पर आ खड़ा हुआ तो निश्चय ही जातीय आधुनिक अन्तर्दृष्टि की भूख की वजह से, जो अज्ञेय और उनके युग में थी।

ऐतिहासिक उपन्यास और बाणभट्ट की आत्मकथा

एक

वैश्वीकरण के युग में यह विकास की तेज दोपहर है, फिर भी मीडिया धार्मिक अंधविश्वास का प्रचार करता है। पौराणिक कथाओं को इतिहास बनाकर पेश किया जाता है। ऐसी कथाएँ राजनीति के लिए खाद-पानी बनती हैं। दूसरी तरफ, इतिहास की खंड-खंड की जा रही चेतना का बोलबाला है। सबाल्टर्न इतिहास के भूत नाच रहे हैं। हम इतिहास के ऐसे क्षणों के बीच खड़े हैं, जब इतिहास की भयावह दुर्गति है। इस अवसर पर भारतीय नवजागरण के साहित्यिक दृश्य आँखों के सामने उपस्थित हो सकते हैं। उस दौर में पुराण, दरबारी वृत्त और अँग्रेजी शासन की दृष्टि से लिखे जा रहे इतिहास के अन्धकार को चीरकर राष्ट्रीय इतिहास का सूर्योदय हो रहा था। आज की तरह इतिहास उस वक्त निरुपाय न था। इतिहास तब निरुपाय होता है, जब वह जनता से विच्छिन्न हो जाता है जिसका वस्तुतः वह इतिहास है।

हम जिस गम्भीर चुनौती के युग में जी रहे हैं, अकेला इतिहास, समाजशास्त्र या साहित्य कुछ नहीं कर सकता। जरूरत है साहित्य, इतिहास और समाजशास्त्र के संयुक्त मोर्चे की। नवजागरण के दौर में इतिहास की खोज उस दौर की बौद्धिक क्रान्ति और राष्ट्रवाद से प्रभावित थी। साथ ही, यह उन्हें प्रभावित भी कर रही थी। बुद्धिपरक राष्ट्रवादी इतिहास जनता को पुराने भ्रमों और पूर्वग्रहों से मुक्त कर रहा था। यह औपनिवेशिक गुलामी, सामन्ती पृथकता और रूढ़िवाद से संघर्षरत जनता को एकता, आत्मगौरव और बुद्धिवादी राष्ट्रीय पुनर्गठन का रास्ता दिखा रहा था। इतिहास राष्ट्रीय जागरण की प्रेरणा बनने लगा था और आत्मविश्वास बढ़ा रहा था। इसकी भूमिका विज्ञान की चीजों से कम महत्त्वपूर्ण न थी। नवजागरण काल से ही जनता की दिलचस्पी इतिहास में बढ़ने लगी थी, क्योंकि लोग खुद को जानना चाहते थे कि वे क्या हैं, उनकी पहचान क्या है। वे अब विश्वास करने लगे थे कि अँग्रेजी राज से सैकड़ों साल पहले उनकी विकास यात्रा आरम्भ हो चुकी थी, उन्हें

अँग्रेजों ने सभ्य नहीं बनाया।

नवजागरण काल में भारतीय इतिहास, इतिहास दृष्टि और इतिहास लेखन विकासशील अवस्था में था। वह एक 'निर्मित इतिहास' ही था, पर तथ्यात्मकता से शक्ति लेकर बन रहा था और एक विकासशील अवस्था में था। इसी प्रकार कथा साहित्य भी अपनी विकासशील अवस्था में था, पर इतिहास के तर्क से बँधा हुआ नहीं था। दोनों के साधनों में फर्क है, क्योंकि एक मुख्यतः तथ्य है और दूसरा कला। देखा जा सकता है कि दोनों को ही हर युग में बौद्धिक और सामाजिक चुनौतियों का सामना करना पड़ा। हमारा लक्ष्य इस बहस में फँसना नहीं है कि इतिहास 'वास्तविकता' और उपन्यास मुख्यतः 'अवास्तविकता' या 'कल्पना' पर आधारित होता है, अतः दोनों में एकता कैसे सम्भव है और दोनों के सामने चुनौतियाँ समान कैसे हो सकती हैं। कहने वाले ने ऐतिहासिक उपन्यास को इतिहास का शत्रु तक कहा है और यह भी कि ऐतिहासिक उपन्यास कभी अच्छे उपन्यास नहीं हो सकते। हम यहां सिर्फ यह कहना चाहते हैं कि जो प्रेरणाएँ इतिहास के आकर्षण में डाल रही थीं, वे कथा को भी उस ओर ले जा रही थीं। राजनीतिक घटनाओं और विषयों के अलावा इतिहास भी कथाकारों का एक मुख्य आकर्षण था। इस रचनात्मक प्रवृत्ति से भले कुछ इतिहास की क्षति हुई हो और कुछ उपन्यास की, पर इससे जो साहित्य सामने आया वह महत्त्वपूर्ण था। ऐतिहासिक उपन्यास की धारा ने अपने युग की कई वैचारिक-सामाजिक टकराहटों को प्रतिबिम्बित किया। उसका मूल्यांकन पुराण, धार्मिक विश्वास और शासक वर्ग के झूठे प्रचार के सामने इतिहास की वर्तमान निरुपायता के सन्दर्भ में विशेष रूप से जरूरी है।

अँग्रेजी के बहुत से लोकप्रिय ऐतिहासिक उपन्यासकारों की तरह हिन्दी उपन्यासकारों ने अतीत के प्रति महज रोमांसमूलक आकर्षण, सामन्ती गौरव से मोह या बाजारू उद्देश्य से ऐतिहासिक उपन्यास नहीं लिखे। इन्होंने साम्राज्यवाद और सामन्तवाद के विरुद्ध मोर्चेबन्दी के लिए ऐतिहासिक उपन्यास लिखे। कुछ ऐसे भी ऐतिहासिक उपन्यास लिखे गए, जो अतीत के नकारात्मक तत्त्वों को ही 'विरासत' बनाकर प्रस्तुत करते थे। प्रकारान्तर से साम्राज्यवाद-सामन्तवाद को मजबूत बनाने वाले ऐसे उपन्यासों ने जनता को भूलभुलैये में रखा। इतिहास के नाम पर ऐसे उपन्यासों ने अनौचित्य को औचित्य बनाकर उपस्थित किया। उनमें घटिया इतिहासबोध था। यह घटना सिर्फ सस्ते ऐतिहासिक उपन्यासकारों के सन्दर्भ में ही नहीं, साहित्यकार माने जाने वाले ऐतिहासिक उपन्यासकारों के सन्दर्भ में भी है। दरअसल साम्राज्यवाद का निरन्तर सांस्कृतिक आघात झेल रहे समाज में अक्सर उच्च प्रवृत्तियों के साथ रूढ़ियों और विकृतियों को भी उकसाया जाता है, बल्कि इन्हें ही परम्परा बनाकर पेश किया जाता है! यह दुर्घटना किसी भी युग में सम्भव है, वर्तमान युग में भी।

फिर भी नए जमाने में थोथी ऐय्यारी और तिलिस्म-प्रधान कथाओं से हटकर हिन्दी कथाकारों के इतिहास की ओर झुकाव को एक महत्त्वपूर्ण घटना मानना चाहिए। किशोरीलाल गोस्वामी का कहना था, ''पढ़ने वाले उपन्यास के साथ कुछ इतिहास का भी आनन्द लें, जिसमें लोगों की रुचि केवल उपन्यास पर न रहकर इतिहास की ओर झुके जिससे हिन्दी भाषा में इतिहास का जो बिलकुल अभाव है, वह मिटे।'' ऐतिहासिक उपन्यास कभी इतिहास की जगह नहीं ले सकते थे पर ये लोगों की रुचि को, जो अब तक सिर्फ धर्म, दर्शन और महाकाव्य की ओर थी, ऐतिहासिक वास्तविकता और लौकिकता की ओर आकर्षित कर सकते थे। किशोरीलाल गोस्वामी इसी बिन्दु पर देवीकनन्दन खत्री जैसे कथाकारों से अलग होते हैं। हालाँकि उनके उपन्यासों में भी ऐय्यारी और तिलिस्म है। ऐय्यारी, तिलिस्म और जासूसी जैसी चीजों को आधुनिक टीवी भी बढ़ावा दे रही है। वह लोकरुचि को यथार्थोन्मुख बनाने की जगह उपर्युक्त काम उच्च टेक्नोलॉजी के बल पर बड़े पैमाने पर कर रही है, जबकि हिन्दी के पहले ऐतिहासिक उपन्यासकार किशोरीलाल गोस्वामी की प्रवृत्ति तिलिस्म से वास्तविकता की ओर, मिथक से अपनी सीमा में इतिहास की ओर बढ़ने की थी। पश्चिमी साम्राज्यवादी चिन्तन के असर में भले कहा जा रहा हो कि उपन्यास में इतिहास का आगमन आनन्द देने भर के लिए है, लेकिन इतिहास और उपन्यास की एकता से भारत में नवजागरण का एक महत्त्वपूर्ण लक्ष्य सिद्ध हो रहा था। वह लक्ष्य था आत्मपहचान के संघर्ष में साम्राज्यवादी इतिहासबोध का मुँहतोड़ जवाब देते हुए प्राचीन गौरव, जातीय श्रेष्ठता और भारतीय आत्मविश्वास की पुनःप्रतिष्ठा। हिन्दी कथा साहित्य में इतिहास की उपस्थिति का आरम्भिक लक्ष्य यही था। किशोरीलाल गोस्वामी के उपन्यास 'रजिया' (1915) में है, ''अपवित्र भारतभूमि का पुनः संस्कार करके अपने देश की विशुद्ध स्वाधीनता की पताका फिर से भारत के आकाश में उड़ावें।'' इससे यह नहीं समझ लेना चाहिए कि ऐसे उपन्यासकारों की इतिहास दृष्टि पूरी तरह राष्ट्रवादी या बुद्धिवादी थी।

राष्ट्रीय स्वाधीनता संग्राम के महान ऐतिहासिक काल में इतिहास की खोज इस काल की नयी आकांक्षाओं और जरूरतों से प्रेरित थी। वह औपनिवेशिक असर से मुक्त नहीं थी, क्योंकि खोजे जा रहे इतिहास में साम्राज्यवाद और सामन्तवाद की कई विस्फोटक सुरंगें बिछी थीं। फिर भी इस दौर की राष्ट्रीय इतिहास दृष्टि की प्रेरणा कुछ पुनरुत्थानवादी तत्त्वों की मौजूदगी के बावजूद मुख्यतः द्वन्द्वात्मक आदर्शवादी थी। इतिहास विज्ञान नहीं है। इसलिए यह कभी विचारधारा से बच नहीं पाता। देश या संस्कृति का इतिहास जब भी बना है, कमोवेश तथ्य और विचारधारा के मिश्रण से बना है। उपन्यास ऐतिहासिक हो न हो, इतिहास थोड़ा-बहुत औपन्यासिक होता है, खासकर जब तथ्यों के बीच खाली जगहों को पढ़ा जाता है।

दो

अतीत की साम्राज्यवादी व्याख्याओं का असर किशोरीलाल गोस्वामी और चतुरसेन शास्त्री पर है। एक दूसरे कोण से यह असर राहुल सांकृत्यायन और रांगेय राघव पर भी है, हालाँकि इन दोनों ने 'एशियाई निरंकुशतावाद' और 'भारत के पिछड़ेपन' की धारणा को नकार कर प्राचीन भारत की गणतान्त्रिक व्यवस्था के अच्छे चित्र खींचे हैं। वे सिर्फ उन जगहों पर साम्राज्यवादी इतिहास दृष्टि के प्रभाव में हैं, जहाँ वे आर्य-द्रविड़ संघर्ष को बढ़ा-चढ़ाकर उपस्थित करते हैं या भारत की आदर्शवादी परम्परा को प्रगतिवादी आवेश में बिल्कुल नकार देते हैं। साम्राज्यवादी इतिहासकारों ने यह धारणा फैला रखी थी कि वर्ण व्यवस्था पर आधारित भारतीय समाज प्राचीन युगों से ही एक अपरिवर्तनशील और पिछड़ा समाज है। राहुल सांकृत्यायन और रांगेय राघव आगे बढ़कर प्राचीन युग में वर्ग संघर्ष तक दिखाते हैं!

राहुल सांकृत्यायन के 'जय यौधेय' (1944) में चौथी सदी के आसपास का चित्र है, "मैं भारत खंड को इसी तरह स्वतन्त्र गणों का स्वच्छन्द संघ देखना चाहता हूँ।" स्त्रियाँ पुरुषों के हाथ से शासन सूत्र लेकर घोषणा कर देती हैं, "आज से सारे खेत, सारा गाँव, सारे मकान का मालिक जनगण है। जहाँ सबको अपने मन लायक काम करना होगा और खाने-कपड़ों का प्रबन्ध गण की ओर से होगा।" स्पष्ट है, समाजवादी क्रान्ति की रोशनी में राहुल भविष्य के भारत को जैसा देखना चाहते थे, अपने उपन्यास में वैसे ही प्रतिबिम्ब अतीत पर फेंक रहे थे।

यह एक मुश्किल चीज लग सकती है कि जिस लेखक को भारत में नस्लवाद, सम्प्रदायवाद, ब्राह्मणवाद जैसी चीजें ही ज्यादा दिखाई देती हों, उसमें एक राष्ट्रीय स्वाभिमान भी हो। रांगेय राघव कहते हैं, "यूरोप की भाँति भारत का इतिहास छोटा नहीं है।" वह आगे बताते हैं, "बुद्ध के समय में हमें भारतीय समाज के प्रायः वे दर्शन मिलते हैं, जब दासों की उन्नति से समाज में बड़ा मानवीय जागरण छा रहा था और सामन्तीय जीवन आगे बढ़ रहा था। वह बहुत आगे की ही तो व्यवस्था थी। उस तक यूरोप उस समय कहाँ पहुँचा था। वहाँ तो दास प्रथा भयानक रूप से विद्यमान थी।" हर इतिहास में अनगिनत अदृष्ट इतिहास होते हैं। कोई इतिहास अन्तिम रूप से सब कुछ उद्घाटित करने का दावा नहीं कर सकता। रांगेय राघव को लगता है, "इस देश के इतिहास, इसकी संस्कृति के मोड़ इतने सूक्ष्म और इतने कोमल हैं कि उनका अध्ययन करना सहज काम नहीं है।" भारत में ऐसे बुद्धिजीवियों की कमी नहीं है, जो अतीत को स्वर्ण युगों की तरह देखते हैं तो ऐसे बुद्धिजीवी भी हैं, जो अतीत को पिछड़ा, असभ्यता-भरा और कचरा मानते हैं। कहीं दंभ है, कहीं ग्लानि। रांगेय राघव ने एक भिन्न रास्ता चुना, जो आवेश की जगह आलोचनात्मक

आत्मीयता का था। लीक से हटकर कुछ सोचने का था। उन्हें लगा, ''प्राचीन साहित्य में स्त्री-पुरुष के यौन सम्बन्धों के विषय में आधुनिक लेखकों की-सी विकृति और घुटन नहीं है। उसमें यथार्थ और आनन्द है और सम-भोग की बात है। एक ओर के आनन्द की नहीं।'' उन्होंने 'गदल' जैसी कहानी लिखी, जिसकी स्त्री विमर्श में चर्चा नहीं होती। रांगेय राघव अपने ऐतिहासिक उपन्यासों में स्त्री के व्यक्तित्त्व और उसकी विद्रोही आकांक्षाओं को पर्याप्त महत्त्व देते नजर आते हैं।

प्राचीन भारतीय साहित्य को लेकर जो एक नकारात्मक रवैया विकसित किया जा रहा था, उसका प्रतिवाद करते हुए रांगेय राघव ने लिखा था, ''भारतीय साहित्य ने उदात्त चरित्रों का निर्माण किया है। इसके मूल में हमें समाज से भागे हुए व्यक्ति नहीं मिलते। वे जीवन-संग्राम में ही खेलते हैं।'' उन्होंने प्राचीन साहित्य को सामाजिक विकास और वर्गीय चेतना की दृष्टि से देखकर निष्कर्ष निकाला, ''हमारा साहित्य प्रारम्भ से ही जन-कल्याण की भावना से अनुप्राणित है। उसमें अपने-अपने युग के बन्धनों के अनुरूप शोषित वर्गों की हिमायत की गयी है।'' रांगेय राघव प्राचीन साहित्य को त्याज्य मानकर उसे पुनरुत्थानवादियों के हाथ का खिलौना बना देने के पक्ष में नहीं थे। वे इस भय का निराकरण कर देना चाहते थे कि प्राचीन साहित्य और संस्कृति के अध्ययन से पुनरुत्थानवाद का खतरा पैदा होता है।

रांगेय राघव पर ब्राह्मण-द्वेषी होने का आरोप लगा था, जिस तरह प्रेमचन्द पर लगा था। उन्होंने अपनी एक कविता 'राह के दीपक' में लिखा है, ''आज मेरी धमनियों में/ नाच उठा है/ खौलता फिर उस द्रविड़ का तप्त लहू—/भींग शोणित से लड़ा जो वर्णदंभी, जातिदर्पों/ गौर आर्यों से गरजकर/ क्योंकि बर्बर कर रहे थे आक्रमण/ घरद्वार उसका लूट।'' उनका उपन्यास 'मुर्दों का टीला' आर्य आक्रमण के औपनिवेशिक सिद्धान्त पर आधारित उपन्यास है। इसकी एक समय काफी चर्चा हुई थी। रांगेय राघव उपर्युक्त कविता में भी आर्य-द्रविड़ नस्लीय युद्ध की औपनिवेशिक धारणा को उपकरण बनाते हैं। उन्होंने सफाई दी, ''यह कविता मैंने जब लिखी थी, और वही आज भी सत्य है, तब राष्ट्रीय स्वयंसेवक संघ उत्तर में आर्यों को ही सुसंस्कृत कहकर सांप्रदायिकता फैला रहा था। उस समय यह बताना अत्यन्त आवश्यक था और आज भी है कि आर्य ही सुसंस्कृत नहीं थे, इस देश में वेदों के निर्माताओं से पहले भी सुसभ्य लोग थे। आर्यों में रक्त-वर्ग, वर्ण-वर्ग था, यह कोई अस्वीकार कर सकता है? और दक्षिण में उस समय और अब भी द्रविड़ कड़गम के लोग प्रचार कर रहे हैं कि ब्राह्मण आर्य हैं। अतः दक्षिण के लिए विदेशी हैं। मैं दक्षिण का ब्राह्मण (जन्म से) हूँ और मैंने (उपर्युक्त कविता में) कहा दक्षिण का ब्राह्मण आर्य नहीं है, उसकी धमनी में भी द्रविड़ रक्त है।'' रांगेय राघव सिर्फ आर्यों को सुसंस्कृत और श्रेष्ठ मानने की धारणा के विरोधी थे। वे आर्यों के विरोधी न थे। यह एक विडम्बना

है कि हमें सिन्धु घाटी से प्राचीन द्रविड़ों का इतिहास ज्ञात है, पर उस काल खंड के उनके साहित्य के बारे में कुछ भी मालूम नहीं है। इसी तरह प्राचीन आर्यों का साहित्य ज्ञात है, उस कालखंड का उनका इतिहास ज्ञात नहीं है।

रांगेय राघव दक्षिण से उत्तर में आये थे। वह आगरा में रहते थे। वह ऐसे लेखक थे, जिसमें एक साथ 'बेगानापन' और 'आत्मपहचान की भूख' दोनों चीजें थीं। वे ब्राह्मण थे, अतः अब द्रविड़ नहीं! वे द्रविड़ थे, इसलिए ब्राह्मण नहीं, केवल जन्म से ब्राह्मण! उस लेखक ने जीवन भर इस तरह का न जाने कितना मानसिक संघात झेला होगा, अपनी प्रगतिशील बिरादरी में उपेक्षा पायी थी सो अलग। अपने इस अन्तर्द्वन्द्व को व्यक्त करते हुए उन्होंने एक निर्मल मानव भूमि पर खड़े होकर एक बार कहा था :

ज्यों पुरातन तात कुल में जात यह रांगेय राघव
हलाहल से ब्राह्मणत्व विषाक्त को अब कुचलकर
खड़ा है इस विश्व जनता बीच निर्मल एक मानव।

भारतीय इतिहास की गहराइयों में जाकर रांगेय राघव ने उसे जिस दृष्टि से देखा, वह अतिरंजनाओं के बावजूद किसी 'उग्रवादी द्रविड़' और 'आर्य ब्राह्मण' की दृष्टि से अलग थी। इसमें सन्देह नहीं कि यह अन्ततः नस्लवाद-विरोधी और धर्मनिरपेक्ष दृष्टि थी। धर्मनिरपेक्षता का ढिंढोरा पीटना आसान है, पर अपने भीतर के लम्बे बौद्धिक द्वन्द्व से उसे अर्जित करना कठिन है। रांगेय राघव के ढलते-बनते राष्ट्रीय व्यक्तित्त्व में दक्षिण और उत्तर, द्रविड़ और आर्य, ब्राह्मण और दलित, हिन्दू और मुसलमान कई बिन्दुओं पर पिघल रहे थे। उनमें एक मानवतावादी-राजनीतिक भावना थी, जो देश की जनता के साथ उनके भीतर भी आकार ले रही थी। आज धर्मनिरपेक्षता की बात की जाती है, पर यह भी सच है कि धर्मनिरपेक्ष संस्कृति अपनी महान परम्पराएँ रच नहीं पा रही हैं। धर्मनिरपेक्ष संस्कृति सिर्फ सम्प्रदायवाद के विपक्ष में खड़े हो जाने भर से नहीं रची जा सकती। इसके लिए एक सचमुच के उदारवादी आचरण और नैतिक-रीढ़ भी जरूरी है। आम हिन्दू न साम्प्रदायिकता पसन्द करता है और न नैतिक रीढ़विहीन धर्मनिरपेक्षता। रांगेय राघव का सम्पूर्ण साहित्य भारत की प्रगतिशील भौतिकवादी परम्पराओं को सकारात्मक जमीन पर पहचानने के अलावा उसकी नैतिक रीढ़ ढूँढ़ने की कोशिश है।

आज सिर्फ सूचना या समाचार में ही मनोरंजन का मिश्रण नहीं हो रहा है, बहुत-सी मूल्यवान चीजों की कीमत पर साहित्य भी मनोरंजन-प्रधान हो उठा है। कई अभियान और आंदोलन मनोरंजनात्मक बना दिए गए हैं, दिखावे के साथ। रांगेय राघव ने लिखा था, "साहित्य के अन्य कार्यों में एक यह भी है कि वह मनोरंजन करता है। मनोरंजन के दो प्रकार होते हैं। वह कुत्सित भी हो सकता है और सत

भी हो सकता है। साहित्य सत का पक्ष लेता है।'' उन्होंने यह प्रश्न भी उठाया, सत है क्या? उन्होंने जिस दृष्टि से इतिहास को देखा, वह विवादास्पद हो सकता है पर उनके ऐतिहासिक उपन्यास मूल्यवान हैं। इनमें इतिहास की नहीं कथाओं की भी एक दुनिया है, जो नये मानव भविष्य की तलाश से बनी है। रांगेय राघव वर्गों को विषय बनाते हुए 'व्यक्ति' को उपेक्षित नहीं करते। वह 'झुंड' को नहीं, 'व्यक्ति' को महत्त्व देते हैं, अपनी सामाजिक चेतना के भीतर। यह खासकर नयी कहानी आंदोलन के उभार का समय था। रांगेय राघव इस दौर के अपने उपन्यासों में वर्ग संघर्ष की जमीन पर स्त्री के व्यक्तित्त्व को खास तौर पर महत्त्व देते हैं।

तीन

साम्राज्यवाद की सुरक्षा के लिए यह जरूरी है कि अंतर्मिश्रण, सामंजस्य और अखंडता के लिए प्रयत्नशील राष्ट्र को परस्पर दुश्मन-समूहों में विभाजित करके दिखाया जाए। भारतीय इतिहास को इस उद्देश्य से हिन्दू काल और मुस्लिम काल में बाँट कर देखा गया। इस तरह के नामकरण के पीछे जो उद्देश्य था, वह अस्पष्ट नहीं है, क्योंकि अँग्रेजों ने भारत में अपने शासन काल को आधुनिक काल कहकर गौरव देना चाहा था। वृन्दावनलाल वर्मा औपनिवेशिक इतिहास दृष्टि से मुक्त थे। उन्होंने अपनी एक टिप्पणी 'उपन्यास कैसे लिखे गए' में कहा है, ''अँग्रेजी में लिखा मार्स डन कृत भारतवर्ष का इतिहास पढ़ाया जाता था। उसमें पढ़ा कि भारत गरम मुल्क है। इसीलिए यहाँ के निवासी कमजोर हैं और इसी कारण वे बाहर से आये ठंडे देशों के मुकाबले हारते चले गए। मेरा रोम-रोम जल उठा। राम, कृष्ण, अर्जुन के देशवासी कमजोर? और वे सदा अँग्रेजों के गुलाम बने रहेंगे। पुस्तक का सफा नोच डाला।....मैंने उस दिन गाँठ बाँधी कि खूब पढ़ूँगा और सही बातों का पता लगाकर कुछ लिखूँगा भी।'' इस कथन में एक बात है खूब पढ़ने की, जो महत्त्वपूर्ण है। ऐतिहासिक उपन्यास के लेखक को काफी पढ़ना, सर्वेक्षण करना और तथ्य इकट्ठे करने पड़ते हैं।

चतुरसेन शास्त्री के उपन्यास में मुस्लिम विद्वेष आम विषय है। उनके उपन्यास एक समय काफी पढ़े जाते थे। उनके एक उपन्यास 'सोमनाथ' पर किसी ने टिप्पणी की थी, ''सोमनाथ में मन्दिर पर विदेशी और विजातीय द्वारा आक्रमण की घटना का वर्णन पढ़ने से हमारी भुजाएँ फड़क उठती हैं।'' ऐतिहासिक उपन्यास लिखते समय कई बार इतिहास और कथा की जहरीली खिचड़ी पकती है। उपन्यास के पन्ने तब सिर्फ भुजाएँ फड़काने के लिए रँगे जाते हैं। वृन्दावनलाल वर्मा ने अपने उपन्यासों में पृथकतावाद और संप्रदायवाद को कभी घुसने नहीं दिया। उन्होंने भारत की विभिन्न जातियों, समुदायों और वर्गों में राष्ट्रीय एकता के संवेदन सूत्रों

को ढूँढ़ने की कोशिश की।

वृन्दावनलाल वर्मा ने एक भिन्न नजरिये से इतिहास को देखा था। उस समय ऐतिहासिक उपन्यास लेखन के लिए इतिहास दृष्टि का विकास राष्ट्रीय मुक्ति आंदोलन के विकास से जुड़ा था। हम वृन्दावनलाल वर्मा की इतिहास दृष्टि और उपन्यास दृष्टि को एक महत्त्वपूर्ण प्रस्थान के रूप में पाते हैं। उन्होंने इतिहास को तथ्यों का सूखा बंडल नहीं माना, बल्कि उसकी अंतरात्मा का संगीत सुनकर उस परम्परा की खोज की, जो उनके युग के आंदोलित समाज को एक नयी दिशा देने वाली थी। उनकी दृष्टि में, ''सामाजिक सृजन में ऐतिहासिक उपन्यास काफी हाथ बंटा सकते हैं, यदि ऐतिहासिक उपन्यासों में सामाजिक समस्याओं का भी समावेश हो।'' इसलिए उनका ध्यान इतिहास रस के अलावा इतिहास दृष्टि पर भी था। उन्होंने अतीत के प्रति औपनिवेशिक दृष्टि ही नहीं आभिजात्यवादी दृष्टि को भी चुनौती दी। इतिहास के अलावा जनश्रुतियों की परम्परा और राजनीति के अलावा लोकजीवन की ओर में उनका ध्यान गया। इसका असर उनके उपन्यास की भाषा पर भी पड़ा। सामाजिक चेतना जागृत करने वाले उनके 'गढ़कुंडार' (1927), 'कचनार' (1946), 'मृगनयनी' (1950) जैसे उपन्यास गहरे सौन्दर्यात्मक आस्वाद से भरे हुए हैं, ये व्यापक तौर पर पठनीय भी हैं।

'मृगनयनी' में दिखाया गया है कि सिकन्दर लोदी, वघर्रा और गयासुद्दीन—ये तीनों मुसलमान होकर भी आपस में दुश्मन हैं। हिन्दू राजा आपस में लड़ते हैं। दोनों पक्षों में हिन्दू और मुसलमान दोनों धर्मों के सैनिक होते हैं। 'झाँसी की रानी' (1940) में लक्ष्मीबाई के शौर्य के साथ उन्होंने यह भी दिखाया कि 1857 के स्वाधीनता संग्राम में हिंदुओं-मुसलमानों में कितना मेल था। लक्ष्मीबाई अपने सैनिक खुदाबख्श, गुलाम गौस और मोतीबाई की शहादत पर रो पड़ती है। 'सोती आग' उपन्यास में शेर अफगन बादशाह सलामत की परवाह किए बिना शुभकरण और उसके हिन्दू सिपाहियों को शरण देता है और धर्मोन्मादी मुसलमानों के स्वार्थों की निन्दा करता है। ऐतिहासिक उपन्यास अन्ततः उपन्यास होने के कारण इतिहास का अतिक्रमण करता है। अतः वह बिल्कुल इतिहास है या नहीं, यह नहीं देखकर यह देखना चाहिए कि उसमें इतिहास की कोई अर्थपूर्ण दृष्टि है या नहीं

भारतीय समाज में पृथकता के ऐसे कई रूप हैं, जिनका पोषण धर्म करता है। वृन्दावनलाल वर्मा की लोकवादी राष्ट्रीय अंतर्दृष्टि भेदभाव के सभी रूपों को चुनौती देती है। यह जातीय एकता के दृश्य ही उपस्थित नहीं करती, लोकजीवन की गतिमयता और गहराई भी दिखाती है। इसी से क्षमता अर्जित करके अनेक रूढ़ियों और पृथकताओं को चुनौती मिलती है। 'गढ़कुंडार' में ऊँच-नीच की भावना तथा जातिवाद का विरोध है और अंतर्जातीय विवाह का समर्थन है। 'कचनार' प्रणय

कथा के साथ स्त्री जागरण से भी जुड़ा है। वृन्दावनलाल वर्मा लिखते हैं, ''तुम्हारी कचनार सरीखी स्त्रियाँ घर-घर हो जाएँ तो घर-घर उजाला हो जाए।'' 'मृगनयनी' में पुजारी के शास्त्र की खिल्ली उड़ाते हुए उन्होंने दिखाया है कि जो बोधन पुजारी राजा मानसिंह तोमर और गूजर लड़की निन्नी के विवाह को शास्त्रसम्मत मानता है, वह अटल (गूजर) और लाखी (अहीर) के विवाह का विरोध करता है, क्योंकि ये आम लोग हैं। धर्मनिरपेक्षता और लौकिकता का पक्ष लेना हो, अंतरजातीय विवाह का समर्थन करना हो या जातिवाद-विरोध का डंका बजाना हो—ये सब अलग-अलग घटनाएँ नहीं हैं। ये एक युग की संपूर्ण राष्ट्रीय चेतना के अंग हैं। कहना न होगा कि वृन्दावन लाल वर्मा के ऐतिहासिक उपन्यास भारतेन्दु, प्रेमचन्द और प्रसाद की वैचारिक परम्परा से जुड़े हैं। ये भारतीय नवजागरण और स्वाधीनता संग्राम की सांस्कृतिक अभिव्यक्ति हैं।

ऐतिहासिक उपन्यास लेखन के सन्दर्भ में एक अन्य प्रवृत्ति का रेखांकन जरूरी है। नवजागरण और स्वाधीनता आन्दोलन के दौरान प्रायः सभी भारतीय जातियों में जो तीव्र जातीय भावना पैदा हुई, इसके फलस्वरूप क्षेत्रीय इतिहास के गौरवमय अध्यायों की खोज की प्रवृत्ति भी पैदा हुई। ऐतिहासिक उपन्यास में व्यापक राष्ट्रीय चेतना के साथ क्षेत्रीय जातीय इतिहास की खोज का एक खास अर्थ है। कन्हैयालाल माणिक लाल मुंशी ने 'जय सोमनाथ' लिखा और अपने उपन्यासों में गुजरात का वैभव पेश किया। बंकिमचन्द्र ने बांग्ला जाति के गौरव को उभारने वाले 'आनंदमठ' जैसे उपन्यास लिखे। हरिनारायण आप्टे ने महाराष्ट्र के वैभव का चित्र अंकित कर मराठी स्वाभिमान को उभारा। नागेश विनायक वापट ने 'बाजीराव साहेब', 'सम्भा जी' जैसे उपन्यास लिखे। तेलुगु कथाकार भोगराज नारायणमूर्ति ने 'अन्धभयमु' में विजयनगर साम्राज्य के पतन के सन्दर्भ में रामराजु के शौर्य, न्याय, उदारता आदि गुणों का चित्र खींचा। तमिल लेखक कल्कि ने नरसिंह पल्लव से सम्बन्धित तमिलनाडु की कहानी लिखी। वृन्दावनलाल वर्मा के बारे में सभी जानते हैं कि उन्होंने बुन्देलखंड की प्रकृति और ऐतिहासिक घटनाओं के प्रति लगाव का परिचय दिया। 'मृगनयनी' में राई नदी के प्रति आसक्ति जिस तरह व्यक्त हुई है, वह एक खास तरह का स्थानीयता प्रेम है।

हिंदी जातीय गठन को महत्त्व देने वाले रामविलास शर्मा वृन्दावनलाल वर्मा के बुन्देलखंडी झुकावों पर मुग्ध होते हैं। वृन्दावनलाल वर्मा का इतिहासबोध लोकवादी-राष्ट्रवादी हैं, पर उनका 'नास्टलेटिक' रुझान क्षेत्रीय चेतना के सन्दर्भ में खुलकर व्यक्त होता है। कोई कह सकता है कि ऐसे झुकावों के बिना उनके उपन्यास में खरापन और सोंधापन नहीं आता। कोई यह भी कह सकता है कि जातीय वीरों और विरासत का कथात्मक अभिनन्दन स्वाधीनता-संग्राम में सक्रिय देश

की विभिन्न जातियों (नेशनलिटीज) की 'स्वतन्त्रता और नवनिर्माण' की आकांक्षा की ही जातीय प्रतिध्वनि है। इस प्रतिध्वनि में ऐसे क्षेत्रीय तत्व भी मौजूद हो सकते हैं, जो अत्याधुनिक विकास की वर्तमान मंजिल पर पृथकतावाद में सहायक हों। लेकिन ऐतिहासिक उपन्यास लेखन के उस खास दौर में पृथकतावादी तत्त्व महत्त्वपूर्ण नहीं थे, क्षेत्रीय रुझान के बावजूद राष्ट्रीय चेतना और मानवीय संवेदना ही अधिक प्रबल थी।

चार

साम्राज्यवादी इतिहासकारों को ही नहीं, 'द गोल्डन वाउ' के फ्रेजर जैसे लेखकों और कार्ल युंग जैसे मनोवैज्ञानिक चिन्तकों को भी लगता था कि वे भारत को जादू, तन्त्र-मन्त्र, ज्योतिष और गुह्य साधनाओं का देश कहकर वस्तुतः इस देश को गौरव दे रहे हैं। कई ने पश्चिम बनाम पूर्व का झगड़ा भौतिकता बनाम आध्यात्मिकता के आधार पर खड़ा किया था। सैकड़ों साल तक देश के बाहर और भीतर यही छवि बना कर रखी गयी कि भारत एक आध्यात्मिक देश है। इस छवि ने साहित्य ही नहीं जीवन को भी प्रभावित कर रखा था।

हजारीप्रसाद द्विवेदी धर्मशास्त्र से साहित्य की ओर आए थे, पर शास्त्र और लोक में से किसी एक को चुनने का प्रश्न हो तो वह लोक को चुनते थे। वह तन्त्र-मन्त्र, ज्योतिष और योगियों की गुह्य साधनाओं की ओर खास तौर पर आकर्षित थे, क्योंकि इन साधनाओं में आध्यात्मिक पाखंडों का विरोध करके भौतिक-सांसारिक जीवन की श्रेष्ठता प्रतिपादित की गई थी। इसकी सूचना उनके आलोचनात्मक ग्रन्थों से ही नहीं, उपन्यास 'बाणभट्ट की आत्मकथा' और 'चारु चन्द्रलेख' से भी मिलती है। यह अद्भुत है कि एक तरफ वह कालिदास के 'लालित्य' की जी खोल कर प्रशंसा करते हैं। दूसरी तरफ, उन्हें तान्त्रिकों-योगियों का 'विद्रोह' आकर्षित करता है, जिसकी साहित्यिक परणति कबीर से नाता जोड़ने में होती है। इस तरह हजारीप्रसाद द्विवेदी में कालिदास और कबीर दोनों घुल-मिल जाते हैं।

हजारीप्रसाद द्विवेदी के ऐतिहासिक उपन्यास हिन्दी के पहले के ऐतिहासिक उपन्यासों से भिन्न हैं। ये अतीत से जुड़े हैं, पर मुख्यतः वर्तमान की समस्याओं को खोलते हैं। उनके सामने चुनौती थी कि वह अपनी जड़ों का, परम्परा का नयी सामाजिक स्थितियों में कैसे इस्तेमाल करें। वह परम्पराओं को जड़ धर्मशास्त्रीय नजरिये से न देखकर नयी बन रही दृष्टियों से देख रहे थे। इसी तरह इतिहासबोध को भी नया रूप दे रहे थे। निर्मल वर्मा और विद्यानिवास मिश्र दोनों इतिहासबोध से मुक्त होना चाहते थे, जबकि हजारीप्रसाद द्विवेदी इतिहासबोध को आधुनिकतावाद और पुनरुत्थानवाद से भिन्न एक ऐसी जमीन पर पाना चाहते थे जो जितनी पुरातन

थी उतनी नयी भी थी। इस काम में धर्मशास्त्र खंडित हो तो हो। वह यह विडंबना उजागर करना नहीं भूलते कि अद्वैतवाद का दर्शन बघाड़ते हुए भी भारत में किस तरह भेदभाव, अहंकार और ढोंग का साम्राज्य रहा है। बड़े-बड़े सत्यों की बात होती रही है, पर छोटे सत्य दबाए गए। ऐसे छोटे-छोटे सत्यों में प्रधान है स्त्री की आँखों से देखा गया सत्य, जो इतिहास में दबा दिया गया।

बाणभट्ट की आत्मकथा' (1947) हजारीप्रसाद द्विवेदी का सबसे चर्चित उपन्यास है। लगता है कि प्राचीन साहित्य, इतिहास, तन्त्र-मन्त्र और कला विनोद में गोताखोरी के बाद कोई लेखक जैसे उपन्यास में ही सिर बाहर निकाल कर साँस ले पा रहा हो। कुछ इस तरह का है उनका इस विधा को अपनाना।

'बाणभट्ट की आत्मकथा' उपन्यास है या आत्मकथा, इससे अधिक तात्पर्यपूर्ण यह कथा है कि हजारीप्रसाद द्विवेदी को इसकी पांडुलिपि आस्ट्रिया की एक वृद्ध विदुषी मिस कैथराइन से मिलती है! उस पर लिखा था—'अथ बाणभट्ट की आत्मकथा लिख्यते'। क्या प्रेमी अपने प्रेम को कभी 'दूसरे' की आँख से देख सकता है, खासकर जब वह अपने प्रेम से ऊपर उठकर किसी उदात्त कर्तव्य की ओर उन्मुख हो चुका हो। यह उपन्यास ठीक दूसरे विश्वयुद्ध के बाद लिखा गया है। इसके घिनौने दृश्य शान्तिनिकेतन से अपने देश आस्ट्रिया लौटने के बाद द्विवेदी जी की मुँहबोली दीदी कैथराइन ने देखे थे। इसलिए उपन्यास में सर्वत्र निजी प्रेम का अतिक्रमण कर एक ऊँची चीज छायी मिलती है, 'नरलोक से किन्नरलोक तक व्याप्त एक ही रागात्मक हृदय का संधान।' एक विश्वयुद्धोत्तर उपन्यास में विश्वशांति और विश्वप्रेम स्वाभाविक है, पर जीवन के छोटे भौतिक सत्यों से उसका 'अविरोध' किंचित ढक जाता है। बाणभट्ट छोटे-छोटे भौतिक सत्यों के बंधन से अपने को मुक्त कर वैसे ही चल देता है, जैसे कैथराइन अचानक चल देती है। क्या ये जीवन से भागने वाले लोग हैं? देखने से लगता है, यह स्त्री के हाथों लिखी आत्मकथा है, जिसे हजारीप्रसाद द्विवेदी महज पेश करते हैं। उपन्यास में बाणभट्ट स्त्री बनकर भट्टिनी को मुक्त करता है। हजारीप्रसाद द्विवेदी कैथराइन के बहाने उपन्यास को मुक्त करना चाहते हैं! इतिहास की मुलाकात जब वर्तमान की संवेदना से होती है, तभी ऐतिहासिक उपन्यास बनता है।

उपन्यास में छठी-सातवीं सदी के आसपास के भारत का ऐतिहासिक परिवेश है। महाराजा श्रीहर्ष खुद सही और शीलवान होते हुए भी सैकड़ों ऐसे सामंतों को आश्रय दिए हुए थे, जिनकी वीरता स्त्रियों के अपहरण और घर्षण में ही प्रकट होती थी। ऊपर कमल, नीचे कीचड़! देश में चिंतन, काव्य और कला विनोदों की कमी नहीं है, पर चारों तरफ कलह है, धार्मिक पाखंड और भेदभाव है, स्त्रियाँ असुरक्षित हैं और बाहरी आक्रमण का सामना करने के लिए आम लोगों की निर्भरता एक अत्याचारी

राज्य पर है। यह युग-युग का प्रश्न है, जनता को त्राण कैसे मिले? क्या कवि और बुद्धिजीवी कुछ कर सकता है? बाणभट्ट उच्च पंडित कुल का एक ऐसा ही कवि है, जो 'जन्म का आवारा, गप्पी, अस्थिरचित्त और घुमक्कड़' है। उसका मूल नाम दक्षभट्ट है, जो बंड कहा जाने लगा और यही बाणभट्ट हो गया। राजस्तुति के रूप में उसने 'हर्षचरित' जरूर लिखा, पर इसके शुरू के तीन अध्याय उसके अपने बारे में हैं! यह उपन्यास एक खास ऐतिहासिक समय के बुद्धिजीवी बाण की आत्मकथा है, जो हजारीप्रसाद द्विवेदी हर्षचरित, कादम्बरी, रत्नावली, मृच्छकटिक, बृहतसंहिता आदि ग्रंथों से कथातत्व लेकर लिखते हैं। इसकी कथावस्तु का सम्बन्ध जिस तरह प्राचीन महाकाव्यों से न होकर उपर्युक्त ग्रंथों से है, उसी तरह मुख्यतः राजनीतिक इतिहास से न होकर लोकजीवन के संकट, सांस्कृतिक विरासत और विशेषतः स्त्रियों से है। यह एक ऐसे पूर्ण जीवन की खोज में शव साधना है, जिसके कण-कण में राग भरा हो, संगीत भरा हो और जितना लालित्य उतना ही विद्रोह भरा हो।

क्या बाणभट्ट का पूर्णता की खोज में भटक रहा जीवन ऐसा है, जिसमें असफलता से अधिक तात्पर्यपूर्ण है खुद खोज? यह खोज इतिहासों के ढेर के बावजूद जैसे सदियों से अवरुद्ध थी और हजारीप्रसाद द्विवेदी इसके लिए कोई पहाड़ तोड़ रहे थे। वह प्राचीन भारत के इस दार्शनिक द्वन्द्व से गुजर कर लिख रहे थे कि क्या मुक्ति के लिए लौकिक जीवन का त्याग जरूरी है, लोककल्याण के लिए क्या व्यक्ति अपना सत्यानाश कर ले। वह कहना चाहते थे, " जो मेरा सत्य है, वह यदि वस्तुतः सत्य है तो वह सारे जगत का सत्य है, व्यवहार का सत्य है, परमार्थ का सत्य है, त्रिकाल का सत्य है।" यह भारत की दार्शनिक परम्पराओं को आलोचनात्मक दृष्टि से देखना है। उपन्यास में भट्टिनी के सन्दर्भ में एक आधुनिक प्रश्न है, क्या व्यक्ति राजनीति का औजार बन जाए, उसका अपना जीवन कुछ नहीं है?

इतिहास में जाने का एक अर्थ उससे अतीत को मुक्त करना भी हो सकता है। हिन्दी साहित्य का इतिहास लिखते समय भी द्विवेदी जी कई बिन्दुओं पर यही कर रहे थे। वह पश्चिम की इतिहास दृष्टि को चुनौती दे रहे थे। इतिहास को जेल बनाकर नहीं रखा जा सकता। निर्मल वर्मा हजारीप्रसाद द्विवेदी के बारे में लिखते हैं, "जिस तरह नदी में डूबता आदमी पानी से रिश्ता नहीं जोड़ पाता, उसी तरह इतिहास में डूबा मनुष्य समय का मर्म नहीं जान सकता। वह इतिहास से संत्रस्त हो सकता है, किन्तु उसे अपने जीवन और मृत्यु का साक्षी नहीं बना सकता। वह इतिहास जो इस धरती पर मनुष्य का साक्षी न बन सके, उसका क्या अर्थ रह जाता है।" (आलोचना, अप्रैल-सितम्बर 1979)। वह हजारी प्रसाद द्विवेदी के इतिहासबोध को 'प्रकृति की नैसर्गिक लय' कहते हुए भी निरूपित करते हैं, "मेरे विचार में हजारीप्रसाद जी की यह सबसे महत्त्वपूर्ण देन थी—एक आधुनिक भारतीय किस दुर्गम

रास्ते से अपनी खंडित चेतना का अतिक्रमण कर सकता है, अपनी जातीय स्मृति की सलवटों से उस देवता की मूर्ति निकाल सकता है, जिस पर पिछले दो सौ वर्षों से इतिहास की गर्द जमा होती गयी है; जो मूर्ति भी है और आईना भी, जिसमें वह अपने से साक्षात्कार करता है। वह सही अर्थ में आधुनिक थे; क्योंकि वह अतीत की सब छलनाओं और इतिहास की मरीचिकाओं से मुक्त थे—वह सही अर्थ में हिन्दू भी थे—ऐसे ब्राह्मण जिन्होंने हिन्दुत्व की बहुविध प्रेरणाओं से मनुष्य का सत्त्व निचोड़ा था। आधुनिकता और हिन्दुत्व—इन दोनों के मेल से वह प्रामाणिक अर्थ में भारतीय बने थे।'' (वही)। आज आधुनिकता और हिन्दू धर्म दोनों ही विपर्ययग्रस्त हैं। स्वार्थों का द्वन्द्व, कलह और वंचना पहले से ज्यादा है। इन स्थितियों में फिर जरूरी लग सकता है कि मनुष्य किस तरह अपनी खंडित चेतना का अतिक्रमण करे और विविधता से भरे इतिहास की प्रेरणाओं से अपना सत्त्व अर्जित करे। यह काम हर पीढ़ी देर-सबेर अपने ढंग से करती है।

बाणभट्ट के बारे में विभिन्न स्रोतों से जो ऐतिहासिक विवरण मिले हैं, उनकी रोशनी में वह एक अनोखे व्यक्तित्त्व से भरा दिखता है। वह एक जगह स्थिर नहीं रहता, कइयों से मित्रता करता फिरता है, मंडली बनाता है, गप्प हाँकता है, स्त्रियों को आदर देता है और कितनी अद्भुत बात है कि लक्ष्मी के रूप में चांडाल कन्या को देखता है और उसका सौन्दर्य वर्णन करता है। वह 'कादम्बरी' लिखता है, कवि है और राजा का दरबारी भी है। हजारीप्रसाद द्विवेदी के उपन्यास 'बाणभट्ट की आत्मकथा' में बाणभट्ट राजदरबारी न होकर सन्देह, दुविधा, शास्त्र के विखंडन और आत्मनिरीक्षण से गुजरता चरित्र है। उसकी मानसिक बसावट राग और विराग दोनों में है।

सामंती अत्याचारों की बुनियाद पर खड़ी राजसत्ता पापबोध से विचलित थी। दरअसल छठी-सातवीं सदी में ब्राह्मण और श्रमण दोनों में मनुष्यता मिटती जा रही थी। बौद्धों से अलग होकर कौल मार्ग के अघोरपन्थी तान्त्रिक अपने उग्रवादी विचारों से जनता को धार्मिक पाखंड और राजनीतिक ढोंग से सचेत कर रहे थे। बाणभट्ट यात्रा करते हुए स्थाण्वीश्वर आया हुआ था, तभी उसको उसके नाट्य दल की निपुणिका अचानक मिल गयी। वह भट्टिनी की मुक्ति का निमित्त बना। वह एक सेतु की तरह सभी सत्ताओं के सम्पर्क में आया। इसकी धुरी बनती जा रही थी मालव के देवपुत्र तुवरमिलिन्द की अपहृत, घर्षित और अपमानित कन्या भट्टिनी। मालव के राजा देवपुत्र ने श्रीहर्ष की बहन राजश्री के पति, जो मौखरियों के राजा थे, की हत्या की थी। दोनों कुलों में तनाव चला आ रहा था। भट्टिनी श्रीहर्ष के राज्य में अपहृत करके लायी गयी थी, अतः उसे इस राज्य से नफरत थी। उसकी दृष्टि में राजा श्रीहर्ष का कोई ऊँचा स्थान न था। भट्टिनी जब मुक्त हुई, उसे उसके पिता तुवरमिलिन्द के पास सुरक्षित पहुँचाने

की समस्या पैदा हुई। श्रीहर्ष, राजश्री और कुमार यह चाहते थे। सीमा पार से प्रदंत दस्युओं के आक्रमण की संभावना थी। इन दस्युओं का सामना देवपुत्र तुवरमिलिन्द के सहयोग के बिना संभव नहीं था, पर वह बेटी भट्टिनी के अपहरण के बाद शोक संतप्त और बिल्कुल निष्क्रिय हो चुके थे। इसलिए श्रीहर्ष के राज्य में भट्टिनी की स्थिति राजनीतिक हो उठी थी। बाणभट्ट इन्हीं स्थितियों में अनचाहे ही राजनीति का औजार बनता जा रहा था। वह एक कवि के ऐसा होते जाने का करुण अंतःसाक्षी था, पर भट्टिनी की रक्षा के लिए जान भी देने के लिए हमेशा तैयार। वह राजनीति में होकर भी इसमें डूबा नहीं था। वह तैर रहा था, अपना आपात दायित्व पूरा कर निकल भागने के लिए। वह जिम्मेदार था या फक्कड़? उसमें जिस मुक्ति के लिए रहस्यमयी बेचैनी सदा भरी रहती थी, वह कुछ और नहीं राजनीतिक घटनाओं, के बीच निरन्तर रह कर सृजन के लिए मुक्ति की बेचैनी थी। 'बाणभट्ट की आत्मकथा' में हजारीप्रसाद द्विवेदी मुख्यतः यही बेचैनी दिखाना चाहते थे।

बाणभट्ट में गूढ़ स्वच्छन्द प्रेम, स्वाभिमान, निर्भयता और निर्भय होकर रूढ़िवादी नैतिकता का विरोध करने और सच कहने का साहस था। उसके कान में अघोरभैरव ने मन्त्र दिया, ''किसी से न डरना, गुरु से भी नहीं, मंत्र से भी नहीं, लोक से भी नहीं, वेद से भी नहीं।'' आज टीवी ही गुरु है। प्रबंधन के नए-नए मन्त्र हैं। लोक फिल्मी मनोरंजन और सामुदायिक उन्माद के गहरे असर में है। वेदज्ञान और धर्मशास्त्र की जगह समाजविज्ञान की मोटी-मोटी पोथियों का अंबार है। फिर भी हर इन्सान के भीतर कोई अवधूत या कालदेवता बैठा अहरह कहता रहता है–'किसी से न डरना!' बाणभट्ट नहीं डरा। वह भट्टिनी पर हुए अत्याचार का मुद्दा साहसपूर्वक उठाकर कुमार कृष्णवर्द्धन से बहस करता है और कुमार को उसकी बात स्वीकार करनी पड़ती है।

विद्यानिवास मिश्र बाणभट्ट के गुणों को देखकर यह धारणा देते हैं कि यह 'हजारीप्रसाद द्विवेदी के व्यक्तित्त्व का ही प्रक्षेपण' है। किसी आत्मकथा या रचना में लेखक प्रेक्षेपित हो सकता है, होता है, पर कितना हो सकता है? आत्मकथा की शैली में लेखक का भीतरी मन ज्यादा खुलता है। इसे पाठक अतिरिक्त उत्सुकता से पढ़ता है। कोई भी आत्मकथा जब इतिहास और वर्तमान स्थितियों के बीच आकार लेती है, घटनाएँ हुबहू वही नहीं रह जातीं जिन रूपों में वे घटित हुई थीं। इसलिए आत्मकथा को तथ्यतः कथा ही समझना चाहिए, उसकी यथार्थता का जितना उद्घोष किया जाए। 'बाणभट्ट की आत्मकथा' में बाणभट्ट अपने जीवन की घटनाओं का बयान करता है। वह एक तरह से भारतीय समाज का आईना है। यह उपन्यास न बाणभट्ट का ऐतिहासिक वृत्तान्त है और न महज हजारीप्रसाद द्विवेदी के जीवन का प्रक्षेपण। यह द्विवेदी जी द्वारा रचा हुआ एक 'गप्प' है, जो पाठक बाणभट्ट की जुबान से सुनता है।

बाणभट्ट एक कवि, नाटककार और ऐतिहासिक व्यक्तित्त्व था, जिसे द्विवेदी जी ने उपन्यास में 'दूसरा कालिदास' कहा है। वह सौन्दर्यप्रेमी कालिदास को खो नहीं सकते थे, जिस तरह कबीर के आकर्षण से बच नहीं सकते थे। कालिदास स्त्रियों के प्रेमी, कबीर स्त्री की झाँई से भी बचकर चलने वाले। बाणभट्ट कहाँ खड़ा था? वह पहली परम्परा का था या दूसरी परम्परा का या वह दरअसल अनगिनत परम्पराओं की लहरों में खोयी हुई भारतीय मणि की खोज में था। वह अपने युग की टकराहटों के बीच जिस खोज में था, उसे द्विवेदी जी भारत की खोज बना देते हैं। वह अतीत को अपने उपन्यास में ज्यों का त्यों नहीं रख सकते थे। यह सम्भव ही नहीं कि अतीत को ज्यों का त्यों देखा जाए।

यह अनोखा ही कहा जाएगा कि वेदाध्ययन, हिन्दू धर्म, पूजा-पाठ या धर्म साधना के मार्ग से आकर कोई लेखक उदारवादी रुख अपनाए, वह विवेकपरक हो। कोई विज्ञान, टेक्नोलॉजी और आधुनिकता के रास्ते से आकर भी अंध-राष्ट्रवादी और कूपमंडूक हो सकता है। यह देखकर विस्मय होता है कि हजारीप्रसाद द्विवेदी के बाद की पीढ़ियों के कई बुद्धिजीवी, जो नयी ज्ञान सरणियों से आए, वे द्विवेदी जी से बौद्धिक स्तर पर पिछड़े हैं। इनकी तुलना में द्विवेदीजी ज्यादा आधुनिक, रैशनल और स्वाधीन प्रकृति के दिखाई देते हैं। वह खासकर 'डिजाइनर आधुनिकता' के दीवाने लोगों की तुलना में परम्परा प्रेमी होते हुए भी ज्यादा आधुनिक हैं। क्या बाणभट्ट ऐसा ही था? वह प्रख्यात वात्स्यायन वंश का था, जिसके घरों में शुक-सारिकाएँ भी विशुद्ध संस्कृत में मन्त्रोच्चार करती थीं। घर यज्ञ के धुएँ से धूमायित रहते थे। ऐसी उज्ज्वल परम्परा से आकर बाणभट्ट एक विद्रोही घुमक्कड़ हो चुका था और कवि बनकर कलंक-सा था!

बाणभट्ट ब्राह्मण परम्परा से गिरा एक आम इन्सान है, कुछ अधिक बौद्धिक, कुछ अधिक उदात्त और कुछ अधिक मुक्त प्रकृति का। उसमें आम इन्सान-सी शंकाएँ हैं, दुविधाएँ हैं, डर हैं, विश्वास का अभाव है। हजारीप्रसाद द्विवेदी ने इस ऐतिहासिक पुरुष में आधुनिक मनुष्य की शंकाओं, दुविधाओं, डरों और विश्वास के संकट को मूर्त किया है। एक गुण और है बाणभट्ट में, वह साहसी है। वह धर्मध्वजधारी नहीं है, कवि है। वह कुछ बेढब है, परम्परा से बना और उससे मुक्त भी। योग साधना के अघोरपन्थी बाबा ने उससे पूछा, ''कोई निशिचर तुझसे पूछे भट्टिनी और महावाराह की मूर्ति में से तू एक को ही अपने प्राण देकर बचा पाएगा। बोल, अपने प्राण देकर किसे बचाना पसन्द करेगा?'' बाणभट्ट कहता है, ''मैं दोनों को बचाना चाहूँगा।'' बाबा क्रोध से काँप उठे, ''महावाराह को बचाएगा तू भी?'' बाणभट्ट जब भट्टिनी को छुड़ाकर नौका पर नदी में जा रहा था, तेज तूफान आता है। वह भार से नाव डोलने पर महावाराह को नदी में फेंक देता है और भट्टिनी को बचाता है।

हजारीप्रसाद द्विवेदी शान्तिनिकेतन से नवजागरण की आँच में तप कर आये थे। वह सनातन ब्राह्मण परम्परा से जुड़े होकर भी इतना जरूर मुक्त थे कि योग साधना की लोक परम्परा को समझ पा रहे थे और उनके लिए सबसे ऊपर था मनुष्य का सत्य।

'एपल' कम्पनी के महँगे अत्याधुनिक मोबाइल के बारे में एक शिगूफा है। मोटरबाइक पर बैठे आदमी ने सड़क दुर्घटना की। उसे जबर्दस्त चोट आयी। होश आने पर उसे अपनी हड्डी टूटने की फिक्र नहीं थी। उसने आसपास खड़े व्यक्तियों से पूछा, 'मोबाइल सही-सलामत है?' आज सबसे ऊपर मानुष सत्य कहाँ है?

हजारीप्रसाद द्विवेदी योगियों की गुह्य साधना, तन्त्र-मन्त्र और ज्योतिष की तरफ आकर्षित थे और इतना ही सामन्ती कला विनोदों की तरफ भी। उनके भीतर कई परस्पर विरोधी प्रवृत्तियों का होना आश्चर्य में नहीं डालता, क्योंकि देखने को मिलता है कि परस्पर विरोधी जीवन धारणाओं के बीच होकर भी उनमें जीवन के एक उच्चतर अर्थ को पाने की भूख है। वह 'सामान्य अविरोधी सत्य' खोज रहे हैं। यह संभव है, कुछ दूसरे लोग अन्य रास्तों से उच्चतर अर्थ या सामान्य अविरोधी सत्य खोजें। फिर भी उच्चतर अर्थ हासिल होगा एक गहरी कशमकश, सामंजस्य और 'अपने को निःशेष भाव से उड़ेल देने' से ही, अहंबोध और कठोरता को छोड़ कर। खंडन, पुनर्गठन और फक्कड़ मिजाज के साथ त्याग की भावना ही संसार को बचाएगी, जीवन को अर्थ देगी। भोग और केवल भोग हमेशा आत्मक्षय की ओर ले जाएगा। इसलिए उपन्यास में एक अकुलाहट है, "क्यों भट्ट, ऐसा क्या नहीं हो सकता कि ऊँची भारतीय साधना उन तक पहुँचायी जा सके और निकृष्ट सामाजिक जटिलता यहाँ से हटायी जा सके? जब तक दोनों शाश्वत बातें साथ-साथ नहीं हो जातीं तब तक शाश्वत शान्ति असम्भव है।" हजारीप्रसाद द्विवेदी को ऊँची भारतीय साधना लोक के स्तर पर दिखाई दी, जिसका एक बड़ा चिह्न योगियों की साधना में मिला। योगी धार्मिक पाखंड और वर्ण व्यवस्था के विरोधी और उदारवादी थे। स्त्री-पुरुष बराबरी के समर्थक थे, स्त्रियों को आदर देते थे। हजारीप्रसाद द्विवेदी के योगियों की साधना की तरफ आकर्षण ने ही उन्हें उदारवाद खासकर स्त्रियों के यौन उत्पीड़न और उन पर होने वाले अत्याचारों के विरुद्ध साहित्यिक स्तर पर सक्रिय किया।

'बाणभट्ट की आत्मकथा' में स्त्री उत्पीड़न और घर्षण के खिलाफ गहरा आक्रोश है। इसे खासतौर से देखा जाना चाहिए। कौलाचार्य अघोरभैरव कहते हैं, "जब तक तुम पुरुष-स्त्री का भेद नहीं भूल जाते, तब तक तुम अधूरे हो।" वह यह भी कहते हैं, "देख रे, तेरे शास्त्र तुझे धोखा देते हैं। जो तेरे भीतर सत्य है उसे दबाने को कहते हैं, जो तेरे भीतर मोहन है उसे भुलाने को कहते हैं, जिसे तू पूजता है उसे छोड़ने को कहते हैं।"

भारत में एक तरफ स्त्री को लेकर वैराग्य और स्त्री पूजा की धार्मिक बातें हैं। दूसरी तरफ, स्त्री के प्रति चरम भोगवादी दृष्टिकोण है और उसका यौन उत्पीड़न है। कहीं स्त्री के माधुर्य और लावण्य की उपेक्षा करके उसका तिरस्कार है और कहीं स्त्री महज भोगने की चीज है। धार्मिक वैराग्य के संरक्षकों के बीच यौवन को उन्मत्त गजराज के रूप में देखा जाता है। स्त्री के प्रति अनुराग को मानसिक अंधकार कहा जाता है। खुद बाणभट्ट को अनुराग छू नहीं पा रहा था। भौतिकवादी योगी सन्देश देते हैं कि प्रवृत्तियों से डरने की जगह उनकी पूजा कर। इस मुद्दे पर हजारीप्रसाद द्विवेदी यहाँ पहुँचे हैं, 'प्रवृत्तियों को दबाना भी नहीं चाहिए और उनसे दबना भी नहीं चाहिए।' उनकी सोच सामंजस्यवादी है। बाणभट्ट स्त्री के शरीर को पवित्र देव मन्दिर समझता रह गया, हालाँकि वह संसार से निष्पृह नहीं है। वह कर्त्तव्य निर्वाह के लिए इतना पागल है कि न निपुणिका को अपना सका और न पूज्य भावना छोड़कर भट्टिनी से प्रेम कर सका। भविष्यहीन निपुणिका आखिर मर ही गयी। हजारीप्रसाद द्विवेदी योग साधना और कालिदास दोनों के प्रति आकर्षण लेकर चल रहे थे, पर इसकी सही परिणति बाणभट्ट के चरित्र में नहीं हो सकी। उपन्यासकार ने इस चरित्र को किसी एक बिन्दु पर उठने नहीं दिया।

फिर भी महत्त्वपूर्ण है स्त्री उत्पीड़न और घर्षण का विरोध, अधोगति की ओर बढ़ते समाज में स्त्री आत्मसम्मान का सवाल उठाना। भारतीय अतीत में सामन्ती स्वेच्छाचारिताओं के बावजूद स्त्री की आवाजें और मुक्ति की चेष्टाएँ थीं। इन्हीं चीजों की औपन्यासिक छवियाँ 'बाणभट्ट की आत्मकथा' में है। निपुणिका, भट्टिनी, महामाया, सुचरिता सताई हुई विद्रोही स्त्रियाँ हैं, जिन्हें हजारीप्रसाद द्विवेदी ने बड़े मन से रचा है। वह स्त्री की मुक्ति और 'प्रवृत्ति' के पक्ष में हैं। भट्टिनी एक जगह कहती है, "मैं घर्षिता, अपमानिता, कलंकिनी, सौ-सौ मानवियों की भाँति सामान्य नारी हूँ।" इससे स्पष्ट हो जाता है कि बाणभट्ट की आत्मकथा होते हुए भी इस उपन्यास में स्त्री मुक्ति में ही पृथ्वी की मुक्ति देखी गयी है। महावाराह की उपासना ऐसे बिंब से जुड़ी है, जिसमें वह विशाल द्रंष्ट्रा पर पृथ्वी को डूबने से बचाते हुए आकाश की ओर देखता है। मुख्य सवाल है पृथ्वी की मुक्ति का, स्त्री की मुक्ति का। क्या दोनों भिन्न बातें हैं?

बाणभट्ट की सबसे विद्रोही और मुखर चरित्र है महामाया। वह कौलाचार्य अघोरभैरव के दल की होकर भी कहती है, "बाबा ने जो कुछ कहा है वह पुरुष सत्य है। स्त्री का सत्य ठीक वैसा ही नहीं।" निपुणिका भी इसी निष्कर्ष पर पहुँचती है "पुरुष का सत्य और है, नारी का सत्य और।" स्त्री का सच क्या है, स्त्री की सार्थकता किसमें है, इन प्रश्नों पर द्विवेदी जी दूर तक नहीं जाते। वह यह जरूर कहते हैं कि शासन और सैन्य संगठन में स्त्रियाँ हों, तभी दुनिया में शान्ति

होगी। महामाया एक बिन्दु पर पराजित होकर अन्ततः इस पुरुष सत्य को मान लेती है, "गुरु ने मुझे बताया है कि नारी की सफलता पुरुष को बाँधने में है और सार्थकता उसको मुक्त करने में।" इसका अभिप्राय है, स्त्री पुरुष को बाँध कर नहीं रख सकती। पुरुष स्वच्छन्द होता है। कथा इस दिशा में घूम जाती है। बाणभट्ट निपुणिका के साथ होकर भी अपने को मुक्त रखता है, यह एक अद्‍भुत सम्बन्ध है। भट्टिनी और महामाया का दर्द एक है। भट्टिनी में बाणभट्ट के प्रति प्रेम जन्मता है, "मैंने प्रथम बार अनुभव किया कि मेरे भीतर एक देवता है, जो आराधक के अभाव में मुरझाया हुआ छिपा बैठा है।" उसे बाणभट्ट का प्रेम नहीं मिलता। फिर भी वह निपुणिका से एक भिन्न जमीन पर सोचती है, उसकी स्त्री देह उस पर भार नहीं है। उसे अपनी स्त्री देह पर गर्व है, यह अभिशाप नहीं है। उसकी सार्थकता बाणभट्ट से प्रेम करते हुए भी उसे मुक्त रखने में है। वह अपने स्त्री होने के महत्त्व को 'स्त्री के स्वत्व' के रूप में देखती है और कहती है कि जहाँ स्त्री का आत्मसम्मान नहीं है, वहाँ विनाश है।

स्त्री प्रश्न पर दूर तक न जाकर भी हजारीप्रसाद द्विवेदी सामन्ती व्यवस्था के पाखंड, अराजकता, कलह और यौन उत्पीड़न के भव्य चित्र खींचते हैं। इस व्यवस्था के विरोध में सबसे ज्यादा मुखर तुवरमिलिन्दु की कन्या भट्टिनी और योगिनी महामाया है, क्योंकि इन्होंने उत्पीड़न झेला है। उपन्यास में एक और मामला है, सामने 'साम्राज्यवाद' का खतरा है। चींटियों से भी अधिक संगठित प्रदंत दस्यु सीमान्त पर एकत्र हो रहे हैं। देश में वैर, बिखराव, आलस्य, विलासिता, पाखंड, दंभ और भीतर ही भीतर व्यापक जन असन्तोष है। भट्टिनी के पिता से आशाएँ हैं कि वह दस्युओं को रोकने में साथ देंगे, जबकि भट्टिनी अपने घर्षण और अपमान से क्षुब्ध है। वह स्पष्ट कर देती है कि देश में एकता के लिए वह निमित्त भले बने, स्थाण्वीश्वर के राजवंश के किसी गृह में आश्रय नहीं लेगी। उसका सामंतों और राजाओं की महत्त्वाकांक्षा-पूर्ति का औजार बनने से इनकार करना एक खास अर्थ रखता है। वह स्त्री-आत्मसम्मान से भरी है। हजारीप्रसाद द्विवेदी ने इस उपन्यास में बौद्ध प्रभाव वाले राज्यों की दुर्दशा, दुर्दशा में भी कला विनोद, लालित्य और संयम का रिश्ता, रूढ़ियों के खिलाफ मुखरता, बाहरी आक्रमण के समय एकता के लिए उत्साह और छठी-सातवीं सदी के पंडितों, योगियों और बुद्धिजीवियों की भूमिका का एक बड़ा सुन्दर कोलाज उपस्थित किया है। उपुर्यक्त वृहत्तर राजनीतिक परिदृश्य में बाणभट्ट से निपुणिका (निउनिया) और भट्टिनी का अपने-अपने ढंग का प्रेम केन्द्रीय तत्त्व होते हुए भी मुख्य है स्त्री के स्वत्व की खोज।

सबसे विकट प्रश्न महामाया करती है, जो आज भी अर्थपूर्ण है, "क्या इस देश के विद्वानों में स्वतन्त्र संघटन-बुद्धि का विलोप हो गया है?" आमतौर पर धर्मचिन्तक,

विद्वान, बुद्धिजीवी और कलाकार यथास्थितिवादी सामन्ती राज-व्यवस्था के पोषण में लगे हैं। उनके बीच बाणभट्ट बौद्धिक स्वातन्त्र्य से भरा हुआ है, यह उल्लेखनीय है। अघोरपन्थी महामाया तुवरमिलिन्द की बेटी भट्टिनी की जगह आम स्त्री की दशा सामने लाती है, "उत्तरापथ में लाख-लाख निरीह बहुओं और बेटियों के अपहरण और विक्रय का व्यवसाय नहीं चल रहा है?....क्या निरीह प्रजा की बेटियाँ नयनतारा नहीं हुआ करतीं? क्या राजा और सेनापति की बेटियों का खो जाना ही संसार की बड़ी दुर्घटना है?....आर्य सभासदो, मेरी ओर देखो। मैं तुम्हारे देश की लाख-लाख अपमानित, लांछित और अकारण दंडित बेटियों में से एक हूँ। कौन नहीं जानता कि इस घृणित व्यवसाय के प्रधान आश्रय सामन्तों और राजाओं के अंतःपुर हैं? क्या इन अभागिनों के पिता नहीं थे, क्या वे अपनी माताओं की नयनताराएँ नहीं थीं? ...महाराजाधिराज स्वयं शुद्ध-शील होकर भी सैकड़ों ऐसे सामन्तों को आश्रय दिये हुए हैं जिनका एकमात्र प्रताप कन्याहरण में प्रकट होता है।...अमृत के पुत्र, मृत्यु का भय माया है।" स्त्रियों पर अत्याचार, यौन-उत्पीड़न और घर्षण का एक लंबा सिलसिला है, जो आज भी थमा नहीं है। 'बाणभट्ट की आत्मकथा' भले निउनिया और भट्टिनी के आसपास घूमती है, पर इसमें उन साधारण स्त्रियों की चिन्ता है, जो गाँवों, पहाड़ों और छोटी जगहों पर चुपचाप बलात्कार झेलती हैं। यह उपन्यास मनुष्य को मुक्त रखने वाले अनोखे प्रेम की ही कथा नहीं है, स्त्री को भोगने की वस्तु समझने के सामन्ती मिजाज के खिलाफ भी एक कड़ी आवाज है।

'समाज के मूल में ही घुन लग गया है, उसे महानाश से कोई बचा नहीं सकता,' यह कहकर निपुणिका एक प्रश्न रखती है, "क्या छोटा सत्य बड़े सत्य का विरोधी होता है?....क्या स्त्री होना ही मेरे सारे अनर्थों की जड़ नहीं है? तुम इस छोटे-से सत्य के साथ राष्ट्र जीवन के बड़े सत्य को अविरोधी पा रहे हो। क्या बृहत्तर सत्य के नाम पर मिथ्या का तांडव नहीं चल रहा है?" बड़े सत्य का नगाड़ा बजाकर छोटे सत्य हर युग में टाले गए हैं। उन सत्यों में एक स्त्री का उत्पीड़न भी है। हजारीप्रसाद द्विवेदी ने उपन्यास में दिखाया है, "सामान्य मनुष्य जिस कार्य के लिए लांछित होता है, उसी कार्य के लिए बड़े लोग सम्मानित होते हैं।" स्त्री के साथ सबसे अधिक अन्याय होता है। वह सबसे अधिक दुर्दशाग्रस्त है। यह रेखांकित करने योग्य है कि हजारीप्रसाद द्विवेदी ने भारतीय समाज में लैंगिक भेदभाव के धार्मिक उदात्तीकरण को एक पाखंड माना। उन्होंने रूढ़ियों का विरोध किया। उनके सामने एक बड़ा प्रश्न था कैसे उत्पीड़क व्यक्तियों का चित्त कोमल होगा, संवेदनशील बनेगा, वे स्त्री शक्ति का सम्मान करना सीखेंगे? धर्म में ही हमेशा डूबने-उतराने वाले इस लेखक की चेतना पर नवजागरण और प्रगतिशील आन्दोलनों का असर था, क्योंकि तभी वह ऐसे सवाल सामने ला सका। द्विवेदी जी ने रवीन्द्रनाथ ठाकुर की छाया में क्षितिमोहन

सेन से बहुत कुछ सीखा था। उन पर बाँगला नवजागरण का असर था। वह राष्ट्र और वर्ग के बड़े सत्यों के बीच छोटे सत्यों के महत्त्व को पहचानने की कोशिश कर रहे थे, भले उनका मन बाणभट्ट में ज्यादा रमा हो।

बाणभट्ट अपनी कथा कहता है, पर उसकी कथा के साथ भारतीय जीवन के कुछ बुनियादी प्रश्न उभरते हैं। वह देखता है भोग-विलास, आपसी वैर, धार्मिक अहंवाद और जड़ता, शिथिल प्रशासन, जन-आन्दोलन को शान्त करने के लिए चारुस्मिता के मनोरंजक कामुक नृत्य का इस्तेमाल और दरवाजे पर विदेशी आक्रमण। वह कहाँ तो मगध से आकर स्थाण्वीश्वर में राजमहल के उत्सव, कलात्मक विनोद और नगर वैभव देखना चाहता था, पर अचानक मिली निपुणिका उसके लक्ष्य को बदल डालती है। वह छोटे महाराज के अन्तःपुर से स्त्री वेश में अपहृत और घर्षित भट्टिनी का उद्धार करने के लिए तैयार हो जाता है। उसमें एक बौद्धिक पागलपन है। पूरा उपन्यास भट्टिनी को सकुशल उसके पिता देवपुत्र तुवरमिलिंद के पास सुरक्षित पहुँचाने की समस्या पर केन्द्रित है, पर अन्ततः सब कुछ जुड़ जाता है देश रक्षा के प्रश्न से। बाण की मुलाकात बौद्ध आचार्य सुगतभद्र, कुमार कृष्णवर्द्धन, कौलाचार्य अघोरभैरव, विद्रोही योगिनी महामाया और लोरिकदेव से होती है। इन सब संयोगों के बीच से राजनीति, धर्म और जीवन के तानेबाने खुलते चले जाते हैं। बाणभट्ट निपुणिका को निउनिया कहता था। उसने माना कि इस स्त्री केमन में एक उदासी है। वह एक जड़ पाषाण पिंड नहीं है। बाण राजनीतिक पुनर्गठन में एक सेतु का काम जरूर कर रहा है, पर वह कोई निष्पृह व्यक्ति नहीं है।

उस युग में एक दार्शनिक युद्ध छेड़ रखा था कौलमार्ग के पाखंड-विरोधी योगियों ने। इनकी ओर हजारीप्रसाद द्विवेदी विशेष रूप से आकर्षित थे। द्विवेदी जी हों या बाणभट्ट, वे वैष्णव भर न थे। बाणभट्ट प्रेम, राजनीति और दार्शनिक युद्ध सभी में हिस्सा ले रहा था और कहीं सभी से मुक्त भी था, फक्कड़ और अ-प्रतिबद्ध! आमोद और कला विनोद में जितना चपल, गंभीर मौकों पर समुद्र की तरह उतना ही अतल! सुचरिता और विरतिवज्र साहस कर रूढ़ियों को तोड़ते हैं और अपने प्रेम को पूर्ण करते हैं। उनका प्रेम धार्मिक षडयन्त्र के बावजूद सामाजिक स्वीकृति हासिल करता है। बाणभट्ट का प्रेम बस बन और पिघल कर चुपचाप किसी उच्चतर लक्ष्य की ओर बह जाता है, वह कुछ भिन्न है।

ऐतिहासिक उपन्यास लिखने वाले को अतीत में जाकर लंबे शोध कार्यों से गुजरना पड़ता है और उतनी ही सचेत रखनी पड़ती है अपनी कल्पनाशीलता को भी। इस तरह का लेखन अधिक समय भी लेता है, समकालीन घटनाओं पर लिखने की तुलना में। इतिहास की उद्देश्यपरक तोड़-मरोड़ भी होती है और कभी इसकी 'स्पिरिट' का सही उपयोग भी। यह जरूर है कि ऐतिहासिक उपन्यासकार अतीत

में जाकर कुछ असामान्य, अनजानी और दबा दी गयी चीजें खोजता है। कहना न होगा कि इन कामों के लिए वह प्रेरणाएँ वर्तमान से लेता है, पर वह वर्तमान तक सीमित नहीं रहता वर्तमान की समस्याओं पर रोशनी डालते हुए भी।

हजारीप्रसाद द्विवेदी ने उस दौर में ऐतिहासिक उपन्यास लिखे, जब यह कौशल अतीत में समाता जा रहा था। ऐतिहासिक उपन्यास पढ़ने के प्रति रुचि आधुनिकतावाद के असर में घटती जा रही थी। उनके तीन अन्य उपन्यास 'चारू चंद्रलेख' (1963), 'पुनर्नवा' (1973) एवं 'अनामदास का पोथा' (1976) आये। उस समय हिन्दी में ऐतिहासिक उपन्यास की धारा 'सरस्वती' की तरह सूख चुकी थी, क्योंकि आधुनिक जीवन के तात्कालिक यथार्थों की प्रधानता थी।

ऐतिहासिक उपन्यास ऐतिहासिक सिर्फ इस अर्थ में है कि इसमें अतीत और वर्तमान दोनों आपस में क्रीड़ारत होते हैं। उपन्यास लिखे ही न जाएँ, यदि मनुष्य का जीवन इकहरा हो और वर्तमान किसी मशीन-सा चले। यही वजह है, उपन्यास सिर्फ उन चीजों से नहीं बनता, जो रोज जीवन में घटित होती हैं। वह दूसरे कालों से अपने समय के जीवन को जोड़ते हुए कई बार कुछ अनोखे आद्यबिंब निर्मित करता है। उसमें तब छोटे-छोटे सत्यों की महत्ता उजागर करने के साथ कोई उच्चतर समाजोपयोगी सत्य भी होता है। हजारीप्रसाद द्विवेदी ने 'उपन्यास का संस्कृतीकरण' किया। फिर भी उनका मुख्य उद्देश्य था कुछ ऐसे कथात्मक आद्यबिंबों का निर्माण करना जो उपन्यास की आधुनिक प्रकृति के अनुरूप छोटे-छोटे सत्यों को व्यक्त करते हुए किसी महासत्य की भी झलक दिखा दे। वह दरअसल पहले से परिचित एक गौरवशाली महाआख्यान के समानान्तर विभिन्न स्रोतों से हासिल उन छोटे सत्यों का संसार सामने रखते हैं, जो हम सिर्फ अपने 'स्थान' पर ठहरे रहकर नहीं देख सकते। ये सत्य कम ऐतिहासिक हो सकते हैं, पर इतिहास-विरोधी नहीं हैं।

क्रान्ति, यौन नैतिकता और यशपाल

एक

हिन्दुस्तान के सभी महान लेखकों ने राष्ट्रीय जागरण के साथ स्त्री की स्वाधीनता का प्रश्न संजीदगी से उठाया था। आम भारतीय जनता के बंधुत्व, स्वाधीनता और समानता के लक्ष्यों की ओर बढ़ने के लिए धार्मिक निर्बुद्धिपरकताओं और कठोर नैतिक दादागीरी से लड़ना जरूरी था। आज भी स्त्रियों की पोशाक, स्वच्छन्द प्रेम, देह की स्वतन्त्रता यहाँ तक कि उनकी शिक्षा के प्रश्न पर भी नैतिक दादागीरी और मजहबी नेताओं के फतवों की कमी नहीं है। हम जानते हैं कि यशपाल ने देश की संस्कृति और प्रगति के मार्ग में अवरोधस्वरूप मौजूद सामन्ती जड़ताओं और साम्प्रदायिक भेदभाव से लम्बा संघर्ष किया था।

आज भारत की संस्कृति और प्रगति के मार्ग में प्राचीन बर्बर सामन्ती तत्त्व एक बार फिर बड़े अवरोध के रूप में उपस्थित हैं—साम्प्रदायिकता, धार्मिक कूपमंडूकता, क्षेत्रीयतावाद आदि संकीर्णताएँ एक बार फिर नृत्य कर रही हैं। ऐसी स्थिति में प्रेमचन्द की परम्परा को न केवल आगे बढ़ाना जरूरी है, बल्कि उन लेखकों के साहित्य को समझना भी एक चुनौती भरा काम है, जिन्होंने एक समय सामन्तवाद और साम्राज्यवाद विरोधी साहित्यिक संघर्ष में ऐतिहासिक योगदान दिया था। इस परम्परा में यशपाल इसलिए उल्लेखनीय हैं कि उन्होंने हिन्दी मन के सामन्ती संस्कारों पर ज्यादा तेज चोटें कीं। प्रेमचन्द ने मध्यवर्ग को जहाँ छोड़ दिया था, वहाँ से यशपाल ने उसे फिर उठाया। वस्तुतः मध्यवर्ग की दुनिया इतनी फैल गयी थी, यह वर्ग आधुनिकता ओर परम्परावाद के बीच इस कदर सैंडविच बनता जा रहा था कि मध्यवर्ग से ही आये कथाकार यशपाल ने मुख्यतः इसे ही अपने साहित्य का प्रधान उपजीव्य बनाया। इसके अलावा, उन्होंने स्त्री को भी वहीं से उठाया जहाँ प्रेमचन्द ने उसे ला कर छोड़ दिया था।

यशपाल ने प्रेमचन्द से भिन्न एक सक्रिय क्रान्तिकारी की जिन्दगी जी थी।

1921 में लाहौर में उनका भगतसिंह और सुखदेव से परिचय हुआ था। वे तभी से सशस्त्र संघर्ष की तरफ आकर्षित हो गए थे। वे और अज्ञेय एक ही क्रान्तिकारी दल में थे। 1932 में उन्हें अँग्रेजी राज के खिलाफ षडयन्त्र के अपराध में लगभग आजीवन कारावास की सजा मिली, किन्तु छः साल बाद रिहा हो गए। हिन्दी का कोई दूसरा महत्त्वपूर्ण रचनाकार इतने लम्बे समय तक लगातार जेल में नहीं रहा है। यशपाल ने अपने क्रान्तिकारी जीवन की दास्तान 'सिंहावलोकन' तीन खंडों में लिखी है। उन्होंने बताया है कि एक क्रांतिकारी ने ही उनसे कहा कि वे लेखन के माध्यम से कुछ करें, जिससे क्रान्ति की परिस्थितियाँ तैयार हो सकें। भारत में सक्रिय राजनीतिक जीवन से निकल कर ऐसे कई व्यक्ति साहित्य की दुनिया में आ गए थे। क्रान्ति का स्वप्न लेकर चलने वाले कई व्यक्ति शहीद हो गए। कुछ को यह जरूरी लगा कि पहले देश के लोगों को मानसिक गुलामी से आजाद कराओ। प्रेमचन्द ने भी भारत में सामन्ती तत्त्वों के भारी दबदबे को देखकर कहा था कि 'क्रान्ति के बाबा' की बात करो। यशपाल की क्रान्तिकारी और साहित्यिक जिन्दगी में यही सम्बन्ध है कि उन्होंने नवजागरण के बुद्धिवाद की परियोजना को अविचलित भाव से आगे बढ़ाया, समाज की जर्जर नैतिक रूढ़ियों पर आक्रमण किया। यह भी कम उल्लेखनीय नहीं है कि व्यावसायिक प्रकाशकों के आगे झुकने की जगह उन्होंने खुद स्वतन्त्र रूप से 'विप्लव प्रकाशन' की स्थापना की, इससे खुद अपनी पुस्तकों का प्रकाशन किया और अपना एक विशाल पाठत्क वर्ग बनाया। आज कोई बड़ा लेखक इस तरह सोचने का जोखिम नहीं उठाता।

यशपाल ने 'दादा कामरेड' और 'झूठा सच' से लेकर 'मेरी तेरी उसकी बात' तक अपनी दीर्घ उपन्यास यात्रा में मध्यवर्गीय जिन्दगी की विडम्बनाओं के साथ उसमें छिपी क्रान्तिकारी शक्ति का भी चित्र अंकित किया है। देश विभाजन के साथ ही साम्प्रदायिकता की आग और मध्यवर्गीय जिन्दगी में बढ़ते अवसरवाद ने भारत का संकट बढ़ा दिया था। दिमागी संकीर्णता के दो रूप थे—कट्टरता और खुदगर्जी। ये प्रेमचन्द और यशपाल युग के जितने बड़े सच थे, आज भी उतने ही बड़े सच हैं। कट्टरता और खुदगर्जी ने भारतीय राष्ट्र की जड़ों पर लगातार प्रहार किया है। इसने देश में राष्ट्रीय भावना को हमेशा आघात पहुँचाया है। खासकर धर्म अब अधिक व्यापकता से राजनीतिक चिन्तन में घुस चुका है। जनता से धार्मिक प्रतीकों के बिना संवाद नहीं हो पा रहा है। इसलिए सेकुलर भी धार्मिक होने का ढोंग करते हैं।

धार्मिक कट्टरवाद राष्ट्रीय चेतना के विकास में सबसे बड़ा रोड़ा है, यह यशपाल जैसे लेखकों ने समझा था। उन्होंने कहा था, "जब तक यह मजहब का मुलम्मा, चाहे वह कट्टरता का मुलम्मा हो, चाहे सहिष्णुता का हल्का मुल्लमा हो, उस पर चढ़ा रहेगा, हम आदमी के रूप में न पहचाने जाएँगे, न दूसरों को पहचान सकेंगे। न

हमारी राष्ट्रीयता वहाँ पनप सकेगी, न ही राष्ट्रीयता के उस उद्देश्य की ओर एक भी कदम बढ़ सकेंगे, जिसका हम इतना ढोल पीट रहे हैं।'' (मजहब का मुलम्मा)। नयी स्थितियों में धार्मिक सहिष्णुता को एक सकारात्मक तत्त्व के रूप में ही देखना होगा। इसमें भी सन्देह नहीं कि जब तक धर्म रहेगा सम्प्रदायवाद का खतरा बना रहेगा। दुनिया में धर्म का असर घटने की जगह बढ़ रहा है। विकसित पश्चिमी देशों के गिरजाघरों में भीड़ बढ़ी है, वहाँ नस्लवाद बढ़ा है। दुनिया में नये सिरे से बड़े-बड़े चर्च, मस्जिद और मन्दिर बनने शुरू हो गए हैं। अमेरिका में सभ्यताओं की टकराहट का नारा उठा। यशपाल धर्म और युद्ध के इस रिश्ते को समझते थे। इसलिए 1950 में प्रकाशित अपनी कहानी 'धर्म युद्ध' के समर्पण में उन्होंने कहा था, ''धर्म और युद्ध परस्पर विरोधी समझे जाते हैं। परन्तु कभी धर्म के लिए युद्ध और कभी युद्ध के लिए धर्म की पुकार सुनाई देती है। ऐसे अन्तर्विरोध की परिस्थिति में जो लोग बुद्धि से काम लेने के लिए तैयार रहना चाहते हैं, उन्हीं को यह कहानियाँ सुनाना चाहता हूँ।''

एक मार्क्सवादी कथाकार के रूप में यशपाल ने सबसे ज्यादा बुद्धिवाद को अहमियत दी, जिसका मकसद नवजागरण के उद्देश्य को आगे बढ़ाना था। उन्होंने आजीवन धार्मिक कट्टरवाद, सामन्ती रूढ़ियों और वर्जनाओं से संघर्ष किया। इस संघर्ष की नींव खुद प्रेमचन्द 'हिंसा परमो धर्मः', 'सद्‌गति', 'कफन' आदि में डाल चुके थे। यशपाल की कहानियाँ 'खच्चर और आदमी', 'चौरासी लाख जोनि' आदि में मुख्यतः धार्मिक कट्टरता और पाखंड की आलोचना है। 'खच्चर और आदमी' में कुछ पर्वतारोही एक ऊँचे बर्फीले पहाड़ पर बर्फीली आँधी में घिर जाते हैं। उनका रसद-पानी शेष होने लगता है। खच्चरों के खाने का सामान पहले ही खत्म हो चुका था। यशपाल ने कहानी में दिखाया है कि एक खच्चर मांसाहारी बनकर दूसरे खच्चर का गोश्त खाता है। लेकिन एक ब्राह्मण कड़ाके की उस ठंड में भी ब्रांडी नहीं लेता और लज्जा में गीले कपड़े उतारे बिना रजाई के थैले में घुस जाता है। यशपाल बड़े कौशल से दिखाते हैं कि भौतिक स्थिति के अनुकूल आचरण से खच्चर बच जाता है, जबकि शुद्धतावादी ब्राह्मण पर्वतारोही ऐसा न कर परलोक सिधार जाता है। यशपाल ने कहना चाहा कि आदर्शवाद एक सीमा के बाद आदमी के गले की फाँस बन सकता है।

यशपाल की कहानी 'खुदा और खुदा की लड़ाई' में सन 1947 के लाहौर के दंगे का चित्र है। बूढ़े दंगा रोकने में लगे हैं, जबकि नौजवानों पर मजहबी जुनून सवार है। लाहौर की एक गली में रहने वाले बूढ़े मुसलमान फज्जे का परिवार हिंदू कट्टरपन्थियों का शिकार हुआ था। फिर भी उसने हिन्दुओं से खाली हो चुकी गंगू की गली में रहने वाली बूढ़ी ताई को बचाना चाहा। ताई लाहौर का अपना घर छोड़

कर जाना नहीं चाहती थी। एक स्थान पर लम्बे समय तक रहते-रहते लोगों में उस स्थान से एक प्रबल लगाव हो जाता है। कहानी स्पष्ट करती है कि मजहबी उन्माद दशकों के साहचर्य में किस तरह जहर घोल देता है। फज्जे ने समझा-बुझा कर एक रात ताई को सकुशल गली से सुरक्षित निकाल देना चाहा। उसके नौजवान बेटे नसरू को जब यह मालूम हुआ, उसने भागती ताई को जुनून में पकड़ कर मार डाला और उसकी पोटली लूट ली। ताई पोटली में सिर्फ अपने चन्द कपड़े और पत्थर का खुदा लेकर भाग रही थी। 'झूठा सच' उपन्यास हो या ऐसी कहानियाँ, यशपाल ने कहना चाहा कि भाईचारा ही भारतीय जीवन का मूलाधार है, जो टूटना नहीं चाहिए। उन्होंने दंगों के मूल में सक्रिय पूँजीवादी ताकतों को नंगा किया। यह भी दिखाया कि बूढ़े-पुराने लोगों की तुलना में किस तरह नौजवानों में मजहबी जुनून ज्यादा है।

दो

धर्म राजनीतिक मिश्रण के बाद साम्प्रदायिक असहिष्णुता ही नहीं बढ़ाता, न्यूनतम मानवीय नैतिकता भी खत्म कर देता है। भौतिक विकास के बावजूद नैतिकता के मानदंड कठोर हो जाते हैं। ये लचीले नहीं हो पाते, क्योंकि धर्म के खूँटे से बँधे होते हैं। लक्षित किया जा सकता है कि भारतीय वातावरण में नैतिकता के मुख्य स्रोत बन्धुत्व, स्वतन्त्रता और समानता नहीं है। यह यशपाल के लिए गहरी चिन्ता का विषय था। उन्होंने नैतिकता की विडम्बनाओं के अनवारण के लिए सेक्स की स्वाभाविक इच्छा को अपनी कई रचनाओं में केन्द्रीय समस्या का रूप दिया। इस मुद्दे पर भी बुद्धिवाद का इस्तेमाल हुआ। यशपाल इस मामले में प्रेमचन्द की जमीन से एक लम्बी छलाँग भरते हैं। वे सेक्स के सन्दर्भ में सनातन धार्मिक वर्जनाओं और उनसे पैदा होने वाली अनावश्यक कुंठा का ज्यादा आगे बढ़ कर विरोध करते हैं। कहना न होगा कि जिस मामले में देवता, राजा और सामन्त सामान्यतया सारी वर्जनाओं से मुक्त होते हैं, मध्यवर्गीय लोग उन मामलों में वर्जनाओं से जकड़े होते हैं। आम लोगों को हमेशा वैराग्य, आत्मनियन्त्रण और यौन पवित्रता की शिक्षा दी जाती है। भारत के लोग सैकड़ों वर्षों से यौनिक आत्मदमन करते आए हैं। वे कुंठाओं और विकृतियों से जकड़े रहे हैं। दुनिया में बुद्धिवाद ने धार्मिक कट्टरवाद की तरह यौन नैतिकता के परम्परागत मानदंडों पर भी गहरी चोट की थी। उसकी स्त्री के मुक्ति संघर्ष में महत्त्वपूर्ण भूमिका थी।

यशपाल ने 'दिव्या' में स्त्री-स्वतन्त्रता की आवाज उठायी थी। उन्होंने पुरुष-प्रभुत्ववादी समाज में स्त्री के यौन आत्मदमन को उसकी स्वतन्त्रता और व्यक्तित्त्व के विकास के मार्ग में बाधक माना। भारतीय जीवन में सेक्स एक पवित्र और अनोखी चीज मान ली गयी है, हालाँकि पवित्रतावादी समाज ही फूहड़, कामुक

नृत्य ज्यादा देखता है, रासलीलाएँ ज्यादा रचाता है और वही आज अमेरिकी सांस्कृतिक आक्रमण की सबसे ज्यादा चपेट में है। इस समाज में संस्कृति के नाम पर बहुत कुछ वर्जित है और बहुत कुछ की अमानवीय छूट है। ऐसी ही विडम्बनाओं के बीच भारतीय संस्कृति का विरोधी होने का खतरा मोल लेकर यशपाल ने सेक्स की स्वतन्त्रता का पक्ष लिया और तंग दिमाग को खोलना चाहा। वे कई अन्तरराष्ट्रीय ख्याति के धर्मगुरुओं की तरह सेक्स के आध्यात्मिक महिमांडन की तरफ नहीं गए। उनकी चोट धार्मिक किस्म की यौन वर्जनाओं पर थी और स्त्री के बारे में पुरुष की धारणाओं पर थी।

यौन स्वतन्त्रता ही नारी स्वतन्त्रता नहीं है। यशपाल की यौन स्वतन्त्रता की रचनाओं में पश्चिमी स्त्रीवाद ढूँढ़ना गलत होगा। उनकी 'ज्ञानदान', 'तर्क का तूफान', 'प्रतिष्ठा का बोझ', 'उत्तराधिकारी', 'तुमने क्यों कहा था मैं सुन्दर हूँ' ऐसी कहानियाँ हैं, जो बदलती भौतिक दुनिया की रोशनी में स्त्री-पुरुष प्रेम के बारे में पुराने जड़ दृष्टिकोणों को चुनौती देती हैं। 'ज्ञानदान' में संन्यासियों की कथा के जरिये आदमी की देह और दृश्यमान भौतिक जगत के आकर्षण की महत्ता प्रतिपादित है। अन्ततः स्त्री देह संन्यासी को आत्मदमन के संस्कारों से मुक्त कर भौतिक जगत के सौन्दर्य का प्रशंसक बना देती है। यशपाल का मुख्य उद्देश्य मनुष्य की यौन भावना को जड़ धार्मिक जकड़नों और पवित्रतावादी संस्कारों से मुक्त कर उसे वास्तविकता की ठोस जमीन पर लाना था। उनकी दृष्टि स्त्री देह की आजादी तक सीमित नहीं थी।

यशपाल के कथा-साहित्य में दूसरे पुरुष और दूसरी स्त्री के प्रति यौन आकर्षण एक केन्द्रीय समस्या है। इधर के टीवी धारावाहिकों में इस समस्या ने 'मनोरंजन की हिंसा' की शक्ल अख्तियार कर ली है। इन धारावाहिकों में सेक्स, व्यावसायिक स्पर्धा और स्त्रियों के बीच व्यक्तिगत शत्रुता का एक अमानवीय संसार लक्षित किया जा सकता है। यशपाल की रचनाओं में विवाहेतर प्रेम है। यह समस्या रूपान्तरणशील पूँजीवाद समाज की एक भावनात्मक घटना है। इसका सम्बन्ध मानवीय विसंगतियों और विडम्बनाओं से ही नहीं है, आर्थिक समस्याओं से भी है।

यह एक विडम्बना है कि हमारे देश में यौन स्वतन्त्रता का सवाल मुख्यतः स्त्रियों की यौन स्वतन्त्रता के सन्दर्भ में उठता है, क्योंकि पुरुषों को तो हर स्वतन्त्रता पहले से ही हासिल है। यशपाल स्त्री की यौन स्वतन्त्रता को उसकी जागरूकता के रूप में देखते हैं और कथा प्रायः ऐसे प्रस्तुत करते हैं कि पुरुष इस जागरूकता से कुछ सीखे। उदाहरणार्थ 'तुमने क्यों कहा था मैं सुन्दर हूँ!' में क्षयारोग से ग्रस्त एक लड़की माया अपनी निराश जिन्दगी में अचानक खुशी का अनुभव करने लगती है, जब निगम हँसी-मजाक में उसे 'सुन्दर' कह देता है। दूसरे पुरुष के प्रति माया का आकर्षण अपने अतीत की छायाओं को तोड़ना है, यह उसकी मुक्ति की छटपटाहट

है। भारतीय स्त्रियों के उत्पीड़न और आन्तरिक घुटन का एक लम्बा इतिहास है, जो सामान्यतः कभी पढ़ा नहीं जाता। यशपाल ने उसे पढ़ा और पढ़ाया है। उन्होंने अपनी कई कहानियों में पुरुष नैतिकता की रामनामी को तार-तार किया है।

प्रेमचन्द ने अपने कथा साहित्य में विरजन, निर्मला, सोफिया, सकीना, गोविन्दी जैसी स्त्रियों को कहीं अधूरा छोड़ दिया था। उनके जमाने में नोहरी, सुखदा, धनिया, मालती जैसी स्त्रियाँ ही अपने-अपने सामाजिक सन्दर्भ में व्यक्तित्त्व हासिल कर सकी थीं। यशपाल ने प्रेमचन्द द्वारा अधूरे रूप में अंकित उन स्त्रियों को अपने कथा साहित्य में खुल कर बोलने दिया। फिर भी समाज इतना बदल नहीं पाया था कि इन स्त्रियों की आवाज सुनी जाती। यह जरूर है कि वे बोलीं, अपनी ऐतिहासिक सीमा में पूरे दम से बोलीं, और उनके बोलने या हावभाव में केवल यौन प्रश्न नहीं थे, बल्कि युग के प्रश्न, देश की स्वतन्त्रता और नवजागरण के प्रश्न भी थे। यशपाल के कथा साहित्य में कई स्त्रियाँ बाकायदा अपने पुरुष साथियों से बहस करती हैं, टकराती हैं, वे पर्दे की ओट में नहीं रहतीं।

यशपाल के अलावा जैनेन्द्र कुमार ने भी दूसरे पुरुष से सम्बन्ध और यौन घुटन का सवाल उठाया था। जैनेन्द्र के कथा-साहित्य में स्त्री के चारों तरफ त्याग का एक आदर्शवादी वातावरण था। यशपाल ने आदर्शवाद में उलझने की जगह प्रेम को सेक्स और नैतिकता के सन्दर्भों में पुनः परिभाषित किया। एक समय सशस्त्र क्रान्ति में हिस्सा लेनेवाले और श्रमजीवी वर्ग के नेतृत्व में वर्ग संघर्ष की अवधारणा में लगातार आस्था रखने वाले कथाकार का यौन नैतिकता के सवालों पर ही मुख्य रूप से केन्द्रित हो जाना निश्चय ही एक सवाल छोड़ जाता है कि क्यों यह कथाकार वर्ग संघर्ष की बात करते-करते 'दिव्या' से लेकर 'झूठा सच' की तारा और 'मेरी तेरी उसकी बात' की उषा जैसी कद्दावर महिलाओं को सामने लाने के बावजूद अन्ततः सेक्सुअलिटी की ओर ही लौटता है।

कला के बारे में यशपाल का दृष्टिकोण यथार्थवदी था, "कला व्यक्तिगत सन्तोष के लिए नहीं, कला का उद्देश्य जीवन की सम्पूर्णता की प्राप्ति है।" वे स्पष्ट रूप से मानते थे, "अन्याय से जनता की मुक्ति का उपाय कम्युनिज्म की द्वन्द्वात्मक भौतिकवादी विचारधारा है।" लेकिन वे जड़ मार्क्सवादी न थे। इसलिए आधुनिकता के असर में यह भी कहते थे, "एक ही घटना के प्रति लोग भिन्न-भिन्न यथार्थों का अनुभव करते हैं।" यशपाल ने अपने सिद्धान्तों से समझौता नहीं किया, भले उन्होंने सामाजिक यथार्थ के कुछ खास पहलुओं पर ज्यादा बल दिया। उनकी चर्चित कहानी 'पराया सुख' में यौनिकता और वर्ग संघर्ष के बीच सम्बन्ध देखा जा सकता है। उनकी कहानी 'करवा का व्रत' में स्त्री चेतना का एक नया रूप देखने को मिलता है। इस धार्मिक संसार में स्त्रियाँ ही पति के दीर्घ जीवन के लिए करवा का कठिन

व्रत क्यों करें, पुरुष भी अपनी पत्नी के लिए ऐसा व्रत क्यों न करें—वे स्त्री को बराबरी का हक क्यों न दें? यशपाल ने स्त्री के समानाधिकार का सवाल बार-बार उठाया है और बुद्धिवाद का प्रचार किया है। मेरी समझ में यशपाल का सबसे बड़ा अवदान यह माना जाना चाहिए कि उन्होंने वर्ग संघर्ष के मामले को नवजागरण की अधूरी परियोजना से जोड़ा। उन्होंने दोनों के बीच एक पुल बनाया। स्त्री के आत्मसम्मान और समानाधिकार का मामला हो या बुद्धिवाद का, उन्होंने कई दूसरे मार्क्सवादी लेखकों की तरह इस परियोजना की उपेक्षा नहीं की।

स्त्री प्रश्न पर यशपाल की सोच व्यापक पुनर्विचार की माँग करती है। उन्होंने अपने एक निबन्ध में लिखा है, "आपकी संस्कृति में नारी का गौरव उसके अपने व्यक्तित्त्व में नहीं है। उसका गौरव किसी की श्रीमती बन जाने में ही है। वह किसी की बेटी, किसी की बहू, किसी की माँ है। वह स्वयं कुछ नहीं है। आपके समाज में नारी को उसके व्यक्तिगत नाम से पुकारना उसका अपमान है।...वह पुरुष की छाया में छिपी रहे तो उसका सम्मान है। कैसी गुलामी सिखा दी है आपने स्त्री को।" लम्बे समय तक चली है स्त्री को अमुक की बहू कहकर बुलाने की परम्परा। यशपाल का कथा-साहित्य परम्परागत धार्मिक संस्कारों की गुलामी से स्त्री की मुक्ति का दस्तावेज है।

प्रेम, विवाह और नैतिकता के रिश्ते को हर युग में नये सिरे से परिभाषित किया गया है। किसी समय बर्टेंड रसेल ने 'मैरेज एंड मॉरल्स' में लिखा था, "विवाह दूसरे यौन सम्बन्धों से इसलिए अलग है कि यह एक कानूनी अथवा धार्मिक संस्था भी है।...लेकिन देखा जाता है कि ज्यादा समय लोग एक जीवनसाथी से खुश नहीं रह पाते। किसी भी सभ्य समाज में विवाह के बाद इस सुख में बाधाएँ बढ़ जाती हैं। मेरा विश्वास है कि विवाह औरत-मर्द के बीच सबसे अच्छा और महत्त्वपूर्ण सम्बन्ध है। मगर पति-पत्नी को यह भी समझ लेना चाहिए कि कानून या धर्मशास्त्र कुछ भी कहता हो, अपने निजी जीवन में वे स्वतन्त्र हैं।" विवाह, सेक्स और नैतिकता के सवाल पर उन दिनों पश्चिम में लम्बी दार्शनिक बहसें चल रही थीं, जब यशपाल लिख रहे थे। फिर भी विवाह के साथ निजी जीवन में यौन स्वतन्त्रता को अति विकसित देशों में भी सामाजिक मान्यता नहीं मिली थी। इस तरह की स्वतन्त्रता की नैतिकता से टकराहट थी। ऐसे समाज में जिसमें स्त्रियाँ आज भी भेड़-बकरियाँ समझी जाती हैं, अनेक परिवारों में वे दलित की-सी जिन्दगी बिताती हैं और कुछ गरीब परिवारों में उन्हें द्रौपदी-सी जिन्दगी गुजारनी पड़ती है, इन स्थितियों में निजी जीवन में यौन स्वतन्त्रता की आकांक्षा आमतौर पर एक पुरुषवादी सोच ही होती है। हालाँकि यशपाल की कई रचनाओं में खुद स्त्रियाँ इस स्वतन्त्रता का भोग करना चाहती हैं और पुरुष नैतिकता के रक्षक या भगोड़े के रूप में दिखाई देते हैं।

पश्चिमी खुलेपन से भारत के शहरी लोग अब दूर न थे। इसलिए आधुनिक

दौर में यौन स्वतन्त्रता छिपे या खुले तौर पर पर्याप्त प्रचलित हो गयी थी। यशपाल ने 'माडर्न' जैसी कहानियाँ लिखीं, जिनमें फैशनपरस्त मॉड युवतियों पर व्यंग्य है। उनकी एक कहानी 'खूब बचे' में विवाह की अवधारणा का खंडन है। इस कहानी में एक बुद्धिजीवी यौन आनन्द के लिए विवाह को जरूरी नहीं मानता, जबकि स्त्री विवाह से पहले सेक्स के लिए तैयार नहीं है। भारत की आधुनिक स्त्री सुरक्षा और स्वतन्त्रता दोनों एक साथ चाहती है।

कहा जा सकता है कि यशपाल किसी हद तक आधुनिक जीवन में यौन स्वतन्त्रता के समर्थक थे। यह धर्म और क्रान्तिकारी दलों में सेक्स को वर्जना समझने की दृष्टि से उनका विद्रोह हो सकता है और खुले पश्चिमी समाज के विचारों का असर भी। यशपाल का मुख्य इरादा विवाह संस्था के भीतर स्त्री के आत्मदमन का विरोध करना और सदियों से दबायी गयी स्त्री के सन्दर्भ में नैतिकता की प्रचलित जड़ धारणाओं को चुनौती देना है। वे चाहते थे कि सेक्स को एक टैबू या पवित्र चीज न समझा जाए। इसे आदर्शवाद से न जोड़ा जाए। इन चीजों के बावजूद देखना होगा कि यौन स्वतन्त्रता, यौन अराजकता और यौन शोषण के बीच फर्क कैसे किया जाएगा। क्या यौन स्वतन्त्रता स्त्री स्वतन्त्रता का पर्याय हो सकता है?

यशपाल मुख्य रूप से मध्यवर्गीय जीवन के लेखक हैं। फिर भी ऐसा नहीं है कि उन्होंने निम्न वर्ग का जीवन बिलकुल उठाया न हो। उनकी एक छोटी-सी कहानी 'अभिशप्त' में भूख से पागल एक लड़का अपनी ही माँ के नन्हें बच्चे की हत्या कर देता है और पूछने पर कहता है कि, "अम्मा घोल हमें नहीं देती, नन्हें को पिला देती है। बड़ी भूख लगी थी।" पेट की भूख भी यशपाल का केन्द्रीय विषय है। उनकी एक लम्बी कहानी है 'भूख के तीन दिन'। इसमें आदर्शवाद है। निस्सन्देह उनकी कहानी 'पर्दा' में स्त्रियों के यथार्थ की एक दूसरी ही दुनिया है। उनकी जिन कृतियों में जन आन्दोलनों का जीवित यथार्थ व्यक्त हुआ है, उनका वैचारिक सन्देश स्पष्ट है।

तीन

यशपाल एक प्रतिबद्ध कथाकार थे। इसलिए उनके कथा-साहित्य का राजनीतिक चेतना से सीधा सम्बन्ध है। उन्होंने कभी-कभार निम्नवर्ग के कुछ चरित्रों को उठाया हो, पर उनका मन मध्यवर्ग में ज्यादा रमा। उन पर फार्मूलाबद्ध होने का आरोप लगता है, लेकिन 'झूठा सच' तक आते-आते वे इस आरोप को निरर्थक सिद्ध कर देते हैं और एक अद्वितीय कथाकार सिद्ध होते हैं। यशपाल बिल्कुल कसी हुई, नपी-तुली और सोद्देश्य रचनाएँ लिखते थे, जिनमें किस्सापन भी कम नहीं होता था। उनकी मध्यवर्गीय जीवन संसार पर आधारित कृतियों में सामाजिक यथार्थ के साथ

मध्यवर्गीय मानसिक अन्तर्द्वन्द्व भी मौजूद है। इनमें एक 'नयी नैतिकता' की जो अनुगूँज है, वह उस जमाने के सामाजिक बदलाव की देन है।

दरअसल 'झूठा सच' से आशय समानान्तर सच से है, जो एक खास समय के सर्वमान्य राष्ट्रीय सच से भिन्न है और अंध-राष्ट्रवाद को ही नहीं, इससे जुड़ी नैतिक रूढ़ियों को भी चुनौती है।

हिन्दुस्तान का समाज दिमागी जड़ता और सामाजिक रूढ़ियों से बहुत ज्यादा आक्रान्त रहा है। यशपाल ने 'झूठा सच' में देश विभाजन की बदलती स्थितियों में समाज की पुरानी बुनियादों, सीमाओं और रूढ़ियों के टूटने की कथा कही है। इसमें साम्प्रदायिकता के विरोध के साथ स्त्री-पुरुष के बीच नये सम्बन्ध और मुख्यतः नयी यौन नैतिकता की बात है। उपन्यास के पहले भाग में लाहौर की भोला पाँधे की गली में रहनेवाले परिवारों की कथा है, जिसमें पुरुषों और स्त्रियों की दो दुनियाएँ हैं। पुरुष सामन्ती मनोवृत्ति के हैं, जबकि स्त्रियों पर सामाजिक बन्धन हैं। हर तरफ दिमागी जड़ता है। निश्चय ही शिक्षा और राजनीतिक चेतना से अब नयी सोच और साहस भी पैदा हो रहा था। इसके बावजूद, जमींदार-व्यापारी वर्ग के व्यक्ति आम हिन्दू-मुसलमानों के बीच फूट डालने में कामयाब हो जाते हैं, सामाजिक विभाजन शुरू हो जाता है। इसकी व्यापक परिणति धर्मान्धता, मजहबी आतंक और हिंसा-बलात्कार में होती है। यशपाल ने 'झूठा सच' में मजहबी उन्माद और बर्बरता के मार्मिक दृश्य रखे हैं, जैसे यह उनके जीवन के आसपास की घटनाएँ हों। वह लाहौर से लखनऊ जेल चले आये थे। इसलिए लाहौर के बारे में बहुत कुछ स्मृति के सहारे लिखा गया है। फिर भी वहाँ के चित्र जीवन्त हैं। देश विभाजन के दौर में साम्प्रदायिक लूटमार के समय मांओं की गोद से बच्चे फेंक कर उनसे बलात्कार होता है। हिन्दू घर जला दिए जाते हैं। लाहौर में पहले हिन्दुओं और मुसलमानों के बीच प्रेम-सौहार्द था। अब सब खत्म होकर मानसिक विभाजन होने लगता है। इसका सबसे ज्यादा असर स्त्रियों पर होता है, वे बलात्कार और हिंसा की शिकार होती हैं। दुनिया में दंगा करने के फैसले कभी स्त्रियों से पूछ कर नहीं हुए और घटित दंगों में स्त्रियाँ कभी शामिल नहीं हुईं।

'झूठा सच' की तारा एक साहसी, प्रगतिशील विचारों की स्वाभिमान से भरी स्त्री है। वह सच खोलती है, "लड़ाइयाँ तो अँग्रेज कराते हैं।....लड़ाने से तो हिन्दू भी लड़ते हैं।" कुछ एलीट स्त्रियाँ बोल उठती हैं, "औत्रे (निरबंसिये) मुसलमान ही तो लड़ते हैं, हिन्दू बेचारे कहाँ लड़ते हैं। लड़े हमारी जूती। हमें कोई मारेगा तो क्या हम नहीं लड़ेंगे, लहू पी लेंगे।" तारा थोड़े व्यंग्य से कहती है, "मासी, तुम लहू पियोगी? तुम तो उनके घर का पानी भी नहीं पी सकोगी।" पहले जो शान्तिपूर्वक रहते थे, उनके बीच घृणा के बीज सत्ता की राजनीति की देन थे। देश विभाजन

के बाद लोग उदासियाँ, अनिश्चतताएँ और अत्याचार की पीड़ाएँ लेकर पाकिस्तान से भारत आने लगते हैं। यशपाल ने लाहौर के अपने हँसी-खुशी के दिनों को याद करते हुए उपन्यास के पहले भाग 'वतन और देश' के अन्त में बस का एक कारुणिक दृश्य रखा है, ''उतरो बहनो, बेटियो, तुम्हारा 'वतन' तो छूटा पर अपने 'देश' में, अपने लोगों में पहुँच गयी। परमेश्वर को धन्यवाद दो। रब्ब ने जिन्हें एक बनाया था, रब्ब के बन्दों ने अपने वहम और जुल्म से उन्हें दो कर दिया।'' साम्प्रदायिक विभाजन मिथ्या चेतना का भयंकरतम रूप है।

यशपाल ने अपनी एक टिप्पणी 'झूठा सच के संस्करण' में लिखा है, ''पहले भाग में मेरा कथ्य पूरा नहीं हो पाया था, इसीलिए दूसरा भाग आरम्भ किया। अब मुख्य बात थी, अपनी जड़ों से उखाड़ कर, अपने घरबार से निकाल कर पूर्व में धकेल दिए गए करोड़ों नर-नारियों के जिन्दा रह सकने के अवसर के लिए सीमाएँ टूट जाने से उन्हें परम्परा में बाँधे रखने वाली उनकी रूढ़ियाँ और संस्कार निर्बल हो गए थे। अब उन्हें समस्याओं को पुराने विश्वासों से नहीं अपनी परिस्थितियों, जरूरतों से अपने यथार्थ अनुभव से देखने की मजबूरी थी।'' विस्थापन में पीड़ा ही नहीं होती, रूढ़ियों को तोड़ने की ताकत भी आ जाती है। यही वजह है कि 'झूठा सच' के विशेषतः स्त्री चरित्रों में स्वतन्त्रता, साहस और कर्मठता ज्यादा दिखाई देती है, क्योंकि उन पर विस्थापन की मार ज्यादा गहरी थी। शरणार्थी बनकर जो भी निकले, उनमें 'देश का भविष्य' बनाने में अपनी भूमिका को लेकर एक चिन्ता थी। 'झूठा सच' के दूसरे खंड में राजनीतिक पतन और मोहभंग के दृश्य हैं। यशपाल की दृष्टि मध्यवर्ग पर केन्द्रित थी, पर वे आम जनता से आशा रखते हैं, ''देश का भविष्य नेताओं और मन्त्रियों की मुट्ठी में नहीं है, देश की जनता के हाथ में है।'' साम्प्रदायिक दंगों को इतनी साहित्यिक मार्मिकता और ऐतिहासिक यथार्थ के बयान के साथ उपस्थित करने वाला दूसरा महत्त्वपूर्ण उपन्यास फिर भीष्म साहनी का 'तमस' ही है, अन्यथा इस विषय पर लिखे गए कई उपन्यास बनावटी ज्यादा हैं।

यशपाल के 'झूठा सच' के जमाने से परिस्थितियाँ भले काफी बदल गयी हों, पर वह बर्बरता और साम्प्रदायिक आधार पर मानसिक विभाजन आज भी मौजूद है। 'झूठा सच' की स्त्रियाँ अक्सर पुरुषों की शिकार बनती हैं। वे पुरानी निरुद्देश्यता और रिक्तता से बाहर निकल कर पुरुषों द्वारा बनायी गयी नयी नैतिकता में फँस जाती हैं। कुछ जगहों पर नैतिकता-अनैतिकता की पुरानी परिभाषाओं से विद्रोह है, पर यह पुरुष-प्रभुत्ववाद से मुक्त नहीं है। फिर भी इस उपन्यास की महानता इसमें है कि इसने देश विभाजन और साम्प्रदायिक दंगों के बुनियादी चरित्र को पहचानने के साथ स्त्री-पुरुष सम्बन्धों में आ रहे बदलावों को प्रमुखता से उपस्थित किया है।

यशपाल की एक लेखकीय प्रवृत्ति यह थी कि वह यौन नैतिकता के प्रश्नों को

साहस से उठाते थे और बुनियादी सामाजिक बदलाव के लिए इन प्रश्नों का हल भी जरूरी मानते थे। उन्होंने पूँजीपति-जमींदार वर्ग की राजनीतिक साँठगाँठ को पहचानते हुए दिखाया कि दंगों में निर्धन घर कैसे ज्यादा तबाह होते हैं, चाहे वे हिन्दू के हों या मुसलमान के। 'झूठा सच' में सत्ता की राजनीति साम्प्रदायिकता का पोषण करने वाली चीज के रूप में सामने आती है, जबकि आम लोग न सिर्फ शान्ति चाहते हैं, बल्कि उनकी बुनियादी अकुलाहट रूढ़ियों और निराशाओं से मुक्त होकर स्वतन्त्रता के साथ जीने की है। इतने बड़े कलेवर के उपन्यास में भी साहित्यिकता, वैचारिकता और रोचकता तीनों को बचाकर किस तरह रखा जा सकता है, यह आज के उपन्यासकारों के लिए भी सीखने की चीज है।

यशपाल एक अतिवादी छोर पर मानते थे कि गाँधी के नेतृत्व में चला अहिंसात्मक सत्याग्रह ब्रिटिश साम्राज्यवादियों से घरेलू लड़ाई का एक रूप है। इस मामले में उनकी दृष्टि प्रेमचन्द की सोच के ठीक विपरीत है। उनकी मुख्य चिन्ता यह है कि भारतीय राष्ट्र श्रमजीवियों को हाशिये पर रख कर कभी सामन्ती रूढ़ियों से मुक्त, बुद्धिपरक और शक्तिशाली नहीं हो सकता। वह जड़ आदर्शवादी नैतिकता के आधार पर खड़ा होकर विकास नहीं कर सकता। राष्ट्रवाद में कट्टरवाद, खुदगर्जी और मूल्यहीनता की दीमकें लगी हुई थीं, जो यशपाल को बेचैन करती थीं। यशपाल ने जिस तरह का एक लम्बा क्रान्तिकारी जीवन जिया, उसी तरह हिन्दी कथा-साहित्य को अपनी बुद्धिवादी और यथार्थवादी दृष्टि से समृद्ध किया। उन्होंने साहित्य और विचारधारा को जोड़ कर देखा था, जिस पर विचारहीनता के वर्तमान दौर में खासतौर से ध्यान जाना चाहिए। साम्प्रदायिकता, धार्मिक निर्बुद्धिपरकता तथा स्त्री के सन्दर्भ में बनी कठोर यौन नैतिकता की धारणाओं से उनका लगातार संघर्ष हमेशा याद किया जाएगा, क्योंकि यह अन्ततः भारतीय संस्कृति और प्रगति में रुकावट डाल रहे सामन्ती तत्त्वों से ही संघर्ष है।

आधुनिकता, भारतीयता और निर्मल वर्मा

एक

हमारे समय में निर्मल वर्मा के होने का क्या अर्थ है, वैश्वीकरण और धर्मांधता के एक बेहद उत्तेजक समय में उनका लेखन मनुष्य को कितना खोलता-कितना ढकता है, इस पर कुछ कहना हमेशा ही चुनौतीपूर्ण होगा। अज्ञेय और निर्मल वर्मा दो ऐसे लेखक हैं जो हिन्दी के साहित्यिक परिवेश में कुछ अलग से दिखते हैं। इनका अपना खास तीखा आकर्षण है और इन्होंने विपुल लिखा है। महादेवी वर्मा अपनी कविताओं में जिस तरह एक ही जगह खम्भे की तरह बिना हिले खड़ी रहती हैं, ये दोनों लेखक भी आक्रमण सहते हुए एक ही जगह पर तने खड़े रह गए—इन्होंने कोई मोड़ नहीं लिया। निर्मल वर्मा का लेखन एक ही वाद्ययन्त्र की अकेली धुन-जैसा है। उन्होंने कहानी हो या निबन्ध, अपने छरहरे गद्य में एक ही अनुभव, एक ही विचार के सैकड़ों मिथ दिये।

निर्मल वर्मा की रचनाओं का सम्बन्ध आधुनिक जीवन से है, खासकर इसके अकेलेपन से। यह आत्मीय अकेलापन है। अकेलेपन की पीड़ा झेलना और उससे सम्मोहित भी रहना एक अनोखी आधुनिक स्थिति है। औद्योगिक समाज में आधुनिकता का उत्पीड़न कई रूपों में सामने आता है, जिनमें एक है मनुष्य का अकेलापन। यह अकेलापन ही निर्मल वर्मा की केन्द्रीय चिन्ता है। यह एक बौद्धिक यन्त्रणा है और पनाह भी। निर्मल वर्मा के लिए अकेलापन जैसे उनका एक आत्मीय शत्रु है। यह उनके साहित्य की रीढ़ है। औद्योगिक समाज के अमानवीय परिवेश में परायेपन, अजनबीपन और अकेलेपन से आत्मीयता स्थापित करते हुए उन्होंने अन्ततः अपने लिए जो एक स्वतःसम्पूर्ण दुनिया रची, वह स्वप्न-सरीखी है।

कहा जा सकता है कि 'वृत्तान्त के अन्त' के पहले प्रवक्ता निर्मल वर्मा हैं। क्या वह सही मायने में एक उत्तर-आधुनिक कथाकार हैं? उन्होंने 1968 में कहा था, "हमें कहानी की मृत्यु से चर्चा शुरू करनी चाहिए। कहानी को पुनर्जीवित

करने के लिए नहीं, बल्कि उसे अन्तिम रूप से छोड़ने के लिए।" अब कहानी नहीं कही जानी थी, सच कहा जाना था। उस मनुष्य का सच जो इतिहास से कूदकर बाहर आ गया था। वह अब व्यक्ति भी नहीं था, क्योंकि समाज पूरी तरह भीड़ में बदल चुका था। निर्मल वर्मा थोड़े समय बाद उपन्यास के पुनर्जन्म की बात करते हुए सबसे पहले एक दार्शनिक पोजीशन लेते हैं, "एक जीवन्त, प्राणवान, प्रतिपल साँस लेती, स्पन्दित होती हुई सृष्टि-अपने में सम्पूर्ण सृष्टि जिसके भीतर मनुष्य भी है, किन्तु महत्त्वपूर्ण बात यह है कि मनुष्य सृष्टि के केन्द्र में नहीं है, सर्वोपरि नहीं है, सब चीजों का मापदंड भी नहीं है, वह सिर्फ सम्बन्धित है और अपने सम्बन्ध में स्वायत्त इकाई नहीं है जिसे अब तक हम व्यक्ति मानते आये थे।...मनुष्य का ध्येय व्यक्ति होना नहीं है, हम साधन और साध्यों की दुनिया से निकलकर सम्पूर्णता की दुनिया में आ जाते हैं। मनुष्य की समग्रता का यह अद्भुत साक्षात हमें मार्कुएज के उपन्यास 'वन हन्ड्रेड इयर्स ऑफ साल्टीच्यूड" में मिलता है।" आधुनिकता की अवधारणा में यह कथन एक बड़ा हस्तक्षेप है। निर्मल वर्मा आधुनिक स्थितियों के बीच ही किसी बिन्दु पर आधुनिकता को त्यागते नजर आते हैं। वे मनुष्य की समग्रता के साथ उसकी केन्द्रहीनता और व्यक्तिनिरपेक्षता की भी बात करते हैं। यह आधुनिकता और उत्तर-आधुनिकता का द्वैध है। आधुनिकता और उत्तर-आधुनिकता की यह जोड़ी अपने भीतर एक विरोधिता लेकर चलती है, फिर भी निर्मल वर्मा दोनों के बीच एक सामंजस्य बनाते दिखते हैं। इसीलिए उनको मार्कुएज के उपन्यास में उपन्यास के पुनर्जन्म के चिह्न मिले।

आधुनिक युग में उपन्यास का जन्म हुआ और उसके मरने की घोषणा भी हुई। अभी हाल ही में वी.एस. नायपॉल ने उपन्यास के मरने की घोषणा की थी। दरअसल ऐसी घोषणा हर बार उस समय होती है, जब कोई बड़बोला लेखक खुद अपनी रचनात्मकता या शरीर में मरने लगता है। पिछले चालीस-पच्चास सालों से कहानी या उपन्यास की मृत्यु और पुनर्जन्म की घोषणाएँ महज सैद्धान्तिक उथल-पुथल के मामले हैं, क्योंकि उपन्यास लगातार लिखे जा रहे हैं। वृत्तान्त लघु स्तर पर ही सही बन रहे हैं। निर्मल वर्मा ने राब्ब ग्रिये की तरह ही कहानी की मृत्यु की घोषणा करने के बाद भी कहानियाँ लिखीं। उनकी 'कहानी की मृत्यु' और 'उपन्यास के पुनर्जन्म'— इन दोनों कथनों में कोई बुनियादी फर्क इसलिए नहीं है कि समाज में ये दोनों घटनाएं नहीं हैं।

निर्मल वर्मा की कथाओं में भिन्न तरह की आधुनिकता है। वे 'मुक्त वर्णन' हैं—दलित, स्त्री, स्थानीय समुदाय या आर्थिक परिवेश से मुक्त ऐसे नैरेशन, जहाँ हर चरित्र सिर्फ मनुष्य है। उसमें व्यक्ति होने का चिह्न भी नहीं है। उसके पास कोई भविष्य-कल्पना नहीं है, सिर्फ अतीत की 'स्मृति' है। यह अनोखा लग सकता है कि

निर्मल वर्मा के चरित्र भरपूर अवकाश, यात्रा या छुट्टी पर होते हैं, अथवा ऊबे और बीमार। उनका भरपूर समय देखने-देखे जाने, भटकने, पीने या चुपचाप बीतता है।

मार्कुएज के जिस उपन्यास की चर्चा निर्मल वर्मा ने की है, उसमें 'स्मृति' की नहीं, 'स्मृति-ध्वंस' की कथा है। मार्कुएज का उपन्यास अति अमानवीय हो चुकी नयी पूँजीवादी व्यवस्था को खुलकर अनावृत करता है। यह आधुनिक यूरोपीय ढाँचे में एक जबर्दस्त जातीय हस्तक्षेप है, कुछ वैसा ही जैसा भारतीय सन्दर्भ में कभी प्रेमचन्द ने किया था।

निश्चय ही मार्कुएज ने कहा था कि उपन्यास का यथार्थ दैनिक जीवन से जुड़ा होकर भी उससे भिन्न होता है, 'उपन्यास में यथार्थ का कलात्मक विपर्यय घटित होता है।' उन्होंने अपने उपर्युक्त उपन्यास में दिखाया है कि मकोन्डो शहर में स्मृति खोने की बीमारी फैली हुई है। लोग अपने काम भूल गए हैं। एक आदमी अपनी गाय के गले में एक तख्ती लटका देता है। इस पर लिखा है—यह गाय है। हर रोज सबेरे इसे दूहना जरूरी है ताकि दूध मिल सके। उस दूध को उबालना जरूरी है ताकि कॉफी बन सके। लोगों की चेतना से यथार्थबोध बाहर निकल गया है। इसलिए वे यथार्थ की कल्पना करने लगते हैं। मार्कुएज ने अपने जिस समाज में 'हन्ड्रेड इयर्स ऑफ साल्टीच्यूट' की रचना की, वह दमन और उत्पीड़न से आक्रान्त था। भ्रम को ही जब जबर्दस्ती समाज में यथार्थ बनाकर पेश किया जाता है, तब यथार्थ को भ्रमपूर्ण बनाकर ही कुछ कहा जा सकता है। मार्कुएज ने यह भी बताया कि उसे सर्वप्रथम अपनी दादी की कहानियों से कला और यथार्थ के सम्बन्ध की प्रेरणा मिली। जाहिर है, उनके उपन्यास का भिन्न रूप बदले हुए समाज की आतंकमय स्थितियों से उपजा था।

निर्मल वर्मा के साहित्य में इतिहास की जगह स्मृति खंड हैं। वे कहते हैं, "कला मनुष्य के उन स्मृति खंडों को नष्ट होने से बचाती है, जिन्हें इतिहास भविष्य के जोम में जाकर कूड़ेदानी में फेंक देता है—वे स्मृतियाँ जो अतीत को समेटने या हमारे जीने में सहायक होती हैं और जिनके बगैर हम अपने आप से अजनबी बने रहते हैं।" इतिहास 'बुरे' और 'अच्छे' की साझी स्मृति है। निर्मल वर्मा की कथाओं में इतिहास से मुक्त अतीत है, इतिहास से मुक्त स्मृतियाँ हैं। वह एकान्त में चुनी गयी स्मृतियों की बात करते हैं, जबकि समाज के करोड़ों लोगों के पास न अपना निजी अतीत है और न उनका अपना स्वतन्त्र जीवन है। उनकी आम और सामुदायिक स्मृतियों में ऐसी चीजें ज्यादा हैं, जिनसे वे हमेशा डरते और दुखी होते हैं। लेखक इतिहास के अन्त की घोषणा कर भी दे, आम लोगों को इतिहास बाँधे रखता है। वे इतिहास से कूद कर बाहर नहीं निकल सकते। यदि कूदें भी, क्या पता नव-इतिहासवाद में पैर फँस जाएँ। आज पूरे वातावरण में नव-इतिहासवाद के नीचे नकारात्मक स्मृतियों को

उकसाया जा रहा है। ऐसे में निरा एकान्त मनुष्य को स्मृति की समग्रता का अनुभव नहीं करा सकता। स्मृति के लिए थोड़ा समाज भी चाहिए। कला वस्तुतः मनुष्य की उन सकारात्मक और जीवनदायी स्मृतियों को बचाती है, जिन्हें अतीत के बुरे प्रेत इतिहास से बहिष्कृत करके वहाँ खुद बैठ जाना चाहते हैं।

'परिन्दे' से ही देखा जा सकता है कि लतिका एक खास स्मृति में जी रही है। उसका जीना सिर्फ बीतना नहीं रीतना भी है। वह बिना किसी तनाव के अकेलेपन में है। उसका अकेलापन खुद उसका अपना चुना हुआ है। वह एक खाली परिवेश में अकेली है, हालाँकि वहाँ प्रकृति है और संगीत भी। उसका मौन एक हताश खामोशी है, जिसे मुखर्जी या ह्यूबर्ट कोशिश करके भी तोड़ नहीं पाते। उसका अतीत उसे सिर्फ दबोचने और थकाने का काम करता है। वह अतीत में है, इतिहास में नहीं और यह कान्वेन्ट स्कूल में छुट्टी का समय है। हालाँकि वह इस हद तक जरूर अपनी कैद से बाहर निकलती है कि किसी के प्रेम में पड़ी छात्रा का खत कुंठामुक्त होकर वापस कर देती है। 'परिन्दे' में जो रिक्तता है, वही कुछ अधिक तीव्रता से और एक अधिक उदास वातावरण में 'सूखा' में है। इसमें एक ऐसी वैश्विक रिक्तता है—भीतर का सूखा, जिससे भारतीय मानस अपरिचित है। 'परिन्दे' और 'सूखा' के बीच उनके लगभग चालीस सालों के कथा साहित्य में कोई नया विकास नहीं है, जबकि एक बार फिर पूरी दुनिया एक घटना चक्र में काफी बदल गयी है।

कहा जा सकता है कि 'परिन्दे' में निर्मल वर्मा ने अकेलेपन को जितनी गहराई से मुक्ति का रूप दिया, उससे अधिक गहराई और बारीकी से यह काम उन्होंने 'कव्वे और कालापानी' या 'सूखा' में किया। दीर्घकाल तक फैले उनके लेखन में, यहाँ तक कि उपन्यास 'अन्तिम अरण्य' तक सामान्यतः कोई उल्लेखनीय अन्तर्विरोध नहीं है, अपने से टकराहट नहीं है, बल्कि एक व्यापक अन्तःसंगति है। यह एक स्फटिक्कृत अन्तःसंगति है। लेखक कहीं भी अपने को तोड़ता नहीं है, एक ही तार में वह अपनी चुनी हुई स्मृतियों को गूँथता चला जाता है। वह अपनी कला में एक ही जन्म लेता है।

आखिरकार स्मृति ही वह चीज है, जो एक चर्चित कहानी 'लन्दन की एक रात' में नहीं थी। एक हब्सी, अँग्रेज और भारतीय अपनी बेरोजगारी में भी ऊलजलूल स्थितियों को जी रहे थे। वे कुछ-कुछ 'कफन' के घीसू-माधव जैसे लगते हैं, पर निश्चय ही अपनी चेतना में कहीं स्तब्ध, कहीं ठहरे हुए और बिल्कुल उखड़े हुए। वे उन्मूलित अवस्था एवं अजनबीपन का अनुभव करते हैं, जिसकी जड़ें आधुनिकतावादी सभ्यता में थीं। यह सभ्यता एक ऐसी जगह आ खड़ी हुई थी, जहाँ सवालों के उत्तर और समस्याओं के निदान नहीं थे। आदमी को ऐसी सभ्यता के गलियारों से बाहर निकालने के संघर्षों की तरफ निर्मल वर्मा की दृष्टि कभी नहीं गयी। इसलिए यदि

उन्हें अजनबीपन से एतराज है तो इसके प्रति सम्मोहन भी है। वे 'लन्दन की एक रात' में अनुभूति और तर्क का अन्तःसम्बन्ध मिटा देते हैं। दोनों के बीच सम्बन्ध 'कफन' में था। निर्मल वर्मा की उपर्युक्त कहानी में अनुभूति और बौद्धिकता के बीच तर्कातीत सम्बन्ध है, जो एक वैश्विक अति-बौद्धिकता की ओर ले जाता है। इस नयी सृष्टि में न अनुभूति के गुण होते हैं और न बौद्धिकता के। उपर्युक्त कहानी में विश्वमानववाद है, जो एक अलग तरह का आत्मछलावा है।

दो

निर्मल वर्मा की नजर में पहली दुनिया वह है, जिसमें हम साँस लेते, परिश्रम करते और जिन्दगी को अर्थ देने का प्रयास करते हैं। यह आदमी के दुख-सुख की एक वस्तुगत दुनिया है। निर्मल वर्मा की दूसरी दुनिया इस दुनिया से अलग मनुष्य के आत्मजगत में है। वे इसकी स्वायत्तता की रक्षा करते हुए एक खास किस्म की आन्तरिक सम्पूर्णता की तरफ ले जाना चाहते हैं, जहाँ सामाजिक वर्ग, इतिहास और विचारधारा की छायाएँ नहीं होतीं। उन्हें लगता है कि ये छायाएँ आदमी के सत्य को भ्रष्ट कर देंगी। वे कहते हैं, "कुछ ऐसा लगता है कि बीसवीं शती के पूर्वार्ध में मार्क्सवादी दर्शन ने जिस आक्रमण और सर्वग्रासी ऐतिहासिक आइडियोलॉजी को जन्म दिया था, उससे मोहभंग के परिणामस्वरूप ऐतिहासिक परिप्रेक्ष्य के प्रति एक गहरा सन्देह उत्पन्न हो गया है...।" निर्मल वर्मा मार्क्सवादी दर्शन से खुलकर टकराने वाले हिन्दी के सबसे मुखर बुद्धिजीवी थे। उनके मन पर चेकोस्लोवाकिया का अनुभव लगातार पकता ही गया। साहित्य की स्वायत्तता और लेखक की व्यक्तिगत स्वतन्त्रता के लिए वैचारिक लड़ाई को उन्होंने अपना क्षेत्र बना लिया। यह बड़ी मुश्किल नहीं है, क्योंकि दुनिया में मार्क्सवाद से नाता नहीं रखने वाले लेखकों ने भी बहुत कुछ मूल्यवान दिया है। बड़ी मुश्किल यह है कि वे समाज को पूरे तौर पर अस्वीकृत कर देते हैं और उसे सम्पूर्णतः विघटित मान लेते हैं।

निर्मल वर्मा को इतिहास में, जिसमें क्रम और तर्क होते हैं, जीना मंजूर नहीं था। वे अतीत के ऐसे चुने हुए क्षणों में सुन्दरता खोजते थे, जहाँ इतिहास ठिठका हो। उन्हें स्मृति से मतलब है, पर आशा या सम्भावना के आयाम से नहीं। उनकी स्मृति अपने आत्मजगत के अनुभवों से प्रतिबद्धता व्यक्त करने की एक ऐसी रूपवादी संरचना है, जिसका किसी ऐतिहासिक-सामाजिक सार से कोई रिश्ता नहीं है। उनकी स्मृतियों में कोई क्रम या तर्क नहीं है। लगता है कि निर्मल वर्मा कुछ भयप्रद अनुभवों के आतंक में गिरफ्तार रहने की वजह से कहानी को समाज से बिल्कुल दूर रखते हैं। उनकी कहानियों में सामाजिक संवेदना के चिह्न ही अनुपस्थित नहीं हैं, रिश्ते

भी बहुत क्षणिक हैं। निर्मल वर्मा धर्मबुद्धि सम्पन्न तालस्ताय और अस्तित्ववादी काफ्का दोनों के एक साथ प्रशंसक हैं। तालस्ताय के बारे में कहा जा सकता है, उन्होंने अपने समाज को बखूबी पहचाना था। पिकासो के चित्रों में अतियथार्थवाद के बावजूद यूरोपीय समाज की रेखाएं हैं और उनके चित्र सार्वभौम असर डालते हैं। ब्रेख्त के साहित्य में वैचारिक किलेबन्दी नहीं है, फिर भी वहाँ समाज उपस्थित है। हमें जरूर इस पर सोचना होगा कि निर्मल वर्मा स्मृति को इतना महत्त्व देते हैं, पर वे भविष्य और वर्तमान को इतना उपेक्षित क्यों करते हैं, वे समाज से इतना क्यों डरते हैं—क्या साहित्य को स्वतन्त्र कलाकृति बनाने के उद्देश्य से?

एक कहानी है 'पिछली गर्मियों में'। इसमें निन्दी अपने माँ-बाप, प्रेमिका और दूसरे सम्बन्धों के प्रति अति कठोर रुख अपनाता है। वह निस्संगता का अनुभव करता है। अकेलापन और निस्संगता में फर्क है। अकेलापन बहुत कुछ आधुनिक समाज के संकट की उपज है। यह एक हद तक सकारात्मक स्थिति दे सकता है, जबकि निस्संगता 'अन्य' से नकारात्मक अलगाव है। निन्दी की दुनिया में हठात सारे सामाजिक सम्बन्ध भग्न हो जाते हैं या बर्फीले स्मृति-खड्ड में मिलने वाले 'एक हड्डी, पेड़ की एक डाल और एक काँच का टुकड़ा' जैसे न्यूनतम सम्बन्ध के रूप में रह जाते हैं। ये अब आकर्षित नहीं करते, रेजिस्ट करते हैं, 'रेजिस्ट कर सकना यह एक बड़ी चीज है।' निन्दी सोचता है, 'तुम उससे नहीं मिल सकते जिससे तुम कभी बहुत प्यार करते थे और अब नहीं करते।'' यह प्रेम जैसी 'अन्य' को महत्त्व देने वाली अनुभूति के सन्दर्भ में एक अराजक व्यक्तिवादी रुख है। आमतौर पर भारत के लोग अपनी सोच, जीवन और संस्कृति में निन्दी की तरह निस्संगता का अनुभव नहीं करते। इसलिए निर्मल वर्मा की कहानियाँ कई बार 'एलियन' परिवेश का अहसास कराती हैं और कुछ चौंकाती भी हैं।

आधुनिक जमाने के मनुष्य में 'व्यक्ति' का जन्म एक बड़ी घटना है। हम पिछले कुछ दशकों से लक्षित कर सकते हैं कि व्यक्ति की संस्कृति में गिरावट आयी है, व्यक्ति का विलोप हुआ है। यह प्रक्रिया वैश्वीकरण, तकनीकी बुद्धिवाद को प्रोत्साहन, विदेशी पूँजी के वर्चस्व और उपभोक्ता समाज के निर्माण की वजहों से ही नहीं, धार्मिक पुनरुत्थानवाद, घरेलू उपनिवेशीकरण और अस्मिता की राजनीति की वजहों से भी तेज हुई है। इधर एक ओर रोजमर्रा की जिन्दगी अधिक आसान, मनोरंजक और सुविधा सम्पन्न हुई, दूसरी ओर आधुनिक जीवन के आरामदायक साधनों ने व्यक्ति को श्रम-संकोची ही नहीं, बुद्धि-दरिद्र और भाव-दरिद्र भी बनाया है। ऐसे आत्मसंकीर्ण व्यक्तियों की भरमार हुई है जो केवल लेन-देन, परस्पर घृणा और अन्तहीन स्पर्धा में लिप्त हैं और अपने विस्तृत समाज के यथार्थों से कटते जा रहे हैं।

निर्मल वर्मा की कुछ कहानियाँ हैं, जिनमें रिश्ते की गरमाहट का हल्का-सा

अहसास झलकता है। 'सितम्बर की एक शाम' एक ऐसे आदमी की भटकन की कहानी है, जिसकी सूनी जिन्दगी में उसकी बहन मानवीय सम्बन्ध की बची आखिरी डोर है। वह इस डोर को तोड़ना नहीं चाहता, "उसे लगा इस क्षण वह जी रहा है, अपने समूचे अस्तित्त्व की मिट्टी अपनी मुट्ठी में दबोचे है—घास पर उड़ती तितली देख रहा है।" वर्तमान को जीने वाली ऐसी कुछ ही कहानियाँ हैं, जहाँ जीवन की आशा कुछ वैसे ही बची है जैसे घास पर उड़ती तितली। एक दूसरी कहानी है 'एक दिन का मेहमान' इसमें स्त्री और पुरुष के सम्बन्ध की रूखी और उदास दुनिया है, जिसके आन्तरिक तनाव को एक लड़की कायदे से पार करती है। वह अपनी मम्मी और मेहमान पापा के बीच संवेदना के आखिरी तार की तरह है, जो अपना संगीत बिखेरता उस रूखी-उदास दुनिया में बजता रहता है। ऐसी कहानियाँ संकेत देती हैं कि सभ्यता एक दर्दनाक मोड़ पर आ खड़ी हुई है। महानगरों में सम्बन्ध टूट रहे हैं या अर्थहीन होते जा रहे हैं। आदमी दिन-प्रतिदिन रूखा होता जा रहा है। निर्मल वर्मा के सामने बुनियादी प्रश्न यही है कि ऐसे अन्तःशत्रुताओं से भरे रूखे सामाजिक वातावरण में मनुष्य आखिरकार अपने जीवन का आभ्यन्तरिक सार और अपनी गरिमा कैसे हासिल करे।

निर्मल वर्मा कहते हैं, "औद्योगिक क्रान्ति के बाद एक ऐसे जन समुदाय का जन्म हुआ, जिसे हम 'मास सोसाइटी' कहते हैं—मनुष्यों के पारस्परिक सम्बन्धों में बसा समाज नहीं, बल्कि अलग-अलग व्यक्तियों का संगठन, जिसे सामान्य स्मृतियों या संस्कार नहीं, राज्य के निजी स्वार्थ अनुशासित करते हैं। ऐसे समाज में एक कलाकार या तो सिर्फ एक बोहेमियन के तौर पर जी सकता है या आउटसाइडर की हैसियत से।" जाहिर है ऐसी बेरहम आधुनिक घड़ियों में ऊलजलूल जीवन के अलावा, स्मृति-खण्डों में विचरण और 'आत्म में ही आध्यात्मिक सम्पूर्णता' का अनुभव कथाकार का प्रधान लक्ष्य हो जाता है। दुनिया के कई आधुनिक कथाकारों के बारे में हम जानते हैं कि उन्होंने अपने अनुभव में 'आधुनिक' और 'आदिम' या 'आधुनिक' और 'धार्मिक' को जोड़ा है, क्योंकि सामाजिक चुनौतियों का सीधे सामना नहीं किया। निर्मल वर्मा की आधुनिकता काफी घूम-फिर कर भारतीय सभ्यता की छाँव में आती है। निश्चय ही यह उनकी अपनी परिभाषा की भारतीय सभ्यता है, "मनुष्य के आत्मबोध में 'अन्य' अनिवार्य रूप से समाहित है...इसके अभाव में मनुष्य का 'मैं' अपने में एक आत्मछलना है, मनुष्य के बारे में यह अन्तर्दृष्टि भारतीय परम्परा की एक अनुपम देन रही है।" निर्मल वर्मा ने अपनी कहानियों से अधिक निबन्धों में पश्चिमी बौद्धिकता और भारतीय रहस्यवाद का काकटेल तैयार किया। उन्होंने खुद बोहेमियन और आउटसाइडर की जिन्दगी जी। जिन्दगी के आखिरी वर्षों में वे कुम्भ के साधुओं के जीवन की तरफ भी आकर्षित हुए। उन्हें समाज और व्यक्ति के

अहं दोनों से बाहर आने का रास्ता मिला प्राचीन भारतीय किस्म के आत्मबोध में।

यदि अज्ञेय ने व्यक्ति की संस्कृति के उत्थान की अभिव्यक्ति की थी तो निर्मल वर्मा ने इस संस्कृति के पतन और 'मैं' से मनुष्य के महाभिनिष्क्रमण की। 'मैं' का अतिक्रमण कर मनुष्य यदि इतिहास में नहीं आयेगा या वह व्यक्ति के आधुनिक पुनर्जागरण में नहीं लगेगा तो उसका अन्तिम अरण्य है अतीत।

तीन

प्रेमचन्द से निर्मल वर्मा तक आते-आते साफ देखा जा सकता है कि कहानी या उपन्यास से परिवार का विलोप हो गया। स्त्री और पुरुष साथ नहीं रहते। इसी दौर की कथाकार कृष्णा सोबती, मन्नू भंडारी और कुछ अन्य स्त्री कथाकारों की रचनाएँ देखें तो पाएँगे कि यहाँ परिवार का विलोप उतना महत्त्वपूर्ण नहीं है, जितना महत्त्वपूर्ण है परिवार में स्त्री की जगह का सवाल। अभी ऐसी जगहों पर 'व्यक्ति' नहीं उजड़ा है, क्योंकि अभी वह पूरा बन ही नहीं पाया है। अभी भी अनगिनत लोगों में 'व्यक्ति का जन्म' बाकी है। पश्चिम में उपन्यास धर्म और ईश्वर की धारणाओं से टकरा कर जन्मा था, वह वैयक्तिक संघर्षों का वाहक था। वहाँ व्यक्ति के भीड़ का अंश बनने में, उसके संवेदनशून्य आत्महीन मनुष्य बनने में कई सौ साल लगे थे। भारत के मनुष्य में 'व्यक्ति' ठीक से जन्मा भी नहीं था कि सामुदायिक और उपभोक्तवादी झुंड सामने आ गए।

निर्मल वर्मा की कई कहानियों में व्यक्ति है, जो अकेलेपन की उपलब्धि है। 'कव्वे और काला पानी' में कथानायक के बड़े भाई शहर से दूर एक पहाड़ी गुफा में चले गए और सहजी बाबा बनकर रहने लगे। उन्होंने अकेलेपन का कालापानी खुद चुना, हालाँकि एकाकी जीवन में भी उन्हें अपने घर से दूर होने का अहसास नहीं है। उनकी जीवन शैली देखकर कथानायक का एक न्यूट्रल ग्राउण्ड से बार-बार चौंकना एक तरफ बाबा के अकेलेपन को रहस्यात्मक अर्थ देता है, दूसरी तरफ शहर की अर्थवादी आधुनिक संस्कृति की 'एब्सर्डिटी' भी उभारता है। शहर और इस एकाकी पहाड़ का अन्तर बतलाते हुए सहजी बाबा कहते हैं, "अन्तर है...वहाँ दूसरों के लिए मेरा कोई मतलब नहीं था।...यहाँ दूसरे नहीं हैं।" निर्मल वर्मा की नजर में 'अन्य को अपने भीतर ढालने की अनवरत प्रक्रिया' में 'दूसरा' रह ही नहीं जाता। आधुनिक शहर में घर-परिवार के लोगों के बीच, अर्थवादी संस्कृति की स्वार्थपरता की छायाओं में सहजी बाबा को हमेशा महसूस होता था कि वह अकेले हैं, जबकि एकान्त पहाड़ पर 'संलग्नता का एक सर्वव्यापी बोध' है। निर्मल वर्मा ने अकेलेपन से मुक्ति के लिए अकेलेपन को ही चुना था—किसी वैश्विक 'सम्पूर्ण' के साथ

अन्तःसक्रिय अकेलेपन को। यह आत्मीय अकेलापन था, अपने भीतर एक वैसी ही विरोधिता को समेटे था, जो आत्मीय परायेपन या आत्मीय अजनबीपन में थी।

निर्मल वर्मा सचेत भाव से दुनिया के यथार्थों से सारे आन्तरिक रिश्ते तोड़कर अपनी कथात्मक दुनिया बनाते हैं, जिसमें समय का बोध ऐतिहासिक समय से अलग है। 'लन्दन की एक रात' में उनकी दूसरी दुनिया एक ऊलजलूल बहस में है। 'जलती झाड़ी' में यह जलते हुए सूखे पत्तों, टापू और झाड़ी से दूर किसी अज्ञात बिन्दु पर है। 'डेढ़ इंच ऊपर' में यह साथ बैठने के बावजूद अपनी-अपनी बियर पर अकेले होने के सुख में है। 'माया दर्पण' में यह मनुष्य के अतीत में है। निर्मल वर्मा का अनुभव स्मृति-खंडों के औपन्यासिक तन्तुजाल में कम्पोज होकर फैलता है। वह एक धूसर चुप्पी के अनहद नाद में अर्थ पाता है, कहीं कोई अर्थपूर्ण हस्तक्षेप देखने को नहीं मिलता।

चार

निर्मल वर्मा का कहना है, "लेनिन का यह कथन कि साहित्य महज जनता की सेवा करने का उपकरण है या सार्त्र की यह स्थापना कि साहित्य रचना स्वयं ही एक नैतिक कर्म है—ये दोनों रुख साहित्य और मूल्यों की समस्या को सुलझाते नहीं, उससे कतराकर निकल जाते हैं।" निर्मल वर्मा विचारधारा की ही तरह अनुभववाद के भी विरोधी हैं। इन दोनों की जगह आस्था की जरूरत प्रतिपादित करते हैं, "अनुभव के ताने-बाने में आस्था अनिवार्य रूप से बुनी होती है, मगर फिर भी वह उससे परे, उसके पार ले जाती है।" उनकी नजर में, "साहित्य विचारधारा से स्वतन्त्र रूप में आस्था का संवाहक है।" यह आस्था में अधडूबा सन्देह भी हो सकता है, थोड़ी आस्था-थोड़ा सन्देह। इस मामले को पश्चिम की 'बुद्धि' और भारत के 'अध्यात्म' की सिंथीसिस समझना भूल होगी। यह वस्तुतः दुविधा की जमीन है, जहाँ आस्था और सन्देह अन्तःसक्रिय होकर कुछ भी कर सकते हैं। ये परस्पर एक-दूसरे को उन्नत कर सकते हैं और 'करप्ट' भी। आस्था सन्देह में और सन्देह आस्था में तिरोहित हो सकता है। यह प्रश्न भी है, किस पर आस्था, किस पर सन्देह? यह भी चिन्ताजनक है कि सन्देह में अधडूबी आस्था और आस्था में अधडूबे सन्देह की परिकल्पना एक सार्वभौम तेवर के साथ उपस्थित है। निर्मल वर्मा की अपनी चुनी हुई आस्थाएँ हैं, अपने चुने हुए सन्देह हैं। अक्सर उनकी आस्थाएँ एक ही तरफ भागती दिखाई देती हैं—अकेलेपन में ही सम्पूर्णता और संलग्नता के सर्वव्यापी बोध की तरफ। सन्देह भी एक ही तरफ ज्यादा उमड़ता है—साम्यवादी आदर्शों पर। निश्चय ही अपनी आस्थाओं को जाँचते रहना जरूरी है और उन्हें विकसित करते रहना भी। फिर भी आज क्या

कोई ऐसी आस्था हो सकती है जो समाज से सम्बन्धित न हो?

कला की स्वायत्तता से आस्था की स्वायत्तता तक की यात्रा में निर्मल वर्मा मुख्यतः आत्म-स्वायत्तता चाहते हैं। वे सैद्धान्तिक रूप से अपने को आधुनिकता की इन दोनों चीजों—कलावाद और अनुभववाद—से मुक्त कर लेते हैं। फिर भी इन दोनों के मुहावरे और क्लिचे उनके लेखन पर छाये हैं, क्योंकि यह वास्तविक प्रस्थान नहीं था। उन्हें यह स्वीकार करने में आज भी हर्ज नहीं होता कि उनकी कला की कोई सामाजिक प्रासंगिकता नहीं है। वे कहते हैं, "वास्तव में कला की कोई सामाजिक प्रासंगिकता नहीं है" और "इसका सच अपने आप में है, स्वायत्त और आत्मतुष्ट है।'' वे कला ही नहीं, अपनी आस्था के बारे में भी कुछ ऐसा ही सोचते होंगे। इस मामले में उनका आत्मतुष्ट होना 'सन्देह में अधडूबी आस्था' के सन्दर्भ में आत्मघाती ही कहा जाएगा। सन्देह आत्मतुष्ट कैसे रहने देगा? निश्चय ही कुछ विरोधाभास हर लेखक में होते हैं, निर्मल वर्मा भी इससे बरी नहीं थे, हालाँकि उन्होंने सब कुछ बहुत सावधानीपूर्वक लिखा।

इसमें सन्देह नहीं है कि कोई कथा पढ़ना आईने में अपने को जस का तस देखने से एक अलग मामला है। यह हमेशा ही एक अलग मामला रहा है। इसका यह अर्थ नहीं है कि कथाकार विस्मयों से भरी एक ऐसी मनगढ़न्त दुनिया में ले जाता है, जिसमें कोई रास्ता समाज की तरफ नहीं खुलता। खासकर आधुनिक समाज में जब लोग एकाकी होते जा रहे हों और झुंड संस्कृति का बोलबाला हो, मनुष्यता की बिछुड़ती ऐतिहासिक उपलब्धियों के लिए तड़प ज्यादा होती है। निःसन्देह समाज एक ऐसी ही उपलब्धि है, यह बदलता रहकर ही हमेशा मनुष्य के लिए है। कहा जा सकता है कि मनुष्य अपना मनुष्यत्व समाज से बाहर नहीं पा सकता। फिर भी कुछ वजहों से निर्मल वर्मा कहानी को समाज से बाहर रखना चाहते हैं। वे मनुष्य के अकेलेपन के वास्तुकार बनकर उभरते हैं। वे अपने व्यर्थताबोध और आत्मविहीनता से शुरू करके आध्यात्मिक सम्पूर्णता की खोज तक अपनी कथा में निश्चय ही एक लम्बा सफर तय करते हैं।

आज 'पाठक की मृत्यु' की घोषणा होती है, उत्तर-आधुनिक परिदृश्य में पाठक कहीं नहीं है। पाठक वस्तुतः एक आधुनिक परिघटना है। यदि रचनाकार के पास सृजनकर्ता की कल्पना होती है तो पाठक के पास ग्रहणकर्ता की कल्पना होती है। यह आधुनिक जमाने में सम्भव हुआ कि पाठक एक सजीव सत्ता बना। निःसन्देह पाठक भी समाज के बाहर नहीं बनता, जिस तरह लेखक समाज के बाहर नहीं बनता। निर्मल वर्मा बुनियादी रूप से एक भिन्न धारणा लेकर चलते हैं, "पुस्तक का टेक्स्ट हर पाठक के साथ बदलता रहता है, एक तरह से पाठक ही रचना का निर्माता बन जाता है। रचना का कोई एक मूल, स्थायी सत्य नहीं होता, न ही

किसी बाहरी सन्दर्भ में उसका मूल्यांकन हो सकता है। हर रचना न केवल अपने में स्वायत्त है, बल्कि अन्तःसन्दर्भित भी होती है।" उनके कहने का अभिप्राय है कि हर पाठक अनोखा होता है, साहित्य की दुनिया ही निराली होती है। उसका समाज और इतिहास से कोई रिश्ता नहीं है। निर्मल वर्मा ने कलात्मक मेहनत से अपनी कृतियाँ लिखी हैं, उनकी भाषा में एक गुनगुनाती चमक है। फिर भी ऐसा नहीं लगता है कि उन कृतियों में इस हद तक अमूर्तन है कि एक पाठक से दूसरे पाठक के अनुभव में कोई बड़ी भिन्नता आती है या उनकी इतनी व्याख्याएँ हो सकती हैं कि उनमें साझी चीजें न हों। वे इतनी अन्तःसन्दर्भित हों कि उस समाज से हर रिश्ता टूट जाए, जिसमें वे रची गयी हैं। आखिरकार अकेलापन हो या अजनबीयत और आत्मपरायापन, ये सामाजिक उत्पादन ही हैं, भले नकारात्मक या निषेधवाची!

निर्मल वर्मा की कई कहानियों और विचारों में देखा जा सकता है कि उनमें सत्य खोजने का ही नहीं पाने का भी दावा है, हालाँकि वर्तमान युग में हर सच विवादास्पद बन चुका है। संयोग से 'अँधेरे में' मुक्तिबोध की एक कविता का शीर्षक है और निर्मल वर्मा की एक कहानी का भी। मुक्तिबोध के 'अँधेरे में' चीजें सामने उभर आती हैं, निर्मल वर्मा के 'अँधेरे में' वे धूमिल हो जाती हैं। उनके अँधेरे मन में मुक्तिबोध की तरह भीतरी जद्दोजहद नहीं है, स्थिति से एक मौन समझौता है। कहानी 'अँधेरे में' में एक बीमार बच्ची है, जो पर्याप्त सुविधा और देखरेख में पल रही है यह बच्ची वयस्कों की परिष्कृत मध्यवर्गीय क्रूरता और पापबोध से भरी दुनिया का एक कोमल प्रति-ध्रुव रचती दिखाई देती है। वह अपनों के दूरत्व और परायों की निकटता के बीच तनाव का बोध कराती है। वह अपनी माँ के प्रेमी वीरेन चाचा की संवेदनशीलता से ज्यादा प्रभावित है। वह बड़ी होकर उनकी स्मृति को बचाती है। उसके पास वीरेन चाचा की दी हुई एक किताब है, जिसके भीतर उसने एक फोटो रख छोड़ी थी। उस फोटो में माँ के साथ वीरेन चाचा अपने भीतर के भाव को छिपाते हुए खड़े हैं, यह फोटो खुद उसने खींची थी। कहानी 'परिन्दे' हो या 'अँधेरे में' या आखिरी उपन्यास 'अन्तिम अरण्य', निर्मल वर्मा की रचनाओं में स्मृति एक महत्त्वपूर्ण तत्त्व बन कर आती है, क्योंकि यह उनका बौद्धिक शरणस्थल है।

निर्मल वर्मा की कथाएँ उनके स्वतन्त्र रचनात्मक निर्माण हैं। उन्होंने अपने पात्र और विचार के बीच कोई विभाजक रेखा नहीं रखी, हर पात्र को सहानुभूति से रचा। वहाँ कोई खलनायक नहीं है। निश्चय ही उनकी कथाएँ उनकी अपनी खोजी हुई दुनियाएँ हैं, जो देशकाल से मुक्त हैं। ऐसी दुनियाएँ प्रत्यक्ष धरती पर जहाँ परिवार, नौकरी, जाति, राजनीति, धर्म, बाजार और शत्रु-मित्र की ढेरों समस्याएँ हैं, कभी दिखाई नहीं देतीं। वे सिर्फ स्मृतियों और कल्पनाओं से उतरकर पाठकों के सामने

उपस्थित होती हैं। वहाँ स्मृतियाँ हैं, किन्तु आशा नहीं है, क्योंकि इतिहास नहीं है।

निर्मल वर्मा एक कहानी 'दूसरी दुनिया' में ऐसे निष्कलंक संसार की खोज करते हैं, जहाँ एक भोली लड़की ग्रेता है। वह पेड़ों और कबूतरों के आसपास पूरी उमंग से खेलती-कूदती है। वह एक साधारण लड़की है, कबूतर को दाना खिलाना चाहती है। कथानायक 'मैं' को तब तकलीफ हुई, जब उसने देखा कि कबूतर का दाना खरीद कर देने के लिए लड़की के पास पैसे नहीं हैं। दूसरे दिन कथानायक फिर उसी जगह पहुँचा, जब उसके पास पैसे थे, पर उस समय तक बच्ची जा चुकी थी। सबकुछ अतीत हो चुका था, फिर भी सब कुछ था वहाँ। वह स्मृति में बच्ची के साथ था, वह वस्तुतः एक निष्कलंक संसार में था।

एक कहानी 'माया दर्पण' की तरन अपने बूढ़े पिता के बुढ़ापे की अनावृत्त भावदशा देखकर उन्हीं के साथ रह जाने का फैसला करती है। वह विवाह नहीं चुनती। उनके उपन्यास 'अन्तिम अरण्य' का कथानायक 'मैं' भी वृद्ध मेहरा साहब के साथ रह जाता है, वह उनके मरने के बाद अस्थि विसर्जन तक साथ होता है। निर्मल वर्मा की दुनिया में रिश्ते क्षणिक हैं या वे वस्तुतः नहीं हैं। केवल स्मृतियाँ हैं, अतीत के साथ रहने की साहसिक चेष्टाएँ।

'माया दर्पण' के तरन के बाबू का अकेलापन बरसों पहले के अपने एक शानदार फोटो पर अटका हुआ था। वे अब बूढ़े हो चले हैं, आगे की ओर नहीं देख सकते—इसकी गुंजाइश नहीं है। किन्तु जवान तरन भी अपना भविष्य जला लेती है, "वह अकेली रहेगी, किन्तु बाबू की छाया से बँधी हुई। और बाबू का अकेलापन हमेशा उसकी जिन्दगी से जुड़कर रहेगा।" दोनों साथ हैं और अकेले भी। निर्मल वर्मा के पात्र अपना भविष्य जलाकर सफर में होते हैं। वस्तुतः भविष्य जहाँ है, वहाँ अकेलापन नहीं है। वहाँ परिवार है, पब्लिक है, देश है और दोस्त-दुश्मन हैं, वहाँ स्मृति के साथ आशा भी है।

आमतौर पर आदमी अकेला रहना नहीं चाहता, वह साथ खोजता है। उसकी यह प्रकृति नहीं है कि वह सृष्टि में सम्पूर्णतः अकेला रह जाए। वह माँ-पिता का, मित्र का, पत्नी या प्रेयसी का, सहकर्मी का, संसार का, देश का साथ चाहता है। स्थितियों में पड़कर वह कभी अकेला हो जाता है, फिर भी इसे नियति नहीं बनाना चाहता। अ-सामाजिकता मनुष्य की प्रकृति के विरुद्ध है, हालाँकि टीवी और उपभोक्ता संस्कृति अब उसे अ-सामाजिक बना रही है और उसका अकेलापन छीन रही है। वैश्वीकरण भी स्थानीय स्तर पर झुंड बना रहा है, अकेलेपन की संस्कृति उजड़ रही है। सामान्यतः आधुनिक समाज में अकेलापन समस्यामूलक होता है, जबकि निर्मल वर्मा अपने अकेलेपन को समस्याहीन बनाकर रखते हैं। उनके कथा-साहित्य में पात्र अपने निर्विकार अकेलेपन में किसी भविष्य या आशा से दूर ठहरे हुए क्षणों की

तीखी 'एब्सर्डिटी' में जीते हैं।

निर्मल वर्मा का अकेलापन उनकी स्मृतियों की प्रयोगशाला है, उनकी रचनाभूमि है। वह लगभग धार्मिक शब्दावली अपनाकर 'ईश्वर अगर फूल और वृक्ष है' में कहते हैं, "इन दिनों मैंने अपने बारे में यह परम सत्य पाया है कि मेरा अकेलापन वह यथार्थ है जो मेरी 'फैंटेसी' को रूपायित करेगा, सिर्फ उसे फार्म नहीं देगा, बल्कि उसकी त्वचा के नीचे अर्थ को खोजेगा, जो सिर्फ मेरा है और जिसे मैं 'यज्ञाहुति' की तरह उस पर चढ़ा सकूँगा, जो मैंने सृजित किया है, अर्थ जो चढ़ाया हुआ भोग भी है और बचा हुआ प्रसाद भी।" निर्मल वर्मा का अकेलापन सृजित है। वह अकेलेपन में जो 'इच्छापूर्ति सोच' करते हैं, वह भी सृजित है। उनकी फैंटेसी या इच्छापूर्ति सोच सृजित का सृजन है। इसका सारा अर्थ 'अकेलेपन में ही सम्पूर्णता के अहसास' में है।

निर्मल वर्मा की डायरी (धुन्ध से उठती धुन) का एक अंश है, "जिस दिन मैं अपने अकेलेपन का सामना कर पाऊँगा–बिना किसी आशा के–ठीक तब मेरे लिए आशा होगी, कि मैं अकेलेपन में जी सकूँ।" उनका सारा लेखन उनकी अपनी जीवनशैली और सोच से उपजा है, यह कथन विवादित हो सकता है। उनके कथा चरित्र उनकी सोच के कठपुतले हैं, यह भी विवादित हो सकता है। मगर उन्होंने अपने बारे में एक उल्लेखनीय बात कही है, "अगर कोई मुझे एक इच्छा पूरी करने का वरदान दे, तो मैं बार-बार एक ही वरदान माँगूँगा–जो मेरे जीवन और लेखन के बीच की खाई पाट सके। मेरे लिए इससे बड़ा सुख कोई नहीं, इससे बड़ी कामना कोई नहीं।" आजकल के बहुत से लेखक, बड़े-बड़े लेखक भी हिपोक्रेट हैं। उनके 'दिखने' और 'होने' में फर्क होता है। निर्मल आमतौर पर ऐसे नहीं थे। उन्होंने अपनी दूसरी या तीसरी दुनिया बनायी तो वे इस पहली दुनिया में रहकर भी प्रायः अनुपस्थित थे। उन्होंने वही लिखा जो जिया और बने।

पाँच

उनका अन्तिम उपन्यास 'अन्तिम अरण्य' (1993) खुद उनका अपना भी अन्तिम अरण्य था। इसमें वह बूढ़े मेहरा साहब के नहीं मानो अपने शव की अस्थियाँ चुन रहे थे। यह अपने 'मैं' को दफनाने का रूपक भी है। वे मानो खुद ही अपनी बची तृष्णाओं को कव्वा बनकर चुग रहे थे, "आप सोचते हैं, जो (कव्वे) अपनी भूख मिटाने आये हैं...वे उन तृष्णाओं को चुनने आते हैं, जो लोग पीछे छोड़ जाते हैं।...आप क्या सोचते हैं–देह के जलने के बाद मन भी मर जाता है? आपको मालूम नहीं, कितना कुछ पीछे छूट जाता है।" एक हिन्दू रिचुअल का 'अन्तिम अरण्य' में इतना

महिमामंडन 'गोदान-कफन' के पुराने व्यंग्य-विडम्बना को पलटता हुआ आधुनिकता से उत्तर-आधुनिकता में छलाँग का आभास देता है।

कुछ है जो शाश्वत है, इस धारणा को निर्मल वर्मा ने अपने सृजन के उत्तर काल में चुन लिया था। स्वायत्तता, सम्पूर्णता, शाश्वतता—सब एक जगह। समाजवादी सम्पूर्णता बरक्स आध्यात्मिक सम्पूर्णता। अन्तिम अरण्य आदमी के भीतर है, पठार और पहाड़ों में फैला। सुन्दर कन्ट्रास्ट के साथ एक बिम्ब है, "बाजार की आवाजें एक अजीब गुनगुनाहट में नीचे से उठ रही थीं...आधी धूप, आधे-अँधेरे के डाँवाडोल उजाले में चट्टानें किसी मिथकीय काल के पक्षी-सी जान पड़ती थीं अपने पथरीले पंखों के साथ हवा में अचल जमी हुई।" यह हिन्दी उपन्यास में एक दूसरा ही गद्य है। निर्मल वर्मा दिखाते हैं कि ये जो चट्टानें हैं, वे न जाने कितने दौड़ते-फिरते जीव-जन्तुओं की फॉसिलें हैं—शाश्वतता का रूपक रचतीं!

—"...कहाँ हैं अब वे सब? क्या तुम उनके जीने, उनके होने का एक भी सुराग देख सकते हो? कहाँ चले गए सब...कहाँ हैं वे?"

—"वे सब यहाँ हैं...लेकिन हम उन्हें देख नहीं सकते।...जीव और जड़ में कोई अन्तर नहीं...एक विराट कायाकल्प, मेटामौरफॉसिस, हर चीज बदल जाती है, लेकिन रहती वही है, जैसी लाखों साल पहले थी...शेक्सपियर के नाटक देखे हैं...कैसे एक एक्टर स्टेज पर अलग-अलग रूप धारण करके आता है...हमें लगता है, वह कोई दूसरा है जिसे हम देख रहे हैं, जबकि दूसरा वही है जो पहले एक्ट नें आया था जिसे तुम तब्दीली कहते हो...वह सब कुछ के भीतर बहती हुई लीला है—रामलीला।"

निर्मल वर्मा कहते हैं, तब्दीली एक लीला है। उनकी दिलचस्पी परिवर्तन में नहीं, शाश्वतता में है। यह इतिहास को कायाकल्प और फॉसिल के रूप में पढ़ना है, हर चीज बदल जाती है लेकिन रहती वही है। वे दरअसल इतिहास को पढ़ना नहीं चाहते, "पहली बार मैं वह लिख रहा हूँ जो महसूस करता हूँ, वह नहीं जो मुझे महसूसस करना चाहिए। शायद यह एक कदम है—छोटा कदम—अपनी तरफ बढ़ने का, अपने साथ ही जीने का...।" (ईश्वर अगर फूल और वृक्ष है)।

दुनिया के पचड़े हकीकत हैं। आदमी न भी चाहे, उसे इनमें पड़ना होता है। दंगे होते हैं, किसानों की आत्महत्या, जातीय नरसंहार, रसोई गैस की कीमत में वृद्धि, इधर-उधर दलाली-घोटाले, घर-दफ्तर के तनाव, आतंकवाद, कर्ज भार, संसद में कोलाहल, इस तरह समूची जिन्दगी ही भागदौड़ से भरी होती है—पचड़ों से लदी। आधुनिक सभ्यता के चरम पर भी लड़की की शादी के लिए दहेज और वधुओं का अग्निदाह हकीकत है। दुनिया में बाजार एकजुट हो रहे हैं, जबकि समाज बँटता जा रहा है और गरीबों की गरीबी बढ़ती जा रही है। निःसन्देह पवन, पानी, मिट्टी और वनस्पतियों की तरह ही दुनिया के पचड़ों को, राजनीति में डूबी समस्याओं को,

सिर पर कर्ज को आदमी अपनी जिन्दगी से बाहर नहीं निकाल सकता। ये लीलाएँ नहीं हकीकत हैं।

फिर भी आदमी में कुछ क्षण अपने साथ ही रहने और जीने की प्यास हो सकता है। इसे अपने को जानने, जाँचने, अपनी सभ्यता के साथ अपने बनते-बिगड़ते रिश्ते को पहचानने की आकांक्षा कहा जा सकता है। इसके लिए मनुष्य अक्सर सामर्थ्य के अनुसार यात्राओं पर निकलता है, कलाओं और पुस्तकों की दुनिया में आता है, कुछ नहीं तो वह अचानक पास से गुजरते अपरिचित व्यक्ति की निर्मल हँसी में या पेड़-पौधों में कुछ ढूँढ़ने लगता है। कश्मीर के पाकिस्तानी और भारतीय हिस्सों में आये भूकंप के मलवों के बीच लोग सारे पचड़े भूलकर करुण आवेग के साथ कुछ ढूँढ़ ही तो रहे थे। भूकंप में दबे बच्चों के संसार में सबके बच्चे थे। एक प्रश्न यहाँ है। आम पाठकों को निर्मल वर्मा की कृतियों को पढ़ते हुए कलात्मक तृप्ति क्यों मिलती है? क्या इसलिए कि वे पाठक को थोड़ी देर खुद अपने साथ रहने का अवसर देती हैं, वह एक भिन्नता महसूस करता है, क्या इसलिए कि एक बिछुड़ती हुई महान सभ्यता से, यदि ऐसा कहा जाए, उसका हठात सामना हो जाता है या इसलिए कि उसकी विराट ऊब टूटती है—उसके अकेलेपन को कला से एक महान आश्वासन मिलता है? कलाओं और साहित्य के ये सामान्य काम हैं, वे इन सबके अलावा और करती क्या हैं? वे आदमी को थोड़ा स्पेस देती हैं, जहाँ वह दुनिया को भिन्न कोणों से देखता है, खुद कुछ सोचता है और अपने को पुनरुपलब्ध करता है। चिन्ताजनक यह है कि आज आदमी के पास कुछ क्षण अपने पास रहने का अवकाश नहीं है। वह अकेला कहाँ है!

निर्मल वर्मा कुछ-कुछ उन भक्त कवियों की याद दिलाते हैं, जो इहलौकिक खुशहाली न पाकर अपने-अपने ईश्वर के साथ पारलौकिक खुशहाली खोज रहे थे। उन्होंने अपने 'हूँ' और अहं से मुक्ति पा ली थी। निर्मल वर्मा वास्तविक जीवन में विखंडता, हिंसा, स्पर्धा और सभ्यतागत संकट देखकर, इस दुनिया में सम्पूर्णता का व्यापक बोध न पाकर अपनी 'दूसरी' और 'तीसरी' दुनिया में स्मृति के तन्तुओं से उस सम्पूर्णता का काल्पनिक पुनःसृजन करते हैं। वहाँ उन्हें ईश्वर की-सी अनुभूति कराने वाली 'कोमल स्नेहिलता' मिलती है, सम्पूर्णता के साथ केन्द्रहीनता भी मिलती है। आदमी के गौरव की रक्षा सम्पूर्णता के बोध के बिना नहीं होती। अन्धे भौतिक विकास ने आदमी को सत्ताओं के विराट यान्त्रिक संगठन के पुर्जे में बदल कर उसका गौरव मिटा दिया है। व्यक्ति ने अपनी आंतरिक शक्ति, सौजन्य और अन्य आदर्श खो दिये हैं, व्यक्ति की संस्कृति का पतन हो गया है। मानव प्रगति, स्वतन्त्रता और अखंडता के मूल्य नष्ट कर दिये गए हैं। मनुष्य का आत्मजगत भी छीन लिया गया है। निर्मल वर्मा ने 'अकेलेपन' में ही 'सम्पूर्णता के अहसास' के जो वृत्तान्त दिये, वे वस्तुतः अनोखे हैं। ये कला में कुछ शाश्वत अनुभवों को बचाकर सभ्यता के लिए

बीज जुटाने और मानव गरिमा की रक्षा के प्रयास कहे जाएँगे या समाज से सम्पूर्ण पलायन, इस पर बहुत आसानी से कुछ भी नहीं कहा जा सकता।

निःसन्देह निर्मल वर्मा पूँजीवाद के समर्थक कथाकार नहीं हैं। उनकी कृतियों में मनुष्य का जो अकेलापन है, वह पूँजीवाद की देन है। वह व्यक्ति स्तर से इसका विरोध करते हैं। निश्चय ही वह पूँजीवादी व्यवस्था की अमानवीयताओं का साक्षात्कार किसी सामाजिक मूल्य की रोशनी में नहीं करते, एक खास किस्म की वैयक्तिक नैतिकता के अँधेरे में ऐसा करते हैं। उन्हें भविष्य-दृष्टि से ही नहीं वर्तमान से भी एतराज है। उपन्यास सामान्यतः वर्तमान के कलात्मक जन-इतिहास होते हैं। निर्मल वर्मा भविष्य और वर्तमान की जगह अतीत को चुनते हैं और उसे अनैतिहासिक नजरिये से देखते हैं। उनकी कृतियाँ पूँजीवादी व्यवस्था की अमानवीयता से नाखुश, ऊबे हुए और सन्त्रस्त भीतरघुन्ना के आत्मबोध के नतीजे हैं। वे मध्यवर्गीय निराशा और पाप-शंकालुता से उबरने के प्रयत्न भी कही जा सकती हैं।

उनकी रचनाओं में जो संरचनात्मक पवित्रता है, उसका सम्बन्ध एक बुद्धिजीवी कथाकार की कुछ ज्यादा ही ऊपर उठी ऐसी बौद्धिक गतिविधियों से है जो मिथ्या वस्तुओं को भी कल्पना की अन्तहीन ऊर्जा से, कभी संकेतात्मक और कभी रूपकात्मक प्रक्रिया में, सच बनाकर उपस्थित कर देती हैं। यह सच भाषा के टुकड़ों में कौंधता है। वह यथार्थ नहीं होता। यथार्थ इस ठंडे किस्म के पृथक्कृत अस्तित्त्व वाले अति कल्पनाशील आधुनिक लेखक के अन्तःक्रन्दन का, अलगाव में उसकी ठिठुरन का या अपने लिए एक दूसरी दुनिया बना लेने का बस एक औजार है। इसके बावजूद नहीं कहा जा सकता कि निर्मल वर्मा एक मानव-विरोधी कथाकार हैं। वे मानवीय सत्ता की अखंडता के एक अति-संवेदनशील कथाकार हैं। मनुष्य में बचे-खुचे अनुराग, सहानुभूति और करुणा के उनके निरन्तर सन्धान से यह और स्पष्ट हो जाता है कि उनकी रचनाओं में मानवीय तत्त्वों की प्रचुरता है।

निर्मल वर्मा का अपने साहित्यिक लेखन के उत्तर काल में भारतीय सभ्यता और धर्म के प्रति आकर्षण बढ़ जाता है, वे धार्मिक शब्दावलियाँ अपनाने लगते हैं और कृष्ण के विश्वरूप-सी एक अनोखी 'सम्पूर्णता' की कल्पना कर लेते हैं। यह देखकर प्रश्न जगना स्वाभाविक है, क्या ये वही 'लन्दन की एक रात' वाले निर्मल वर्मा हैं। 'अन्तिम अरण्य' में व्यर्थताबोध को हटा कर आ जाता है एक खास किस्म का दिव्यताबोध। उन्हें हिन्दुत्ववादी नहीं कहा जा सकता, क्योंकि उनके लिए 'ईश्वर', 'यज्ञाहुति', 'तर्पण' जैसे शब्द सिर्फ मुहावरे हैं। यह आम हिन्दी पाठकों के बीच 'एलिअन लेखक' की अपनी बनी छवि को तोड़ने की कोशिश हो सकती है, यह आधुनिकता का बुढ़ापा भी हो सकता है। एक लेखक चेतनागत किसी बुनियादी परिवर्तन से न गुजरे और अपने मुहावरे बदल ले तो शंका होती है।

छह

असल समस्या वहाँ है, जहाँ निर्मल वर्मा आधुनिकता और उत्तर-आधुनिकता की सन्धि रेखा पर हैं। सम्पूर्णता और समग्रता की परियोजनाएँ वस्तुतः आधुनिकता की हैं, लेकिन इन्हें लीला बना देना एक उत्तर-आधुनिक खेल है। उत्तर-आधुनिक उपन्यास में भविष्य की ओर ले जाने वाला एकरेखीय वृत्तान्त नहीं होता। भविष्य से तलाक का मामला हो या अतीत से गठबन्धन का, ये बड़ी लोकप्रिय उत्तर-आधुनिकताएँ हैं, जिनमें निर्मल वर्मा शामिल होते हैं। किन्तु उत्तर-आधुनिकता की बुनियादी जमीन 'वर्तमान' है, जहाँ से वे एकदम कूच कर जाते हैं। उनका 'सेकुलर' का विरोध उत्तर-आधुनिक परियोजना का हिस्सा है। वे उत्तर-आधुनिक 'केन्द्रहीनता' की बात करते हैं। साथ ही 'खंड-खंड, अलहदा अनुभवों में से एक सुसंगत अर्थ निकालने के लिए उनके बीच सम्बन्ध-सूत्रों की जी-तोड़ तलाश' भी करते हैं। उनमें आधुनिक और उत्तर-आधुनिक का द्वैत कई स्तरों पर मिलता है। पूँजीवाद ने अनुभव और तर्क के अन्तरसम्बन्धों को विपर्यस्त कर दिया था। इसका विकल्प वे अनुभव और आस्था को जोड़ कर देते हैं। सन्देह से उपन्यास का जन्म हुआ था। मनुष्य जब तक सन्देह करने की शक्ति रखेगा—वह जब तक धर्म, शासन और बाजार-व्यवस्था पर सन्देह कर सकेगा, उपन्यास बचा रहेगा। निर्मल वर्मा 'सन्देह में अधडूबी आस्था' कहकर उपन्यास की मूल जन्मभूमि को ही विचलित कर देते हें। वे एक साथ 'शाश्वतता' और 'स्वायत्तता' दोनों चाहते हैं, जबकि उत्तर-आधुनिकता दोनों का खेल बिगाड़ने पर तुली है।

उत्तर-आधुनिकतावादी रुझान का एक महत्त्वपूर्ण बिन्दु है इतिहास का निषेध। निर्मल वर्मा का कहना है, "मनुष्य सिर्फ ऐतिहासिक प्राणी नहीं है। इतिहास में वह जीता जरूर है (उसका कोई विकल्प नहीं है) लेकिन वह उसका 'घर' नहीं है। वह उसमें निर्वासित व्यक्ति की तरह जीता है।" वे कला और इतिहास के सम्बन्ध को कला पर इतिहास के आतंक के रूप में देखते हैं, "कला, जो परिवर्तन के विपरीत, एक स्थिर और चिरन्तन विश्वास पर टिके रहने की चेष्टा है, क्या अपने सत्य का रेफरेंस किसी ऐसे मूल्य में खोज सकती है जो स्वयं इतिहास से उपजा है, और कभी भी मृत और अप्रासंगिक हो सकता है?" यह प्रश्न बार-बार पूछा गया है। पर यह भी अनजाना नहीं है कि चिरन्तनता का दावा करके सामने आने वाली कलाएँ भी इतिहास में बार-बार धराशायी हुई हैं।

कला इतिहास का महज आईना बनकर ही बेजान नहीं होती, वह इतिहास की धड़कनों को खोकर भी बेजान होती है। निर्मल वर्मा चेकोस्लोवाकिया सिंड्रोम से बहुत उखड़ चुके थे। वे पश्चिम के उन लेखकों से बहुत प्रभावित थे, जो 'ऐतिहासिक

निर्धारणवाद' की क्रूरता से बेचैन रहा करते थे। निर्मल ने इतिहास से बाहर निकलने की प्रेरणा भारत के प्राचीन धार्मिक साहित्य से ली, जिसमें कला बिना किसी क्रम का एक चिरन्तन प्रवाह है। वे कहते हैं, जो कालबोध "हमारे सामान्य देशवासियों को सहज रूप से प्राप्त है, वह हमारे आधुनिक लेखकों के लिए विलुप्त-सा हो गया है।...मैं अपने को अपने देश की अनेक ऐसी विलुप्त, उपेक्षित, विस्मृत परम्पराओं के बीच पाता हूँ।" इधर समाज में विस्मृत परम्पराओं के उत्थान के नाम पर धार्मिक अन्धविश्वासों, रूढ़ियों और दिखावों का महिमामंडन बढ़ा है। इनके प्रति आलोचनात्मक बुद्धिवादी रुख कमजोर पड़ा है। यह आधुनिकता की सिकुड़न है। विकास की आत्मविध्वंसकारी सभ्यता से घायल मन का प्राचीनता में पुनःअवतरण, अकेलेपन की आध्यात्मिक छांह और धर्म का बाजारीकरण—ये सचमुच चिन्ता के विषय हैं। यह भारतीय संस्कृति के प्रति उमड़ा प्रेम या 'कल्चरल इथॉस' नहीं है। यह इतिहास पर मिथकों का हमला है, जो समाज में ऐसी तस्वीर बनाता है जो एकसाथ करुण और हास्यास्पद दोनों है।

यदि इतिहास में जीना दासता है—आत्मनिर्वासन है, अतीत की स्मृति में जीना कैसे मुक्ति है? भारत में कौन नहीं जानता कि इस अतीत में सीता वनवास है, नंगी की गयी द्रौपदी है, मनुस्मृति के पंजे हैं, देवताओं की आपसी लड़ाइयाँ हैं, जैन मन्दिरों के ध्वंसावशेष हैं, स्त्रियों का शोषण है, तन्त्र-मन्त्र-बलि-चमत्कार सबकुछ है। यहाँ उर्वशी-रम्भा हैं, युद्ध हैं और अकाल हैं। अतीत करोड़ों लोगों के लिए एक ऐसा यातना-गृह है, जहाँ से लाखों लोग भाग कर ईसाई या बौद्ध हो गए। इतिहास में यातना-गृह हैं तो मुक्ति-द्वार भी हैं। इतिहास में ही मुक्ति-द्वार होते हैं, निरे अतीत में नहीं। इसलिए ऐसे समय में जब सबकुछ राजनीतिक रास्ते से याद कराया जा रहा है, देवी-देवताओं का पड़ोस असुरक्षित है और परम्परा में बाजार बैठ गया है, महज अतीत की स्मृति में जीना 'जीवन का ध्वंस' कहा जाएगा।

निर्मल वर्मा संस्कृति का प्रश्न प्रभावशाली ढंग से उठाते हैं और धर्म, सम्प्रदायवाद, राष्ट्र आदि के मुद्दों पर भी चर्चा करते हैं। परवर्ती दौर की उनकी सोच को उनकी कथाओं की तुलना में उनके निबन्धों ने ज्यादा खुलासा किया है। उनकी परवर्ती अनुभूति और चिन्तन में समाज, इतिहास और विचारधारा से उसी तरह शत्रुता है जिस तरह पहले थी। स्वायत्तता की वैसी ही तरफदारी है एवं स्मृति की महत्ता भी पहले जैसी ही है। फर्क यह आया है कि उनमें सम्पूर्णता के लिए व्यग्रता बढ़ गयी है। इसके लिए वे आत्मबोध, ईश्वर, आस्था की समग्रता, परम पवित्रता जैसे मुहावरे उठाते हैं। इतिहास के साथ ही 'मैं' के व्यक्तिवाद से भी उन्हें असुविधा होने लगी थी। उनका उन्मूलित 'आत्म' शरणस्थल की खोज में था, "भारतीय परम्परा में मनुष्य के सांसारिक धन्धों के बीच देवी-देवताओं का पड़ोस एक ऐसी आत्मपवित्रता और सुरक्षा प्रदान करता है, जो एक सम्प्रदायग्रस्त आस्था (इंस्टीच्यूशनल फेथ) से अलग

है।" (इतिहास और आकाश के बीच)। उन्हें राह या आशा नजर आयी हिन्दुओं की जीवनशैली में, जो अपने उदात्त रूप में साम्प्रदायिक नहीं है। निर्मल वर्मा धर्म के शोर, उसके राजनीतिक और व्यापारिक विकृतिकरण के दौर में धर्म को महनीय वस्तु समझने लगते हैं, "मैं धर्म के उस पक्ष की बात कर रहा हूँ जो मनुष्य के सीमित, खंडित, अधूरे अस्तित्त्व को किसी परम, सम्पूर्ण मानवेतर अर्थ से जोड़ने की प्रक्रिया में उजागर होता है।" यदि परम, सम्पूर्ण या 'एब्सोल्यूट' किसी राजनीति और इतिहास के सन्दर्भ में हो तो निर्मल वर्मा को लगता है कि यह कला और मानवता के विरोध में है। लेकिन जब यही 'एब्सोल्यूट' धर्म के सन्दर्भ में हो, उनको लगता है कि इससे कला और मानवता का हित होगा।

यह विचित्र संयोग है कि जिस समय पूँजीवाद इतिहास का अन्त कर रहा है और शत्रु बना इसे उजाड़ रहा है, वह विचारधारा और साहित्य का भी शत्रु बना हुआ है, उसी समय पुनरुत्थानवाद और आधुनिकतावाद के बीच जुगलबन्दी भी चल रही है। निर्मल वर्मा का पुनरुत्थानवाद सम्पद्रायवादियों की संकीर्ण सोच से भले भिन्न हो, पर वह इसकी काट निश्चय ही नहीं है।

निर्मल वर्मा वैचारिक मशक्कत से अपने जीवन के उत्तरकाल में एक अन्तिम समाधान-सा देते नजर आते हैं, "परम्परा-एक जड़ित समय की धरोहर नहीं है, बल्कि वह समय जो अतीत में बहता हुआ हमारे वर्तमान की धमनियों में प्रवाहित होता है। यहाँ अतीत कोई मृत चीज नहीं, बल्कि वह सबकुछ जो हो चुका है और हमारे साथ जी रहा है।" वे सिमोन बेल से वैचारिक रिश्ता जोड़ते हुए कहते हैं कि अतीत से उन्मूलित होना आत्म-उन्मूलन का सबसे अभिशप्त रूप है। वे नहीं सोच पाते कि भविष्यहीन होकर सिर्फ वर्तमान या अतीत में रहना भी मनुष्य का उन्मूलन है, मनुष्य इस स्थिति में अपनी सारी सम्भावनाएँ खो देता है, वर्तमान की कृत्रिम इच्छाओं या अतीत की परम्पराओं का गुलाम होकर। सवाल है कि अतीत हमारे साथ, हममें जी रहा है या हम खुद अतीत के साथ, परम्पराओं में जीते हैं। इसी सवाल पर निर्भर करता है कि मनुष्य के पास 'हस्तक्षेप' करने की ताकत, वह बौद्धिक हो या राजनीतिक, है या नहीं। हम कई बार मनुष्य को गौरव देने की सोच रखते हुए भी अनजाने उससे उसका गौरव छीन लेते हैं। मनुष्य का गौरव 'हस्तक्षेप' करने की उसकी अमर आकांक्षा में है।

सात

यह समझना मुश्किल नहीं है कि तर्क के युग का अवसान क्यों हुआ, नव-आधुनिकीकरण और वैश्वीकरण का प्राचीन परम्पराओं से सम्पर्क सघन क्यों हुआ, 'लोकप्रिय' और

'शास्त्रीय' में गठबन्धन क्यों है। उत्तर-आधुनिक माहौल में निर्मल वर्मा लिखते हैं, "भारतीय लेखक के लिए भारत का परिदृश्य आज भी उन पौराणिक प्रतीकों, मिथकों और स्मृतियों से उतना ही सघन, अर्थपूर्ण और स्पन्दनशील है, जितना मध्यकालीन यूरोप दान्ते के लिए...।" भारतीय लेखक दुखी रहे हैं गुजरात में शायर वली की मजार टूटने से या साम्प्रदायिक और आतंकवादी हमलों से। निर्मल वर्मा जैसे लेखक भारत में धार्मिक पुनरुत्थानवाद देखकर आह्लादित थे। वे इस हद तक अतीत में चले जाते हैं, "जब सारे अंधविश्वास एक सुसंगत शृंखला में जुड़ते हैं, तो वे अंधे हों, न हों, एक गहरी सांस्कृतिक अर्थवत्ता प्राप्त कर लेते हैं।" यह एक चिन्तित करने वाला वक्तव्य है। आखिरकार 'आधुनिक' और 'भारतीय' के बीच इतनी फाँक क्यों है? क्या यह इसका चिह्न है कि दुनिया से अब अकेलेपन की संस्कृति तहस-नहस हो रही है, मनुष्य का अपने को जानने, पुनरुपलब्ध करने और सभ्यताओं से रिश्ते को आलोचनात्मक बनाने का आखिरी ठिकाना मिट रहा है?

खासकर वैश्वीकरण के जमाने में एक ही दिशा में भागती चीजों के बीच यह मुश्किल है कि पश्चिम और भारत के लिए इतिहास के सन्दर्भ में अलग-अलग पैमाने बनें। निर्मल वर्मा दो भिन्न पैमाने बनाते हैं, "हमें पश्चिमी सभ्यता को इतिहास के सन्दर्भ में देखना चाहिए, क्योंकि इतिहास ने उसे पाला-पोसा है। इसके विपरीत भारतीय संस्कृति के सन्दर्भ में हमें इतिहास को देखना चाहिए, क्योंकि इसने इतिहास को अस्वीकृत करके अपना अस्तित्त्व बनाया।" क्या पश्चिमी सभ्यता के सन्दर्भ में 'सम्पूर्णता' के बोध का इतिहास-निर्धारित पथ है, बाकी दुनिया को नये-नये रूपों में हमेशा अपना उपनिवेश बनाकर रखने का और भारतीय सभ्यता के सन्दर्भ में सम्पूर्णता के बोध का पथ है हमेशा अतीत में विश्रान्ति का? इस तरह का चिन्तन एक सार्वभौम नियतिवाद की ओर ले जाता है, जो भविष्य-कल्पना के अभाव का नतीजा है।

पश्चिमी सभ्यता की कोई एक तस्वीर नहीं है, पर उसकी साम्राज्यवादी तस्वीर में 'हम' और 'वे' के विभाजन का एक बड़ा अहम्मन्यता भरा अहसास छिपा है। यहाँ तक कि आधुनिक विकासों ने प्रकृति और मनुष्य के बीच भी एक अलंघ्य अँधेरी खाई पैदा कर दी है। फलतः व्यक्ति की मानवीय पहचान नष्ट होने लगी है। निःसन्देह दुनिया भर में घृणा, खूनी द्वन्द्व और स्वार्थपरता फैलाने में पश्चिमी सभ्यता की एक खास धारा की बड़ी भूमिका रही है। निर्मल वर्मा पहली नजर में पश्चिमी बौद्धिकता में पगे कथाकार नजर आते हैं, एक 'एलिअन'। यह जानना रोचक होगा कि एक तरफ, पश्चिमी मुहावरे और तेवर के साथ भारतीय सभ्यता के कुछ खास रुझानों के प्रति उनका आकर्षण लगातार बढ़ता गया है। दूसरी तरफ, वे पश्चिमी शैली में पश्चिमी सभ्यता के ही 'क्रिटिक' के रूप में खड़े हो गए हैं।

हम पश्चिमी ढंग की उनकी बौद्धिकता में भारतीय पुनरुत्थान का कलरव देख सकते हैं। 'कव्वे और कालापानी' और 'अन्तिम अरण्य' में यह बहुत साफ है। निर्मल वर्मा की कई रचनाओं में 'आत्म' और 'अन्य' के बीच जो कल-कल बहता अभेद है, इसका सन्दर्भ स्पष्ट करते हुए वह खुद अपने एक निबन्ध 'मेरे लिए भारतीय होने का अर्थ' में कहते हैं, "एक प्राचीन वटवृक्ष की तरह भारतीय संस्कृति ने अपनी छाया तले सैकड़ों जातियों, जनजातियों, धार्मिक समुदायों को वह पवित्र स्पेस प्रदान की थी, जहाँ वे मुक्त हवा में साँस ले सकें। यह केवल सहिष्णुता की बात नहीं थी, जहाँ 'अन्य' को अपने से अलग मानकर सहन किया जाता था। बल्कि इसके पीछे कहीं यह मान्यता काम कर रही थी कि विभिन्न विश्वासों के बीच सत्य की सत्ता समान रूप में क्रियाशील रहती है, अपने में अखंडित और अपरिवर्तनशील। भारतीय सभ्यता को अपनी यह अनमोल अन्तर्दृष्टि स्वयं अपनी आध्यात्मिक परम्परा से प्राप्त हुई थी, जहाँ 'आत्म' और 'अन्य' के बीच का भेद अविद्या का लक्षण था, सत्य का नहीं।" निर्मल वर्मा को अपने जीवन के अन्तिम दौर में यह चिन्ता ज्यादा सताने लगी थी कि भारतवासी अपने देश की सभ्यता से उन्मूलित हो रहे हैं और विकृत पश्चिमी मॉडल अपना रहे हैं।

इसमें सन्देह नहीं कि भारतीय परम्परा में 'आत्म' और 'अन्य' के बीच अभेद या 'अन्य' के विभाजनकारी भाव से रिहाई के एक नहीं कई रास्ते रहे हैं—हिन्दू और बौद्ध दर्शनों में और कुछ अन्य जगहों पर भी। यह भी सच है कि जिस सभ्यता में अद्वैत, एकात्मकता या जातिविहीनता की अनगिनत दार्शनिक घोषणाएँ हुईं, उसी में यथार्थ स्तर पर वर्ण व्यवस्था, स्त्री-उत्पीड़न, धार्मिक सफायाकरण, साम्प्रदायिक अन्तर्द्वन्द्व और स्त्री या राज्य के लिए युद्ध के नंगे नाच थे। भारतीय सभ्यता का एक अनोखा द्वैत है—वेदान्त के पैकेट में मनुस्मृति! यदि पश्चिमी सभ्यता के इर्द-गिर्द मानव-विरोधी विचारधाराओं का जन्म हुआ तो भारतीय सभ्यता में भी ऐसा हुआ था। बुद्धि और बर्बरता के बीच रिश्ते बने, तो आस्था और बर्बरता के बीच भी। भूलना न होगा कि 'आत्मा' में 'अन्य' को ढालना कई बार 'अन्य' के बर्बर आत्मसातीकरण का रूप धारण कर लेता है। इस प्रक्रिया में भारतीय सभ्यता के बहुरंगी से एकरंगी हो जाने का खतरा भी बना रहता है। दरअसल भारतीय सभ्यता को कभी एक सरल रेखा के रूप में देखा नहीं जा सकता। 'आत्मा' और 'अन्य' के अभेद की स्वप्ननगरी को 'कमजोर' के आत्मसातीकरण, घरेलू उपनिवेशन और एकरूपता की विडम्बनाएँ दुःस्वप्ननगरी में बदल सकती हैं।

खासकर जब आधुनिक भारतीय समाज के सेक्युलर चरित्र और जनतन्त्र पर खतरे बढ़े हों, निर्मल वर्मा अतीत-सम्मोहन के आवेश में कहते हैं, "धर्मनिरपेक्षता का सिद्धान्त प्रगति और विकास की छलनाओं के साथ जी रहा है।...भारतीय चरित्र

के लिए धर्मनिरपेक्षता या सेक्युलरिज्म असहज और आरोपित है।" निर्मल वर्मा के साहित्य में प्रचुर मानवीय तत्त्वों को देखते हुए कहा जा सकता है कि 'सेक्युलरिज्म' को नहीं मानते हुए भी वे सम्प्रदायवादी नहीं हैं। उनका विश्वास मनुष्यत्व में है। वे परवर्ती काल में धर्म की तरफ आकर्षित हुए, पर उन्होंने धर्म के राजनीतिकरण का विरोध किया। उनकी सारी चिन्ता सभ्यता के अँधेरे में फँसे आत्म-उन्मूलित मनुष्य को लेकर है। इसके लिए वे सही वजहों में न जाकर व्यर्थ ही इतिहास, समाज और विचारधारा पर निशाने साधते हैं, जबकि ये सभी फिलहाल पूँजीवाद की तोड़फोड़ के इलाके बने हुए हैं। इतिहास का अन्त वस्तुतः नये संगठित पूँजीवाद की परियोजना है। आज इतिहास एक 'विक्टिम' है। उससे थोड़ी-बहुत शत्रुता हो तो भी इस समय जरूरत उसके बहुरेखीय स्वरूप के पास आ खड़े होने की है। समाज और विचारधारा, सामाजिक रिश्ते और मूल्य--इन सबको भूमण्डलीकरण उजाड़ रहा है। अतीत में पहले भी कई बार सेंध लग चुकी है। अतीत में जो कुछ सम्पूर्णतावादी, ईश्वरीय और बहुमूल्य है, उसका इतिहास के बाहर वही हश्र होगा जो राजनीति और बाजारवाद द्वारा धर्म का फिलवक्त हो रहा है। अतीत का जीवन्त और ईश्वरीय अगर कभी बचेगा तो वह इतिहासों और सेक्यूलर समाज में ही बचेगा।

निश्चय ही निर्मल वर्मा में वैश्वीकरण और साम्प्रदायिकता दोनों को लेकर एक बेचैनी है, वे विकल्प खोजने के मार्ग में जितने द्वैधपीड़ित हों। वे कहते हैं, "भूमण्डलीकरण के वर्तमान दौर में, जहाँ पश्चिमी सभ्यता ने लगभग समूची मानवीय चेतना को स्वार्थग्रस्त, सुविधाभोगी मूल्यों द्वारा आविष्ट कर लिया है, भारतीय संस्कृति ही मेरे विचार में एकमात्र ऐसी वैकल्पिक दृष्टि प्रस्तुत कर सकती है, जिसके आलोक में मनुष्य अपनी उन अन्तर्निहित सम्भावनाओं को उजागर कर सके, जो तेजी से विलुप्त होती जा रही हैं।" वे यह भी स्पष्ट कर देते हैं, "यदि एक व्यक्ति का धर्म उस व्यक्ति के अकेलेपन और ईश्वर के बीच एक रिश्ता निर्धारित करता है तो साम्प्रदायकिता उस रिश्ते की पवित्रता को नष्ट कर उसे महज एक 'शस्त्र' बनाती है।" दरअसल व्यक्ति की संस्कृति पश्चिमी सभ्यता के उत्तरकाल में क्षयोन्मुख हो चुकी थी, उसे निर्मल वर्मा भारतीय सभ्यता की जड़ी-बूटियों से पुनर्यौवन प्रदान करना चाहते थे। इसके लिए उन्होंने अपनी कथाओं में एक स्वप्ननगरी बनायी, तो निबन्धों में एक उदात्त बौद्धिक विमर्श दिया।

निर्मल वर्मा को साम्प्रदायिक शिविर का लेखक नहीं कहा जा सकता। वे उदारवादी भारतीय बुद्धिजीवी कहे जाएँगे। वे अपने एक लेख 'धर्म, लोकतन्त्र और साम्प्रदायिकता' में लिखते हैं, "एक भारतीय एक ही समय में इन तीनों स्तरों पर एक अच्छा हिन्दू-मुस्लिम, एक अच्छा भारतीय, एक अच्छा नागरिक हो सकता है। जब कोई शासन वर्ग अथवा किसी सम्प्रदाय विशेष का प्रतिनिधि इन तीनों अन्तर्ग्रन्थित

स्तरों के नाजुक और बहुमूल्य सन्तुलन को भंग करता है—धर्म को देश, परम्परा और नागरिक दायित्वों से अलग करके उसे एक राजनीतिक विषय में रिड्यूस अथवा संकुचित करता है—वहीं, ठीक उसी समय साम्प्रदायिक विद्वेष की और अलगाव और असुरक्षा की भावनाएँ उत्पन्न होने लगती हैं।" धर्म अपने राजनीतिक रूप में कितना मतान्ध और क्रूर होता है, इससे निर्मल वर्मा अपरिचित न थे। किन्तु धार्मिक प्रश्न पर वे उतना मुखर नहीं हो सके, जितना साम्यवाद को लेकर जीवन भर थे।

निर्मल वर्मा का प्रधान लक्ष्य था राजनीतिक स्वार्थों और व्यावसायिक लिप्साओं के बीच दबे भाषा के मौलिक और आत्यन्तिक चरित्र को पुनः उद्घाटित करना। वे शब्द की आत्मा पर पड़ी गर्द झाड़ते हैं। यदि उनकी एक समस्या सम्पूर्णता की भारतीय स्मृति और परम्परा को बचाना है तो दूसरी बुनियादी समस्या बलात्कृत और प्रदूषित की जा रही भाषा की अस्मिता की रक्षा है। भाषा को पुनर्जीवन देने के काम में निर्मल वर्मा ने जिस निष्ठा और ईमानदारी का सबूत दिया है उसे टालना नहीं, उससे सीखना चाहिए।

लेखक की मृत्यु के बाद उसकी कृतियाँ स्वाधीन हो जाती हैं, लेखक अपने साथ सारी निजी छायाएँ लेकर चला जाता है। निःसन्देह निर्मल वर्मा की कृतियाँ भाषिक कारीगरी का ही अद्वितीय आनन्द नहीं देतीं, कुछ ऐसे महत्त्वपूर्ण सभ्यताग्रस्त प्रश्न भी उठाती हैं, जिन पर खुलकर बहस हो सकती है। उन्होंने पूँजीवादी सभ्यता के अँधेरे इलाकों में झाँकने का साहस दिखाया, इसमें निरन्तर अकेले और आत्महीन होते जा रहे मनुष्य की यन्त्रणा को पहचानना। पूँजीवादी समाज के बारे में सीधे कुछ न लिखते हुए भी इस समाज की अमानवीय व्यवस्थाओं के द्वारा उत्पन्न संकट को उन्होंने व्यक्ति स्तर से पहचाना, समाज में मौजूद कठोरताओं और दुश्चक्रों का एक सृजनात्मक प्रति-ध्रुव रचने का भी प्रयत्न किया। उनका साहित्य आधुनिकता की 'भीतर से आलोचना' है। उनका लेखन मनुष्यता का आधुनिक आत्मक्रन्दन है।

निर्मल वर्मा ने आदमी की सांस्कृतिक विच्छिन्नता पर काफी मुखर होकर लिखा था, हम भले इसके सुझाये गए निदानों से सहमत न हों। फिर भी उनके सामने सबसे बड़ी समस्या थी आधुनिक समय में आदमी का बढ़ता अकेलापन, जो वह खुद अपने जीवन में झेल रहे थे और सबसे अलग रास्ते से सम्पूर्णता की खोज करते हुए कुछ उन मानवीय जड़ों को पहचानना चाहते थे, जो सूख रही हैं।

उपन्यास : गाँव और विश्व गाँव

मैं एक ऐसा 'विश्व गाँव' देख रहा हूँ, जिसमें होरी की गोशाला की जगह सुपरसोनिक विमान खड़ा है। चौपाल पर डालर की दुकान है। विश्व बैंक में झिंगुरी सिंह बैठा है। दुलारी सहुआइन ने बिग बाजार खोल रखा है, जिसमें सब कुछ बिकता है। दातादीन अयोध्या में भव्य राम मन्दिर के निर्माण में लगे हैं और थोड़ी दूर पर विज्ञान भवन में हरखू अपनी जाति का विश्व सम्मेलन करा रहा है। दो-तीन हजार किलोमीटर तक हिन्दी की कोई पाठशाला नहीं है और विश्वविद्यालय विश्व व्यापार संगठन के हब में बदल गए हैं। राय साहब ने इस बार मेडोना को बुलाया है। अब प्रहसन नहीं होता। गन्ना और मटर के खेत में आलू के चिप्स बनाये जा रहे हैं। टमाटर के पौधों पर सॉस की बोतलें लटक रही हैं। आम के पेड़ों पर अरब देशों के छोकरे हैं। इंग्लैंड के प्रधानमन्त्री ने वेलारी की चौड़ी सड़क पर हाथ में कुदाल लिये बेकार बैठे होरी को देखकर 'हाय' किया है और न्यूयार्क का रुख कर लिया है। सड़क पर और सड़क से निकली सड़कों पर हुबहू होरी के चेहरे के करोड़ों लोग, जिनमें से कइयों की जेब में कम्प्यूटर-प्रशिक्षण का प्रमाण पत्र है, अपनी नागरिकता भूलकर सन्न खड़े हैं। टीवी के कुछ कमरे उन पर गिद्ध की तरह मँडरा रहे हैं।

उपन्यास का जन्म शहरों में हुआ था। 19वीं सदी में जब पहली बार नावेल भारतीय समाज में आये, बाँग्ला समाज ने बिना किसी खास प्रतिरोध के स्वीकार कर लिया, लेकिन हिन्दी समाज ने शुरू में उसे 'पश्चिम की देन' और 'सस्ता साहित्य' कहकर तिरस्कृत किया। कहा जाता था, नावेल परिवार को खराब करता है। भारतेन्दु ने काफी प्रयास किया कि हिन्दी लेखक उपन्यास लिखें फिर भी बंकिमचन्द्र से सामान्य टक्कर लेने वाले उपन्यास भी हिन्दी में नहीं आ सके थे। मामला श्रद्धाराम फिल्लौरी के 'भाग्यवती' (1877) और श्रीनिवास दास के परीक्षा गुरु (1881) तक सीमित था। इनमें शहर का मध्यवर्गीय जीवन था। बालकृष्ण भट्ट ने अपने 'उपन्यास' (1882) शीर्षक निबन्ध में लिखा है, "सच तो यह है कि हिन्दी अभी इस लायक हुई नहीं कि इसमें नावेल लिखे जाएँ। न निखालिस हिन्दी रसिकों की समझ अभी इतनी बढ़ी है कि 'नावेल' की काट-छाँट समझ सकें।" अच्छे साहित्यिक

उपन्यास के पाठक आज भी हिन्दी समाज के विस्तार को देखते हुए काफी कम हैं। हिन्दी में जब नावेल देर से लिखे जाने शुरू हुए, उनमें प्राचीन भारतीय कथाओं की निरन्तरता और पश्चिमी विकास दोनों के ही तत्त्व थे।

पश्चिम में उपन्यास अपने समाज की आलोचना के रूप में सामने आया था। उपन्यास को हमारे देश में बुरा वे कहते थे, जिन्हें इसके द्वारा सामन्ती मान्यताओं पर चोट का खतरा नजर आता था। उपन्यास ने 'शाश्वत' पर 'अनुभव' की वरीयता स्थापित की थी। श्रीनिवास दास ने उपन्यास को 'अनुभव द्वारा उपदेश मिलने की संसारी वार्ता' कहा था। अनुभव की महत्ता व्यक्ति की महत्ता थी, अर्थात उपन्यास पाठक में व्यक्ति सत्ता स्थापित करता था—उसके अन्दर व्यक्ति का अहसास भरता था, जो एक आधुनिक घटना थी। 20वीं सदी की शुरुआत में महावीर प्रसाद द्विवेदी ने कहा, ''उपन्यास जातीय जीवन का मुकुर होना चाहिए।'' उन्होंने व्यक्ति अनुभव को महत्ता देने वाली उपन्यास विधा को एक जातीय परिप्रेक्ष्य देना चाहा।

प्रेमचन्द ने तल्खी से महसूस किया कि भारतीय उपन्यास पश्चिमी पैटर्न के नहीं हो सकते। उन्होंने इसे एक अन-औपनिवेशिक और स्वतन्त्र रूप देने की कोशिश की। 'पूँजीवादी सभ्यता की इस महत्त्वपूर्ण देन' को उन्होंने मध्यवर्गीय शहरी दायरे से विस्तृत करके कृषक वर्ग से जोड़ा। उन्होंने ऐसे उपन्यास लिखे, जिनमें 'सेवा सदन' की तरह एक कथा न होकर, बहुकथापरकता है। उन्होंने 'रंगभूमि' में जमीन अधिग्रहण की समस्या उठायी, जो आज विकराल रूप में उपस्थित है। महावीर प्रसाद द्विवेदी ने उपन्यास को जिस राष्ट्रीय जीवन का दर्पण कहा, उसमें कृषक का महत्त्वपूर्ण स्थान है। इस तरह उन्होंने जो माँग की थी, उसे ठोस आकार मिला प्रेमचन्द के हाथों। उनके उपन्यासों में न 'चेहराविहीनता' है और न 'शहरी चेहरे की मिथ्या पृथकता'। उनमें एक व्यापक जनजीवन है, जहाँ गाँव भी मौजूद हैं। उस दौर में प्रेमचन्द ने एक महत्त्वपूर्ण बात कही थी, ''तंग सड़कों पर चलने वालों के लिए अपने लक्ष्य पर पहुँचना उतना कठिन नहीं है, जितना एक लम्बे-चौड़े मार्गहीन मैदान पर चलने वालों के लिए।'' मार्गहीन मैदान पर चलकर प्रेमचन्द ने जो मार्ग बनाया, वह बाद के उन कथाकारों के लिए महत्त्वपूर्ण था, जो पूरी तरह शहरकेन्द्रिक न थे।

जब शहर में गाँव और गाँव में शहर काफी घुस चुके हों और दोनों में विश्व घुस रहा हो, 'ग्लोबल विलेज' की धारणा सामने हो, तब गाँव या छोटे अंचल पर केन्द्रित हिन्दी के उपन्यासों पर चर्चा करने की क्या जरूरत है? इस सवाल का सम्बन्ध इससे है कि विश्व गाँव में 'लोकेल' की क्या जरूरत है? राष्ट्रवादी आन्दोलनों ने स्थानीय गाँवों को थोड़ा-बहुत छुआ हो, गाँवों को सच्चा भारत कहा जाता रहा हो, पंचायती राज की चर्चा होती हो, आदर्श गाँव कैसा हो, इस पर काफी बहस चलती हो और इन दिनों गाँव को आदर्श गाँव बनाने के लिए गोद लेने का फैशन

चल पड़ा हो, इन सबके बावजूद राष्ट्रीय राजनीति आमतौर पर शहरकेन्द्रिक रही है। कभी पश्चिम के लियोनेल कर्टिस जैसे व्यक्ति भारत के गाँवों को 'गोबर के ढेर' कहते थे। बदलती दुनिया में नगरीकरण यथार्थ था। गाँवों से रोज हजारों लोग शहर में बसने के लिए आ रहे थे। गाँधी कहते थे, "मैं नगरों की वृद्धि को एक बुराई मानता हूँ।" खेती में लगी पूरी विशाल आबादी कभी नगरों में नहीं समा सकती थी, नगरों में जितनी वृद्धि हो। औद्योगिक विकास जितना हो, इससे सभी को रोजगार नहीं मिल सकता था। इसलिए कृषकों के बीच हलचल पैदा हुई । उल्लेखनीय है कि औपनिवेशिक और सामन्ती शोषण से जर्जरित गाँवों में किसान आन्दोलन की एक सीमारेखा थी। अन्ततः राष्ट्रवाद में उसे मिश्रित हो जाना पड़ता था या वह सशस्त्र संघर्ष में अति-क्षेत्रीय होकर अलग-थलग पड़ जाता था। 20वीं सदी में आमतौर पर यही घटित हुआ कि खेती घरेलू उपनिवेशन की वस्तु बनती गयी। गाँव कभी भूदान, कभी हरित क्रान्ति, कभी जमीन के लिए मुआवजा और विश्व बाजार के झाँसे में आये। इस दौरान किसानों के आन्दोलन होते रहे हैं। लेकिन शहर के संगठित मजदूर अपने आन्दोलन खड़े करके राष्ट्र से जितनी चीजें हासिल कर सके थे, उनकी तुलना में किसान कुछ भी न पा सका था। वह लगातार वंचित हुआ। आज तमाम 'स्थान' और गाँव इस इन्तजार में हैं कि उन्हें कौन गोद लेने के लिए आ रहा है या शौचालय कब सुलभ होगा, मोबाइल तो आ गया है!

एक

प्रेमचन्द गाँव और शहर को अलग करके नहीं देखते थे, उनके उपन्यास दोनों के अन्तस्सम्बन्धों को जीकर लिखे गए थे। गोदान में जिस समाज का चित्र है उसके एक सिरे पर जंगल है, जहाँ स्वाभिमानी आदिवासी वनकन्या है। दूसरे सिरे पर शहर और उद्योग हैं, जहाँ खन्ना है। गाँव पर अपनी सघन पकड़ के बावजूद प्रेमचन्द को कभी किसी ने ग्राम कथाकार नहीं कहा। इसी तरह 'कुल्ली भाट' और 'बिल्लेसुर बकरिहा' लिखने वाले निराला भी ग्राम लेखक नहीं माने जाते थे। इनके बाद की पीढ़ी के यशपाल, जैनेन्द्र कुमार और अज्ञेय शहरी कथाकार कहे गए। नयी कहानी के जमाने में आधुनिकतावादी दबावों की वजह से जब शहर-केन्द्रिकता अधिक प्रबल होती जा रही थी, रेणु का 'मैला आँचल' (1954) छपा था। इसने ग्रामकेन्द्रित उपन्यास के सिलसिले को फिर से मजबूत बनाया। सवाल उठ सकता है कि यह प्रेमचन्द की परम्परा का विकास है या एक नयी परम्परा, क्योंकि निस्सन्देह आंचलिक और ग्रामकेन्द्रित उपन्यासों में 'समग्र समाज' की अवधारणा नहीं है, जो प्रेमचन्द की थी। इनमें 'समग्र' की जगह 'अंश' है।

रेणु ने 'मैला आँचल' की भूमिका में लिखा है, "मैंने इसके एक हिस्से के एक ही गाँव को पिछड़े गाँवों का प्रतीक मानकर इस उपन्यास का कथाक्षेत्र बनाया है।" मेरीगंज के जर्रे-जर्रे और छोटी-छोटी साधारण-सी दिखने वाली चीजों का भी उन्होंने वर्णन किया है। अंचल के फूल-शूल-धूल, गुलाल-कीचड़-चन्दन, सुन्दरता-कुरूपता किसी से भी दामन नहीं बचाया। पर क्या इसी आधार पर इस आंचलिक उपन्यास को प्रेमचन्द की परमपरा में रखा जा सकता है?

प्रेमचन्द की परम्परा के विकास का अर्थ उसका एकरेखीय विकास नहीं है। बदलते सामाजिक यथार्थों पर आधारित नया मॉडल भी उस परम्परा का विकास माना जा सकता है। प्रेमचन्द की परम्परा बहुरेखीय है। इसमें प्रसाद और निराला के उपन्यास, शिवपूजन सहाय की 'देहाती दुनिया', भैरव प्रसाद गुप्त की 'गंगा मैया' और नागार्जुन का 'बलचनमा' भी शामिल है। इस परम्परा में 'मैला आँचल' को न रखने का सवाल ही नहीं उठना चाहिए। 'मैला आँचल' के लेखक के वर्णन में भले अंचलकेन्द्रिकता हो, 'अंतर्दृष्टि' में सार्वभौमिकता है। निश्चय ही विकासशील यथार्थ के साथ अभिव्यक्ति के मॉडल बदलते हैं। इसीलिए 'मैला आँचल' का मॉडल भिन्न है। यह उपन्यास जीवन के स्थानीय रंगों में भरपूर डूबा हुआ है, पर थोड़ा गौर करें तो पाएँगे कि 'अंतर्दृष्टि' में किसी किस्म की आंचलिकता नहीं है। आंचलिक उपन्यास की श्रेष्ठता वस्तुतः इसमें निहित है कि स्थानीय अनुभव की विशिष्टता के बावजूद उसमें जातीय आत्मपहचान का संघर्ष है या नहीं और एक बिन्दु पर वह 'सार्वभौम' को आलोकित करता है या नहीं।

'मैला आँचल' में पूर्णिया के गाँव के भीतर से देखी गयी तस्वीर ही नहीं है, बल्कि उन बदलावों की पहचान भी है जो आजादी के बाद देश के गाँवों में हो रहे थे। मेरीगंज एक छोटा-सा गाँव है, जो प्राकृतिक सौन्दर्य से घिरा है और आधुनिक जीवन के सम्पर्क में आ चुका है। डॉ. प्रशान्त इस गाँव में आते हैं और सामाजिक-राजनीतिक आलोड़न शुरू हो जाते हैं। इस तरह एक दबे, अपने में डूबे गाँव की गतिशीलता के साथ प्रेम और विक्षोभ के अनगिनत स्तर और जीवन की परतें खुलने लगती हैं। रेणु जिस पैनी दृष्टि से गाँव की आंचलिक अन्तरात्मा को अपने उपन्यास में ध्वनित करते हैं, वह नयी कहानी युग में पैदा हुई नयी साहित्यिक सजगता का नतीजा है। इससे न केवल पूर्णिया की राजनीति, सामाजिक जीवन और टूटते-बनते मानवीय सम्बन्ध एक नये सौन्दर्यबोध से आलोकित हो उठते हैं, बल्कि उन सम्भावनाओं और विडम्बनाओं का भी उद्घाटन होता है, जो नये युग से जुड़ी हुई हैं। डॉ. प्रशान्त के आत्मविश्लेषण, प्रेम और सुधारमूलक कार्यों के साथ बदलते ग्रामीण जीवन को कथाकार ने बड़ी आत्मीयता के साथ उपस्थित किया है और जैसे हिन्दी उपन्यास की धारा ने एक काव्यमय भूमि पा ली हो।

रेणु के इस उपन्यास में राजनीति की काफी चीजें हैं, पर ये यान्त्रिक ढंग से न आकर सरस और मार्मिक हैं और उपन्यास के विन्यास में घुली हुई हैं। इसमें धर्म भी अपने पाखंड और सच्चे आध्यात्मिक भाव दोनों रूप में मौजूद है। बालदेव, कालीचरण, बावनदास, तहसीलदार विश्वनाथ प्रसाद और महन्त सेवादास ऐसे ही चरित्र हैं, जो गाँव के आन्तरिक ताने-बाने के अंग हैं।

भारत के बहुलतावादी समाज में 'स्थानीय' के प्रति आकर्षण नास्टेलॉजिक हो जा सकता है। यह लेखक की व्यापक अंतर्दृष्टि पर निर्भर है कि वह 'स्थानीय' के प्रति अपने प्रबल आकर्षण को किस तरह 'जातीय' और 'सार्वभौम' की ऊँचाई तक पहुँचाए। यदि रेणु में यह बात नहीं होती, वह बावनदास के माध्यम से आदर्शवाद के व्यापक जातीय संकट को रेखांकित नहीं करते। वह महज अपने अंचल के रूपवादी आलंकारिक वर्णन में खोये रहते और पृथकताबोध में ठिठुरते रहते। रेणु ने लिखा है, "मैं प्यार की खेती करना चाहता हूँ। आँसू से भीगी हुई धरती पर प्यार के पौधे लहलहाएँगे। मैं साधना करूँगा ग्रामवासिनी भारतमाता के मैला आँचल तले।" उनका संघर्ष ही उनकी साधना है।

'मैला आँचल' में बावनदास स्वाधीनता संग्राम काल के आदर्शवाद का बचा-खुचा चिह्न है। वह आजादी मिलने के बाद मूल्यों के हो रहे ह्रास से व्यथित है। वह अकेलेपन का अनुभव करता है, जो उस दौर के पश्चिमी रंग के आधुनिक अकेलेपन से निश्चय ही अलग है। वह सत्य पर अड़ा रहता है और अन्ततः स्मगलिंग का सामान ला रही लारियों द्वारा कुचल दिया जाता है। जब उसकी लाश भारत-पाकिस्तान (आज बांग्लादेश) सीमा पर बहने वाली नदी में फेंक दी जाती है, वह किसी एक अंचल का नहीं, एक व्यापक देशकाल का यथार्थ होता है, एक बिन्दु पर सार्वभौम यथार्थ भी। रेणु ने करुणा मिश्रित व्यंग्य के साथ लिखा है, "बावनदास ने दो आजाद देशों की, हिन्दुस्तान और पाकिस्तान की ईमानदारी को, इन्सानियत को बस दो डग में माप लिया।" बावनदास की जिन्दगी मेरीगंज की सोंधी मिट्टी से बनी थी, लेकिन उसकी मृत्यु सार्वभौम थी। यह एक मूल्य की मौत थी।

नव-औपनिवेशिक रास्तों से आधुनिक विकास ने सबसे पहले आदमी के अन्दर के मनुष्य को मिटाया। अब तक राजनीति में चालाकियाँ घुस चुकी थीं, जो आज चरम पर हैं। पहले धर्म के रास्ते से गड़बड़ियाँ होती थीं, अब राजनीतिक रास्ते से होती हैं। राजनीति की नयी भूमिका पर रेणु ने सन्देह व्यक्त किया है। दरअसल अपने समय के 'राजनीतिक क्षय' को प्रतिबिम्बित करता है बालदेव। उसके मन में चोर बैठ जाता है। देश की भावी राजनीति उसके चरित्र में गूँज उठती है, "वह अपने गाँव में रहेगा, अपने समाज में, अपनी जाति में रहेगा।...जाति बहुत बड़ी चीज है। जाति की बात ऐसी है कि सभी बड़े-बड़े लीडर अपनी-अपनी जाति की

पार्टी में हैं। यह तो राजनीति है।'' क्रान्ति चलित्तर कर्मकार के रूप में गाँव की सरहद के पार जंगल की किंवदन्ती बनी हुई थी। ऐसे भी हिन्दी क्षेत्र में वामपन्थी आन्दोलन कमजोर रहा है। आजादी के बाद की राजनीतिक विडम्बनाओं के बीच यह प्रायः कोने में रहा है। वस्तुतः राजनीति में कोई उच्चतर राष्ट्रीय लक्ष्य बचा नहीं दिख रहा था। हर तरफ मानसिक संकीर्णता और स्वार्थ का बोलाबाला बढ़ता जा रहा था। प्रेमचन्द के जमाने का जातीय सौहार्द (कर्मभूमि) या किसान के मजदूर बनते ही जातिविहीन हो जाने का यथार्थ (मुक्तिमार्ग) गुम हो रहा था। एक अर्जित सत्य भाप बनकर खो रहा था। रेणु ने 'मैला आँचल' में जातिवाद की विडम्बनाओं को उजागर किया। यह भी दिखाया कि गरीबी में कमी नहीं आयी है और मेरीगंज धार्मिक अन्धविश्वासों से जकड़ा हुआ है।

'मैला आँचल' में गाँव के पिछड़े लोगों का चित्र है, ''कपड़े के बिना सारा गाँव अर्द्धनग्न है। मर्दों ने पैंट पहनना शुरू कर दिया है और औरतें आँगन में काम करते समय एक कपड़ा कमर में लपेट कर काम चला लेती हैं। बारह वर्ष के बच्चे तो नंगे ही रहते हैं।'' यह राष्ट्रीय आन्दोलन और पहली पंचवर्षीय योजना की सफलता है। हर तरफ भूख, गरीबी, कलह, अन्धविश्वास और भयंकर बीमारियाँ हैं। फिर भी गाँव के लोगों में एक जबर्दस्त जिजीविषा है, ''भीगी हुई धरती पर लेटा हुआ निमोनिया का रोगी मरता नहीं, जी जाता है।'' जहालत की जिन्दगी के बीच ही पर्व-उत्सव, हँसी-खुशी, प्रेम, चख-चख, लोकगीत, कथाएँ-शूल की चुभन के साथ जीवन का फूलों-सा सौन्दर्य भी है। पिछले सुधार आन्दोलन, वैज्ञानिक चेतना और सेवाभाव के साथ डॉक्टर प्रशान्त पूर्णिया अंचल में आते हैं। 'वापस गाँव की ओर' का रोमानी रुझान बना हुआ है। प्रशान्त का कार्य राष्ट्र के आधुनिक रूपान्तरण का एक रूपक है। फिर भी मुख्य यह नहीं है कि रेणु ने गाँव के बदलते यथार्थ को दिखाया। उन्होंने वस्तुतः साहित्य में छायी समाजशास्त्रीय नीरसता तोड़ते हुए पूर्णिया के एक अंचल को जीवन्त चरित्र की तरह उभारा है और उपन्यास का आनन्द बढ़ा दिया है। उनके नैरेशन में मखौल और अन्तर्व्यथा अभिन्न हैं।

गाँव में कुछ ढह रहा है और कुछ बन रहा है। राजनीति में जातिवाद बढ़ रहा हो, फिर भी जीवन में नये मानवीय रिश्ते बन रहे हैं। जाति तोड़कर प्रेम करना अब सम्भव है। जोतिखी द्वारा अन्धविश्वास का प्रचार है तो प्रशान्त के कार्य का एक लक्ष्य बुद्धिवादी जागरण लाना है। गाँव की ट्रैजिक छटपटाहट के बीच आधुनिक बोध कैसे आकार ले रहा है, इसकी सुन्दर कथा है 'मैला आँचल'। उपन्यास जैसे कह रहा हो, यह अभाव नियति नहीं है। एक खास जमाने के प्रचलित आधुनिकताबोध का यह प्रति-ध्रुव है, जिसमें मनुष्य की निस्हायता, निराशा और उसका अकेलापन एक नियति की तरह उपस्थित हो रहा था। रेणु ने 'मैला आँचल' में कला का खेल

दिखाया हो, उनका मुख्य उद्देश्य है देश के एक गहराते संकट को उजागर करना, निजी स्तर पर उससे जूझना भी। मैला आँचल' एक संकटकेन्द्रित उपन्यास है, महज आंचलिक उपन्यास नहीं है। हिन्दी के प्रायः सभी आंचलिक उपन्यास संकट-केन्द्रिक हैं, आँचलिक विलक्षणता-केन्द्रिक नहीं।

दो

ग्रामकेन्द्रित उपन्यासों में ग्रामीण जीवन की आशाएँ, आकांक्षाएँ और संघर्ष ही मुख्य विषय होते हैं। उनमें शहर प्रायः अनुपस्थित होते हैं। उनमें गाँव का मुकम्मल चेहरा होता है। ग्रामकेन्द्रिक उपन्यासों में व्यक्ति के अनुभव की ही प्रधानता है। उपन्यास के नये शिल्प में यह स्वाभाविक है। निश्चय ही व्यक्ति के अनुभव की प्रधानता देशकाल-सापेक्ष है। यह अनुभव 'सार्वभौम' से पहले 'जातीय' है। नयी आधुनिकता विश्वमानववाद के वेश में अपनी जमीन अपने देशकाल को निरर्थक साबित करने पर तुली थी। हर क्षेत्र में शहर के बढ़ते वर्चस्व के साथ एक जड़विहीनता भी देखने को मिल रही थी। एक खास तरह की भूमंडलीय सोच अस्तित्त्व में आ चुकी थी। वह सोच इतनी जरूर सकारात्मक थी कि उसकी रोशनी में नयी आधुनिकता प्रचलित व्यवस्था से एक विद्रोह थी, भले शहरी वर्चस्व के तत्त्व हों। ग्रामकेन्द्रित उपन्यास में सामन्ती रूढ़ियों से लड़ाई है, जातीय आधुनिकता की तलाश है और मानवीय रागात्मकता के संरक्षण के साथ लोकजीवन में मौजूद जिजीविषा का चित्रण है। कई ग्रामकेन्द्रित उपन्यास अधिक व्यापक फलक वाले और नवोन्मेषपरक हैं।

ग्राम केन्द्रिकता ने भारतीय उपन्यास के आभिजात्य को तोड़ा, इसमें ठेठपन ला दिया। हिन्दी ही नहीं, दूसरी भारतीय भाषाओं में भी ऐसे उपन्यास लिखे गए, जो संख्या ही नहीं, गुणवत्ता की दृष्टि से भी महत्त्वपूर्ण हैं। गणदेवता (बंगला), चेम्मीन (मलयालम), मानवीनी भवाई (गुजराती) आदि पढ़े जाएँ तो एक चीज दिखाई देगी कि इनमें क्षेत्रीय सांस्कृतिक विशिष्टता को पहचानने का जबर्दस्त आग्रह है। हिन्दी भू-भाग के चारों तरफ जो तटीय या सीमावर्ती राज्य हैं, उनमें एक तीव्र क्षेत्रीय सांस्कृतिक भूख है। 'हिन्दी भू-भाग' के सन्दर्भ में वे अपने को परिधि पर पड़ा महसूस करते हैं। वे सार्वभौम मानवीय बोध के बावजूद, अपनी स्थानीय सांस्कृतिक परम्पराओं, मिथकों और अद्यबिम्बों को खोने में भारी असुरक्षा का अनुभव करते हैं। यही वजह है कि हिन्दीतर भारतीय भाषाओं के आधुनिक से आधुनिक उपन्यास 'सार्वभौम' के साथ-साथ अपनी क्षेतीय जातीय पहचान रखते हैं। वे सामान्यतः चेहराविहीन नहीं हैं, जबकि हिन्दी उपन्यास में एक समय चेहराविहीनता को आधुनिकता की पहली सीढ़ी माना गया।

जिन ग्रामकेन्द्रित उपन्यासों ने चेहराविहीनता के आधुनिक दम्भ को चुनौती दी, उनमें भैरवप्रसाद गुप्त का 'गंगा मैया', नागार्जुन के 'बलचनमा' और 'इमरतिया', राही मासूम रजा का 'आधा गाँव', श्रीलाल शुकल का 'राग दरबारी' अमृतलाल नागर का 'नाच्यौ बहुत गोपाल', शिवप्रसाद सिंह का 'अलग-अलग वैतरणी', रामदरश मिश्र का 'जल टूटता हआ', जगदम्बा प्रसाद दीक्षित का 'मुर्दाघर', शानी का 'काला जल', विवेकी राय का 'बबूल', मार्कण्डेय का 'अग्निबीज', अब्दुल बिस्मिल्लाह का 'झीनी झीनी बीनी चदरिया', मिथिलेश्वर का 'यह अन्त नहीं', काशीनाथ सिंह का 'काशी का अस्सी' आदि महत्त्वपूर्ण हैं। उपर्युक्त उपन्यासों में सामान्यतः कृत्रिम चेहरे न होकर, आधुनिक चेहराविहीनता के विरुद्ध 'उदारवादी जातीय चेहरे' की भूख है। यह प्रकारान्तर से उच्चतर मानवीय सम्बन्ध और मूल्य की भूख है। आधुनिकीकरण इस भूख को मारता जा रहा था। यह मूल्यहीनता को ही मानवीय नियति बनाकर उपस्थित कर रहा था, जबकि तय था कि उच्चतर मानवीय सम्बन्ध और मूल्य विकसित न होने पर साम्प्रदायिक, जातिवादी और क्षेत्रीयतावादी तनाव बढ़ेगा, क्योंकि कोई जगह रिक्त नहीं होती।

क्या हिन्दी के ग्रामकेन्द्रित उपन्यास तंग रास्ते पर चले, इन्होंने उपसांस्कृतिक रूढ़ियों और मिथकों का नये सिरे से महिमामंडन किया? 'गोदान' में होली है, कबड्डी है और गोदान भी है। होली में गाँव के युवक झिंगुरी सिंह पर प्रहसन खेलते हैं, शहर की कबड्डी मिर्जा खुर्शीद की धर्मनिरपेक्ष जिन्दादिली दिखाती है और गोदान सम्पूर्ण धार्मिक-सामन्ती व्यवस्था पर एक करुण व्यंग्य बन जाता है। 'मैला आँचल' में भजन-कीर्तन करने वाले रामदास का पाखंड लक्ष्मी कोठारिन के सामने अनावृत हो जाता है। नागार्जुन के 'इमरतिया' में हर पात्र अपनी जिन्दगी के भीतरी रहस्यों को खुद खोलता है। इसमें भी बिरहा है, कीर्तन है, मेला है, पीठ पर जोर से बेंत खाने की आस्था है, पर रूढ़ियों के खिलाफ उठता स्वर भी है। गाँव क्यों, शहर के बाबू भी रूढ़ियों से जकड़े थे। नागार्जुन कहते हैं, "नेक, रहमदिल, सहनशील, समझदार हिन्दू समाज बरगद का वह बूढ़ा झमाटदार पेड़ है, जिसकी टहनियों से हजारों चमगादड़ लटके रहते हैं।" इसमें कोई भी पात्र आत्मविमुग्ध नहीं है। कोई ऐसा नहीं है, जो आत्मऔचित्य स्थापित कर रहा हो। देश की उड़िया, मलायलम, तमिल, मराठी, गुजराती समेत कई भाषाओं के ग्रामकेन्द्रित उपन्यासों में स्थानीय रूपरूढ़ियों (टैपोलोजीज) और मिथकों के प्रति आलोचनात्मक रुख कमजोर है और कुछ में उप-सांस्कृतिक रूढ़ियों और मिथकों का उग्र-महिमामंडन है। हिन्दी के ग्रामकेन्द्रित उपन्यासों में स्थानीय रूढ़ियों और मिथकों के प्रति आलोचनात्मक रुख सामान्यतः बरकरार है। यह अलग बात है कि मखौल के हद तक रूढ़ियों और मिथकों की साहित्यिक आलोचना के बावजूद, हिन्दी समाज ही रूढ़ियों और मिथकों

के नंगे नाच का सबसे बड़ा केन्द्र है।

इस मामले में देखा जा सकता है कि महानगरीयता से हट कर किसी खास 'स्थान' की रूढ़ियों और रीतियों की आलोचना को आज का उत्तर-आधुनिक समाज कितनी सहजता से लेता है और किस हद तक उग्र प्रतिक्रिया करता है। आज ऐसे उपन्यासों के प्रति असहिष्णुता हिंसक रूप धारण कर रही है, जो किसी खास स्थानीय समुदाय के असन्तोषों के साथ उसकी अन्दरूनी विडंबनाओं या उसकी किसी धार्मिक रूढ़ि-रीति को एक्सपोज करती है। इसका अर्थ है, इधर स्थानीय अस्मिता की राजनीति उग्र ढंग से संरक्षणवादी हुई है। यह उपन्यासकार की लेखकीय स्वतन्त्रता पर कई बार खतरे पैदा कर देती है। पिछले दिनों एक तमिल लेखक पेरुमल मुरुगन को मानसिक आघात पाकर अपना उपन्यास 'माथुरोभगन' (अर्द्धांशनारी, 2010) 2015 में वापस लेना पड़ा। उन्होंने इसे अपने लेखन की स्वयं वरण की गयी 'मृत्यु' कहा। इस उपन्यास में एक स्थानीय रुढ़ि की बाहर से नहीं भीतर से की गयी आलोचना है। तमिल लेखक खुद उस वेल्लाला गुंडर समुदाय का है, जिसकी एक पुरानी रीति, 'निःसन्तान स्त्री द्वारा एक खास धार्मिक पर्व के अवसर पर, दूसरे पुरुष से सन्तान के लिए पवित्र सेक्स सम्बन्ध' का उसने अनावरण किया था। इसलिए उपन्यास में लोकेल को विषय बनाते समय एक प्रश्न हमेशा सुलगता रहता है कि 'स्थान' में खड़ा लेखक इसकी रूढ़ियों और सम्भावनाओं को किस नजरिये से देखे, किस उद्देश्य से 'स्थान' को चुने? लेखक के लिए अभिव्यक्ति की स्वतन्त्रता एक सनातन आधुनिक प्रश्न है, जो लगातार जटिल होता गया है।

कहा जा सकता है कि हिन्दी के कुछ ग्रामकेन्द्रिक उपन्यासों में सांस्कृतिक रूढ़ियों और स्थानीयता के प्रति मोह प्रदर्शित है। राही मासूम रजा के 'आधा गाँव' और शानी के 'काला जल' में यह है। 'आधा गाँव' (1968) में पाकिस्तान बनने और वहीं जाकर बसने की प्रवृत्तियों के समानान्तर गंगौली के प्रति स्थानीय मुसलमानों का प्रबल लगाव व्यक्त हुआ है। अपने को उखड़ता महसूस करते हुए भी फुन्नन मियाँ गंगौली छोड़ना नहीं चाहते। उनके इस प्रबल लगाव के साथ उनकी सामन्ती तबीयत, गालियाँ और गंगौली से निजी रागात्मक नाते के चित्र पूरी सजधज से मौजूद हैं। किसी समय 'आधा गाँव' का भी विरोध हुआ था, क्योंकि इसमें 'गालियाँ' हैं।

यह भी उल्लेखनीय है कि उपन्यास में ताजिये, नोहा, मजलिस तथा मुस्लिम जीवन के 'टिपिकल टैपोलोजीज' विस्तार से मौजूद हैं। मुसलिम जीवन के यथार्थ को कलह, अवसाद और हँसी-खुशी के एक सम्पूर्ण सामुदायिक परिवेश में उपस्थित करने के उद्देश्य से ही सम्भव है ये 'मिथ' और 'टैपोलोजीज' आये हैं। कथाकार ने इन चीजों को एक 'नास्टेलॉजिया' के साथ व्यक्त किया है। जब पिछड़ापन आँचलिकता का शृंगार बन जाता है, वह एक रोमांस में ढल जाता है। 'आधा गाँव' में पिछड़ेपन

की चेतना कम, उसका रोमांस अधिक व्यक्त हुआ है। एक उदाहरण देखिए, घर के ऊपर से हवाई जहाज गुजरते ही औरतों में अफरा-तफरी मच जाती है, "हवाई जहाज एकदम से आँगन में आ गया तो कुछ पर्दे वाली बीवियों ने आँचल की ओट कर ली और कुछ 'उई' और कुछ 'माटीमिली' कहती हुई गिरती-पड़ती दालान भाग गयीं। इन बीवियों का खयाल यह था कि हवाई जहाज वाले जरूर झाँकते होंगे।" यह आंचलिकता की अतिरंजना और उसका रोमांस है। इस सिलसिले में पिछड़ जाने का यथार्थ देखना हो तो यशपाल की कहानी 'पर्दा' याद कीजिए।

'आधा गाँव' का मार्मिक यथार्थ दरअसल भारतीय मुसलमानों की असुरक्षा भावना और अनिश्चितता के सन्दर्भ में व्यक्त हुआ है। यह पाकिस्तान न जाकर अपने ही गाँव में जीने-मरने की जिद की शक्ल में व्यक्त हुआ है। फुन्नन मियाँ कहते हैं, 'पाकिस्तान बनियों करिहे त गंगउली से बहुत दूर बनिहे।' गाँव में कलह और पिछड़ेपन के बावजूद, एक अन्तरसांस्कृतिक प्रेम है। ग्रामांचल अपनी समग्रता में खुद एक बड़ा भावनात्मक बन्धन है, यह मन को जोड़ता है। इसलिए गंगौली में न अलीगढ़वालों की चली और न भू-स्वामियों की। विभाजन का दर्द जब केवल गंगौली नहीं, पूरा भारत झेल रहा होता है, राही मासूम रजा खुद उपन्यास के बीच में हस्तक्षेप करते हैं, "मैं गंगौली का हूँ, क्योंकि वह केवल एक गाँव ही नहीं है। क्योंकि वह मेरा घर भी है। क्योंकि यह शब्द कितना मजबूत है।....और जब तक यह क्योंकि जिन्दा है, मैं सय्यद मासूम रजा आब्दी गाजीपुर में ही रहूँगा। और मैं किसी को हक नहीं देता कि वह मुझसे कहे, 'राही, तुम गंगौली के नहीं हो। इसलिए गंगौली को छोड़कर मिसाल के तौर पर रायबरेली चले जाओ।' क्यों चला जाऊँ साहब मैं, मैं तो नहीं जाता।" गाँव में सिर्फ प्रकृति, स्वस्थ हवा और रूढ़ियाँ भर नहीं हैं, यहाँ एक 'कल्चरल इथॉस' भी है, जिसे '70 के दशक के आसपास के उपन्यासों ने पकड़ने का प्रयास किया।

शानी का 'काला जल' उपर्युक्त किस्म का 'कल्चरल इथॉस' व्यक्त नहीं कर पाता और भारतीय मुसलमानों का केवल भय, कुंठा और असुरक्षा-भावना दिखाकर रह जाता है। बस्तर अंचल की पृष्ठभूमि के बावजूद यह उपन्यास समुदाय-केन्द्रिक अधिक है। इसमें अंचल को एक्सपोजर नहीं मिलता। उपन्यास पर साठोत्तरी व्यर्थताबोध का व्यापक असर है। इसलिए इसमें 'सिवार, चीलें और काले जल की बिसायँध भरी हुई है।' मुस्लिम समाज का मजहबी वातावरण रचने में जो काम रजा ने ताजिये से लिया है, वही काम शानी ने फातिहा से लिया। शोक में डूबे पात्र रोटियाँ बदलते हैं। मुसलिम समाज के भारतीय दर्द को ईमानदारी से अनावृत करते हुए भी 'काला जल' सल्लो आपा और मोहसिन को रुग्ण मानसिकता से बाहर नहीं निकाल पाता। यह उपन्यास आलोचनात्मक अंतर्दृष्टि के अभाव में साठोतरी व्यर्थताबोध से आक्रान्त

रह जाता है। फलतः जातीय या मानवीय आत्मपहचान का संघर्ष नहीं बन पाता। इतना जरूर है कि वह भारतीय परिवेश से मुसलमानों के भय को मूर्त करता है।

रैल्फ फाक्स ने एक महत्त्वपूर्ण बात कही है, ''उपन्यास एक दार्शनिक काम है। विश्व के महान उपन्यास केवल इसलिए महान हैं कि इनमें विचारधारा की महत्ता है। वे कल्पनाप्रवण हैं तथा लेखक की उद्वेलित मानसिक दशाओं में लिखे गए हैं।'' हिन्दी के कई ग्रामकेन्द्रित उपन्यास 'लोकेल' से विषय लेकर भी इसलिए कमजोर साबित हुए कि वे किसी नये दार्शनिक काम के रूप में सामने न आकर हल्के-फुल्के समाजशास्त्रीय विवरण में फँसे रह गए। उनमें बड़े विजन का अभाव मिलता है, कल्पनाशीलता की भी कमी दिखायी देती है। उपन्यासकार हृदय खोलकर नहीं बोलता, लेखन की जल्दबाजी दिखती है। सिर्फ राजनीतिक उत्तेजना पैदा कर देने भर से कोई उपन्यास महान नहीं हो सकता। उपन्यास एक बड़ी आलोचनात्मक अन्तर्दृष्टि और कल्पनाशीलता के बिना समय के सत्य को व्यापक जमीन पर व्यक्त नहीं नहीं कर सकता। यह स्थिति हम आज तक के सैकड़ों उपन्यासों में देख सकते हैं। उपन्यास फोटोग्राफी नहीं है।

'आधा गाँव' और 'काला जल' के साथ अब्दुल बिस्मिल्लाह के उपन्यास 'झीनी झीनी बीनी चदरिया' को रखकर देखना एक रोचक अनुभव बन सकता है। इस उपन्यास में मुस्लिम समाज के निचले मजदूर तबके का जीवन केन्द्र में है। ठेठ गाँवकेन्द्रिक न होकर भी यह उपन्यास बुनकरों के बनारसी अंचल को उसके व्यापक विलक्षण ब्यौरों के साथ मूर्त करता है। यहाँ भी मुस्लिम धर्म-त्यौहार हैं, मुहर्रम है, मेला है, कब्रिस्तान है, दूसरी तमाम परिचित रूपरूढ़ियाँ हैं। उपन्यास में इन सबके प्रति कोई नास्टेलॉजिक रुझान न होकर एक आलोचनात्मकता है। इसमें कथाकार आत्म-औचित्य की जगह आत्मालोचन और आत्मसंघर्ष उपस्थित करता है। इस उपन्यास में एक चरित्र मतीन का गुमसुम आत्मसंघर्ष अन्ततः इकबाल के बौद्धिक-आर्थिक संघर्ष में विकसित होता है।

'झीनी झीनी बीनी चदरिया' में आर्थिक प्रश्न पर मुसलमानों की जागरूकता उनके जीवन के कुछ अनोखे आयाम खोलती है, जब एक हँसती-खेलती, हमेशा अपनी एक आँख में दर्द और दूसरी आँख में खुशी के आँसू लिये नजबुनिया बुरे संस्कारों के अत्याचार तले कुचल दी जाती है। मतीन उसकी कब्र के पास जाता है। उससे कहा जाता है चलो साहब मट्टी देओ', ठीक धनिया से गोदान कराने की तरह। अब्दुल बिस्मिल्लाह लिखते हैं, ''उसकी समझ में नहीं आया कि किसे मिट्टी दे। रेहाना को, नजबुनिया को, खुद को या बिरादरी के इस कोढ़ को?'' मतीन की उदासी उसके समाज की रूढ़ियों और मिथकों को एक्सपोज करती है, उन्हें गौरवान्वित नहीं करती।

हिन्दी उपन्यास में 'वापस गाँव की ओर' लम्बे समय तक पीछा करता रहा है। 'गोदान' के मेहता रोमांटिक जोश में धनिया के गाँव गए थे। मन में थोड़ी व्यथा और सैर-सपाटा का आनन्द लेकर शहर लौट गए। 'मैला आँचल' का डॉक्टर प्रशान्त कुमार गाँव गए थे मलेरिया पर रिसर्च करने, लेकिन उनको वहाँ की मिट्टी और मनुष्य से मुहब्बत हो गयी। 'राग दरबारी' का रामनाथ शहर से गाँव आता है सिर्फ सेहत सुधारने। इससे समझ में आ सकता है कि शहरी मध्य वर्ग के लिए धीरे-धीरे गाँव का अर्थ कितना बदलता गया। 'राग दरबारी' का शिवपालगंज होरी और गोबर का गाँव नहीं, सरजू पांडे का भी गाँव नहीं, यह वैद्य जी, बद्री पहलवान और सनीचर का गाँव है—दारू, जुआ, बैठकबाजी, चोरी और बाप-बेटे और आदमी-आदमी के बीच हिंसा में डूबा गाँव। इस गाँव में गन्दगी ही गन्दगी है, तिकड़म ही तिकड़म है और मूल्यहीनता ही मूल्यहीनता है। गाँव की रोमानी छवि को श्री लाल शुक्ल के 'राग दरबारी' ने तोड़ा है। यह कुछ विशिष्ट मुहावरे रचता है। एक मुहावरा है, सच्चे हिन्दुस्तानी की यही परिभाषा है कि इंसान, जो कहीं भी पान खाने का इन्तजाम कर ले और कहीं भी पेशाब करने की जगह ढूँढ़ ले। गाँव की राजनीतिक चेतना पर टिप्पणी के रूप में धूमिल की यह पंक्ति कई बार आयी है, 'जिस किसी की दुम उठाकर देखो, मादा ही नजर आता है।' कथाकार सार्वभौमीकरण भी करता है, 'सारे मुल्क में शिवपालगंज ही फैला हुआ है।' हर जगह मखौल है। कथाकार को शौचालय के अभाव में मैदान जाते स्त्री-पुरुष असभ्य लगते हैं और उसे बड़ा मजा आता है, जब कोई ट्रेन आते ही वे 'गार्ड आफ ऑनर' में तुरन्त खड़े हो जाते हैं।

ग्रामकेन्द्रित उपन्यासकार गाँव की प्रतिरोध शक्ति से परिचित होते हैं। इसी प्रतिरोध शक्ति ने अन्दर का बहुत कुछ 'अच्छा' बचाकर रखा है और बाहर का बहुत-सा 'बुरा' रोककर रखा है। अमृतलाल नागर के 'नाच्यौ बहुत गोपाल', शिवप्रसाद सिंह के 'अलग-अलग वैतरणी' रामदरश मिश्र के 'जल टूटता हुआ' और जगदीशचन्द्र के 'धरती धन न अपना' उपन्यास में विपदाओं से घिरे उन गाँवों या बस्तियों का जीवन है जहाँ दलितों और उत्पीड़ितों की आवाज दबा दी जाती है। फिर भी स्पष्ट हो जाता है कि समाज में अब सिर्फ दमन नहीं है, प्रतिरोध या बेचैनी भी है। अमृतलाल नागर मध्यवर्गीय पारिवारिक आदर्शवाद का अतिक्रमण करके 'नाच्यौ बहुत गोपाल' में भंगी जाति के जीवन को विषय बनाते हैं। यह 'बाहर' से लिखी गयी निर्गुणिया की कथा है। इसलिए वह लेखक से पूछती है, 'आप मन से कितने मेहतर बन चुके हैं अब तक!' उसके मन में जाति शोषण और स्त्री शोषण दोनों के लिए धिक्कार है। अमृतलाल नागर अपने संस्कारों से पूरी तरह मुक्त न होते हुए भी बड़े साहस से वर्ण-व्यवस्था के कुलीनतावादी पोषकों की धज्जियाँ उड़ाते हैं।

'अलग-अलग वैतरणी' में करैता गाँव के परिवर्तनों का सजीव चित्र है, 'जो भी

अच्छा है, काम का है वह यहाँ से चला जा रहा है' 'जबकि असल चीज तो धरती है।' यहाँ हर व्यक्ति एक रिश्ता है, पर स्थिति बदल रही है। उपन्यास लोकतन्त्र की विफलताओं का आईना भी है। जगदीशचन्द्र के 'धरती धन न अपना' में शहर से कुछ कमाधमा कर एक दलित कालीदास पंजाब के अपने गाँव की चमादड़ी में लौटता है। उसकी सबसे बड़ी आकांक्षा है अपने कच्चे घर को पक्का बनाये, किन्तु वह गाँव के जमींदार चौधरी के अत्याचार का ही शिकार नहीं होता, अपनी चमार बिरादरी की फूट का भी फल भोगता है। वह पक्का मकान बना नहीं पाता, अपनी ही जाति की लड़की ज्ञानो से प्रेम करके भी उससे विवाह नहीं कर पाता। उसके गाँव में एक तरफ ईसाई मिशनरी है, दूसरी तरफ कम्युनिस्ट हैं। वे कुछ सार्थक कर नहीं पाते। जगदीशचन्द्र को खुद लगा है कि यह उपन्यास 'डायनामिक' की जगह 'स्टैटिक रीयलिटी' का है। इस दौर तक उपन्यास में गाँव की आवाजें सार्थक ढंग से मुखर नहीं हो पा रही थीं, जैसे हर तरफ निस्सहायता और निराशा ही ज्यादा हो। ऐसे उपन्यास प्रश्न उठाते हैं कि क्या गाँवों को समझे बिना भारत को जानना सम्भव है।

मार्कण्डेय ने शहर से दूर के गाँव, खासकर 1950 के आसपास के गाँव को विषय बनाया है। उस समय के गाँव ने उन्हें खासतौर पर आकर्षित किया। यह वह समय था, जब आधुनिकीकरण शहरी विकास के शिखरों की रचना कर रहा था, जबकि किसानों का जीवन निस्संगता, अभाव और कठिन संघर्ष से गुजर रहा था। मार्कण्डेय की कहानी 'हंसा जाई अकेला' आम कृषक के अलग-थलग और अकेले हो जाने की कथा है। आजादी के बाद कृषक का यह सपना धीरे-धीरे टूटता जा रहा था कि भारतीय राष्ट्र उसका भी है। वह अब भी हाशिये पर था। मार्कण्डेय ने हिन्दी क्षेत्र के किसानों का जीवन उठाया है, जहाँ संघर्ष का स्तर काफी नीचे है और दमन ज्यादा है। भूमि सुधार और विकास योजनाओं के चिह्न नहीं हैं। हिन्दी क्षेत्र के किसान पंजाब के किसानों की तरह सुखी और आन्ध्र प्रदेश-बंगाल के किसानों की तरह संगठित नहीं हो पाये। भारत के किसानों को जोड़नेवाली राजनीति कभी नहीं बन पायी। वामपन्थी आन्दोलन मध्यवर्गीय होकर रह गया।

मार्कण्डेय के कथा साहित्य में किसानों के जीवन के अग्निबीजों के साथ उनकी निराशा और निस्सहायता भी व्यक्त हुई है। उनके उपन्यास 'अग्निबीज' में उस समय का गाँव है, जब स्वाधीनता-संग्रामकालीन आदर्शवाद आखिरी लड़ाई लड़ चुका था। साधो काका बूढ़े हो चुके थे। इस स्थिति में उपन्यासकार परिवर्तन के उन अग्निबीजों को पहचानता है, जिन्हें कड़ी मिट्टी में फूटना है। सुनीत, श्यामा, सागर, मुराद पन्द्रह-सोलह साल के ऐसे ही निश्छल अग्निबीज हैं। इनमें एक समझदार जुझारूपन है। मार्कंडेय ने इस उपन्यास की रचना किसी क्रान्तिकारी जोश में नहीं की। उन्होंने गाँव की बौद्धिक-भावनात्मक सीमाओं को पहचाना। श्यामा ग्रामीण गीतों

को लाचार स्त्री जाति की दुख भरी कराह मानती है, पर उन्हीं गीतों को गाती भी है और गाते-गाते रो देती है। गाँवों में मध्यवर्गीय स्त्रियों के प्रतिरोध का स्तर कहाँ खड़ा है, श्यामा को देखकर समझ में आता है। स्त्री कोई लड़ाई कैसे खड़ी करेगी, सुनीत के अन्दर विद्रोह की चिनगारी कब तक बची रहेगी, क्या सारा स्वाधीनता संघर्ष निष्फल हो जाएगा? 'अग्निबीज' परिवर्तन का एक ग्रामीण शोकगीत है।

हिन्दी में गाँवों के जीवन को लेकर लिखा जानेवाला साहित्य धीरे-धीरे कम होता गया, क्योंकि कथाकार शहरी परिवेश से एकमएक हो गए। आज के ज्यादातर हिन्दी कथाकारों के चिन्ता का विषय यह नहीं है कि गाँवों में क्या घट रहा है, वहाँ कैसा अलगाव, तनाव, संघर्ष, रुदन और कैसी आत्महत्याएँ हैं। भारत के इस विशाल समाज के चित्र आमतौर पर साहित्य के पन्नों पर नहीं हैं, अखबार के पन्नों पर कुछ हों तो हों।

तीन

कन्नड़ लेखक यू. आर. अनन्तमूर्ति का उपन्यास 'संस्कार' (1965) उस दौर की कृति है, जिसे हम हिन्दी में साठोत्तरी साहित्य के नाम से जानते हैं। इसमें एक ब्राह्मण टोले की कथा है, जो गाँव केन्द्रिक होकर भी बहुत अच्छी तरह एक खास दौर के वैचारिक मिजाज को सामने लाती है। यह परम्परा और आधुनिकता के बीच संघर्ष का ऐसा आख्यान है, जो दोनों तरफ की खाई दिखाती है। हिन्दी उपन्यास के बारे में कुछ बताते हुए इस पर चर्चा अटपटी लग सकती है, लेकिन सार्वभौम पतन की इस रूपक कथा को जानना जरूरी है। इस उपन्यास की एक खूबी यह है कि यह बड़ा गठा हुआ और रोचक है।

ब्राह्मण टोले में उच्च कुल के दसेक प्रतिष्ठित ब्राह्मणों के घर हैं। इनके सिरमौर वेदान्त के ज्ञाता प्राणेशाचार्य हैं। वह आदर्शवादी हैं और मर्यादित पुरातनता की आवाज हैं। उनकी बीमार पत्नी भागीरथी उनके त्याग और उत्सर्ग की वेदी है। वह बीस सालों से रोगशय्या पर पड़ी है। प्राणेशाचार्य का जीवन सेक्स से रहित है। वह धर्मसम्मत उपदेश देते हुए भावावेग से भरी वेद-पुराण की कथा बाँचते हैं, पर खुद कभी भावावेग में नहीं बहते। कृष्ण द्वारा सरोवर में स्नान करती गोपिकाओं का वस्त्र चुराने की कथा हो, विश्वामित्र और मेनका के यौन-सम्पर्क की कथा हो, तीक्ष्ण बुद्धि वाले ऋषि पराशर और मछुआरिन सत्यवती के प्रेम की कथा हो, ऐसी पुराकथाओं में धर्मशास्त्रीय बन्धनों को तोड़कर भावावेग से भरे प्रेम के अनगिनत प्रसंग है। प्राणेशाचार्य ऐसी कामोत्तेजक पुरकथाएँ सुनाते हैं, पर अपने भावावेग को धर्मशास्त्र से दबा कर रखते हैं। उपन्यास में पवित्रता से ढके उनके आत्मदमन का अनावरण

है, पर इससे कम महत्त्वपूर्ण नहीं है उनका मार्मिक अन्तर्द्वन्द्व।

संस्कार में एक विद्रोही ब्राह्मण नारणप्पा है, जिसकी मृत्यु प्लेग से होती है। वह सन्तानविहीन था। उच्च कुल का ब्राह्मण होकर भी शराब पीता था, मछली खाता था और वेश्या चन्द्री के साथ रहता था। प्राणेशाचार्य के सामने समस्या आती है कि वह धार्मिक नियम तोड़नेवाले इस पथभ्रष्ट ब्राह्मण के दाह-संस्कार के सम्बन्ध में क्या धार्मिक व्यवस्था दें। टोले के ब्राह्मण उसका दाह-संस्कार करें या न करें। उनमें दुविधा है और भय है। नारणप्पा को कोसते सभी थे, पर उसका बहिष्कार नहीं किया गया था। उसने धमकी दे डाली थी कि बहिष्कार करने पर वह मुसलमान हो जाएगा। ब्राह्मण टोले में मुसलमान के साथ रहना, यह ज्यादा बड़ी आफत थी। नारणप्पा मरते समय ब्राह्मण ही था। इसलिए उसके शव को गैर ब्राह्मण छुएँ और वे दाह-संस्कार करें तो यह अग्रहार के ब्राह्मणों का अपमान था। पर वे खुद दाह-संस्कार करके अपना धर्म कैसे बिगाड़ें। ब्राह्मणटोला समय के अनुरूप निर्णय करने की जगह, क्या शास्त्रसम्मत है, इस बहस में फँसा हुआ था। उसके सामने संस्कार एक बड़ी समस्या बन गयी थी।

यू. आर. अनन्तमूर्ति का कर्नाटक के ग्रामीण जीवन से गहरा परिचय रहा है, जिस तरह रेणु का बिहार के ग्रामीण जीवन से। अनन्तमूर्ति गाँव में ब्राह्मणों के अग्रहार को चुनते हैं, जिसके लिए धर्म जीवन ही नहीं रोटी भी है। अग्रहार के सभी ब्राह्मण शास्त्र ज्ञान और उच्च कुल के अहं से भरे ऐसे लोग हैं, जो भोज का बुलावा आने पर दौड़ पड़ते हैं। विद्रोही नारणप्पा की वजह से अग्रहार इतना बदनाम हो चुका था कि अब बुलावे भी कम आते थे। वह सभी के ब्राहणत्व को चुनौती देता था। वह बुद्धिवादी बातें करता था और लोगों के मन से धर्म का भय दूर कर देना चाहता था, "मैं ब्राह्मणत्व का नाश करके रहूँगा।" उसने एक ब्राह्मण नौजवान को कुल-धर्म छोड़कर फौज में जाने के लिए राजी कर लिया। वह गाँव के लड़कों को इसी तरह बिगाड़ रहा था। उसने अंधविश्वास पर चोट करके गणपति सरोवर की मछलियाँ खायीं।

यह एक रूपाकात्मक घटना है कि अब नारणप्पा अपने घर में मरा पड़ा है। प्राणेशाचार्य की दुविधा की वजह से उसकी लाश ही नहीं सड़ रही है धर्म, आदर्शवाद और नैतिकता की भी धज्जियाँ उड़ रही हैं। यह लाश जैसे नारणप्पा की न हो खुद धर्म, आदर्शवाद और नैतिकता की हो। नारणप्पा जैसे मरा न हो, लाश बनकर बीत रहे पुराने ऐतिहासिक युग को आखिरी धक्का दे रहा हो।

ब्राह्मणटोले में प्लेग से नारणप्पा पहले मरता है। इसके बाद दासाचार्य मरते हैं, फिर खुद प्राणेशाचार्य की बीमार पत्नी भी चल देती है। कई दूसरे लोग भी मरते हैं। प्लेग का असर ब्राह्मणों के अग्रहार से लेकर दलितों की बस्ती तक है। यह साधारण

महामारी नहीं है। दुर्गन्ध छा जाती है। गाँव पर गिद्ध मँडराने लगते हैं। नारणप्पा के फूले शव को देखकर पारिजातपुर से आये निम्न कुल के ब्राह्मण (जो कलाकारों का एक दल था और अपने को विद्रोही समझता था) भी भाग खड़े होते हैं। इसका अर्थ है, जीवन के सवाल का सामना न परम्परा कर पा रही है और न आधुनिक युग की नवीनता। यू. आर. अनन्तमूर्ति परम्परा और आधुनिकता का द्वन्द्व दिखाते हुए वस्तुतः दोनों को प्रश्नांकित करते हैं।

अस्तित्त्ववादी लेखक आल्बेयर कामू का एक उपन्यास है 'प्लेग'। इसमें भी चारों तरफ चूहे ही चूहे हैं, लाशें ही लाशें हैं और बचे हुए भयभीत लोग हैं। अनन्तमूर्ति के 'संस्कार' का प्लेग भी तात्पर्यपूर्ण है। यह आधुनिक युग के भय, दुविधा और निस्सहायता को एक रूपकात्मक पृष्ठभूमि देता है। उपन्यास में कई छोटे-छोटे रूपक हैं, गहरे अर्थ से भरे। प्लेग से मरनेवाले और दूसरे व्यक्तियों की लाशों का दाह संस्कार हो रहा है, पर ''अग्रहार में संस्कार की प्रतीक्षा में एक और शव पड़ा है, लेकिन उसके प्रारब्ध का निर्णय गुरुजी के मठ में ही होगा।'' नारणप्पा ही प्लेग की महामारी को अग्रहार में लाया था, यह सोचकर अंधविश्वास खड़े होने लगे। मुर्गे-बकरी की बलि। शव वाली झोंपड़ियों में आग। गाय-बछड़ों को छोड़कर लोग गाँव खाली करने लगे। पारिजातपुर के नयी सोच के नौजवानों ने बुद्धि से काम लिया। उन्होंने नगरपालिका को खबर दी, डॉक्टर को बुलाया गया। बाकी अपने ब्राह्मणत्व से लाशों को परिभाषित करते रहे। अग्रहार के ब्राह्मणों के लिए दुर्गन्ध देती नारणप्पा की लाश जैसे उनकी सैकड़ों साल की खोखली परम्परा की दुर्गन्ध थी। वे मानो सैकड़ों साल की अपनी धार्मिक व्यवस्था को सड़ती हुई देख रहे हों और मूल्य-विभ्रान्ति की स्थिति हो।

''मैं बिल्कुल भूल गया हूँ कि किस ओर से यहाँ आया हूँ, यहाँ से कहाँ जाना है।' यह मनोदशा 'संस्कार' के केन्द्रीय चरित्र प्राणेशाचार्य की है और सन साठ के दशक की भी है, जब साहित्य में आधुनिकतावाद छाया हुआ था। मनुष्य के आधुनिक जीवन में एक अनिश्चितता थी। अनिश्चितता का बोध ही आधुनिकताबोध था। साथ में संशय था, अब आदर्शों का क्या होगा, जीवन का क्या अर्थ है, यह अन्धकार कैसा है? एक ऐतिहासिक युग बीत रहा था, दूसरा ऐतिहासिक युग आ नहीं पाया था। उस जमाने के आधुनिक साहित्य की महत्ता यह है कि उसने संक्रमण काल की दुविधा, अनिश्चितता और संशयों को पहचाना। इन्हें तरह-तरह से व्यक्त किया। 'संस्कार' में आधुनिक संक्रमण काल की दुविधा अनिश्चितता और संशय बड़े कलात्मक ढंग से व्यक्त हुए हैं। कहीं कोई चीख-चिल्लाहट नहीं है, उपन्यास आधुनिक मन के हाहाकार को धीमे से अनावृत करता चलता है।

प्राणेशाचार्य अपनी नकली ऊँचाई से गिरते हैं। वह महिमा से बाहर आते हैं। उनका रुँधा जीवन खुलता है, जब राह की एक अँधेरी रात में चन्द्री उन्हें अकेली

मिलती है। उनके भीतर विश्वामित्र, पराशर, गोपिकाओं के वस्त्र चुरानेवाले कृष्ण सब जाग जाते हैं। प्राणेशाचार्य धार्मिक महिमा से गिरकर साधारण इंसान हो जाते हैं। उन्हें लगता है, मानो 'अपनी छिनी स्वतन्त्रता प्राप्त कर ली हो।' जीवन की इच्छाएँ अन्ततः आत्मदमन पर भारी पड़ गयीं। भावावेशों ने ब्राह्मणत्व को चकनाचूर कर दिया। एक बार नारणप्पा ने चुनौती दी थी, 'देखें कि कौन जीतता है, आप या मैं आचार्य जी।' प्राणेशाचार्य धार्मिक जवाबदेही और अनुभव की सच्चाई के बीच फँस गए, "मैंने ऐसे भय का अनुभव पहले नहीं किया। पहचाने जाने का भय, पकड़े जाने का भय। यह भय कि अपने अन्तर के भेद को मैं दूसरों की आँखों से बचाकर कैसे रख पाऊँगा? मैंने अपनी स्वाभाविक, मौलिक निर्भयता खो दी है? कैसे, क्यों? भय के कारण ही मैं वापस अग्रहार नहीं जा सका—इस भय के कारण कि उन ब्राह्मणों की नजरों के सामने मैं जिन्दा कैसे रह सकूँगा? हाय, यह भीषण चिन्ता—कि जब मेरी गोद में गाँठ बाँधकर एक झूठ पड़ा है, मैं साँस भी कैसे ले सकूँगा?" 'संस्कार' में प्राणेशाचार्य की दुविधा, अन्तर्द्वन्द्व और भय एक बदलते युग की कथा है। वह अपने को उद्घाटित करके अपना व्यक्तित्त्व पाना चाहते हैं, जो आधुनिकता की एक प्रमुख समस्या है। वह अग्रहार लौटने और नारणप्पा के संस्कार का फैसला अंततः लेते हैं, हालाँकि चन्द्री द्वारा मुसलमानों के सहयोग से वह पहले ही चुपचाप जलाया जा चुका था।

एक महत्त्वपूर्ण बात यह है कि यू. आर. अनन्तमूर्ति 'संस्कार' में नस्लीय शुद्धता का खंडन करके कहना चाहते हैं कि भारतीय समाज वर्णसंकरता से बना है, कोई भी शुद्ध नहीं है। शुद्धता एक दम्भ हैं। उत्तर से आये हुए इन ब्राह्मणों के पूर्वजों का द्रविड़ स्त्रियों से सम्बन्ध बना था। इसी तरह एक पात्र पुट्ट वर्णसंकर है। नारणप्पा के साथ स्वच्छन्द रूप से रहनेवाली चन्द्री भी वर्णसंकर सन्तान चाहती है। इस उपन्यास में शुद्धतावाद का हर स्तर पर विरोध है।

सन साठ के बाद भारत भर में लेखकों की एक ऐसी पीढ़ी उभरकर आयी थी, जो किसी मूल्य चेतना की जगह मूल्यहीनता के बोध से गुजर रही थी। उसे सम्पूर्ण व्यवस्था में परायेपन का अनुभव हो रहा था। यह पीढ़ी सामन्ती व्यवस्था की जड़ता को खुलकर चुनौती दे रही थी, आज की तरह विकृत समझौते के दृश्य नहीं थे। वह दर्शन, राजनीति और परम्पराओं की जगह अनुभव को महत्त्व देती थी।

उपन्यास में अनुभव को महत्त्व देने का अर्थ है व्यक्ति को महत्त्व देना। आधुनिकतावादी दृष्टिकोण यही है, परम्परा और अनुभव में अनुभव बड़ा है। परम्परा पर अनुभव की वरीयता की वजह से ही हर श्रेष्ठ उपन्यास पाठक की पुरानी रुचियों और संस्कारों पर हमला करता है, वह गुदगुदाता नहीं। प्राणेशाचार्य धर्मज्ञान और अनुभव के तनाव से गुजरते हैं। प्रचलित आधुनिक व्यवस्था और रूढ़िवादी परम्पराओं

के विरुद्ध अनुभव की महत्ता बताना ही 'संस्कार' का उद्देश्य है।

एक तरफ धार्मिक परम्पराओं पर टिका खोखला आदर्शवाद है, दूसरी तरफ आधुनिक युग की हिंसक स्पर्धा है। 'संस्कार' का एक महत्त्वपूर्ण रूपक मुर्गों की लड़ाई है, "एड़ियों के बल बैठे हुए लोग दो मुर्गों का एक-दूसरे पर झपटना देख रहे थे। मुर्गो के पाँवों से चाकू बँधे हुए थे! पंख फड़फड़ाकर वे एक-दूसरे पर आक्रमण कर रहे थे।...प्राणेशाचार्य के प्राण निकलने को आये। एकाएक कैसी नृशंस दुनिया में चले आये हैं वे!...उन्हें स्पष्ट होने लगा कि इस प्रकार के क्रूर और निर्मम भावनाओं के संसार में साँस लेने के लिए भी वे असमर्थ हैं।" आधुनिक जीवन ऐसी ही क्रूर और निर्मम स्पर्धा से भरा हुआ है। पुट्ट अपने परिवेश को बेतकल्लुफी से जीता है। वह बातूनी और खुले दिल का आदमी है। वह मुर्गे की लड़ाई में पैसा दाँव पर लगाता है, जीतता है और हमेशा निर्द्वन्द्व रहता है। वह समझदार और व्यावहारिक कम नहीं है। प्राणेशाचार्य और पुट्ट की कुछ समय की मित्रता का औपन्यासिक चित्र बड़ा जीवन्त है। दोनों भिन्न प्रकृति के हैं। एक भय और अन्तर्द्वन्द्व से भरा है, दूसरा निर्भय और निर्द्वन्द्व है और मधुर भी है।

प्राणेशाचार्य का व्यक्तित्त्वान्तरण हो रहा था। वह पहले चन्द्री और फिर पुट्ट के सहयोग से जीवन के नजदीक पहुँचते गए। वह अतीत को छोड़ रहे थे। उन्हें जीवन खींचता था। कभी वह दुविधा में पड़ जाते थे, पर कभी सोचते थे, "ठीक है, बातें जैसी घटती हैं घटने दी जाएँ।" 'संस्कार' उपन्यास की सबसे बड़ी सीमा है, इसमें आधुनिक युग के जिस अन्तर्द्वन्द्व का चित्र है, वह पैसिव किस्म का है। प्राणेशाचार्य धार्मिक व्यवस्था से बाहर निकलकर भी न नारणप्पा की बौद्धिकता तक पहुँच पाते हैं और न वह पुट्ट जैसा व्यावहारिक हो पाते हैं। वह त्रिशंकु की तरह बीच में फँसे रह गए, पीड़ा से भरे अपने मन में परम्परा के ही कुछ ज्यादा करीब। क्या यह भारतीय ढंग की आधुनिकता की प्रसव पीड़ा है?

यू. आर. अनन्तमूर्ति के 'संस्कार' की उपलब्धि परम्परा और आधुनिकता के द्वन्द्व में है, जो प्राणेशाचार्य के अन्तर्द्वन्द्व में शक्ल पाता है, हालाँकि अन्तर्द्वन्द्व पैसिव किस्म का है। वह सोचते हैं, "मेरे प्रारब्ध में कहीं ऐसा तो नहीं कि मनुष्य के रूप में ही प्रेत बनकर, सदैव संशय-असंशय के बीच डोलता रहूँ....मैं जब तक कुल ब्राह्मणत्व को त्याग कर अलग से खड़ा नहीं हो जाता, इन सब उलझनों से स्वतन्त्र नहीं हो पाऊँगा। यदि मैं इनका त्याग कर सकूँ तो मैं मुर्गों की लड़ाई के भयानक, हिंसक संसार में गिर पड़ूँगा।" परम्परा और आधुनिकता—दोनों तरफ खाई है। लेकिन क्या दोनों ही तरफ मनुष्यता की अन्तःशक्ति भी नहीं है, जिसे लेकर जीवन की तरफ बढ़ा जाए? यू. आर. अनन्तमूर्ति परम्परा को प्राणेशाचार्य के बाहर और आधुनिकता को नारणप्पा के बाहर नहीं देख पाते।

'संस्कार' में यह भय मूर्त हुआ है कि परम्पराएँ टूट रही है, अब समाज कैसे चलेगा। समाज में नवीनता के चिह्न हैं, पर नवीनता चेतावनियों से भरी हुई है, जिस तरह परम्परा चुनौतियों से भरी हुई है। सारी की सारी आधुनिकता जीवन को बुद्धिसम्मत और उदात्त बनाने वाली है, ऐसा नहीं है। क्या पश्चिमी शैली से गुजरे बिना हम अपनी आधुनिकता खुद गढ़ सकते हैं? यह प्रश्न कई भारतीय साहित्यकारों के सामने था।

चार

क्या विकास की नव-औपनिवेशिक प्रक्रिया में गाँव महज दूर के ढोल हैं? जिस तरह ऐतिहासिक उपन्यास लेखन का सिलसिला एक समय बन्द हो गया, क्या उसी तरह कहा जाना चाहिए कि ग्रामकेन्द्रित उपन्यास का युग बीत गया है? अब लेखक गाँव में नहीं रहते, गाँव उनकी स्मृति के अंग है। यदि औपन्यासिक लेखन गाँव से स्थानान्तरित होकर दलित जीवन और स्त्री-केन्द्रिक होगा तो 'जातीय' और 'सार्वभौम' से उसका नाता कितना होगा? इन सवालों के अलावा इस सवाल की ओर भी ध्यान खींचना होगा कि ग्रामकेन्द्रित उपन्यास लेखन का सिलसिला अवरोध का शिकार हो गया, तो क्या इससे लाखों गाँवों की जिन्दगी रुक गयी? क्या वहाँ आशा, संघर्ष और पीड़ा की लहरें अब नहीं हैं, क्या वहाँ कथा नहीं है? उपन्यास में गाँव धीरे-धीरे अनुपस्थित होता गया या अपनी विलक्षण औपन्यासिक धार खोता गया। आज के उपन्यास में आमतौर पर गाँव की जिन्दगी और मिट्टी गायब है या अब सब महज स्मृति कथा है। गाँव सांस्कृतिक चिन्ता का मुख्य विषय वहीं तक है, जहाँ तक वह शहर के भीतर है।

कई बार कहा जाता है कि कथा का अन्त हो गया, इसका स्थान 'मेटा-नैरेटिव' ने ले लिया। इसका एक अर्थ यह है कि व्यक्ति का अन्त हो गया और अच्छे-बुरे के बीच भेद का भी अन्त हो गया। व्यक्ति को बाजार ने उसकी सम्मानित जगह से गिरा दिया, उसे महज उपभोक्ता बना दिया। व्यक्ति जब तक उपन्यास का सहृदय पाठक था, वह महज उपभोक्ता नहीं था। उसमें इतिहास रचने की शक्ति थी। किसी समय मध्य वर्ग ने इस शक्ति का अनुभव किया था। इसलिए उसने शाश्वत सत्य और राजाओं के जीवन से जुड़े 'महाकाव्य' की कथा-परम्पराओं को त्याग कर 'उपन्यास' का विकास किया—अपने जीवन, संघर्षों, विजयों-पराजयों, गोपनीयताओं और अपने को पूर्ण बनाने की आकांक्षाओं के साथ-साथ अपने जीवन की त्रासदियों की अभिव्यक्ति के लिए। 'महाकाव्य' के असन्तोष से जन्मे 'उपन्यास' ने सामन्ती ऐश्वर्य, भेदभाव और रूढ़िवाद को चुनौती दी। 'उपन्यास' के असन्तोष

से जन्मे 'मेटा-नैरेटिव' क्या दे रहे हैं? ये मुक्त बाजार द्वारा संचालित उपभोक्तावाद की विजय-यात्राओं के परा-वृत्तान्त हैं। ये क्या बना और क्या उजाड़ रहे हैं? क्या ये साामन्ती रूढ़ियों पर चोट करते हैं? क्या ये केवल इतिहास, विचारधारा और मानवीय सम्बन्धों-मूल्यों को तहस-नहस करने में लगे हैं? मेटा-नैरटिव में यथार्थ की जगह आभासी यथार्थ होता है, जो एक तरह का वि-मानवीयकरण है। मेटा-नैरटिव वस्तुतः नैरेटिव या वृत्तान्त को मानवीय तत्त्वों से विच्छिन्न करना है। क्या मनुष्य के भीतर से मनुष्य को हमेशा के लिए मिटाया जा सकता है, उसे हमेशा के लिए महज उपभोक्ता में रूपान्तरित करके रखा जा सकता है? यदि मनुष्य के संघर्ष का अन्त नहीं होगा तो कथा का अन्त कैसे हो जाएगा?

उल्लेखनीय है कि हिन्दी उपन्यास की दुनिया में कभी 'किस्सागोई' शब्द प्रचलित था। 'नैरेटिव' शब्द तब आया, जब मेटा-नैरेटिव को स्थापित करना था। उत्तर आधुनिकतावादी चिन्तन में 'ग्रांड-नैरेटिव' के अंत के सन्दर्भ में 'नरैटिव' शब्द आया, जिसका सामान्य अर्थ है घटना का कथित या लिखित धारावाहिक विवरण। प्राचीन वैदिक कथाओं और महाकाव्य के बाद जैसे पुराण आये, उसी तरह आधुनिक कथा साहित्य के बाद मेटा-नैरेटिव आया। यह आभासी यथार्थ के छल लेकर आया। इसमें साहित्यिक तत्त्व नहीं हैं। प्राचीन महाकाव्य से लेकर उपन्यास तक सब कथा है, पर जीवनी, आत्मजीवनी, यात्रावृत्तान्त आदि को कथा कहेंगे या नैरेटिव? इनमें भी घटनाओं का विवरण होता है। नैरेशन एक तरह से कौशल है, जिससे अन्तर्वस्तु का संकेत नहीं होता। इसलिए उपर्युक्त उत्तर-आधुनिक परिप्रेक्ष्य में फिल्म, नृत्य, संगीत या कोई विज्ञापन भी 'नैरेटिव' बन जाता है।

उपन्यास एक रूप-कौशल भर नहीं है। यह एक साहित्यिक अन्तर्वस्तु और मानवबोध है। उपन्यासकार के सामने एक पाठक समाज होता है, जो व्यक्ति पाठक में बदलता गया, फिर भी पाठक है। पाठक अब भी है। मेटा-नैरेटिव ने आभासी पाठक या 'नैरेटी' को ला दिया। कथा कहने-सुनने और लिखने-पढ़ने की बात पीछे छूट गयी। इसके साथ दूसरी बहुत सारी चीजों का दमन होने लगा। इसलिए गलती शुरू हुई उपन्यास को महज नैरेटिव के रूप में सीमित करके देखने से, यह मेटा-नैरेटिव का तात्त्विक जाल है। कथा को, यह किसी भी रूप में हो, हटाकर मेटा-नैरेटिव ला देने का लक्ष्य है पाठक को उपभोक्ता या आस्वादक में बदलना, हर सम्भव उपाय से मानव विवेक का ध्वंस कर देना। यह एक युद्ध की कोटि का तकनीकी आक्रमण है, जो सम्पूर्ण मानवजाति अपनी बौद्धिक आत्मा पर झेल रही है।

काफी पहले 'ओरियंटलिज्म' का दबदबा था, जो हिन्दुस्तान को सैकड़ों विच्छिन्न टुकड़ों में विभाजित करके देखता था। यह औपनिवेशिक नजरिया खतरनाक था, पर दुर्भाग्यवश उपनिवेशवाद से संघर्ष के दौर में भारतीय बुद्धिजीवियों के मन में अपने

बीज बो गया। भारतीय भाषाओं में क्षेत्रीय जीवन के जिन सांस्कृतिक बिम्बों को महज पृथक पहचान के स्तर पर व्यक्त किया गया, उन पर ओरियंटलिज्म अर्थात पश्चिमी विद्वानों द्वारा औपनिवेशिक नजरिये से विकसित किये गए 'पौर्वात्यवाद' और इसके उत्तराधिकारी 'सबाल्टर्न कल्चर' का असर है। पौर्वात्यवाद यूरोपकेन्द्रिक चिन्तन है, जो पूर्व की संस्कृतियों को निम्नतर मानता है। भारतीय भाषाओं के उपन्यासकारों और दूसरे बुद्धिजीवियों ने पौर्वात्यवाद द्वारा पूर्व की संस्कृतियों को निम्नतर मानने की धारणा का विरोध किया है और अपनी संस्कृति की श्रेष्ठता प्रदर्शित की है। लेकिन वे एक दूसरी स्थापना 'जातियों की अति-बहुलता और पृथक सत्ता' के प्रभाव में आ गए हैं।

क्या भारत में बढ़ती विखंडता पौर्वात्यवाद की सफलता का संकेत है? पौर्वात्यवाद की दृष्टि से भारत कभी एक राष्ट्र-राज्य नहीं है। इसकी कोई राष्ट्रीय संस्कृति नहीं है, सैकड़ों परस्पर विच्छिन्न संस्कृतियाँ और उप-संस्कृतियाँ हैं। इसी प्रभाव में कई भारतीय भाषाओं, विशेषतः तटीय राज्यों की भाषाओं में ऐसे काम सामने आये हैं, जिनमें दबी पहचान वाली उप-संस्कृतियाँ प्रबल ढंग से उजागर की गयी हैं। इस प्रक्रिया में नवजागरण के बुद्धिवाद का कोई दबाव महसूस न करके, पुरानी रूढ़ियों और मिथकों का जमकर महिमामंडल हुआ है। ऐसे अंचल ढूँढ़े गए हैं, जहाँ मिश्रित समाज नहीं है, अन्तर-उर्वरण (क्रास-फर्टिलाइजेशन) नहीं है और पिछड़ेपन की अन्तर्ज्वाला है। निस्सन्देह इन कामों में क्षेत्रीय ग्रामीण जीवन का सौन्दर्य और संघर्ष भी अद्वितीय ढंग से व्यक्त हुआ है। इनमें स्थानीय विशिष्ट रंगों के भीतर से उच्चतर मानवीय संवेदना भी कई जगहों पर झलक मारती है। यहाँ किसी बिन्दु पर 'सार्वभौम' या 'सामान्य' भी उपस्थित है। फिर भी उप-सांस्कृतिक आग्रह कहीं-कहीं इतने प्रबल हैं कि व्यापक जातीय आत्मपहचान का संघर्ष विवेकवादी तत्त्वों समेत पृष्ठभूमि में चला गया है। उत्तर-आधुनिकतावाद, जो वस्तुतः संशोधित पौर्वात्यवाद है, इस सन्दर्भ में उप-सांस्कृतिक रूढ़ियों और मिथकों की श्रेष्ठता का ही दृष्टिकोण लेकर आया है। इसलिए उपन्यास की जातीय अवधारणा के समक्ष 'चेहराविहीनता' ही नहीं, 'चेहरे की मिथ्या पृथकता' भी समान रूप से एक बड़ी चुनौती बनी हुई है।

पाँच

हम गाँव देख रहे हैं, पर विश्व गाँव कहाँ है? 'ग्लोबल विलेज' एक नव-औपनिवेशिक दुःस्वप्न है। इसमें आत्मपहचान के संघर्ष का अन्त है। ग्लोबल विलेज की धारणा से प्रभावित दो उपन्यास देखे जाएँ। सुरेन्द्र वर्मा का 'मुझे चाँद चाहिए' और मनोहर श्याम जोशी का 'हरिया हरक्यूलिज की हैरानी'। आँचलिक और ग्रामकेन्द्रित उपन्यास

किसी बिन्दु पर सामन्ती रूढ़ियों के प्रति आलोचनाशील थे, जबकि विश्व गाँव के उपन्यास उत्तर-आधुनिकतावाद के असर में न केवल उप-सांस्कृतिक रूढ़ियों और मिथकों का संरक्षण करते हैं, बल्कि उपभोक्तावाद की रूपरूढ़ियों के भी प्रचारक हैं। कुछ उदाहरण काफी होंगे।

'मुझे चाँद चाहिए' में यशोदा शर्मा को अपना दिया हुआ नाम बुरा लगता है। इसलिए वह स्कूल परीक्षा का फार्म भरते समय अपना नाम बदल कर वर्षा वसिष्ठ लिख देती है। 'वसिष्ठ' उसका गोत्र है। ग्लोबल विलेज का आदमी वैसा ही परिवर्तनीय होता है, जैसा आज रुपया तुरन्त डालर में 'कन्वर्ट' हो जाता है। सिलबिल या यशोदा शर्मा तेजी से अपना नाम ही नहीं, पूरा जीवन बदल लेती है, जो नये उपभोक्तावादी मध्य वर्ग की आम आकांक्षा है। गोत्र नाम रखना वर्षा का प्राचीन तत्त्ववाद के प्रति आकर्षण व्यक्त करता है। उसे कालिदास का सौन्दर्यबोध और सैम्पेन दोनों पसन्द हैं। इस तरह वर्षा वसिष्ठ अपने जीवन और तेज विकास में उपभोक्तावाद और प्राचीन तत्त्ववाद दोनों का एक 'लोभनीय अन्तर्युग्म' खड़ा करती है। महत्त्वाकांक्षा की सीढ़ियाँ एक-एक कर चढ़ते हुए उसका लगातार पतन होता है, जो बड़ा सम्मोहक है। वर्षा वसिष्ठ कृत्रिम इच्छा का समुद्र है। वह प्रेम की अवधारणा देती है, 'प्रेम करना किसी के पास जाकर बूढ़ा हो जाना है।' यह वर्षा का यशोदा-काम्प्लेक्स भी हो सकता है और सुख के लिए प्रेम की निरर्थकता का बयान भी। कुल मिलाकर खूबसूरत और बड़े नाटकीय ढंग से कथाकार ने वर्षा वसिष्ठ के विकास के उन्माद को इस तरह व्यक्त किया है कि अमेरिका और भारत का फर्क मिट जाए—आत्मपहचान मिट जाए। विडम्बना इस हद तक है कि वर्षा लगातार आत्मऔचित्य सिद्ध करती है, आत्मालोचन में नहीं उतरती। आत्मऔचित्य ग्लोबल विलेज के चरित्र की एक मुख्य खूबी है।

उत्तर-आधुनिकतावाद भारतीय जीवन में भी आया और प्रेम का अर्थ बदलने लगा। प्रेम बदलती स्थितियों में ऐसी अंतरंगता का रूप लेने लगा, जिसका अंत रिक्तता में होता है। वहाँ न कुछ सच होता है और न झूठ, न ईमानदारी होती है न बेईमानी। अंत में बस एक रिक्त जगह होती है, जहाँ कोई निर्णय करना सम्भव नहीं है। फिर भी कोई मान लेता है कि दूसरा ईमानदार नहीं है। मनोहर श्याम जोशी के उपन्यास 'कसप' का कुमाऊँनी भाषा में अर्थ है—राम जाने। उपन्यास में प्रेम का अन्त जिस शैली में होता है, वह एक उत्तर-आधुनिक नमूना है। वहाँ कोई भावुकता, कोई स्मृति या कुछ टूटने का अहसास नहीं है। इसमें डी.डी. बने देवीदत्त तिवारी और बेबी बनी मैत्रेयी शास्त्री के प्रेम का रसीले खिलन्दड़ेपन के साथ वर्णन है। अल्मोड़ा के पारम्परिक गँवई परिवेश में 'धर्म' नहीं खुद 'तर्क' पर ही सन्देह व्यक्त किया जाता है, जिसकी परिणति असमंजस में होती है। रेणु 'मैला आँचल'

में जिस तरह पूर्णिया को मूर्त करते हैं, मनोहर श्याम जोशी 'कसप' में अल्मोड़ा को मूर्त करते हैं। वह प्रेम में सिर्फ आँचलिकता को ही नहीं 'वैदिक भारत के आह्वान' और उच्च ब्राह्मण कुल के प्राचीन मिथकीय सेक्स प्रसंगों को भी लाते हैं। यह आधुनिकता से ऊब का भी आख्यान है, जो भदेस और आभिजात्य, काशी और अमेरिका, पुनर्जन्म और सेक्स की उत्तर-आधुनिक खिचड़ी तैयार करता है। डी. डी. चौबीस साल बाद भारत लौटने के बाद एक मुलाकात में बेबी से जानना चाहता है, यदि पुनर्जन्म होता हो तो? बेबी जवाब देती है, ''बार-बार तू अयोग्य ठहरे, बार-बार मैं आ सकूँ इस सुन्दर संसार में तुझसे पीछा करवाने के लिए।'' उसके अंग-प्रत्यंग अनन्त चुनौतियों से भरे थे, पर उसके पास न दिल था और न दिमाग! प्रेम सबसे पहले सत्ता का प्रतिवाद है, पर 'कसप' में एक बौद्धिक मनोरंजन है। कथा जब नहीं मिलती, कथाकार अक्सर सेक्स में घुसकर क्षतिपूर्ति करते हैं। हिन्दी कथा साहित्य में यह अक्सर हुआ है। 'इरोटिक' या 'सेक्सुअलिटी' उसके अपने सन्दर्भ में नहीं रखे जाते। सभी जानते हैं कि आज भी वेलेंटाइन डे हो या लव जेहाद, बहुत-सी जगहों पर जान पर संकट रहता है। 'खाप पंचायत' प्रेम पर एक कहर है। युवक-युवतियाँ भी नैतिक दादागीरी मानने के लिए तैयार नहीं हैं, वे प्रतिवाद कर रहे हैं। इसलिए डी.डी. और बेबी की किस्म के अन्तरंग सम्बन्ध और इससे जन्मी रिक्तता सिर्फ नव-औपनिवेशिक विश्वगाँव में सम्भव है।

व्यावसायिक पत्रकारिता और टीवी के लिए धारावाहिक लिखने के बीच मनोहर श्याम जोशी का कुछ गिने-चुने उपन्यास लेखन में अचानक आना और जाना इसका संकेत है कि विश्वगाँव में साहित्यिक लेखन के लिए पहले की तरह साधक-सी निष्ठा, निरन्तरता या साहित्यिक बेचैनी से भरे मन की जरूरत नहीं है। निश्चय ही अब लेखन में निरन्तरता एक मुश्किल चीज है और इससे भी मुश्किल है अर्थवत्ता। किसी महत्त्वाकांक्षा के तहत जब मन आया थोड़ा उपन्यास कर लिया, मन फिर दूसरी जगह उड़ गया। विश्व गाँव में साहित्य एक हल्की चीज है। इसकी सार्थकता तभी है जब यह एक व्यावसायिक माल है, पैकेजिंग के साथ एक फिनिस्ड पण्य है।

विश्व गाँव में हरिया और हैरी का फर्क मिट जाता है। मनोहर श्याम जोशी के ही एक अन्य उपन्यास 'हरिया हरक्यूलीज की हैरानी' में हैरानी तर्क से विच्छिन्न है। यह उपन्यास गूमलिंग के मिथक की सृष्टि करता है, जो सार्वभौम है। यह केवल हरिया का मिथक नहीं, हर उस आदमी का है, जो यथार्थ की खोज में है। यथार्थ का सामना होते ही आदमी 'आईना हाथ में लिए कंकाल' हो जाता है। यथार्थ परम सत्ता का रचा हुआ एक पेचीदा मजाक है', जो उपन्यास के आरम्भ में मजाक और अन्त में त्रासदी बनता है। मनोहर श्याम जोशी हरिया के बिरादरी-प्रेम और अन्धविश्वास पर व्यंग्य करते हैं, पर खुद एक नयी बिरादरी और अन्धविश्वास चुन

लेते हैं। हारिया झूठ का मुखैटा बन जाता है। ऐसे उपन्यास गाँव या किसी अंचल का पिछड़ापन दिखाते हैं, धार्मिक रूढ़ियों और अन्धविश्वास के चित्र खींचते हैं, पर अन्ततः यथार्थ की ओर न बढ़कर किसी मिथक में पाठक को फेंक देते हैं। पढ़ते समय सब कुछ यथार्थ लगता है, पर ये यथार्ध बृहद झूठ के मुखौटे हैं। ऐसे उपन्यासों में साधारण जन मखौल उड़वाने के लिए नायक बनता है। इनमें बहुत-से कथावृत्त होते हैं, जिनका लक्ष्य एक नये नियतिवाद की स्थापना है। उपर्युक्त उपन्यास में मनोहर श्याम जोशी यह धारणा बनाकर चलते हैं, 'स्वयं इतिहास समाप्त हो रहा है', जबकि इतिहास की एकरेखीयता का अन्त कभी भी इतिहास का अन्त नहीं है।

ऐसे उपन्यासों में मनुष्य की कोई खोज नहीं है। दरअसल तेजी से बदलती परिघटनाओं और विकास के आतंक में उत्तर-आधुनिक महाविदूषक ही अब नायक बन कर आ रहे हैं, सुखवाद और अराजकतावाद का महिमामंडन किया जा रहा है।

हिन्दी में एक समय ऐसा आया, जब आमतौर पर लेखक शहर या महानगर के बाहर कुछ भी देखने के लिए तैयार न थे। शहरी उपन्यासकारों के दिमाग पर नव-औपनिवेशिक आधुनिकता ने अपना वर्चस्व किस तरह स्थापित कर लिया, यह अज्ञेय के 'अपने-अपने अजनबी', मोहन राकेश के 'अँधेरे बन्द कमरे' और निर्मल वर्मा के 'एक चिथड़ा सुख' से लेकर सुरेन्द्र वर्मा के 'मुझे चाँद' चाहिए', मनोहर श्याम जोशी के 'हरिया हरक्यूलिज की हैरानी' आदि तक देखा जा सकता है। इस परम्परा को ग्लोबल सन्दर्भ में देखने के लिए 'द सुटेबुल ब्वाय', 'द ग्लास पैलेस', 'व्हाइट टाइगर' जैसे अँग्रेजी में लिखे भारतीय उपन्यासों को भी शामिल किया जा सकता है। इनके पात्र आमतौर पर एक देश के नहीं हैं, कई देशों के हैं और वे विश्व नागरिक का आचरण करते हैं। कभी अपने देश के किसी खास स्थान के प्रति नास्टेलेजिक रुझान भले व्यक्त होता हो या विस्थापन की पीड़ा सताती हो, आमतौर पर अँग्रेजी में लिखे ऐसे भारतीय उपन्यासों में चरित्रों का जीवन एक ही स्थान तक सीमित नहीं होता। ऐसे अँग्रेजी उपन्यासों में चरित्रों का वैश्वीकरण हुआ है। ये उपन्यास चेहराविहीनता का तर्क देते हैं। ये चेहराविहीनता को ही एक चेहरा बनाकर उपस्थित करते हैं, क्योंकि 'ग्लोबल विलेज' में चेहराविहीन चेहरे ही आनन्दपूर्वक बस सकते हैं। अँग्रेजी में लिखनेवाले भारतीय उपन्यासकार दूर देशों से देखते हैं, भारत कैसा है!

क्या हिन्दी और दूसरी भारतीय भाषाओं में लिखे जा रहे उपन्यास का प्रान्तीयकरण हुआ है? अँग्रेजी में लिखे जा रहे भारतीय उपन्यासों में ऐसा कम ही होता है कि उनमें चार-पाँच देशों के चरित्र न हों। कहीं स्थानीय होकर भी ये ग्लोबल लगते हैं, जबकि हिन्दी उपन्यास आमतौर पर कुछ देसी गलियों और शहरों में ही सिमटे हुए हैं। आमतौर पर हिन्दी उपन्यासकार एकदम सपाट घेटो टाइप की जिन्दगी जीते नजर आते हैं। वे जो खुद बन्द हैं, वे उपन्यास को कहाँ-कहाँ खोलेंगे!

दुनिया सभी देशों में खुल रही है, अधिकांश हिन्दी उपन्यासकार कहीं बिल्कुल बन्द हैं। यह बहुत कुछ हिन्दी समाज की नयी आहटों से विच्छिन्नता है। निश्चय ही औपनिवेशिक विश्व गाँव अन्तिम मंजिल नहीं है। इसके बाहर भी एक विश्व है, जहाँ समस्याएँ, चिन्ताएँ और लड़ाइयाँ हैं। हिन्दी उपन्यास संसार से हाई-टेक दुनिया के लाखों नौजवान बाहर हैं और चिन्ताजनक है कि सामान्यतः गाँव भी बाहर हैं।

ग्लोबल विलेज की नव-औपनिवेशिक अवधारणा वस्तुतः संशोधित पौर्वात्यवाद है। यह पश्चिम द्वारा पूर्व पर दीर्घकालिक सांस्कृतिक आधिपत्य की रणनीति है। इस अवधारणा से प्रभावित उपन्यासों में मुख्य पात्र अतिनायकत्ववादी तेवर लेकर उपस्थित होता है। उसका जीवन समाज से सम्बद्ध तीर्थयात्री के जीवन-सा, अन्ततः अपनी एक पहचान रखनेवाले व्यक्ति के जीवन-सा नहीं होता। उसका जीवन 'माइग्रेटेड बर्ड्स' सा भी नहीं होता, जो मौसम बीतने पर लौटने लगते हैं। 'ग्लोबल विलेज' के नायक का जीवन किसी घुमन्तू आदमी के जीवन-सा होता है, पहचानविहीन और अनुक्रमहीन। 'ग्लोबल विलेज' घुमन्तुओं का गाँव है—एक समाजहीन गाँव।

ग्लोबल विलेज के उपन्यासों के मुकाबले में खड़ी है ग्राम केन्द्रित उपन्यास की हमारी गौरवशाली आधुनिक परम्परा। निस्सन्देह विश्व गाँव के जवाब में आज जो कथा लिखी जा रही है, वह निश्चय ही 'गोदान' या 'मैला आँचल' जैसी नहीं होगी। वह लोक विमुख भी नहीं होगी। किन्हीं स्थितियों में प्रेमचन्द का 'समग्र' आँचलिक उपन्यासों में 'अंश' की ओर बढ़ा था। अब 'अंश' की 'समग्र' की ओर बढ़ने की बारी है, निस्सदेह एक 'विकासशील समग्र' की ओर!

श्रीलाल शुक्ल के उपन्यास : पॉकेट थिएटर

वह किसी गँवार आदमी की ऊब से
पैदा हुई थी और
एक पढ़े-लिखे आदमी के साथ
शहर में चली गयी

–धूमिल

उपन्यास का जन्म ठोस इतिहास में हुआ था। यह आरम्भ में मध्यवर्गीय व्यक्ति के संघर्ष का महाकाव्य था। भारतीय स्थितियों में उपन्यास की यह धारणा दूर तक नहीं चल सकी। प्रेमचन्द ने शहर की जगह गाँव को और मध्यवर्गीय व्यक्ति की जगह साधारण वर्गों को उपन्यास के केन्द्र में लाकर उसकी धारणा में एक मौन क्रान्ति ला दी। उनका कृतित्त्व एक तरह से उपन्यास का जातीयकरण है। आज भले ही नहीं, एक समय ऐसा था जब गाँव के प्रसंगों के बिना उपन्यास लिखना कठिन था। भले इसका एक सिरा शहर-महानगर हो और चीजें शहरीकरण के झोंके में उधर ही भाग रही हों। राजनीति, उपन्यास और कलाओं में गाँव किस तरह धीरे-धीरे हाशिये पर होते गए, यह एक अलग कहानी है। फिर भी आजादी के बाद के जिन चन्द उपन्यासकारों की नजर में गाँव की अहमियत कम नही हुई, उनमें एक महत्वपूर्ण नाम श्रीलाल शुक्ल का है।

हाल के लेखकों और अनगिनत नागरिकों के बारे में कहा जा सकता है कि शहर में बस जाने के बावजूद गाँव से उनका रिश्ता अभी टूटा नहीं है। यह सच है कि शहर में गाँव समाये हुए हैं और गाँव में शहर। फिर भी स्थिति कुछ ऐसी है कि हर जगह ही भारतवासी अपने को विस्थापित महसूस करते हैं। यह एक अनोखा दर्द है, अपने देश में ही विस्थापित हो जाने का।

शहर में बसे आदमी को गाँव एक साथ खींचता है और गहरा झटका भी देता है। गाँव अब एक आत्मीय ऊब की जगह है। दरअसल देश की सरहदों पर ही नहीं, भीतर भी एक शान्तिपूर्ण विभाजन हो चुका था। स्वतन्त्रता और रोजी-रोटी की खोज

में लोग बड़े पैमाने पर गाँव से शहर भागे आ रहे थे, भारतीय गाँव एक रोमांटिक स्वप्न से कठोर दुःस्वप्न में बदल चुका था। हालाँकि इन लोगों ने शहर में बस जाने के बावजूद अपने गाँव के बारे में अभी सोचना नहीं छोड़ा था। आखिरकार ये लोग वहशी शहरों में भी कहाँ खप पाये थे। भय, विलगाव और व्यर्थता का अहसास दोनों जगहों पर था, जीवन भी दोनों जगहों पर था।

एक

श्रीलाल शुक्ल के औपन्यासिक मानस का निर्माण सन साठ के दशक के एक बेहद उत्तेजनामय समय में हुआ था। चारों तरफ विद्रोह की आवाजें थीं। इनका निशाना सम्पूर्ण व्यवस्था थी। वह बौद्धिक अराजकता का समय था। हर चीज से ऊब और हर चीज का विरोध उस जमाने का दर्शन था। वह आत्मपरायेपन का दौर था। उस समय के 'निषेधवाद' को सड़ी-गली व्यवस्था में अपने तरीके से अव्यवस्था पैदा करने की कोशिश कहा जा रहा था। रोमांटिक आदर्शवाद की दुनिया छिन्न-भिन्न हो चुकी थी। इतिहास और राजनीति से मोहभंग हो रहा था। वे उद्देश्यहीन भटकाव के दिन थे, जोखिम और दुस्साहसिकता के भी। आज उपभोक्ता संस्कृति के प्रति बढ़ते सम्मोहन और व्यवस्था के पीछे दौड़ने के कुछ अलग ही तरह के दृश्य हैं। उस जमाने में नैतिकता के पाखंड के प्रति ही नहीं, 'कृत्रिम' और 'नकली' के प्रति भी नौजवानों में एक आक्रोश था। उनके उद्देश्य की अस्पष्टता, कहीं-कहीं उद्देश्यहीनता और अनैतिक-सी दिखाई देने वाली चीजें दरअसल व्यक्ति स्तर पर व्यवस्था से टकराहट थीं। उन चीजों पर सहानूभूति से सोचना होगा। कई बार अराजकता भाषा और राजनीति दोनों में उर्वरता लाती है और वह एक सुगठित अन्तर्दृष्टि और आन्दोलन की जमीन तैयार करती है।

हालाँकि उस ऐतिहासिक दौर में शासक वर्ग की स्वेच्छाचारिता और दुर्नीति से जनता के असन्तोष के परिणामस्वरूप जनतान्त्रिक आन्दोलन भी विविध शक्लों में उपस्थित थे। इनके पीछे कम ठोस सच्चाइयाँ नहीं थीं, और कुर्बानियाँ भी थीं। ऐसे समय में साहित्य का परिदृश्य निषेधवादी था। नये लेखकों को लग रहा था कि कहीं कोई मानवीय और क्रान्तिकारी सम्भावना नहीं है। हिन्दी क्षेत्र में स्थितियाँ ज्यादा विडम्बनापूर्ण थीं। बंगाल में नक्सलवाद की गूँज थी। वे दुस्साहसी, क्रान्तिकारी नौजवान कृषकों का सवाल उठा रहे थे। सबसे कठोर हालात में, पूँजीवाद और सामन्ती अपराध जगत की साँठ-गाँठ की काली छाया में किसान ही थे। ऐसे कालखण्ड में श्रीलाल शुक्ल और धूमिल ने गँवई तेज के साथ विकृत होते जा रहे जनतन्त्र के ऐसे नाटकीय रूपक रचे, जो एक खास समय के सारे यथार्थों को नहीं भी तो

काफी चीजों को अनावृत्त करते थे। इन्होंने साहित्य के आभिजात्यवाद को चुनौती दी और नये किस्म के ठेठ मुहावरे दिये। एक ने उपन्यास में, दूसरे ने कविता में।

श्रीलाल शुक्ल का रचना संसार काफी बड़ा है। इनकी श्रेष्ठ कृतियाँ हैं—'राग दरबारी' (1968) और 'विस्रामपुर का संत' (1998)। इन्हीं राजनीतिक उपन्यासों में उनका मन-मिजाज खुलकर व्यक्त हुआ है। एक में गाँव की गन्दी राजनीति देखकर खिन्नता के साथ शहर में वापसी है। दूसरे में शहर की संवेदनहीनता देखकर प्रतिशोध की सुलगती भावना लेकर गाँव में वापसी है। दोनों ही उपन्यासों में विस्थापन की पीड़ा है।

इसमें सन्देह नहीं कि 'राग दरबारी' के रंगनाथ और 'विस्रामपुर का संत' के कुँवर जयन्ती प्रसाद सिंह के जीवन में बहुस्तरीय फर्क है। एक फर्क यही है कि शोधछात्र रंगनाथ को अभी अपना जीवन जीना है, जबकि नौकरशाह और राजनीतिज्ञ जयन्ती प्रसाद अपनी सफल-शानदार जिन्दगी की लम्बी पारी खेल चुके हैं। फिर भी दोनों समान निष्कर्ष पर पहुँचते हैं, 'रहना नहीं, देस बिराना है।' रंगनाथ की यह सोच आगे चलकर जयन्ती प्रसाद में आत्मनिर्वासन का रूप ले लेती है और अंततः आत्महत्या भी घटित होती है। वह नदी में डूबकर आत्मघात कर लेते हैं। अतः प्रश्न उठता है ऊब और व्यर्थताबोध से आत्मघात तक की अपनी साहित्यिक यात्रा में श्रीलाल शुक्ल कौन-सी कहानी सुनाते हैं?

कोई भी लेखक उपन्यास की रचना उसे दस्तावेज बनाने के उद्देश्य से नहीं करता, उसकी प्रतिभा से ऐसा हो जाए तो बात अलग है। उपन्यासकारों के सामने इस तरह के प्रश्न होते हैं—हम क्या हैं, हमारा लक्ष्य क्या है, इतिहास की सीमारेखाओं के भीतर व्यक्ति को कैसे परिभाषित किया जा सकता है? उपन्यास दुनिया और आसपास के जीवन की विडम्बनाओं और सम्भावनाओं की कथा है, जो व्यक्ति कहता है। उसमें यथार्थ और 'कभी व्यक्ति-कभी वर्ग' की अविभाज्य जोड़ी होती है। यही वजह है कि श्रीलाल शुक्ल के उपन्यासों में 'देखा हुआ' और 'भोगा हुआ' दोनों है। उनका अपना जीवन राजनीति, नौकरशाही और आम जीवन की अजीबोगरीब घटनाओं से गुजरा है। निःसन्देह उनकी दृष्टि पर साठ के दशक की आधुनिकतावादी विचारधाराएँ हावी रही हैं। इसलिए उनके साहित्य में निषेधवाद की टोन है। उसमें ऊब, व्यर्थताबोध और आत्मविसर्जन के चित्र हैं।

एक समय समूची बौद्धिक दुनिया में विच्छिन्नता और उन्मूलन का अनुभव आम था। यह अनुभव विकास के दावे ठोंकने वाली पूँजीवादी व्यवस्था का अनावरण करता था। भारत में एक पीढ़ी सामने का चुकी थी, जो पढ़ी-लिखी होने की वजह से गाँव के वातावरण से ऊब चुकी थी, पर शहर भी बेगाना लगता था। निश्चय ही गाँव में ऊब के साथ आत्मीयता का भी अनुभव होता था, वह एक आत्मीय

ऊब थी। श्रीलाल शुक्ल ने विच्छिन्नता और उन्मूलन का अनुभव किस तरह किया, उनके इस कथन से स्पष्ट होता है, "प्रकटतः लखनऊ के हैसियतदार मुहल्ले में रहते हुए मैं एक मध्यवर्गीय सरकारी अफसर की जिन्दगी गुजार रहा हूँ। पर मेरा एक पैर गरीबी के खेमे में है जिसे मैं जीवन के पूर्वार्ध में जान चुका हूँ और दूसरा पैर सम्पन्नता के उस खेमे में है जो मेरे पास-पड़ोस में दिखाई देती है और इन दोनों में से किसी खेमे में सुकून और अपनेपन का अनुभव नहीं कर पाया हूँ।" गरीब और सम्भ्रान्त, पब्लिक और नौकरशाह, गाँव और शहर—ऐसे कितने ही दोपाट हैं, जिनमें कथाकार फँसा है और पिसता है। उसे हर स्थान बिराना लगता है। उसे वह भाषा भी बिरानी लगती है, जिसमें उनके समय के नयी कहानी वाले लिख रहे थे। वह कुछ चिकनी थी और चुप्पियों से भरी थी।

उपन्यास के बारे में हजारी प्रसाद द्विवेदी ने दो मार्के की बातें कही हैं। उपन्यास गप्प है और वह पॉकेट थिएटर है। उन्होंने उपन्यास में नाटकीयता के तत्त्व को असाधारण महत्त्व दिया था और बताया था कि उपन्यास सबसे पहले एक झूठ है। जबकि नये आधुनिक कथाकार सबकुछ सच-सच और भोगा हुआ यथार्थ लिखने पर तुले थे। प्रेमचन्द के कथा-साहित्य में बहुत कुछ ऐसा था जो 'थिएट्रिकल' था। कफन के पैसे लेकर घीसू-माधव का शराबखाने में घुस जाना, ब्राह्मण द्वारा मर चुके दुखी चमार के पैर में रस्सी फँसाकर खींचना, होरी का जमींदार की रामलीला में जनक का माली बनना—यह सब 'थिएट्रिकल' ही था। पिछले 60-70 के दशकों में कथाकार आमतौर पर सत्य ही खोज रहे थे, सत्य ही लिख रहे थे—अनुभूति का सच। ऐसे समय में 'राग दरबारी' झूठ, पाखंड और आतंक की ग्रामीण छवियाँ दिखाता हुआ आया। श्रीलाल शुक्ल ने यथार्थ को 'थिएट्रिकल' बनाकर उपन्यास की भाषा में एक जबर्दस्त हस्तक्षेप किया। 'मैला आँचल' के बाद उपन्यास की पुरानी धारणा एक बार फिर टूटी। इसमें बदल चुके गाँव के रोचक और सूक्ष्म ब्यौरे हैं, शिल्प की कसावट के साथ। यह उपन्यास काफी लोकप्रिय भी हुआ। निःसन्देह श्रीलाल शुक्ल इस स्तर की कृति फिर न दे सके।

'राग दरबारी' सचमुच एक पॉकेट थिएटर है। यह गाँव के बारे में बनी रोमांटिक धारणाओं को ध्वस्त करता है। गाँव अब तमाशों से भरा दुःस्वप्न हो चुका था। इसे अब न मैथिलीशरण गुप्त की 'अहा, ग्राम जीवन भी क्या है' की भाषा में दिखाना सम्भव था और न रेणु के 'मैला आँचल' और नागार्जुन के 'बचलनमा' की भाषा में।

उपन्यास विडम्बनाओं की नाटकीय अभिव्यक्ति के साथ सम्भावनाओं की तलाश की भी जगह है। यह मान लेना कठिन हो सकता है कि 'राग दरबारी' के जमाने के भारत में कालीचरण, डॉक्टर प्रशान्त और बचलनमा जैसे लोग न थे और देश में कहीं भी समाज-परिवर्तन का आन्दोलन न था या सभी कृषक 'लँगड़े' जैसे थे

और उनकी कोशिशें अर्थहीन थीं।' 60 के दशक में आदर्शवाद से मोह जरूर टूटा था। इसका यह अर्थ नहीं है कि आम लोग स्वप्नहीन हो चुके थे, कहीं भी आदर्शों की लड़ाई नहीं थी। विभिन्न तरीकों से चले उस युग के राजनीतिक आन्दोलनों में अन्तर्विरोधों की कमी न हो, पर इनके बीच से इतिहास का पहिया घुमाने की ताकत अभी जनता के हाथों में थी।

दरअसल 'राग दरबारी' और 'विस्रामपुर का सन्त' में आम लोग उपन्यास के विषय नहीं हैं। उपन्यास के विषय हैं शासक महल के ऊँचे लोग। दोनों उपन्यासों की सार्थकता सामन्तवाद-पूँजीवाद की साँठगाँठ के परिणामस्वरूप जनतन्त्र के विकृत होते जा रहे उस चेहरे के सन्दर्भ में है, जिसका मखौल दोनों में है। यह वैद्य जी और कुँवर जयन्ती प्रसाद सिंह का जनतन्त्र है, जिसमें जनतन्त्र का अर्थ है 'जन' पर 'तन्त्र' की सवारी। ऐसे माहौल में हर साहसिक विरोध या सुधार कार्य एक न एक विडम्बना का शिकार हो जाता है और गीला पटाखा साबित होता है। स्वाभाविक है, इससे जिन्दगी पर से भरोसा घटता है। 'राग दरबारी' में नाटकीय व्यंजना के अतिरेक में गरीब और साधारण आदमी का मखौल है। इसमें एक घुप अँधेरे की तस्वीर है। खुद लंगड़ की एकाकी लड़ाई मखौल का ग्रास बनती है और निस्सहायता का परिदृश्य रचती है। यह कथा पर शिल्प के वर्चस्व की वजह से है। आगे चलकर 'विस्रामपुर का सन्त' में इसका कुछ परिमार्जन कृषक रामलोटन के रूप में है। वह अपने खेत पर कब्जा पाने के लिए साहस से लड़ता है और सम्भावनाओं का द्वार खोलता है।

इसमें सन्देह नहीं कि श्रीलाल शुक्ल के लिए नाटकीय व्यंजना मुख्यतः एक औजार है, मकसद नहीं। देश की राजनीतिक स्थितियाँ ऐसी विद्रूप होती जा रही थीं कि उन पर हँसा ही जा सकता था। 'विस्रामपुर का सन्त' के कुँवर जयन्ती प्रसाद 'राग दरबारी' के वैद्य जी से कम 'थिएट्रिकल' और हास्यास्पद नहीं हैं। उपन्यास के 'सन्त' शब्द में ऐसे भी एक गहरी व्यंजना है। क्या जयन्ती प्रसाद वस्तुतः वैद्य जी के ही बृहद संस्करण हैं? इस उपन्यास में नाटकीयता सत्ता विमर्श से लेकर एक हताश बूढ़े राजनेता के आत्मनिर्वासन तक विस्तृत है।

यह एक नया राजनीतिक युग है, 'जब ग्रेनाइट की पुरानी मूर्तियाँ' टूट रही हैं और 'घटिया किस्म के बलुहे पत्थर की नयी मूर्तियाँ' गढ़ी जा रही हैं। संदिग्ध अतीत वाले नये चेहरे त्याग और संघर्ष की गाथाओं के नायकों को मात दे रहे हैं। 'विस्रामपुर का सन्त' में राजनीति शिवपालगंज की नहीं, दिल्ली-लखनऊ की है। यह ऊँचे स्तर की ही नहीं, ज्यादा फास्ट भी है। उपन्यास में श्रीलाल शुक्ल चालाकी, टुच्चेपन और लम्पटता की देसी ठसक दिखाने की जगह दिल्ली की बड़ी राजनीति के अभिजात ताने-बाने को 'एक्सपोज' करते दिखते हैं। निश्चय ही आधुनिक रंग के ऊब, अवसाद और आत्मपरायेपन के कुछ दृश्य रखने या व्यक्ति स्तर पर

मनोवैज्ञानिक ग्रन्थियों के चित्र देने के बावजूद उनकी बुनियादी प्रवृत्ति राजनीतिक व्यवस्था के आलोचनात्मक अनावरण की है, अतियथार्थवाद की नहीं।

स्वाधीनता संग्राम के विश्वासों और संकल्पों के टूटने के उस खास समय में भूमिहीन कृषकों की समस्या का एक छद्म समाधान सामने आया था—भूदान आन्दोलन। यह आन्दोलन विनोबा ने चलाया था और अन्ततः सामन्ती संस्कृति का अन्दरूनी मामला बन गया था। जमींदारों की जमीनें विनोबा की छाया में ज्यादा सुरक्षित थीं। भूमिहीनों को कंकरीली-पथलीली जमीनें ही मिली थीं। नतीजतन उन्हें उखड़कर ईंट-गारा ढोने या रिक्शा चलाने के काम के लिए अन्ततः शहर भागना पड़ा। 'राग दरबारी' में सहकारिता आन्दोलन, ग्राम पंचायत व्यवस्था, गाँव में कॉलेज की शिक्षा जैसे विकासों की कथा है। उस समय ये सभी गाँव के आधुनिकीकरण के लक्षण थे। 'विस्रामपुर का सन्त' में भूदान आन्दोलन का वर्णन है। इस आन्दोलन का मुख्य लक्ष्य सामन्तवाद का समाधान देना था, ग्राम सुधार का। इसका बुनियादी उद्देश्य स्वाधीनता का स्वप्न पूरा करना था। आधुनिक सुधार और विकास के ऐसे सभी उपाय भारतीय सामन्ती पुनरुत्थान के शक्ति केन्द्र बन गए। श्रीलाल शुक्ल ने अपने उपन्यासों में पर्याप्त नाटकीय व्यंजना के साथ यही दिखाया है।

निश्चय ही 'राग दरबारी' और 'विस्रामपुर का सन्त' को साथ रखकर पढ़ना चाहिए, हालाँकि दोनों के रचनाकाल में तीस सालों का फर्क है। दोनों ही उपन्यास मानवीय ब्यौरों, वाक्पटुता और हास्यास्पद राजनीतिक दृश्यों की वजह से महत्त्वपूर्ण हैं। पहले में ब्यौरों की सूक्ष्मता है, दूसरे में विस्तृत कैनवास है। पहले में कथाकार लेखकीय दूरी के प्रति चौकस है, दूसरे में नहीं। फिर भी दोनों में समान रूप से निशाने पर सत्ता की राजनीति है। ये उपन्यास अच्छी तरह बताते हैं कि किस तरह राजनीति से संस्कृति निकलती जा रही है, हालाँकि इस पर चुप रहते हैं कि किस तरह संस्कृति में राजनीति घुसती जा रही है।

श्रीलाल शुक्ल शहरी जीवन बिताते हुए भी ग्राम जीवन को भारतीय जीवन की मूल धारा मानने वालों में हैं। उपर्युक्त दोनों ही उपन्यासों में गाँव ही केन्द्र में हैं। एक में शिवपालगंज, दूसरे में विस्रामपुर। श्रीलाल शुक्ल का कहना है, "ग्राम्य जीवन की औसत कहानी मेरे लिए सामान्य जीवन के अनुभवों की कहानी है।" वे यह भी साफ कर देते हैं, "हिन्दी साहित्य में ग्रामीण जीवन के प्रति बनी या बनती रूढ़ियाँ मेरे लिए बर्दाश्त के बाहर हैं।" यह समझना कठिन नहीं है कि गाँव के प्रति रोमान्टिक और क्रान्तिकारी दृष्टियाँ ही वे रूढ़ियाँ हैं। गाँव अब स्वार्थपरता, हिंसा और लम्पटता के मुक्तांचल हैं, अब वहाँ सिर्फ बर्बर रहते हैं—यह दृष्टि भी एक शहरी रूढ़ि है।

भारतीय गाँवों में बाहुबल पर आधारित राजनीति, बढ़ी हिंसा, शिक्षा का अपराधीकरण, भ्रष्टाचार और सांस्कृतिक फूहड़ता हवा से टपके मामले नहीं हैं। पहले

से ही इनके आधार उस सामन्ती-जातिवादी संस्कृति में थे, जिसने प्रेम, उदारता और न्याय पर आधारित सदियों पुरानी जन संस्कृति को खासकर औपनिवेशिक काल में मिटा देने की हद तक सफल कोशिश की थी। आजादी के बाद पूँजीवाद और सामन्ती-जातिवादी संस्कृति के गठजोड़ ने ग्रामीण वातावरण के परम्परागत उच्चतर तत्त्वों पर करारी चोट की। यही वजह है कि सारे नये विकास और इनके साथ न्याय, जनतन्त्र और नैतिकता भी प्रहसन बन गए। दरअसल गाँव में शहर की बुराइयाँ घुसती चली गयीं—संस्कृति, राजनीति, नौकरशाही, हिंसा, अपराध और अन्य सभी मामलों में। राष्ट्रीय मुक्ति आन्दोलन के दौर में सामन्तवाद की जड़ें उखड़ रही थीं, आजाद भारत के पूँजीवादी विकास के दौर में वे फिर मजबूत हो गयीं। वास्तविक भूमि सुधार देश के जिन हिस्सों में नहीं हुआ, वहाँ सामन्तवादी पुनरुत्थान कितना निरंकुश है और कैसे-कैसे गुल खिला रहा है, इससे कोई अनजान नहीं है।

श्रीलाल शुक्ल के दोनों उपन्यासों में हम देखते हैं कि सामन्ती आधार वाले महत्त्वाकांक्षी राजनेताओं के लिए राजनीति सम्भावनाओं का ऐसा खेल है, जिसमें आम लोगों की आकांक्षाओं के लिए कोई जगह नही है। ऐसे ही नेताओं की मुट्ठी में जनता का भविष्य है। नये युग की सबसे बड़ी विडम्बना यह है कि देश का भविष्य आम जनता के भविष्य से अलग हो गया है।

आजादी के बाद ग्राम जीवन में जैसी कुरूपताएँ फैलीं और राजनीतिक गन्दगी सामने आयी, तब साहित्य में गाँव के प्रति भावुकता प्रदर्शन की जगह नाटकीय व्यंजना ही ज्यादा कारगर थी। सत्ता केन्द्र सर्कस-से और सत्ताधारी व्यक्ति जोकरों-से दिखने लगे थे। ग्राम जीवन में नयी निर्बुद्धिपरकताओं का प्रवेश हुआ था। श्रीलाल शुक्ल के निकट व्यंग्य सामान्य प्रहार नहीं है। वह भाषा में एक सांस्कृतिक प्रतिरोध है, सम्पूर्ण व्यवस्था से व्यक्ति स्तर पर संघर्ष। इसलिए उनकी औपन्यासिक भाषा कुछ भिन्न-सी है, अलग तरह से मन में बजती हुई।

'राग दरबारी' में प्रबन्धक वैद्य जी स्वप्न देखते हैं और 'विस्रामपुर का सन्त' में गवर्नर कुँवर जयन्ती प्रसाद सिंह। सर्दी की रात में वैद्य जी के स्वप्न में लोकतन्त्र पंजों के बल बैठा है। इसने हाथ जोड़ रखे हैं। वह शुद्ध हिन्दी भी नहीं बोल पा रहा है, फिर भी गिड़गिड़ा रहा है, "मेरे कपड़े फट गए हैं, मैं नंगा हो रहा हूँ। इस हालत में मुझे किसी के सामने निकलते हुए शर्म लगती है।... इन दिनों कॉलेज में हर चीज फल-फूल रही है, पर सिर्फ मैं ही एक कोने में पड़ा हुआ हूँ। एक बार कायदे से चुनाव करा दें। उससे मेरे जिस्म पर एक नया कपड़ा आ जाएगा। मेरी शर्म ढक जाएगी।" यह मँजी हुई शर्म है। चुनाव दिखाने के लिए हुआ, सत्ता रिवाल्वर की नोक से निकली। वैद्य जी ही पुनः प्रबन्धक हुए। वे सफेदपोश माफिया का चरित्र लेकर उभरते दिखाये गए हैं। आजादी के बाद देश के माफिया समुदायों का तेजी

से उदय हुआ है और उनका वर्चस्व तोड़ना लगातार मुश्किल होता गया है। 'राग दरबारी' में देखा जा सकता है कि वैद्य जी के दरबार में भंग घोटने का काम करने वाला विदूषक सनीचर ग्राम प्रधान हो गया। उसका काम था ग्रामीण विकास के लिए आयी रकम अधिक से अधिक हजम करना। वैद्य जी ऊपर के आदेश के कारण को-ऑपरेटिव से हटे तो उनका बड़ा बेटा बद्री पहलवान उनकी जगह बैठ गया। वह बाहुबलि है, उसके पास गुंडों का गिरोह है। सर्वोदयी गयादीन शान्तिप्रिय हैं और यथास्थितिवादी भी। उपन्यास में यह भी दिखाया गया है कि प्रतिपक्ष कलुषित और कायर है। पूरे राजनीतिक परिदृश्य में धूर्त्तता ही चरम मूल्य है, ऊँचे आदर्शों के गुब्बारे फट चुके हैं।

'राग दरबारी' में वर्णन की अतिरंजना मिल सकती है। बदलते भारत की राजनीतिक विडम्बना के व्यंग्यात्मक अनावरण में अतिरंजना इस उपन्यास के नाटकीय शिल्प के लिए एक जरूरी तत्त्व बनकर आती है। 'राग दरबारी' वस्तुतः उपन्यास में एक राजनीतिक ड्रामा है। सभी चरित्र कार्टून से लगते हैं, यहाँ तक कि प्रतिपक्षी रामाधीन भीखमखेड़वी और आम आदमी लंगड़ भी। ये सभी एक से बढ़कर एक खेल दिखाते हुए सिर्फ स्थानीय नहीं, एक सार्वभौम विडम्बना को उजागर करते प्रतीत होते हैं। कभी निशाने पर धर्म था, अब निशाने पर राजनीति थी।

दो

विस्रामपुर का सन्त' की शुरुआत ही सपने से हुई है, "जिस समय राजभवन के दीवानखाने में राज्य के मुख्यमन्त्री महामहिम से मिलने का इन्तजार कर रहे थे, खुद महामहिम अपने शयनकक्ष में एक सपना देख रहे थे। ... आज के सपने में वह उनकी बाँहों में नहीं थी, वे खुद उसकी बाँहों में थे। पर तय नहीं था कि वह कौन थी। वह शायद सुन्दरी थी, पर जयश्री भी हो सकती थी।" जयन्ती प्रसाद अब अस्सी साल के हो चुके थे। उनकी गवर्नरी के ये कुछ आखिरी दिन थे। सुन्दरी की बाँहों में होना उनकी जिन्दगी के भावी मोड़ का संकेत दे रहा था। दरअसल कुँवर जयन्ती प्रसाद अभिजात सौन्दर्याभिरुचि के एक ताकतवर राजनीतिज्ञ थे। वे बैरिस्टर के ओहदे से अपनी दबंगई के बल पर सफलता की सीढ़ियाँ चढ़ते हुए राज्यपाल की कुर्सी तक पहुँचे थे। उन्हें अपनी दुर्लभ प्रशासनिक योग्यता पर गजब का विश्वास था। इसलिए बूढ़े हो जाने पर भी वे कुर्सी से अलग होना नहीं चाहते थे। उनकी नजर में प्रभुता, ऐश्वर्य और तामझाम के बिना जिन्दगी का कोई अर्थ नहीं था।

आजादी के बाद भारतीय राजनीति के मुख्य अंग हो गए—अपराध और कामुकता। 'राग दरबारी' में अपराध का सरस ग्रामीण समाजशास्त्र दिखा देने के

बाद सम्भवतः श्रीलाल शुक्ल का मकसद था कामुकता का राजनीतिक मनोविज्ञान खोलना। इधर पूँजीवाद और अपराध के बीच साँठगाँठ बढ़ने के साथ-साथ राजनीतिक लम्पटता बढ़ी है। समाज में श्रेष्ठ माने जाने वाले राजनीतिक नेताओं के जब-तब प्रकाश में आते सेक्स-वृत्तान्त इसके सबूत हैं। अमेरिका में क्लिंटन-लेविंस्की प्रकरण ने एक ट्रेंड बनाया था। भारत के राजनीतिज्ञों के बीच से भी उदाहरणों की कमी नहीं है। इस दृष्टि से देखा जाए तो कुँवर जयन्ती प्रसाद का विद्यार्थी जीवन में सहपाठी जयश्री से और प्रौढ़ावस्था में सर्वोदयी सुन्दरी के प्रति यौनाकर्षण कुछ भिन्न प्रकृति का है। कथाकार का जो ट्रीटमेंट है, वह इन मामलों को भिन्न बनाता है। कथाकार इन मामलों को राजनीतिक विडम्बना से अधिक एक उच्च पदस्थ नौकरशाह और राजनीतिज्ञ के जीवन की वैयक्तिक त्रासदियाँ बनाकर उपस्थित करता है। ये स्त्रियाँ जयन्ती प्रसाद के लिए 'ऑबसेशन' हैं।

उपन्यास इतिहास और राजनीति को दुहराकर नहीं रह जाता। आज अँग्रेजी उपन्यास की दुनिया में ऐसा बहुत कुछ लिखा जा रहा है, जो इतिहास और उपन्यास का मिश्रण है। उसका लक्ष्य इतिहास को निरर्थक बनाना या उसे चुनौती देना है। श्रीलाल शुक्ल की कोई राजनीतिक प्रतिबद्धता न हो, पर उन्होंने इतिहास को निरर्थक बनाने के लिए उपन्यास नहीं लिखे। मामला सिर्फ यह है कि उन्हें इतिहास के साथ व्यक्ति के मनोजगत को समझना जरूरी लगा। दरअसल किसी हस्ती के निजी जीवन की घटनाएँ और अनुभूतियाँ भी महत्त्वपूर्ण होती हैं। ये कई बार सार्वजनिक जीवन को प्रभावित करती हैं। हालाँकि इतिहासकार राजनीतिज्ञ के आन्तरिक जीवन में झाँकने में संकोच करते हैं। इतिहास और राजनीति के साथ व्यक्ति को पढ़ने की वजह से ही श्रीलाल शुक्ल कुँवर जयन्ती प्रसाद के अन्तर्जीवन के ऐसे अनोखे पहलू सामने लाते हैं, जो उनके मन की भीतरी तहों में छिपे थे। मीडिया को बड़ी हस्तियों के अन्तर्मन की संवेदनशील तहों की फिक्र नहीं होती, जो उसकी निष्ठुरता मानी जाती है। मीडिया की विडम्बना को उजागर करते हुए कथाकार ने एक जगह दिखाया है कि मीडिया जब कुँवर जयन्ती प्रसाद के त्याग और साधुता की खबरें प्रसारित कर रहा था, वस्तुतः तब वे सुन्दरी को लेकर आत्मग्लानि और अवसाद में डूबे हुए थे।

श्रीलाल शुक्ल ने 'विस्रामपुर के सन्त' में राजनीतिक विडम्बना की ऐतिहासिक स्थितियों को दिखाते हुए इसमें विविधता, वैयक्तिकता और तनाव को स्वीकृति दी है। 'राग दरबारी' में एक ही ढंग की सोच की दुनिया है, जिसमें रुप्पन हो या रंगनाथ कोई व्यक्ति अर्थपूर्ण हस्तक्षेप नहीं करता। इसलिए 'राग दरबारी' के कथा परिवेश में विविधता, वैयक्तिकता और तनाव के दर्शन नहीं होते। इसमें भारत का राजनीतिक पतन एक ऐसी ऐतिहासिक निचति बनकर उपस्थित है, जो कभी बदली नहीं जा सकती। 'विस्रामपुर का सन्त' में सर्वोदयी सुन्दरी और कृषक रामलोटन विविधता

लाते हैं। खुद कुँवर जयन्ती प्रसाद का चरित्र वैद्य जी की तरह एकरेखीय नहीं है। यह एक 'हेट्रोजीनियस' चरित्र है। यह एक जटिल चरित्र है—एक साथ राजनीतिक और वैयक्तिक दोनों। कथाकार ने उसे हास्यास्पद के साथ पर्याप्त दुखान्त बनाने की कोशिश की है, उसके तनावों को उद्घाटित किया है। क्या इसका यह अर्थ लगाया जाए कि 'राग दरबारी' में उग्र गैर-रोमांटिक रुख अपनाने के बाद श्रीलाल शुक्ल की नयी रचनाभूमि में एक खास तरह की रोमांटिकता पुनः अंकुरित हो गयी, और क्या यह इतनी बुरी चीज है।

'विस्रामपुर का सन्त' भारत के राजनीतिक एलीट की कथा है, "लगभग वे सभी आत्मकेन्द्रित होते हैं, सिर्फ अपने लिए रहते हैं, परिवार वालों को अपनी जीवनशैली में ढला देखना चाहते हैं। वे अपने छोटे-छोटे अहंकारों के साथ आत्मतुष्ट जीवन बिताते हैं, छोटी-छोटी महत्त्वाकांक्षाएँ पालते हैं और जाने-अनजाने एक-दूसरे को ठेलते-धकियाते हुए उनसे आगे निकलना चाहते हैं।" देश का राजनीतिक एलीट सफलता और सुख की एक ऐसी ही अन्धी दौड़ में शामिल है। जयन्ती प्रसाद एक व्यक्ति नहीं राजनीतिक समुदाय हैं। आजादी के बाद एक ऐसा समय आया, "राजनीति में चमकने के लिए अब जेलयात्रा का प्रमाण पत्र जरूरी न था। आभिजात्य का बोलबाला था। ऊँचे नेताओं, बडे औद्योगिक घरानों और महत्त्वपूर्ण अफसरशाहों की घनिष्ठता एक स्वतन्त्र मूल्य बन चुकी थी।" यह भारत भाग्य विधाताओं का एक अलग ही वर्ग है। कुँवर जयन्ती प्रसाद इन्हीं में से एक हैं, लेकिन इनकी जिन्दगी की अन्तिम परिणति अकेलेपन, ऊब और अवसाद में होती है। इसमें सन्देह नहीं कि सफलता और सुख की अन्धी दौड़ कई बार इन्हीं सीढ़ियों से आत्मघात की ओर ले जाती है। इसकी थोड़ी-सी झलक बहुत पुरानी कृति 'कामायनी' के मनु में है। जयन्ती प्रसाद की निजी ट्रैजडी भूकंप, जनसंहार या बलात्कार के मामलों की तरह झकझोरने वाली भले न मानी जाए, वह एक विध्वंसक सभ्यता के आ चुकने की सूचना जरूर देती है।

जयन्ती प्रसाद के जीवन के सुख और पावर का सम्बन्ध थोड़ा-बहुत भूदान आन्दोलन से है। श्रीलाल शुक्ल ने 'विस्रामपुर का सन्त' में विनोबा भावे के भूदान आन्दोलन को प्रमुखता से एक विषय बनाया है और परिशिष्ट में इसका इतिहास भी दिया है। यह आदर्शवाद की अन्तिम ढोल है, जो जल्दी ही फट गयी। निर्मल, सुशीला जैसे सर्वोदयी चरित्र आदर्शवाद के चमकीले चीथड़े के रूप में उपस्थित हैं। निर्मल ने नया अवतार लिया था, वे अब पश्चिमी पोशाक में गाँधीवाद और मानवाधिकारों पर विदेशों में प्रवचन देने लगे थे। अन्तिम परिणति यह हुई कि सोने की तस्करी के आरोप में वे तिहाड़ जेल भेज दिये गए। सुशीला ने सेवा और त्याग छोड़कर निर्मल से विवाह कर लिया था, अब वह एक तलाकशुदा सम्भ्रान्त

महिला है। जयन्ती प्रसाद के होनहार बेटे विवेक की सिर्फ बहस में गाँव था, वह अब शोधकार्य के लिए लन्दन जाने की योजना बना रहा था। खुद जयन्ती प्रसाद भूदान आन्दोलन की सीढ़ी चढ़कर राजदूत बने थे और उनकी सफलता के द्वार खुले थे। एक और सर्वोदयी है सुन्दरी, एक अच्छे गुजराती घर की पढ़ी-लिखी गाँधीवादी युवती। जयन्ती प्रसाद उसके प्रति मोहाविष्ट और उतावले हो गए। कहा जा सकता है कि सुन्दरी प्रभुता के चेतक पर सवार प्रौढ़ जयन्ती प्रसाद की लम्पटता की ही नहीं, एक विराट राजनीतिक ढकोसले और विडम्बना की 'विक्टिम' बनी। लम्बे समय बाद राज्यपाल के रूप में जयन्ती प्रसाद इसी सुन्दरी के सपने देखते हैं और दूसरे ही दिन विस्रामपुर गाँव में, जहाँ वह लम्बे समय से सेवा-कार्य कर रही थी, उसके मरने की सूचना पाते हैं।

प्रधानमन्त्री से बातचीत में अपने भविष्य का बढ़िया संकेत न पाकर कुँवर जयन्ती प्रसाद ने अचानक सुन्दरी की संस्था में काम करने के लिए विस्रामपुर गाँव में ही बसने का फैसला कर लिया। राजदूत और गवर्नर जैसे पदों पर रहकर हुकूमत और ऐश्वर्य की जिन्दगी जीने के बाद अभावों और असुविधाओं के बीच रहने का उनका यह एक बड़ा कठिन फैसला था। यह उनका रिसिया कर अपनी ही पार्टी पर उलटवार था या एक व्यंग्यात्मक स्थिति थी, वे इस पर दुविधा में थे। इसके अलावा, "वे यह भी जानते थे कि विस्रामपुर जाने के पीछे कुछ अनजाने कारण भी हैं।" उनके मन में सुन्दरी को लेकर एक मनोवैज्ञानिक गाँठ थी, जो विस्रामपुर जाकर सेवाकार्य करने से कुछ खुल सकती थी। वे इस गाँठ से मुक्त हो सकते थे। आखिरकार उन्हीं की लम्पटता की वजह से सुन्दरी ने उनके बेटे विवेक से विवाह नहीं किया था और चुपचाप सेवाव्रत में ही पूरी जिन्दगी बिता देने के अपने पुराने फैसले पर लौट आयी थी।

श्रीलाल शुक्ल ने कुँवर जयन्ती प्रसाद को पूँजीवादी राजनीति के पुराने दौर के चरित्र के रूप में उपस्थित किया है। वृद्धावस्था में भी उनमें असीम महत्त्वाकांक्षा है, हाइ-फाइ सौन्दर्यबोध है और बगुला भगत-सी चालाकी है। किन्तु यह एक अन्तर्विभाजित चरित्र भी है, जिसकी कई परतें हैं। वे आत्मसम्मोहित हैं तो अपने को प्रश्नों के कठघरे में भी ले जाते हैं। एक राजनीतिक चरित्र होते हुए भी उनकी अपनी कुछ मनोवैज्ञानिक परेशानियाँ हैं। वे आत्मरति में लीन रहते हैं। उन्हें सुन्दरी में जयश्री दिखाई देती है, जो विद्यार्थी जीवन में उनकी प्रेयसी थी। वे सुन्दरी के चिन्तन में डूबे रहते हैं। उनमें अतृप्ति का एक समुन्दर है—राजनीतिक ही नहीं, यौन अतृप्ति का भी।

कुँवर जयन्ती प्रसाद के मन में प्रश्न है, "क्या अपनी लम्पटता को गरिमा-मण्डित करने, उसे औचित्य देने का यह बहाना (सुन्दरी में जयश्री को खोजना) भर

नहीं था?... स्वीकार करो जयन्ती, अपनी उम्र में बेहूदा फर्क को भुलाकर ग्रामदान वाली उस दोपहरी में तुम उस छरहरी गुजराती लड़की को देखते हुए पागल हो गए थे। यह गलत रहा हो या सही, पर सुन्दरी को खुलकर चाहने के लिए क्या जयश्री के प्रेत का सहारा लेना जरूरी था।" राजनीतिक प्राणी को किसी उच्च आदर्शवादी भूमि पर न रखकर उसे एक सामान्य इन्द्रियपरायण प्राणी के रूप में देखना या उसकी पाखंड से भरी महानता और क्रूर दिलचस्पियों के बीच से उसके कोमल संवेदनशील मन का उद्घाटन एक पतित का महिमामंडन होता, यदि कुँवर जयन्ती प्रसाद एक हास्यास्पद चीज बनाकर नहीं रखे जाते। यह भी गौर करने की बात है कि कुँवर जयन्ती प्रसाद आज के नये मिजाज के राजनीतिक नौकरशाहों जैसे भी नहीं हैं, जो स्मृतियों से हीन होते हैं तथा 'भोगो और भूल जाओ' के सिद्धान्त पर चलते हैं। इसलिए वे कथाकार के व्यंग्यात्मक प्रहार के निशाना हैं और उसकी सहानुभूति के पात्र भी।

श्रीलाल शुक्ल के मन में कुँवर जयन्ती प्रसाद को लेकर सहानुभूति और निषेध का द्वैध स्वाभाविक है। वे रोमांटिकता और व्यर्थताबोध में एक साथ यात्रा करते हैं। कई बार ऐसी चीजें व्यर्थताबोध के रोमांस में बदल जाती हैं। कई साठोत्तरी कथाकारों में इस तरह का रोमांस मिलता है। सम्भवतः श्रीलाल शुक्ल ने अपने रचनात्मक जीवन में किसी दूसरे चरित्र के निर्माण में उतनी तल्लीनता का परिचय नहीं दिया होगा, जितना कुँवर जयन्ती प्रसाद के निर्माण में। तनाव के साथ तल्लीनता। 'राग दरबारी' में तल्लीनता 'परिवेश' में थी, जबकि 'विस्रामपुर का सन्त' में वह चरित्र-निर्माण में है। 'राग दरबारी' में कथा और चरित्र अप्रधान थे, वह कथा और चरित्र के ह्रास का जमाना था। वह निषेधवाद का दौर था। 'विस्रामपुर का सन्त' में चरित्र की वापसी है और 'निषेध का निषेध' अमूर्त्त ही सही एक आकार लेता दिखाई देता है।

राजनीति उस दौर में पहुँच चुकी थी, जब राजनेता नीति पर बहस करते हुए निर्भीकता के साथ अनीति पर चल रहे थे। खासकर हिन्दी प्रदेशों में राजनीति माफिया दलों के ऐसे प्रतीकात्मक कर्मकाण्ड में बदलती जा रह थी, जो आम लोगों को सब्जबाग दिखाने के लिए था। राजनीति में धर्म, जातिवाद, क्षेत्रीयता, वंशवाद, अपराधीकरण, बड़ी-बड़ी कम्पनियाँ—सारी ताकतवर चीजें आ चुकी थीं, सिर्फ मनुष्य बाहर था। कुँवर जयन्ती प्रसाद के सामन्ती मन-मिजाज को पूँजीवाद ने बारीक और चतुर बना दिया था। वे थोड़ा-बहुत 'गोदान' के राय साहब की याद दिलाते हैं। 'गोदान' में सामन्तवाद का ह्रास है, 'विस्रामपुर का सन्त' में सामन्तवाद का पुनर्यौवन। श्रीलाल शुक्ल ने कुँवर जयन्ती प्रसाद को एक घाघ राजनीतिज्ञ के रूप में उपस्थित किया है, "हर जटिल मानवीय त्रासदी को सुलभ मुहावरों और सैद्धान्तिक शब्दजाल में डुबो देने की जो सहज क्षमता हमारे सत्तारूढ़ राजनीतिज्ञों में

आ जाती है, वह उनमें बहुत पहले आ चुकी थी। यह वही क्षमता है, जिसके सहारे हम आदिवासियों को सिर्फ लोककथा के साथ, खेतिहर मजदूरों को प्रजातन्त्र के प्रहरी के रूप में या शोषित महिला वर्ग को भविष्य की क्रान्तिदर्शी चेतना बनाकर देखने लगते हैं और उनकी समस्याओं से निगाह फेर लेते हैं।" आमतौर पर भारत का समकालीन राजनीतिक परिदृश्य यही है। आज सत्ता की राजनीति का माफिया और नव-धनाढ्य व्यापारी वर्ग से गहरी साँठगाँठ है। निष्ठुर पूँजीवाद सहस्रों फन काढ़कर फैल रहा है। इस परिदृश्य में सादगी और उच्च विचारों की कोई इज्जत नहीं है, मनुष्यता की कोई पूछ नहीं है। आदमी की प्रतिष्ठा के मानदण्ड हो गए हैं—सत्ता और ऐश्वर्य।

जाहिर है, यही वह दौर है जब क्षेत्रीय और सामाजिक विषमताएँ बढ़ी हैं। विकास और निरंतर आर्थिक सुधार समाज से गरीबी हटा नहीं पा रहे हैं। देश के बड़े नगरों से दूर ग्रामीण इलाकों में निराशा छायी हुई है। यह निराशा उम्मीद जगाकर रखने वाले प्रतीकात्मक कर्मकांडों से भी दूर होती नजर नहीं आती।

देश जब गरीबी, अशिक्षा और निराशा से विचलित है, राजनीतिक लड़ाइयाँ मुख्यतः डॉलर और ओहदे के लिए हो रही हैं। अब राजनीति में कुँवर जयन्ती प्रसाद जैसे व्यक्ति अनुपयोगी और बोझ हैं, क्योंकि फास्ट फूड की तरह ही यह फास्ट पॉलिटिक्स का जमाना है। 'विस्रामपुर का सन्त' में वैश्वीकरण के युग की राजनीति का हल्का-सा चित्र है, "उनकी जगह चुस्त पोशाक पहनने वाले नये प्रबन्ध विशेषज्ञ आ गए हैं। वे बम्बई-कलकत्ता के सेठों तक ही चुनाव चन्दे को सीमित नहीं रखते। वे विदेशी वाणिज्य-बाजार में भी लूट की सम्भावनाओं पर अनुसन्धान कर रहे हैं। वे स्मार्ट हैं। वे पार्टी को और खुद अपने को सरसब्ज कर रहे हैं। ध्रुव प्रदेशों और रेगिस्तान तक से पैसा निचोड़ने की नयी प्राविधिकी का वे आविष्कार कर रहे हैं। एक-एक दाँव में करोड़ों डॉलर बटोर कर वे राजनीति को एक अत्याधुनिक और खतरनाक हथियार बना चुके हैं। कुछ बचे-खुचे सम्पातीनुमा बूढ़े हैं, जिन्हें भुलाया जा चुका है या सिर्फ बर्दाश्त किया जा रहा है।" राजनीति की दिशा बदल गयी है, बाजार और राजनीति का भेद मिटता जा रहा है। पेट्रोल हो या हथियार, अन्तरराष्ट्रीय सौदों में दलाली राजनीति का अब एक जरूरी हिस्सा है। जनता को सिर्फ दर्शक रहना है। नये परिदृश्य में कुँवर जयन्ती प्रसाद एक अप्रासंगिक राजनीतिज्ञ हो चुके थे। उनके मन में अपनी स्थिति को लेकर क्षोभ था, बदलती राजनीति के प्रति वितृष्णा थी। हालाँकि राजनीति को इस नये मुकाम तक पहुँचाने में खुद उनकी भूमिका कम नहीं थी, वे यह भी जानते थे। वे एक दगा हुआ कारतूस थे।

जयन्ती प्रसाद के प्रोफेसर बेटे विवेक का किसी आदर्शवाद में भरोसा नहीं था। राजनीति से भी उनका मोहभंग हो चुका था, "बाबूजी, इन राजनीतिक जन्तुओं

में सचमुच ही अगर कोई ऐसा दिखे जिसकी हैसियत कुत्ते से बदतर हो तो मुझे बताइएगा।" यह सन साठ के दौर की निषेधवाद की भाषा है। एक धारणा यह है कि पूरी राजनीति ही सड़ गयी है। कभी संसद को सूअरबाड़ा कहा गया था। इस सन्दर्भ में रघुवीर सहाय का एक अलग रुख था, "राजनीति की ओर मेरा यही रवैया है—संकटकालीन रवैया कह लीजिए—कि 'वह बहुत जरूरी है' या 'वह फिजूल है' दोनों फतवे संकट से भागने के बहाने हैं।" साहित्य में राजनीति की जरूरत के साथ मनुष्य की गरिमा और स्वत्व का सवाल उठा था। यह भी कहा गया था कि लेखन की एक जिम्मेदारी 'साहित्यिकता' या साहित्यिक परम्परा का विकास है। सम्पूर्ण राजनीत को ही अछूत मानना और राजनीति के विकृत रूपों का विरोध—ये दो अलग-अलग मामले हैं। मनुष्य का एक बिल्कुल राजनीतिक प्राणी बन जाना उसकी पतनावस्था का चिह्न है और उसका राजनीति से पूरी तरह सरोकारहीन होना मनुष्यता की कमी का नतीजा।

आधुनिक युग में राजनीति को धर्म से अधिक गौरव हासिल हुआ, क्योंकि वह स्वतन्त्रता और सार्वजनिक खुशहाली के लिए जनता का हथियार थी। वह जनजीवन की समस्याओं से मुक्ति के लिए थी। आज फास्ट पॉलिटिक्स या सत्ता की अंध-राजनीति कोई और ही चीज है। इसे श्रीलाल शुक्ल ने 'अत्याधुनिक और खतरनाक हथियार' कहा है। किसका हथियार? निश्चय ही बाजार का। मुट्ठी भर माफिया लोगों ने जनता के हाथ से पहले धर्म छीना, बाद में राजनीति छीनी और दोनों को अपना अत्याधुनिक खतरनाक हथियार बना लिया। इन दोनों में अब आम लोगों के लिए सिर्फ सब्जबाग है। गहरी चिन्ता की बात है कि बदले राजनीतिक परिदृश्य में आम लोग जो सत्ताहीन हैं, अपने को जनतान्त्रिक प्रक्रिया के हाशिये पर खड़ा महसूस करने लगे हैं। निराशावाद में इस तरह की धारणा बनना भी आज कम खतरनाक नहीं है, 'सम्पूर्ण राजनीति बाहुबलियों और काले धन वालों के कब्जे में है' या 'राजनीति गन्दी हो गयी है।' ऐसे कथनों से राजनीति के पुनर्मानवीयकरण के सारे रास्ते बन्द हो जाएँगे, दरअसल राजनीति के भीतर से ही राजनीति बदली जा सकेगी।

तीन

क्या 'विस्रामपुर के सन्त' में निराशावाद है? यह उपन्यास एक अनुपयोगी हो चुके बूढ़े राजनेता के आत्मनिर्वासन की ही कथा नहीं है। यह दिखाता है कि सत्ता की राजनीति किस तरह आदमी को अमानवीय बना देती है। श्रीलाल शुक्ल की दृष्टि वर्तमान युग की कुछ प्रमुख समस्याओं—साम्प्रदायिकता, जातिवाद, क्षेत्रीयतावाद जैसे

सत्ता विमर्शों की तरफ नहीं गयी है। उनके आक्रमण के निशाने हैं—हुकूमत और ऐश्वर्य की भूख, जनता के धन की लूट, भ्रष्टाचार, दिखावटी वैभव, विकृत सत्ता संघर्ष, नेताओं का ड्रामा और वैश्वीकरण युग की 'फास्ट पॉलिटिक्स'। राजनीति में बढ़ती अमानवीयता श्रीलाल शुक्ल की केन्द्रीय समस्या है। वे कुँवर जयन्ती प्रसाद की जिन्दगी के दूसरे हिस्से को ट्रैजिक-कॉमिक ढंग से पेश कर आज की राजनीति के छिछलेपन और अमानवीयता को उजागर करते हैं। जयन्ती प्रसाद पर उनके मार्मिक व्यंग्य इस चरित्र के प्रति हमारे मन में करुणा और हास्य दोनों तरह के भाव पैदा करते हैं। सारी विडम्बनाओं के बीच से रह-रहकर यही प्रतिध्वनित होता है कि राजनीति 'डि-ह्यूमनाइज्ड' हो गयी है और उसके पुनर्मानवीयकरण की जरूरत है, यह काम जितना भी कठिन हो। उपन्यास अपने निषेधवादी मुहावरों के बीच कुछ इसी तरह के अप्रत्यक्ष सकारात्मक नोट्स छोड़ता है।

जयन्ती प्रसाद उसी राजनीति से प्रतिशोध लेने के लिए गाँव आये थे, जिससे वे जुड़े थे, "मैं पीछे के सारे पुल तोड़ता आया हूँ। ... अपनी सारी नावें जला चुका हूँ।" इसका यह अर्थ नहीं है कि वे बदल चुके थे। यह एक तरह की मनोवैज्ञानिक लड़ाई थी। उन्हें ऐश्वर्य की आदत लग चुकी थी, जिससे जल्दी छुटकारा सम्भव नहीं था। गाँव में उनके पहुँचने से पहले उनके बाथरूम के लिए कमोड आ चुका था, "उन्हें लगा कि कमोड को छोड़कर सब कुछ गलत है।... यह दुनिया उनकी नहीं है, यहाँ सब कुछ अबूझ है। यहाँ कुछ भी नहीं दिख रहा है जिससे वे अपने को जोड़ सकें, जिससे उनका अपनापन बन सके।" गाँव में ज्यादातर चीजें ऐसी ही थीं, जिनसे उनके सौन्दर्यबोध को चोट लगती थी। उन्हें गाँव के सीधे-सादे बच्चे और खेतिहर लोग समझ में नहीं आते थे। हुकूमत और ऐश्वर्य ने उन्हें गाँव और आम जीवन से इस हद तक अलग कर दिया था। श्रीलाल शुक्ल ने एक बूढ़े राजनीतिक नौकरशाह की उन्मूलित जिन्दगी का चित्र खींचा है। वह हुकूमत और ऐश्वर्य से बाहर आने के बाद एक ऐसा उजड़ा व्यक्ति है, जो नशा टूटने पर भी दीर्घ 'हैंग-ओवर' में जीता है।

दिल्ली में बेटे का बँगला छोड़कर जयन्ती प्रसाद के गाँव आने के मूल में सर्वोदयी आदर्शवाद की सनक और सुन्दरी को लेकर पश्चात्ताप की भावना भी थी। महानगरों के विकास और ऐश्वर्य के समानान्तर गाँवों में क्षेत्रीय विषमता का नंगा नाच चल रहा था। भूदान आन्दोलन को खोलते हुए श्रीलाल शुक्ल ने लिखा है, "जिन जमींदारों ने अपने किसानों के अँगूठे लगवाकर यह भूमि दान में दी थी, वे ही कई सालों से सहकारी फार्म के अध्यक्ष बने हुए हैं। इसके बाद कहने को क्या रह जाता है।" हिन्दी पट्टी के गांवों में कायदे से भूमि सुधार नहीं हुआ। पंचायतों पर सामन्तवाद का कब्जा है। किसानों को जमीनें खेती लायक बनाकर दिलाने के लिए कुँवर जयन्ती प्रसाद लिखा-पढ़ी शुरू करते हैं। उनके सेवा कार्य से गाँव में

एक हलचल आती है। दुबे महाराज ने अपने सामन्ती स्वार्थों पर चोट देखकर उन्हें चुनौती दी, उनका अपमान भी किया। लेकिन जयन्ती प्रसाद को उनके सर्वोदयी आदर्शवाद ने चुप रखा, उन्हें क्षमाशीलता का अभिनय करना पड़ा। दुबे महाराज और कृषकों के बीच अधमरे आदर्शवाद की शक्ल में खड़े थे कुँवर जयन्ती प्रसाद। उनकी परवाह न करके रामलोटन और अन्य कृषकों ने विद्रोह कर दिया, उनकी हिम्मत बढ़ गयी थी। उन्होंने हिंसा का रास्ता अपनाकर अपनी-अपनी जमीन पर पुनः कब्जा कर लिया। जयन्ती प्रसाद रामलोटन से 'फिर भी... किन्तु परन्तु' कहने लगे, "अचानक अब उन्हें शब्दों की कमी महसूस होने लगी थी।"

श्रीलाल शुक्ल ने भूदान आन्दोलन की विफलता का चित्र इस तरह खींचा है, "इतिहास की यह कैसी विडम्बना है कि सारा आन्दोलन पूरे वृत्त का चक्कर काटकर फिर उसी बिन्दु पर आ गया है, जहाँ से तेलंगाना में सशस्त्र क्रान्ति की शुरुआत हुई थी। जहाँ ग्रामदान के बावजूद—विस्रामपुर के किसान फिर अपनी जमीन जोतने के लिए हथियार तानकर खड़े थे।" विनोबा ने तेलंगाना के कृषकों का सशस्त्र आन्दोलन देखकर 1950-51 में उसी इलाके में भूदान की पहली यात्रा की थी, एक राजनीतिक काट निकाली थी। उपन्यास में इतिहास का प्रसंग यही है। 'विस्रामपुर का सन्त' भूदान आन्दोलन का पाखंड उजागर करते हुए दिखाता है कि किस तरह सर्वोदय स्वार्थोदय में तिरोहित हो गया और कृषकों को खुद आगे आना पड़ा। यह अलग बात है कि गाँवों के वास्तविक विकास और कृषक हितों की लड़ाई की एक न एक सुधारवादी काट लायी जाती रही है और सब कुछ पूँजीवाद की दया पर निर्भर होता गया है।

फिर भी 'विस्रामपुर का सन्त' कृषकों का आन्दोलन और आम जीवन पर केन्द्रित उपन्यास नहीं है। यह गरीबी से जूझ रहे देश में ऐश्वर्य का जीवन बिताने वाले एक महत्त्वाकांक्षी कूटनीतिज्ञ की गहन अतृप्ति और उदासी की कथा है। वह आम जीवन से कटा हुआ है। वह गाँव के बच्चों और किसानों की तुलना में 'कमोड' को लेकर ज्यादा चिन्तित है। उसकी 'सौन्दर्य-विषयक समस्याएँ' वस्तुतः उसकी जड़विहीनता है, जिसका अहसास वैसे ही वैसे गहराता गया जैसे-जैसे वह अपनी जिन्दगी को 'एब्सर्ड' मानने लगा और मृत्यु की तरफ बढ़ता गया। कुँवर जयन्ती प्रसाद को लगा कि विवेक और सुन्दरी के स्वाभाविक जीवन क्रम में आये तूफान के मूल में वे स्वयं हैं और उनकी सुन्दरी में दिलचस्पी कितनी क्रूर है। श्रीलाल शुक्ल ने इतिहास और राजनीति के साथ व्यक्ति-मन को भी परखा है। जयन्ती प्रसाद का प्रतिशोध और प्रायश्चित की भावनाएँ उन्हें अन्ततः जिन्दगी के एक दर्दनाक मोड़ पर खड़ा कर देती हैं। वे यह नतीजा बहुत तटस्थता से स्वीकारते हैं, क्योंकि अब ऐसी कोई जगह नहीं बची थी जहाँ वे खड़े हों।

प्रधानमन्त्री कुँवर जयन्ती प्रसाद सिंह का दर्शन करने के लिए खुद उनके पास आने वाले थे। सफारी सूट पहनने वाले नये राजनीतिक वफादारों को लाभपूर्ण राष्ट्रीय काम, विकास सम्बन्धी नीतियों के निर्धारण में उन्हीं से सलाह और कुँवर जयन्ती प्रसाद जैसे स्वतन्त्रता आन्दोलन वाले बुजुर्गों के सिर्फ दर्शन! कुँवर जयन्ती प्रसाद ने साफ मना कर दिया, “मैं इस सर्कस में शरीक नहीं हो सकता।... क्योंकि इससे मेरा कोई सरोकार नहीं है, क्योंकि मेरा अस्तित्त्व यहाँ खत्म हो चुका है।” उनकी जिन्दगी में अवसाद बढ़ गया था। उन्होंने जब सोचा कि अब जीने का कोई अर्थ नहीं है, उन्हें लगा कि वे दूसरे के बारे में सोच रहे हैं, “यह भावहीन टिप्पणी किसी अपरिचित के लिए भी हो सकती थी।” उनका आत्मनिर्वासन अब आत्मपरायेपन में बदल रहा था। दुनिया अब उनके लिए व्यर्थ हो चुकी थी। ‘माँ भैः—डरो मत’ के सूक्त की भी उन्हें जरूरत नहीं थी। उन्हें जीवन उतना ही व्यर्थ जान पड़ा, जितनी मृत्यु, “वे बहाव वाली दिशा में नदी के किनारे-किनारे चलते गए। मन में कोई आवेग नहीं था, पर अजीब-सा खालीपन था—जैसे किसी परिचित की शवयात्रा से वे अकेले लौट रहे हैं। उन्हें ऐसा नहीं लग रहा था कि कुछ उनके साथ हो रहा है, यही जान पड़ता था कि कुछ किसी दूसरे के साथ होने जा रहा है और वे उसे सिर्फ देख रहे हैं।” वे नदी में उतरते गए। यह मृत्यु का स्वेच्छया और गैर-रोमांटिक वरण था, राजनीतिक सर्कस से अन्तिम विदाई!

श्रीलाल शुक्ल अपने ढंग के अनोखे लेखक हैं, जिन्होंने एब्सर्डिटी और व्यंग्य को जोड़कर राजनीति की विडम्बनाओं को दिखाया है। ‘राग दरबारी’ में गाँव की निष्ठुर राजनीति का नाटकीय चित्र है, जो सम्भव है सूक्ष्म पर्यवेक्षण और कथात्मक अन्विति की दृष्टि से ज्यादा प्रभावशाली हो। फिर भी ‘राग दरबारी’ में अनावरण है, हस्तक्षेप नहीं है। ‘विस्रामपुर का सन्त’ में एक विस्तृत कैनवास है। यह भी ‘थिएट्रिकल’ है, पर कथा कई जगहों की घटनाओं से टकराती है। यह निषेधवादी टोन में ही सही, राजनीति की समकालीन विडम्बना को एक बड़े परिप्रेक्ष्य में उपस्थित करती है। इसका महत्त्व इसलिए है कि इसमें कुँवर जयन्ती प्रसाद का चरित्र इकहरा नहीं है, इसमें राजनीति और वैयक्तिकता का रोचक तनाव है। इस उपन्यास में प्रायः चरित्र जैसे शुरू में होते हैं, अन्त तक वैसे ही नहीं रह जाते। जाहिर है, ‘विस्रामपुर का सन्त’ राजनीतिक विडम्बनाओं को एक व्यापक भूमि पर एक्सपोज करता है। कुँवर जयन्ती प्रसाद को आत्महत्या करनी पड़ी। यह उस आत्महन्ता सभ्यता का अनावरण है, जिसे रचने वालों में वह खुद थे।

उपर्युक्त उपन्यासों में राजनीति की एक अँधेरी तस्वीर जरूर बनती है, वह कम अँधेरी है भी नहीं। लेकिन इस अँधेरे में ऊब, उदासी और आत्मपरायेपन का मार्मिक बोध किसी एक बिन्दु पर राजनीति के संसार को फिर से मानवीय बनाने का आह्वान भी करता है—शहर से लेकर गाँव तक!

खंड-2

वैश्वीकरण, उपन्यास और विचारधारा

क्या उपन्यास पाठक को इतिहास के बोझ से मुक्त करता है? इतिहास चाहे राष्ट्र का हो या विश्व का, वह न केवल अतीत और विकास का सामान्य चित्र उपस्थित करता है, अक्सर कठोरता से एकरेखीय भविष्य भी निर्धारित कर देता है। यही वजह है कि उपन्यास बार-बार इतिहास की कठोरता में हस्तक्षेप बनकर आया। इधर उपन्यास ने इतिहास में उथल-पुथल मचा दी है। कई बार दिखता है कि वह इतिहास का स्थान ले रहा है, वह इतिहास की छूटी जगहों की आवाज है। इसलिए आश्चर्यजनक नहीं है, यदि लोगों को इतिहास पढ़ने से ज्यादा जरूरी लगे उपन्यास पढ़ना। उपन्यास में इधर दबाये गए समुदायों का जिया हुआ यथार्थ अधिक आया है। कहीं सामुदायिक स्मृति है। कहीं अनोखा स्थानीय जीवन है। कहीं इतिहास और कथा की खिचड़ी है। अधिकांशतः किसी न किसी प्रचलित धारणा पर अनुभव के वर्चस्व का मामला है।

उपन्यास के उद्भव को छापेखाने और अखबार की शुरुआत से जोड़ा जाता है, जबकि उपन्यास का एक रिश्ता कथा कहने की प्राचीन मौखिक परम्पराओं से भी है और एक रिश्ता उपनिवेशवाद के समक्ष हक की आवाजों से। उपन्यास धर्मतन्त्र के अलावा औपनिवेशिक प्रभावों को चुनौती दे रहा था। यह इतिहास पर सामन्ती-औपनिवेशिक वर्चस्व का विरोध था। 'पब्लिक' उभर रही थी, नये युग का उपन्यास 'पब्लिक' के लिए था। इसका जैसे अर्थ ही हो गया पाठक से घुलामिला एक ऐसा रोचक साहित्यिक पाठ, जिसमें कुछ सामाजिक-नैतिक प्रश्न भी हों। बीसवीं सदी के शुरू के दशकों में राष्ट्रीय इतिहास का कठोर रूप नहीं था। इतिहास मुख्यतः एक जातीय खोज था। इतिहास की सकारात्मक भूमिका के उस दौर में उपन्यास के सामने, सामन्तवाद और साम्राज्यवाद ही मुख्य चुनौती थे। उस दौर में उपन्यास धार्मिक कूपमंडूकता से भी लोहा ले रहा था। यह मनुष्य को आत्मसचेत करता था। इसलिए एक समय अधिकांश परिवारों में उपन्यास पढ़ना वर्जित था।

इतिहास जब औपनिवेशिक दुष्प्रचार का हथियार बना—उपनिवेशक सभ्य और बाकी पिछड़े या बर्बर कहे जाने लगे थे। उपन्यास तब मुख्य रूप से राष्ट्रीय

आत्माभिव्यक्ति के रूप में भी सामने आया था। प्रेमचन्द ने उपन्यास की पश्चिमी अवधारणा को चुनौती देते हुए अपने कथा साहित्य को 'राष्ट्र' की रूपककथा बनाया, हालाँकि यह महज राष्ट्रीय रूपककथा न था। उसमें किसानों, स्त्रियों और दलितों का राष्ट्रीय सुधारवाद में शामिल न हो पाने का दर्द मुखरता से व्यक्त हुआ था। निःसन्देह उसमें एक विश्वदृष्टि भी थी। उनकी अन्तिम कृतियों में 'हृदय परिवर्तन' की जगह 'ट्रैजडी' की प्रधानता वस्तुतः जो समुदाय इतिहास के बाहर छूटते जा रहे थे, उन्हें वाणी देने के लिए थी। यदि उत्तर-औपनिवेशिकता को यान्त्रिक ढंग से कालगत सन्दर्भ में न देखा जाए तो सामाजिक जीवन में उत्तर-औपनिवेशिकता की शुरुआत 1857 है और इसकी प्रबल आवाज प्रेमचन्द के कथा साहित्य में है।

एक

इतिहास की औपनिवेशिक कठोरता हो या राष्ट्रीय कठोरता, इससे ऐतिहासिकता की मुक्ति का प्रश्न 'इतिहास के अंत' के मामले से अलग है। राष्ट्रीय इतिहास को इधर बहुरेखीयता में देखे जाने की जरूरत महसूस की गयी है, जो ऐतिहासिकता की एक नयी समझ है। इस तरह स्थानीय या सामुदायिक अनुभव का महत्त्व हो जाता है। इसे महत्त्व देना 'राष्ट्र' को क्षति पहुँचाना नहीं, राष्ट्रीय-सामाजिक विषमताओं से लड़ना है, जो वैश्वीकरण के युग में बढ़ी है। 'राष्ट्र' से कोई सच्चा सरोकार स्थानीय और सामुदायिक विडम्बनाओं की उपेक्षा करके नहीं बन सकता। आज वैश्वीकरण के जमाने में 'भारतीय राष्ट्र' जितना उद्वेलित है, इसकी परिभाषा उतनी कठिन होती जा रही है। सामान्य दृष्टि से देखने पर भी स्पष्ट है कि भारतीय राष्ट्र एक कितना बड़ा ढाँचा है और यह बहुपरतदार है। इसकी हर परत की अपनी कहानी है। अब ये परतें कथाओं के साथ ही नहीं, राजनीतिक आकांक्षाओं के साथ भी उभर रही हैं।

उपर्युक्त घटना 'पोस्टकोलोनियल' मुहावरे में एक दूसरा रंग पकड़ लेती है। इधर 'उत्तर-औपनिवेशिक साहित्य' की अवधारणा सामने आयी है। इसके साथ पहली मुश्किल यह है कि ब्रिटिश उपनिवेशवाद मुख्य सन्दर्भ बन जाता है। इससे 'कामलवेल्थ गेम्स' की तरह पुरानी गुलामी की बू आती है। दूसरी मुश्किल यह है कि ब्रिटिश उपनिवेशवाद ने जिस तरह समुदायों और टुकड़ों में बँटे देश के रूप में भारत को देखा था, उत्तर-औपनिवेशिकता के पैरोकार भी नवजागरण और राष्ट्रीय पुनर्निर्माण की उपलब्धियों को दरकिनार करके औपनिवेशिक समय के साम्राज्यवादी तोड़-फोड़ को सैद्धान्तिक जामा पहना देते हैं। वे राष्ट्रीय विषमता के खिलाफ संघर्ष को स्थानीय, सामुदायिक या पुराजातीय मुक्ति संघर्ष के रूप में देखते हैं। वे नस्ल, जाति, लिंग, पुराजातीयता जैसे मुद्दों पर फोकस करते हैं और वैश्वीकरण द्वारा पैदा

की जा रही भयावह विषमताओं को छिपा जाते हैं। वे नव-औपनिवेशिक पुनरुत्थान को मुद्दा नहीं बनाते और प्रकारान्तर से यह प्रमाणित करते हैं कि अफ्रीकी, एशियाई और लैटिन अमेरिकी देशों में नस्लीय, बहुसंख्यक और सामुदायिक उत्पीड़न बढ़ा है, अब लड़ाई नव-उपनिवेशवाद से नहीं घरेलू उपनिवेशन से है। यह सब उपनिवेशवाद को सीधे तर्कसम्मत ठहराने के उद्देश्य से नहीं भी तो पश्चिम को महिमामंडित करने के लिए किया जाता है। उत्तर-उपनिवेशवादी सिद्धान्तकार आजादी के बाद के साहित्य को राष्ट्रीय और जनतान्त्रिक साहित्य न कहकर विशेष प्रयोजन से उत्तर-औपनिवेशिक साहित्य कहते हैं। वे इतिहास नहीं, इतिहासों की बात करते हैं। इन इतिहासों को ऐसा दिखाते हैं जैसे इनके बीच कोई सम्बन्ध न हो, सिर्फ फर्क हो।

इन कुछ सालों में भारत दुनिया में एक भिन्न रूप में उपस्थित है, पर उसे कुछ भारतीय सिद्धान्तकारों द्वारा ही 'उत्तर-औपनिवेशिक' में फँसाया जा रहा है। निश्चय ही भारतीय समाज की एक समय की दबी परतें, खामोश आवाजें आज कुछ अधिक मुखर हैं, उनमें बल आया है। वे 19वीं-20वीं सदी के नवजागरणकालीन असमाप्त संघर्ष को तीव्र कर रही हैं। सवाल है, इन्हें किस नजरिये से देखा जाए, उत्तर-उपनिवेशवादी नजरिये से या 'विषमता' से पीड़ित भारतीय लोगों के नये राष्ट्रीय संघर्ष के नजरिये से। दरअसल इनके संघर्षों और आवाजों का ही असर है कि आज शासक वर्ग वैश्वीकरण की दिशा में बढ़ते हुए भी दलितों, स्त्रियों, आदिवासियों, किसानों और स्थानीय समुदायों के प्रति प्रेम प्रदर्शन के लिए बाध्य हुआ है। इसे कुछ चिन्तक आर्थिक सुधार में ठहराव लाना कहते हैं, क्योंकि वे जन-असन्तोष के नये रूपों से सहानुभूति दूर की बात है, इन्हें समझना तक नहीं चाहते।

भारतीय समाज में सामन्ती मानसिकता अब भी घनघोर रूप में है। इस पर इन दशकों के विभिन्न विमर्शों में जमकर हमले हुए। वे जो बड़े मन से राष्ट्रीय नायक बने घूम रहे थे, उनके पसीने छूट रहे हैं। वे सभी साहित्यकार असहाय और कई बार विक्षिप्त नजर आ रहे हैं जो दलित या स्त्री नहीं हैं या स्थानीय संस्कृति से जुड़े नहीं हैं। कुछ हैं, जो अपनी स्थिति को लेकर अनावश्यक रूप से उद्विग्न हैं। इसी तरह 'विचारधारा' वाले बड़े चिन्तित हैं कि ये विमर्श क्या कर रहे हैं। विचारधाराएँ बड़ी कठोरता से तय करती थीं कि क्या सही है और क्या गलत है। विचारधारा और सामाजिक आचरण के बीच दूरी बढ़ती गयी। इसलिए भी विमर्श उभरे। मुझे लगता है कि नये विमर्शों, नयी साहित्यिक परम्पराओं और आवाजों को समझने के लिए एक उदार परिप्रेक्ष्य की जरूरत है, जो वि-औपनिवेशिक परिप्रेक्ष्य भी होगा।

वैश्वीकरण के दौर में कहना न होगा कि 'राष्ट्र' और 'जनतान्त्रिक संघर्ष' के महावृत्तान्तों के स्थान पर सामुदायिक विमर्श पर आधारित लघु वृत्तान्तों ने ही ज्यादा तहलका मचाया है। 1980 के दशक से ही विश्व उपन्यास संसार में नयी प्रवृत्तियों

का उदय शुरू हो गया था। उपन्यास का 'लोकेल' और सामुदायिक यथार्थ की ओर झुकाव, सचेतन ढंग से मौखिक परम्परा का आश्रय, पुराजातीयता, जादुई यथार्थवाद, इतिहास से कथा-क्रीड़ा और ऐसी कई नयी अन्तरराष्ट्रीय प्रवृत्तियाँ सामने आयी थीं, जिनसे भारतीय भाषाओं में रचे जा रहे उपन्यास अप्रभावित नहीं रह पाये। दुनिया पहले से छोटी हुई है। इसलिए वैश्विक प्रभावों के बीच खासकर 'अँग्रेजी में लिखे भारतीय उपन्यास' के दबदबे में हिन्दी उपन्यास ने अपनी जातीय विशिष्टता कैसे बरकरार रखी है, इसमें कितनी विविधता है, इसकी 'लिखित मौखिकता' कितनी अर्थपूर्ण है, इसमें इतिहास और कथा का खेल कैसा है, इसमें जादुई यथार्थवाद क्या करता है, इन मामलों पर गौर करना वर्तमान विविधता भरे सामाजिक परिदृश्य के साथ-साथ नये जमाने की साहित्यिकता को भी समझने में सहायक होगा।

इन दिनों कलाओं और ज्ञान-अनुशासनों की सीमारेखाएँ मिटी हैं। यह कहना मुश्किल है कि कब अचानक कट्टरता आ टपकेगी और कब नव-उदारता में तुरन्त सब कुछ पिघल जाएगा। इन दिनों समाज में 'तर्क', 'जवाबदेही', 'मूल्यबोध' जैसे शब्द धूमिल होते जा रहे हैं, पर उपन्यास की धरती पर वे मौजूद हैं। निश्चय ही उपन्यास का संसार पहले की तरह सीधा-सादा नहीं है। इसने कहीं-कहीं साहित्यिक उद्योग का रूप धारण कर लिया है। अब उपन्यासकार कहते ही प्रेमचन्द और काफ्का जैसे दर्द में जीते किसी लेखक की तस्वीर नहीं उभरती। अब खासकर अँग्रेजी का भारतीय उपन्यासकार सुख में नहाया, अपने साहित्यिक एजेंट के सहयोग से कहीं-कहीं करोड़ों का हिसाब जोड़ता एक सेलिब्रिटी की तरह दिखता है। वह अब शतरंज का खिलाड़ी है। इसका यह अर्थ नहीं है कि साहित्यिक उपन्यासों का जमाना बीत गया और इनमें प्रश्न, आवाज और जीवन के यथार्थ नहीं हैं।

दो

यह उल्लेखनीय है कि पश्चिमी उपन्यासकारों और खासकर अँग्रेजी में लिखनेवाले भारतवंशी उपन्यासकारों की नजर में उपनिवेशवाद कभी महत्त्वपूर्ण विषय नहीं रहा है। वे उपनिवेशवाद के तर्क की रचना ज्यादा करते रहे हैं। सलमान रुश्दी ने अकबर पर लिखे अपने ताजा उपन्यास 'द इंचैंटर्स ऑफ फ्लोरेंस' में अकबर की उदारता और जातीय स्वाभिमान के प्रसंग रखते हुए उसकी क्रूरता को जरूरत से ज्यादा उभारा, जैसे वह आज के आतंकवाद का पूर्वपुरुष हो। इसी ढंग के लेखकों में एक हैं वी. एस. नायपाल। ये दोनों ही लेखक पश्चिम के आश्रय की वजह से ग्लोबल लेखक हैं। इन्हें पश्चिम मुक्तिदाता की तरह दिखता है। ये भारत में अँधेरा ही अँधेरा देखते हैं, ताकि इससे ये अपने पश्चिमी सुखों की तुलना कर सकें। ये अपने लेखन में वे

ही चीजें रखते हैं, जो पश्चिमी आँखों को सुकून दें। दुनिया के पाठकों को लगता है कि ये इंडियन या कैरेबियन हैं, जबकि ऐसे लेखक वस्तुतः भारतीय पंखोंवाली विदेशी चिड़िया हैं। उनकी भारतीय चिन्ताओं का सम्बन्ध भारतीय स्थितियों से न होकर पश्चिमी दृष्टिकोण से है। निश्चय ही उनका भारत में एक बड़ा साहित्यिक बाजार है। वे अपनी तरह से इतिहास में हस्तक्षेप करते हैं, जबकि उनका कालबोध जमीन छोड़ चुका है। उनका 'स्थान' खिसक गया है। इसलिए जब वे मानवाधिकार, छोटी भाषाओं के अधिकार, सहिष्णुता आदि के मुद्दे उठाकर मसीहा बनने की कोशिश करते हैं, जोकर दिखते हैं।

आज के बिकाऊ उपन्यासकारों की प्रतिबद्धता पर टिप्पणी बेमानी होगी। यह जानते हुए भी कि सही क्या है, वे जरूरी मौकों पर कठिन और सैद्धान्तिक निर्णय नहीं ले पाते और ढोंग करते हैं। अमिताभ घोष के प्रशंसक देख सकते हैं कि किस तरह यह उपन्यासकार फिलीस्तीन समर्थक बुद्धिजीवियों की अपील ठुकरा कर बेशर्मी से इजरायल का डैन डैविस पुरस्कार (2010) लेने चला गया! एक लोकप्रियतावादी उपन्यासकार चेतन भगत ने 'थ्री इडियट्स' (2010) के मामले में फिल्मकार पर जोश से भरकर आरोप लगाये, फिर वह अचानक सभी आरोप वापस लेकर चुप बैठ गए। पैसा ऐसे उपन्यासकारों की सारी तकलीफें मिटा देता है, पैसा ही उन्हें सड़क-छाप अँग्रेजी की तरफ लाता है। पाठकों का ध्यान खींचने के लिए चर्चा और चर्चा के लिए एक से बढ़कर एक विवाद का तूफान हिन्दी के कई उपन्यासकारों के लिए भी जरूरी हो जाता है, क्योंकि इस जमाने में 'कंट्रोवर्सियल' ही बिकता है। सृजनात्मकता से अधिक बड़ी चीज है व्यावसायिक उद्देश्य से विवाद को तूल देना और इसके लिए उत्तेजक विषय उठाना। मुख्यतः अब इसी रास्ते से उपन्यास का बाजार बनता है। इस तरह बाजार में 'सेलेबुल' ही 'सेलेब्रिटी' है।

यह चिन्ताजनक है कि ऐसे ही एक बाजार में खड़े उपन्यासकार रुश्दी ने कहा है, "इस काल में अँग्रेजी में लिखने वाले भारतीय लेखकों के कथा साहित्य ने भारत की 16 राष्ट्रीय भाषाओं (अब 22) अर्थात तथाकथित 'वर्नाकुलर' भाषाओं में लिखे गए साहित्य की तुलना में अपने को ज्यादा श्रेष्ठ और महत्त्वपूर्ण प्रमाणित किया है। यह नया प्रस्फुटित इंडो-एंग्लियन साहित्य ही सम्भवतः किताबों के संसार में भारत का प्रमुख योगदान है।" ('विंटेज बुक आफ इंडियन लिटरेचर' की भूमिका, 1997)। पश्चिम की शैक्षिक दुनिया में भारतीय साहित्य के नाम पर इसी अँग्रेजी साहित्य की पैठ हुई है। यह बात रुश्दी ने जयपुर लिटररी फेस्टिवल (2012) में भी दुहरायी। इस किस्म के कई अँग्रेजी लेखकों का भारतीय भाषाओं में लिखे गए साहित्य को निकृष्ट ठहराना उनका दम्भ है। औपनिवेशिक काल में अँग्रेज भारतीय भाषाओं को हीन ठहराते हुए 'वर्नाकुलर' कहते थे, इन लेखकों के कथन में वही पुरानी

औपनिवेशिक छाया मौजूद है। इससे झलकता है कि ऐसे उपन्यासकार साहित्यकार कम हैं, बाजार के खिलाड़ी ज्यादा हैं।

क्या वैश्वीकरण के दौर के उपन्यास 'ग्लोबल रूपक' हैं, या वे 'भग्न हो गए राष्ट्रीय रूपक' है? अँग्रेजी में इस वक्त लिखे जा रहे ज्यादातर भारतीय उपन्यास कारपोरेट समाज के उपन्यास हैं, जिनके चरित्रों का 'राष्ट्रीय स्थान' आमतौर पर हिल गया है। भारत के भाषायी उपन्यास उनसे भिन्न हैं। ये मुख्यतः कारपोरेट समाज के हाशिये के उपन्यास हैं और अब भी राष्ट्र में ही अपना 'स्थान' चुनते हैं। ऐसे उपन्यास वैश्वीकरण का किसी न किसी रूप में सामना करते हैं। पिछले 25 सालों के हिन्दी उपन्यासों में विचारधारा की क्या स्थिति है, ये यथार्थवाद और आधुनिकतावाद दोनों से क्यों दूर हटे, इनका कितना उत्तर-औपनिवेशक 'कैननाइजेशन' हुआ, ये पश्चिमी सिद्धान्त के कठपुतलों की जगह किस हद तक भारतीय जीवन की मानवीय रूपककथा हैं, 'ह्यूमन एलेगरी' हैं, इन सवालों पर चर्चा होनी चाहिए।

यह एक विडम्बना ही है कि एक पश्चिमी बुद्धिजीवी ने औपनिवेशिक देशों के उपन्यास को 'राष्ट्रीय रूपक' क्या कह दिया, बस अपना कान न देखकर हम दौड़ पड़े कौवे के पीछे। यदि पश्चिम के उपन्यास हों या पश्चिमी जड़ों वाले उपन्यास हों तो वे अन्तरराष्ट्रीय रूपक हैं। भारत के उपन्यास हों तो ये राष्ट्रीय रूपक रह जाने के लिए अभिशप्त हैं, जैसे कि ये कभी अन्तरराष्ट्रीय रूपक नहीं हो सकते। इनमें कोई उच्च मानवीय इच्छा और विश्व-दृष्टि नहीं हो सकती। यह भी एकतरफा ढंग से कहा गया, 'देश और उपन्यास एक साथ जन्म लेते हैं', मानो उपन्यास के जन्म से पहले देश नहीं था। ऐसे कथन इस धारणा से प्रभावित हैं कि अँग्रेजी राज में भारत बना, आधुनिकता आयी।

इधर के कुछ लैटिन अमेरिकी उपन्यासों का हवाला देते हुए विदेशी अनुसन्धानकर्ताओं के पौर्वात्यवादी झुकावों से प्रभावित होकर हिन्दी में धारणा बनायी गयी कि उपन्यास की जातीय परम्परा अय्यारी, रोमांस, दास्तान, फंतासी (श्यामा-स्वप्न) और 'कादम्बरी' जैसे आख्यानों में है। मानो प्रेमचन्द वस्तुतः जगमोहन सिंह और देवकीनन्दन खत्री के साहित्यिक उत्तराधिकारी हों। देखा नहीं गया कि प्रेमचन्द ने किस तरह कथा के जीवनविमुख चमत्कार भरे एशियाई ढाँचे और एकायामी पश्चिमी ढाँचे—कथा के दोनों तरह के ढाँचे को तोड़कर लोकआख्यान की उस भारतीय परम्परा का विकास किया, जो प्राचीन महाकाव्यों, नाटकों, पशु-पक्षियों की कथाओं और लोककाव्य में थी।

भारत की गैर-यथार्थपरक और पश्चिम की एकरेखीय यथार्थपरक कथाओं से बाहर निकलकर प्रेमचन्द ने ठेठ भारतीय अनुभवों पर आधारित जो उपन्यास लिखे हैं, वे राष्ट्र में दबायी जा रही विभिन्न मानवीय आवाजों को उभारते हैं। वे महज

राष्ट्रीय रूपककथा नहीं, विश्वदृष्टि-सम्पन्न 'ह्यूमन एलेगरी' हैं। उनके उपन्यास दूसरे देशों के आधुनिक विकास, क्रान्तियों और सामाजिक आन्दोलनों से विच्छिन्न एक राष्ट्र की संकुचित घटनाएं नहीं हैं।

महावीर प्रसाद द्विवेदी के इस कथन को नजर से हटाकर भारतीय उपन्यासों के विकास को समझना मुश्किल है, "जिनको मनुष्य स्वभाव का ज्ञान है, जो अपने विचार मनमोहक भाषा द्वारा प्रकट कर सकते हैं, जो यह जानते हैं कि समाज का रुख किस तरफ है और किस प्रकार की रचना से उसे लाभ और किस प्रकार की रचना से उसे हानि पहुँच सकती है, वे पश्चिमी पंडितों के तत्त्व-निरूपण का ज्ञान प्राप्त किये बिना भी अच्छे उपन्यास लिख सकते हैं।" (उपन्यास रहस्य, 1922)। हम जानते हैं कि 'श्यामा स्वप्न' और 'चन्द्रकान्ता सन्तति' से समाज के रुख का ज्ञान नहीं होता, जबकि 'परीक्षा गुरु' (1882) से होता है, भले इसके केन्द्र में रईस व्यापारी परिवार हो। रामचन्द्र शुक्ल ने श्रीनिवास दास (1851-1887) के इस उपन्यास पर टिप्पणी करते हुए लिखा था, "लाला श्रीनिवास व्यवहार में दक्ष और संसार का ऊँचा-नीचा समझनेवाले पुरुष थे।" 'परीक्षा गुरु' को खुद उपन्यासकार ने 'अनुभव द्वारा उपदेश मिलने की संसारी वार्ता' कहा है, जो 'राष्ट्रीय रूपक' से बड़ी चीज है। इसमें भारत में विदेशी माल को रोकने के लिए कल-कारखाने लगाने, आत्मनिर्भरता, अन्धानुकरण न करने, सादगी, मूल्यसम्पन्न जीवन, आलस्य और मौजमस्ती में न फँसने जैसी चीजों पर बल है। ब्रजकिशोर अपने भटके मित्र लाला मदनमोहन को इन्हीं मुद्दों पर सुधारते हैं। यह उपन्यास कच्चे ढाँचे में हो, पर इसकी चिन्ताएँ बड़ी हैं। इसमें सन्देह नहीं कि नये ढंग के उपन्यास का भारतीय नवजागरण से गहरा सम्बन्ध है।

आज उपन्यास समाज में तरह-तरह से आकार ले रहे हैं। उनमें मनुष्य का बदलता स्वभाव दिखाई पड़ता है। यह भी देखा जा सकता है, समाज में एक ही मानवीय रुख नहीं है। उपन्यास में भी मानवीय रुख की भिन्नताएँ हैं और सामाजिक बहुलता के दृश्य हैं। उपन्यास की विषयवस्तु के गठन, भाषा के ढाँचे और शिल्प में फर्क आया है। 'सांस्कृतिक चयन' एक मुद्दा बन गया है। चरित्र से ज्यादा विषय प्रमुख है, समस्या की प्रधानता है। वैश्वीकरण ने समान आर्थिक नियति की ओर लगातार धकेलते हुए समाज, राजनीति, साहित्य हर जगह सांस्कृतिक अन्तर्द्वन्द्वों को उकसाया है। देखने की जरूरत है, यह सब कितना भारतीय पीड़ाओं का स्वाभाविक विस्फोट है और किस हद तक यह सब पश्चिम के सैद्धान्तिक आक्रमण का फल हैं। क्या आज उपन्यास रीतिवादी लक्षण ग्रन्थों, कुछ सिद्धान्त बीजों पर आधारित साहित्य की तरह लिखे जा रहे हैं—क्या यह उपन्यास का रीति काल है?

तीन

हम भारतीय उपन्यास किन पाठों को कहें? आज के भारतीय उपन्यासों की कथात्मक उत्पत्ति छोटी कही जाने वाली जगहों से हो रही है। वे परम्परागत अर्थ में 'नेशनल एलगिरी' न हों, उनसे भारत की पहचान होती है। उनमें भारत अपनी यथार्थ हालात और ताकत के साथ दिखता है, भले केन्द्र-बहुलता हो।

भारतीय विविधता को समूचेपन के साथ मुखरित करने में प्रेमचन्द बहुत हद तक सफल थे। इसके बाद आधुनिकतावाद और यथार्थवाद के प्रभाव आये। लक्षित किया जा सकता है कि हिन्दी उपन्यास में दोनों विचारधाराओं के आधार पर जीवन के कई अनसुलझे पहलुओं की ओर बड़े संकेत किये गए हैं। खासकर 'त्यागपत्र' (जैनेन्द्र कुमार), 'शेखर एक जीवनी' (अज्ञेय), 'झूठा-सच' (यशपाल), 'मैला आँचल' (रेणु), 'आधा-गाँव' (राही मासूम रजा), 'राग दरबारी' (श्रीलाल शुक्ल), 'अन्तिम अरण्य' (निर्मल वर्मा), 'नौकर की कमीज' (विनोद कुमार शुक्ल) जैसे कुछ उपन्यास हिन्दी के मास्टरपीस हैं। इनमें कहीं आधुनिकतावाद और कहीं यथार्थवाद और कहीं दोनों की मिलीजुली जमीन दिखाई देती है। विचारधारा वस्तुतः इन औपन्यासिक अनुभवों के तल में कहीं न कहीं बनी हुई है।

आज भी यह सीखने की बात है कि आधुनिकतावाद हो या मार्क्सवाद, एकदम वैचारिक जकड़न में लिखे गए उपन्यास बस आये और गुम हो गए। वे सांस्कृतिक प्रवाह में ठहर नहीं सके, क्योंकि हमेशा ही उपन्यास का आधार रहा है चुनौती देने वाला कोई अनुभव। विचारधारा या सिद्धान्त से एक विजन मिल सकता है, उपन्यास की रीढ़ अनुभव है। उपन्यास तभी उपन्यास है, जब उसमें चुनौतीपूर्ण अनुभवों के आधार पर बदलते मानव स्वभाव के चित्र हों, समाज के नये रुख का संकेत हो, व्यक्ति की कोई मानवीय पीड़ा या कोई दबी हुई सामुदायिक आवाज हो और ये सब मिलकर एक व्यापक अपील वाली 'ह्यूमन ऐलगिरी' बनाएँ। उपन्यास में यथार्थ खूब ठूँसा हो, पन्ने-पन्ने पर यथार्थ हो और यथार्थ के अलावा कुछ न हो तो वह उपन्यास नहीं है। यथार्थ और उपन्यास में जितना सम्बन्ध हो, उतनी ही रचनात्मक दूरी भी होनी चाहिए। उपन्यास की श्रेष्ठता इस पर निर्भर करती है कि उसमें कितने व्यापक विजन के साथ कोई 'ह्यूमन एलेगिरी' है, चाहे उसमें ग्लोबल यथार्थ हो या राष्ट्रीय यथार्थ या भग्न राष्ट्रीय यथार्थ। हम चाहें तो इसे ही लोक आख्यान, कथा या उपन्यास की भारतीय परम्परा की मुख्य विशेषता कह सकते हैं।

कथा तब से है, जब से समाज है। यह समाज के होने का एक महत्त्वपूर्ण चिह्न है। कविता आत्मानुभूति से अकेले में हो सकती है, कथा के लिए समाज चाहिए। कथा कभी एक ही चरित्र, आत्मालाप और इकहरे यथार्थ से नहीं बन

सकती। इसके अलावा, कथा में 'कहने वाले' की तरह 'सुनने वाला' भी महत्त्वपूर्ण है। दुनिया का हर समाज कथा सुनने वाला समाज है। सवाल है, कथा कौन कह रहा है? क्या प्रच्छन्न रूप से उपनिवेशक? कथा भी उपनिवेशन का एक औजार है, कथा के दुरुपयोग होते हैं।

कथा किसी भी अन्य साहित्यिक विधा से ज्यादा सामाजिक मामला है, यह एक 'कॉमन प्लेस' बनाती है। इसलिए उत्तर-आधुनिक परिदृश्य में जब समाज, साझी जगह और साझी समझ का विघटन होने लगा है, समाज की जगह समुदाय प्रधान हो उठे हैं। कहा जाता है, 'आख्यान का अन्त' हो गया। इस आधार पर कथा कहने वाले पुराने लोग निरर्थक घोषित कर दिये गए। दरअसल 'आख्यान के अन्त' की जगह वस्तुस्थिति यह है कि अब वे कथा कहेंगे, जो सुनते आ रहे थे। कई बार उपन्यास की मृत्यु की घोषणा हुई है। फिर भी उपन्यास पहले से ज्यादा लिखे और पढ़े गए हैं। एक समुदाय के लोग दूसरे समुदाय की कथा पढ़ते हैं, इसका कुछ मतलब होता है।

आज के उपन्यासों या इनसे सम्बन्धित विमर्शों को पृथकता की जगह अखंडता में देखा जा सकता है। यह समझना जरूरी है कि सामुदायिक स्वानुभूति और 'दूसरे उत्पीड़ितों के अनुभव में हिस्सेदारी' साहित्य में एक ही नदी के दो किनारे हैं। अपनी पीड़ा कहना और 'पीर परायी जानना' दोनों में अन्तर्विरोध नहीं है।

आज के उपन्यासों और इनसे जुड़े नये विमर्शों ने एक बड़ा फर्क यह ला दिया है कि 'ऐतिहासिक निर्धारणवाद' की यथार्थवादी कठोरता और समाज-इतिहास को दरकिनार करनेवाली 'नयी आलोचना' की कृतिकेन्द्रिकता—दोनों को कड़ी चुनौती दी है। हिन्दी आलोचना में इतिहासवाद और ऐतिहासिक सन्दर्भ से दूरी रखनेवाली कृतिकेन्द्रित आलोचना दोनों बीते जमाने की चीज हो गए हैं। हिन्दी में 'नयी आलोचना' के प्रतिमानों का दबदबा रहा है, हालाँकि ऐसी आलोचना कम दिखी, जो सच्चे अर्थों में कृतिकेन्द्रित हो और मूल्यवान हो। सामान्यतः 'नयी आलोचना' पश्चिमी गलियारे में ज्यादा रही है। पिछले लगभग ढाई दशकों में नयी आलोचना की विचारधारा से विद्रोह करके नये इतिहासों—स्त्री, दलित, आदिवासी और स्थानीय संस्कृति के इतिहासों की तरफ झुकाव बढ़ा है। खासकर सामन्तवाद की कठोरता की तरफ नये सिरे से ध्यान गया है। यह भी एक घटना है कि ऐतिहासिकता ऐतिहासिक निर्धारणवाद की यान्त्रिकता से मुक्त हुई है। इसका अर्थ है कि इतिहास की एकरेखीयता टूटी है। हम स्त्रियों, दलितों और स्थानीय संस्कृतियों के विमर्श में इतिहास की नयी व्याख्या पाते हैं। ये विमर्श वस्तुतः अपने भिन्न ऐतिहासिक सन्दर्भ बनाते हैं, जो व्याख्या के लिए खुले हैं। यह भी स्पष्ट है कि नये ऐतिहासिक सन्दर्भों वाले विमर्श जितने अर्थपूर्ण हों, ये एक-दूसरे से ज्यादा समय तक अलग रहकर सामाजिक गतिशीलता प्राप्त नहीं कर सकते। यही वजह है कि लेखक उपन्यास लिखते समय

अपने को आड़ में, किनारे रखकर अपने भाषा कौशल के साथ जितना 'दूसरों' को बोलने देता है, आज का पाठक ऐसा उपन्यास पढ़ते समय अपना उतना अधिक पुनःआविष्कार करता है। उपन्यास में यदि परिधि की विशिष्ट आवाज है, तो यह एक नये मनुष्यत्व की खोज भी है जो औपनिवेशक दुश्चक्र की विस्तृत समझ की ओर ले जाती है। उपन्यास एक ऐसी सृजनात्मक भूमि बन जाता है, जहाँ लेखक और पाठक एक-दूसरे से बहुत साझा करते हैं।

आज के उपन्यास यथार्थवादी उपन्यास और आँचलिक उपन्यास की धारणाओं से अलग हैं। इसके अलावा, इनमें आधुनिकतावादी उपन्यासों की तरह इतिहास से मुक्ति नहीं है, उल्टे इतिहास में नये तेवर से शामिल होने के लिए जद्दोजहद है। आज उपन्यासों की विवेचना वर्तमान समय की कुछ विशिष्ट आवाजों और औपन्यासिक प्रवृत्तियों को रेखांकित करने के लिए की जानी चाहिए। यह उद्घाटित करने के लिए भी कि एक समय 'दूसरे' का सच जानने की उत्सुकता क्यों घटी, अनुभववाद में इतनी उग्रता का क्या अर्थ है।

इसमें सन्देह नहीं कि हिन्दी क्षेत्र में उपन्यास ने साहित्य में लोगों का आकर्षण अभी तक बचाकर रखा है। अब पुस्तक पढ़ने का अर्थ होता जा रहा है उपन्यास पढ़ना। एक पाठक वर्ग बचा है, जो बाह्य इन्द्रिय सुख को पर्याप्त न मानते हुए आन्तरिक तृप्ति के लिए उपन्यास पढ़ता है। उसे सुख नहीं, आन्तरिक आनन्द चाहिए। यह अब उसी रचना से सम्भव है, जिसमें लेखक और पाठक का साझा हो। इस घटना का रूप अभी छोटा हो, पर इससे साहित्य की शक्ति का नये सिरे से अहसास होता है। उपन्यास के नवोत्थान को साहित्यिक नवोत्थान के रूप में देखना चाहिए, जो साहित्य और समाज के गहरे रिश्ते का नया उदाहरण है।

चार

निश्चय ही आज की कथा पीढ़ियों के सामने यह सवाल महत्त्वपूर्ण है कि वे किस विचारधारा या राजनीतिक ताकत से जुड़कर उपन्यास लिखें। आज न पहले जैसे जन-आन्दोलन हैं, न विचारधारात्मक संघर्ष हैं और न कोई प्रबल साम्राज्यवाद-विरोधी आवाज है। 21वीं सदी में एक व्यापक बौद्धिक भूधसान है, 'राष्ट्र' में स्वार्थ की जोंकें लग गयी हैं। आज राजनीति विचारधारा से नहीं चलती, यह थोड़ी सेवा और ज्यादा प्रलोभन तथा आतंक पर टिकी है, फिलहाल इसका नैतिक आधार ध्वस्त है। वैश्वीकरण ने विचारधारा और राजनीति के बीच, विचारधारा और सामाजिक आचरण के बीच भयंकर दूरी पैदा कर दी है। इसलिये समकालीन उपन्यासों के लिए स्त्रीवाद, दलित चेतना, स्थानीय जातीय चेतना, क्षेत्रीयतावाद, पर्यावरण बचाने

के लिए संघर्ष, आदिवासी जीवन के संकट, गरीबी के प्रश्न, स्वभूमि से विस्थापन, सैनिक दमन, शहर-गाँव तनाव, साम्प्रदायिक असुरक्षा और छोटी-छोटी जगहों के जो असंगठित आन्दोलन हैं, वे मुख्य वैचारिक स्रोतों का काम कर रहे हैं।

यह अद्‌भुत दृश्य है कि जाति, जातीयता, पुराजातीयता, धर्म या राजनीति के आधार पर भारत में हर कहीं लगभग गृहयुद्ध की स्थिति है। दुनिया के मजदूर एक न हो पाये हों, पर दुनिया के पूँजीपति एक हो चुके हैं। देखा जा सकता है कि आज की राजनीति की तरह ही उपन्यास लेखन पर स्थानीय सामुदायिक दबाव बढ़े हैं। ऊपर विश्व बाजार एक है, नीचे समाज विभक्त है। राजनीति के नये रूप सामने आ गए हैं। इसकी जान अब विचारधारा में नहीं सांस्कृतिक चिह्नों में बसती है। इसी तरह आन्दोलन के भी नये रूप हैं। आज के उपन्यास इन्हीं घटनाओं के बीच से आकार ले रहे हैं।

सवाल है, ऐतिहासिक निर्धारणवाद की कट्टरता, इकहरे यथार्थवाद और आधुनिकतावादी धारणाओं को चुनौती देते हुए इधर जो उपन्यास आये हैं, उनमें क्या विडम्बनापूर्ण और क्या मूल्यवान है। ये राष्ट्र, इतिहास और केन्द्रवाद को ही नहीं निजी सच को भी प्रश्नांकित करते हैं, आधुनिकतावाद से भी बाहर आते हैं। यदि कहीं 'भोगा हुआ यथार्थ' है तो यह व्यक्ति का नहीं, समुदाय का भोगा हुआ यथार्थ है।

निश्चय ही समानान्तर रूप से उदारवादी, यथार्थवादी और आधुनिकतावादी ढर्रे के उपन्यास भी लिखे जा रहे हैं। ऐसे सभी उपन्यासों पर चर्चा करने का यहाँ अवसर नहीं है, यहाँ उद्देश्य सिर्फ वैचारिक प्रवृत्तियों की ओर संकेत करना है। हम पाते हैं कि विभिन्न विमर्शों के रूप में सामने आये हिन्दी उपन्यास एक साहित्यिक बहुलता उपस्थित करते हैं, केन्द्रवाद को चुनौती देते हैं और वर्चस्व से टकराते हुए उन वास्तविकताओं को सामने लाते हैं, जो राष्ट्रीय हित, मध्यवर्गीय उदारवाद और प्रगति की धारणाओं के नीचे दबी हुई थीं।

पाँच

नयी पीढ़ी के लेखकों को विचारधारा से प्रायः उबकाई आती है। इसलिए नहीं कि सारहीन है, बल्कि इस वजह से कि यह राजनीतिक पाखंड और मतान्धता में तब्दील हो गयी। साहित्य में विचारधारा इतने कठमुल्ले ढंग से आने लगी कि नाक से नथुनी भारी हो गयी! दुनिया में क्रान्तियों पर मुक्त बाजार हावी होता गया। इसका नतीजा है कि अब राजनीति में सिद्धान्तों की जगह सिर्फ रणनीति प्रधान है। इसका जीवन पर व्यापक असर पड़ा है। हर जगह फायदे, अधिक उत्पादकता और

तात्कालिक उपयोगिता से चीजें तय होने लगी हैं। अब एक-दूसरे पर जो आक्रमण होते हैं, वे आमतौर पर वैचारिक और तर्क आधारित नहीं होते, व्यक्तिगत आक्रमण होते हैं। इस हद तक बौद्धिक पतन है कि व्यक्तिगत आक्रमण का मामला न हो तो जैसे किसी के पास कहने के लिए कोई विषय न हो। अब विचार भी वस्तु है, यूज एंड थ्रो। यहाँ तक कि रचनात्मकता, भावावेग और आत्मपरकता भी 'वस्तुओं' की तरह देखी जाने लगी हैं। कथा भी 'वस्तु' बना दी गयी है, जैसे फास्ट फूड, डियो या कोई मनोरंजन है। अब 'वस्तु' ही दृष्टि देती है, स्वप्न देती है और अब कथा भी देने लगी है।

हम देख सकते हैं कि समाज में सोच, विचार-विमर्श या सिद्धान्त के लिए अब कितनी जगह बची है। विश्वविद्यालयों के मानविकी विभागों में ही सबसे अधिक अमानवीयता और अराजकता है। हिन्दी के मामले में लक्षित किया जा सकता है कि यहाँ कितनी अगम्भीरता है। हमें मनोरंजन उद्योगों के सोच और संवदेना पर पड़ रहे असर को कम करके नहीं आँकना चाहिए। अब दुनिया में रचनात्मकता, कला प्रतिभा और वैयक्तिक जीवन का इस्तेमाल हमेशा आर्थिक लाभ, निजी सुख-समृद्धि और आमोद-प्रमोद के लिए होता है। यहाँ एक ही सिद्धान्त चलता है, अनुचित दो और अनुचित लो—कुछ भी निःस्वार्थ नहीं है!

वे जो ग्लैमर से भरे सेलेब हैं, वे मार्केट-स्लेव कहे जा सकते हैं। आम पढ़े-लिखे नौजवानों में गजब का सेलेबोन्माद है, चाहे ये सेलेब क्रिकेट के हों या फिल्म के। हिन्दी मीडिया चलाने वालों के दिमाग में आमतौर पर 'कल्चरल ब्लैकआउट' है। समाज के बड़े बुद्धिजीवी कुछ भिन्न नहीं हैं। वे देखते रहते हैं कि किसी भी सत्ता से कुछ फायदा हो। वे चमगादड़ की तरह किसी न किसी राजनीतिक वटवृक्ष से लटकने के लिए लालायित रहते हैं। उनमें असहमति का साहस घटा है। सुख और विद्रोह में क्या चुनना है, वे जानते हैं। अब माहौल बदल गया है। एक विचारधारा को समझना, उससे शिक्षा लेना या खुद कोई विजन विकसित करना कठिन होता जा रहा है। विचारधारा के साथ साहित्य की भी सामाजिक जड़ें सूख रही हैं—अब बाजार ही समाज को रोशनी दिखा रहा है, क्योंकि समाज खुद स्वप्न नहीं देख पा रहा है।

उपन्यास को एक बड़ा सामाजिक फलक देना एक बड़ा श्रम-साध्य काम है, मुश्किलें बढ़ी हैं। इतना समय किसके पास है, सब कुछ फटाफट चाहिए। यह विचारधारा नहीं, आस्वाद-संस्कृति का जमाना है। फिलहाल जब कहीं भी विचारधारा और सिद्धान्त नहीं बचा है, उपन्यास में कहाँ से आये। सिद्धान्त की तुलना में फैशन में आकर्षण ज्यादा है। अब सृजनात्मक कल्पना की कमी हो गयी है। ये कुछ मामले हैं, हम देख सकते हैं कि उपन्यास ही नहीं जीवन में भी विचारधारा के लिए जगह क्यों सिकुड़ती जा रही है।

उपर्युक्त स्थितियों का नतीजा है कि उपन्यास और कहानियाँ भी 'वस्तु' के रूप में देखी जाने लगी हैं। इसलिए यह जानना जरूरी है कि ये कितनी 'मैनुफैक्चर' की जा रही हैं, निर्मित अनुभव की देन हैं और कितनी 'राष्ट्र' की विडम्बनाओं, समाज के रुख, व्यक्ति की मानवीय पीड़ा और उसके बड़े स्वप्नों की ओर संकेत करती हैं। अक्सर इनमें बहुत-सी चीजें पहले से तय हो जाती हैं। इस बिन्दु पर निश्चय ही यान्त्रिक रूप से प्रचलित 'विचारधारा' और 'विमर्श' के बीच ज्यादा फर्क नहीं है। दोनों के जो नये रूप सामने हैं, उनसे पता चलता है कि दोनों में ही 'दूसरे' के आदर की मनाही है। दोनों में 'दूसरे' शत्रु हैं। यह 'दूसरे' की घोषणा भी सोचा-विचारा गया नहीं एक फटाफट मामला है।

निश्चय ही स्त्री, दलित और दूसरे विमर्शों या अस्मिता की राजनीति में मतान्धता की कमी नहीं है। कुछ लेखक इतने होमोजीनियस हो चुके हैं कि सालों से एक ही बात कह रहे हैं। वे सिर्फ लोकप्रियता और मजा पैदा करनेवाली 'कंट्रोवर्सी' चाहते हैं। हम जानते हैं कि विवाद और प्रतिवाद एक चीज नहीं है। 'विवाद' को एंटी-थीसिस नहीं समझ लेना चाहिए। ऐसे लेखकों के नाम देकर पढ़ने से पहले ही पता चल जाता है कि डिब्बे में क्या है। लेखकों में निरन्तर नयी जिज्ञासा, नयी सूझबूझ और विकास न हो तो उनकी स्थिरता से समाज में पाठक कम होने लगते हैं।

इसमें सन्देह नहीं कि भारत के लोग 'विविधता में एकता' के राष्ट्रवादी बिंबों से काफी छले गए हैं। आज के उपन्यास इन बिंबों में छिपे सामंती वर्चस्वों से टकराते हैं। यह समझने की जरूरत है कि इधर स्त्री, दलित या आदिवासी को केंद्र में रखकर या विकास और गाँव के बीच तनाव को केन्द्र में रखकर जो उपन्यास लिखे गए हैं, वे महज उत्तर-औपनिवेशिक सिद्धान्तों से प्रभावित अनुभव की देन नहीं हैं। इनमें जो कुछ दिखाया गया है, भारतीय समाज का यथार्थ उससे अधिक भीषण है। इन उपन्यासों में प्रतिबिंबित सामुदायिक पीड़ा में ही इनकी विचारधारा छिपी है। इसमें सन्देह नहीं कि इन नये उपन्यासों ने साहित्य के पानी को काफी बदल डाला है। नये माहौल में कई स्थानों से कथा-पीढ़ियाँ सामने आयी हैं, साहित्य का विकेन्द्रीकरण हुआ है।

सवाल है, क्या सामुदायिक और स्थानीय विमर्श खुद कहीं मतान्धता के शिकार होते जा रहे हैं, जिसकी वजह से सारे विमर्श एक-दूसरे से विच्छिन्न हैं। एक संवादहीनता है, सिर्फ सामुदायिक एकालाप चल रहा है। क्या अनुभव की तल्खी के लिए अनुभव की खंडता जरूरी है? अनुभव की खंडता पर वैश्वीकरण की जो नव-औपनिवेशिक छायाएँ हैं, उनका क्या समाधान है? बढ़ती हिंसा का क्या समाधान है? लगता है, केन्द्रवाद और पृथकतावाद सहोदर भाई हैं। वे समान गर्भ से निकले हैं। यह एक महत्त्वपूर्ण प्रश्न है कि वैश्वीकरण से आज के उपन्यासों और विमर्शों का क्या रिश्ता

है? इस पर प्रायः चुप्पी है, आम राय है, भूख और कीमती धातु बाक्साइट का शाश्वत सम्बन्ध देखना हो तो कालाहांडी की जमीन को देखिए। क्या वैश्वीकरण का वर्तमान मुनाफाकेन्द्रिक दमनकारी रूप शाश्वत सम्बन्ध को मिटा पाएगा?

उपर्युक्त परिप्रेक्ष्य में जरूरत महसूस की जा सकती है कि स्त्री विमर्श हो, दलित विमर्श हो या स्थानीय विमर्श हो, वे कैसे अपने दायरे के वर्चस्व के अलावा समाज के दूसरे वर्चस्व और जीवन के दूसरे रूपों को भी पहचानें। इस पर चिंता होती है कि 'हम-वे' का बढ़ता राष्ट्रीय अन्तर्विभाजन कैसे रुके। ये विमर्श और आन्दोलन यदि केन्द्रवाद को तोड़ते हैं तो यह समस्या भी सामने है कि जमीन के छोटे-छोटे आन्दोलनों में कैसे अखण्डता पैदा हो—कैसे किसी एक बिन्दु पर वि-स्थानीयकरण घटित हो। बाजार के सन्दर्भ में हमारे पैर विश्व में हों और समाज में सामुदायिक सैन्यीकरण चले—यह एक निर्बुद्धिपरक द्वैत है, दोहरापन है।

उपन्यासकार सब कुछ ठण्डे दिमाग से लिखे, उसका एक स्थिर फ्रेम हो और उसके मन में कोई बेचैनी और गति न हो और आत्मविमुग्धता ही ज्यादा भरी हो, यह उपन्यास के लिए एक दुर्घटना है। उपन्यास हमेशा राजनीतिक इतिहास से कुछ अधिक है, यह बहुत कुछ इतिहास से बहिष्कृत की आवाज है। कथा हमेशा कुछ खण्डन करने और एक नया विश्व रचने के लिए होती है। हर युग की कथा में यही हुआ है। क्या आज के उपन्यास में कोई नया विश्व रचा जा रहा है? मनुष्य को अस्मिता की जरूरत सामन्तवाद से लड़ने के लिए ही नहीं है, बल्कि विश्व बाजार और नव-उपनिवेशन से मुठभेड़ के लिए भी है, जबकि अस्मिता की राजनीति का इस्तेमाल दोनों के आगे आत्मविसर्जन के लिए हो रहा है। बहुत छोटे और तात्कालिक फायदे के लिए हो रहा है।

यह विश्व बाजार है, जिसने 'भिन्नता' के साथ 'निरन्तरता' के बोध में भी घालमेल पैदा कर दिया है, दोनों को संकुचित कर दिया है। भिन्नता दिखती है जाति, जातीयता, स्थान और धर्म के स्तर पर, विश्व बाजार की एकरूपता या अमेरिकीकरण के बरक्स भिन्नता नहीं दिखती। वहाँ निरन्तरता दिखती है, जहाँ निर्बुद्धिपरक धारणाएँ, कुप्रथाएँ और धर्मान्धिता है। वहाँ निरन्तरता नहीं दिखती यहाँ जाति व्यवस्था, पितृसत्ता, धार्मिक पाखंड, आर्थिक बहिष्कार, विषमता और उपनिवेशवाद के खिलाफ चले सैकड़ों साल के जातीय संघर्ष है। राजनीति, विश्व बाजार और उत्तर-औपनिवेशिक सिद्धान्तों ने 'भिन्नता' के साथ-साथ 'निरन्तरता' को धूमिल करने में जो अपार सफलता पायी है, यह आज के लेखक के सामने एक बड़ी चुनौती है।

उपन्यास विधा एक बड़े रूपान्तरण के दौर से गुजर रही है। अपने विशेष रूप की वजह से यह विवाद की जगह बनी है। उल्लेखनीय है कि उपन्यास में कई 'आवाजें' मुखर हैं, जो वर्चस्वों को अपनी सीमा में ध्वस्त कर रही हैं। आज किसी सुस्पष्ट आवाज के बिना उपन्यास की कल्पना करना मुश्किल है। वह भले 'भग्न

राष्ट्रीय रूपक' हो, उसमें मानवीय आवाज की शिनाख्त की जा सकती है।

भाषायी उपन्यास अँग्रेजी में लिखे भारतीय उपन्यास की तुलना में ज्यादा भारतीय और ज्यादा उपन्यास हैं। हम हिन्दी उपन्यासों में देख सकते हैं कि इधर महानगर-केन्द्रिकता टूटी है। उपन्यास में भारत की अपरिचित जगहें आयी हैं, अनजाने चेहरे आये हैं। वे जितने अपरिचित या अनजाने चेहरे हों, भावनाओं से भरे, आत्मीय और अपने से लगते हैं। हमें जैसे 'विदेश' में कोई मिल जाता हो। हम मानो अपने आसपास 'एलियन' होते जा रहे माहौल में उन चेहरों से कुछ सुन-समझ पाते हों और उनसे कुछ बोल भी पाते हों।

अँग्रेजी उपन्यासों में भी ठेठ दिखने के लिए स्थानीय बोलियों के शब्द या सड़क छाप अँग्रेजी भरी रहती है। हिन्दी उपन्यासों में जमीन की आवाज के साथ जमीन की बोली एक बड़े उद्देश्य से मुँह खोलती है—शहरी आभिजात्य और छद्म पर चोट करने के लिए। वैश्वीकरण के जमाने में आभिजात्य की शान जितनी बढ़ी हो, यह उपन्यास है जहाँ आभिजात्य नंगा होता है और जो देशज है वह बोलता है।

मुख्य बात यह है कि दुनिया भर में उपन्यासकारों ने इधर आख्यान की भौतिक परम्परा का धड़ल्ले से उपयोग किया है, यहाँ तक कि आभिजात्यवादी दुनिया के रुश्दी जैसे उपन्यासों ने भी, जैसा कि बाजार कुछ भी छोड़ता नहीं है। वह इतिहास की हड्डियाँ तक चूस लेता है।

हिन्दी उपन्यास में एक बड़ा प्रस्थान नैरेटर का रचनाकार की जगह लेना है, उस रचयिता का जो उपन्यास में अक्सर अपना ज्ञान बघारते नहीं थकता था। यह नयी पद्धति दुनिया के कई महादेशों से होते हुए हिन्दी में आयी और कुछ देर से लोकप्रिय हुई, हालाँकि सदियों पहले भारत में ही जन्मी थी। इस पद्धति को उन्होंने भी अपनाया जो यथार्थवादी हैं और उन्होंने भी जो विमर्शकार हैं। इस तरह के उपन्यास में कथा के भीतर कथा होती है। घटनाएँ सीधी रेखा में नहीं चलतीं। वे सर्पिल होती हैं या चक्राकार, एक-दूसरे में फँसी कछुआ छाप अगरबत्तियों की तरह। नैरेटर कभी प्राचीन घटनाओं की स्मृति में जाता है और तत्काल एक छलाँग में वर्तमान जीवन में चला आता है, दबे या बहिष्कृत लोगों की जीवन-क्षुधा के पास या किसी वर्चस्व को नंगा करने के लिए। वह देश-काल को सपाट से तरंगायित बना देता है—इतिहास, धर्म, संस्कृति, राजनीति, आम सपने, स्मृतियाँ, सन्देह, बहुराष्ट्रीय कम्पनी और इन्हीं के बीच कुछ इलाके, कुछ परिवार और कुछ चरित्र—वस्तुतः नदी में लहरें दसों दिशाओं से उठती हैं। समाज में भले सामुदायिक इकहरापन बढ़ा हो, उपन्यास में मिश्रित शैली है, जैसे यह एक सांस्कृतिक क्षतिपूर्ति हो। अब उपन्यास एक जादुई सम्मोहन है, यदि जादू फेल न हो जाए। एक बड़ा खतरा है, कोई विजन और सच्चा यथार्थबोध न हो तो जादू फेल हो जाता है।

छह

उपन्यास का राष्ट्र से सम्बन्ध है और टकराहट भी। कोई उपन्यास अपने भीतर एकसुरा है या एक बहुलता-विविधता से भरी आवाज है, यह देखने की जरूरत है। हिन्दी उपन्यास के सामने एक बड़ी चुनौती है कि वह कैसे बुकर-शृंखला के उपन्यासों का उच्छिष्ट न बने। उपन्यास, उपन्यास ही लगें। कॉलेज के क्लास, अखबार के पन्ने या सांस्कृतिक चिह्नों से सजने के कक्ष नहीं। चिन्ताजनक है कि कई जगहों पर उपन्यास लिटररी इंजीनियरिंग का मामला बनता जा रहा है, जो विचारधारात्मक कट्टरता का दूसरा छोर है। इसे 'सांस्कृतिक रूपवाद' भी कहा जा सकता है।

एक जमाने में जो नवता थी, वह आज नवता नहीं है। एक काल में जो प्रगति थी, वह आज प्रगति नहीं है। क्या वजह है कि कई उपन्यास अब पढ़े नहीं जाते। उपन्यासकार के सामने शिल्प को बदलते रहने और अन्तर्वस्तु में विकास की समस्या हर जमाने में रही है। इस जमाने में भी है। कई लेखकों का एक-दो उपन्यास लिखकर दम फूल जाता है। कई नयी शक्ल में एक ही उपन्यास बार-बार देते हैं, उनका औपन्यासिक विकास नजर नहीं आता। बस एक और उपन्यास भर होता है, गिनती बढ़ती है। एक अच्छा और सफल उपन्यास लिखने के बाद दूसरा अच्छा और महान उपन्यास लिखना बहुत कुछ जेल तोड़कर बाहर निकलने का मामला है।

भारत अनन्त प्राकृतिक विविधता की तरह ही कथाओं का भी एक विराट खजाना है। इसके पेड़, नदी, पशु-पक्षी और पहाड़ तक कथा में डूबे हैं। अलग-अलग क्षेत्रों, समुदायों, इलाकों और घर-घर में कथाएँ हैं। ये दिखेंगी, यदि अपने 'स्थान', समुदाय, अस्मिता और दृष्टि को थोड़ा फैलाया और समावेशी बनाया जाए। अपने लक्ष्य, कल्पनाशीलता और युक्तियों को विस्तार दिया जाए। उपन्यास 'राष्ट्र के टुकड़े' या 'राष्ट्र' से अलग होकर जड़विहीन हो जाते हैं, पर इससे बँधकर भी बहुत कुछ खो देते हैं, खासकर अपनी मानवीय रूपककथा की बहुआयामिता। यह आत्मक्षति है और उपन्यास के पाठकों की भी। पाठक एक ही जगह कभी खड़ा नहीं रहता। वह हर बार एक ही उपन्यास या वैचारिक मशीन से निर्मित उपन्यास नहीं पढ़ना चाहता, खास कर वह पाठक जो हमेशा कुछ भिन्न चाहता है। पाठक उपन्यास के पास अपने प्रश्न लेकर जाता है, लेकिन पढ़ने के बाद कुछ नये प्रश्न भी पाना चाहता है। आज वह 'साइलेंट रीडर' नहीं है।

उपन्यास को फिर से परिभाषित किया जा रहा है, जिस तरह राष्ट्र को भी 'होमोजीनियस' रूप में नहीं देखा जाता। अब राष्ट्र कहने से स्त्री, दलित, आदिवासी,

गाँव, नागरिक, वंचित वर्ग—ये सभी उभरते हैं। कहना न होगा कि कई स्तरों पर लम्बे संघर्ष के बाद यह दृश्य सामने आया है। इसलिए उपन्यास में कई 'आवाजों' और 'स्थानों' का होना स्वाभाविक है, खासकर हिन्दी क्षेत्र में यह ज्यादा स्वाभाविक है। फिर भी एक मुख्य लड़ाई उपन्यास की अपनी पहचान की है। एक तरफ नौजवान पीढ़ियों के लिए चलताऊ अँग्रेजी में लोकप्रिय फिक्शन हैं। इनके अलावा फैंटेसियाँ हैं, पौराणिक कथा और इतिहास के मिश्रण हैं, इतिहास और उपन्यास के मिश्रण हैं और कई तरह के साहित्यिक बर्गर-पिज्जा हैं। दूसरी तरफ, गैर-पश्चिमी देशों में अब कई बड़े व्यापारिक मंच हैं, जो करोड़ों के पुरस्कार देते हैं, लिटररी फेस्टिवल आयोजित कराते हैं और उपन्यास का ट्रेंड सेट करते हैं। वे उपन्यास को इसलिए ज्यादा महत्त्व देते हैं, कि यह भारी बिजनेस देता है। तीसरी तरफ, 'स्थान' और 'समुदाय'—आधारित राजनीतिक लड़ाइयाँ ज्यादा हैं, जिनके लिए भिन्नता का राजनीतिक प्रचार ही ईंधन है। यह प्रचार साहित्य संसार में भी पहुँचता है। इस तरह मनुष्य के जीवन में ही नहीं उपन्यास के सामने भी उपभोक्तावाद और सामुदायिक कट्टरवाद से अपनी पहचान की रक्षा का सवाल असाधारण रूप से महत्त्वपूर्ण है। उपन्यास फास्ट फूड और सांस्कृतिक चिह्न से हमेशा ही एक बड़ा मामला है।

उपन्यास भले एक मानवीय रूपक हो, यह राष्ट्र का आईना भी है। इसमें राष्ट्र के दुख, स्वप्न, तनाव, अन्तर्संघर्ष, आशा, आनन्द सब झलक उठते हैं। निश्चय ही आज उपन्यास की साहित्यिक पहचान की रक्षा का सवाल भी कम महत्त्वपूर्ण नहीं है—खासकर मार्क्सवादी कट्टरता, सामुदायिक कट्टरता, सांस्कृतिक रूपवाद, मुनाफे की सोचवाली फिक्शन इंडस्ट्री और देश में बढ़ चली भिन्नता की राजनीति के सन्दर्भ में। निःसन्देह वर्तमान दौर में जैसी राजनीति है और जैसा बाजार है, इनसे प्रभावित जनरुचि कभी सृजनात्मकता का स्रोत नहीं बन सकती।

यह चिन्ता का विषय है कि भारतीयों द्वारा अँग्रेजी में लिखे उपन्यास ही अन्तरराष्ट्रीय जगत में भारतीय उपन्यास के रूप में देखे जाते हैं। यह घटना अँग्रेजी और उपनिवेशवादी मस्तिष्क के सम्बन्ध को स्पष्ट करती है, हालाँकि हिन्दी उपन्यासकारों को भी थोड़े आत्मनिरीक्षण की जरूरत है कि वे भिन्न क्या दे रहे हैं और उनकी औपन्यासिक भाषा में स्फीति ज्यादा क्यों है।

भारतीय उपन्यास और इसके साथ हिन्दी उपन्यास की महान परम्पराएँ जिस मोड़ पर खड़ी हैं, शायद कुछ ज्यादा तकनीकी कौशल, समस्याओं का कुछ ज्यादा सघनता से सामना, कुछ अधिक नवोन्मेषपरकता, कुछ ज्यादा संवदेनशील प्रतिरोध और आपस में कुछ ज्यादा संवाद की जरूरत है। ताकि 'नेशनल एलेगिरी' थोड़ा 'ह्यूमन एलेगिरी' भी हो सके और राष्ट्र के 'टुकड़े' टुकड़े भर न रह जाएँ।

उपन्यास का काम समुदाय के साथ समाज का दर्द व्यक्त भी करना है। राष्ट्रीय के साथ, ग्लोबल के साथ 'मानवीय' को भी दिखाना है। निश्चय ही उपन्यास कभी एक जगह पर खड़ा नहीं था। यह आज भी एक जगह खड़ा नहीं रह सकता। कोई उपन्यास लिख दिये जाने के बाद पाठक के लिए मुक्तांचल पर खुद लेखक के लिए जेल होता है। इसलिए श्रेष्ठतर कृति के लिए लेखक को बार-बार जेल तोड़कर बाहर आना होता है। हाँ, जेल तोड़ने के बड़े जोखिम हैं, यह आराम का मामला नहीं है!

राष्ट्रवाद और हाशिये के विमर्श

तेज गर्मी के बाद बरसात होने पर जब किसान हुलसते हैं और बच्चे मकान की छतों पर भीगने का मजा लेते हैं, आसमान में हवाई जहाज के यात्रियों को पाइलट कहता है—मौसम खराब है! एक ही समय के ये तीन यथार्थ हैं, जो आपस में टकराते हैं।

भारत एक बहुजातीय, बहुधार्मिक और बहुसांस्कृतिक देश ही नहीं है। यह भेदभाव, दमन और वर्चस्वों से भरा देश भी है। यह उतना ही नहीं है, जितना नक्शे में दिखता है। कुछ भी आश्चर्यजनक नहीं है, यदि राष्ट्रवाद से जिरह करते हुए आज स्त्री, दलित-किसान, आदिवासी और अनगिनत स्थानीय जातियाँ-पुराजातियाँ अपने ऊपर हुए उन जुल्मों का इतिहास खोज रही हैं, जो वैश्वीकरण के दौर में मिटे नहीं हैं। हमें चर्चा यहाँ से शुरू करनी होगी कि हमारे समय में सामुदायिक विमर्श ऐतिहासिक यथार्थ हैं। इन्हें टुकड़ों में व्यक्त राष्ट्रीय आकांक्षाओं के रूप में पढ़ा जा सकता है। इन विमर्शों को देखकर भारत की विखण्डता का अहसास भी हो सकता है।

क्या राष्ट्रवाद अंधों का हाथी है? 21वीं सदी में राष्ट्रवाद को लेकर नये प्रश्न खड़े हैं। एक ओर ए.आर. रहमान के 'वन्दे मातरम्' का पॉप राष्ट्रवाद है, 'वन डे मातरम्' का क्रिकेट राष्ट्रवाद है, दूसरी ओर, नये-नये रूपों में धार्मिक-सामुदायिक राष्ट्रवाद हैं। ये सभी राष्ट्रीय जीवन में क्या जोड़ या क्या घटा रहे हैं, यह समझना मुश्किल नहीं है। इन ढाई दशकों में वैश्वीकरण के समानान्तर स्थानीय, धार्मिक और पुराजातीय चिह्नों का प्रदर्शन बढ़ा है। यह भी एक धारणा है कि वैश्वीकरण के जमाने में राष्ट्रवाद एक संकुचित मामला है, यह पिछड़ापन है। देखा जा सकता है कि पश्चिमी देशों में इधर पूर्व की ही तरह धार्मिक-सांस्कृतिक चिह्नों के प्रति राष्ट्रीय सम्मान प्रदर्शित किया जा रहा है। यहाँ तक कि नस्लवाद भी दिख रहा है। उदारवादी सांस्कृतिक प्रदर्शन भी हैं। बराक ओबामा भारत आये थे (2010)। उनके मनोरंजन के लिए मेघालय के जनजातीय संगीत का कार्यक्रम रखा गया और तमिलनाडु का अनोखा मंगलवाद्यम् भी बजा। आधुनिक चीजों के साथ पुराजातीय चीजों की जुगलबन्दी निश्चय ही निरुद्देश्य नहीं है। मुख्य चिन्ता यह है कि क्या राष्ट्रवाद अब 'अंधों के हाथी' से 'आँखवाले अंधों का हाथी' है?

एक

हमारे समय की एक विडम्बना यह है कि संगीत में मिलावट है, भोजन और ड्रिंक्स में मिलावट है, अन्न-फल-फूल में वर्णसंकरता है, पर 'राष्ट्र' विशुद्ध चाहिए। इधर हिन्दू राष्ट्रीयता, मुस्लिम राष्ट्रीयता, असमिया राष्ट्रीयता, बंगाली राष्ट्रीयता और ऐसी ही तरह-तरह की राष्ट्रीयताएँ आकर्षण का केन्द्र बन रही हैं। यहाँ तक कि दलित और स्त्री भी अलग राष्ट्र की तरह देखे जाने के पक्ष में खड़े हो रहे हैं। प्रेमचन्द और निराला के समय के राष्ट्रवाद और हमारे समय के राष्ट्रवाद में फर्क आया है। प्रेमचन्द और निराला जैसे लेखक राष्ट्रवाद को किसी बिन्दु पर जरूरी मानते थे, क्योंकि वह भारतीय राष्ट्र के निर्माण का समय था, किन्तु वे लोग एक सीमा के बाद राष्ट्रवाद के परे सोचते थे। वे अन्ध-राष्ट्रवाद के प्रति 'क्रिटिकल' थे। प्रेमचन्द ने प्रथम विश्व युद्ध के समय अन्ध-राष्ट्रवाद का हिंसक खेल देखकर लिखा, 'राष्ट्रीयता वर्तमान युग का सबसे बड़ा कोढ़ है।' राष्ट्रवाद में हिन्दू साम्प्रदायिकता का मिश्रण देखकर पूछा, 'क्या हम वास्तव में राष्ट्रवादी हैं?' उनके लिए राष्ट्रीय होने का अर्थ था 'साम्प्रदायिकता, वर्ण-व्यवस्था और ऊँच-नीच के भेदभाव की जड़ खोदने' के लिए हमेशा तत्पर रहना। प्रेमचन्द ने राष्ट्र का जो मॉडल दिया, वह बहिष्कारपरक नहीं था, समावेशी था। उन्होंने औपनिवेशक राष्ट्रीयता से भिन्न रास्ता चुना, तो एककेन्द्रिक राष्ट्रीयता से भी भिन्न रास्ता चुना।

हम राष्ट्रवाद को एक अन्य तरीके से समझ सकते हैं। वैश्वीकरण के दबाव में आकार लेनेवाला बहिष्कारकर राष्ट्रवाद और नव-उपनिवेशन के प्रति गम्भीर रुख वाला समावेशी राष्ट्रवाद। इधर राष्ट्रवाद और राष्ट्रीय एकता को कुछ इस नजरिये से देखा जा रहा है, जैसे यह एक खराब चीज है या स्थानीय और सामुदायिक हितों को क्षति पहुँचानेवाली भावना है, जबकि नव-औपनिवेशिक समय में उदार किस्म के राष्ट्रवाद की फिर जरूरत है। यह प्रश्न भी महत्त्वपूर्ण है, राष्ट्रवाद में मौजूद वर्चस्वों का क्या होगा? भारत में राष्ट्रवाद के भीतर मोटे तौर पर सात वर्चस्व मौजूद हैं—(1) पितृसत्ता का वर्चस्व, (2) जातिवादी वर्चस्व, (3) साम्प्रदायिक वर्चस्व, (4) अन्ध-प्रान्तीयतावादी वर्चस्व, (5) महानगरीय केन्द्रीकरण, (6) अँग्रेजी वर्चस्व और (7) कारपोरेट वर्चस्व। इन वर्चस्वों की रचना सैकड़ों साल की तरह आज भी इन चार रास्तों से होती है—साम, दाम, शक्ति प्रदर्शन (दंड) और भेद। अद्‌भुत स्थिति है कि भारत के राष्ट्रवाद में उपर्युक्त वर्चस्वों की जोंकें हैं। ये उसका खून चूस रही हैं। भारत में ही 'भारतीय' भावना नहीं बन पा रही है और विभिन्न स्तर पर प्रचण्ड भेदभाव है। यह भी यथार्थ है कि कोई व्यक्ति एक जगह वर्चस्व का शिकार हो और दूसरी जगह वर्चस्व का अंग हो। यह भी देखा जा सकता है कि

मुक्त बाजार व्यवस्था में राष्ट्रवाद धीरे-धीरे भाप बनकर खो जाता है या खेलने की वस्तु हो जाता है। विडम्बना यह है कि इन सभी वर्चस्वों को लेकर एक साथ चिन्ता की फिलहाल कमी है।

राष्ट्रवाद ने अपनी महान उपनिवेशवाद-विरोधी भूमिका निभाने के साथ अपनी कठोरताओं और पाखंडों का प्रदर्शन कम नहीं किया है, जिस तरह आधुनिकता का बर्बर रूप ज्यादा सामने आया है। इन्हीं वजहों से सामुदायिक विमर्श की जमीन बनी है। एक घटना यह भी है कि भारत में व्यापक रूप से बौद्धिक उपनिवेशन घटित हुआ है। यह एक बहुलतावादी देश है, पर इसे एक राष्ट्र न मानने और इसे स्थानीय और सामुदायिक टुकड़ों में देखने का पुराना औपनिवेशिक या पौर्वात्यवादी मिजाज लौट रहा है। कहा जाना चाहिए कि राष्ट्रीयता के झण्डाबरदारों ने ही राष्ट्रवाद को दुखदायी बनाया था, आदर्शविहीन किया था और केन्द्रीकरण के सैकड़ों अमानवीय रूप सामने ला दिये थे। इसी कारण भारत के लोगों के मन में राष्ट्र की भावना कमजोर पड़ने लगी, यह नव-औपनिवेशिक असर में एक काल्पनिक चीज लगने लगी।

बेनडिक्ट एंडरसन राष्ट्र को 'कल्पित समुदाय' कह कर उसे मुद्रण पूंजीवाद के विकास से जोड़ते हैं, जबकि मुद्रण पूँजीवाद ने सिर्फ राष्ट्रीयताओं के निर्माण में गति लाने का काम किया। फ्रेडरिक जैम्सन तीसरी दुनिया के सन्दर्भ में उपन्यास को 'राष्ट्रीय रूपक' कहते हैं। दोनों चिन्तक अपने पश्चिमी दिमाग से मानकर चलते हैं कि राष्ट्र और उपन्यास यूरोप की देन हैं, जबकि ये हर देश की अपनी लहरों और विश्व हलचलों के नतीजे हैं और इनके निर्माण के पीछे कई तत्व हैं। अक्सर उपन्यास के सन्दर्भ में दो धारणाएँ रखी जाती हैं, (1) यह मध्यवर्ग का महाकाव्य है और (2) यह राष्ट्रीय रूपक है। उपन्यास मध्यवर्ग का महाकाव्य है और उपन्यास राष्ट्र का आख्यान है—ये दोनों ही अधूरी धारणाएँ हैं।

उदय प्रकाश की कहानी 'वारेन हेस्टिंग्स का साँड' में जब हेस्टिंग्स भारत का नक्शा बना रहा था, एक गरीब लड़की चोखी कहती है, "दूर हट साहब! किसी ने ऐसा इसलिए नहीं किया, क्योंकि कोई इस मुलुक को मिटाना नहीं चाहता था।" एक विविधता से भरा प्राचीन देश जब 'साम्राज्य' से बाहर निकलकर 'राष्ट्र' बनता है, वह महज एक कल्पना नहीं होता, उस देश की आम जनता की असमाप्त आकांक्षा होता है। औपचारिक ढंग के राष्ट्र से पहले देश बना होता है। प्राक्-औपनिवेशिक देशप्रेम का परिसर एकसाथ स्थानीय स्वभूमि में सीमित था और अनिर्दिष्ट सम्पूर्ण हिन्दुस्तान तक फैला और असीमित भी। इस देश में सदियों से एक व्यापक सांस्कृतिक आवाजाही थी। उपनिवेशवाद ने इस देश में बनते हुए राष्ट्र को मिटाने के उपाय किये थे, जिनमें मुख्य है औपनिवेशिक राष्ट्रीयता का ही राष्ट्रीयता के पर्याय के रूप में प्रचार और औपनिवेशिक आधुनिकता का ही आधुनिकता के पर्याय के

रूप में प्रचार। दुनिया की हर सभ्यता में प्राचीन काल से ही सभ्यता के साथ बर्बरता रही है। भारत इसका अपवाद नहीं था। उपनिवेशवाद ने इस देश में सिर्फ आर्थिक लूट नहीं मचायी। इसने जातीय गुणों को दूषित कर सभ्यतागत अवरोध भी पैदा किये और भेदभाव बढ़ाया। फलतः व्यापारिक उन्नति, कला-साहित्य का विकास, दलित की दशा, अन्तर्जातीय सांस्कृतिक जागरण—ये सारी चीजें प्रभावित हुईं और पृथक-पृथक कर देने वाली औपनिवेशिक राष्ट्रीयता के बीज पड़ गए।

उपर्युक्त स्थितियों में हिन्दी उपन्यास 'परीक्षा गुरु' (1882) अँग्रेजी राज के भोगविलास में डूबे एक ऐसे व्यापारी की कथा बनकर आता है, जो औपनिवेशिक आधुनिकता के अनुकरण में डूबा है और व्यापार से विरत है। उपन्यासकार चाहता है कि दिल्ली का यह रईस अँग्रेजों के सिर्फ 'सद्गुणों की नकल' करे। बंकिमचन्द्र ने बांग्ला उपन्यास 'आनन्दमठ' (1882) में हिन्दुओं के कष्टों के लिए मुसलमानों को जिम्मेदार ठहराया, यह औपनिवेशिक राष्ट्रीयता का असर था। राधाकृष्ण दास ने 'निस्सहाय हिन्दू' (1890) में यही किया था। 19वीं सदी में, अहमदाबाद में आ बसे दलपतराम कविता में आख्यान का सृजन करते हुए 'हुन्नरखानि चढ़ाई हिन्दुस्तान ऊपर' (1851) में 'मेक इन इंडिया' का प्रचार करते हैं। वे अन्यत्र भारतेन्दु की ही तरह विकास में बाधक पंडितों का मखौल उड़ाते हैं। गोवर्धनराम त्रिपाठी के 'सरस्वतीचन्द्र' (1887-1902) में विधवा विवाह का प्रश्न उठा है, पर आधुनिक पूँजीवादी विकास की आकांक्षा के साथ 'धीरे-धीरे सुधार' या 'संरक्षणवाद' हावी हो जाता है। केरल में ब्राह्मणों का दलितों पर भीषण अत्याचार था। यह देखकर ही विवेकानन्द ने केरल को 'धार्मिक पागलखाना' कहा था। मलयालम उपन्यासकार पाथेरी कुन्हबु ने 'सरस्वतीविजयम' (1893) में ईसाई धर्म अपनाने में ही सामाजिक बुराइयों का अन्त देखा, हालाँकि उन्होंने स्वयं धर्मान्तरण नहीं किया। चाण्डु मेनन के प्रसिद्ध उपन्यास 'इन्दुलेखा' (1890) में जब गोविन्द कुट्टी कहता है, 'मनुष्य का ज्ञान जैसे-जैसे बढ़ेगा, धर्म में आस्था घटती जाएगी' उपन्यास का नायक माधवन जवाब देता है, 'इस तरह की धारणा अँग्रेजी शिक्षा का असर है।' 19वीं सदी के उपन्यासों में औपनिवेशिक आधुनिकता के प्रति सम्मोहन और अँग्रेजी प्रभाव को लेकर उद्विग्नता—सम्मोहन और उद्विग्नता एक साथ दोनों चीजें दिखाई देती हैं। ये उपन्यास 'महाकाव्य' और 'राष्ट्रीय रूपक' तक सीमित मामले नहीं हैं, इनमें वस्तुतः मानवीय आत्मपहचान की बेचैनी है। ये सभी उपन्यास उस 'सभ्यतागत अवरोध' की कथा कहते हैं, जो सामंतवाद का पोषण करने वाले उपनिवेशवाद की देन है।

दो

वैश्वीकरण के युग में फिर 'सभ्यतागत अवरोध' उपस्थित है। भारत आजादी के बाद एक राष्ट्र के रूप में अभी विकसित हो रहा था कि वैश्वीकरण की घटना सिर पर आ गयी। राष्ट्र ठीक से बना नहीं था कि भारत को वैश्वीकरण की राह पर दौड़ना पड़ गया। अब आर्थिक और काफी हद तक सांस्कृतिक दृष्टि से 'राष्ट्र' की सीमाओं का अर्थ नहीं रह गया है। दुनिया भारत के लिए कितनी खुली है या भारत दुनिया के लिए कितना खुल गया है, यह अलग से विचार का विषय है। फिलहाल स्पष्ट है कि बहुराष्ट्रीय सौदागरों के जाल में भारत की हर मूल्यवान चीज फँसी हुई है—एक सभ्यतागत अवरोध है।

हमें महाभारत का वह प्रसंग याद होगा, जो पाण्डवों द्वारा इन्द्रप्रस्थ में बनाये गए उनके सुख के महल से सम्बन्धित है। इस महल में जहाँ जमीन थी, वहाँ जल दिखता था और जहाँ जल था, वहाँ जमीन दिखती थी। ऐसे अनगिनत चमत्कार थे। इसी महल में दुर्योधन जल को जमीन समझकर गिरा था। इस पर द्रौपदी व्यंग्य के साथ हँस पड़ी थी। विश्व बाजार वस्तुतः एक ऐसी ही मायावी जगह है, जहाँ होता कुछ है और दिखता कुछ है।

आज हमारे चारों तरफ सत्ता के खेल हैं। सत्ता विमर्श हैं और शक्ति प्रदर्शन के लिए राजनीतिक रैलियाँ हैं, रोड शो हैं। अब जनता की व्यापक माँगें नहीं हैं, आन्दोलन के उत्साह-भरे वैसे राष्ट्रीय दृश्य नहीं हैं, जैसे कुछ दशक पहले थे, हालाँकि 'रिचुअल्स' के रूप में कुछ प्रतिवाद दिख जाते हैं। एकाध बार भारत बन्द हो जाता है, कुछ प्रदर्शन हो जाते हैं। और कुछ सभाएं हो जाती हैं। उनमें निरन्तरता और सघनता नहीं होती। आज की राजनीति और बाजार ने मिलजुल कर मानवीय कल्पनाशीलता में ह्रास ला दिया है। इसलिए अभी कोई राष्ट्रीय लड़ाई मुश्किल दिखती है। बाजार और बड़े खर्च से गुजरे बिना राजनीतिक प्रचार, जनता का संगठन और आन्दोलन या स्वतःस्फूर्त आन्दोलन अब मुश्किल है। चारों तरफ इतना शोर और सुख है कि उनमें सेंध नहीं लग पाती।

वैश्वीकरण ने सामन्तवाद को मिटाया नहीं है, बढ़ाया है। इसी परिदृश्य में स्त्री, दलित, आदिवासी, किसान और स्थानीय जातीय समुदाय खासतौर पर मुखर हैं। इन ढाई दशकों में सामुदायिक और क्षेत्रीय 'आवाजें' ही प्रधानता से दिख रही हैं। इसमें सन्देह नहीं कि ये आवाजें सदियों की विषमता और अन्याय के विरुद्ध हैं। वैश्वीकरण की चुनौतीपूर्ण घड़ी में निश्चय ही यह चीज कम महत्त्वपूर्ण नहीं है कि भारत के विभिन्न समाज, समुदाय और संस्कृतियाँ एक-दूसरे को समझने का प्रयत्न करें। हर सोच और संस्कृति में इतना स्पेस हो कि अपनी अस्मिता का पुनर्निर्माण

सम्भव हो और कुछ मुद्दों पर साझी सोच बन सके। इसके बिना वैश्वीकरण का सकारात्मक उपयोग और जरूरी मुद्दों पर उससे टकराव दोनों सम्भव नहीं हैं।

हाशिये के सामुदायिक विमर्श वस्तुतः राष्ट्रवाद, लोकतंत्र, आधुनिकता और वामपन्थ की विचारधाराओं के वर्तमान संकट की देन हैं। विचारधाराओं के संकट से तात्पर्य है कि विचारधाराओं की राजनीतिक आचरण में अनुपस्थिति। आदर्श की बड़ी-बड़ी बातें करनेवालों ने ही आदर्शों को संकट में डाला। उन्होंने गाँधीवाद, मार्क्सवाद या ऐसी ही कुछ अन्य विचारधाराओं को अपने कुकर्मों को ढकने का आवरण बना डाला या इन विचारधाराओं को अपनी महत्त्वाकांक्षा की सीढ़ी बना ली। यही वजह है कि समाज के दबे समुदायों ने विचारधाराओं की तरफ से मुँह फेरकर अतीत से चले आ रहे भेदभाव के खिलाफ 'सामुदायिक आवाज' का रास्ता पकड़ा और साहित्य में 'विमर्श' की महत्ता बढ़ी। 'शोषण' का मुद्दा आर्थिक क्षेत्र से हटकर सामुदायिक अन्याय और वर्चस्व के क्षेत्र में आ गया। फिर भी यह कहा जाना चाहिए कि विमर्शों में विचारधारात्मक अनुशासन भले न हो, उनमें वैचारिकता है—उत्पीड़ित की वैचारिकता। यह मुख्यतः सामन्तवाद-विरोधी वैचारिकता है। इसमें फिलहाल साम्राज्यवाद-विरोधी तत्त्व नहीं भी हो सकता है। इसका यह अर्थ नहीं है कि ये विमर्श हमारे राष्ट्र, संस्कृति और इतिहास से बाहर की घटनाएँ हैं।

किसी भी आन्दोलन में एक विजन होता है और उसमें कोई असंगत बात नहीं होती, जबकि विमर्श उत्तेजना प्रधान होते हैं। 'विमर्श' शब्द अनायास लोकप्रिय नहीं हुआ है। पश्चिम में उत्तर-औपनिवेशिक सिद्धान्तों के तहत 80 के दशक में 'डिस्कोर्स' शब्द आया था। यह 'लघु इतिहास', 'सामुदायिक आवाज', 'फेमिनिज्म', 'सबाल्टर्न इतिहास' आदि से जुड़ा एक उत्तर-औपनिवेशिक मुहावरा है, जो प्राचीन मानवीय संघर्षों, नवजागरण और एक बिन्दु पर राष्ट्रीय स्वाधीनता आन्दोलनों के निषेध से जन्मा है। विमर्श 'डिस्कोर्स' के लिए है। इसका पुराना अर्थ है—सर्मन, धार्मिक प्रवचन, भाषण और कुछ भी एकतरफा बोलना। विमर्श न आलोचना है, न संवाद और न विचार-विमर्श।

विमर्श की खूबी है, इसमें पहले से तय होता है, क्या बार-बार कहा जाना है और क्या बिल्कुल नहीं कहना है। कलाएँ, बाजार और राजनीति वस्तुतः सत्ता के लिए विमर्शों का उपयोग करते हैं। निश्चय ही साहित्यिक विमर्श उनसे एकाकार हों, यह जरूरी नहीं है। सिनेमा और टीवी धारावाहिकों में भी विमर्श का पर्याप्त दबदबा देखा जा सकता है। ये सामुदायिक उभारों को कम नहीं भुनाते। विमर्श की सार्थकता सामुदायिक प्रतिनिधित्व सुनिश्चित करने में है। इसका लक्ष्य होता है सामुदायिक गोलबन्दी के जरिये लाभ, जीत और सम्भव हो तो प्रति-वर्चस्व।

प्रायः सभी विमर्शों में इतिहास की रोज कोई न कोई नयी खुदाई होती है, जिसमें राष्ट्रीय अवधारणाओं को उलट देने का आवेश होता है। इसमें क्या सन्देह

कि हमारा इतिहास लगातार एक के बाद एक अन्याय से भरा रहा है, जिस पर 'महानता' और 'श्रेष्ठता' की लीपापोती होती रही है। भारत एक महान सभ्यता से गुजरा देश माना जाता है, किसी बिन्दु पर इस सभ्यता का अर्थ है बहुतों का एक न एक तरह से गुलाम होना। गुलामी दासप्रथा के अर्थ में नहीं, सदियों से वंचना और प्रताड़ना के अर्थ में। फिर भी एक प्रश्न है, क्या इतिहास का काम केवल लड़ाना है? वे लड़ते थे, अतः हम भी लड़ें? उन युगों की लूटमार की कीमत हम चुकाएँ? यह इतिहास खोजना नहीं, इतिहासोन्माद तैयार करना है। अतीत का ऐसा खाता कभी न कभी बन्द करना होगा। कहा जाता है कि वैश्वीकरण का सामना इतिहास का ज्यादा बोझ सिर पर रखकर नहीं किया जा सकता। यही वजह है कि एक ही समय में इतिहासोन्माद है तो स्मृति-ध्वंस भी है। ग्लोबल खेल में शरीक बड़े लोग अपना इतिहास भूल चुके हैं। वे वर्तमान का मजा ले रहे हैं। हमें निश्चय ही एक हद के बाद अतीत के काले अध्यायों को बन्द करना होगा, खासकर इतिहास के नकारात्मक तत्त्वों को वर्तमान के संघर्षों का हथियार बनाने का कोई औचित्य नहीं है।

हमारा इतिहास क्या है, निश्चय ही यह बहुत कुछ इस पर निर्भर करता है कि हम कैसे राष्ट्रीय भविष्य की कल्पना करते हैं। यदि हमें खून-खराबे से भरा भविष्य बनाना है, हमें इतिहास वैसा ही दिखेगा। यदि हमें भविष्य में बन्धुत्व चाहिए, इतिहास भिन्न होगा। यह सम्भव है, अतीत में तब अन्याय के बीच न्याय के लिए संघर्ष भी दिख जाएँ। निर्बुद्धिपरकताओं के बीच बुद्धिपरक तत्त्व भी मिलें। तीव्र घृणा के बीच प्रेम की वाणी सुनाई दे। स्पष्ट है कि किसी भी देश का इतिहास एक बिल्कुल फिक्स्ड चीज नहीं है। यह पूरी तरह पा ली गयी चीज भी नहीं है।

इतिहास में विध्वंस और विकास दोनों के औजार हैं। हमें अतीत से मुक्त होना होगा, पर यह भी देखने की जरूरत है कि उसमें कहाँ जीवन है, पीड़ा है, सौन्दर्य है, संकल्प है, प्रतिरोध है, नवोन्मेष है। वह हमेशा हमें अपमानित और उत्तेजित नहीं करता। हमें इतिहास से रिश्ता जोड़ना है तो इसलिए कि कुछ उसे और कुछ अपने को दुरुस्त करना है।

सबाल्टर्न इतिहासकारों ने पुराने उपनिवेशकों की तरह भारतीय राष्ट्र को टुकड़ों में देखा और 'छोटे इतिहासों' का सवाल उठाया। उन्होंने 'सर्वहारा' की जगह 'वंचित', 'विस्थापित', 'दबाये गए' जैसे शब्दों का इस्तेमाल किया। 'सबाल्टर्न' शब्द सैनिक शब्द-भण्डार का शब्द है। इसका उपयोग कैप्टन से नीचे रैंक के अफसरों के लिए होता था। ग्राम्शी ने 'सबाल्टर्न' का उपयोग निम्न वर्ग के अर्थ में किया था, पर उसने तो 'आर्गेनिक इंअलेक्टुअल' की धारणा भी दी थी। क्या सबाल्टर्न इतिहासकारों को आर्गेनिक इंअलेक्चुअल कहा जा सकता है? सबाल्टर्न इतिहासकारों ने समाज के दबे-कुचले समुदायों को विषय बनाया, पर यह नहीं दिखाया कि उनकी

बदहाली बढ़ाने में उपनिवेशवाद की भूमिका क्या थी? उन्होंने भिन्नता पहचानी, पर भिन्नताओं को स्थायी शत्रुता के इतिहास में सीमित कर दिया। 2010 तक 'सबाल्टर्न' का फैशन चला। इससे इतिहास के नये क्षेत्र खुले। इसमें सन्देह नहीं कि उपनिवेशवाद के चंगुल से निकले भारत जैसे देश में भेदभाव, दमन और बर्चस्व के अनगिनत रूप हैं। इन्हें घरेलू उपनिवेशन कहा जाता है। सवाल है, किसी स्तर पर घरेलू उपनिवेशन से मुक्ति की लड़ाई अपने समय के साम्राज्यवाद को भी निशाने पर लाएगी या नहीं? क्या यह लड़ाई सम्पूर्णतः बुद्धिवाद, राष्ट्रीयता और वामपंथ की बलि देकर होगी? सबाल्टर्न इतिहास पश्चिम के पॉश विश्वविद्यालयों के विशिष्टवर्गी भारतीय बुद्धिजीवियों की सोच की देन है। यह नव-उपनिवेशवाद को मजबूत करने के उद्देश्य से भिन्नता को शत्रुता बना देता है। उसका उत्तर-उपनिवेशवाद पर जोर नव-उपनिवेशवाद से ध्यान हटाने के लिए है। इसलिए वह 'राष्ट्र' को तोड़कर देखता है उपनिवेशवाद के रूपों का प्रभुत्व बढ़ाने के लिए।

मुश्किल यह है, आज का उपनिवेशवाद दृश्य नहीं है, यह अन्तरात्मा का हिस्सा बन गया है। यह सभ्य हिंसा है, जो हिंसा की तरह नहीं दिखती। आधुनिकता का अनुभव वैश्वीकरण से मिश्रित होकर करना राष्ट्रीयता का अनुभव समुदायीकरण या स्थानीयकरण में करना और बुद्धिवाद को तकनीकी बुद्धिवाद में सीमित कर लेना सभ्य हिंसा के ही विभिन्न रूप हैं।

तीन

राष्ट्र की कल्पना और उपन्यास लेखन में अनिवार्य सम्बन्ध नहीं है। यह मानना कि कहीं उपन्यास नहीं था तो वहाँ जातीयता ही नहीं थी या राष्ट्र की कल्पना ही अनुपस्थित थी, एक निरर्थक धारणा है। यह जरूर है कि विभिन्न युगों के महाख्यानों और निश्चय ही उपन्यासों में भी राष्ट्र बनने की जातीय इच्छाओं, सभ्यतागत अवरोधों और हाशिये की आवाजों को पढ़ा जा सकता है। 1947 के बाद 'राष्ट्र' में केन्द्रीकरण बढ़ता गया, यह एक घटना है। औपनिवेशिक आधुनिकता की जगह आधुनिक औपनिवेशिकता ने ले ली, यह भी एक घटना है। आधुनिक औपनिवेशिकता का एक महत्त्वपूर्ण वैचारिक स्रोत उत्तर-औपनिवेशिकता है। आज वैश्वीकरण चल रहा है, पर लोगों का मन विश्व मन नहीं है। यह जाति मन है, धार्मिक मन है, स्थानीय मन है, अन्ध-राष्ट्रवादी मन है। अब वैयक्तिकता भी कहीं नहीं बची है, हर एक तरफ झुंड है। ऐसे ही समय में हाशिये के विमर्श अस्तित्त्व में आये।

हाशिये के विमर्श में 'स्वानुभूति' और 'सहानुभूति' का भेद किया जाता है। इसी आधार पर 'इनसाइडर' और 'आउटसाइडर' का भेद होता है। हम देख

सकते हैं कि भारत का कोई सबाल्टर्न इतिहासकार 'इनसाइडर' नहीं है। ऐसे सभी प्रमुख इतिहासकार और सिद्धान्तकार पश्चिमी शिक्षण केन्दों से जुड़े रहे हैं। वे सम्भ्रान्त हैं, ऊँची जातियों के रहे हैं और अँग्रेजदाँ हैं। वे बाहर से 'इनसाइडर' की आवधारणा किस मकसद से देते हैं, यह स्पष्ट करने की ज्यादा जरूरत नहीं है। इस उत्तर-औपनिवेशिक विडम्बना पर गौर करना चाहिए कि किसी भी एक सामुदायिक विमर्श को 'दूसरे' के इतिहास से मतलब नहीं है, किसी को 'दूसरे' की अशान्ति से मतलब नहीं है। वैश्वीकरण के युग में एक समुदाय के लिए 'दूसरा' आउटसाइडर है। इस स्थिति में भविष्य के लिए कुछ भी 'साझा' दिखाई नहीं देता। कुछ भी 'राष्ट्रीय' और 'मानवीय' नहीं दिखता।

पुराने उपनिवेशवाद ने भारतीय इतिहास से नृवेज्ञान के रास्ते से सम्बन्ध बनाया था, ताकि 'प्रभेद' उजागर हों और 'भेद में अभेद' को ढका जाए। नव-उपनिवेशवाद ने 'सबाल्टर्न इतिहास' का रास्ता चुना है, जो छोटे-छोटे इतिहासों की खोज है। उपनिवेशवाद-विरोधी राष्ट्रीय आन्दोलन के दौर के कई अलक्षित छोटे-छोटे इतिहास सामने आये हैं, पर ये भी निर्मित इतिहास है।

एक अद्‌भुत बात है, भारत 'पोस्टकोलोनियल है, अमेरिका 'पोस्टकोलोनियल' नहीं है। उपनिवेशित देशों में छोटे-छोटे इतिहास हैं, पश्चिमी देशों में छोटे-छोटे इतिहास नहीं हैं। यह प्रश्न भी उठता है, जो वर्णसंकर (हाइब्रीड) नागरिक हैं, क्या उनका इतिहास हो सकता है? क्या राष्ट्रीय इतिहास कल्पित इतिहास है और ये छोटे-छोटे इतिहास कल्पित इतिहास नहीं हैं? हर इतिहास में अन्याय की जगहें हैं और ये जगहें रोज बन रही हैं। समाज के अन्यायपूर्ण सम्बन्ध को न्यायपूर्ण सम्बन्ध में बदलना एक चीज है पर भिन्नता को किसी भी तरह से शत्रुता तक खींचना एक किस्म की कूपमंडूकता है।

वैश्वीकरण के युग में उत्तर-औपनिवेशिक सिद्धान्तों और अस्मिता की राजनीति का साहित्यिक विमर्शों पर असर पड़ा है। वैश्वीकरण ने अपने प्रभाव से इन विमर्शों का राजनीतिक अनुकूलन किया है। यह समझना मुश्किल नहीं है कि फुले, पंडिता रमाबाई, अम्बेडकर, महादेवी वर्मा, दलित पैन्थर्स आदि के समय में क्यों विमर्श शब्द प्रचलित नहीं था और आज आन्दोलन की तुलना में विमर्श क्यों ज्यादा चल रहा है।

उपर्युक्त समस्याओं के बावजदू, हाशिये के विमर्श के तहत हिन्दी में अच्छा साहित्य आया है। इसने फिर यह सम्भव किया है कि साहित्य और समाज का सम्बन्ध मजबूत हो। साहित्यिक पत्रिकाओं में ही विमर्शों की धूम नहीं रही है, एकेडेमिक संसार में भी स्त्री, दलित, आदिवासी, स्थानीय संस्कृति और छोटी भाषाओं के अध्ययन केन्द्र खुलने लगे हैं। इन विमर्शों ने साहित्य के अध्ययन में नये सामाजिक पक्ष जोड़े हैं और एक नयी जान पैदा की है। इन विमर्शों ने नये सामाजिक वर्गों और क्षेत्रों से

हिन्दी के नये लेखक और पाठक दिये हैं, जो विमर्श-आधारित साहित्य से मानवीय आत्मसम्मान के साथ जीने की प्रेरणा पाते हैं। सामुदायिक विमर्श साहित्य तक सीमित मामले नहीं हैं। इन नये उभारों ने वंचित और अवहेलित समुदायों को जगाया है, उन्हें मुखर किया है। इनकी वजह से स्त्रियों की आपस में ज्यादा निकटता आयी है, दलितों की आपस में ज्यादा निकटता आयी है। उनमें मुक्ति की बेचैनी पैदा हुई है। वे अब दबे-दबे और घुटन के शिकार नहीं हैं, मुखर हैं। इसके अलावा, विमर्शों ने राष्ट्रीय राजनीति की संवेदनहीनता खत्म करने में महत्त्वपूर्ण भूमिका अदा की है। अब हर मौके पर स्त्री और दलित की जरूरत पड़ रही है, जनजातियों के लोग ढूँढ़े जा रहे हैं। मीडिया को भी ये चीजें चाहिए।

यह आश्चर्यजनक लग सकता है कि माइक्रोसाफ्ट के कर्णधार बिल गेट्स वैश्वीकरण का मानवीय चेहरा बनाने के लिए भारत के छोटे-छोटे गाँवों में कष्ट उठाकर आये (2010) । वे बिहार में कोसी नदी के किनारे गुलरिया गाँव और उत्तर प्रदेश में अमेठी गए। उन्हें कुछ पिछड़े गाँवों को विकास के लिए गोद लेना था। अब सामुदायिक हलचलों और जमीन की चीख-पुकर की ओर सत्ता के राष्ट्रीय और अन्तरराष्ट्रीय महारथियों की नजर जा रही है, भले यह महज प्रतीकवाद हो।

आखिरकार भारत की आजादी के बाद इन लगभग 70 सालों के राष्ट्रीय विकास और जनतन्त्र में स्त्री, दलित, आदिवासी, स्थानीय संस्कृति और समुदाय इतने दबे क्यों रह गए कि 'विमर्श' के मुहावरे की जरूरत पड़ी? राष्ट्रीय विकास और जनतन्त्र इतने केन्द्रीकृत क्यों हो गए? इतना भ्रष्टाचार कैसे पनपा? सरकारजीवी वर्ग इतना निकम्मा और संस्कृतिविहीन क्यों हुआ? क्या आत्मप्रदर्शन और विलासिता पर बढ़ते जा रहे खर्च के कारण ही यह सभ्यता खोखली हुई? वैश्वीकरण के जमाने में उच्च-पूँजीवादी दबावों के बावजूद यदि समाज में सामन्ती मिजाज बड़े पैमाने पर बचा है, 'विमर्श' ही दवाई है। यह मिटने से पहले 'वर्चस्वों' पर स्त्री, दलित, आदिवासी तथा समाज के सभी दबाये गए तबकों की करारी चोट है। उधर से दमन बढ़ रहा है, इधर से बौद्धिक पलटवार चल रहा है। आधुनिकीकरण, संविधान और प्रशासन के भरोसे सब कुछ छोड़ा नहीं जा सकता। इसलिए विमर्शों की जरूरत है, बौद्धिक पलटवार की जरूरत है।

विमर्श समाज के दबे सन्दर्भों को सामने लाता है और सामन्ती मिजाज को बौखलाहट से भर देता है, पर इसकी एक कमी यह है कि यह कोई समाधान नहीं दे पाता। यह विमर्शों का युग है, पर हर विमर्श की अपनी कुछ न कुछ स्वाभाविक सीमाएँ हैं। विमर्श के दो लक्ष्य होते हैं—वर्चस्व पर प्रहार और भिन्नता का महिमामंडन। वर्चस्व पर प्रहार सामन्ती मिजाज को ध्वस्त करने में महत्त्वपूर्ण भूमिका निभाता है। हम गौर कर सकते हैं कि आजाद भारत में सामन्ती मिजाज पूँजीवाद से टानिक पाकर ज्यादा क्रूर हो गया। स्त्री, दलित और आदिवासियों पर अत्याचार बढ़ गए थे। अत्याचार

नये-नये रूप में होने लगे थे। लिंग, जाति और स्थान के आधार पर भेदभाव हो रहा था। कुल मिलाकर कहा जाए तो केन्द्रीकरण का बोलबाला था। सामुदायिक विमर्शों ने अपने समुदाय के लोगों को 'भिन्नता' का बोध दिया हो, पर इसके साथ उन्हें साहस दिया, आपस की आत्मीयता बढ़ायी और वंचित एवं दबे लोगों के उभरते अस्तित्त्व का अहसास सत्ता को कराया। इसी के साथ समुदायिक विमर्शों ने समाज में दूरियाँ बढ़ायीं, घृणा भी बढ़ायी। आमतौर पर विमर्श साहित्य का वह रूप है, जिसमें भाषिक स्खलन एक अंगभूत मामला है। इसलिए विमर्श सामाजिक उत्तेजना पैदा करते हैं। वे सामाजिक खाइयाँ बढ़ाते हैं और नये साम्राज्यवाद को चुनौती के रूप में नहीं देखते। ये वैश्वीकरण, उपभोक्तावाद और व्यक्तिवाद पर मौन साधे रहते हैं।

समाज की सच्चाई यह भी है कि इन डेढ़ सौ सालों में खासकर स्त्रियों, दलितों और स्थानीय लोगों के जीवन में काफी फर्क आया। शिक्षा, राष्ट्रीय आन्दोलन और विभिन्न जन-आन्दोलनों की वजह से सामाजिक गतिशीलता आयी। समाज पुरानी दमनात्मक दशाओं में नहीं है। समाज सामान्यतः पहले से अधिक खुला, जागरूक और संवेदनशील है। लोग आमतौर पर शान्तिप्रिय हैं। भारत के अपने जो महान राष्ट्रीय आदर्श हैं, उन्हें कमजोर किया जा रहा हो, पर वे मिटे नहीं हैं। हम कहना चाहते हैं कि हमारे देश में जिन नौजवानों ने जाति तोड़ी, धर्म का बंधन तोड़ा, जातीय समुदाय के बाहर प्रेम किया, उन्मुक्त बन्धुत्व बनाया, उन्होंने इतिहास से बेईमानी नहीं की। देश के विभिन्न समुदायों ने मिलकर देश के शहर-शहर में जो एक व्यापक समाज बनाया है, वह थोड़ा स्तब्ध है, पर हार कर बैठ नहीं गया है। अभी भी लाखों परिवार अन्तरजातीय विवाहों से बन रहे हैं। अब भी करोड़ों लोग धर्म और जाति लाँघकर मित्र हैं। सामुदायिक टकराहटों के बावजूद अन्तर्मिश्रण एक यथार्थ है। यह मानना होगा कि वैश्वीकरण ने सामुदायिक अन्तर्मिश्रण बढ़ाने में योग दिया है। इस बाजार में सभी उपभोक्ता हैं। इसका एक अर्थ है, 'पहचान' में व्यापकता आयी है। ऐसे दौर में विमर्शों में स्पेस की जरूरत बढ़ी है। अब कई बिन्दुओं पर स्त्री के लिए दलित आउटसाइडर नहीं है। दलित के लिए स्त्री आउटसाइडर नहीं है, मराठियों के लिए हिन्दीभाषी आउटसाइडर नहीं है। इसका अर्थ है, 'दूसरे के सच' को समझने की जरूरत बढ़ी है, खासकर जब यह आपस में 'टकराते यथार्थों' का समय है।

इकहरी मुक्ति का विमर्श मनुष्य को सीमाबद्ध करता है। लक्षित किया जा सकता है कि ऊँची जाति की बौद्धिक स्त्रियाँ कई बार दलितों की सभाओं में जाने से नाक-भौं सिकोड़ती हैं। कई दलित अपने घर की स्त्री को पुरानी दशा में रखना चाहते हैं। हम कह सकते हैं, जैसे हर लेखक के लिए यह स्पष्ट होता है कि वह क्यों लिख रहा है, यह भी साफ होता है कि किसके लिए लिख रहा है। निःसन्देह उसका लेखन निजी स्वतन्त्रता का अभिलेख नहीं होता। यह हमेशा सम्भव है कि

स्त्री दलित की आत्मकथा पढ़े, दलित स्त्री की आत्मकथा पढ़े और दलित दलित स्त्री की आत्मकथा पढ़े। इन समुदायों के बाहर एक बड़ा पाठक वर्ग है, जो इन सभी की आत्मकथाएँ पढ़ता है। समाज में यह सम्भावना बढ़ी है कि सामान्य जनतान्त्रिक चेतना सम्पन्न व्यक्ति 'दूसरे' का सच जानना चाहता है और उसे 'दूसरे' का सच हमेशा अपने जीवन से दूर नहीं लगता। 'दूसरे' का सच जानने की सबसे ज्यादा जरूरत साहित्य में है और इसकी सम्भावना भी सबसे पहले साहित्य में है।

हमेशा ध्यान में रखने की चीज है कि विमर्श सिर्फ उनका मामला नहीं है, जो बोल रहे हैं, यह उनका भी मामला है, जो सुन रहे हैं। दूसरे, विमर्श की स्थिति परिवर्तनशील है। यह स्थिर होकर एक काल के बाद निष्प्राण हो जाता है। एक समस्या यह है कि विमर्श और बुद्धिपरकता के बीच रिश्ता कैसे बने, विमर्श और वैचारिक संवाद के बीच रिश्ता कैसे बने, विमर्श और समग्रता के बीच रिश्ता कैसे बने। कहा जा सकता है कि बुद्धिवाद जब तक सर्वसत्तावादी बना रहेगा और समग्रता का पाखंड चलता रहेगा, जैसे अभी चल रहा है, विमर्श के एकांगी होने की सम्भावना बनी रहेगी।

यह बार-बार याद दिलाया जाता है कि भारतीय समाज सामासिक है, भारतीय मनुष्य को देखो, सामाजिक प्रतिबद्धता होनी चाहिए या सामाजिक यथार्थ को समग्रता में देखो। इस तरह की बातें जितनी अच्छी हैं, हम पाएँगे, ऐसी बातें कहनेवाले पाखंडी हो चुके हैं। वे वैश्वीकरण, उपभोक्तावाद और व्यक्तिवाद में फँसे हुए हैं। निश्चय ही सामसिकता, सामाजिक प्रतिबद्धता और समग्रता का पाखंड में बदलना दुर्भाग्यपूर्ण है। हम जानते हैं कि बुनियादी जनतान्त्रिक प्रतिबद्धता के अभाव में भारत का आदमी जब सत्ता का एक छोटा-सा टुकड़ा भी पा जाता है, वह दमनात्मक हो जाता है और स्वजन-पोषण करने लगता है। वह ऊपर से राष्ट्रीय, आधुनिक या जन-पक्षधर होने का दिखावा करता है, पर उसके भीतर सामन्तवाद का अपार कचरा भरा होता है। ऐसी ही घड़ी में विमर्श सामने आये, संघर्ष के नये रूप सामने आये।

चार

निश्चय ही विमर्शकारों में ऐसे कई हैं, जिनके लिए विमर्श एक फैशन, शब्द-बम फेंकने की जगह या अपना वर्ग बदलने की सीढ़ी है। ऐसे विमर्शकारों की भाषा, चाहे वह राजनीतिक हो या साहित्यिक, सबसे अधिक सामुदायिक अस्मिता के वास्तविक सन्दर्भ को विकृत करती है। ऐसी स्थिति में सामुदायिक प्रतिनिधित्व की जगह व्यक्तिगत स्वार्थों का बोलबाला होने लगता है और सामन्ती मिजाज की जगह व्यक्ति निशाने पर होता है।

सामुदायिक विमर्श में किस हद तक अतिरंजनापूर्ण बातें आ सकती हैं, इसे एक

छोटे उदाहरण से समझा जा सकता है। एक दलित बुद्धिजीवी ने आवेश में प्रेमचन्द की कहानी 'कफन' की बुधिया का डीएनए टेस्ट करा डाला और घोषित कर दिया कि बुधिया के पेट में जो बच्चा था, वह ठाकुर का था। यह कथन स्त्री के विरुद्ध कटूक्ति है ही, पूरे दलित समुदाय पर लाँछन है कि दलित युवक और युवती मानो अपना बच्चा कभी पैदा नहीं कर सकते या उन्होंने कभी पैदा नहीं किया।

उल्लेखनीय है कि मनुष्य को अपनी जिन्दगी में एक ही नहीं, कई तरह के वर्चस्वों का सामना करना पड़ता है। इसलिए उसकी पीड़ाओं को सिर्फ ब्राह्मणवाद से पैदा हुई पीड़ा, सिर्फ पितृसत्ता से पैदा हुई पीड़ा या सिर्फ विकास से पैदा हुई पीड़ा में सीमित करके देखा नहीं जा सकता। मानवीय पीड़ाओं की नाकेबन्दी से कोई बड़ा सामुदायिक हित नहीं सधेगा, कुछ व्यक्तियों के तात्कालिक हित सध जाएँ। इस ओर नजर जानी चाहिए कि सभी वर्चस्व परस्पर निर्भर हैं। धार्मिक कट्टरवाद मौजूद हो, वर्ण-व्यवस्था मौजूद हो, कार्पोरेट बाजार बेलगाम हो और सिर्फ स्त्री विमर्श के द्वारा पितृसत्ता मिट जाए, यह असम्भव है। दूसरे वर्चस्व बने रहें और सिर्फ वर्ण-व्यवस्था का विरोध करके दलितों को सामाजिक न्याय मिल जाए, यह असम्भव है। चिन्ताजनक है कि सामुदायिक विमर्श से जुड़ा साहित्य तेजी से 'होमोजीनियस' होता जा रहा है। इसमें एक ठहराव आ रहा है, भले चिह्नों एवं प्रतीकों की राजनीतिक धूम हो। इसका अर्थ है, विमर्श में स्पेस की ही जरूरत नहीं है, नवोन्मेष की भी जरूरत है। इसमें प्रहार के साथ संवाद की भी जरूरत है, अर्थात 'संवादी विमर्श' एक नई राह है।

वैश्वीकरण के जमाने में इस ओर ध्यान जाना चाहिए कि भारत में कई 'हम' और 'वे' बन गए हैं। 'हम' से नये-नये 'वे' निकल रहे हैं, 'हम' सिकुड़ रहा है। मनुष्य की अस्मिता एक रणभूमि में बदल गयी है। क्या हमारे समय के आपस में टकराते यथार्थ उत्तर-औपनिवेशिक नियतिवाद के चिह्न हैं? आज हर 'दूसरे' को आक्रमणकारी सत्ता के रूप में देखा जा रहा है। इस परिदृश्य में प्रेमचन्द के 'गोदान', रेणु के 'मैला आँचल' और राही मासूम रजा के 'आधा गाँव' का क्या अर्थ है? क्या इनके स्वप्नों का भारत हमेशा के लिए खो चुका है? इन उपन्यासों में 'हम' और 'वे' के घरेलू विभाजन न थे। बेलारी, मेरीगंज और गंगोली जैसे 'स्थान' तब भी थे। यह भी सच है कि जिस भारत में दार्शनिक स्तर पर अद्वैतवाद की घोषणा हुई, वहाँ सामाजिक स्तर पर सदियों से कठोर वर्ण-व्यवस्था मौजूद रही है। जहाँ सैकड़ों साल से 'नारी की पूजा' की बात कही जाती रही है, वहाँ पितृसत्ता का कठोर रूप रहा है। जिस समय काफी लोग ब्रिटिश साम्राज्यवाद से लड़ रहे थे, कुछ कह रहे थे कि हमें पहले ब्राह्मणवाद से मुक्त करो। भारतीय समाज में पहले भी आपस में टकराते यथार्थ थे। इधर निश्चय ही 'दूसरे' के प्रति असहिष्णुता ज्यादा पनपी है। भारत के जातीय समुदाय वैश्वीकरण की आँच पर चढ़ी घृणा की उफनती डेगची बन गए हैं। कश्मीर और उत्तर-पूर्व से लेकर बंगाल, असम,

आन्ध्र प्रदेश, गुजरात, महाराष्ट्र, केरल और हिन्दी प्रदेशों तक अनगिनत समुदाय खदबदा रहे हैं। यह सब देखकर शाश्वतता, सम्पूर्णता, राष्ट्रीयता, आधुनिकता और विकास के पैरोकार हलकान हैं, जबकि वे खुद इन घटनाओं के लिए जिम्मेदार हैं।

उपर्युक्त घटनाचक्र का एक पहलू यह है कि सांस्कृतिक जगत में विभिन्न दृष्टियों से यथार्थ की व्याख्या होने लगी है। अब ऐसा कुछ भी स्वीकार्य नहीं है, जिसे 'डामिनेन्ट इंटरप्रिटेशन' कहा जाए। इसलिए एक जगह जो यथार्थ है, वह दूसरी जगह अयथार्थ है। बहुत से कश्मीरियों को भारतीय राष्ट्र से असन्तोष है और भारतीय राष्ट्र के पक्ष में चिन्ताएँ करनेवाले लोग भी हैं। गरीबी उन्मूलन के लिए आदिवासी इलाकों के विकास का प्रश्न है और उन इलाकों की संस्कृति और पर्यावरण को बचाने की समस्या भी है। एक ही समय में दलित और स्त्री के समानान्तर यथार्थ इस तरह चल रहे हैं कि एक-दूसरे से सम्बन्ध कभी न बने। दलित समुदाय में जाति-बिरादरी के वैसे ही स्तर भेद हैं, जिस तरह सवर्णों में। इसके अलावा दलित अलग राजनीतिक शिविरबन्दी करते हैं और पिछड़े अलग। इधर पुरुष की संवेदनशीलता बढ़ी है, पर इसी समय पितृसत्ता के अत्याचार भी बढ़े हैं। परिवार आज भी एक सुन्दर शब्द है, पर आज बड़े पैमाने पर परिवार टूट रहे हैं, भारत की स्त्रियाँ बोल रही हैं, पर उनकी आँखों में बहुत आँसू हैं।

थोड़ा और देखें, हमारे समाज में अतीत जोर-शोर से उपस्थित है और पश्चिम भी उतने ही जोर-शोर से। 'लोकेल' का सच है तो 'ग्लोबल' का सच भी। राष्ट्रीय दलों का क्षेत्रीय दलों से गठबन्धन के बिना केन्द्रीय सत्ता में आना कठिन है, अर्थात एक साथ सामुदायिक कट्टरवाद भी और सत्ता में आने पर भारत की चिन्ता भी। दरअसल मनुष्य की पहचान के कई स्तर हैं। वह सुबह टहलने के समय एक पहचान रखता है, धर्मस्थल पर एक और कार्यस्थल पर एक पहचान रखता है। वह शाम को मित्रों के बीच कुछ होता है। वह अपनी पत्नी, पति, माँ या बच्चों के पास होता है तो उसकी अलग पहचानें होती हैं। निश्चय ही हमारे समय का सामुदायिक कट्टरवाद बहुस्तरीय अस्मिता की जगह इकहरी अस्मिता का पक्षधर है। इससे समाज में खाइयाँ बन रही हैं। अतः जरूरत है कि सभ्यतागत अवरोधों को समझा जाए, जो राजसत्ता, धर्मसत्ता, बाजारसत्ता और नये-नये मार्गों से बन रहे हैं। कभी सत्य एक होता था, आज सभी के अपने-अपने सत्य हैं और अपने-अपने सत्याग्रह हैं।

साहित्य ही नहीं, राजनीति को भी आज अधिक कल्पनाशील होने की जरूरत है। कल्पना करना कछुआधर्मिता से मुक्त होना है, स्वतन्त्र होना है। स्मृति, तर्क और अनुभव के साथ कल्पनाशीलता की इतनी अधिक जरूरत भारत के इतिहास में इससे पहले कभी नहीं थी। दरअसल एक-दूसरे से टकराते इतने विभाजित यथार्थ उसी समाज में ज्यादा होते हैं, और साम्राज्यवाद उसी समाज में खतरे के रूप में दिखाई नहीं देता जिसमें कल्पनाशीलता का पतन हो जाता है। निःसन्देह सामुदायिक

विमर्शों में वे बोलते हैं, जो इतिहास में बोल नहीं पाए थे, पर वे कुछ बिन्दुओं पर मिलकर आजादी का एक सामूहिक संगीत भी बना सकते हैं। वे सभी आवाजें जुड़कर नीचे से राष्ट्रीय जागरण के सूत्र बना सकती हैं और नव-औपनिवेशिक दुश्चक्र तोड़ सकती हैं। यह भी कहना होगा, भारत एक ऐसा देश है, जिसने अपने को बार-बार खोया है, पर वह अपने को पा भी जाता है।

पाँच

निःसन्देह हिन्दी पट्टी की सामाजिक विविधता की तरह वर्तमान समय के हिन्दी उपन्यासों में विविधता है। हम इनमें भारत के लघु इतिहासों को पढ़ सकते हैं और बृहद भारत को भी। ये हिन्दी मानस की व्यापक उथल-पुथल के प्रतिबिम्ब हैं। वैश्वीकरण द्वारा सांस्कृतिक उन्मूलन के दौर में यदि इतिहास के दबे अध्याय खुल रहे हैं और स्त्रियाँ, दलित, आदिवासी, किसान और स्थानीय समुदायों की आवाजें सुनाई दे रही हैं, कहना चाहिए, फिलहाल भारत में ये आवाजें ही रोशनी हैं। इन आवाजों में नवजागरण की अन्तर्वस्तुएँ हैं और साठोत्तरी विश्वमानस की धार हैं।

हम देख सकते हैं कि हिन्दी उपन्यास में इधर एक बड़ा आलोड़न आया है। इसमें उन समुदायों का जीवन मुखर है, जो इतिहास में दबाये गए हैं। उपन्यास हमेशा ही उन लोगों की कथा है, जो बहिष्कृत होते हैं। हमें स्त्री, दलित, आदिवासी, कृषक या स्थानीय समुदायों पर आधारित उपन्यासों को इसी परिप्रेक्ष्य में देखना चाहिए। कथा जब भी होगी, बहिष्कृत की होगी। रामायण में बहिष्कृत की कथा है। यदि राम अयोध्या से बहिष्कृत नहीं होते, रामायण की कथा नहीं होती। महाभारत भी बहिष्कृत की कथा है। यदि पाण्डव राज-पाट नहीं खोते और वन नहीं जाते, महाभारत नहीं बनता। खुद इन महाकाव्यों में ऐसे लोक आख्यान हैं, जिनमें सदियों के दबाये चरित्र और विचार हैं। 'ताकतवर' की सभ्यता द्वारा रौंदी गयी भावनाओं का लोक आख्यानों में बार-बार पुनः सृजन हुआ है।

महाकाव्य सत्ता के आख्यान हैं, इनके समानान्तर लोक आख्यान प्राचीन काल से हैं। इन आख्यानों का लक्ष्य आम लोक द्वारा अपनी पहचान दर्ज कराना ही नहीं है, जीवन की नयी परिभाषा देना भी है। ये लोक के अपने कलात्मक सामर्थ्य के चिह्न हैं। हम नल-दमयन्ती की कथा से इस बात को स्पष्टता से समझ सकते हैं। युधिष्ठिर जुए में सब कुछ हार जाने के बाद उदास हो जाते हैं। एक मुनि उन्हें नल की कथा सुनाते हैं। नल भी अपने भाई से जुए में सब कुछ हार गया था, पर अन्त में अपना राजपाट पा गया। लोक आख्यान की खूबी यह है कि नल ने दमयन्ती को जुए में दाँव पर नहीं लगाया था, जबकि महाकाव्य में द्रौपदी एक वस्तु की तरह जुए में दाँव पर लगा दी गयी थी। लोक आख्यान में स्त्री वस्तु नहीं थी।

साहित्य की दो प्राचीन ताकतें हैं—संगीत और कथा। यदि संगीत और कथा नहीं होते, विपुल प्राचीन साहित्य कभी भी काल का इतना बड़ा समुन्दर पार कर स्मृतियों के रास्ते से हम तक नहीं पहुँचता। हम जीवन और संस्कृति के प्राचीन ऐश्वर्य से परिचित नहीं हो पाते। वैश्वीकरण के दौर में संगीत का व्यावसायिक अपहरण हो चुका है। कभी माना जाता हो कि संगीत मनुष्य को ईश्वर के करीब होने की अनुभूति देता है, पर अब यह बाजार की कैद में एक मस्त चीज है। कथा का पूर्णतः व्यावसायिक अपहरण नहीं हुआ है, कथा बची हुई है। आज भी कथा इसलिए बची हुई है कि कथा जब भी होगी, बहिष्कृत की कथा होगी। राष्ट्रवाद से बहिष्कृत हो या वैश्वीकरण से। बाजार को कथा से हमेशा घबराहट होगी। इस तरह साहित्यिक दुनिया में कथा एक विराट सम्भावना की तरह है। इस तरह कथाकारों के पास प्रतिरोध का एक असरदार सांस्कृतिक हथियार है।

फिर भी विमर्शपरक उपन्यासों पर कुछ प्रश्न उठने स्वाभाविक हैं। एक प्रश्न यही है कि ये उत्तर-औपनिवेशिक सिद्धान्तों से किस हद तक प्रभावित हैं, उपन्यास का कितना 'कैननाइजेशन' हुआ है। आज कई उपन्यास रीतिकालीन साहित्य की तरह उत्तर-औपनिवेशिक सिद्धान्त के उदाहरण के रूप में लिखे जा रहे हैं। उपन्यास के सिद्धान्तीकरण का अर्थ है अनुभव को रँगना, अनुभव को सीमाबद्ध करना और अनुभव निर्मित करना। यह विमर्श के दायरे में तर्क और संवाद का प्रवेश नहीं होने देना भी है। हमारे समय पर वैश्वीकरण और स्थानीय सामुदायिक चेतना दोनों के दबाव हैं। इसलिए समाज में एक-दूसरे से टकरानेवाले यथार्थ, 'कन्फ्लिक्टिंग रीयलिटीज' हैं। देखा जा सकता है समाज में सामंजस्य की कोशिशें भी चलती हैं, क्योंकि तीव्र आक्रामकता हमेशा अनुकूल फल नहीं देती। हिन्दी उपन्यास उत्तर-औपनिवेशिक सिद्धान्तीकरण, आक्रामक सामुदायिक राजनीति और 'कन्फ्लिक्टिंग रीयलिटीज' में कितने उलझे हैं और कितना इनका अतिक्रमण करते हैं, इस पर बहुत कुछ निर्भर है। विमर्श कभी भी कुआँ या तालाब नहीं है, इसकी सीमा है सम्पूर्ण पृथ्वी।

आज के अच्छे उपन्यास सिद्धान्तीकरण से प्रभावित होने के बावजूद निश्चय ही निर्मित या सैद्धान्तिक अनुभव की देन नहीं हैं। वे भारतीय जीवन के जीते-जागते दृश्य लगेंगे, यदि हम भारत को देखने की परम्परागत दृष्टि में बदलाव लाएँ। वस्तुतः नये दौर के इन उपन्यासों में दबाये गए यथार्थ हैं। हम इनमें देख सकते हैं कि भारत के लोग 'विविधता में एकता' के राजनीतिक बिम्ब द्वारा कितने छले गए हैं। आज भी भारत में सामन्ती ज्यादतियों के अनगिनत रूप हैं। लग सकता है कि उपन्यास में सब कुछ बढ़ा-चढ़ाकर दिखाया जा रहा है। सच यह है कि समाज का यथार्थ उपन्यास से अधिक भीषण है। इसका यह अर्थ नहीं है कि भारतीय जीवन स्थिर है, इसमें परिवर्तन की ताकत चुक गयी है, भिन्नता ही छायी हुई है और तनाव, हिंसा

या पृथकता ही यथार्थ है। साहित्य और राजनीति दोनों के सामने मुख्य चुनौती यह है कि ये भिन्नता को कैसे सम्बोधित करते हैं, खासकर नये पश्चिमी साम्राज्यवादी दबावों के बीच साहित्य किस तरह मशाल दिखाता है।

यह उत्तर-औपनिवेशिक सिद्धान्तों की सांस्कृतिक राजनीति है, जिसने सामुदायिक विमर्श में परम्परा से विच्छेद को जरूरी बना दिया है। ऐसा आभास होता है कि वर्ण व्यवस्था, पितृसत्ता और अन्धे-आधुनिकीकरण का पहले कभी विरोध नहीं हुआ था। हम भले एक 'स्थान' से सोचते हैं, पर कई परम्पराओं के बीच होते हैं। निश्चय ही भारतीय परम्पराओं की सीमाओं के साथ उनकी उपलब्धियों को भी देखा जाना चाहिए। उनमें सुधार जरूरी है, पर उनके प्रति एकदम निषेधात्मक रुख आत्महनन है। यह रुख तात्कालिकतावाद और पृथकता की साम्राज्यवादी राजनीति में फँसाता है।

इसमें सन्देह नहीं कि सामुदायिक विमर्शों पर आधारित उपन्यासों ने अन्ध-राष्ट्रवाद, सर्वसत्तावाद और निर्दय वर्चस्वों को चुनौती दी है। ये मुख्यतः लिंग, जाति, स्थान पर आधारित हैं। आधुनिक साहित्य में यह फिर सम्भव हुआ है कि जो कम पढ़े-लिखे हैं, बहुत शिक्षित नहीं हैं और अपरिचित भीतरी इलाकों के हैं वे प्रातिनिधिक चरित्र बने हैं। उनसे कबीर, 1857 और प्रेमचन्द के चरित्रों की याद ताजा होती है।

हाल के हिन्दी उपन्यासों की यह बात कम महत्त्वपूर्ण नहीं है कि इनमें नव-आधुनिक दौर की 'चेहराविहीनता' नहीं है। देखा जा सकता है कि सामुदायिक विमर्शों से जुड़े उपन्यास अपनी धरती लेकर आये हैं। हर चीज का चेहरा है। हम इन उपन्यासों की सांस्कृतिक छवियों में ही विशिष्टता नहीं पाते, भाषा के स्तर पर भी देखते हैं कि महानगरीय हिन्दी गहरे दबाव में है। महानगरीय हिन्दी में इतना नकलीपन भर गया है कि विमर्शों से जुड़े उपन्यासों की स्थानीय ठसक से भरी हिन्दी राहत देती है। इन उपन्यासों में देशजता वहाँ तक निश्चय ही आकर्षक है, जहाँ तक निर्बुद्धिपरकता का महिमामण्डन नहीं करती।

यह सही है कि देश में धार्मिक रीति-रिवाजों का प्रसार हुआ है, जातीय चिह्नों का प्रदर्शन बढ़ा है। इन उभारों के बारे में एक विस्तृत राजनीतिक समझ होनी चाहिए। हाल के विमर्शपरक उपन्यासों में सामान्यतः घटित यह हुआ है कि परम्परागत क्रान्तिकारी लोकबुद्धि दबा दी गयी है या अलक्षित है और निर्बुद्धिपरकता के दृश्य ज्यादा हैं। आजकल सिनेमा, टीवी धारावाहिक, चित्रकला, नृत्य आदि में भी पुराने निर्बुद्धिपरक चिह्नों का प्रचुर इस्तेमाल हो रहा है। सवाल है, आप आखिकार किस आधुनिकता से बाहर निकलना चाहते हैं और कहाँ पहुँचना चाहते हैं? ऐसे विमर्शों को देखकर कई बार लगता है कि देश में पहले कोई विद्रोह नहीं हुआ था, न पहले कोई बौद्धिक जागरण आया था और न उसका सामाजिक असर जरा भी सुरक्षित है।

आज दुनिया की छोटी से छोटी जगह की घटना का सम्बन्ध किसी न किसी रूप में

वैश्वीकरण से है, 'ग्लोबल' के वर्चस्व से है। यह न स्त्री विमर्श में दिखता है, न दलित विमर्श में और न किसी अन्य सामुदायिक या उप-सांस्कृतिक विमर्श में कि आखिरकार साम्राज्यवाद इस समय क्या कर रहा है। क्या हमारे देश में नव-औपनिवेशिक पुनरुत्थान नहीं हुआ है? हर तरफ एक ही आगाज है—पश्चिम की ओर देखो! भूमण्डलीकरण ने बड़े शहरों में एक वर्ग तैयार कर दिया है, जो अँग्रेजी राज की विरासत, तौर-तरीकों और उसकी सम्पूर्ण औपनिवेशिक संस्कृति को तरोताजा कर रहा है।

साम्राज्यवाद के नये दौर में नयी चमक के साथ वे ही पुराने हथियार हैं—सामाजिक भेदभाव और शृंगारिकता। भारत में किस्म-किस्म की सामुदायिक राजनीति द्वारा सांस्कृतिक किलेबन्दी हो रही है और सामाजिक भेदभाव बढ़ाया जा रहा है। हम राजनीतिक समाज में पा रहे हैं कि 'दूसरे' के सच से साझा और सामुदायिक इंटरैक्शन में ह्रास आया है। सामुदायिक और भारतीय का अविभाज्य सम्बन्ध ढीला हुआ है। इसी तरह रीतियुगीन शृंगारिकता बड़ी पूँजी और टेक्नोलॉजी के बल पर नये उभार पर है। दुनिया का बाजार कामुकता पर टिका है। कामुकता पुनः सत्ता का एक बड़ा औजार बनी है। भेदभाव और कामुकता के युग्म ने वर्तमान युग में न केवल राष्ट्रीय पुनर्जागरण का काम कठिन बना दिया है, बल्कि भारत को भ्रष्टाचार और अपराधों में पूरी तरह डुबो दिया है। मनुष्य अब अपने 'गुणों' से नहीं पहचाना जाता, 'सांस्कृतिक सजावट' और 'कामुकता के बिंबों' से पहचाना जाता है। फिर भी कहना होगा, मनुष्य जाति में विवेक नाम की एक बड़ी मरजीवा चीज है!

आज के कथा साहित्य के सामने सबसे बड़ी समस्या है, यह सत्ता के विभिन्न राजनीतिक दुश्चक्रों से कैसे बचे और 'होमोजीनियस' होने से कैसे बचे। हर विमर्श में एक जैसे सीमाबद्ध निशाने हैं, एक जैसा आवेश है। कोई भी साहित्यकार सामुदायिक अनुभव में ज्यादा समय तक बंधा नहीं रह सकता, खासकर जब दुनिया में रोज नयी चीजें आ रही हैं। यह भी स्पष्ट है कि कोई समुदाय सिर्फ अपनी सामुदायिक स्वाधीनता के लिए लड़कर स्वाधीनता नहीं पा सकता, यदि वह एक बड़ी लड़ाई के भीतर नहीं है। इसलिए भेदभाव की सामन्ती मानसिकता से संघर्ष के अलावा वैश्वीकरण के ज्वलंत मुद्दे भी होने चाहिए। 'दूसरे का सच' समझने की हार्दिकता भी जरूरी है। यह इकहरे सामुदायिक विमर्श को एक आलोचनात्मक विमर्श बनाकर ही सम्भव है। इसका अर्थ है, हर विमर्श में थोड़े विचार की जरूरत है, मनुष्यता के दूसरे पहलुओं के लिए स्पेस की जरूरत है और यह समझने की जरूरत है कि लेखक के लिए 'स्वानुभूति' के समान ही महत्त्वपूर्ण हैं 'समानुभूति' या 'समवेदना'। यह सब होगा, तभी उपन्यास को 'प्रोडक्ट' बनने से बचाया जा सकेगा।

चिड़िया कभी घड़ी नहीं पहनती, उसका समय है आकाश!

क्या उपन्यास विस्थापित इतिहास है

यह माना जाने लगा था कि ऐतिहासिक उपन्यास का जमाना बीत गया। स्मृति-ध्वंस के समय में यह धारणा स्वाभाविक थी। दरअसल इतिहास चरमरा रहा था, उससे घृणा की अग्निशिखाएँ निकल रही थीं। इसलिए इतिहास के भीतर से मनुष्य को समझने की जगह मनुष्य के भीतर से इतिहास को समझने की कोशिश शुरू हुई और ऐसे उपन्यास सामने आये, जिन्हें उत्तर-औपनिवेशिक की जगह विस्थापित इतिहास का वृत्तान्त कहा जा सकता है।

यह सर्वविदित है कि पहले के उपनिवेशकों के साथ नृविज्ञानी-भाषावैज्ञानिक जुड़े थे। उत्तर-उपनिवेशवाद के साथ सबाल्टर्न इतिहासकार आये। इन्होंने उपनिवेशवाद को कुछ इस तरह रखा, जैसे यही ऐतिहासिक पार्थक्य-रेखा हो और इससे पहले का सबकुछ प्री-कोलोनियल और असभ्यतापूर्ण हो। सबाल्टर्न इतिहासकारों ने इतिहास को उनका विषय बनाना शुरू किया, जो इतिहास में अब तक बोल नहीं पाये थे—स्त्री और दलित के अलावा स्थानीय जनजातीय लोग। सबाल्टर्नवादियों ने समस्याएँ उठायीं, पर गलत कोण से उठायीं। वे अपनी समझ से प्राचीन, नवजागरणकालीन और राष्ट्रीय अतीत को नकारते हुए एक अद्‌भुत इतिहास लेखन कर रहे थे जो औपनिवेशिकता, राष्ट्रवाद और मार्क्सीय ऐतिहासिक निर्धारणवाद से मुक्त था। वे नहीं सोच पाते थे कि वस्तुतः वे सामुदायिक कट्टरता में फँस रहे हैं और नव-उपनिवेशवाद तथा अंध-राष्ट्रवाद का रास्ता साफ कर रहे हैं। यही वजह है कि उत्तर-औपनिवेशिकता के व्यापक संस्थानीकरण से विस्मय नहीं होता। समस्याएँ सुलझें न सुलझें, सबाल्टर्न इतिहास की आज के सतही सत्ता विमर्श में भारी माँग है।

इतिहास एक राष्ट्रीय प्रेरणाशक्ति के रूप में जरूरी है। यह अर्थपूर्ण है यदि निरहंकार भाव से लिखा गया हो, इतिहास लेखन में अधकचरे आग्रह न हों और उसमें महानों के साथ साधारण लोगों का भी इतिहास और उनकी आशाएँ हों। इतिहास जब भी धर्म, अंध-राष्ट्रवादी विमर्श और कारपोरेट संसार की तरह ही ताकत के मिथक बनाने लगता है, वह जंग के घोड़ों का अस्तबल बन जाता है। यदि पुस्तकालय की बन्द किताबों में, एक भौतिक वस्तु के रूप में वह मृतदेह है,

ममी है तो युद्धास्त्र के रूप में वह मानवता का सबसे बड़ा शत्रु है। ऐसी ही घड़ियों में विस्थापित इतिहासों की खोज होती है, ताकि इंसान अपनी वास्तविक स्मृतियों, अपनी जातीय भाषा की महत्ता, मौखिक परम्पराओं, अन्तःकरण की सृजनात्मक शक्तियों, मूल्य रेखा और दुनिया को बदलने की अपनी ताकत को पहचान सके।

उत्तर-औपनिवेशवाद जिसे उत्तरऔपनिवेशिकता कहा जाता है, इतिहासों को विशिष्टता में देखता है। यह राष्ट्रीय जागरण और स्वाधीनता आन्दोलन के समय को नहीं, 1947 के बाद के दौर को उत्तरऔपनिवेशिकता कहता है। यह निश्चय ही कई दबी चीजों को सामने लाता है, पर अलगाव, भिन्नता और विखण्डता पर जोर देने की वजह से बहुत कुछ ढकता भी है। सोचने की जरूरत है कि दुनिया की मंडी में भारत अपने सबाल्टर्न इतिहास को लेकर एक बिकाऊ विषय क्यों बना हुआ है।

उत्तर-औपनिवेशिक सिद्धान्तकारों के बारे में एक अच्छा मजाक है, उत्तर-औपनिवेशिकता कब शुरू हुई? जब तीसरी दुनिया के बुद्धिजीवी पहली दुनिया के पॉश शैक्षिक संस्थानों में आये। यह ज्ञान का सत्ता के अधीन होना है। एक गम्भीर सवाल है, आखिरकार उत्तर-उपनिवेशवाद कब तक चलेगा और उपनिवेशवाद को पृष्ठभूमि में रखेगा, जबकि वह अदृश्य भले हो कहीं से भी उजड़ा नहीं है?

'अँग्रेजी में भारतीय उपन्यास' के कई लेखक इधर इतिहास की तरफ बेवजह दोबारा नहीं दौड़ पड़े हैं। ऐसे उपन्यासकार वस्तुतः वैश्वीकरण, नव-औपनिवेशिक व्यवस्था, मीडिया-प्रचार और अँग्रेजी पुस्तकों के एक बड़े एशियाई बाजार के निर्माण हैं। अमेरिका का इतिहास उनके उपन्यास का विषय नहीं बनता। उस देश को सन्तोष है कि उस पर इतिहास का बोझ ज्यादा नहीं है। वह पोस्टकोलोनियल नहीं है! एक तरह से सम्पूर्ण पश्चिम अपनी पीठ थपथपाता है कि वह एक विकसित बहुसांस्कृतिक दुनिया है, जहाँ 'सबाल्टर्न' की गुंजाइश नहीं है, हालाँकि वहाँ अब भी नस्लवाद के चिह्न बड़े पैमाने पर हैं और साम्राज्यवाद निर्मित हो रहा है। फिर भी माना जा रहा है कि इतिहास के नवलेखन की गुंजाइश उन्हीं महादेशों में है—अफ्रीका, दक्षिण अमेरिका और एशिया में, जहाँ उपनिवेशवाद अपना जलवा दिखा चुका है।

अतः मुख्य सवाल है, इतिहास-दृष्टि पर उपनिवेशवाद या औपनिवेशिक मानसिकता अभी भी कितनी हावी है, उपन्यास में इतिहास किस तरह आ रहे हैं, क्या वर्णसंकर नागरिक इतिहास से मुक्त हो जाता है और क्या दमन से मुक्त हमारा कोई साझा इतिहास हो सकता है? भारतीय बुद्धिजीवी पश्चिम की कटी पतंगों के पीछे काफी पहले से दौड़ते रहे हैं, अधिकांश आज भी यही कर रहे हैं। निःसन्देह नवजागरण, राष्ट्र-राज्य, आधुनिकता, नागरिक समाज या प्रगतिशीलता की भूलों और सीमाओं को समझना एक बात है और उनको नव-औपनिवेशिक हित में बिल्कुल नकार कर स्थान, समुदाय और ग्लोबल पूँजीवाद से अंधे ढंग से बँधते जाना एकदम दूसरी बात।

एक

ऐतिहासिक उपन्यास के बारे में कहा जाता है कि वह इतिहास और उपन्यास दोनों का शत्रु है। यह सही है कि कोई उपन्यासकार बिना किसी इरादे के इतिहास में नहीं घुसता। वह कई बार किसी घटना को महिमामण्डित या उनकी निन्दा करने के लिए इतिहास में जाता है। यदि ऐसा करता है, इतिहास ही नहीं उपन्यास को भी तहसनहस करेगा। उपन्यासकार के इतिहास में जाने का अर्थ है इतिहास की परतों में दबी चीजों को पढ़ना, इतिहास की खाली जगहों को पढ़ना और इतिहास में जो विस्थापित है उसे सामने लाना और इन चीजों के लिए इतिहास के सर्दसत्तावादी नजरिये से टकराना।

उपन्यास ऐसी जगह है, जहाँ इतिहास दुहराया नहीं जाता बल्कि उसका पुनराविष्कार होता है। अजीब लग सकता है कि हिन्दी में 1857 या राष्ट्रीय आन्दोलन के इतिहास को केन्द्र में रखकर बड़े उपन्यास नहीं रचे जा सके, जिस तरह प्राचीन इतिहास पर शोध करके राहुल सांकृत्यायन, रांगेय राघव या हजारी प्रसाद द्विवेदी ने रचे थे। हो सकता है, एक दौर में यथार्थवाद और आधुनिकतावाद के दबावों की वजह से यह काम छूटा हो। दूसरे दौर में, जो पिछले लगभग तीन दशकों का है, राष्ट्रीयता उत्तर-उपनिवेशवादियों द्वारा एक खलनायक बना दी गयी, जबकि एक जमाने में इसने ही उपनिवेशवाद को गम्भीर चुनौती दी थी।

एक और बात है, हिन्दी में कम श्रम से सीमित अनुभव, कम सर्वेक्षण और थोड़ी ताकझाँक करके फटाफट उपन्यास लेखन की आदत ज्यादा रही है। यही वजह है कि हिन्दी क्षेत्र का जातीय जीवन उपन्यास में ज्यादा नहीं आ पाया, उपन्यासकार 'टुकड़ों' में ज्यादा फँस गए। दरअसल मनुष्य, नागरिक, लोक, लोकतन्त्र, यहाँ तक कि 'राष्ट्र' भी लिंग, जाति, पुराजातीयता और स्थान से कम महत्त्वपूर्ण कोटियाँ नहीं हैं, खासकर वैश्वीकरण द्वारा उपस्थित कर दी गयी नव-औपनिवेशिक चुनौतियों को देखते हुए। हम देखते हैं कि भारत-पाक विभाजन पर विभिन्न पीढ़ियों के लेखकों ने उपन्यास लिखे हैं, जिनमें जातीय और मानवीय जीवन के टूटते मूल्यों के चित्र हैं। ऐसे उपन्यासों में साम्प्रदायिक भेदभाव, हिंसा और विस्थापन बड़े पैमाने पर विषय बने हैं। इनमें इस तरह का सवाल उठाना मामूली बात नहीं है कि देश विभाजन जब ऐतिहासिक रूप से स्पष्ट था, तब भी पाकिस्तान के पंजाबी हिन्दू क्यों इस विभाजन को मन से स्वीकार नहीं कर पा रहे थे और साथ रहते आम मुसलमान रिश्ता टूटने की पीड़ा का अनुभव क्यों कर रहे थे?

भीष्म साहनी के उपन्यास 'तमस' (1975) से स्पष्ट होता है कि हिन्दू हों या मुसलमान उनकी स्मृति या विस्मृति में किस तरह इतिहास काँटा बनकर धँसा जा

रहा था। इतिहास कुछ चीजें स्पष्ट करते हुए यह तो ढक ही रहा था कि यह महज भारत-पाकिस्तान का विभाजन न होकर कई जातीय समुदायों, भाषाओं, संस्कृतियों और मानव सम्बन्धों का एक बहुमुखी विभाजन है। वह सिन्ध हो, पंजाब हो या बंगाल हो। राष्ट्रीय जागरण के दौर की साझी स्मृतियों को दबाकर मजहब से जुड़ी स्मृतियाँ भारी पड़ गयी थीं। इतिहास ने राजनीतिक आधार पर अचानक किसी देश को हिन्दू और किसी देश को मुस्लिम ठहरा दिया था। आत्मसुरक्षा के सवाल ने दोनों देशों में 'पहचान' के सवाल को खौफनाक बिन्दु पर पहुँचा दिया, क्योंकि नेशनल, मार्डर्न, रिनेसाँ, हिन्दू आदि अब महज बिस्कुट, होटलों और दुकानों के नाम हो गए थे। भीष्म साहनी इसी तमस में मनुष्यता का उजाला ढूँढ़ते हैं। नाइजेरिया के कथाकार चिनुआ अचेबे ने कहा था, "जो मारे गए हैं, जो अभी जिन्दा हैं और हमारे गाँवों के रास्तों पर टहलते हैं, उन्हीं को लेकर मेरा इतिहास बना है।" उपन्यास लिखना उपनिवेशवादी इतिहास और भूगोल से असहमति जाहिर करना है और उस बुद्धिवाद से भी, जो सर्वसत्तावादी राजनीति या मुक्त बाजार व्यवस्था का गुलाम है।

उपन्यास कभी इतिहास तक पहुँचाता है और कभी इसके नरक से बाहर निकालता है। वह इतिहास का आईना नहीं होता, क्योंकि इतिहास कई बार अनैतिक तर्क पद्धति से चलता है। सैकड़ों साल से औपन्यासिक बुद्धि ने यही काम तो किया है कि इसने बार-बार इतिहास का विखंडन किया है। इसने अँधेरे से बाहर निकाल कर उजाले की सुरंग तक पहुँचाया है, अब बाकी सफर कथा के श्रोता या पाठक खुद तय करें! कहना न होगा कि हमारी कथाओं में ही हमारे जीवन से सच बचे हुए हैं, जबकि इतिहास मुख्यतः सत्ता का सच है—भले वह सबाल्टर्न इतिहास हो।

उपन्यास ऐतिहासिक वृत्तान्त की जगह घटनाओं की रोशनी में लोगों और इनके सम्बन्धों की कहानी होते हैं। ये उनकी कथा होते हैं जो भेदभाव, दमन और अपने संघर्षों के बीच से जीवन का अर्थ पाना चाहते हैं। इसलिए ऐतिहासिक घटना जितनी बड़ी हो, उपन्यासकार के लिए अधिक महत्त्वपूर्ण यह है कि उसके चरित्र उस घटना को किस तरह से और कहाँ से देखते हैं, क्योंकि वे खुद भी पाठकों द्वारा देखे जा रहे होते हैं। उपन्यासकार के लिए ऐतिहासिक घटना की जगह यह दिखाना ज्यादा जरूरी होता है कि घटना आम लोगों की जिन्दगी और सोच में क्या फर्क लाती है।

भीष्म साहनी ने 'तमस' उस तरीके से नहीं लिखा, जिस तरह 'झूठा सच' लिखा गया था। विभाजन के समय का रावलपिंडी शहर उनका जिया हुआ शहर था। उत्तेजना-भरे साम्प्रदायिक कथन, उपद्रव और हिंसा उनकी आँखों के सामने घटे मामले थे, बल्कि खतरे के उस दौर में वह वालिंटियर बनकर शहर में काफी दौड़-धूप भी रहे थे। उन्होंने अपने उपन्यास में यह जरूर दिखाया कि दंगों के पीछे

वर्ग स्वार्थ थे, साम्प्रदायिकता संस्कृति की खाल पहनी हुई थी और वह औपनिवेशिक निर्मिति थी, पर 'तमस' की कथा यहीं तक सीमित नहीं है। इस उपन्यास में स्पेस है। इसका कोई चरित्र 'काला या सफेद' नहीं है। यहाँ तक कि अँग्रेज चरित्र भी। इस उपन्यास में बाद के कई साम्प्रदायिकता-विरोधी उपन्यासों की तरह धर्मनिरपेक्षता का अहं नहीं है। भीष्म साहनी ने एक जगह कहा है, "मेरा कोई इरादा उस काल का ऐतिहासिक परिप्रेक्ष्य पेश करने का नहीं था, न ही कोई दस्तावेजी नॉवल लिखने का था।" (तमस : संस्मरण)। 'तमस' में एक जगह आम लोगों के बारे में कथन है, "ये लोग इतिहास को जानते नहीं हैं, ये केवल उसे जीते हैं।" जाहिर है जब दंगे हो रहे थे कुछ इतिहास थोपे जा रहे थे।

'तमस' में भीष्म साहनी की औपन्यासिक अन्तर्दृष्टि की खूबी है, उन्होंने राष्ट्रीय आन्दोलन में सक्रिय हो उठी सत्ता की राजनीति की विभीषिका को पहचाना। सत्ता की राजनीति सकारात्मक स्मृतियों से नहीं जुड़ी होती। वह राष्ट्रवाद का एक ऐसा संसार लेकर आती है, जिसकी बुनियाद लोभ, आतंक और हिंसा है। सामाजिक परिवर्तन के साथ भाईचारे के बीच पनप रहा जीवनसंसार अन्ध-राष्ट्रवाद द्वारा तब इस तरह संचालित होने लगता है कि भेदभाव की खुद भोगी गयी पीड़ा दूसरों के साथ भेदभाव करने में अवरोधक नहीं बनती। मानवीय संसार की इसी विडम्बना और बची-खुची सम्भावना को कथाकार ने 'तमस' में खोजा है। इसमें सत्य कह पा सकने वाला पागल चरित्र जनरैल सिंह और पछतावे से गुजरने वाला नत्थू दोनों अद्भुत चरित्र हैं, जो औपनिवेशिक बुद्धि को चुनौती देते हैं। क्या अब इस तरह से चुनौती देने वाले पागल और सनकी लोग हैं? यदि एक ओर गहराता तमस यानी अन्धकार है तो उसी जगह 'झुटपुटे' भी हैं, जो भीष्म साहनी का उसी तरह प्रिय बिम्ब है, जिस तरह प्रसाद के लिए 'अरुणिमा' और मुक्तिबोध के लिए 'रक्तालोक' है। 'अरुणिमा' और 'रक्तालोक' के दौर से 'झुटपुटे' के दौर में आना मानवीय संसार के विघटन की कथा कहना है, पर झुटपुटे से आती क्षीण रोशनी जितनी आशा के साथ। आखिरकार रोशनी इतनी अधमरी क्यों हो गयी?

भीष्म साहनी के 'तमस' में विभाजन का यथार्थ है तो बाद की पीढ़ी के उपन्यासकार मंजूर एततेशाम के 'सूखा बरगद' में देश के भीतर मुसलमानों के अपने दूसरे दर्जे का नागरिक होने का अहसास है। इसमें हिन्दू-मुसलमान तनाव और एक स्वप्नभंग है। महसूस किया जा सकता है कि विभाजन के नतीजे भारत के लोगों के मन में सूक्ष्म ढंग से प्रवेश कर गए थे। वामपन्थी आन्दोलन भी मुसलमानों को सही जगह न दे सका था। उपन्यास में पीड़ा व्यक्त हुई है, "न अल्लाहवाले बन सकते हैं और न डायलेक्टिक्स में ईमान रखनेवाले कम्युनिस्ट।" यह मुस्लिम बुद्धिजीवी की नियति है। 'सूखा बरगद' एक हरे-भरे बरगद के, जहाँ कभी निर्द्वन्द्व

भाव से पिकनिक का आनन्द उठाया गया था, सूखते जाने की कथा है। यह सूखापन मानवीय रिश्तों तक फैलता है और मुस्लिम जिन्दगी को ऐसे अवसाद और भय से भर देता है, जो कभी गुस्से का ज्वालामुखी भी बन जा सकता है।

पिछले दो दशकों में कोई ऐसा बड़ा ऐतिहासिक उपन्यास या इतिहास-उपन्यास हिन्दी में नहीं लिखा जा सका, जिसमें अतीत की घृणा या प्रेम को समझने, मनुष्य को समझने या सांस्कृतिक वर्चस्व का प्रतिरोध करते हुए दूसरे समुदाय के लोगों को समझने या ऐतिहासिक आत्मनिरीक्षण या अपनी अस्मिता की पुनर्रचना की कोशिश हो, जबकि ग्लोबल रूप से उद्वेलित और अराजक समय में यह जरूरी है। फिर भी कुछ नये उपन्यास आये—कमलेश्वर का 'कितने पाकिस्तान', गिरिराज किशोर का 'पहला गिरमिटिया' और अमरकान्त का 'इन्हीं हथियारों से'। इनमें पहला उपन्यास बाबरी मस्जिद के विध्वंस, साम्प्रदायिक हिंसा, युद्ध और बर्बरता के विरुद्ध दुनिया के मिथकों और इतिहास में प्रेम की भटकती आवाज है। दूसरा उपन्यास, मोहनदास कर्मचन्द गाँधी के दक्षिण अफ्रीकी जीवन पर है। तीसरे उपन्यास की पृष्ठभूमि 1942 का भारत छोड़ो आन्दोलन है।

कमलेश्वर के 'कितने पाकिस्तान' पर टीवी पत्रकारिता का असर है। यह उपन्यास न केवल बिखराव का शिकार है, बल्कि निगेटिव सोच और मसीहाई अन्दाज से भरा है। यह इसका भी चिह्न है कि हिन्दी में उपन्यास लेखन को एक गम्भीर कर्म न समझ कर किस तरह एक कामचलाऊ लोकप्रियतावाद का रूप दिया जा सकता है। इस उपन्यास में 'अन्धेर नगरी', भुवनेश्वर की नाट्यशैली और जादुई यथार्थवाद के हल्के इस्तेमाल हैं। इसमें जादू इस कोटि का है कि कबीर भी अपने पद को भूलकर गाने लगते हैं—'वैष्णव जन तो तैने कहिए!' इसकी भाषा रँगी-पुती है। 'कितने पाकिस्तान' मुख्यतः बाबरी मस्जिद ध्वंस की घटना पर केन्द्रित है, लेकिन इसमें कई मिथकीय और ऐतिहासिक उड़ानें हैं। यह उपन्यास मिथक और इतिहास के खिलवाड़ से पाठक का मनोरंजन करता है और धर्मनिरपेक्षता का महाअहं रचता है। मुख्य विडम्बना यह है कि उपन्यास में व्यक्तिवाद के साथ एक खास किस्म का केन्द्रीयतावाद भी है, जो स्वेच्छाचारिता की ओर ले जाता है। इसमें चलते फतवे हैं, उपन्यासकार ज्यादा बोलता है। कमलेश्वर की इतिहास के प्रति इकहरी दृष्टि का अन्दाजा उपन्यास के भीतर उनके इस वक्तव्य से लग सकता है, "मैं उतने ही अतीत को देखना और समझना चाहता हूँ, जो वर्तमान पर अपनी छाया डालकर आज की जिन्दगी में नफरत और प्रतिशोध के पाकिस्तानों की नींव डालना चाहता है।" पाकिस्तान और विभाजन को एक मान लेना एक किस्म का केन्द्रीयतावाद है।

दो

गिरिराज किशोर का उपन्यास 'पहला गिरमिटिया' दक्षिण अफ्रीका में रंगभेद के शिकार भारतीय डायस्पोरा के आत्मसम्मान के लिए गाँधी के 21 सालों के संघर्ष की कथा है। यह उपन्यास उपनिवेशवाद के बारे में ही नहीं है, गाँधी ने दक्षिण अफ्रीका में कैसा जीवन जिया, वहाँ असामाजिक तत्त्व माने जानेवाले कुलियों और मजदूरों को लेकर उनकी चिन्ताएँ क्या थीं, उनका वहाँ के तमाम लोगों से कैसा लगाव था, उपन्यास इन सबके बारे में भी है। गाँधी ने दक्षिण अफ्रीका में सत्याग्रह का पहला प्रयोग किया था। इसी का प्रतिफल है 'हिन्द स्वराज' के रूप में उनका राजनीतिक दर्शन। उनके दक्षिण अफ्रीकी अध्याय को विषय बनाकर लिखे गए उपन्यास में उनको 'राष्ट्रीय महात्मा' बनाने की कोशिश नहीं है। इसकी जगह इसमें एक ऐतिहासिक महापुरुष की साधारणता और उसके मन के भावों की छानबीन है। गाँधी का दक्षिण अफ्रीका में रहनेवाले एशियाई लोगों से कैसा प्रेम था, उन्होंने इस प्रेम, सच्चाई और अपने कर्तव्य के चलते क्या खोया, रंगभेद के खिलाफ संघर्ष में कुछ अँग्रेजों ने ही उनका कितना ज्यादा साथ दिया, उनके साथ क्या धोखे हुए, उपनिवेशवादी कितने कठोर और बर्बर थे, गाँधी का हृदय कैसा था, वह विस्थापितों को लेकर कितने द्रवित थे, इन मुद्दों पर 'पहला गिरमिटिया' केन्द्रित है। यह मोहनदास के 'गाँधी' बनने की कहानी है।

गाँधी पर अँग्रेजी में कई किताबें हैं, जिनमें आजादी के लिए उनके संघर्ष को राजनीतिक कारीगरी कहा गया है या उनके उत्पीड़न से एक बेटे के पागल हो जाने के या उनके यौन सम्बन्धों पर चर्चा है। गाँधी एक महात्मा के अलावा खलनायक के रूप में भी देखे गए हैं। इतिहास एक वैयक्तिक अनुभव में ढल कर तब अपने में एक क्रूर मजाक बन जाता है, जब यह अनुभव औपनिवेशिक साँचे में आकार लेता है।

निश्चय ही गाँधी इतिहास में इतने ताजे हैं कि इतनी कम दूरी से उन पर उपन्यास लिखना जोखिम भरा काम माना जा सकता है। इस मामले में उपन्यासकार को सुविधा यह थी कि गाँधी की दक्षिण अफ्रीकी जिन्दगी के बारे में लोग ज्यादा नहीं जानते थे। यह सोचना मुश्किल लग सकता है कि दूसरे के दुःख-दर्द की चिन्ताओं की वजह से मोहनदास की जिन्दगी में किस तरह 'निजी' के लिए जरा भी स्पेस नहीं था, हालाँकि व्यक्ति की गरिमा का प्रश्न मौजूद था। उपन्यास गाँधी पर नहीं, मोहनदास पर है और निश्चय ही एक धुँधली होती जा रही जातीय स्मृति पर भी है। उपन्यास पढ़कर देखा जा सकता है कि गाँधी कई मामलों में अनसुलझे हैं। उनमें 'प्राकृतिक' के प्रति आकर्षण के बावजूद, 'आधुनिकता' से भी एक लगाव है। वह मुख्यतः 'टकराहट' नहीं, 'संवाद' चाहते हैं। उनके बन्धुत्व का दरवाजा सभी समुदायों

के लिए खुला है—पारसी, अँग्रेज, मुसलमान, दक्षिण भारतीय सभी के लिए। उन्हें हिंसा विचलित करती है। उपन्यास में इन चीजों के अलावा यह भी दिखाया गया है कि 19वीं सदी की अत्यन्त पिछड़ी दशा में भी लोग कितने लचीले हैं, उनके बीच अन्तर्सांस्कृतिक सम्बन्ध हैं। वे प्रतिरोध करते हैं और परिवर्तन चाहते हैं। निश्चय ही उपन्यास में एकायामी अतीतबोध नहीं है। हम देखते हैं कि विश्व में आज भी रंगभेद और सामाजिक-लैंगिक भेदभाव हैं। निःसन्देह नव-उपनिवेशवाद 'भेदभाव' के कई रूप अतीत से ले रहा है। ऐसी स्थिति में राष्ट्रीय स्मृति की भूमिका बढ़ जाती है।

आज गाँधी को फिर से समझने का अर्थ है उनके जीवन की अनगिनत जटिल परतों को पर्याप्त रचनात्मक संवेदनशीलता के साथ समझना। हमने उन्हें 'महात्मा' बनाकर खो दिया। हो सकता है, उन्हें 'साधारण' बनाकर पुनः पा लें। गिरिराज किशोर ने अपने उपन्यास में एक बैरिस्टर का दक्षिण अफ्रीका के साधारण लोगों से जुड़ना ही नहीं दिखाया, उसकी सच्ची साधारणता भी उद्घाटित की।

एक गोरे ने पूछा, 'क्या आपके ये हजारों हड़ताली चार्ल्स टाउन तक पैदल जाएँगे?'

'यह तो जानेवालों की मर्जी पर है! मैं उनके साथ हूँ।'

'आप क्यों जा रहे हैं?'

'आजादी की तलाश में।'

'अगर न मिली?'

'वह तो हर आदमी के अन्दर होती है।'

हमारे समय में आजादी की एक अलग रंग की गंगा बह रही है। इसकी गंगोत्री न्यूयार्क में है। गाँधी कहते थे, "स्वतन्त्रता का एक ही रास्ता है—दूसरों पर निर्भरता कम हो।"

गाँधी में नेतृत्व का गरूर नहीं था। उनकी नजर में विस्थापित श्रमजीवी उनसे जरा भी कम महत्त्वपूर्ण न थे। उन्होंने दक्षिण अफ्रीका में खुद को बैरिस्टर से अधिक 'गिरमिटिया' समझा, क्योंकि वे भी 'एग्रीमेंट' पर आये थे। उन्हें अपने पेशे या कमाई से अधिक चिन्ता आजादी की थी। आज बाजार सभ्यता आजादी का जो अर्थ दे रही है, गाँधी के आजादी के सपने इससे भिन्न थे। वे दक्षिण अफ्रीका में 21 साल रहने के बाद जब 1908 में भारत के लिए रवाना हुए, उन्हें सिर्फ यही नहीं महसूस हुआ था कि उनका भी कोई देश है, वह यह भी अच्छी तरह जान गए थे कि आजादी क्या चीज है। पराधीन और परजीवी बनानेवाले हर तन्त्र से मुक्ति—यहाँ तक कि निर्दय आधुनिकता और निर्दय विकास से भी मुक्ति। आधुनिकता उपनिवेशवाद की उत्स बनती जा रही है, यह गाँधी से ज्यादा किसी ने नहीं समझा था। उन्हें मशीन से पहले मशीन चलानेवाले मानवीय हाथों की चिन्ता थी, अन्यथा वह भी मानते थे, 'मशीनें तो रहेंगी, क्योंकि मानव शरीर की तरह ये अपरिहार्य हैं।' (यंग इंडिया,

1924)। उत्तर-औपनिवेशिक समय में जब भारत के लोग थोड़ा-सा सम्पन्न होते ही एकदम पश्चिमी दिखना चाहते हैं, 'पहला गिरमिटिया' अँग्रेजी शिक्षा के रास्ते से आये पश्चिमवेशी मोहनदास के एक सच्चे भारतीय में ढलने की कहानी बन जाता है।

मोहनदास की दक्षिण अफ्रीका की लड़ाई विस्थापितों के अधिकार और मानवीय आत्मसम्मान के लिए थी। उनकी इस लड़ाई को कलकत्ता के काँग्रेस महाअधिवेशन में मामूली सहानुभूति ही मिल पायी थी। खुद मोहनदास को अधिवेशन में बोलने के लिए तीन मिनट से ज्यादा समय नहीं मिला था, "उन्हें लग रहा था कि वे कुछ कहना चाह रहे हैं, पर उन्हें बोलने तक नहीं दिया जा रहा है।" वे भारतीय डायस्पोरा की दबाई जा रही आवाज थे। यह आवाज ही 'पहला गिरमिटिया' उपन्यास का विषय है। यह भी कहा जा सकता है, मोहनदास का सपना था, "हम साथ-साथ रहना और जीना सीखें। न कोई बड़ा हो, न कोई छोटा।" मोहनदास ने दक्षिण अफ्रीका में मानव सेवा के लिए 'फीनिक्स' और 'टाल्स्टाय फार्म' बनाए थे। अब ऐसे जीवन को मूर्खतापूर्ण माना जाएगा। अब ऐसे कार्यों को नयी एनजीओ संस्कृति निगल लेगी। क्या सामुदायिक विमर्श स्वप्न-भंग के विमर्श हैं या ये सहिष्णुता के बाँध टूटने के मामले हैं? आज दलितों, स्त्रियों, आदिवासियों और स्थानीय लोगों की 'भेदभाव' के विरुद्ध लड़ाई को दक्षिण अफ्रीका में गाँधी की रंगभेद से मुक्ति के लिए लड़ाई के विस्तार के रूप में देखा जा सकता है। यह भी समझना होगा कि गाँधी की स्वाधीनता की लड़ाई 'आत्मसम्मान के लिए लड़ाई' तक रुक नहीं गयी थी।

'पहला गिरमिटिया' रंगभेद से मुक्ति के आख्यान के अलावा मोहनदास के पुरुष-प्रभुत्ववादी झुकाव को भी सामने लाता है। इसका यह अर्थ नहीं है कि कस्तूरबा और उनके बेटे साम्राज्यवाद के विरुद्ध सत्याग्रह में भाग नहीं लेते और रंगभेद से मुक्ति के आख्यान में शामिल नहीं होते। कस्तूरबा जेल जाती है, हालाँकि वह परिवार के प्रति मोहनदास की बेरुखी का तीव्र विरोध करने में पीछे नहीं रहती। ऐसे वक्त पर गाँधी चिड़चिड़ा जाते थे और पुरुष की भाषा में बोलने लगते थे।

''मोहनदास कहते जा रहे थे, 'वासना हमें जानवर बना देती है। हमें अपने इस पशुत्व से उबरना होगा। संकल्प ही उबार सकता है।'

'संकल्प-वंकल्प मैं नहीं जानती, न समझती हूँ। मैं तो यह जानती हूँ जब तुमने चाहा, दूर चले गए, जब चाहा, पास आ गए। उसमें मेरी कोई भूमिका नहीं।'

'कस्तूर, तुम गलत समझ रही हो।'

'नहीं, मैं तुम्हें अच्छी तरह समझती हूँ। तुम दर्जी की तरह निर्णय सिलते हो। दर्जी कपड़ा सिलता है और दूसरे को पहना देता है। चाहे वह तंग हो या ढीला-ढाला। तुम निर्णय लेते हो और मुझे पहनाते रहे हो।' ''

गाँधी अपनी निजी जीत के लिए नहीं लड़ रहे थे, लेकिन कस्तूरबा उनकी

जिन्दगी के हाशिये पर चली गयी थी। वह पत्नी के प्रति निर्मम हो जाते थे। वह कस्तूरबा को एक बार एक अछूत का पॉट साफ करने के सवाल पर घर से निकालने पर तुल गए। उसके हक जताने पर कि तुम मेरी पत्नी हो, कस्तूरबा ने सवाल दागा, 'पत्नी या गिरमिटिया?' 'पहला गिरमिटिया' में गांधी के जन-सरोकारों के साथ एक स्त्री-अध्याय भी है, जो जगह-जगह मार्मिक रूप ले लेता है। मोहनदास में इंसानी कमजोरियाँ थीं। उनमें पुराने संस्कार मिटे नहीं थे। वे इनसे काफी हद तक उबर जरूर रहे थे। वस्तुतः उनकी लड़ाई आजादी के लिए थी, 'आजादी का मतलब सबके लिए सम्मान से जीने का अधिकार'। इसमें दलित और स्त्री का भी सम्मान से जीने का समान अधिकार आता था। दक्षिण अफ्रीका का ऐतिहासिक संघर्ष आज के माहौल में सत्य की जगह उपन्यास लग सकता है।

अमरकान्त के एक खास 'स्थान' पर केन्द्रित उपन्यास 'इन्हीं हथियारों से' (2008) में गाँधी सीधे केन्द्र में नहीं हैं, फिर भी वे उपस्थित हैं। उपन्यास की पृष्ठभूमि में 1942 का भारत छोड़ो आन्दोलन है। इस आन्दोलन में ब्रिटिश साम्राज्यवाद की रीढ़ तोड़ दी थी। इसका एक प्रमुख केन्द्र उत्तर प्रदेश का बलिया क्षेत्र था, जहाँ कुछ दिनों के लिए ब्रिटिश शासन समाप्त हो गया था। बलिया का संघर्ष इतिहास में ज्यादा जगह नहीं बना सका था। उस काल में वहाँ के स्थानीय जीवन की जो हलचलें थीं, वे अनजानी रह गयी थीं। कहा जा सकता है कि '42 के आन्दोलन का इतिहास बहुत कुछ स्मृतियों का मामला है। आमतौर पर छोटी जगहों पर बड़ी घटनाएँ कैसा असर डालती हैं, यह कम लिपिबद्ध किया जाता है। इस खाली जगह को देखकर अमरकान्त ने जिस कथा की रचना की है, उसमें व्यक्ति, समाज और राष्ट्रीय आन्दोलन के त्रिभुज के भीतर से हिन्दी जीवन के आधुनिकता की तरफ अग्रसर होने के बिम्ब झांकते हैं। यह उपन्यास भारत छोड़ो आन्दोलन के एक विस्मृत और विस्थापित अध्याय की कहानी है।

'इन्हीं हथियारों से' बलिया के नौजवानों की कथा है, जिसमें स्थानीय जीवन के साझा इतिहास की झलक है। आमतौर पर भारतीय इतिहास में हिन्दी क्षेत्र का इतिहास इस तरह खो गया है कि इसे न अलग से पहचाना जा सकता है और न कभी कोई ऐसी सार्थक कोशिश हुई है। हिन्दी क्षेत्र का स्वाधीनता संग्राम और इसके भीतर से सामाजिक बदलाव की पैदा हुई छोटी-छोटी लपटें छिपी ही रह गयीं। इसमें सन्देह नहीं कि हिन्दी क्षेत्र के राजनीतिक आन्दोलनों ने इस क्षेत्र का एक जातीय-सामाजिक इतिहास भी बनाया है, जो प्रायः अनुद्घाटित रहा है। यह गम्भीर कमी है, पर यही सच है। एक बड़े इतिहास से हिन्दी क्षेत्र के खोये जातीय इतिहासों को खोद कर निकालना मुश्किल रहा है, क्योंकि राष्ट्रवादी इतिहास हो या मार्क्सवादी इतिहास, यहाँ तक कि उत्तर-औपनिवेशिक विमर्शों में भी हिन्दी क्षेत्र के

छोटे-छोटे इतिहासों या स्थानीय अस्मिताओं के प्रति उत्सुकता कभी दिखायी नहीं पड़ी। छोटे-छोटे इतिहासों का खोजा जाना या 'विकेन्द्रण' बुरा नहीं है, यदि अखंडता के राष्ट्रीय-मानवीय सूत्र भी मौजूद हों। कहना मुश्किल है कि 'इन्हीं हथियारों से' उपन्यास स्थानीय अस्मिता को लेकर इधर उठे उभारों का सचेत हिस्सा है। फिर भी इतना जाहिर है कि इस उपन्यास में 1942 के आन्दोलन में बलिया की हिस्सेदारी को बड़े लगाव और गरिमा के साथ देखा गया है और यह उपन्यास विस्थापित इतिहास का वृत्तान्त बन गया है।

उपन्यास में 1942 के राष्ट्रीय आन्दोलन में भाग लेने वाले नौजवानों की खूबी है कि वे एकसाथ 'निजी' और 'राजनीतिक' दोनों हैं। उनमें स्वचिन्ता भी है और देश चिन्ता भी है। 'पर्सनल इज पॉलिटिकल' तो आम सैद्धान्तिक कथन है, एकसाथ 'निजी' और 'राजनीतिक' होना मुश्किल है। गाँधी के पास निजी कुछ नहीं था। उन्होंने अपना सब कुछ देश को दे डाला था। देश के आम जन राजनीतिक संघर्ष में शामिल होते हुए भी गाँधी जैसा नहीं हो सकते थे। 'इन्हीं हथियारों से' एक खास हिन्दी क्षेत्र के उन्हीं आम जनों की कथा है। कथाकार ने ऐसे चरित्रों पर आदर्शवाद का मुलम्मा चढ़ाने की जगह वस्तुतः उन्हें मध्यवर्गीय कमजोरियों के बीच उदात्त रास्ते पर जाते दिखाया है और उनके 'मनोजगत' को भी उभारा है, भले वे यथार्थवादी उपन्यासों की तरह प्रातिनिधिक बने हों या नहीं। यह एक भिन्न औपन्यासिक रीति-नीति पर चलना है, जो अनोखी बात है।

अमरकान्त 'इन्हीं हथियारों से' को ऐतिहासिक उपन्यास न मानते हुए मोटे रूप से यही कहना चाहते हैं, "यह ऐतिहासिक उपन्यास नहीं है, बल्कि उस आन्दोलन से जुड़े व्यक्तियों के निजी अनुभवों, ऐतिहासिक घटनाओं तथा बयालीस से लेकर स्वतन्त्रता-प्राप्ति तक के समय की एक यथार्थवादी परिकल्पना है।" उपन्यास में बलिया की गलियों-सड़कों और कहीं-कहीं भोजपुरी की ठसक के बावजूद वहां की मिट्टी बहुत मुखर हुई है, ऐसा नहीं लगता। उपन्यास में स्फीति और बिखराव है। फिर भी इसमें कथाकार की स्मृतियाँ और अनुभव बहुत कुछ कहते हैं। उसका दावा यथार्थवाद का है, पर इस उपन्यास में घटनाओं की जगह अनुभव की प्रधानता है। 'जिन्दगी और जोंक', 'दोपहर का भोजन' जैसी उत्कृष्ट कहानियों के लेखक अमरकान्त '42 के अपने स्थानीय अनुभवों और स्मृतियों के सूत्रों को अपने ढंग से यथार्थवादी कल्पना से जोड़ते हैं।

अमरकान्त के सामने 1942 की स्मृति है, 'इतिहास भूलने की चीज नहीं है।' इससे बोध होता है, कुछ तथ्य भी हैं। बलिया और बृहत्तर भोजपुरी क्षेत्र के बारे में एक धारणा है कि यहाँ के लोग जल्दी आवेश में आ जाते हैं, 'लट्ठ' निकाल लेते हैं। अमरकान्त स्पष्ट करते हैं, "जब कोई अपमानित करता है, दबाने की कोशिश

करता है, अन्याय करता है तो हम आवेश में आ जाते हैं। यह सरल और सच्चे लोगों की निशानी होती है।" वह भोजपुरी इलाके के बारे में एक दूसरी महत्त्वपूर्ण बात कहते हैं, "यहाँ कोई व्यक्ति 'मैं' नहीं, 'हम' है।... यह प्राचीन गणतन्त्र होने की निशानी है।" 'इन्हीं हथियारों से' के चरित्रों के 'हम' में 'स्वचिन्ता' और 'देश चिन्ता' दोनों हैं। हिन्दी क्षेत्र के व्यक्ति में 'हम' के बोध के बावजूद हम जानते हैं कि कलह और हिंसा जिस हद तक हिन्दी क्षेत्र में फैली हुई है, दूसरे किसी सामान्य भारतीय हिस्से में नहीं। इसलिए उपन्यास में मुख्य रूप से यह दिखाने की कोशिश है कि हिन्दी क्षेत्र के लोगों की बुनियादी चेतना कोमल और उदात्त 'हम' से जुड़ी है। 'हम' की उदात्त जातीय चेतना 1942 के आन्दोलन में एक अद्‌भुत एकता के साथ उसी प्रकार प्रकट होती है, जिस प्रकार कभी 1857 में व्यक्त हुई थी।

कठोर सामन्ती व्यवस्था में रोमांटिकता से भरे बलियाटिक नौजवानों में निजी और जातीय दोनों स्तरों पर स्वतन्त्रता की अकुलाहट है। देखा जा सकता है कि साम्राज्यवादी दमन के माहौल में उनकी हताशा, हिंसा और बेचैनी और अहिंसात्मक सत्याग्रह की मिली-जुली भावभूमि को यह उपन्यास उद्‌घाटित करता है। एक बड़े साम्राज्य को उलट-पुलट देने वाले छोटे-छोटे हथियारों में आज जंग लगी हुई है। अब न वैसी वैयक्तिकता बची है और न उदात्तता। एक खास हिन्दी क्षेत्र के अन्दरूनी आलोड़न पर आधारित अमरकान्त का 'इन्हीं हथियारों से' निश्चय ही गिरिराज किशोर के 'पहला गिरमिटया' के कथ्य से भिन्न है, पर यह चीज हिन्दी उपन्यास की विविधता से ही परिचय कराती है। मुख्य बात यह है कि उपन्यास की मृत्यु का जब ज्यादा हल्ला मचा हो, हिन्दी उपन्यास उसी दौर में सबसे ज्यादा विविधता के साथ आया है।

उपन्यास कई बार यह अहसास कराता है कि समाज में जिस तरह संघर्ष का कभी अन्त नहीं होता, उसी तरह मनुष्य के हृदय के कोमल भावों का भी अन्त नहीं हो सकता। कठोरता से टकराने के कई तत्त्व कोमल भावनाओं में होते हैं, जिस तरह किसी बड़े संग्राम में शामिल होने की प्रेरणाएँ निजी प्रेम में छिपी हो सकती हैं। 1942 के 'इंक्लाब-जिन्दाबाद' और साम्राज्यवाद की जड़ों को भारत से उखाड़ फेंकने के उत्साह के मूल में नौजवानों के हृदय में बसे प्रेम ने कितने बड़े तत्त्व के रूप में काम किया, यह अमरकान्त ने 'इन्हीं हथियारों से' में दिखाया है। एक जमाने में प्रेम बड़ा गहरा, पर लज्जा और भय से भरा होता था। यह जैसे मिट्टी के नीचे दबे-दबे ही उग कर हृदय के भीतर एक हरियाता सघन पेड़ हो जाता था। पिछड़े इलाके में पढ़-लिख रहे नीलेश और नम्रता का प्रेम ऐसा ही था। सम्पन्न घर के गोवर्धन और एक क्रान्तिकारी नौजवान दयाशंकर का कमसिन वेश्या ढेला से लगाव ऐसा ही था और कुछ इसी तरह विलक्षण था गाँधीवादी सदाशयव्रत का एक सुन्दर विवाहित

स्त्री से प्रेम। ब्रह्मचर्य, योग और पोंगापन्थी नियमों की शिक्षा के बीच ऐसा प्रेम एक समय पुरानी सामन्ती व्यवस्था में विद्रोह से कम न था।

1942 के दौर में धर्म और राजनीति दोनों जगहों पर पुरानी व्यवस्था की रूढ़ियाँ मजबूत थीं। फिर भी बलिया में चौक के पास एक सार्वजनिक जगह बन चुकी थी, जहाँ काँग्रेसी, समाजवादी, कम्युनिस्ट क्रान्तिकारी और दूसरे राजनीतिक कार्यकर्ता बहस करते थे। वैचारिक मतभेद के साथ उनके बीच सम्बन्ध बन रहे थे। यह एक अड्डा था, जहाँ सवाल-जवाब और भाषण होते थे। यहाँ गाँधीवादी सदाशयव्रत भी होते थे और समाजवादी सुरंजन शास्त्री भी। ऐसा 'कॉमन प्लेस' अब दुर्लभ है, कभी हकीकत था। उपन्यास में भोले विद्यार्थियों के प्रेम और उनकी कोमल संवेदना के साथ राजनीतिक विवाद भी चलता रहता है। इस उपन्यास की कथावस्तु का सम्बन्ध ऐसे अड्डों पर आते-जाते मध्यवर्ग के लोगों से है।

1942 के आन्दोलन में समाजवादी लोग आगे थे। सुरंजन शास्त्री मध्यवर्ग के बारे में सावधान करते हुए कहते हैं, "यह सुविधावादी वर्ग है, इसका जोश-उत्साह दूध के उबाल की तरह होता है, इसलिए जनता से अपने को जोड़ने के लिए एक समाजवादी कार्यकर्त्ता को बाहर समाज में और अपने भीतर, दोनों जगह संघर्ष करना पड़ता है—मध्यवर्गीय मनोवृत्तियों से संघर्ष।" मध्यवर्ग एक गन्दा शब्द बनता गया, क्योंकि इस वर्ग के लोग जो वादा करते हैं, ढुलमुल होने के कारण पूरा नहीं करते। मध्यवर्गीय परिवारों के नौजवानों ने एक खास दौर में अपने वर्ग के ढुलमुलपन से किस तरह संघर्ष किया, उदारवादियों से अलग एक क्रान्तिकारी रास्ता चुना और दूसरी तरफ अपनी 'निजता' भी बचा कर रखी, यह अमरकान्त ने अपने उपन्यास में दिखाया है।

'इन्हीं हथियारों से' में 1942 के साम्राज्यवाद-विरोधी संघर्ष के प्रश्न पर प्रभावशाली बनकर उभर रहे समाजवादियों और इनेगिने, पर काफी जीवट के कम्युनिस्टों के बीच का मतभेद भी उभरा है। गोपालराम कहता है, "इस समय हमें कोई काम ऐसा नहीं करना चाहिए, जो हिटलर-विरोधी युद्ध प्रयत्नों को नुकसान पहुँचाए।" वह कम्युनिस्ट नीति के तहत इसे अँग्रेजी राज को उखाड़ फेंकने का सही समय नहीं मानता। वह राजनीति से ऊपर उठ कर, नीलेश के सामने पूरे मध्यवर्ग के इस अन्तर्विरोध की ओर इशारा करता है, "अक्सर शहर के अनेक समाजवादी या कम्युनिस्ट अपने गाँव में जाकर अपने गरीब या अछूत कामरेड के लिए मालिक और बाबू नहीं बन जाते?" अमरकान्त ने इस कम्युनिस्ट नौजवान के बारे में संकेत किया, "विचार तो थे उसके पास, लेकिन किसी ठोस, आकर्षक, व्यावहारिक कार्यक्रम से शून्य।" उपन्यास दिखाता है, वह कुछ ज्यादा क्रान्तिकारी ऊँचाई और रुखाई से अपनी विचारधारा का प्रचार कर रहा था, जबकि हिन्दी क्षेत्र में कुछ अलग ढंग की

वास्तविकताएँ थीं।

1942 के आन्दोलन में विद्यार्थियों की एक बड़ी भूमिका थी। ये कॉलेज के वे विद्यार्थी थे, जो शिक्षा पाने के साथ समाज के जीवन्त प्रश्नों से मुठभेड़ करते थे। उनके सामने जाति, जातीयता, लिंग, पेशा और राष्ट्र में पहले स्वाभाविक रूप से राष्ट्र था। वे राजनीतिक चेतना ग्रहण कर लैंगिक-सामाजिक विभाजनों को तोड़ते थे और धार्मिक अन्धविश्वासों की खिल्ली उड़ाते थे। वे गोलियों के बीच डटे रहने वाले लोग थे। वे सभी अपने घर-परिवार के चिन्तित स्वजनों से विद्रोह करके स्वाधीनता के लिए जंग के मैदान में आये थे। उन्हें पुलिस का खौफ न था। थाने फूँक डाले गए, बीज गोदाम लूटे गए और रेल पटरियाँ उखाड़ दी गयीं। गाँधी, नेहरू, मौलाना आजाद, पटेल आदि बड़े राजनीतिक नेता जब गिरफ्तार हो चुके थे, ये विद्यार्थी ही न सिर्फ 1942 के प्राण-पुरुष थे, बल्कि एक भिन्न सोच के प्रहरी भी थे। जब कोई बड़ा नेता जेल के बाहर नहीं था, तब भी चल सका था एक क्रान्तिकारी स्वाधीनता संग्राम और साथ में सामाजिक बुराइयों के खिलाफ संघर्ष। बलिया को थोड़े दिनों के लिए विदेशी शासन से मुक्त कर लिया गया, जेल का फाटक खोल दिया गया।

उपन्यास में एक दौर के उबलते समाज के चित्र हैं। प्रभातफेरियाँ होती हैं, सभा-जुलूस का आयोजन होता है, बम बनते हैं—हर दिल में अँग्रेजी राज के खिलाफ आक्रोश है। गाँधी जी के हृदय परिवर्तन का रास्ता सही है या अँग्रेजों से मीठी-मीठी बातें करना छोड़ कर क्रान्ति का रास्ता पकड़ना चाहिए, दयाशंकर इस पर बहस खड़ी करता है। इन चीजों के बीच गरीबी, स्त्री पर जुल्म और सामन्ती दरिन्दगी के मामले भी आते हैं। एक बड़ी लड़ाई समाज के भीतर है।

गाँधीवादी सदाशयव्रत गाँव की स्त्री को अपमानित करने वाले गुण्डे अगिया पाण्डे से अहिंसा के रास्ते से अपराध कबूल कराना चाहते हैं। वह जब ऐसा नहीं करता, पहलवान थे ही, भौतिक ताकत का इस्तेमाल करके उसे झुकाते हैं। वह एक विवाहिता से निष्फल प्रेम करने की वेदना झेल चुके थे। मनुष्य की हृदयगत कोमलता के स्रोत से निकल कर हिंसा और अहिंसा की जोड़ी एकसाथ 1942 की लड़ाई की पृष्ठभूमि बनाती है। गाँधीवादी सदाशयव्रत की अहिंसा के भीतर एक हिंसा थी, अच्छी और बुरी दोनों किस्म की!

1942 की लड़ाई में जन-हिस्सेदारी बढ़ती जा रही थी। साथ में हिन्दी क्षेत्र के एक खास समाज की छोटी-छोटी हँसी-खुशी, दुख-गमी में सब का साथ, रामचरितमानस के साथ स्थानीय लोकरीतियाँ भी, बिरहा के साथ गाना-बजाना, झरेला और जोगीड़ा भी। लड़ैत तो शौकीन भी। कथाकार ने अपनी परम्पराओं से जुड़े जटिल हिन्दी समाज को एक व्यापक फलक पर जातीय करवट बदलते दिखाया है। यह हिन्दी उपन्यास के जड़विहीन महानगरीयता के बाहर निकल कर जातीय जमीन पर आने

और स्थानीय संसारों के प्रति आकर्षण का चिह्न है।

बलिया में 'सिर पर बाँधे कफनिया होऽऽ शहीदों की टोली निकली' गाते हुए एक भारी जुलूस निकला—अँग्रेजो, भारत छोड़ो! यह विस्मयजनक नहीं है कि नीलेश, नफीस, गोवर्धन, भगजोगिन, दयाशंकर, ढेला और दूसरे सैकड़ों नौजवान अपने छोटे घेरों से बाहर आकर इस लड़ाई में शामिल हो जाते हैं। वे जितने निजी थे, उससे कम राजनीतिक अब नहीं थे। क्या यह विभाजित व्यक्तित्त्व का मामला है या इसमें एक अर्थ छिपा है?

अमरकान्त ने 'इन्हीं हथियारों से' में आम लोगों के भीतर से जन्मी क्रान्तिकारी अग्निशिखाओं को पहचाना है, "एक मामूली आदमी नहीं जानता कि वह कभी कोई क्रान्तिकरी कार्य कर सकता है। वह अपने काम-धन्धे, ईर्ष्या-द्वेष, सुख-दुख, छोटी-छोटी चालाकियों में लिप्त रह कर फूँक-फूँक कर आत्मरक्षात्मक कदम आगे बढ़ाता है, तब आश्चर्य होता है कि कैसे यही लोग किसी संकटकालीन ऐतिहासिक मौके पर उठ खड़े होते हैं और मिलजुल कर जोर-जुल्म, अन्याय, गुलानी का विरोध करने के लिए घरों से बाहर निकल आते हैं।" बलिया के लोग बगावत में उठ खड़े हुए थे, यहाँ तक कि यहाँ के कम्युनिस्ट भी! उनके हृदय की कोमल भावनाओं ने ही उन्हें बगावत के लिए दृढ़ता दी थी। अमरकान्त ने उपन्यास में दिखाने की कोशिश की कि मध्यवर्ग के आम लोगों के भीतर क्रान्ति की ताकतें होती हैं। वे अपने रोज के जीवन में जितने आत्मरक्षात्मक, ढुलमुल और चालाकियों में लिप्त रहते हों, कई बार निजी मौकों पर संवेदनशील होते हैं और ऐतिहासिक मौकों पर विद्रोह करने के लिए आगे आ जाते हैं। उपन्यास उन प्रेरणाओं को खोलता है, जिनकी वजह से आम जन बड़ी कुर्बानियाँ कर जाते हैं। यह एक झूठी आशा है या यथार्थ, यह आज के समय को देख कर भी अन्दाजा लगाया जा सकता है, यदि 1942 जैसा कोई ऐतिहासिक मौका सचमुच उपस्थित हो।

'इन्हीं हथियारों से' ऐतिहासिक उपन्यास न होते हुए भी बताता है कि वस्तुतः कौन लोग इतिहास बनाते हैं, भले इसके कंगूरों पर बड़े नाम लिखे हों। 'पहला गिरमिटिया' और 'इन्हीं हथियारों से' दोनों ही उपन्यासों में प्रत्यक्ष या अप्रत्यक्ष रूप से गाँधी हैं। इनसे पता चलता है कि इतिहास बहुतलीय है। एक इतिहास उनका भी है, जो नींव में पड़े रह जाते हैं, जैसे बलिया के नौजवान क्रान्तिकारी। दरअसल इतिहास जिन्हें पृष्ठभूमि में फेंक देता है, वे उपन्यास में अग्रभूमि में आ जाते हैं। इस दृष्टिकोण से देखा जाए, हर उपन्यास ही विस्थापित इतिहास है।

इन दिनों इतिहास की पुनर्रचना सबसे ज्यादा पश्चिम की साहित्यिक लेबोरेटरी में हो रही है। जिधर नजर ले जाइए, उपन्यासकार अपने हाथ में एक रँगा हुआ इतिहास-उपन्यास लिये चला आ रहा है। वृन्दावनलाल वर्मा, राहुल सांकृत्यायन,

रांगेय राघव, हजारी प्रसाद द्विवेदी उस खास दौर के ऐतिहासिक उपन्यासकार थे, जब इतिहास की खाली जगहें सनसनीखेज वृत्तान्त के रूप में न आकर राष्ट्रीय मुक्ति की आवाजों के रूप में सामने आती थीं। अब भारतीय इतिहास को विषय बनाकर अँग्रेजी में धड़ाधड़ आ रहे उपन्यासों में मुख्यतः औपन्यासिक कलाबाजी और मनोरंजन है, पर छिपा लक्ष्य है इतिहास का पुनःउपनिवेशन। इस तरह के अँग्रेजी उपन्यास वस्तुतः पश्चिम के समर्थन में उपस्थित भारतीय इतिहास के औपनिवेशिक पुनःपाठ हैं। हिन्दी में इतिहास में घुसकर औपन्यासिक क्रीड़ा के उदाहरण कम हैं, फिर भी जो हैं वे इतिहास के औपनिवेशिक पाठों के जातीय जवाब हैं।

चाक की कथा : स्त्री की लड़ाई

तीसरी दुनिया के उपन्यास को 'राष्ट्रीय रूपककथा' कहा गया, मानो पश्चिमी देशों के उपन्यास 'अन्तरराष्ट्रीय रूपककथाएँ' हैं! तीसरी दुनिया के लोग साम्राज्यवाद के अनुभव से गुजरे थे। यहां के उपन्यासों को 'राष्ट्रीय रूपककथा' कहा गया, हालाँकि तीसरी दुनिया के लेखकों का सरोकार सिर्फ राष्ट्रवाद नहीं है। उनकी एक विश्वदृष्टि भी है। 'यूलिसिस' के लेखक जेम्स ज्वायस का कथन था, 'मेरा कोई परिवार, समाज और राष्ट्र नहीं है, मेरा कोई धार्मिक गिरजा नहीं है।' आधुनिक युग में ऐसी बौद्धिक धारणाएँ पश्चिम में जन्म ले रही थीं, वहाँ 'नेशनल एलेगरी' का मुद्दा न था। यह मुद्दा भारत जैसे उपनिवेशित देशों के लिए था। क्या उपन्यास इतिहास की तरह राष्ट्रवाद में भी हस्तक्षेप है? हम देखते हैं कि प्रेमचन्द के समय से उपन्यास राष्ट्रवाद में पैठे वर्चस्वों से टकराता आया है, भले उसमें 'राष्ट्र' के बनने की रूपकक्रथा भी हो। हिन्दी उपन्यास राष्ट्रवाद में पैठे पुरुष वर्चस्व से कैसे टकराता है? यह सवाल भी कम महत्त्वपूर्ण नहीं है कि विश्वदृष्टि में पैठे पश्चिम के वर्चस्व से कैसे टकराता है।

19वीं सदी में भारत 'मदर कल्ट' से जुड़ा था। भारत को 'भारतमाता' के रूप में देखा जा रहा था, हालाँकि राष्ट्रीय जागरण पर पितृसत्ता की छाया बनी हुई थी। पुरुष अपने को राष्ट्र और स्त्री दोनों का उद्धारकर्ता मानता था। कभी स्त्री 'भारतमाता' के बिम्ब से जुड़ी तो कभी 'भारत की बेटी' के सम्बोधन से। हमारे देश में स्त्री को राष्ट्र के आजाद नागरिक के रूप में देखने की जगह पितृसत्ता के पारिवारिक ढाँचे में देखने की दृष्टि ज्यादा छायी रही है। हिन्दी पट्टी में पितृसत्ता का दबदबा ज्यादा है, क्योंकि सुधारवाद का ज्यादा असर नहीं है। इसलिए नहादेवी वर्मा का सीमन द बुआ के 'द सेकेंड सेक्स' (1951) के पहले 'शृंखला की कड़ियाँ' (1942) लिखना एक गहरा अर्थ रखता है। उन्होंने राष्ट्रवाद में लैंगिक वर्चस्व को चुनौती दी। यह काम उन्होंने उपनिवेशवाद और धार्मिक-सांस्कृतिक निर्बुद्धिनरकता एक साथ दोनों से टकराते हुए किया।

हम जब राष्ट्रवाद के सन्दर्भ में उपन्यास पर चर्चा करते हैं, हमारा मकसद कुछ राष्ट्रवाद को खोलना होता है और कुछ उपन्यास को। यह एक ज्यादती होगी, यदि

उपन्यासकार से माँग की जाए कि वह अपनी कृति में किसी खास राजनीति को प्रतिबिम्बित करे। यह तब कुछ ऐसा ही होगा, जैसे संगीत के बीच कोई बम फट जाए। उपन्यासकार अपने काल्पनिक चरित्रों के रोज के जीवन, उसके चाय पीने से लेकर प्रेम करने, लड़ने, प्रकृति को निरखने और उन चरित्रों के साँस ऊँची-धीमी करने के बीच से ही राष्ट्र का बनना, राष्ट्रवाद के वर्चस्वों से टकराना और इन वर्चस्वों का रूपान्तरण दिखाता है। वह दुनिया भर की घटनाओं में जाता है, तरह-तरह के अनुभव, स्मृति और कल्पना से गुजरता है, पर उसके लिए अच्छा है कि वह सार्वभौम होकर भी अन्तर्विरोधों, विडम्बनाओं और सम्भावनाओं से भरे राष्ट्र की जमीन न छोड़े। हम हिन्दी सहित किसी भी भारतीय भाषा के उपन्यास में देख सकते हैं कि ये उस तरह ग्लोबल नहीं हैं, जिस तरह अँग्रेजी में लिखे इधर के अनगिनत उपन्यास हैं। भारतीय भाषाओं के उपन्यास में राष्ट्र की उत्तप्त जमीन बची हुई है।

एक

स्त्री जब उपन्यास लिखती है, उपन्यास में स्त्री की आवाज होती है। वह अपनी नजर से राष्ट्र, आधुनिकता और बुद्धिवाद को देखती है। स्त्री के उपन्यास में बाहरी दुनिया के अलावा स्त्री का अपना खास वैयक्तिक परिवेश और अनुभव होता है। फिर भी क्या कोई उपन्यास इस हद तक स्त्री-केन्द्रित हो सकता है कि उसे राष्ट्र के 'काउंटर-नैरेटिव' के रूप में देखा जाए? राष्ट्रवाद में पैठे पितृसत्तात्मक वर्चस्व से लड़ना एक बात है और राष्ट्र से बचना एक अलग मामला है, क्योंकि स्त्री के सामने वैश्वीकरण की नव-साम्राज्यवादी विचारधाराएँ भी कम बड़ी चुनौतियाँ नहीं हैं। स्त्री के सामने पितृसत्ता के अलावा उपनिवेशवाद से जन्मी समस्याएँ भी हैं। इसलिए यह अधिक स्पष्ट करने की जरूरत नहीं है कि स्त्री राष्ट्र से बाहर राष्ट्र नहीं है।

देखा जा सकता है कि हिन्दी का वर्तमान स्त्री विमर्श महादेवी वर्मा की स्त्री चेतना से किन बिन्दुओं पर आगे बढ़ा है और किन बिन्दुओं पर उसे अभी विकसित होना बाकी है। हिन्दी में स्त्री विमर्श के साथ वस्तुतः उस तरह का लगातार चलने वाला 'लिटररी एक्टिविज्म' फिलहाल दिखाई नहीं देता, जो महादेवी में था। यह भी सोचने की बात है कि महादेवी के बाद स्त्री साहित्यकारों की जितनी बड़ी कतार खड़ी हो जानी चाहिए थी, नहीं हो सकी। पितृसत्ता स्त्री के लिए सामने खड़े सिर्फ पति या पिता का नाम नहीं है—यह एक काफी बड़ा धार्मिक, सांस्कृतिक और बाजारवादी नेटवर्क है। यह समझ विकसित होने में काफी वक्त लग रहा है। '70 के दशक के आधुनिकतावादियों के साहित्य में स्त्री महज यौन बिम्ब बना दी गयी

थी, जैसे देह की स्वतन्त्रता ही पितृसत्ता को एकमात्र सही चुनौती हो। हम अनजान नहीं हैं कि पिछले लगभग ढाई दशकों के स्त्री कथा साहित्य पर पुराने अनुभवादियों की छाया मँडरती रही है।

आधुनिक जीवन में प्रवेश के बाद स्त्री के मन में प्रश्न उठने शुरू हो गए थे। पहला प्रश्न यही था, आधुनिकता क्या है? कभी मन्नू भंडारी ने स्त्री की यौन बिम्ब वाली छवि को तोड़ते हुए स्त्रियों के आधुनिक मन में झाँका था, हालाँकि उनकी रचनाओं में स्त्रियाँ अपनी पहचान को लेकर दुविधा में रहती हैं।

एक दूसरी स्त्री कथाकार कृष्णा सोबती को स्त्री चेतना स्त्री देह की महत्ता के रूप में मिली। यह दार्शनिक महत्ता ज्यादा थी। 'मित्रो मरजानी' में मित्रो अपने दोनों हाथों से अपनी छातियाँ पकड़कर पूछती है, 'सच कहना, जिठानी सुहागवन्ती, क्या ऐसी छातियाँ किसी और की भी हैं?' हिन्दी कथा साहित्य में इस तरह की बोल्डनेस पहली बार आयी थी, इसी से कृष्णा सोबती ज्यादा ख्यात हुईं।

स्त्री के सामने बड़ा प्रश्न यह है, स्वतन्त्रता चाहिए या सुरक्षा? कृष्णा सोबती उपर्युक्त रचना में स्त्री की स्वतन्त्रता को देह की स्वतन्त्रता में सीमित करते हुए जीवन के आनन्द को महत्त्व देती हैं। उपन्यास खुद स्वतन्त्रता की सन्तान है। इसलिए उपन्यास लिखना स्वतन्त्रता का जोखिम उठाना है। कृष्णा सोबती 'स्वाधीनता' का लुत्फ लेते हुए 'परिवार' को बचाने के लिए भी प्रयत्नशील दिखती हैं। उनकी मध्यवर्गीय शहरी स्त्रियाँ स्वतन्त्रता और परिवार के दो पाटों के बीच फँसी हैं। 'ऐ लड़की' में मृत्यु की तरफ बढ़ती अम्मू अपने साथ रहती बेटी से कहती है, ''संग-संग जीने में कुछ रह जाता है, कुछ बह जाता है। अकेले में न कुछ रहता है और न बहता है।'' इसी तरह उपन्यास 'समय सरगम' में ईशान और आरण्या के बीच बहस इस मुद्दे के बाहर नहीं जा पाती कि स्त्री के लिए अकेलापन एक बेहतर चयन है या परिवार। एक प्रौढ़ स्त्री के महानगरीय अकेलेपन में छोटी-मोटी परेशानियों के बीच उसके समय का संगीत यही कहता है, ''अकेले अकेलों की अपनी जीवन शैली है। करते रहते हैं स्व-निर्माण और आराम। परिवार का कोलाहल, शोर, तनाव, ऊँच-नीच और तनातनी आसपास नहीं।'' यहाँ कोई राष्ट्र, इतिहास और स्त्री समुदाय नहीं है। नयी कहानी के दौर के इस आधुनिक अकेलेपन में सिर्फ 'पुरखों की स्मृतियाँ' हैं, 'शाश्वत मूल्य' हैं और 'जे. कृष्णामूर्ति' जैसों के कैसेट हैं, ''अब कोई तारीखें न याद रखो। बस जीती रहो, जीती चलो।'' यह उपन्यास बिम्बों में जैसे एक आधुनिकतावादी दर्शन है, जिसमें चाय, नमकीन और खाने-पीने की चीजें पता नहीं कृष्णा सोबती क्यों कुछ ज्यादा ले आती हैं।

अमेरिका में स्त्री अध्ययन का पहला केन्द्र 1970 के दशक में खुला था। भारत में अब 21वीं सदी में जाकर यह केन्द्र हर बड़े नगर में है। स्त्रियाँ अब इतिहास, शाश्वत

मूल्य और परिवार के पितृसत्तात्मक ढाँचे से विद्रोह करके दरअसल एक बुनियादी सवाल उठा रही हैं—इतिहास, संस्कृति और समाज में हमारी जगह कहाँ है? वे पुरखों की स्मृतियों, शहर के मोहक अकेलेपन और आधुनिकतावादी दुविधाओं से बाहर निकलकर स्त्री अस्मिता और स्त्री स्वाधीनता ही नहीं, स्त्री अधिकार के मुद्दे भी उठाने लगी हैं। यह स्त्रियों का संघर्ष था, जिसके दबाव में संयुक्त राष्ट्र ने वैश्विक पूँजीवादी व्यवस्था की 'प्रतीक सेवा' के रूप में 1975 को अन्तरराष्ट्रीय महिला वर्ष घोषित किया था। प्रतीक सेवा का अर्थ है मुख्य धारा के सीमान्त पर रहने वाले समुदायों की पीड़ा की ओर ध्यानाकर्षण। इसी तरह 8 मार्च का अन्तरराष्ट्रीय महिला दिवस धीरे-धीरे स्त्रियों के आत्मविश्वास, स्वाभिमान और जागरण का पर्व हो गया। इतना ही नहीं, यह पुरुषों के लिए भी अपनी मानसिकता बदलने का दिन हो गया कि वे परिवार, समाज और राजनीति में स्त्री को सम्मानजनक स्थान देते हुए अपनी दृष्टि में भिन्नता लाएँ। लेकिन यह सारी मशक्कत प्रतीक सेवा ही है, एक तरह का कर्मकांडीय प्रदर्शन!

भारत एक प्राचीन सभ्यता है, पर स्त्री को आज तक बराबरी हासिल नहीं हुई है, भले प्रतीक रूप में कुछ आजादियाँ मिली हों। हिन्दू धर्म में स्त्री कहते ही बार-बार एक दासी, पर अधीन देह और बन्दी आत्मा दिखती है। दुनिया के सभी धर्मों के ग्रन्थ रामायण, बाइबिल, कुरान पुरुषों द्वारा लिखे गए। भारत के एक 'राष्ट्र' के रूप में उदय, समाज सुधार के आन्दोलन और वैश्वीकरण के बावजूद यदि संयुक्त राष्ट्र की रिपोर्ट (2007) देखें, भारत में दो हजार कन्या-भ्रूणों की हत्या रोज हो रही है। आज भी परिवार में लड़की जन्मते ही एक प्रत्यक्ष या छिपी उदासी छा जाती है। वैश्वीकरण की इससे बड़ी विडम्बना क्या होगी कि जो राज्य और शहर जितने अधिक विकसित हैं, मसलन पंजाब, गुजरात, हरियाणा, नयी दिल्ली, वहाँ कन्या भ्रूण हत्या की दर उतनी ज्यादा है। वर्तमान सभ्यता ने स्त्री के बल पर ही अपने उपभोक्ता संसार का इतना विराट ग्लैमर खड़ा किया है और स्त्री के ही खिलाफ अपने इतिहास का सबसे भयंकर युद्ध छेड़ रखा है।

आज भी स्त्री को कम बुद्धिमान और शारीरिक रूप से कमजोर माना जाता है। परिवार स्त्री से चाहता है कि वह जितनी पढ़ी-लिखी, हुनरमन्द हो, बाहर जाकर नौकरी करे पर अपना स्त्रीपन, कोमलता और शान्त स्वभाव न त्यागे। वह नौकरी और गृहस्थी के बीच सन्तुलन रखे, भले उसे अपनी निजी रुचियों, गुणों और बेहतर भविष्य की बलि देनी पड़े। वह कभी भय और लज्जा से मुक्त न हो। छोटी उम्र में लड़के क्रिकेट या पजल्स खेलें और लड़कियाँ बार्बी गुड़िया लें। पिता के लिए बेटे ब्लैंक चेक, जबकि बेटियाँ कर्ज की पहाड़ियाँ। दहेज के बाद भी ससुराल में बहू को ताने और तरह-तरह से उत्पीड़न एक भारतीय यथार्थ है। स्त्री बड़ों के सामने आँखें नीची रखे, जोर से न बोले। बाहर का काम करके सीधे घर आये और घर के काम करे। लड़की शाम

के बाद अपने दोस्त के साथ बाहर न घूमे, रात को अकेली न निकले। स्त्री चुनाव लड़े—पंचायत, विधानसभा या लोकसभा में जाये, पर अपना विवेक न चलाये, रिमोट बने। डांस देखे, पर खुद न नाचे। पुरुष कृष्ण बनकर घूमे, पर स्त्री सीता बनी रहे। स्त्री और पुरुष के लिए दो प्रतिमानों का सिलसिला अभी थमने वाला नहीं है, क्योंकि मनुष्य जाति आज भी बहुतरफा दिमागी घेरेबन्दी की शिकार है।

वर्तमान स्थितियों में उपन्यास न परम्परागत किस्म के यथार्थवादी चरित्रों का चित्र बन सकता है और न स्त्री के अकेलेपन की दार्शनिक बिम्बमाला। खासकर स्त्री रचनाकारों की जो नयी कतार वैश्वीकरण के दौर में, पिछले 25 सालों में आयी है, उसने अपनी उपस्थिति का पहली बार गहरा अहसास कराया है। उसके इरादे भिन्न हैं, औपन्यासिक तकनीक भिन्न है और भाषा भी भिन्न है। स्त्री की भाषा अब न मौन और संकेतों की भाषा है, न सुरक्षात्मक भाषा है। यह उस संस्कृति की चमड़ी उधेड़ने वाली भाषा है, जिसमें स्त्री कैद है। वह प्रतीक सेवाओं से सन्तुष्ट नहीं है। निःसन्देह पुरुष रचनाकारों द्वारा स्त्री पर लिखे उपन्यासों से स्त्री द्वारा स्त्री पर लिखे गए उपन्यास भिन्न प्रकृति के हैं। इनमें स्त्री प्रश्न तीखे ढंग से उठे हैं। यह स्वाभाविक है कि साहित्यिक भाषा जब विमर्श की भाषा होगी, उसमें स्थानीयता होगी, उत्तेजना होगी और भाषिक स्खलन भी होंगे—वह चाहे स्त्री विमर्श हो या दलित विमर्श हो। निश्चय ही विमर्श की भाषा से यह उम्मीद करना कि यह एक सुसंगठित राजनीतिक आन्दोलन की भाषा की तरह नपी-तुली हो या साहित्य की स्वायत्तता चाहने वाले आधुनिकतावादी रचनाकारों की भाषा की तरह सम्भ्रान्त हो, गलत है।

इसमें कुछ भी आश्चर्यजनक नहीं है, यदि स्त्री पुरुष-वर्चस्व वाले राष्ट्रवाद से टकरा रही है और राष्ट्र उद्वेलित है। स्त्री के अशान्त होने का अर्थ है पुरुष के अहं और अभिमान पर चोट। राष्ट्रवाद दरारों से भरा रहा है, ऊपर से वैश्वीकरण की नव-उदारवादी बदहजमी। इस बिन्दु पर यह भी कहा जाना चाहिए कि फैशन, फास्ट फूड और कामुकता के रूप में स्त्री स्वाधीनता के जो चिह्न बन रहे हैं, वे पुरुष-वर्चस्व के ही रूप हैं। आज की व्यावसायिक दुनिया में पुरुष द्वारा पुरुष से सत्ता छीनने के लिए स्त्री-देह का इस्तेमाल होता है और स्त्री को लगता है कि वह स्वाधीन हो रही है। अमेरिका को एक स्वाधीनताप्रिय और सुरक्षित देश मानने वाले को यह तथ्य भी जानना होगा कि वहाँ हर दो मिनट पर एक बलात्कार होता है!

दो

दुनिया के नव-स्वतन्त्र देशों—खासकर अफ्रीका और दक्षिण अमेरिका महादेशों में पश्चिमी औपनिवेशिक संस्कृति से टकराते हुए स्थानीयता, कहन परम्परा, जादुई

यथार्थवाद जैसी चीजें 1990 के दशक में प्रबलता से छा चुकी थीं। उनका असर भारत में भी फैला। उपन्यास बाजार से एक अलग जगह है। इसमें स्वाधीनता की धारणा सरलीकृत नहीं होती। देखा जा सकता है कि स्त्री कथाकारों की नयी कतार उपन्यास की अन्तरराष्ट्रीय प्रवृत्तियों से कितनी प्रभावित है और इसकी नजर में स्त्री-स्वाधीनता का क्या अर्थ है।

मैत्रेयी पुष्पा के उपन्यास 'चाक' (1997) पर केन्द्रित होकर बात की जाए। इसमें स्त्री अस्मिता की चेतना के साथ स्थानीयता और कहन परम्परा मुख्य रूप से है। इसमें स्त्री के अपने परिवेश की संगीतात्मक छवियाँ भव्यता के साथ हैं। इस उपन्यास को पढ़ते समय सुना भी जा सकता है। यह कहन परम्परा का उपन्यास है। ऐसे उपन्यास में लोक संस्कृतियों को समेटती हुई कथा के भीतर कथा होती है, जो एकरेखीय समयबोध का निषेध है। इसका शिल्प यथार्थवादी और अन्तःचेतना प्रवाही आधुनिकतावादी उपन्यासों के एककथापरक शिल्प से भिन्न है। उल्लेखनीय है कि कहन परम्परा और शैली की अन्तरराष्ट्रीय स्वीकृति ने आधुनिक पश्चिमी साहित्य के समानान्तर तथाकथित उत्तर-औपनिवेशिक देशों के साहित्य को महत्त्वपूर्ण बना दिया है। मैत्रेयी पुष्पा के उपन्यास में कथा लिखनेवालों से अधिक महत्त्वपूर्ण हैं कहानी कहनेवाली, दास्तान सुनानेवाली स्त्रियाँ। 'चाक' में यही शैली है, जो लोक शैली की याद दिलाती है।

भारत में कहानी कहने की एक लम्बी परम्परा है। 'रामचरितमानस' में कथा कहने की परम्परा का एक अच्छा रूपक है। मानसरोवर के एक घाट पर याज्ञवल्क्य भारद्वाज से कथा कहते हैं, दूसरे घाट पर शिव पार्वती से कथा कहते हैं, तुलसी भी एक घाट पर कथा सुनाते हैं। अचरज है कि सुमेरु पर्वत पर एक साधारण खग काकभुशुंडी खगों के राजा गरुड़ से कथा कहता है। 'साधारण' कहता है, 'शक्तिशाली' सुनता है। गरुड़ को 'शक्ति' का घमंड हो गया था। उसे हाशिये के पाखी से कथा सुननी पड़ी। मोर से नहीं, तोते-मैने से नहीं। कौआ ज्यादा उदात्त है, वह कथा कहता है। यह देवता, ऋषि, यहाँ तक कि महाकवियों की परम्परा के अलावा विशिष्टवर्गी सौन्दर्यबोध को भी एक झटका है। कथावाचक का रूपक इसलिए तात्पर्यपूर्ण है कि एक जगह कौवा कथा कह रहा है। अवमानना का शिकार 'साधारण' कथा कह रहा है। वह बता रहा है कि योग, ज्ञान, वैराग्य और तप बेकार हैं, यदि प्रेम नहीं है। 'समुझहिं खग खग ही कै भाषा' के आशय को थोड़ा ट्विस्ट करें, यही ध्वनित होगा कि स्त्री की पीड़ा को अच्छी तरह स्त्री ही कह सकती है, दलित की पीड़ा को अच्छी तरह दलित ही कह सकता है। स्त्री की तकलीफ कहने के लिए स्त्री की भाषा पुरुष की भाषा से अलग हो सकती है। इस तरह इधर के उपन्यासों में यदि कहानी लिखने की जगह कहने की शैली प्रधान है, यह एक

विशेष बात है। सारामागो ने अपने उपन्यासों के सम्बन्ध में कहा था, यह 'लिखित मौखिकता' है। वह कथावाचक के साथ लेखन शैली को भी महत्ता देना चाहते थे। ऐसे उपन्यासों ने 'रचयिता (ऑथर) की मृत्यु' की धारणा उलट दी, कथावाचक के साथ लेखक फिर जी उठा।

'चाक' अतरपुर के स्थानीय जीवन की कहानी है, "गाँव की सहज-सरल दिनचर्या में अचानक धमाका हुआ, धरती हिल उठी।" एक स्त्री सारंग ने धमाका किया। इतिहास के भीतर से इतिहास की एक नयी पर्त सामने आयी, "इस गाँव के इतिहास में दर्ज दास्तानें बोलती हैं—रस्सी के फन्दे पर झूलती रुक्मणी, कुएँ में कूदने वाली रामदेई, करबन नदी में समाधिस्थ नारायणी, ये बेबस औरतें सीता मैया की तरह भूमि-प्रवेश कर अपने शील सतीत्व की खातिर कुरबान हो गयीं। ये ही नहीं, और न जाने कितनी...।" बूढ़ी खेरापतिन लोकथाएँ-गीतकथाएँ सुनाती हैं, मैत्रेयी पुष्पा लिखती हैं। इस तरह कहन और लेखन का संयोग, स्मृतियों और हस्तक्षेप का संयोग नया रंग यह लाता है कि इस बार सारंग की बहन रेशमा की मृत्यु-पूर्व दर्दनाक चीख व्यर्थ नहीं जाती। वह एक गर्भवती विधवा थी। वह जवान थी। उसमें देह की स्वाभाविक भूख थी, जिसे स्त्री विमर्श में स्त्री की इच्छा की स्वाधीनता का पर्याय माना गया। रेशमा के ससुरालवालों ने उसे मारकर जमीन में गाड़ दिया और सबूत मिटा दिये। वह परिवार की 'इज्जत' थी। उसके जेठ थान सिंह मास्टर, डोरिया, भूरा आदि नरपिशाच होते हुए भी 'इज्जतदार' थे। वे कानून-कायदे से ऊपर थे। सारंग पढ़ी-लिखी थी। वह अपराधी को सजा दिलाने के लिए बावरी हो गयी। उसने स्वतन्त्रता और सुरक्षा में स्पष्टतः स्वतन्त्रता को चुना। उसके पति रंजीत ने उसे बाँहों में भरकर कहा, "संसार की लीला यही है। तुम गीता पढ़ा करो, धीरज बँधेगा।" यहीं से शुरू होती है उस धरती के पुनः फटने की कथा, जिसमें सीता समाई हुई थी।

अस्वाभाविक नहीं है कि स्त्री विमर्श के बैनर तले स्त्रियों का जो लेखन इधर सामने आया, वह मर्द बुद्धिजीवियों को पशोपेश में डालता है। वे कथाकार जो स्त्री, दलित या स्थानीयतावादी नहीं हैं, 'राष्ट्र', 'आधुनिकता', 'वामपंथ' और 'धर्मनिरपेक्षता' के वृत्तान्तों से बँधे हैं, वे अपनी खिसकती साहित्यिक जमीन को लेकर चिन्तित हो सकते हैं। यह सही है कि आधुनिकतावादी और प्रगतिशील साहित्य, दोनों में लैंगिक मामले और जाति को लेकर अलग से गहरी चिन्ता नहीं थी। आधुनिकतावादी साहित्य में आधुनिकीकरण का संकट झेलते हुए भी उसके प्रति एक गहरा सम्मोहन था। उसमें व्यक्ति की सच्चाइयाँ ही सब कुछ हो गयीं। प्रगतिशील साहित्य का यथार्थवाद वर्ग की सच्चाइयों के भीतर जाकर जेंडर, जाति-पाँति और स्थानीयता की सच्चाइयों को अपने दायरे में नहीं ला पाया। इसलिए आधुनिकता और प्रगतिशीलता के सन्दर्भ

बदलने थे, उनमें विविधता आनी थी। आमतौर पर हर दौर की साहित्यिक संस्कृति विविधता से भरी रही है। आज के दौर में विविधता ज्यादा है। कई तरह के साहित्य एक साथ उपस्थित हैं। निश्चय ही हमारे समय में साहित्यिक रूपों और अन्तर्वस्तु को प्रभावित करने वाली ऐसी भी कई चीजें हैं, जो 'साहित्यिक' और 'शिष्ट' नहीं लग सकती हैं!

पुरुष सदियों से सम्पत्ति, धर्म और पारिवारिक सत्ता के बल पर स्त्री पर अपना प्रभुत्व जताता रहा है। स्त्री को दुलारते-मनुहारते हुए भी उसका प्रभुत्व कई बार हिंसा की शक्ल धारण कर लेता है। मैत्रेयी पुष्पा 'चाक' में स्त्री पर पुरुष के अन्याय, जुल्म और बर्बर साम्राज्य की अनगिनत लोककथाओं और किंवदन्तियों में आती हैं। पुरुष चाहे पढ़ा-लिखा हो या अशिक्षित, वह स्त्री का स्वत्व सह नहीं पाता। स्त्री पहले ही समझ ले कि पुरुष क्या चाहता है। वह अपनी प्राकृतिक आकांक्षाओं और रुचियों का, यहाँ तक कि अकेले निकलकर स्वतन्त्रतापूर्वक घूमने-फिरने की स्वतन्त्रता का दमन करे। रानी मंझा के देस-निकाले की कथा से लेकर पांचन्ना बीवी की छातियाँ दागने तक के उदाहरण सामने आते हैं। बाहर स्त्रियों के प्रति क्रूरता से घर की चौहद्दी में होने वाले अत्याचार कम भयंकर नहीं होते। स्त्रियों के लिए घर कम असुरक्षित नहीं है। उपर्युक्त घटनाओं से उभरता है कि सदियों से किस तरह स्त्रियों का जीवन अत्याचारों और वर्जनाओं के पहाड़ से नीचे दबा रहा है। बहू-बेटियों के सामाजिक नियम के बाहर प्रेम करने पर मार डालने की घटनाएँ इन दिनों कम नहीं हैं। स्त्रियों के सामने समस्या है कि ये उस तरह 'समुदाय' नहीं हैं, जिस तरह दलित, आदिवासी या किसान हैं। ये दलितों या आदिवासियों की तरह पुरुष से दूर एक समुदाय के रूप में अलग से साथ नहीं रह सकतीं। स्त्रियों का एक गाँव नहीं हो सकता। अतः पुरुष सत्ता से इनका संघर्ष कठिन और जटिल हो जाता है। इनके सामने प्रश्न इस रूप में है कि पुरुष के साथ रहना उनकी नियति है, फिर भी ये दुनिया को अपनी नजरों से कैसे देखें, पुरुषों द्वारा प्रशासित 'राष्ट्र' में कैसे अपनी जगह बनाएँ और पुरुष वर्चस्व का प्रतिरोध कैसे करें?

स्त्री के प्रतिरोध के हजारों रूप हो सकते हैं और अनगिनत तरीके से उसकी कहानी कही जा सकती है। एक है राजनीति में घुसकर स्त्री के हस्तक्षेप को पहचानना, जो काम मन्नू भंडारी ने 'महाभोज' में किया। एक है लोक जीवन में पैठकर स्त्री के प्रतिरोध की पुनर्रचना, जो मैत्रेयी पुष्पा ने 'चाक', 'अल्मा कबूतरी' जैसे उपन्यासों में की। एक है इतिहास में जाकर स्त्री की विडम्बना और लड़ाई को उत्तर-औपनिवेशिक सैद्धान्तिकी की संरचना में उभारना, जो काम अनामिका ने 'दस द्वारे का पींजरा' और 'तिनका तिनके पास' में किया। मैत्रेयी पुष्पा और अनामिका की खूबी यह है कि इन्होंने कहन शैली चुनी, स्त्री-स्थानीयता को महत्त्व दिया और

अपना लेखन स्त्री ठसक से भरी ऐसी अलंकृत भाषा में किया, जो पितृसत्तात्मक मिजाज को खरोंचती है।

मैत्रेयी पुष्पा 'चाक' में भारतीय स्त्री की आन्तरिक पीड़ा, घृणा और गुस्से को प्रभावशाली ढंग से सामने लाती हैं। यह समाज रोने और अनुनय-विनय से कुछ नहीं सुनता। उसे तीखा जवाब चाहिए। पुलिस और न्याय व्यवस्था बहरी है। इसलिए सारंग ठानती है, पति से कुछ नहीं हुआ, गाँव से कुछ नहीं हुआ, कानून से कुछ नहीं हुआ, अब वह खुद घिनौनी सूरत वाले डोरिया को पहलवान केलासी सिंह से पिटवाएगी। उसे दंड देना है। केलासी सिंह ताकतवर होने के बावजूद एक मनोग्रन्थि से पीड़ित निकले। उनका मनोबल टूटा हुआ था। वे कई दंगल हार चुके थे, किस ताकत से पीटते डोरिया को। स्त्री के काम स्त्री ही आती है। सारंग की खातिर कलावती चाची मन से कमजोर हो चुके पहलवान केलासी सिंह को खुद अपने घर खिलाने-पिलाने और मालिश करने ले गयी, ताकि उसमें डोरिया को ललकारने की ताकत आये। यह किसी आन्दोलन की तैयारी नहीं है, स्त्री का दुविधाहीन मन है, खुला मन है, प्रतिरोध से भरा मन है।

स्त्री को समाज में पुरुष की तरह एक पूर्ण व्यक्ति की हैसियत मिले, इसके लिए स्त्री को देह की स्वतन्त्रता चाहिए, यह स्त्रीवादी आन्दोलनों की एक प्रमुख माँग है। मैत्रेयी पुष्पा पुरुष-वर्चस्व के विरुद्ध देह की स्वतन्त्रता का अनोखा रूपक रचती हैं। कलावती चाची पहलवान कैलासी सिंह के सम्बन्ध में सारंग को पूरी घटना सुनाती है, "मैंने कही—लुगाई है रे तू? जबरदस्ती तैमद खोलकर फेंक दिया बंजारे का। हाय सारंग। तीस-बत्तीस बरस का पूरा पाठा आदमी और आठ नौ साल के बालक की सी चोचनी। बोल दिया कि लल्लू केलासी, भूल जाओ रिश्ते-नाते। इस घड़ी तुम मर्द और मैं बैयर। सारंग जो काम उस नाँसिया को करने थे, सो मैंने किये। मरी मरदानी को हाथ फेर-फेरकर चेतन्त किया और तुरन्त ही अपने लत्ता खोल के एक ओर पटक दिये। जता दिया, समझा दिया कि मेरा कुछ नहीं बिगड़ा जाता। और फिर ये तो देह रहते के खेल हैं रे। पाप-पुन्न मत सोचना। लल्लू बड़ी देर से निरदन्द भए, पर जब निरदन्द हो गए तो समझ ले कि मेरी आँखों के अगारी पूरे पुरिख होकर ठाड़े हो गए। मैंने उस लल्लू को छाती से चिपकाकर, हार और जीत के आनन्द में डुबो लिया। रस ही रस फिर तो। ऐ मेरे भगमान, ऐसा दिन भी आया था मेरी जिन्दगानी में? सुरगनसैनी चढ़ गयी मैं तो। अखीर में खुशी के मारे केलासी सिंह ने मेरे पाँव पकड़ लिये।"

यह देह की स्वतन्त्रता है या देह की राजनीति, इस पर बहस हो सकती है। इतना स्पष्ट है कि हिन्दी में पहली बार एक स्त्री कथाकार ने निर्द्वन्द्व होकर 'सुरगनसैनी' का इतना लाइव, अलंकृत और स्थानीय ध्वनियों से सजा चित्र खींचा। केलासी सिंह

को जगाने का मूल मकसद प्रतिशोध लेना था। उसने दंगल में रेशमा के हत्यारे डोरिया की धुनाई करके सारंग का दिल बाग-बाग कर दिया। सवाल है, क्या स्त्री को प्रतिशोध तक या देह के स्वराज तक सीमित रह जाना चाहिए? 'चाक' में मंझा की कथा है। गुरुकुल की 'खलनायिकाओं' शकुन्तला और शारदा को दी गयी यातना की कथा है। गाँव की रेशमा, बैकुँठी, गुलकन्दी, केका, राममूर्ति जैसी स्त्रियों पर अत्याचार के वृत्तान्त है। किसी ने जानना नहीं चाहा, स्त्री की इच्छा क्या है और उसे सजा दे दी। उस पर लाँछन लगाये। कभी पंचायत में खड़ा कर दिया। कभी नंगा घुमाया। कभी 'आनर कीलिंग' किया। लड़की गाँव की इज्जत में शामिल हो गयी। 'चाक' में कथा के भीतर कथा है, गुड़िया भीतर गुड़िया या चाइनीज बाक्स!

'चाक' में लोककथाओं और लोकगीतों को बड़ा महत्त्व दिया गया है, जो स्त्री द्वारा लिखे गए उपन्यास की एक खास बात कही जा सकती है। निश्चय ही ऐसी कथाएँ और गीत स्त्रियों की स्मृति में झनझनाते रहते हैं।

स्त्रियों के दमन के मामले में पुरुषों का आमतौर पर आपस में एक चुप्पा समझौता रहता है। क्या गार्गी की तरह स्त्री प्रश्न कर सकती हैं? 'चाक' में प्रश्न है, 'क्या इस दारुण कथा का अन्त सम्भव नहीं?' मैत्रेयी पुष्पा ने 'चाक' में सारंग को बेजुबान स्त्रियों की आवाज बनाकर उपस्थित किया, "मैं वह रास्ता खोलने जा रही हूँ, जिसे खोलना औरत के लिए वर्जित है। यह व्यभिचार नहीं आजादी है।" वह लौंगसिरी बीबी की तरह अपना मन मारकर जीना नहीं चाहती। सारंग अत्याचार की मारी स्त्रियों के विक्षोभ की लपट बन गयी, उसे देह का स्वराज चाहिए। सारंग अपने पति रंजीत से निराश होकर कहती है, "जिस घर की मिट्टी का रेशा-रेशा मेरे हाथों सजा-सँवारा है, जिसके आँगन में मेरे पाँवों के निशान जीवित हैं, विश्वास नहीं होता रंजीत कि एक पल में ही वह मुझसे कैसे छिन गया। तुम्हारा कोई नया सूत्र खुलता है और मुझे कुम्हार के डोरे की तरह चाक से काट ले जाता है।" चाक स्त्री की जिन्दगी है, जिसे पुरुष अपने मन-मुताबिक गढ़ता है और वस्तुतः स्त्री को उसकी अपनी आँखों से दुनिया देखने नहीं देता। वह भीतर कहीं बहुत डरा हुआ होता है। उसे अपनी पुरुष सत्ता खोने का भय होता है। इसलिए रंजीत मीठी हिंसा के साथ सारंग से कहता है, "औरतों जैसे आचरण करो। अपनी सीमाएँ देखो, गहने-कपड़े माँगो, पीहर प्यौसार जाने के लिए लड़ो-रूठो...तुमको कंचन की तरह अपने घर की हदों में सुरक्षित रखनेवाला मैं, चौखट के बाहर का खतरनाक दायरा कैसे नापने दूँ?" सारंग को लगा, रंजीत उसका सच्चा जीवन साथी नहीं है। उसने विद्रोह में सोचा, यह घर उसका नहीं है। वह श्रीधर की बात सुनती है, "'बराबरी' शब्द खतरों की ईंटों से बना है।" वह जिस तरह का संघर्ष ठानती है, उस तरह संसार की कई स्त्रियाँ विषमता, उत्पीड़न और पुरुष अहंवाद से संघर्ष कर रही हैं।

सारंग में उन्हीं की छवि है।

उल्लेखनीय है कि 'चाक' में स्त्री की राजनीतिक हिस्सेदारी बढ़ाने को मुक्ति का एक पथ माना गया है। सारंग चुनाव की राजनीति में एक पुरुष द्वारा ही लायी जाती है। पुरुष-पुरुष में भेद है, पुरुष पितृसत्ता का वर्चस्व बनाता है और एक खास दौर तक पुरुष ही स्त्री को मुक्ति का रास्ता दिखाता है। 19वीं सदी के सुधारवादी आन्दोलनों के केन्द्र में स्त्री थी और नेतृत्व में पुरुष थे। राष्ट्रवादी आन्दोलन के नेतृत्व में भी पुरुष थे। स्त्री खुद भविष्य के किसी बड़े आन्दोलन के नेतृत्व में कभी आयेगी या वह हमेशा पुरुष द्वारा ही सामने लायी जाएगी? यह प्रश्न भी उठता है कि आज चुनाव की राजनीति की जो यथार्थ दशा है, किस हद तक स्त्री मुक्ति का रास्ता इससे होकर गुजरता है?

सारंग गाँव के स्कूल में आये नये मास्टर श्रीधर की ओर आकर्षित हुई, "मैं बन्धन में बँधी, रग-रग में दहशत लिये, पाँवों की बेड़ियाँ झनझनाती तुम्हारी ओर बढ़ रही हूँ।" सदियों पुराने कठोर धार्मिक अनुशासन, पति के मालिकाने और पुरुष-अत्याचारों को चुनौती इस रूप में है। दिलेर सारंग एक-दूसरे पुरुष श्रीधर के करीब जाती है। वह अपना घर-बार छोड़कर बीमार श्रीधर की सेवा करती है, उसे शिशु का चोला देकर उस पर प्यार उँडेलती है। वह कलावती चाची से कहती है, "चाची, तुमने केलासी सिंह को जो संजीवनी बूटी चटा दी थी, वह मैं देना चाह रही थी श्रीधर को।" इसके लिए प्रत्यक्ष तर्क है, उसके पति रंजीत ने गाँव के बुरे व्यक्तियों से महत्त्वाकांक्षावश समझौता कर लिया, जबकि श्रीधर जोखिम उठाकर प्रतिपक्ष में खड़ा हुआ। सवाल उठ सकता है कि स्त्री विमर्श स्त्री की लड़ाई को एक व्यापक प्रतिरोध की शक्ल देता है या प्रतिशोध की। क्या सारंग में प्रतिरोध की जगह प्रतिशोध की भावना अधिक प्रबल है?

श्रीधर पिछड़ी जाति का एक निर्भीक शिक्षक है, जो स्त्री को एक अलग नजरिये से देखता है। वह एक ऐसे गाँव में ट्रांसफर होकर आया है, जो श्रीलाल शुक्ल के 'राग दरबारी' के गाँव से काफी मिलता-जुलता है। वैसी ही दबंगई, भ्रष्टाचार और घृणित राजनीति। श्रीधर सोचता है, "गाँव ऐसी ही तो आत्मा है, जिसके भाग्य में विनाश की ओर जाना लिखा है।" उसकी निर्भीकता से अकेलापन महसूसती स्त्रियों में उसकी माँग बढ़ गयी, "मन में अनगिनत तितलियाँ उड़ने लगीं।" सारंग सलोनी नागिन, श्रीधर आत्मविश्वास से भरा सपेरा। क्या 'चाक' मुक्त सेक्स की आधुनिकतावादी अन्तर्धारा को महिमामंडित करता है?

'चाक' की केन्द्रीय चिन्ता स्त्री देह का स्वराज है, "सारंग पुरानी रीतियों, कुरीतियों, रूढ़ियों से लड़ती तो शायद इतना टकराव न होता, उसका रास्ता दूसरा है, जो बेहद टेढ़ा और शूलों भरा है, क्योंकि वह पति से लड़ना चाहती है।" पति

भारत में एक दमनकारी सत्ता है। गाँव में ही नहीं, महानगर, शहर में भी हालत अधिक खराब हुई है। पुरुष पत्नी में कमी देखकर दूसरी स्त्री या स्त्रियों के पास जाता है, स्त्री पति में कमी देखकर क्या करे? दूसरा पुरुष उसके लिए वर्जित फल क्यों हो, यह 'चाक' का एक महत्त्वपूर्ण मुद्दा है। यह 'वर्जित फल' नहीं है, एक मधुर आजादी है, 'सारे बन्धन काट फेंकने का सुखद समय।' यह आजादी एक कशमकश है और इसके अपने खतरे हैं। दूसरे पुरुष से प्रेम स्त्री का पुरुष-प्रभुत्ववाद और पितृसत्तात्मक व्यवस्था से मुक्ति है, यह एक भ्रम है। दूसरा पुरुष पहले पुरुष से भिन्न ही होगा, यह नहीं कहा जा सकता। दूसरे पुरुष से प्रेम कई बार स्त्री की वैयक्तिक भावनात्मक विवशता होती है, पर यह प्रेम स्त्री का मुक्तिद्वार नहीं है। यह पुरुष-प्रभुत्ववाद का ही एक चालाक रूप है, जो विचार की पोशाक पहन लेता है।

तीन

पिछले कुछ दशकों से उपभोक्ता संस्कृति में स्त्री का दमन बढ़ा है। रीतिकालीन शृंगारिक साहित्य से काफी बढ़ा-चढ़ा है बाजार का स्त्री देह विमर्श। स्त्री की पर-अधीनता के नये रूप ईजाद हुए हैं। उपन्यास में भी बाजार के रास्ते से कामुकता का प्रवेश हुआ है। सामान्यतः 'कामुकता' जीवन की समस्या के रूप में नहीं आयी, यह एक बिकाऊ जिंस के रूप में आयी। कामुकता का प्रक्षेपास्त्र मुख्यतः बाजार के हाथ में है, जिस तरह घृणा का प्रक्षेपास्त्र राजनीति के पास है। हिन्दी के सामुदायिक विमर्शों में यदि कुछ समय तक स्त्री विमर्श 'कामुकता' और दलित विमर्श 'घृणा' के आसपास ही ज्यादा चक्कर लगा रहा था, इसकी बुनियादी वजह नयी कहानी युग के 'भोगे हुए यथार्थ' का आतंक था। राजेन्द्र यादव ने नयी कहानी के 'भोगे हुए यथार्थ' को ही सामुदायिक विमर्शों पर चस्पा कर दिया था और तात्कालिक रूप से उन विमर्शों को अपनी नयी कहानी युगीन औपनिवेशिक बौद्धिकता में कैद करके रखना चाहा था। उनका मकसद समाज, प्रगतिशीलता, जनतन्त्र की धारणाओं को चकनाचूर करना था। एक समय तक स्त्री और दलित लेखकों के सामुदायिक विमर्श उनके उग्र-अनुभववादी रुझानों से प्रभावित थे। राजेन्द्र यादव ने स्त्री और दलित विमर्शों को सुलगाया भी और परिसीमित भी किया।

यह अच्छी बात है कि मैत्रेयी पुष्पा 'चाक' में विमर्श को देह की स्वतन्त्रता के दायरे में ले जाकर भी वहाँ रुकती नहीं हैं। उपन्यास में सारंग कठोर जाट बिरादरी के दमनात्मक सामुदायिक माहौल में अपने फैसले खुल-ढककर खुद लेने लगती है। अपने अन्तर्विभाजित पति से विमुख होने के बाद उसमें पुनर्जीवित होती है स्वच्छन्द सोच की वह स्त्री, जो उसके अन्दर कठोर गुरुकुल में शिक्षा के दौरान थी। उसमें

न दब्बूपन बचा होता है और न दुविधा होती है। वह आजादी का साक्षात रूप बन जाती है, जिसका एक सिरा उसका बेटा चन्दन है और दूसरा स्कूल में आया नये विचारों का मास्टर श्रीधर। कथाकार पुरुष-प्रभुत्ववाद का विरोध करते हुए भी परिवार के विरुद्ध नहीं है। सारंग से उसके श्वसुर बाबा गजाधर सिंह कहते हैं, 'मास्टर से तू प्रेम के कारण बँधी है तो रंजीत से मोह के कारण।' सारंग अपने पति से विद्रोह करती है और करवा चौथ का व्रत भी करती है। सारंग की इस मनोदशा को समझना थोड़ा मुश्किल होगा, यदि उसे उस लोक जीवन से काटकर देखा जाएगा, जिसमें स्त्री प्रताड़ना के किस्सों के साथ ऐसे विश्वास भी गुनगुनाते रहते हैं, जहाँ से रोशनी आती है।

हिन्दी में अभी ऐसी कथा लेखिकाएँ नहीं आयी हैं, जो अच्छी खासी गृहस्थी वाली न हों या परिवार को स्त्री मुक्ति में बाधक मानती हों। स्त्री विमर्श का अर्थ परिवार में जनतान्त्रिक स्पेस के लिए लड़ना है, परिवार को मिटाना नहीं है। यह पुरुष-प्रभुत्ववादी दृष्टि पर चोट है, पुरुष से विद्रोह नहीं है। यह 'भारतीय स्त्रियाँ' कहकर छूट लेने का मामला नहीं है, 'परिवार' संस्था की प्रासंगिकता को समझने का विषय है। कई कथा लेखिकाएँ अपने को स्त्रीवादी कहा जाना पसन्द नहीं करतीं। फिर क्या हिन्दी का स्त्री विमर्श पितृसत्ता में थोड़े-से स्पेस के लिए है? यह सवाल भी उठता है, क्या सिर्फ देह की स्वतन्त्रता द्वारा पितृसत्ता को सचमुच कोई बड़ी चुनौती दी जा सकती है? 'दस द्वारे का पींजरा' का यह प्रश्न खुद अपनी सीमा बताता नजर आता है, 'स्त्री कब पूर्ण व्यक्ति की तरह निःशंक रह सकेगी?' इस सवाल का सम्बन्ध स्त्री में वैयक्तिकता की स्थापना और सामन्तवाद-विरोध से है, पर स्त्री का संघर्ष वैयक्तिकता की प्राप्ति नहीं माना जा सकता। उसके कुछ सरोकार समाज और राष्ट्र से हैं या नहीं? स्त्री की मुक्ति कुछ मामलों में पुरुष को साथ लेकर है और कुछ मामलों में उससे लड़कर है। स्त्री की लड़ाई सरल नहीं है, यह बेहद जटिल है। फिर भी हिन्दी के स्त्री लेखन का यह योगदान माना जाएगा कि इसने स्त्री में व्यक्ति होने की इच्छा जगायी।

'चाक' में सत्री-प्रश्न उलझ जाता है, जब सारंग परिवार और दूसरे से यौन-सम्बन्ध, दो नावों पर एक साथ पैर रखना चाहती है। स्पष्ट है कि स्त्रीवाद स्त्री-चेतना का एक छोटा-सा स्टेशन है, यह मंजिल नहीं है।

स्त्रियाँ औपन्यासिक विमर्श में पुरुष की सामन्ती मानसिकता से टकरा रही हैं, क्या वे उपभोक्तावाद की निर्बुद्धिपरकाताओं और धार्मिक निर्बुद्धिपरकताओं से भी जूझ पा रही हैं? हम जानते हैं, कई बार बाजार मर्दवाद ही स्त्रीवाद के छद्मवेश में आता है। 'चाक' में सारंग की एक मातृछवि है, चन्दन की माँ की छवि। स्त्रीवाद आमतौर पर स्त्री की मातृछवि के राष्ट्रवादी मूल्यवर्धन की आलोचना करता है। वह

स्त्री के गर्भनिर्धारण को ही स्त्री की गुलामी की मुख्य वजह मानता है। सारंग चन्दन की पढ़ाई-लिखाई, गाँव की हिंसा से दूर रखकर उसकी बेहतर देखभाल के प्रति बेहद चिन्तित है। उसका मातृरूप रह-रहकर उफनता है। वह श्रम और प्रेम की प्रतिमूर्ति है। मैत्रेयी पुष्पा शहर में रहने के बावजूद यदि बार-बार गाँवों से कथा-सामग्री लेती हैं, उनका मकसद क्रूर सामन्ती मानसिकता से सीधी टक्कर में आना ही नहीं, लोक जीवन में छिपी सम्भावनाओं, स्त्री की बुनियादी अन्तःशक्तियों को पहचानना भी है।

स्त्री की दृष्टि से देखने पर कोई भी गाँव वही नहीं होता, जो प्रेमचन्द और रेणु का था। 'चाक' का अतरपुर एक अनदेखा स्त्री-परिवेश लेकर आता है, जो खुद पूरे गाँव से बड़ा हो जाता है। इसके साथ खनखनाती-झनझनाती स्त्री रीतियाँ, गालियाँ, स्त्रियों का हँसना-रोना, स्थानीय निर्बुद्धिपरकताएँ, स्थानीय ध्वनियों के साथ अनगिनत अनोखे शब्द, स्त्रियों की छिपी बातचीत, स्त्री के लटके-झटके के साथ छिपे कई दुख-दर्द भी सामने आते हैं—कहना चाहिए, जो स्त्री ही उजागर कर सकती है।

'चाक' में शहरी बौद्धिकता से दूर जाटों का सामुदायिक दबंगपन है, गाँव की नंगी क्रूरता है। इसके समानान्तर हैं पर्व-उत्सव, कुश्ती की ललकार, किस्से-कहानियाँ, स्त्रियों की साँसों से बँधे लोकगीतों का सिलसिला। इस उपन्यास की एक बड़ी खासियत इसमें स्थानीय मुहावरों का बेधड़क इस्तेमाल है। इसकी भाषा जितनी अलंकृत है—चमत्कृत करने वाली अर्थछवियों से भरी, उतनी ही चुभनेवाली भी है। खासकर स्त्रियों की अन्तरंग बातचीत में खुलापन है, समृद्ध बिम्ब हैं। एक समुदाय-आधारित उपन्यास में लोकजीवन की ठसक से भरी, जमीन की भाषा होती है, जो 'चाक' में है। इस उपन्यास का अच्छा अनुवाद बड़ी मुश्किल से होगा। सवाल उठ सकता है, वैश्वीकरण के जमाने में इतनी अधिक स्थानीय विशिष्टता का क्या अर्थ है?

यह सम्भव नहीं था कि स्थानीय निर्बुद्धिपरकताओं के बिना 'चाक' के स्त्री-परिवेश में सजावट आ सके। क्या स्त्री इतनी इर्रेशनल होते हुए कभी सामन्ती क्रूरता का मुकाबला कर सकती है, वह भी एक बन्द जाट समुदाय में? क्या सारंग का स्त्री संघर्ष स्त्री का यथार्थ न होकर, स्त्री उत्पीड़न की स्मृति और कल्पना पर आधारित एक 'निर्मित अनुभव' है? 'चाक' दो दशक पुराना उपन्यास है। क्या स्त्री लेखन का धार्मिक रूढ़ियों को चुनौती से कोई रिश्ता है? पंडिता रमाबाई ने सुधारवादी आन्दोलन के दौर में परम्परागत स्त्री-मर्यादा का उल्लंघन करके अपने पिता की अर्थी को कन्धा दिया था। स्त्री-चेतना का एक अर्थ हर तरह की निर्बुद्धिपरकता से लड़ना है। स्त्री कई पुरानी और आधुनिक रूढ़ियों से जकड़ी है, जिन्हें तोड़े बिना वह स्वतन्त्रता के रास्ते पर आगे नहीं बढ़ सकती। मर्दवाद क्या है? यह सदियों पुरानी और अधुनातन रूढ़ियों का ही पूँजीभूत रूप है।

राजाओं और रईसों के पैलेस जिस तरह आधुनिक होटलों में बदल गए, उसी

तरह पुरानी धार्मिक-पुराजातीय रीतियाँ भी नयी सजधज के साथ अब प्रदर्शन की वस्तुएँ बनती जा रही हैं। पुराजातीय समाज कथा के ही विषय नहीं हैं, आज पुराजातीयता की छाप भवन, फर्नीचर और फैशन पर भी खूब है। हम सोच नहीं सकते कि हमारे अतीत और लोकजीवन पर कितना निर्मम हमला हुआ है। हमला वहाँ हुआ है जहाँ निश्छलता, ईमानदारी और मेहनत की भावना सबसे अधिक है, भले वहाँ बुद्धिवाद न हो। बुद्धिवाद जिस तरह आज चालाकी में बदल गया है, एक निर्बुद्धिपरक सद्हृदय ज्यादा आलोकवान दिख सकता है। आज पुराजातीयता और स्थानीयता, जहाँ निर्बुद्धिपरकताएँ बड़े पैमाने पर हैं, अन्तरराष्ट्रीय स्तर पर कथाकारों को आकर्षित कर रही हैं। यदि स्त्री उपन्यासकारों की कथाओं मे ये चीजें हैं, मानवता की कुछ श्रेष्ठ चीजों और विविधताओं को बचाने के उद्देश्य से हैं।

हमारी नयी बुद्धिवादी सभ्यता 'अपने को जानो' से 'अपना होना सीखो' के मुकाम पर पहुँची है। ऐसी सभ्यता में स्त्रियाँ अपनी पहचान, स्वतन्त्रता और अधिकारों के बारे में सोचने लगी हैं। वे अपने भीतर व्यक्ति-सत्ता का अनुभव कर रही हैं। उन्हें कदम-कदम पर पुरुष-वर्चस्व से टकराना पड़ रहा है। यह बिल्कुल सम्भव है कि वे सोचें कि उन्हें कई अन्य वर्चस्वों से भी टकराना है। संभव है, वे अपनी लड़ाई व्यापक करें। हो सकता है कि उन्हें 'राष्ट्र' को पुनःपरिभाषित करना जरूरी लगे। वे इसके प्रति भी सचेत हो सकती हैं कि वे किसी भी युग से अधिक 'वस्तु' के रूप में देखी जा रही हैं। पति ही एक दमनकारी सत्ता नहीं है, वे वस्तुतः कई तरफ से छली जा रही हैं। पति ही नहीं, नया पूँजीवादी बाजार भी उनके 'व्यक्ति' होने में बाधक है, भले उन्हें अनन्त स्वाधीनता का आभास दे। बाजार के मर्दवाद से स्त्री की लड़ाई कब शुरू होगी?

दलित आवाज का महत्त्व

पिछले लगभग डेढ़ सौ सालों से दलित बोल रहे हैं, लिख रहे हैं और अपना सौन्दर्यशास्त्र बना रहे हैं। उनकी आवाज के साथ अब उनके 'दस्तखत' भी हैं। यह एक महत्त्वपूर्ण घटना है। ऐसे लोग, जिन्हें राष्ट्रवाद ने उद्धार के प्रतीक्षालय में रख छोड़ा था या अब भी जिन्हें वर्ण-व्यवस्था की अवमानना झेलनी पड़ रही है, यदि साहित्य में असरदार कदम रखने लगे हैं, इसे साहित्यिक संसार के विस्तार के रूप में देखना चाहिए।

एक

प्राचीन भारतीय जीवन में शम्बूक और एकलव्य जैसे व्यक्ति थे। लोकायतिक, सिद्ध और नाथपंथी थे। वे सब कैसे थे? ढाई हजार साल पहले की बौद्ध थेरीगाथा में एक दलित स्त्री कहती है, "मैं ईश्वर, पुनर्जन्म और दासता से अब मुक्त हूँ। मैं भूख और अब तक के सभी बन्धनों से मुक्त हूँ।" कुछ सौ वर्ष पहले कबीर, रैदास जैसे सन्त कवियों ने सामाजिक कुरीतियों और बाह्याचारों से विद्रोह किया था; वे सभी बौद्धिक रूप से श्रेष्ठ और सामाजिक सक्रियता से भरे लोग थे। उनके दौर का मामला यह है कि उनके समुदाय के बाहर उनकी आवाज सुनने वाले, उनके साथ चलने वाले कम व्यक्ति थे। कबीर बार-बार जोर से पुकारते थे, 'सुनो भई साधो', पर उनके पास कम लोग आते थे। 19वीं 20वीं सदी में हालात बदलते हैं। 21वीं सदी में और तेजी से बदले हैं। नवजागरण और स्वाधीनता संग्राम के दौर से लेकर अब तक की घटनाओं से स्पष्ट है कि समाज में दलितों की आवाज सुनने वाले लोग बढ़े हैं। इतना ही नहीं, दलितों की आवाज एक निर्णायक राजनीतिक ताकत बनी है।

यदि दलित साहित्य की परम्परा को ध्यान में रखा जाए, कहा जा सकता है कि दलित सौन्दर्यशास्त्र का विरोध वर्ण-व्यवस्था से ही नहीं है। इसका विरोध अलौकिकता, सामाजिक जड़ता और भोग-विलास की सामन्ती मनोवृत्ति से भी है। दलित सौन्दर्यशास्त्र की परम्परा उपेक्षित नहीं की जा सकती। दलित लम्बे समय

से चाहते रहे हैं कि लोग ईश्वर की विकृत अवधारणाओं, रूढ़ियों और अन्यायों से मुक्त हों। इसके अलाचा, दलित सौन्दर्यशास्त्र ने प्रेम का सच्चा रूप दिखाया था, 'ढाई आखर प्रेम का'। इसके जनतान्त्रिक तत्त्व दलित सौन्दर्यशास्त्र को उत्पीड़ितों के एक व्यापक सौन्दर्यशास्त्र में बदल देते हैं। दरअसल हिन्दुस्तान के प्राचीन मन्दिर, मस्जिद, अजन्ता-एलोरा की गुफाएँ, कोणार्क, ताजमहल और ऐसी तमाम ऐतिहासिक धरोहरें किनकी बनायी हुई हैं? ये ब्राह्मणों, क्षत्रियों और बनियों के नहीं, दलितों के श्रम के नतीजे हैं। इन धरोहरों पर गर्व करते हुए हम उन दलित कारीगरों पर भी गर्व कर सकते हैं, जिनके हाथों से ये निर्माण हुए। हम चाहें तो नाटक और संगीत कला की परम्परा को भी इन्हीं के भीतर से देख सकते हैं। नाट्यशास्त्र की रचना पंचम-वर्ण के लिए हुई थी, जो वर्ण-व्यवस्था के बाहर थे। दलित सौन्दर्यशास्त्र की परम्पराओं को आत्मकथाओं से व्यापक करके थोड़ा और खोलने की जरूरत है। हम पाएँगे, वहाँ साधारणता है तो विराटता भी है, एक विश्वबोध भी है।

ज्योतिबा फुले 'ब्राह्मणवाद' का विरोध एक न्यायपूर्ण भारतीय व्यवस्था के निर्माण के उद्देश्य से कर रहे थे। उन्होंने शिक्षा को शक्ति से जोड़ा था। वह पुराने आदर्शों को बदलना चाहते थे। उन्होंने 'शिवाजी का पँवाड़ा' लिखा। इसमें शिवाजी के जन्म के समय की एक कल्पना है, 'बच्चे के हाथ-पैर की उँगलियाँ प्याज के रंग की हैं। इस रंग से कमल भी लज्जित हैं।' फुले को प्याज कमल से सुन्दर लगा। प्याज ऐसी चीज है यदि इसका रस आँखों में जाये, माथा झनझना उठेगा। एक दलित लेखक का कमल की जगह प्याज में सौन्दर्य देखना नवीनता है। इस तरह का सौन्दर्यबोध खास तरह के अनुभवों और ज्ञान का नतीजा है। हर जमाने में जिन्दगी के लक्ष्य में बदलाव के साथ सौन्दर्य की अवधारणा में भी बदलाव आता है। इसलिए दलित लेखक जब अपने जीवन के नये लक्ष्यों से रूबरू हुए, उनके लिए दुनिया बदलने लगी और सौन्दर्य की परिभाषा भी। वे एक बदलती हुई दुनिया में जीवन और साहित्य के नये लक्ष्यों से रूबरू हुए।

दलित साहित्य के सौन्दर्य को जनविक्षोभ के सौन्दर्य के रूप में पढ़ा जाना चाहिए। दलित साहित्य में तिक्तता, क्रोध, प्रहार, घृणा और अतिरंजना स्वाभाविक है। उसमें कच्चे प्याज की तरह झनझनाहट पैदा करने वाली बातें हो सकती हैं। हम उसमें कमल का सौन्दर्य नहीं पाएँगे। हम दलितों के क्रोध, भय और साहस में सौन्दर्य देखें। वे इतिहास में हजारों साल से सुनते आ रहे थे और अब बोल रहे हैं। हम हजारों साल से बोलते आये हैं, सुनने की भी आदत डालें।

दलित सौन्दर्यशास्त्र वस्तुतः उत्पीड़ितों के प्रतिरोध का सौन्दर्यशास्त्र है। सौन्दर्य की सत्ता प्रतिरोध की चेष्टाओं के बाहर नहीं है। इसलिए हर सौन्दर्यबोध किसी न किसी कूपमंडूकता या दमन का प्रतिरोध है। कुछ सचमुच सुन्दर लगना एक न

एक रूढ़ि या वर्चस्व से बाहर निकलना है। हम देख सकते हैं कि दलित साहित्य पाठक को रस से सराबोर या तल्लीन करने वाला साहित्य नहीं है, यह बेचैन और विरोध के लिए सक्रिय करने वाला साहित्य है। यह मानने का कोई कारण नहीं है कि दलित सौन्दर्यशास्त्र को वर्ण व्यवस्था या सवर्ण वर्चस्व के प्रतिरोध तक सीमित हो जाना चाहिए। हमारे समाज में वर्चस्व के अन्य रूप भी हैं। उदाहरण के तौर पर पितृसत्ता का वर्चस्व, साम्प्रदायिक वर्चस्व, अन्ध-प्रान्तीयतावादी वर्चस्व, अँग्रेजी वर्चस्व महानगरीय केन्दीकरण और इनके अलावा भूमंडलीकरण से निकले अनगिनत वर्चस्व हैं। निश्चय ही ये सभी वर्चस्व अस्तित्त्व में हैं, जिनसे उत्पीड़ितों के सौन्दर्यशास्त्र को टकराना होगा।

दलित साहित्य के सन्दर्भ में 'इनसाइडर' और 'आउटसाइडर' की बहस लम्बे समय तक चली है। यह मान लेना चाहिए कि दलित पर लिखने और दलित के लिखने में फर्क है। इसका यह अर्थ नहीं है कि सभी 'आउटसाइडर' या 'दूसरे' शत्रु हैं। हिन्दी के दलित विमर्श में कहीं-कहीं यह अतिरेकी दृष्टि रही है कि प्रेमचन्द और निराला दलित-विरोधी थे या भारत की आदर्शवादी परम्परा में सब कुछ व्यर्थ है। मराठी के लक्ष्मण गायकवाड़ जैसे प्रबुद्ध दलित लेखकों ने प्रेमचन्द के महत्त्व की घोषणा बार-बार की है। उन्होंने हिन्दी के कुछ दलित बुद्धिजीवियों की तरह अतिवादी दृष्टि नहीं अपनायी। उन्होंने हिन्दी के एक दलित लेखक की तरह थोथे प्रचार के लिए 'इंग्लिश देवी' का मन्दिर नहीं बनाया। ऐसा काम अमेरिकी दिमाग वाला शंकराचार्य ही कर सकता है।

प्रेमचन्द के 'गोदान' (1936) में दलित लोग ब्राह्मण मातादीन का जनेऊ तोड़ देते हैं, उसके मुँह में हड्डी का टुकड़ा डालकर उसका धर्म गिरा देते हैं, 'तुम हमें ब्राह्मण नहीं बना सकते, मुदा हम तुम्हें चमार बना सकते हैं।' प्रेमचन्द ने टिप्पणी की, "खलिहान के सारे आदमी जमा हो गए, पर आश्चर्य यह कि कोई इन धर्म के लुटेरों से मुलाजिम न हुआ।" प्रेमचन्द दलितों के प्रतिरोध का समर्थन करते हुए यह भी दिखाते हैं कि समाज में न्याय-अन्याय का विवेक मिटा नहीं है। कहना न होगा कि प्रेमचन्द से रिश्ता बनाकर ही दलित विमर्श को बुद्धिसम्मत बनाया जा सकता है। आज का तकाजा है, राष्ट्रीय विकास को समावेशी बनाओ और सामुदायिक विमर्श को बुद्धिसम्मत बनाओ।

धर्म में जो स्थान 'मूल्यों' का और राजनीति में 'हितों' का है, वही स्थान साहित्य में 'सौन्दर्य' का है। धर्म 'मूल्यों' के बिना और राजनीति 'हितों' की चिन्ता के बिना चलती रह सकती है, पर साहित्य सौन्दर्यबोध के बिना दो डग नहीं चल सकता। दलित सौन्दर्यशास्त्र भी सौन्दर्य की चिन्ता करता है, भले इसके लिए सौन्दर्य का भिन्न अर्थ है। सौन्दर्य का अर्थ बहुत कुछ इस पर निर्भर करता है कि किस 'स्थान'

से सौन्दर्य देखा जा रहा है। दुनिया के कुछ हिस्सों में ब्लैक एस्थेटिक्स आया। वहाँ पूरी गरिमा से कहा गया, 'ब्लैक इस ब्युटीफुल'। प्रेमचन्द ने खेत में बच्चे को सुलाकर पसीना बहाती श्रमरत स्त्री में सौन्दर्य देखा था। दलित सौन्दर्यशास्त्र में आक्रोश के साथ कहा गया है, 'बदबू ही हमारा सौन्दर्शास्त्र है।' कहना चाहिए, यह दलित सौन्दर्यशास्त्र का एक आयाम है। इसे सम्पूर्ण दलित सौन्दर्यशास्त्र न समझ लेना चाहिए।

20वीं सदी 'उद्धार' से 'मुक्ति', 'मुक्ति' से 'स्वतन्त्रता' और स्वतन्त्रता से 'अधिकार' के लिए संघर्ष की सदी रही है। यह अतीत की परम्पराओं और पश्चिम से अपने सम्बन्धों को बार-बार जाँचने की सदी भी रही है। यह जन-विक्षोभों से उबलती सदी रही है। 21वीं सदी के दृश्य भिन्न हैं। आज कई प्राचीन रूढ़ियाँ नयी सजधज से उपस्थित हैं। इसी तरह महानगर की नयी अट्टालिकाओं, क्रिकेट खेल के चीअर लीडर्स, बड़े-बड़े मॉल और फैशन शो में कैटवाक करती निर्वाक स्त्रियों का एक भिन्न सौन्दर्य संसार है। ऐसी विडम्बनाओं के बीच दलित प्रश्न को समझने में मुश्किलें आ सकती हैं, फिर भी हम कुछ प्रमुख प्रस्थान बिन्दुओं पर नजर डाल सकते हैं।

मुल्कराज आनन्द का एक अँग्रेजी उपन्यास है 'अछूत' (1935)। इस पर टिप्पणी करते हुए 'ए पैसेज टु इंडिया' के लेखक ई. एम. फॉर्स्टर ने लिखा था, "'अछूत' जैसा उपन्यास कोई भारतीय ही लिख सकता है और वह भी ऐसा भारतीय, जिसने अछूतों का भली-भाँति अध्ययन किया हो। कोई यूरोपीय, भले वह कितना सहृदय क्यों न हो, बक्खा जैसे चरित्र का निर्माण नहीं कर सकता, क्योंकि वह उसकी मुसीबतों को इतनी गहराई से नहीं जान सकता और कोई अछूत भी इस पुस्तक को नहीं लिख सकता, क्योंकि वह क्रोध और आत्मदया में उलझ जाता। प्रस्तुत पुस्तक के लेखक मुल्कराज आनन्द एक आदर्श स्थिति में हैं। वह क्षत्रिय हैं।" 'अछूत' फौजी बैरक में शौचालय साफ करने वाले बक्खा की एक दिन की कहानी है। उपन्यास में बक्खा के जी-तोड़ श्रम, लगातार घनघोर अपमान, बहन के यौन उत्पीड़न, भूख-प्यास और उसके पढ़ने की तीव्र इच्छा की झलकियाँ हैं। इसमें अछूत समस्या के तीन समाधान प्रस्तावित हैं—ईसाई होना, महात्मा गाँधी द्वारा प्रस्तावित हरिजन-पहचान में शामिल होना और आधुनिकीकरण। इस उपन्यास का अछूत खेलने के लिए एक सहृदय हिन्दू से नयी हाकी पाता है, जो दलित समस्या का आधुनिकीकरण में समाधान पाना है। यह समाधान स्पष्ट कर देता है कि मुल्कराज आनन्द 'अछूतों' के नजदीक किस दृष्टि से गए थे।

'अछूत' (अनटचेबल) एक समय अँग्रेजी शिक्षित लोगों के बीच बड़ा लोकप्रिय हुआ, प्रेमचन्द की कहानी 'सद्‌गति' से अधिक। सम्भवतः इसलिए लोकप्रिय हुआ कि उसमें भारतीय राष्ट्र के विभाजित चेहरे के साथ औपनिवेशिक आधुनिकता का

महिमामंडन था। बक्खा का ख्वाब साहबों जैसे कपड़े पहनने, साहबों जैसा योग्य बनने और हाकी खेलने तक सीमित था। निश्चय ही 'अछूत' जैसा उपन्यास है, इस रूप में किसी भी भारतीय भाषा में नहीं लिखा जा सकता था और न दलित द्वारा ही। दलित के लेखन में यदि क्रोध और पीड़ा हो, इसका यह अर्थ नहीं है कि वह साहित्य नहीं होगा। भारत के शैक्षिक, सामाजिक और सांस्कृतिक जीवन में सैकड़ों साल से जाति भेदभाव एक अनोखी धार्मिक कारीगरी के साथ काम करता रहा है। उपनिवेशकों ने भी इसमें अपनी कारीगरी शामिल कर दी। ई.एम. फार्स्टर ने मुल्कराज आनन्द के बारे में कहा, 'वह क्षत्रिय हैं।'

प्रेमचन्द की 'कर्मभूमि' (1932) में पिछड़े और दलित का विभाजन न था। फणीश्वर नाथ 'रेणु' ने 'परती परिकथा' (1957) में एक जगह स्पष्ट रूप से 'दलित कला मंडली' का जिक्र किया है। इसमें स्वतन्त्र रूप से दलित जागरण के दृश्य हैं। सवाल है, दलित खुद अपना साहित्य क्यों नहीं लिख सकता? दलितों के साहित्य को वर्ण विद्वेष का साहित्य न कहकर और इसे सवर्ण पर आक्रमण न मानकर एक न्यायपूर्ण और सहृदय संसार के लिए मानव सभ्यता से जिरह समझना चाहिए।

ओमप्रकाश वाल्मीकि अपने अन्तिम साक्षात्कार में कहते हैं, "दलित शब्द हमारे लिए इसलिए महत्त्वपूर्ण है कि इसमें सारी दलित जातियाँ सिमट जाती हैं। दलित जो जातिवाचक शब्द नहीं है, समूहवाचक है जो एक समन्दर की तरह है, जहाँ छोटी-छोटी नदियाँ आकर अपना अस्तित्त्व खो देती हैं। दलित शब्द जाति का विरोध करता है।" (बनास जन, अप्रैल 2014 अंक)। दलित में जाति का अस्तित्त्व मौजूद न रहने की बात कहकर वह जाति-घृणा के तत्त्व को निर्मूल कर देते हैं, "अब ब्राह्मणवाद को गरियाना एक समय था, वह खत्म हो गया।" (वही) उनकी यह चिन्ता सही है, "सिर्फ राजनीतिक आन्दोलन हो रहे हैं। जब तक सामाजिक आन्दोलन नहीं होंगे, आदमी की चेतना का विस्तार नहीं होगा।" दलित साहित्य आन्दोलन स्वाभाविक रूप से जातिवाद-विरोधी आन्दोलन है, जिसका ऊपर तक विस्तार होना है। दरअसल सामाजिक विषमता का एक मुख्य इलाका जातिभेद है। इसलिए मानना चाहिए कि जातिवाद-विरोध के बिना राष्ट्रीय चेतना अधूरी है और 'भारतीय पहचान' भी अधूरी है। जाति प्रथा से सबसे ज्यादा दलित कुचले गए हैं, इसलिए उनकी आवाज का प्रति-वर्चस्व की चेतना तक उग्र होना आश्चर्य की बात नहीं है।

ओमप्रकाश वाल्मीकि आदमी की चेतना के विस्तार में प्राचीन दर्शनों, भक्ति आन्दोलन और नवजागरण की भूमिका का वस्तुपरक मूल्यांकन न कर पाते हों, पर वह सामाजिक परिवर्तन के लिए व्यापक आन्दोलन के पक्षधर हैं। दरअसल भारतीय परम्पराओं में जो भेदभाववादी नकारात्मक तत्त्व रहे हैं, उनकी वजह से सारी परम्पराओं को नकारने का कोई औचित्य नहीं है। अतीत में मानवता की कई श्रेष्ठ

उपलब्धियाँ और अच्छी चीजें हैं। इसलिए अतीत से विद्रोह का सिर्फ यह अर्थ है कि उसकी नकारात्मक और भेदभावपूर्ण चीजें भविष्य में न दुहरायी जाएँ। अँग्रेजों के औपनिवेशिक राज से पहले भक्तों और सन्तों को आध्यात्मिक ढाँचे में ही सही, लगभग हजार साल की दीर्घ सुधारवादी और मानवतावादी परम्पराएँ हैं, जिनको आगे बढ़ाने में दलित सन्तों की बड़ी भूमिका है। क्या वजह है कि अँग्रेजी राज में लम्बे समय तक दलित अपनी वैसी रचनात्मक क्षमता से वंचित थे?

हिन्दी में दलित विमर्श एक विलम्बित मामला है, हालाँकि '90 का दशक भी एक सही समय था। यह रूढ़िवादी धर्मशास्त्रीय संस्कारों से जकड़े हिन्दुत्व और वैश्वीकरण से घिरा समय था। इसी समय सहमे से रहने वाले दलित बड़े पैमाने पर सड़क पर उतरे। इसी समय हिन्दी में दलित आत्मकथाओं और कहानियों ने साहित्य का दरवाजा धमाधम पीटा। यह महाराष्ट्र और दक्षिण भारत के बाद हिन्दी पट्टी में दलितों की मुखरता का नतीजा था। हिन्दी दलित लेखक और लेखिकाएँ समाज के भय और आभिजात्यवादी सौन्दर्यशास्त्रीय आतंक से मुक्त होकर अपनी बात कहने लगे। उनका अनुभव, जो मुख्यतः आत्मकथाओं में व्यक्त हुआ, मनुवादी संस्कृति पर हमला है। यह जरा भी न झुककर इस संस्कृति पर कस कर चोट है, जो दलित विमर्श के रूप में सामने आयी।

दलित चेतना और दलित विमर्श को एक नहीं समझना चाहिए। दलित चेतना का एक खास मोड़ है दलित विमर्श। यह महत्त्वपूर्ण होते हुए भी दलित चेतना की आखिरी मंजिल नहीं है। आज के समाज में कोई दलित अपनी अस्मिता तक सीमित नहीं है। उसकी पहचान एक किसान, व्यवसायी, सरकारी कर्मचारी, शिक्षक, डॉक्टर, कम्प्यूटर इंजीनियर आदि विभिन्न रूपों में है। वह वैश्वीकरण के दौर में अपनी नयी पहचान गढ़ रहा है। वह भारतीय समाज और विश्व की समस्याओं से बचकर एक ही खोल में हर वक्त नहीं रह सकता। कोई भी मनुष्य इकहरी अस्मिता में खुलकर साँस नहीं ले सकता। दलितों की राजनीतिक और आर्थिक सफलताओं का व्यापक असर उसकी सामाजिक प्रतिष्ठा पर पड़ा है। यदि उसके पास सत्ता हो, ब्राह्मण भी उसके चरण छूते हैं। दलितों को अहसास हुआ है कि दमनकारी सत्ता केवल तभी पिघलती है, जब उसके सामने एक सत्ता खड़ी हो जाती है। दलितों को इस अति-सामुदायिक अनुभव तक पहुँचाने में वर्चस्ववादी मनुवादी संस्कृति की जड़ता का बहुत बड़ा हाथ है।

भारत की सामाजिक विषमता मिटाने में दलित चेतना की एक बड़ी भूमिका है। कांचा इलैय्या के कई कथनों में अतिरंजना सम्भव है, पर उनका यह कथन सही है कि दलित जन ग्रामीण उत्पादन और बाजार से कटे रहे हैं, गाँव की मुख्य सामाजिक धारा से कटे रहे हैं और अपने आप से कटे रहे हैं। उनका आक्रोश से

भरा वक्तव्य है, ''ऊँची जातियों ने हर गाँव में छोटे-छोटे राज्यों की रचना कर रखी है।'' (मैं हिन्दू क्यों नहीं हूँ)। दलित साहित्य मुख्यतः जाति-आधारित सत्ता संरचना का विरोध है, हालाँकि सत्ता संरचना हमेशा बहुस्तरीय होती है।

दलितों का साहित्य, जो मुख्यतः आत्मकथाओं के रूप में सामने आया, दलित चेतना का उदाहरण है। दलित साहित्य में दलितों पर अत्याचार को एक बड़े सामाजिक यथार्थ के रूप में देखा गया है। इसमें सन्देह नहीं कि इसका सम्बन्ध ऐसे लेखकों के साहित्य से है, जिन्होंने खुद भूख, अवमानना, भेदभाव, अपमान और शर्म की जिन्दगी जी है और ऐसी जिन्दगी से उन्हें अब बिल्कुल इंकार है। उन्होंने अब न सिर्फ सामाजिक जंजीरें तोड़ दी हैं, बल्कि अपनी भाषा और अपने मुहावरे भी बनाये हैं। उन्होंने अपना एक विकासशील सौन्दर्यशास्त्र रचा है, हालाँकि वैश्वीकरण के सौन्दर्यशास्त्र से उसका रिश्ता स्पष्ट होना बाकी है। आमतौर पर दलित लेखक राजनीतिक सत्ता संघर्ष से एकाकार नहीं हुए हैं। कहा जा सकता है, दलित विमर्श तब तक बना रहेगा, जब तक दलित की अवमानना और उस पर अत्याचार होते रहेंगे।

दलित लेखकों की आत्मकथाएँ उनके उपन्यासों की तुलना में ज्यादा चर्चित रही हैं। वे हमारी संस्कृति का एक बड़ा ऑपरेशन हैं और मनुष्यजाति की एक भयावह पीड़ा की साक्ष्य हैं। वे वस्तुतः दलितों के 'आत्म' और 'अन्य' के द्वन्द्वात्मक रिश्ते की देन हैं। उनमें 'अन्य' कठघरे में होता है। मराठी में दलित आत्मकथाएँ पहले से आ रही थीं। उनमें कुछ हैं—दया पवार की 'अछूत', शरण कुमार लिम्बाले की 'अक्करमाशी', बेबी काम्बले की 'आमच्या जीवन', लक्ष्मण गायकवाड़ की 'उचल्या', शान्ताबाई काम्बले की 'माझी जन्माची चित्रकथा' आदि। मराठी के दलित लेखकों ने 'दलित' को व्यापक अर्थ में देखा था। मराठी में '60 के दशक के 'दलित पैन्थर्स' के आन्दोलन के लगभग 25 साल बाद हिन्दी में दलित आत्मकथाएँ आयीं। शरण कुमार लिम्बाले का कहना है, ''मराठी लेखक आन्दोलन से जुड़ा है, इसलिए आक्रामक है, मगर हिन्दी लेखक सिर्फ सरकारी नौकर, मुख्य धारा के साहित्य वाली मानसिकता से बुरी तरह ग्रस्त है।'' (साक्षात्कार 2014)। इस तरह के विभाजन को गलत मानते हुए कहा जाना चाहिए कि दोनों भाषाओं में दलित आत्मकथाएँ व्यापकता से पढ़ी गयीं और उन पर चर्चा हुई। इस प्रक्रिया में दलित और शेष समाज का सम्बन्ध दरका नहीं है, बल्कि मजबूत हुआ है। सहृदय गैर-दलितों ने उनकी आवाज का समर्थन किया है। दलित विमर्श का असर हिन्दी समाज और राजनीति दोनों पर व्यापक रूप से पड़ा है, हालाँकि सामन्तवाद की हेकड़ी कम नहीं हुई हैं।

आत्मकथा 20वीं सदी के अन्तिम दो दशकों में राष्ट्रीय महारथियों के लिए एक आत्मघातक विधा बन गयी थी। छल-प्रपंच से भरे वर्तमान समय में किसी बड़े राजनीतिज्ञ या आधुनिक साहित्यकार का अपनी आत्मकथा लिखना अपने ऊपर

कीचड़ उछालने और अपना ही बिम्ब तोड़ने का मामला था। सवर्ण पुरुष सामान्यतः आत्मकथा लिख नहीं पा रहे थे। ऐसे दौर में दलित लेखकों ने न केवल अपनी जिन्दगी की मर्मान्तक सामाजिक पीड़ा को प्रभावशाली ढंग से व्यक्त करने का साहस दिखाया, बल्कि आत्मकथा विधा को पुनर्जीवित किया था।

दलित लेखकों की आत्मकथाओं का सम्बन्ध मुख्य रूप से उनकी शिक्षा, बाल्य जीवन में जूठन उठाने से विद्रोह, प्रेम विवाह, स्थानीय रस्मो-रिवाज, दफ्तर की अवमानना से भरी जिन्दगी, सामाजिक परिवर्तन की राजनीति और साहित्यिक गतिविधियों से है। ओमप्रकाश वाल्मीकि की 'जूठन' में इनसे भिन्न मुद्दे नहीं हैं। शरण कुमार लिम्बाले की आत्मकथा 'अक्करमाशी' की तरह ओमप्रकाश वाल्मीकि की आत्मकथा की शुरुआत स्कूल जीवन के भेदभाव और उत्पीड़न से होती है। गाँव-इलाके के घरों से जूठन लेकर भूख मिटाना दलितों की जिन्दगी की एक परम्परागत पहचान है। प्रेमचन्द की कहानी 'दूध का दाम' का दलित बालक मंगल बाबू साहब के बेटे से विद्रोह करने के बावजूद कोई अन्य रास्ता न पाकर भूख की आग के कारण पुनः उसी घूरे पर आकर खड़ा होता है, जहाँ भोजन फेंका जाता है। दलित लेखन में जूठन सामाजिक अपमान के एक प्रभावशाली प्रतीक के रूप में आया है। यह जीवन-प्रसंग दलित यथार्थ के बयान के लिए बार-बार आता है। हालाँकि एक अन्य जमीन पर पूरा भारतीय जीवन पश्चिमी सभ्यता की जूठन पर ही टिका है।

ओमप्रकाश वाल्मीकि की आत्मकथा में छोटी जाति का होने के कारण एक दलित बच्चे का वर्ण-व्यवस्था में कई तरह से अपमान-उत्पीड़न होता है। 'जूठन' यहीं तक सीमित नहीं है। इसमें दलित की प्रतिरोध चेतना विस्तृत रूप से है। यह भी स्पष्ट होता है कि दलित राष्ट्रीय विकास का अंग होना चाहते हैं। आत्मकथा में दलित माँ सहने की जगह विद्रोह करती है, 'उस रोज मेरी माँ की आँखों में दुर्गा उतर आयी थी।' 19वीं सदी में दलित लोग सामाजिक विकास के एक खास मोड़ पर नयी अस्मिता के लिए आत्मसम्मान का संघर्ष छेड़ चुके थे। यह संघर्ष लम्बा होता जा रहा है, क्योंकि दलितों की सामाजिक अवमानना और वंचना अभी भी बड़े पैमाने पर जारी है।

दलित आत्मकथा विशुद्ध आत्मजीवनी से कुछ भिन्न है। यह दलित के जीवन का अतीत और वर्तमान के सन्दर्भ में एक सामाजिक पुनरावलोकन है। स्वाभाविक है कि इसमें वह कहा गया है, जो अब तक वर्जित था। यह विषय विकेन्द्रण का एक रूप है, जिसे हाशिये की आवाज कहा जा सकता है। दलित अपनी आत्मकथा में अपने जीवन को ही नहीं, अपने चारों तरफ़ फैले समाज को भी समझना चाहता है। कहना न होगा कि आत्मकथा निजी जीवन वृत्तान्त से एक बड़ी चीज है। यह अपनी व्यापकता में लेखक के भीतर बैठे दृष्टिवान भोक्ता और प्रेक्षक की एक मिली-जुली

कथा है। इसमें कल्पनाशील अन्तर्दृष्टि आवश्यक है। वस्तुतः इसी अन्तर्दृष्टि के बल पर लेखक खुद को किसी समाज या विश्व में रखकर दोबारा देखता है और अपनी स्मृतियों का पुनःसृजन करता है। दलित आत्मकथा सामान्य आत्मकथा से भिन्न है, क्योंकि यह वस्तुतः आत्मपहचान का संघर्ष है। इसके साथ एक दमनात्मक समाज उद्घाटित होता है।

ओमप्रकाश वाल्मीकि 'जूठन' में सिर्फ अपने जीवन की ही नहीं, ऊँची जाति के वर्चस्ववाले पूरे सामाजिक परिवेश की कथा कहते हैं। इस आत्मकथा की एक खूबी यह है कि इसमें छद्म सामाजिक विभाजनों की आलोचना है। यह आत्मकथा एक व्यक्तिगत स्मृति नहीं है, इसमें एक पूरे इतिहास का सर्पदंश है। देखा जा सकता है कि आत्मकथा वस्तुतः राष्ट्र, समाज और संस्कृति के बाहर की घटना नहीं है। इसमें लेखक की वैयक्तिक स्मृति वस्तुतः दलित समाज की एक विशिष्ट पीड़ा को प्रतिबिंबित करती है।

'जूठन' की भूमिका में ओमप्रकाश वाल्मीकि ने लिखा है, "दलित जीवन की पीड़ाएँ असहनीय और अनुभव-दग्ध हैं। ऐसे अनुभव, जो साहित्यिक अभिव्यक्तियों में स्थान नहीं पा सके। एक ऐसी समाज-व्यवस्था में हमने साँसें ली हैं, जो बेहद क्रूर और अमानवीय है। दलितों के प्रति असंवेदनशील भी...इन अनुभवों को लिखने में कई प्रकार के खतरे थे। एक लम्बी जद्दोजहद के बाद, मैंने सिलसिलेवार लिखना शुरू किया। तमाम कष्टों, यातनाओं, उपेक्षाओं, प्रताड़नाओं को एक बार फिर जीना पड़ा। उस दौरान गहरी मानसिक यन्त्रणाएँ मैंने भोगी। 'स्वयं' को परत-दर-परत उघाड़ते हुए कई बार लगा—कितना दुखदायी है यह सब।" 'जूठन' शीर्षक भले पुराने ढंग का हो, पर लेखक का दर्द और उद्देश्य जेनुइन है। उसका कहना है, "दलित पढ़-लिखकर समाज की मुख्य धारा से जुड़ना चाहते हैं, लेकिन सवर्ण(?) उन्हें इस धारा से रोकता है, उनसे भेदभाव बरतता है।" दरअसल मुख्य धारा तब तक एक राष्ट्रीय सब्जबाग है, जब तक इसमें वंचितों की इच्छाएँ शामिल नहीं होतीं। देखा जा सकता है कि अभी भी समाज में दलितों पर अत्याचार का सिलसिला थमा नहीं है। फिर भी हम कह सकते हैं कि यदि सैकड़ों साल से जो सिर्फ सुन रहे थे, उन्होंने बोलना शुरू कर दिया है तो यह भी एक वास्तविकता है कि सैकड़ों साल से जो सिर्फ बोल रहे थे, अब सुनना सीख रहे हैं।

'जूठन' में दिखाया गया है कि चूहड़ों की बस्ती में पहुँचे विकास का कैसा बीभत्स और दर्प-भरा चेहरा है। दलित बच्चे कितने भय से भरे हैं, वे कितनी मार-गालियाँ खाते हैं। उन्हें इस क्रूर और आदिम सभ्यता में साँस लेते हुए, अपने साहस से आगे बढ़ने के बाद भी इस देश में, जिसके चप्पे-चप्पे पर देवता हैं, किस तरह भेदभाव और आतंक झेलना पड़ता है। लेखक को ऐसे सवर्ण साथी भी मिले

हैं, जिनका मन भिन्न है। ओमप्रकाश वाल्मीकि अपने अन्तिम साक्षात्कार में कहते हैं, "मेरे सम्पर्क में जो लोग आये हैं उनमें ऐसे अनेक लोग हैं जिन्होंने हमेशा मेरी मदद की है और वे मेरी संवेदनाओं में भी शामिल हुए हैं। मेरे अच्छे में, मेरे बुरे में खड़े हुए हैं मेरे साथ। मेरे ऐसे बहुत सारे मित्र हैं, जो गैर-दलित हैं। मेरी पीड़ा को समझते हैं।" इसका अर्थ है, गैर-दलित में दलितों को लेकर संवेदना, सम-अनुभूति और सम्मान का भाव हो सकता है। एक अच्छा साहित्य सामाजिक विकास से तटस्थ और होमोजीनियस नहीं हो सकता। यह ब्राह्मण और दलित या सत्ता के ऐसे किसी अन्य दूसरे द्वि-कोटीय विभाजन में बन्द नहीं रह सकता। आज दलित साहित्य एक बदलती दुनिया में लिखा जा रहा है और दलित लेखक वर्चस्व के बदलते और नये रूपों को देख सकता है।

निश्चय ही एक बिन्दु के बाद 'हम' और 'अन्य' का फर्क कम होता जाता है, क्योंकि समाज में 'अन्य' सुना जाता है। क्या वैश्वीकरण के जमाने में 'अन्य' सुना जा सकता है और क्या 'अन्य' में सिर्फ दलित हैं?

ओमप्रकाश वाल्मीकि सामाजिक विकास से आँखें नहीं मूँदते, सदियों से कायम क्रूर जातिवाद का जवाब जाति-घृणा से नहीं देते और रैशनल दृष्टिकोण से दलित चेतना के विकास और मुठभेड़ों का चित्र खींचते हैं। दलित लेखक अपनी सीमा में 'एक्टिविस्ट' हैं। आत्मकथाकार ने अपने एक साथी दूल्हे को 'सलाम' पर जाने से रोकना चाहा था। इसके अलावा, वह अपने दलित समुदाय के स्तरभेद को लेकर चिन्ता व्यक्त करता है। उसका एक धोबी सहपाठी उसके साथ है, पर इसका पिता 'अबे चूहड़े के, किधों घुसा आ रहा है?' कहते हुए लेखक के कपड़ों की इस्तरी करने से मना कर देता है। मुख्य सवाल है, क्या दलितों की नयी पीढ़ी दलित स्तरभेद से उबर रही है? ओमप्रकाश वाल्मीकि की आत्मकथा में जाति हिंसा पर प्रहार के अलावा एक व्यापक सामाजिक संवेदनशीलता है और दलित विमर्श को दलित चेतना की एक विकसित भूमि पर ले जाने की कोशिश है।

एक दलित के मन में अपने दलित होने को लेकर अक्सर जो अन्तर्द्वन्द्व चलता है, ओमप्रकाश वाल्मीकि इसे उभारते हैं। दलितों को यदि जाति व्यवस्था में ही जीना हो, तो उन्हें अपनी जाति को लेकर आत्महीनता नहीं होनी चाहिए। एक अखबार में एक कार का चित्र छपा था, जिसके पिछले शीशे पर लिखा था—'चमार ब्वायज'! रैदास ने चमार होने पर गर्व करते हुए यह भी लिखा था, 'रैदास न मानुस जुड़ सके ज्यों लो जात न जात।' ओमप्रकाश वाल्मीकि के हृदय से फूटे दो बड़े सवाल हैं, 'क्यों दलितों के प्रति हिन्दू इतना निर्मम और क्रूर हैं?' और 'सच्चाई से मुँह मोड़ लेना, इतिहास से सबक न लेना, आखिर किस राष्ट्र के निर्माण की कल्पना है?' 'जूठन' की आखिरी पंक्ति है, "मैं उनकी नजर में सिर्फ एस.सी. हूँ, दरवाजे के बाहर खड़ा

रहने वाला।'' दलितों ने स्त्रियों की तरह 'राष्ट्रवाद' के दरवाजे को ऐसा कस कर पीटा है, जैसा पहले कभी नहीं हुआ।

इधर हिन्दी में जो आत्मकथाएँ आयी हैं, उनमें अधिकांश सामन्ती दमन के विभिन्न रूपों को अनावृत करने वाली हैं। ये व्यक्तिगत इतिहास नहीं हैं, बल्कि वंचितों की कथाएँ हैं। ये बताती हैं कि 'राष्ट्र' में अब भी कल्पना के लिए जगह है और साहस से एक बड़े लक्ष्य तक पहुँचा जा सकता है। हम बनारसीदास की आत्मकथा से शुरू करके 'हंस' के आत्मकथांक और महात्मा गांधी, जवाहरलाल नेहरू, राहुल सांकृत्यायन, हरिवंशराय बच्चन आदि की आत्मकथाओं तक देख सकते हैं, ये आत्मकथाएँ एक बनते हुए राष्ट्र का आत्मसंघर्ष थीं या आत्मनिरीक्षण थीं। कहीं वे आत्मप्रदर्शन से बचने की कोशिश में मौन से ढकी रहती थीं, 'क्या यह अच्छा नहीं है कि औरों की सुनता मैं मौन रहूँ' (प्रसाद)। ये कहीं किसी रहस्य का उद्‌घाटन थीं और कहीं महानायक बनने की कहानी। ये यश वृद्धि का औजार भी थीं। विमर्शों से जुड़ी आत्मकथाएँ उनसे भिन्न हैं। इनमें आत्मविश्लेषण या आत्मनिरीक्षण जैसी चीज न होकर संस्कृति की चीरफाड़ है। हिन्दी की कुछ स्त्री आत्मकथाओं में देखा जा सकता है कि इनमें जीवन की अन्दरूनी बातें, खासकर दाम्पत्येतर सम्बन्ध के उद्‌घाटन के सन्दर्भ में बड़े बोल्डनेस से कही गयी हैं। श्योराज सिंह बेचैन की आत्मकथा 'संतप्त' में सवर्ण दमन के ब्यौरों के साथ मार्मिक आत्मनिरीक्षण भी है। कई बार आत्मकथा एकांगी होती है, अपना मन हल्का करने के उद्देश्य से लिखी गयी। वह समाज से कटी और चन्द निजी सम्बन्धों में डूबी होती हैं। दलित आत्मकथाएँ ऐसी नहीं हैं।

किसी विमर्श से बनी आत्मकथा की बुनियादी खूबी मुग्ध भाव से आत्मान्वेषण नहीं है और न आत्म-औचित्यीकरण है। कोई लेखक समाज के बुनियादी प्रश्नों से विमुख कितनी बड़ी आत्मकथा लिखेगा? आज आत्मकथा लिखना इस घायल सभ्यता का सदियों से जमा मवाद बाहर निकालना है। यह समाज में बची दमनकारी सत्ताओं से मुक्ति के लिए मुठभेड़ की कहानी है। वह पुरुष सत्ता हो, मनुवादी सत्ता हो, कोई अन्य प्रभुत्वाकांक्षी सांस्कृतिक सत्ता हो या खुद वैश्वीकरण हो। अपनी सामुदायिक पीड़ा का बयान और दमनमूलक सभ्यता से भिड़न्त ही उसकी विचारधारा है, उसका विजन है। आज की आत्मकथा आत्मस्फीति नहीं है, यह दमनकारी व्यवस्था में हस्तक्षेप है। सम्भव है कि आत्मकथा में कथा भी हो, पर यह कथा आमतौर पर परिचित सामाजिक यथार्थों पर आधारित होती है। इसलिए एक सृजनात्मक चुनौती इस रूप में आती है कि जो अति परिचित यथार्थ हैं, उन्हें एक सीमा के बाद दूरी के साथ कैसे देखा जाए, 'डिफेमिलियराइजेशन' कैसे हो, क्योंकि तभी कथा का जन्म होता है और पाठक उसे गहरी रुचि से पढ़ता है।

आत्मकथा के बारे में कहा जा सकता है कि यदि यह निजी इतिहास नहीं है, उसमें समाज का कोई भी पाठक अपनी स्थिति पहचान सकता है। हर आत्मकथा में 'मैं' और 'वे' के अलावा एक 'तुम' होता है। यह एक व्यापक 'तुम' है, जो समुदायनिरपेक्ष है। हर आत्मकथा सहृदय पाठक से पूछती है, तुम कहाँ खड़े हो? यह एक महत्त्वपूर्ण प्रश्न है। हर पाठक आत्मकथा पढ़ते समय स्वयं अपनी आत्मकथा भी रचता है, वह अपने को पुनरुपलब्ध करता है।

क्या किसी आत्मकथा में सम्भव है कि कुछ भी न छिपाया जाए? कोई लेखक अपनी आत्मकथा में वही उद्‌घाटित करता है, जो वह उद्‌घाटित करना चाहता है। यह सामाजिक गतिशीलता का लक्षण है कि स्त्री और दलित कुछ आग्रहों के साथ अपनी जिन्दगी की घटनाओं का उद्‌घाटन कर रहे हैं। यह भी एक महत्त्वपूर्ण बात है कि उनमें आशा है। उनमें इस सड़ रही सभ्यता को बदलने की आकांक्षा है। वे अपनी जिन्दगी को संघर्षों में डालना चाहते हैं। आर्थिक रूप से ग्लोबल ताकत बनते भारत में विकास का पैमाना दिल्ली के अन्तरराष्ट्रीय हवाई अड्डे पर टर्मिनल-3 का बनना नहीं है, बल्कि पैमाने ये हैं कि स्त्री के प्रति पुरुष का सलूक क्या है, दलित के प्रति सवर्ण की दृष्टि में कितना सुधार आया, किसानों और आदिवासियों के जीवन में आशा का कितना संचार हुआ, बाल श्रमिकों को कितना स्वाधीन किया गया, परिवार में बुजुर्गों की कितनी इज्जत है, आम लोगों के जीवन की पीड़ाएँ कितनी दूर हुईं और जिन्हें हमेशा 'इत्यादि' या 'अन्य' में रखा जाता है, उन्हें जीवन की कितनी खुशी मिली। ये वे चीजें हैं, जिनके लिए भारत में लम्बे समय से लड़ाइयाँ चल रही हैं, पर लक्ष्य अभी दूर है।

सामुदायिक विमर्शों पर आधारित साहित्य का एक योगदान यह है कि इसने साहित्य का केन्द्रीकरण खत्म किया और विविधता को प्रोत्साहित किया। इसने स्वयम्भू साहित्यिक नेताओं की इजारेदारी तोड़ी। साहित्य बहुकेन्द्रित हुआ। एक बार लघु पत्रिकाओं ने साहित्य को बहुकेन्द्रित किया था, इस बार विमर्शों ने उसी काम को आगे बढ़ाया।

कहा जाता है कि साहित्यिकता के दृष्टिकोण से कमजोर लेखन को सामुदायिक विमर्शों में जानबूझकर महिमामंडित किया जाता है। सिर्फ इसलिए कि यह पीड़ा से निकलता है। यह भी कहा जाता है कि इस तरह का साहित्य प्रत्यारोप और बदले की भावना से लिखा गया है। हिन्दी में साहित्यिक व्याख्याओं और वर्गीकरण की राजनीति से लोग अच्छी तरह वाकिफ हैं। इधर यह भी देखा जा रहा है कि दो-एक दलित और स्त्री रचनाकार को प्रतीकात्मक रूप से मंच पर बैठाकर सन्तुष्ट कर दो। यह खानापूर्ति है, मुख्य मुद्दा दलित लेखन में कलात्मक श्रेष्ठता के तत्त्व ढूँढ़ने या इसकी प्रतीकात्मक समावेशिकता का नहीं है। सदियों से दबाये गए सामाजिक

यथार्थ की आत्मकथात्मक अभिव्यक्तियों को वाजिब महत्त्व देने का है, साहित्यिकता के सिद्धान्त में स्पेस बनाने का है। इस बिन्दु पर दलित आत्मकथाएँ साहित्यिकता के प्राचीन और नये प्रतिमानों के लिए चुनौती बनी हैं।

यहाँ एक जरूरी प्रश्न है कि बुद्धिवाद, आधुनिकता और राष्ट्रीयता की निश्चय ही कई ज्यादतियाँ हैं, पर इनकी उपलब्धियों को खोकर विमर्श कहाँ पहुँचेंगे। दुनिया की कोई सच्चाई पूर्ण सफलता तक नहीं पहुँच पायी। इसका यह अर्थ नहीं है कि ऐसी सच्चाइयाँ जीवन से फेंक दी जाएँ। क्या यह सम्भव है कोई मनुष्य आज जैसा है, कल बिल्कुल वैसा ही रहे? आज का समाज बहुत घटना प्रधान हो गया है। ऐसी घटनाएँ घट रही हैं, जो कल्पना के बाहर हैं। दुनिया जिस तरह बदल रही है, कहा जा सकता है कि विश्व बाजार में कलहग्रस्त जातियाँ कम प्रतियोगी होंगी। वह देश, जहाँ भ्रष्टाचार भरा है, बहुत न्यायविहीन होगा। वहाँ दलित के साथ अन्याय ज्यादा होगा। यह सवाल भी है, क्या कुछ दबायी गयी जातियों का राजनीतिक गठबन्धन ही दलित चेतना है या यह एक अधिक विस्तृत मामला है?

तीन

उदय प्रकाश की एक लम्बी कहानी है, 'मोहनदास'। यह जेनुइन आवाज न सुनी जाने की कहानी है। यहाँ बताना जरूरी है कि सवर्ण होते हुए भी उदय प्रकाश ने यह कहानी एक दलित पर लिखी है। साहित्यकार को 'दूसरे' के अनुभव में प्रवेश करना होता है, क्योंकि अपने निजी अनुभव के आधार पर वह सीमित यथार्थ दिखाएगा या सिर्फ कला की गदा भाँजेगा। पाठक भी जब पढ़ता है, वह 'दूसरे' के अनुभव में प्रवेश करता है, उसे आत्मीयता से जीता है और अपना आत्मप्रसार करता है। उदय प्रकाश की इस कहानी में 'दूसरे' का अनुभव है, बाह्य का आभ्यान्तरीकरण है। एक बेबस दलित के सुख-दुख के साथ उसकी लुटी पहचान को उदय प्रकाश जादुई यथार्थवाद की शैली में एक मर्मान्तक पीड़ा के साथ व्यक्त करते हैं।

जादुई यथार्थवाद का मतलब जादू से कुछ भी यथार्थ बना देना नहीं है, बल्कि सत्ता की संरचनाओं द्वारा जो भीषण यथार्थ दबा दिये गए होते हैं, उनका उद्‌घाटन है। इसमें काल, यथार्थ और कल्पना एक-दूसरे से सर्पिल भंगिमा से जुड़े होते हैं। इस शैली को गैब्रियल गार्सिया मारकेज ने आधुनिक जगत में लोकप्रिय बनाया, क्योंकि जहाँ अन्याय और अनिश्चितता के बीच मनुष्य जीने के लिए थोड़ी-सी जगह खोज रहा हो और उसे एक आवाज की तलाश हो, वहाँ जादुई यथार्थवाद 'इतिहास के सार' को व्यक्त करने का एक सबल माध्यम हो सकता है। जादुई यथार्थवाद

प्रत्यक्षतः जो जादुई दिखाता है, वह सांकेतिक रूप से यथार्थ होता है या कोई महान सम्भावना होती है।

मोहनदास एक दलित है, जो राज्यशक्ति द्वारा तरह-तरह से सजाया जाता है। एक सवर्ण उसके नाम पर सरकारी नौकरी ऐंठ लेता है और मोहनदास साबित नहीं कर पाता कि वह मोहनदास है। भारत की पुरानी समाज-व्यवस्था और आधुनिक राष्ट्र के बीच सम्बन्ध पैदा करने की जगह सत्ता की राजनीति ने आमतौर पर तरह-तरह से खाइयाँ पैदा कीं, जिनके कारण सामाजिक न्याय हवाई चीज हो गयी और समाज में अत्याचार बढ़ते गए।

'मोहनदास' में उदय प्रकाश इतिहास, सत्ता विमर्श, ग्लोबल परिदृश्य पर टिप्पणी, भ्रष्टाचार, नौकरशाही, स्थानीय रंग, कानून सभी में छलांग की स्वतन्त्रता लेते हैं। वह मुक्तिबोध, शमशेर जैसे कवियों को कहानी के पात्र बना देते हैं। मोहनदास अचानक मोहनदास कर्मचन्द गाँधी की छवि बन जाता है। उसकी पत्नी कस्तूरी भी कस्तूरबा बन जाती है। प्रकृति की गोद में दोनों एक बार थोड़े समय के लिए अविस्मरणीय सुख-क्रीड़ा करते हैं। इसमें साधारण का उल्लास व्यक्त होता है। जादुई यथार्थवाद हर असम्भव को सम्भव कर देता है, काल और स्थान मुक्त हो जाते हैं इस तरह 'मोहनदास' में साधारण का उल्लास और ट्रेजडी दोनों हैं।

'मोहनदास' कहानी मोहनदास की है, जो एक मेहनती इन्सान है और अपने हक के लिए चक्कर पर चक्कर लगाता है। वह ब्राह्मणवाद की चमड़ी में छिपी वस्तुतः उस बड़ी सत्ता से टकराता है, जो मोहनदास के नाम पर नौकरी कर रहे उसी के गाँव के एक दबंग आदमी के पक्ष में खड़ी है। मोहनदास को जनतन्त्र में न्याय नहीं मिलता। कहानीकार संकेत दे देता है कि 'तिरिछ' कहानी में उपस्थित की गयी नियति से उसकी नियति भिन्न है, वह बस्तर के जंगलों में देखा जाता है। मोहनदास एक दलित है और एक वंचित श्रमजीवी का रूपक भी।

उदय प्रकाश की कहानी 'मोहनदास' एक अच्छा रूपक है, इसकी दार्शनिक टोन कुछ इस प्रकार है, ''ऐसा समय, जिसमें जिसके पास जितनी मात्रा में सत्ता थी, वह विलोमानुपात के नियम से, उतना ही अधिक निरंकुश, हिंस्र, बर्बर, अनैतिक और शैतान हो चुका था और यह बात राष्ट्रों, राजनीतिक दलों, जातियों, धार्मिक समुदायों और व्यक्तियों तक एक जैसी लागू होती थी।'' मोहनदास का 'दलित' के मोर्चे से हटकर बस्तर के मोर्चे पर पहुँचना एक खास संकेत है। 'मोहनदास' ऊपर से लगता है कि एक दलित के जीवन पर आधारित कहानी है, जबकि उदय प्रकाश भारतीय समग्रता और दलित विमर्श इन दोनों से अलग पोजीशन लेते हैं। इस कहानी में निराशा है। इस समय देश में निराशा भी एक हकीकत है। हम आमतौर

पर हर विमर्श में सत्ता के एक ही खास रूप पर आक्रमण पाते हैं। विमर्श सत्ता के बृहत्तर स्वरूप को प्रश्नांकित नहीं करता। यदि स्त्री विमर्श है, सिर्फ पितृसत्तात्मक व्यवस्था या पुरुष वर्चस्व पर आक्रमण। यदि दलित विमर्श है, सिर्फ ब्राह्मणवाद पर आक्रमण। यदि आदिवासी विमर्श है, सिर्फ 'विकास' पर आक्रमण। 'मोहनदास' दलित पर लिखी गयी कहानी नहीं है। यह दरअसल आज की सत्ता का चेहरा दिखाती है, मोहनदास उससे टकराता है।

समाचार पत्र में एक दिन छपा था, ''मुम्बई से दिल्ली के रास्ते चंडीगढ़ पहुँचने वाला एयर इंडिया का विमान जब मंगलवार को यहाँ हवाई अड्डे पर उतर रहा था, उससे एक पक्षी टकरा गया। विमान में सवार सभी 153 यात्री सुरक्षित रहे।'' इसका अर्थ है, एक मामूली पक्षी इतने बड़े विमान को इतनी टक्कर दे सकता है कि सुरक्षा खतरे में पड़ जाए!

फिर कहा जाना जरूरी है कि साम्राज्यवाद के सन्दर्भ में न सही, पर सामन्तवाद के सन्दर्भ में वर्तमान साहित्यिक विमर्शों की एक महत्त्वपूर्ण भूमिका है। नये साम्राज्यवाद का मुकाबला मध्यवर्गीय मानसिकता के लोग अब नहीं कर सकेंगे। उनके भीतर राष्ट्रीय भावना भी नहीं है। यदि अपने स्वत्व को पहचानते हुए नये साम्राज्यवाद से मुकाबला करेंगे तो आत्मसचेत स्त्री, दलित, स्थानीय जातीय-पुराजातीय समुदाय, किसान और इन सभी के बीच से आये नौजवान ही करेंगे। इनके विचारों में साहित्यिक मोड़ आ रहा है। अब ग्लोबल केन्द्रीयतावाद, जिसका पोषण अमेरिका-ब्रिटेन सहित दुनिया के बड़े पश्चिमी देश कर रहे हैं, एक बड़ी चुनौती के सम्मुख होगा।

इधर दलित साहित्य 'होमोजीनियस' होता जा रहा है। यह खुद दलितों के लिए चिन्ता का विषय है। अतः एक बड़ी चुनौती यह है कि दलित साहित्य में विविधता कैसे आये, यह समाज के दूसरे वर्चस्वों के प्रति कैसे सचेत हो और दलित लेखकों में आलोचनात्मक आत्मनिरीक्षण का कितना माद्दा है। दलित हमेशा गुस्से और घृणा की स्थितियों में नहीं होता। वह प्रेम करता है, श्रम करता है, गन्ना चूसता है, उड़ते पक्षियों को देखता है, पापकार्न खाता है। वह फिल्म देखता है, दुनिया के ताकतवर व्यक्तियों की ओर उसकी नजर जाती है। वह उगते सूरज से लेकर महानगर की नये स्थापत्य में ढली अट्टालिकाओं तक सृष्टि के कई रूपों को देखता है। इसलिए किसी भी दलित लेखक के लिए उसकी आत्मकथा उसका पहला लेखन हो सकती है, पर दलित सौन्दर्यशास्त्र को इसी जगह सीमित नहीं रखा जा सकता। यदि ऐसा है, यह भूमंडलीकरण और सामन्ती अत्याचार के नये-नये रूपों के जमाने में ठहर जाना कहा जाएगा। आखिरकार एक दलित लेखक कितनी बार आत्मकथा लिखेगा?

यदि दलित साहित्य की अन्तर्वस्तु सीमित होगी, इससे दलित सौन्दर्यशास्त्र

की क्षति होगी। इसलिए दलित साहित्य के सन्दर्भ में सौन्दर्यशास्त्रीय समस्याएँ इस साहित्य की सामाजिक अन्तर्वस्तु में विस्तार की समस्याएँ हैं। ये सौन्दर्यबोध को विभिन्न वर्चस्वों और इजारेदारियों से मुक्त करने की समस्याएँ हैं। इसके लिए जरूरी है कि एक खास दिशा में बदलती और एकरूपात्मक होती जा रही दुनिया की तरफ, बाजार की तरफ और चिंताओं में डूबे पड़ोस की ओर भी नजर जाए। दलित बोल रहे हैं, वे अपने दस्तखत के साथ हैं, पर वे नयी विडम्बनाओं के सामने भी हैं।

उपन्यास और स्थानीय समुदाय

अंडमान के एक आदिवासी समुदाय बो की इकलौती सदस्य बोआ की 26 जनवरी, 2010 को मृत्यु हो गयी। उनके साथ विश्व की एक भाषा भी चली गयी। वह बो भाषा जाननेवाली आखिरी मनुष्य थी।

अंडमान-निकोबार द्वीपसमूह से भारतीय स्वाधीनता संग्राम के गहरे सम्बन्ध को देखते हुए किसी समय राष्ट्रवादी इतिहासकारों और राजनेताओं ने माँग की थी कि इन द्वीपसमूहों का नाम बदलकर 'शहीद' और 'स्वराज' रख दिया जाए, बिना यह सोचे कि वहाँ के आदिवासी अपनी जमीन को किस नजर से देखते हैं।

उपन्यास एक कल्पित यथार्थ है, पर उसका बीजाधार है अनुभव। सवाल उठता है, किस स्थान का अनुभव? भारत के लोग जब अपनी भारतीय पहचान भूलते जा रहे हों और उनके सामुदायिक अनुभव ही उनकी नयी पहचान रचते हों, 'स्थान' का महत्त्व बढ़ जाता है। सामुदायिक अस्मिता क्या एक शाश्वत चीज है या यह एक मोह और भ्रम है? हम अपने घर से निकलकर जब बस, या मल्टीप्लेक्स में होते हैं, अपनी सामुदायिक अस्मिता का क्षय नोटिस कर सकते हैं। यदि दूसरे देश में जाएँ, वहाँ 'भारतीय', 'एशियाई' या 'विदेशी' समझे जाएँगे—ऐसा ही व्यवहार होगा। अँग्रेजी राज के साम्राज्यवाद-विरोधी संघर्ष के दौर में भारत के लोग अपनी भारतीय पहचान पर जोर देते थे। वे सोचने लगे थे कि वे भारत में रहते हैं। निश्चय ही यह एक महत्त्वपूर्ण प्रश्न है, किस अवसर पर आप किस 'स्थान' से सोचते हैं? देखते-देखते 60-70 सालों के भीतर ही भारतीय पहचान में जो दरारें पड़ने लगीं, वे लोगों के मन में उतरने लगीं। देखना होगा, यह राष्ट्रवादी और नव-पूँजीवादी केन्द्रीकरण से जन्मी असुरक्षा का नतीजा है, एक राजनीतिक कारीगरी है या विकास की होड़ से जन्मे लालच का नतीजा है।

वैश्वीकरण के युग में अस्मिता के सामुदायिक स्वरूप में लोगों को आकर्षित करने की अपार शक्ति पैदा हो चुकी है। आज राजनीतिज्ञ जिस जगह भाषण देने जाता है, पहले वहाँ की विशिष्ट कला, संस्कृति या स्थापत्य की नोटिस लेता है, फिर अपने मतलब पर आता है। बहुराष्ट्रीय कम्पनियाँ अपने माल और सेवाओं का

प्रचार करते हुए सामुदायिक कला-संस्कृति के संरक्षण की चिन्ता से भरी होती हैं। अब ज्यादातर लोगों को तीव्र अस्मिताबोध ही उन्हें अधिक सक्रियता की शक्ति देता है। वे अपनी मानवीय अस्मिता को संकुचित करके सिर्फ अपनी मातृभाषा, जाति, जातीयता, पुराजातीयता, धर्म या स्थान के आधार पर अपने को देखते हैं। अब सांस्कृतिक चिह्न युद्धास्त्र के समान हो गए हैं। इन सबका असर उपन्यास पर पड़ा है, क्योंकि कथा साहित्य आन्तरिक आनन्द के अलावा जन-असन्तोष, पहचान और सांस्कृतिक राहत का भी एक प्रमुख जरिया है। यही बात स्थान और समुदाय-आधारित उपन्यासों के बारे में भी कही जा सकती है।

ग्लोबल उपन्यास में यह पिछड़ापन माना जाएगा, यदि किसी कथा चरित्र का अपना कोई राष्ट्र या खास स्थान है। अमिताभ घोष के अंग्रेजी उपन्यास 'द ग्लास पैलेस' में कोई पात्र भारतीय, बर्मी या चीनी नहीं है, बल्कि वह उमा, डाली, साया जान, एलिसन या टून पे है। ऐसे चरित्र अपने देश-काल में नहीं होते। किसी का अपना अलग चेहरा नहीं होता। विश्वगाँव के उपन्यासों में चेहराविहीनता ही मूल्य है।

भारतीय भाषाओं में, खासकर हिन्दी में जो अच्छे उपन्यास आ रहे हैं, उनमें स्थानीय रंग ज्यादा गहरे हैं। यहाँ तक कि इनकी हिन्दी में स्थानीय बोली भी काफी है। शहरी आधुनिकता में डूबी हिन्दी कुछ परायेपन का अहसास कराने लगी थी। वह जैसे चेहराविहीन होने लगी थी। इसलिए ऐसे उपन्यास लिखे जाने शुरू हुए, जो आधुनिकता का लबादा उतारने जैसे हैं। हम इन्हें उत्तर-आधुनिक उपन्यास कहकर भूल करेंगे, क्योंकि इनमें स्थानीय रीतियों और रूढ़ियों के महिमामंडन के बावजूद किसी न किसी वर्चस्व या अन्याय का प्रतिरोध है और उनमें एक मानवीय विश्वदृष्टि भी है।

प्रेमचन्द के 'गाँव' और रेणु के 'अंचल' से भिन्न हैं 'स्थानीयता' को अभिव्यक्ति देनेवाले नये तेवर के उपन्यास। रेणु 'मैला आँचल' में मेरीगंज को कथा के केन्द्र में रखते हुए भी निकट के सन्थालों के जीवन को भी देखते हैं और अपने अंचल को कई कोणों से खोलते हैं। आज उपन्यासकार एक खास स्थान से चरित्रों और उनकी खास संस्कृति को उठाता है। क्या स्थानीयता को मिले ज्यादा महत्त्व ने उपन्यास को राष्ट्रीय रूपककथा के स्थान से हटा दिया है? दरअसल हम स्थान-केन्द्रित उपन्यासों में भारतीय जीवन संसार के वे यथार्थ पाते हैं, जो दबे हुए थे। इनमें जीवन का वह सौन्दर्य है, जो हमें बेचैन करता है। ऐसे उपन्यास यह भी बताते हैं कि छोटे-छोटे जीवन-संसारों में कितनी अधिक मानवीय सम्भावनाएँ हैं। कहा जा सकता है कि स्थानीयता की आवाज की अपनी विशिष्टता होते हुए भी वह आज इतनी भिन्न नहीं है कि उसमें 'भारतीय' या 'सार्वभौम' की अनुगूँज न हो। इसके अलावा स्थानकेन्द्रित उपन्यासों में यह भी लक्षित किया जा सकता है कि इनमें आत्मविसर्जन के दृश्य नहीं हैं, बल्कि इनमें एक अलग रंग की जिजीविषा है और मूल्यपरकता है। ये विकास

के झूठ को उघाड़ते हैं।

मानवीय एकता एक आदर्श स्थिति है, पर वैश्विक लक्ष्य से स्थानीय जरूरतें कई बार भिन्न होती हैं। किसी महादेश या देश में सभी समुदाय बराबर नहीं हैं और वर्चस्व एक सच्चाई है। उपनिवेशवाद ने मानव समुदायों में विषमता और भिन्नता बढ़ाने के लिए कुछ भी करना बाकी नहीं छोड़ा था। आजादी के कई दशकों के बाद पिछड़े और कमजोर समुदाय अपनी स्थानीय परम्पराओं के साथ न केवल अपने अधिकारों के लिए संघर्ष कर रहे हैं, बल्कि वे 'राष्ट्र' और 'आधुनिकता' को सन्देह की नजरों से देखने लगे हैं।

एक

भगवानदास मोरवाल का उपन्यास है 'काला पहाड़' (1999)। यह मेवात समुदाय की कहानी है। इसके लोग साझी संस्कृति में जीते आ रहे थे और जानते ही नहीं थे, साम्प्रदायिकता क्या चीज है। भगवानदास मोरवाल खुद अपने बारे में बताते हैं, "जब वहाँ (दिल्ली के काफी हाउस) साम्प्रदायिकता पर बात होती थी, मुझे बड़ा अजीब-सा लगता था कि जिस तरह से साम्प्रदायिकता की बात हो रही है और जिस तरह के समाज में मैं रह रहा हूँ, जिस क्षेत्र का मैं हूँ, वहाँ मेरे घर के दायें में मुस्लिम परिवार, पीछे भी और आगे भी। मेरे लिए यह समझने में बड़ी दिक्कत हुई, आखिरकार यह चीज है क्या?" (अन्यथा-15)। साम्प्रदायिकता लोकमानस के अनुभव का अंग नहीं थी, उसका व्यापक प्रवेश वस्तुतः विदेशी-देशी आधुनिक राजनीतिज्ञों ने कराया।

क्या सामुदायिक विमर्श से राष्ट्रीय रूपककथा निकल सकती है? 'काला पहाड़' मेव समुदाय की विशिष्टता का उद्‌घाटन है। यह लघु इतिहासों की खोज का हिस्सा है। यह एक सामुदायिक विमर्श है, पर इतना भर नहीं है। यह एक राष्ट्रीय रूपककथा भी है, जो मिथ्या आधुनिकता का लबादा उतारने से बनती है। यह उपन्यास कहता है, एक बार अपनी आधुनिकता थोड़ी कम करके देखो। दरअसल अपने दिमाग से सोचने के लिए अपनी जमीन पर खड़ा होना होगा।

हम कौन हैं, यह प्रश्न उठाकर इतिहास की नव-औपनिवेशिक फैक्टरियाँ खुल गयी हैं। ज्ञान और ताकत पर्यायवाची हो गए हैं। 'हम कौन हैं' के अलावा भी एक प्रश्न है—'हम किधर जा रहे हैं?' यह अनजाना नहीं है कि जिस देश में 'नया समाज', 'नया मनुष्य' बनाने के स्वप्न देखे जा रहे थे और कुछ लोग अपने बैंड-बाजे के साथ 'आधुनिकता' में ले जा रहे थे, वहाँ सामुदायिक इतिहास के नये बही-खाते कैसे खुले। दरअसल नये समाज, नये मनुष्य और आधुनिकता के नारे देने वालों ने ही जनता के साथ तरह-तरह से विश्वासघात किया। इस देश के लोगों में विकसित

होता 'मैं' छोटे विवर ढूँढ़ने लगा—मानो जिराफ कछुओं में बदल रहे हों!

औपनिवेशिक आधुनिकता जैसी ही एक चीज है औपनिवेशिक राष्ट्रीयता। यदि भारत जैसे देश में उपनिवेशवाद और राष्ट्रीयता के बीच वैचारिक गठबन्धन होगा, राष्ट्रीयता का कृत्रिम और खंडित रूप पनपेगा। हम समुदाय-आधारित उपन्यासों में देखते हैं कि कितने तरह के विशिष्ट जीवन हैं। इन उपन्यासों में अपने ढंग के सामाजिक सम्बन्ध और रीतियां हैं, मूल्य चेतना है। कई में राष्ट्रीय केन्द्रवाद से असंतोष और विद्रोह है।

भगवानदास मोरवाल का उपन्यास 'रेत' (2008) कंजर समुदाय के जीवन पर आधरित है। कंजर एक क्रिमिनल समुदाय माना जाता है। महाश्वेता देवी का बाँग्ला उपन्यास 'जंगल के दावेदार' (1979) बिरसा मुंडा के जीवन और संघर्ष पर आधारित था। महाश्वेता देवी ने लेखन के अलावा अपराधी मानी जाने वाली जनजाति शबर समुदाय के बीच रहकर काम किया था। उनके लिए जनजातियों का जीवन औपन्यासिक कच्चा माल भर नहीं था। हम देख सकते हैं कि भारतीय जनजातियाँ राष्ट्रीय अलगाव में जीती रही हैं। उच्च वर्ग ने इनका तरह-तरह से शोषण किया। आधुनिकीकरण ने इन जनजातियों की नयी पीढ़ी के कुछ लोगों को नयी राह दी, पर उन्हें उनके परिवारों और जड़ों से विमुख कर दिया। आधुनिकीकरण जनजातीय गाँवों में शोषण का नया औजार बनता गया। जनजातीय अन्तर्शत्रुताएँ बढ़ीं, जो हिंसात्मक होती गयीं। जनजातीय गाँवों में पहुँची आधुनिकता ने वहाँ गरीबी, शोषण और भेदभाव बढ़ाया। इसके चिह्न 'रेत' उपन्यास में हैं।

किसी भी उपन्यासकार को भारतीय जीवन के विविधतामय यथार्थ आकर्षित करते हैं, क्योंकि यदि ये जितने भयावह हैं उससे कम सद्भावपूर्ण, राग-रंग से भरे और अनोखे नहीं हैं। तकषी शिवशंकर पिल्लै का मलयालम उपन्यास 'मछुआरे' (1956) केरल के स्थानीय मछुआरों के कठोर जीवन यथार्थ को बहुत आकर्षक भाषा में सामने लाता है। यह स्थानीय यथार्थ का रोमांटिकीकरण भी करता है। यह उपन्यास समुद्र तट के मछुआरे समुदाय के अन्धविश्वास, प्रकृति से निकटता, समुद्री खतरों से भरे जीवन, प्रेम और दुख-संघर्ष को लेकर लिखा गया है। इसके बिंबों में अनोखी लिरिकल स्थानीयता है। इस तरह का कलात्मक यथार्थवादी उपन्यास हिन्दी में नहीं लिखा गया। इसकी एक वजह यह है कि हिन्दी पट्टी का कोई इलाका समुद्र से जुड़ा नहीं है। हिन्दी क्षेत्र में रेगिस्तान जरूर है। भगवानदास मोरवाल का उपन्यास 'रेत' रेगिस्तान के सामुदायिक जीवन की कहानी है। 'रेत' में कंजरों के जीवन की विलक्षणता पूरी स्थानीय ठसक से सामने आयी है, पर उपन्यास में उनके जीवन के रोमांटिकीकरण की कोशिश नहीं है। इस उपन्यास में भी गाँव है, पर यह विलक्षण गाँव है। एक महत्त्वपूर्ण बात तकषी शिवशंकर पिल्लै, महाश्वेता देवी और भगवानदास

मोरवाल—विभिन्न पीढ़ियों के इन उपन्यासकारों के सम्बन्ध में कही जा सकती है कि इन तीनों के उपन्यास में 'परिवार' की अवधारणा शक्तिशाली रूप में उपस्थित है।

'रेत' में एक मातृसत्तात्मक परिवार है। इसकी मुख्य घटना यह है कि रुक्मिणी कंजर एमएलए बन जाती है। इस प्रक्रिया में कंजर समुदाय की पहचान को एक खोखली सुखवादी राष्ट्रीयता निगल लेती है, जैसे बड़ी मछली छोटी मछली को निगलती है। देह बेचने का धन्धा करते हुए भी कंजर समुदाय के कुछ उसूल थे, कुछ परम्पराएँ थीं और एक स्वतन्त्र वजूद था, ''क्या इस रेत को भला कोई अपनी कैद में कर पाया है आज तक?'' कमला सदन कंजरों के दर्द और खुशियों का एक आत्मीय लोक है। यहाँ लड़कियाँ भाभी बनकर घरेलू यातना सहने से बेहतर मानती हैं शादी न करके बुआ बनना और देह की स्वतन्त्रता का आनन्द लेना। इस समुदाय की अपनी परम्पराएँ, विशिष्टताएँ और निर्बुद्धिपरकताएँ हैं, पर इनकी जिन्दगी में स्वच्छन्दता की भूख है। इनकी जिन्दगी को आधुनिकता, जनतन्त्र और नयी सभ्यता की नागरिकता से जोड़ने की राजनीतिक कोशिशें जैसे ही तेज होती हैं, इनकी पहचान और मूल्यों का क्षय शुरू हो जाता है।

कंजरों के लिए माना गुरु की, लोककथा में पगी एक छोटी-सी मढ़ी है। उनकी अपनी एक स्वच्छन्द बसावट है। गाजूकी के कंजर डाकू-चोर नहीं हैं। उनकी जिन्दगी में भी प्रेम करने की इच्छाएँ हैं। अचानक जब यह जनजाति एक वोट बैंक के रूप में देखी जाने लगी, एक सरल समुदाय की राजनीतिक घेरेबन्दी होने लगी। मजहबी घेरेबन्दी भी होने लगी। माना गुरु की मढ़ी के पास मजार बन गया। उर्स का मेला शुरू हो गया। तब्दीलियाँ आने लगीं। दैहिक शोषण के लिए कंजरों के पास थाने-पुलिसवाले और राजनीतिज्ञ पहुँचे। 'जनजाति महिला उद्धार सभा' की सावित्री बाई भी अपने मतलब से पहुँची। हिन्दुत्ववाद में जनजाति-प्रेम उमड़ पड़ा। कंजरों के पास वे सभी पहुँचते गए जो कानून, समुदाय के उद्धार और राष्ट्रवाद के नाम पर अनैतिकता के डायनासोर थे। वैद्यजी उनसे अलग थे, एक नैतिक दृढ़ता वाले कर्मठ व्यक्ति। इन्होंने कमला सदन को बचाना चाहा, रुक्मिणी को रोका, पर वह एक 'छिपे हाथ' तिवारीजी के जाल में फँस चुकी थी। रुक्मिणी कहती है, ''वैदजी, अब जाकर पता चला कि ताकत चाहे दौलत की हो या रूप और देह की, वह कितनी बड़ी होती है। अगर इनमें से एक भी आपके पास है, तो समझो आपसे बड़ा कोई नहीं है... और अगर सारी हैं तो कहना ही क्या...मेरे पास आज तीनों हैं।''

रेत की निष्कलुष जमावट छद्म राष्ट्रीयता के बवंडर में बदरूप होती गयी। कंजरों की न अस्मिता बच पायी और न उनकी लड़ाई, भले रुक्मिणी दैहिक खिलावड़ी से राजनीतिक खिलावड़ी बनकर राजनीति में आगे बढ़ती गयी। 'रेत' कंजरों के जीवन पर आधारित होते हुए भी वस्तुतः 'आधुनिकता' और 'राष्ट्र' द्वारा जनजातीय अस्मिता

को निगले जाने की कथा है।

—बाबू-सा रहने दीजिए। मत तुड़वाइए मेरे कौल और मेरे उसूलों को।

—उसूल और तेरे...तो क्या रुक्मिणी के भी कोई उसूल हैं? धीरे-धीरे मुरली की कुलीनता, दम्भ और उसका पौरुष जैसे हुंकारें भरने लगा।

रुक्मिणी ने मुरलीवाले की वंशी छीन ली। एक बार उसने अपने उसूल की खातिर लम्पट नेता मुरली के पेट में शराब की टूटी बोतल घुसा दी थी। वही रुक्मिणी कहती है, "पता नहीं इज्जतदारों की तरह हम कब सोचना शुरू करेंगे।" आगे है, "खुशी हुई कमला बुआ को रुक्मिणी का यह रूप और भंगिमा देखकर। यह भाषा और तेवर रुक्मिणी के नहीं, बल्कि राज्य युवा जनजाति महिला प्रकोष्ठ की प्रमुख और उससे अधिक इज्जतदारों के बीच उठने-बैठने वाली रुक्मिणी के हैं।" रुक्मिणी कंजर की ऊँची उड़ान औपनिवेशिक राष्ट्रीयता से जन्मे उस अन्ध-राष्ट्रवाद का खेल थी, जो देश को यह सन्देश देना चाहता था कि हम जनजातियों को लेकर कितने चिन्तित हैं। रुक्मिणी कंजर अब एक स्वच्छन्द वजूद से एक राजनीतिक प्रतीक थी—अपनी तेज चमक में भी वजूदहीन। प्रश्न उठता है, इतनी वैश्विक हलचलों के बीच क्या जनजातीय समुदायों में कोई सच्चा उभार नहीं है।

भगवानदास मोरवाल का 'काला पहाड़' मेवात की साझी संस्कृति को उपन्यास का विषय बनाता है, जबकि 'रेत' सामुदायिक विशिष्टता को। 'रेत' एक तरह से पहचान की तलाश का उपन्यास न होकर अपनी पहचान और जीवन की लड़ाई खोने की कथा है। इधर क्षेत्रीय अस्मिता या समुदायों पर उपन्यास ज्यादा लिखे जा रहे हैं और राजनीतिक दलों में सामुदायिक समीकरण का आग्रह बढ़ा है।

दो

वर्तमान सामाजिक परिदृश्य में हम देख सकते हैं कि बुद्धिपरकता के मुकाबले अन्धविश्वासों का महिमामंडन ज्यादा हो रहा है। आधुनिकता के मुकाबले विलक्षण परम्पराओं को ज्यादा उभारा जा रहा है। मिथक और इतिहास की खिचड़ी पक रही है। सामुदायिक विमर्श में हो यह रहा है कि अस्मिता की बुनावट में परम्परा के वे उज्ज्वल रेशे कम देखे जा रहे हैं, जिन्हें आधुनिकता ने नष्ट किया। वे अन्धी रूढ़ियाँ और रीतियाँ ज्यादा मिल रही हैं, जिन्हें आधुनिकता ने सहलाया। कहा जा सकता है कि सामुदायिक रूढ़ियाँ, रीतियाँ और विलक्षणताएँ स्थानीयता की शृंगार हैं।

यह भी लक्षित किया जा सकता है कि कथा-साहित्य में जब तक विलक्षण स्थानीय बोली की छौंक न हो, स्थानीय सजावटें न हों, वह विश्वसनीय नहीं लगता। हिन्दी कुछ समय पहले ज्यादा 'महानगरीय' हो गयी थी। वह बहुत सूखी, कृत्रिम

और अविश्वासनीय होती जा रही थी। इसके वे ही कारण हैं, जो बुद्धिवाद, राष्ट्रीयता और आधुनिकता के अविश्वसनीय हो उठने के हैं। आज प्रेमचन्द और निर्मल वर्मा की हिन्दी चल नहीं पा रही है, क्योंकि आज के उपन्यास में वे पात्र धड़ाधड़ घुसे चले आ रहे हैं, जो साहित्यिक परिदृश्य में पहले न थे। उनका आना भारतीयता का संकुचित दायरे से बाहर निकलना है, राष्ट्रीयता का संकुचित दायरे से बाहर निकलना है और आधुनिकता का संकुचित दायरे से बाहर आना है।

यह कहना जरूरी है कि स्थानीय या सामुदायिक अस्मिता के साथ भारतीय होना कम भारतीय होना नहीं है। यदि कोई आदमी एनआईआर होकर अपने को इंडियन मान सकता है, स्थानीय और सामुदायिक अस्मिता के साथ भारतीयपन का अहसास क्यों नहीं किया जा सकता? इधर लघु 'मैं' और सामुदायिक 'मैं' के बीच तनाव या विभाजन घटा है, यह सत्ता विमर्श की देन है। यह राजनीतिक निराशा से जन्मी पतनशीलता है। इसमें सन्देह नहीं कि सत्ता विमर्श की जान विशिष्टता की पहचान में नहीं, पृथकता की उद्घोषणा में बसती है। सत्ता विमर्श विकासशील साझी संस्कृति को पदच्युत करता है। सामुदायिक बहुध्रवीकरण बढ़ाता है, सामुदायिक सत्ता विमर्श से फायदा उन इने-गिने एलीट व्यक्तियों को है, जो पृथकता के राजनीतिक प्रदर्शन में उछल पाते हैं। आम लोग जिस किसी भी समुदाय में हों, वैश्वीकरण में उनकी नियति एक है। गरीबी समुदाय नहीं देखती, विषमता समुदाय नहीं देखती, अधिकार से वंचना समुदाय नहीं देखती और आत्महत्या समुदाय नहीं देखती और बहुराष्ट्रीय कम्पनियाँ भी समुदाय नहीं देखतीं।

दरअसल राष्ट्रीय केन्द्रवाद, औपनिवेशिक आधुनिकता और सांस्कृतिक एकरूपता के विरोध में स्थानीय सामुदायिक विमर्श सामने आये हैं। इन्होंने राष्ट्रीय केन्द्रवाद, आधुनिकता और प्रगति की अवधारणा में जो हस्तक्षेप किया, वह ध्यान खींचता है। यह समझना मुश्किल नहीं है कि पिछले दो सौ वर्षों में मानवीय सद्प्रयासों के बावजूद सामन्ती तत्त्वों से साठ-गाँठ करके जो बुद्धिवादी, राष्ट्रवादी और आधुनिकतावादी कठोरताएँ बढ़ीं—केन्द्रीयता बढ़ी, उसी के सांस्कृतिक जवाब हैं हमारे समय के सामुदायिक उभार। इनके प्रति सकारात्मक दृष्टिकोण जरूरी है, यदि जनमानस की हलचलों को समझना है। क्या कहा जा सकता है कि वैश्वीकरण के जमाने में सामुदायिक बहुध्रवीकरण स्वाभाविक है और अन्तिम सत्य है? आमतौर पर कारपोरेट लूट से जिन्दगी की बढ़ती तकलीफों, मनुष्यता के नए बोध, नागरिक समझ और स्त्री प्रश्न पर सार्वभौम लड़ाई के कारण सामुदायिक वि-ध्रुवीकरण भी एक घटना है। उपन्यास यथार्थ नहीं होता, यह कल्पित यथार्थ है। फिर भी उसका बीजाधार है अनुभव। यह प्रति-संसार नहीं, सह-संसार है। उपन्यास के साथ होकर हम जीवन को समझते हैं। उपन्यास को कथा के रूप में पढ़ा जाना चाहिए, भले उसमें हम

अपने विराट जीवन संसार की छवियाँ पाएँ। कथाकार उपन्यास में जीवन की ऐसी परिचित-अपरिचित चीजें रखता है, जिनके साथ उसकी सामाजिक और सांस्कृतिक चिन्ताएँ जुड़ी होती हैं। यही वजह है कि उपन्यास किसी खास व्यक्ति, परिवार या समुदाय के आख्यान पर आधारित होकर भी एक वृहत्तर मानवीय अपील, एक सार्वभौम कौंध पैदा करता है।

कहा जाता है कि लकड़हारा कुल्हाड़ी से जंगल काट नहीं पाता, यदि जंगल के ही किसी पेड़ की डाल कुल्हाड़ी की मूठ नहीं बनती। साहित्य प्रतिवाद की देन है। यह प्रतिवाद को तोड़ने के लिए संकीर्ण राजनीतिक महत्त्वाकांक्षाओं या सत्ता विमर्श का औजार नहीं बन सकता। सामुदायिक कट्टरवाद सत्ता विमर्श की देन है, जबकि स्थानीय समुदायों के जीवन पर आधारित उपन्यास कट्टरवाद को सींचने की जगह सत्ता के छल को उजागर करते हैं।

औपन्यासिक चरित्र के भीतर से किसी विशिष्टता का सन्धान करते हुए कथाकार के सामने एक चुनौती यह होती है कि कैसे वह एक बड़े संकट की ओर भी इशारा करे। नासिरा शर्मा ने अपनी कहानी 'पत्थरगली' में मुस्लिम समाज की लड़कियों के कैद जीवन का चित्र खींचा था। पाकिस्तानी लेखिका तहमीना दुर्रानी (कुफ्र) ने मजहबी नियमों से जकड़ी मुस्लिम स्त्री के अपरिकल्पनीय यथार्थों को उभारा था। कभी-कभी यथार्थ कल्पना से अधिक अविश्वसनीय होता है। हम मानव जीवन के बहुत से यथार्थों को जान नहीं पाते, यदि उपन्यास नहीं होते। बांग्लादेश की पश्चिमवादी लेखिका तसलीमा नसरीन मजहबी जंजीरें तोड़ चुकी एक मुक्त स्त्री के रूप में सामने आती हैं और 'नष्ट न होने के लिए' देह की स्वतन्त्रता चाहती हैं। वे विवादित होने की वजह से ज्यादा लोकप्रिय हैं। एक तरफ सामुदायिक विमर्श के भारतीय उपन्यासों में स्थानीय रूढ़ियों और रीतियों का महिमामंडन है, दूसरी तरफ इस्लामी देश के उपर्युक्त कथाकारों के लेखन में मजहबी रूढ़ियों से विद्रोह है। नासिरा शर्मा मजहबी रूढ़ियों-रीतियों के बीच से ही मुस्लिम जिन्दगी की आधुनिक करवटों को पहचानती हैं।

उपन्यासकार के लिए अपने अनुभव के अलावा सामाजिक पर्यवेक्षण और साहित्यिक कल्पना का भी काफी महत्त्व है। किसी भी उपन्यासकार के अपने जीवन का फलक इतना बड़ा नहीं हो सकता कि वह अनुभवबद्ध होकर एकरूपता से बच जाये। उपन्यास में अनुभव सबसे महत्त्वपूर्ण रचना सामग्री है, किन्तु इसे औपन्यासिक यथार्थ में बदलने के लिए कुछ और चीजें भी चाहिए। एक मुस्लिम लेखिका कई बार मुस्लिम कहा जाना पसन्द नहीं कर सकती है, जिस तरह एक स्त्री कथाकार कई बार स्त्री कथाकार कहलाना पसन्द नहीं करती है। वह अपनी पहचान के टिपिकल खोल के बाहर आना चाह सकती है। उसे 'समुदाय' की लेखिका से 'समाज' की लेखिका बनने का हक है। इसलिए हिन्दी में ऐसे भी उपन्यास हैं, जो मनुष्य का

भय, प्रेम या कोई सन्देह व्यक्त करने के लिए समुदाय का अतिक्रमण करते हैं। वे व्यापक सामाजिक प्रश्नों में प्रवेश करते हैं। फिर भी उपन्यास को प्रथमतः और अन्ततः किसी एक स्थान पर खड़ा होना होता है।

नासिरा शर्मा अपने उपन्यास 'कुँइयाँजान' में पानी की समस्या उठाती हैं। यह एक सामाजिक प्रश्न है, वैश्विक प्रश्न है। उपन्यास में मस्जिदवाली गली, बताशे वाली गली, मुर्गी वाली गली आदि के रूप में एक खास स्थानीय 'सेटिंग' मौजूद है। यह एक मुस्लिम परिवार की कथा है, जिसमें घरेलू रिश्ते हैं, प्रेम है, मृत्यु की घटनाएँ हैं, आकांक्षाएँ हैं और एक सामाजिक चिन्ता है, "आज घर के अन्दर पानी की सुविधा ने हमको सामाजिक मेलजोल से काट दिया है। न पनघट पर औरतें जमा होती हैं, न घाट पर बैठ कपड़ा-बरतन धो अपना दुःख-दर्द कह पाती हैं।" यह पिछड़ेपन को आकर्षक बनाना कहा जा सकता है। इसे विकास की एक प्रतीकात्मक आलोचना के रूप में भी देखा जा सकता है। नासिरा शर्मा उपन्यास में कहती हैं, "मगर सच यह है कि जो रिश्ते बड़े सरोकारों से नहीं जुड़ते, वह बहुत जल्द मर जाते हैं।" आज यह कहना कठिन है कि सच यही है। फिर भी उल्लेखनीय है कि आज के उपन्यासों में सामुदायिक सरोकारों के परे जो सामाजिक मुद्दे हैं, उन्हें भी महत्त्वपूर्ण माना जा रहा है। एक खास समुदाय के जीवन पर आधारित इस उपन्यास में कथा घूम-फिरकर चारों तरफ पानी की बढ़ती किल्लत के पास आ खड़ी होती है और पृथ्वी की बरबादी की ओर इशारा करती है, "मस्जिदवाली गली के इमाम का इन्तकाल हो गया है। उन्हें दफन करने के पहले शव को नहलाने के लिए पानी की तलाश हो रही है। नल सूखे पड़े हैं..." बहुराष्ट्रीय कम्पनियाँ पानी की लूट में लगी हैं, जबकि जलस्रोत सूख रहे हैं। कमाल डॉक्टर है, वह उपभोक्तावादी मध्यवर्ग में 'होप' का एक बचा चिह्न है। वह सोचता है, "इंसान की आँखों में आया आँसू और सूखी धरती पर बहता पानी आपसी रिश्तों को कैसा बदलकर रख देता है।" 'कुइयाँजान' भीगी रेत से कुईं के भरने की कहानी है, संकट में भी आशा की टिमटिमाती निशानी।

तीन

'समानता' इस शब्द का जब आविष्कार हुआ था, यह एक बड़ा आकर्षक शब्द था। किसी को समानता से इंकार नहीं है, इसके विरुद्ध कोई नहीं बोलता। यह भी उतना ही सही है, कोई इसे वैयक्तिक या राजनीतिक आचरण में नहीं उतारता। स्त्री, दलित, मुसलमान के सन्दर्भ में समानता की बात एक प्रहसन है। आदिवासियों के सन्दर्भ में यह सबसे बड़ा स्वातन्त्र्योत्तर मजाक है। एक तरफ महानगरों के शान-शौकत से भरे मॉल-मल्टीप्लेक्स और दूसरी तरफ देश के बेरंग आदिवासी इलाके। यह चिन्ताजनक

है कि समानता की अवधारणा विमर्शों में एकांगी रूप में है और यह अब विकास पर लगभग विसर्जित है। हम देखते हैं कि आदिवासी लोग दुनिया के सबसे गरीब लोग हैं। उनका बाध्य होकर हिंसा के आश्रय में जाना राष्ट्रवाद की एक अन्य बड़ी विफलता है। इधर कई आदिवासी इलाकों में विकास की परियोजनाओं का विरोध हो रहा है और आदिवासी अपने क्षेत्र के पर्यावरण को बचाना चाहते हैं। क्या विकास, पर्यावरण और समानता के रिश्तों को सुधारा जा सकता है?

आदिवासियों का संघर्ष उनकी अस्मिता के लिए लड़ाई के साथ जल, जंगल और जमीन की लड़ाई से भी जुड़ा है। ये आदिवासी किसान भी हैं, यह नहीं भूलना चाहिए। हम जब भारत के स्वाधीनता संग्राम पर गौर करते हैं तो रंगपुर के किसान संघर्ष (1783) के अलावा सन्थाल विद्रोह (1855) स्मरण आता है। बिरसा मुंडा का संघर्ष याद आता है। उस समय अँग्रेजी राज था। वर्तमान समय में जब भूमंडलीकरण की आँधी है, आदिवासी ही सबसे ज्यादा मुखर हैं, क्योंकि उन पर होने वाले अत्याचार अत्यन्त संगठित रूप में हैं। 'गोदान' के शिकार प्रसंग में एक वनकन्या है, जो परिश्रमी के साथ दबंग है। वह मालती को लताड़ती है। यह महसूस किया जा सकता है कि आदिवासियों से सीखे जाने को बहुत कुछ है। दूसरी तरफ उनके जीवन के गुणों को बचाने का अर्थ पिछड़ेपन का संरक्षण या आदिवासी क्षेत्र को विकास से दूर रखना नहीं हो सकता, यदि समानता की तरफ बढ़ना है।

भारतीय राष्ट्रवाद की नजर में आदिवासी लोग स्वाधीनता दिवस की परेड में शामिल एक दृश्य से ज्यादा महत्त्व नहीं रखते। इसी तरह बहुराष्ट्रीय कम्पनियों की नजर सिर्फ उनकी जमीन और इसके नीचे छिपी अपार खनिज सम्पदा पर है। क्रान्तिकारी बुद्धिजीवियों की नजर में वे धनुष-तीर धारण किये हुए एक चिह्न हैं।

सामुदायिक अस्मिता की राजनीति सांस्कृतिक चिह्नों को महत्त्वपूर्ण बनाती है, क्योंकि ये सामुदायिक एकता के लिए उत्प्रेरक का काम करते हैं। पिछले कुछ दशकों से कुछ आदिवासी क्षेत्रों में माओवादी उग्र ढंग से सक्रिय हैं। कुछ चिन्तक मानते हैं कि भारत के माओवादी भटके हुए मार्क्सवादी हैं, जबकि कहा यह जाना चाहिए कि यदि मार्क्सवादी ही ठीक होते, ये सब क्यों भटकते। एक भ्रम मुख्यधारा की अवधारणा है। लगता है, मुख्य धारा उप-सांस्कृतिक धाराओं से संवाद के पहले बन चुकी एक कोई पूर्व-निश्चित राष्ट्रीय धारा है, जिसमें बाकी को दीन-हीन आकर बस शामिल होना है। निश्चय ही राष्ट्रवाद और विकास की संकीर्ण राजनीति ही जिम्मेदार है आदिवासियों की हिंसा या बेहद अपने लोगों के विपथन के लिए। एक के बाद एक गाँव सुलगने लगे हैं। अब यह धारणा बनती जा रही है कि शान्तिपूर्ण ढंग से उठी आवाज न्याय नहीं दिला पाएगी, सरकार संविधान और कानून हाथ में लेने वालों से ही घबराती है। इधर राज्य और जनजातियों किसानों के बीच युद्ध जैसी स्थिति

अर्से से दिख रही है और इसमें सैकड़ों बेगुनाह मारे जा रहे हैं, यह हमारे समय की एक मार्मिक घटना है।

आदिवासियों पर शुरू से शहरी आँख रही है। वे लम्बे समय से अपने इलाके में आधुनिकता को रेंगते देखते आ रहे हैं। वैश्वीकरण उनके जीवन पर जैसे किसी बाज का झपट्टा है। रणेन्द्र का उपन्यास 'ग्लोबल गाँव का देवता' झारखंड के एक खास क्षेत्र के आदिवासी जीवन में आ रहे रूपान्तरण को ही नहीं दिखाता, एक क्षेत्र के सामुदायिक इतिहास में भी ले जाता है। इसमें मिथकीय संदर्भ सामुदायिक विमर्श में प्राण भरते हैं और फर्क दिखाते हैं। यह आदिवासियों के जीवन को पहचानने की कोशिश है, "हम प्रकृति के पूजक हैं। हमारे महादनिया महादेव वही नहीं हैं, जो लँगटा बाबा के हैं। हमारे महादेव ये पहाड़ हैं। यह पाट है, जो हमें पालता है। हमारी सरना माई न केवल साखुआ गाछ में, बल्कि सारी वनस्पतियों में समायी हैं। हम सारे जीवों से अपने गोत्र को जोड़ते हैं। छोटे जीवों, कीट-पतंगों को भी अपने से अलग नहीं समझते। हमारे यहाँ 'अन्य' की अवधारणा ही नहीं है।" उपन्यास में यह दिखाया गया है कि आदिवासी लोग बहुराष्ट्रीय कम्पनियों और राष्ट्रवाद दोनों की हिंसा के शिकार हैं, वस्तुतः वे हिंसक नहीं हैं। दुनिया की तमाम जनजातियों में 'बुराई' और 'अच्छाई' की अपनी समझ है। उनमें चोरी-बेईमानी नहीं है। वे अपने भीतरी द्वन्द्वों को ईमानदारी से सुलझाना जानते हैं। उनमें आत्मसम्मान की भावना है। उनमें संयम सच्चाई और वफादारी है। वे किसी के आचरण से उसकी राजनीति का निर्णय करते हैं। जनजातियों को औपनिवेशिक नजरिये से असभ्य और बर्बर कहा गया, क्योंकि वे लालची नहीं थे और आत्मसमर्पण नहीं करते थे। वैश्वीकरण के दौर में दुनिया भर के कथाकारों को जनजातीय जीवन ने यदि आकर्षित किया है, निश्चय ही इसकी कोई वजह है।

रणेन्द्र के उपन्यास 'ग्लोगल गाँव का देवता' का दायरा व्यापक होते हुए भी इसमें आदिवासियों के जीवन की एक बाहरी रूपरेखा ही दिखाई पड़ती है। यह उपन्यास जगह-जगह सूचनात्मक और वक्तव्यपरक है, फिर भी दिखता है कि भूमंडलीकरण के युग की आधुनिकता ने किस तरह स्थानीय शोषण जाल विस्तृत कर दिया है, प्रशासनिक अत्याचार और भ्रष्टाचार छिपाने के लिए किस तरह आदिवासियों के संघर्ष को 'माओवादी' कहकर बचने की कोशिश होती है और उनका परम्परागत उदात्त मानस जो अन-आधुनिक है, वस्तुतः किस तरह गहरे संकट से घिरा है। आदिवासियों के जीवन को आधार बनाकर लिखे गए अपने एक अन्य उपन्यास 'गोयब होता देश' में रणेन्द्र ने उनके संघर्ष को पहले की तरह ही बाहर से देखा है, पर उसकी मुख्य खूबी है आदिवासियों को जिन्दगी में खौलती क्रान्ति की आग के साथ उनकी दुधारी प्रीति का कलात्मक अंकन।

क्या आज जो जितना अधिक सामुदायिक है, उसकी सामाजिक और औपन्यासिक अर्थवत्ता उतनी अधिक है? स्थानीय जीवन पर आधारित उपन्यास अपने साथ टिपिकल स्थानीय संस्कृति लेकर आते हैं। उनमें गहरी जिजीविषा दिखती है उनकी अपनी सांस्कृतिक रीतियों में आस्था वस्तुतः उनकी अपनी जीवन शक्ति में आस्था है। उनका आधुनिकता पर सन्देह वस्तुतः शहरी नैतिकता, बाजार और राजनीतिक सत्ता पर सन्देह है। कहना न होगा, हर उपन्यास का जन्म सन्देह से होता है। सन्देह ही वह चीज है, जिसका हमारे समय में भयानक अकाल है।

आज के यथार्थ : आज के उपन्यास

एक

उपन्यास कभी यथार्थ के बिना नहीं हो सकता, पर सिर्फ यथार्थ से भी नहीं बनता। भूमण्डलीकरण के जमाने में यथार्थ की बहुलता है, वह भी विभाजित बहुलता। खासकर ऐसे समय में उपन्यास सिर्फ यथार्थ से अपने समय का 'मानवीय रूपक' नहीं बन सकता।

पिछले दिनों अँग्रेजी में लिखे गए भारतीय उपन्यास या विदेश में रहने वाले भारतवंशी लेखकों के उपन्यास काफी लोकप्रिय हुए। कहा गया है, इनमें भारत की यथार्थ तस्वीर है। कुछ उपन्यासकार बुकर या भारी रकम का कोई दूसरा अन्तरराष्ट्रीय पुरस्कार पाकर अचानक लोकप्रिय हो गए। वे बाजार में ही नहीं छा गए, एक हद तक सार्वभौम ट्रेंड भी सेट करने लगे। हिन्दी कथाकारों पर विदेशी कथाकारों का असर नयी घटना नहीं है। निश्चय ही उपन्यास अलगाव में नहीं लिखा जाता, यह विभिन्न प्रभावों के बीच बनता है। कई बार यह भी होता है कि दूसरे देशों या पड़ोसी भाषाओं की लोकप्रिय औपन्यासिक प्रवृत्तियों के अंधे अनुकरण से अपनी जमीन की चिन्ताएँ और आशाएँ उपेक्षित होती हैं। अंधानुकरण स्वाधीन रचनात्मकता के क्षय या जड़ सैद्धान्तिकता की ओर ले जाता है। इसलिए सवाल उठता है, हिंदी उपन्यास में ऐसा क्या भिन्न है, जो उसकी एक अलग पहचान देता है। क्या इधर उपन्यास का 'कैननाइजेशन' हो रहा है निःसंदेह आज उपन्यास में कई जगहों के यथार्थ आ रहे हैं। इस विविधता की वजह से उपन्यास के प्रति पाठकों की दिलचस्पी बढ़ी है।

प्रेमचन्द ने एक महत्त्वपूर्ण बात कही थी, "अभी हम झूठ को सच बनाकर दिखाना चाहते हैं। भविष्य में सच को झूठ बनाकर दिखाना होगा।" (कुछ विचार)। कई कथाकार सच के अलावा कुछ दिखाना नहीं चाहते, उन्हें जितना सच लगता है। वे कई बार वस्तुतः जो सच है, उसे झूठ बनाकर दिखा नहीं पाते, जबकि उपन्यास का अर्थ ही है झूठ, गल्प! यह चरित्रों, घटनाओं और बिम्बों की एक ऐसी नैरेटिव दुनिया

में ले जाता है जो थोड़ी परिचित और बहुत अपरिचित होती है। इसमें स्वाभाविक रूप से काफी गप्प होता है और क्यों न हो। इस दौर में सच कहने का हाहाकार मचा हुआ है। सभी एक इरादे के साथ अपना-अपना सच कह रहे हैं—कभी आत्मकथा, कभी इतिहास और कभी यात्राओं के रूप में। कुछ कृतियों में आत्म-नायकत्व है, कुछ में इंसान का पतन है, कुछ में स्थान की राजनीति है। कहीं स्थानीय रूढ़ियों और विश्वासों को ही कथ्य की तरह पेश किया गया है, एक गर्व से भरी सभ्यता में निराशा के हथियार की तरह। कहीं एक बन्द सांस्कृतिक अस्मिता है, जो सुरक्षा है या आत्मघात, इस पर विचार करने की जरूरत है। निश्चय ही हर उपन्यास में झूठ के लिए थोड़ी जगह होनी चाहिए, साझे स्वप्न के लिए थोड़ी जगह होनी चाहिए।

इसमें सन्देह नहीं कि हमारे समाज में एक जैसा यथार्थ या इकहरा यथार्थ नहीं है, 'कंफ्लिक्टिंग रियलिटीज' हैं। इसलिए 'आज का यथार्थ' की जगह 'आज के यथार्थ' कहना ज्यादा सही है। भूमंडलीकरण ने समाज में उदारता लाने की जगह सामन्तवाद के दानव को अधमरे से पुनः ऊर्जावान बना दिया है। साम्प्रदायिक फासीवाद ही नहीं बढ़ा है, जातिवाद भी हर तरफ बढ़ा-चढ़ा है और व्यक्ति-स्वेच्छाचारिता भी चरम पर है। नया परिदृश्य यह है कि अस्मिता की राजनीति ने राष्ट्रीय और जनतान्त्रिक केन्द्रवाद को किंकर्तव्यविमूढ़ कर दिया है। गौर करने की चीज है, यह शोचनीय स्थिति तब पैदा हुई, जब 16वीं सदी से शुरू हुए पश्चिमी उपनिवेशवाद ने भूमण्डलीकरण के दौर में अपना वृत्त पूरा कर लिया।

हम देख सकते हैं कि व्यापार, टेक्नोलॉजी और कला की उच्च दुनियाओं में स्पर्धा के बावजूद परस्पर निर्भरशीलता है। यह राजनीतिक गठबन्धनों के स्तर पर भी है। भूमण्डलीकरण एक तरह से परस्पर निर्भरशीलता का युग है। सर्वत्र मान लिया गया है कि भूमण्डलीकरण जरूरी है और अब दुनिया के देशों को एक विश्व के रूप में देखना होगा। लेकिन इतनी ही आसानी के साथ यह नहीं कहा जा सकता कि हर देश का समाज, खासकर एशिया के समाज सामुदायिक-सांस्कृतिक पहचानों के आधार पर विभक्त और परस्पर शत्रु नहीं होते जा रहे हैं। बाजार में अन्तरावलम्बन है, पर जातीय और सामाजिक स्तर पर परस्पर निर्भरशीलता नहीं है। साहित्यिक दुनिया में परस्पर निर्भरशीलता नहीं है। यहाँ व्यापक मानवीय चित्त की जगह संकीर्ण टकराव है। सामुदायिक एकता भी कहीं परिपूर्ण नहीं है। हर समुदाय में व्यक्ति के स्तर पर खुदगर्जी, अराजकता और हिंसा है।

पहले के समय से एक बड़ा फर्क यह है कि पहले प्रत्यक्ष उपनिवेशवादी हस्तक्षेप था, तो उसे जबर्दस्त चुनौती भी दी जाती थी। ज्ञान के क्षेत्र में पश्चिम के प्रभुत्व को टक्कर दी गयी थी। भूमण्डलीकरण के युग में इस प्रभुत्व को रोकना कठिन होता जा रहा है, क्योंकि प्रतिरोध विभक्त होकर प्रायः लुप्त है। मुक्ति की पृथकतावादी

धारणाओं की वजह से आज उपन्यास भी मुख्यतः स्थानीय और सांस्कृतिक पहचानों में सीमाबद्ध है, बल्कि उपन्यास को एक सामुदायिक-सांस्कृतिक वस्तु के रूप में देखा जा रहा है। एक तरफ अति-आधुनिक बंजारापन है, किसी स्थान या देश से लगाव नहीं है। ऐसे लोगों या लेखकों को 'भूलने का अधिकार' चाहिए। उनकी चित्तवृत्ति ग्लोबल है। दूसरी तरफ, साहित्य कर्म स्थानीय विशिष्टता पर आश्रित होता जा रहा है। अतीत के प्रति नास्टेल्जिया है या विद्वेष और हिंसा की जमीन पर अतीत का प्रेत-जागरण है। अतीत अन्ततः अतीत है। स्मृतियों से हमारा सरोकार रचनात्मक ही हो सकता है, स्मृतियों को गोला-बारूद में बदलना ठीक नहीं माना जा सकता। इस तरह भूमण्डलीकरण के जमाने में सबसे ज्यादा विवादास्पद अतीत है, जो वर्तमान को भी विवादास्पद बना रहा है।

राष्ट्रीय स्वप्न या संघर्ष में साझे की जगह औपन्यासिक चरित्र अब ग्लोबल हैं या अपने में एकदम विशिष्ट, स्थानीय असन्तोष से भरे और सामुदायिक चिह्नों से अलंकृत। इसलिए आज भारत के भाषायी उपन्यास विमर्श ज्यादा हैं। यह स्थिति राष्ट्रवाद, लोकतन्त्र, आधुनिकता और वामपन्थ की कई उपलब्धियों के बावजूद वस्तुतः इन विचारधाराओं के संकट की वजह से है।

राष्ट्रीयता, आधुनिकता और यथार्थवाद की सीमाओं के बीच लोकतन्त्र की नयी जमीन बनाने में क्या विमर्शों की कोई सकारात्मक भूमिका है? निश्चय ही इनसे हिन्दी उपन्यास के परिदृश्य का विस्तार हुआ है। इन विमर्शों में कुछ के निशाने स्त्री और दलित पर अत्याचार के रूप में भयंकर हो उठे सामन्ती वर्चस्व हैं। कुछ के निशाने पर आधुनिक विकास की केन्द्रवादी परियोजनाएँ हैं। ऐसे उपन्यासों ने 'राष्ट्र' को प्रश्नांकित किया है, आततायी केन्द्रवाद को चुनौती दी है। इस सम्पूर्ण परिघटना में मानवीय मूल्य मलबे में बदलते गए। भूमण्डलीकरण के दौर में विषमता के क्रूर रूप धारण करने के साथ ही अस्मिता की राजनीति का जन्म हुआ। उत्तर-औपनिवेशिक सिद्धान्त लोकप्रिय हुए और विडम्बनएां बढ़ीं। कहना न होगा कि मनुष्य की अस्मिता एक बहुस्तरीय मामला है। मानवीय अस्मिता की बहुस्तरीयता का अर्थ पृथकता नहीं है, जबकि अस्मिता और पृथकता को सहजात समझा जा रहा है। केन्द्रवाद अपने कुकृत्यों और कठोरता की वजह से विघटित हुआ है, जिसके परिणामस्वरूप अस्मिता की राजनीति एक बड़ी भूमिका निभा रही है। निश्चय ही इसका प्रतिफलन साहित्य के स्तर पर भी हुआ है।

हम देख सकते हैं कि लम्बे समय तक लैंगिक भेदभाव, घर और बाहर स्त्रियों पर अत्याचार, दलितों पर अत्याचार, स्थानीयता की उपेक्षा, आदिवासियों और किसानों के प्रति बेफिक्री रही है। राष्ट्रवाद द्वारा भारी नृशंसता देखने को मिली है। सब कुछ 'आधुनिक विकास' या 'क्रान्ति' के भरोसे छोड़ दिया गया। यही वजह है

कि सदियों से जो चुप थे, वे उद्धारकों का इन्तजार करना छोड़कर खुद बोल उठे। उनकी आवाजों ने इधर शासक वर्गों को बाध्य कर दिया है कि वे स्त्रियों, दलितों, आदिवासियों और किसानों के प्रति 'प्रेम-प्रदर्शन' करें। यदि राष्ट्र, आधुनिकता और लोकतन्त्र 1947 के तुरन्त बाद से यह प्रेम और सक्रियता दिखाना शुरू कर देते, तो अस्मिता की राजनीति इतना भयंकर रूप धारण न करती।

निश्चय ही, विमर्श के उपन्यासों में आवेग ज्यादा है। इतिहास की खुदाई करके भेद को ज्यादा उभरा गया है और 'अभेद' को, 'सम्बन्ध' को ढँका गया है। यही वजह है, विविधता भिन्नता में और भिन्नता शत्रुता में बदल रही है। दुख, गुस्से और प्रतिरोध में इकहरापन है। अब 'साझी जिन्दगी-साझे संघर्ष' के दृश्य नहीं दिखते। फिर भी यह कम उल्लेखनीय नहीं है कि सदियों से जो सिर्फ सुनते आ रहे थे, वे अब बोल रहे हैं। वे सैकड़ों वर्षों के अन्यायपूर्ण सम्बन्ध को बदलना चाहते हैं। देखा जा सकता है कि समाज में भौतिक विकास हो रहा है, पर स्त्री-पुरुष भेदभाव, दलित की अवमानना और आदिवासियों-किसानों की दुर्दशा में कमी नहीं आयी है। भूमण्डलीकरण ने अन्यायपूर्ण सम्बन्ध में नये आयाम जोड़ दिये हैं। बेवजह नहीं है कि इन दिनों 'वंचित', 'विस्थापित' या 'दबाये गए समुदाय' जैसे शब्दों का इस्तेमाल ज्यादा हो रहा है और कई पुरानी अवधारणाएँ पदच्युत हैं। वर्तमान दौर में बड़े जन-आन्दोलन के अभाव में छोटे-मोटे संघर्ष अर्थवान हो गए हैं। इसलिए विमर्शों की आक्रामकता में यदि इकहरापन है, तो भी इसे राजनीतिक पाखंड, मतान्धता और भ्रष्टाचार में धँसे समग्रतावादियों के अजनतान्त्रिक केन्द्रीकरण से बेहतर समझना चाहिए।

उपन्यास में तेजी से आये वंचित, विस्थापित या दबाये गए समुदायों के यथार्थ वर्तमान विविधतापूर्ण यथार्थवादी परिदृश्य के अंग हैं। यथार्थवाद का अन्त नहीं हुआ है, वह विविधतापूर्ण हुआ है। हम यह परिवर्तन भी देख सकते हैं कि इधर सामुदायिक विमर्शों का इकहरापन घटा है। ये आक्रामकता में कमी लाये बिना समावेशी हो रहे हैं। इस समय हिन्दी में अच्छे उपन्यास काफी लिखे जा रहे हैं। ये सामुदायिक होकर भी किसी न किसी व्यापक मानवीय यथार्थ का प्रतिनिधित्व करने वाले 'नैरेशन' हैं। फिलहाल अनामिका के 'दस द्वारे का पींजरा', जयप्रकाश कर्दम के 'छप्पर', महुआ माजी के 'मरंग गोड़ा नीलकंठ हुआ', संजीव के 'रह गयीं दिखाएँ इसी पार', नीलेश रघुवंशी के 'एक कस्बे के नोट्स', नमिता सिंह के 'लेडीज क्लब', रमेश उपाध्याय के 'हरे फूल की खुशबू' और भगवादास मोरवाल के 'नरक मसीहा' जैसे कुछ उपन्यासों को देखने से ही लग सकता है कि आज का यथार्थ कितना विविधतापूर्ण है। दृष्टि में भी विविधता है, जो स्वीकार की जानी चाहिए। विविधता को स्वीकार किये बिना 'साझी सोच' या 'अखंडता' की कल्पना नहीं की जा सकती।

दो

मुख्य बात यह नहीं है कि उपन्यास में किस 'स्थान' का यथार्थ है या वह किस दृष्टि से लिखा गया है। मुख्य बात यह है कि वह उपन्यास कितना है, वह पढ़ लेने के बाद भी पाठक की स्मृति में कितना रहता है, उसमें जीवन-रस और कथा-रस कितना है। वह 'दूसरे' स्थान के पाठकों को भी कितना अपील करता है—वह किस हद तक सामुदायिक एकालाप नहीं है और बाजार की अदृश्य शर्त्तों से कितना मुक्त है। उपन्यास लिखने का अर्थ कभी वह लिखना नहीं है, जो हम जानते हैं। उपन्यास तो वह होता है, जो हमें फिर से उन चीजों पर सोचने के लिए कहता है, जो अमूमन हर रोज देखते हैं। उपन्यास में यदि दुख, गुस्से, प्रतिरोध के अलावा आशा का कोई नया आयाम न हो, तब भी वह उपन्यास नहीं है, भले वह यथार्थ की कार्बन कॉपी हो।

इन दिनों एक प्रवृत्ति उपन्यास में इतिहास का मिश्रण है। यह ऐतिहासिक उपन्यास से एक भिन्न मामला है। किसी ऐतिहासिक समय या व्यक्तित्व को उठाकर उपन्यासकार आज 'अस्मिता', 'राजनीति', 'लैंगिक भेदभाव' या 'सत्ता' सम्बन्धी अपनी धारणा व्यक्त करते हैं। यह इतिहास को विमर्श का औजार बनाना है। अनामिका का 'दस द्वारे का पींजरा' एक ऐसा ही मामला है। इसमें मुख्यतः विद्रोही मराठी विदुषी पंडिता रमाबाई का जीवन संघर्ष है। उनके अलावा कुछ ऐसी स्त्रियों की परत-दर-परत जीवन कथाएँ हैं, जो इतिहास में दर्ज नहीं हैं। ऐसे उपन्यासों में अतीतता और वर्तमानता घुल-मिल जाती है। इनमें इतिहास के चिर-परिचित परिदृश्य से भिन्न प्रसंग भी आते हैं, जिनका उद्देश्य किसी न किसी प्रभुत्व पर प्रहार करना होता है।

'दस द्वारे का पींजरा' में मर्दवाद, काम-कातर पुरुष पुंगवों की अहम्मन्यता से भरी दृष्टि और लैंगिक भेदभाव पर चोट है। उपन्यास से लगता है, रमाबाई जैसे इन्हीं समस्याओं का ज्यादा सामना करती हैं। यह भी लग सकता है कि रमाबाई की कथा पर फैनी पावर्स का चरित्र ज्यादा भारी है। वह मेन्टर के रूप में रानाडे से अधिक महत्त्वपूर्ण हो जाती है और औपन्यासिक विस्तार पाती है। फैनी आजाद और उदार खयालात की यूरोपीय स्त्री है। उसके जीवन में कई पुरुष आये और गए, "क्या चीज है चरित्र भी! खुद चरित्र का चरित्र तय तो नहीं है। कभी-कभी कितने अगाध और गम्भीर, विशिष्ट और महान होते हैं वे लोग, जिनका जीवन पटरी से उतर जाता है, कोई एक खूँटा बाँध नहीं पाता जिन्हें। और इसका विलोम भी सच है! एक खूँटे से बँधे हुए प्राणी भी कभी-कभी काफी खट्टे से, कटखने और टुच्चे होकर रह जाते हैं!" रमाबाई ने हिन्दू व्यवस्था का विरोध किया था, स्त्रियों में स्वावलम्बन, सहकारिता और आत्मविश्वास जगाने के लिए काफी काम किया

था, जो सूचनाओं के रूप में उपन्यास में है। मुख्य मामला है पटरी से उतरी स्त्रियों की पीड़ा, अकेलापन और क्षोभ और इन चीजों के बीच बन रहा है 'पढ़ने-लिखने, सोचने और प्यार करने भर का एकान्त चाहता मन', एक दृढ़ मन। स्त्री विमर्श भी कई तरह का है, इसमें बहुरंगापन है। अनामिका लोक के धरातल पर स्त्री के दर्द और इच्छाओं का उद्‌घाटन करती हैं। उपन्यास का जोर इस पर है कि स्त्री-पुरुष सम्बन्ध में एक बड़े परिवर्तन की जरूरत है।

उपन्यास अब तरह-तरह के सर्वेक्षण करके, इतिहास से तथ्य इकट्ठे करके और इच्छित दिशा में उन्हें मोड़कर लिखे जा रहे हैं। निश्चय ही कई बार इतिहास से अधिक विश्वसनीय होता है उपन्यास। इसके ऐतिहासिक चरित्र दूर तक मन में गूँजते रहते हैं। इतिहास जैसा लिखा गया है, वह अपना सामाजिक असर खोता जा रहा है। उपन्यास में सम्भावना है। कई बार इतिहास मसाला भर होता है। अनामिका का उपन्यास ऐसा नहीं है, क्योंकि वे नवजागरण के प्रसंगों के अलावा लोकगीतों, बौद्ध थेरीगाथाओं, फिल्म और कई अन्य संसारों में साहित्यिक उद्देश्यों से जाती हैं। उन्होंने खुद की एक सौन्दर्यमयी कहन शैली रची है, आज की कुछ अन्य प्रचलित औपन्यासिक प्रवृत्तियों का भी इस्तेमाल किया है। वे पूरे उपन्यास में एक विशृंखलता और भारीपन भी छोड़ती हैं। फिर भी, हाथ से फिल्म की रील छूटकर भी कई दृश्य सामने आ गए हैं।

आज मनुष्य का जीवन एक आतंक भरे माहौल से घिरा है, एक अनिश्चितता भी है। एक आतंक जाति-व्यवस्था है, जो मिटी नहीं है। इसका विरोध करने वाले बुद्धिजीवी भी इसमें फँसे हैं। भूमण्डलीकरण ने दलितों के जीवन में कुछ ज्यादा अनिश्चितता पैदा कर दी है। चिन्ताजनक है कि इसके चित्र हिन्दी के दलित उपन्यासों में अभी नहीं हैं। फिर भी दलित कथाकारों ने जो लिखा है, वह जीवन का ऐसा यथार्थ है, जो प्रेमचन्द के बाद लम्बे समय तक साहित्य में तल्खी से नहीं आ पाया था। लोकतन्त्र में 'चुपचाप उपेक्षा' दमन का ही एक रूप होती है। हम पाते हैं कि दलितों की अवमानना, हाशियाकरण और उन पर हिंसा आज भी जारी है। इस परिदृश्य में ओमप्रकाश वाल्मीकि का काम एक असरदार आवाज के साथ आया था। उपन्यास एक अर्थ में आवाज भी है। यह उन सत्ताओं के खिलाफ 'आवाज' है, जिनके पास दम्भ और दया के अलावा कुछ नहीं है।

देश की सभी भाषाओं के साहित्य में इस समय स्त्री और दलित आवाजें हैं। ये 'मुख्यधारा' के साहित्य को चुनौती देती दिख सकती हैं। ऊँची जाति के कई पाठक इनका साहित्य संकीर्ण या सामान्य कोटि का समझकर पढ़ना नहीं चाहते, जबकि हर युग के साहित्य में विविध धाराएँ रही हैं। ये मिलकर ही प्रतिरोध का साहित्य बनती हैं। कई बार लेखक सोचते हैं कि सिर्फ वे लेखक हैं, जो वर्ग, जेंडर या राष्ट्र

से ऊपर उठ चुके हैं और वे 'मुख्यधारा' हैं। देश या साहित्य में 'मुख्यधारा' एक शैतानी भरी धारणा है। कुछ ऐसे हैं जो विक्षोभ का सिर्फ रंग ढूँढ़ते रह जाते हैं, उसकी मानवीय अन्तर्ध्वनियों को सुनना नहीं चाहते।

दलित लेखकों के उपन्यास आत्मकथात्मक ज्यादा हैं। इनमें समाज की निर्मम सच्चाइयाँ हैं, लेकिन किसी लेखक को यदि अपने जीवन और अपने समुदाय के जीवन में जो घटता है, उससे अधिक कुछ नहीं कहना है, तो उपन्यास लिखने का कोई अर्थ नहीं है। अपने जीवन और आसपास के माहौल के अलावा भी दुनिया में घटनाएँ हैं, जिनका व्यापक असर है। वे भी लेखक के अनुभव के हिस्से हो सकते हैं। सिर्फ स्वानुभूति तक सीमित रह कर एक से ज्यादा आत्मकथात्मक उपन्यास नहीं लिखा जा सकता।

दलित लेखकों ने अब तक जो लिखा है, उसे न 'कम साहित्यिक' कहकर उड़ा दिया जा सकता है और न 'पीड़ा में रति' कहकर। यह जरूर है कि अब समय उसमें एक नया मोड़ आने का है। जयप्रकाश कर्दम के 'छप्पर' और कौशल्या बैसंत्री के 'दोहरा अभिशाप' इसके उदाहरण हैं कि बिना जाति घृणासूचक चीजों के भी दुख, गुस्सा और प्रतिरोध व्यक्त हो सकता है। जयप्रकाश कर्दम पुरुष दलित होकर 'छप्पर' में दलित स्त्रियों के यौन उत्पीड़न पर लिखते हैं। इसमें कमला का ऐसे उत्पीड़न के खिलाफ संघर्ष ही नहीं है, दलित जीवन में बुद्धिपरक सोच विकसित करने की कोशिश भी है इससे अन्धविश्वासों और कुप्रथाओं का विरोध है। दलितों के जीवन में सामाजिक अन्याय के अलावा आंतरिक विषमता भी एक समस्या है। देश भर में, दक्षिण के राज्यों में भी, खुद दलितों के बीच सामाजिक विभाजन कम बड़ी समस्या नहीं है। जाति घृणा का दौर शुरू होते ही जाति के भीतर से जातियाँ फुँफकारते साँपों की तरह निकलने लगती हैं और भेदभाव की कोई आखिरी मंजिल दिखाई नहीं देती। इसका जवाब है दलित चेतना का 'रैशनलाइजेशन', जिसकी एक झलक 'छप्पर' में है।

दलित समाज में लैंगिक भेदभाव स्त्री के लिए दोहरा अभिशाप है, यह कौशल्या बैसन्त्री की आत्मकथा में है। वे जैसे सभी दलित स्त्रियों की तरफ से कहती हैं, "मुझे भी तो स्वतन्त्रता चाहिए कि मैं अपनी बात समाज के सामने रख सकूँ।" लोकतन्त्र में अभिव्यक्ति की स्वतन्त्रता ही पर्याप्त नहीं है, सुनने का माद्दा भी होना चाहिए, खासकर यदि कोई सैकड़ों साल बाद बोल रहा हो। वे बोल रहे हैं, पर सुन कौन रहा है?

तीन

देश में पिछले कुछ दशकों से राष्ट्रीय मुद्दों पर निरन्तर चलने वाला कोई राजनीतिक आन्दोलन नहीं है, जबकि इतना जन-असन्तोष इतिहास में कभी नहीं था। राजनीतिक सत्ता का स्रोत हार्दिक जन समर्थन न होकर आमतौर पर भौतिक दबदबा है या

किसी दीर्घ असन्तोष का शान्त विस्फोट। राजनीतिक दलों की भूमिका मीडिया के जरिये आरोप-प्रत्यारोप, कर्मकाण्ड की तरह कभी-कभार सभा-जुलूस-प्रदर्शन और पाँचसाला चुनाव के लिए खर्चीले सज-धज तक सीमित है। मुक्त बाजार व्यवस्था ने नंगा रूप धारण करके सभी राजनीतियों को नंगा कर दिया है। राजनीति और बाजार की चक्की में पिसते हैं आम नागरिक। इधर देश के बड़े नेताओं और आम जनता के बीच दूरी काफी बढ़ी हैं। अब नेता 'इमेज मैनेजमेंट' के लिए मोटी रकम पर साइबरशाहों को नियुक्त करते हैं, जो उनके लिए 'सन्देश' और 'प्रतीक' निर्मित करते हैं। चुनाव युद्ध प्रतीक युद्ध होता है। नागरिक समाज का आन्दोलन थोड़ी देर के लिए बादलों की तरह उमड़ता, बरसता, फिर गायब हो जाता है। अब भुजबल फिर लौट आया है, धनबल से कुछ भी सम्भव है। ऊपर भ्रष्टाचार है, नीचे हिंसा है। ऊपर आर्थिक वृद्धि और नीचे बहुरूपी राजनीतिक हिंसा—ये भूमण्डलीकरण के जुड़वाँ उपहार हैं। इन स्थितियों में वंचितों के स्थानीय स्तर पर जो सैकड़ों आन्दोलन हैं और एकाकी विद्रोह की जो लाखों आवाजें हैं, उनका महत्त्व है। अकेला चना भाड़ नहीं फोड़ सकता, खुद तो फूट सकता है। लोभ और भय से खोखले होते जा रहे समाज में आज भी 'आवाजों' की कमी नहीं है, भले फिलहाल कोई संगठित आन्दोलन न दिखे।

एक तरह से साम्प्रदायिक-सामुदायिक ताकतों और धर्मनिरपेक्ष-राष्ट्रीय ताकतों के बीच होड़ मची हुई है कि आर्थिक वृद्धि के लिए भारत को बहुराष्ट्रीय कम्पनियों के हाथों कौन ज्यादा गिरवी रख सकता है। आर्थिक वृद्धि के लिए एक निगाह जनजातियों के जल, जंगल और जमीनों पर है। इन इलाकों में भू-सम्पदा और गरीबी में क्या ज्यादा है, कहना मुश्किल है। बाहर से आकर व्यापारी पहले भी यहाँ नाजायज तरीके से पेड़ कटवाते रहे हैं, खनन करते रहे हैं और भोली जनजातीय युवतियों का बलात्कार करते रहे हैं। 21वीं सदी में राष्ट्र और जनजातियों का टकराव बढ़ा है, खासकर जब से सरकार या बहुराष्ट्रीय कम्पनियों का उनके जीवन और पर्यावरण में हस्तक्षेप शुरू हुआ है।

हाल में उड़ीसा के नियमगिरी पहाड़ों पर बसी जनजातियों ने स्पष्ट कर दिया है कि उनके इलाके मे बॉक्साइट का खनन उनके नैसर्गिक जीवन, विश्वासों और पर्यावरण को क्षतिग्रस्त करेगा। उनके पहाड़ों पर हर जगह देवता हैं, उन्हें कोई परेशान नहीं कर सकता। इस रोशनी में सुप्रीम कोर्ट के आदेश से हजारों करोड़ की वेदान्ता परियोजना स्तब्ध है। भूमण्डलीकरण के दौर में यह एक अनोखी घटना है, जब जनजातियों की आवाज सुनी जा रही है। किसी भी जनजाति के शब्द भण्डार में 'नौकरी' शब्द नहीं है। उसका विकास की जगह गरीबी मिश्रित स्वच्छ पर्यावरण को चुनना कई अर्थशास्त्रियों को बेचैन करता है। वे नहीं सोचना चाहते कि ऐसे

काफी लोग हैं, जो लूट और ध्वंस के कन्धों पर चढ़कर आ रहे विकास में अपने को ढालना नहीं चाहते।

इसमें सन्देह नहीं कि पर्यावरण एक गम्भीर मुद्दा बना हुआ है। इससे जुड़े मामलों को गैर-सरकारी संगठनों के आन्दोलन और मीडियाकर्मीयों ने सफलतापूर्वक अन्तरराष्ट्रीय दुनिया में पहुँचाया है। ऐसी ही घटनाओं पर महुआ माजी का उपन्यास है 'मरंग गोड़ा नीलकण्ठ हुआ'। यह जनजातीय जीवन पर आधारित एक शोध उपन्यास है। सिंहभूम इलाके में एक जगह है मरंग गोड़ा, जहाँ यूरेनियम का खनन हो रहा है। यहाँ विस्थापन-विरोधी आन्दोलन रेडियोधर्मिता-विरोधी आन्दोलन नें बदल जाता है। यूरेनियम के खनन से प्रदूषण फैल रहा था, विकिरण शहर तक पहुँच रहा था। लोग विकलांग हो रहे थे, मर रहे थे, पर जैसे सभी ने हथियार डाल दिये हों। किसी स्थान का नीलकंठ होना तो चुपचाप पीड़ा सह जाना हुआ। एक जनजातीय लड़की चारिबा एक तरह से अपने प्रेमी सगेन का चरित्र खोल देती है, "हमारे पुरखे उनसे लड़ते रहे... लड़ते रहे... और तुम हो कि...।" सगेन एक प्राकृतिक विद्रोही से विदेशी पूँजी से शोध करने वालों, रेडियोधर्मिता के दुष्प्रभावों पर अन्तरराष्ट्रीय प्रदर्शन के लिए फिल्म बनाने वालों और इस मुद्दे पर अन्तरराष्ट्रीय सेमिनारों में हिस्सा लेने वालों का अंग हो जाता है। यह जनजातीय आन्दोलन की एक अलग ही तस्वीर है। चारिबा का फिर कुछ पता नहीं चलता। उपन्यास जनजातियों के जीवन में रचा-बसा कम है, यह बौद्धिक सर्वेक्षण ज्यादा है। इसमें सूचनाएँ ज्यादा हैं, जनजातीय जीवन खुद बहुत कम बोलता है। उपन्यास अन्ततः संघर्ष के चित्र की जगह एक मध्यवर्गीय अपील में बदल जाता है, किसी एन.जी.ओ. की रिपोर्ट सदृश।

उपन्यास के चरित्र जहाँ से आयें, वे सूचनाओं के जरिये नहीं, बल्कि घटनाओं के कथात्मक चित्रों के बीच से ही सृजनात्मक आकार पा सकते हैं। उपन्यास का बहुत तथ्यात्मक और सूचनात्मक हो जाना, रपट जैसा हो उठना एक चिन्ताजनक मामला है, चाहे जितना महत्त्वपूर्ण प्रश्न उठाया गया हो। अगर किसी उपन्यास के सम्बन्ध में कहा जा रहा हो कि यह भारत और दुनिया की सूचनाओं और समस्याओं की खान है, तो यह सोचने की जरूरत है कि इस बात को किस हद तक सराहना समझना चाहिए। संजीव के उपन्यास 'रह गयी दिशाएँ इसी पार' के सम्बन्ध में कुछ ऐसा ही कहा गया है। यह उनके पहले के उपन्यास 'सावधान नीचे आना है' और 'सूत्रधार' से अलग हटकर है। उपन्यासकार बहुत शोध-शिकार करके पाठकों के सामने एक ज्ञान जगत लाता है, पर इस में कथा रस की कमी नहीं है। संजीव में गजब का कथा कौशल है। लेकिन अब इससे यह पता चलता है कि अँग्रेजी उपन्यासों की तरह हिन्दी उपन्यास भी ग्लोबल दिखना चाहते हैं।

भारतीय चरित्र और पश्चिमी गोरे चेहरे जब एक-दूसरे में खोने लगे, तो इसे

ग्लोबल होना कहते हैं। इस प्रक्रिया में उपन्यास की भाषा भी मिक्स्ड अमेरिकन सैलेड हो जाती है। ऐसे उपन्यासकार 'स्थान' से बँधे रहना नहीं चाहते। संजीव की खूबी है कि वे व्यक्तियों को देख-सुनकर चुन लेने के बाद उन्हें पहले अच्छी तरह अपनाते हैं, फिर वे व्यक्ति के अन्ततः औपन्यासिक चरित्र में ढलते हुए कुछ और बनने लगते हैं। वे स्वतन्त्र रूप धारण कर घटनाओं के बीच से किसी न किसी बड़े यथार्थ को उजागर करने लगते हैं। कई बार औपन्यासिक चित्र, तो कई बार महज सूचना के स्तर पर ऐसा होता है। आज के उपन्यास का एक लक्षण यह है कि उस पर सूचना क्रान्ति का दबाव बढ़ा है।

उपन्यास में पात्रों की संख्या भी बढ़ी है। आजकल के उपन्यास में कई छोटे-छोटे खण्ड हैं, अनगिनत घटनाएँ हैं, कई देश हैं, कई तरह के चैट हैं, कई तरह के मजे और कई तरह की पीड़ाएँ हैं। एक-दूसरे से सम्पर्कहीन चीजें और इनकी भूलभुलैया। कई यथार्थ, खंड यथार्थ, बल्कि 'कन्फ्लिक्टिंग रियलिटीज' हैं! आज हर कोई सोचता है कि उसके साथ अन्याय हो रहा है। हालत ऐसे हैं कि अब किसी के साथ तभी न्याय हो पाएगा, जब किसी के साथ अन्याय होगा। क्या भूमण्लीकरण का एक मामला यह है कि 'आइडिया ऑफ जस्टिस' धूमिल होता जा रहा है, अमूर्त और बेकार? 'रह गयीं दिशाएँ इसी पार' में उपर्युक्त मामला इस दार्शनिक उलझन के साथ है, "एक के अस्तित्त्व के उभरने का मतलब था दूसरे के अस्तित्त्व का लोप। अस्तित्त्व का मतलब है टक्कर।" भूमण्डलीकरण का मूल आदर्श है 'परस्पर निर्भरशीलता', लेकिन यह आदर्श एक चालाकी है। आज जैसी हितों की विविधता, विपरीतता और टकराहट निश्चय ही पहले कभी नहीं थी। क्या इसका अर्थ है कि आम जीवन में अब साझे हित, साझी सोच और साझे संघर्ष की कोई सम्भावना नहीं बची है?

उपन्यास में नये-नये ढंग से फ्यूजन आ रहे हैं। उपन्यास का कहीं माइथोलॉजी से मिश्रण है और कहीं इतिहास, विज्ञान या लोककथा से। उपन्यास की दुनिया में यह मिश्रण कई बार 'मैनिपुलेशन' है, यह भारी छल-कौशल के साथ अनुसन्धान करके चल रहा है। आज अधिक बिकने वाले उपन्यासकार अनुसन्धानकर्ता भी हैं। साझी स्मृतियों, साझी आशाओं, संस्कृति या विज्ञान को मैनिपुलेट करके अँग्रेजी में लिखे जा रहे ऐसे उपन्यास लोकप्रिय होते हैं। सलमान रुश्दी और अमीषा के उपन्यासों को देखिए। साइंस फिक्शन लोकप्रिय हैं। संजीव का उपन्यास वैज्ञानिक सूचनाओं से भरा है। इसमें विज्ञान पर कुछ इस तरह जोर है कि जैसे जनतान्त्रिक-राजनीतिक आन्दोलनों ने कुछ नहीं किया। सब कुछ विज्ञान ने किया, "उपाय सिर्फ साइंस और सोशल साइंस के पास है, जिसने कहारों को पानी और पालकी ढोने से, भंगियों को मैला साफ करने से मुक्त किया।" इशारा कार और टॉयलेट की ओर है। अब विज्ञान ही क्रान्ति करेगा। हालाँकि सावधानी है, "विज्ञान और भी बहुत कुछ कर रहा था।"

विज्ञान, तकनीक और तमाम सम्पदाएँ अब विष्णु बाजोरिया जैसे बहुराष्ट्रीय सम्पर्क वाले व्यापारियों की मुट्ठी में हैं। आम जीवन विवश है, जिसे संजीव ने मार्मिक्ता से उपस्थित किया है।

'रह गयीं दिशाएँ इसी पार' में गर्भ भाड़े पर देने से लेकर बढ़ते बुढ़ापे और अमरता पर अनुसन्धान तक कई वैज्ञानिक सूचनाएँ हैं। बहुराष्ट्रीय कम्पनियों द्वारा बाजार का प्रसार, कान्ट्रैक्चुअल मैरिज, सेक्स चिन्तन, समुद्र में प्रदूषण, मत्स्य व्यापार का माफियाकरण, एनजीओ का आन्दोलन, थोड़ा दर्शन, कुछ काव्य पंक्तियाँ, कुछ क्रान्तिकारी वक्तव्य, लाशें और ऐसी बहुत-सी चीजें उपन्यास में हैं। कुछ मिथक के प्रसंग, कुछ इतिहास के प्रसंग। ये चीजें उपन्यास को ऐसे कोलाज की तरह सजाती हैं, जिसका कोई केन्द्र नहीं है। हर घटना या यथार्थ अपनी निजी परिधि में घूमता है। बंगाल से केरल पहुँची मछुआरिन बेला भी केन्द्र नहीं है, जिसका जीवन भूमण्डलीकरण के जाल में फँसा एक अनिश्चित संघर्ष है। वह भी एक उपकथा बनकर रह गयी है। उपन्यास में ज्ञान प्रदर्शन और व्यंग्य में कौन किसमें खो गया है, कहना मुश्किल है।

हम कुछ दूसरी तरह के उपन्यास देख सकते हैं, जिनमें चमत्कृत करने वाले प्रयोग नहीं हैं, पर जीवन बोलता है। दो उपन्यास हैं—एक नीलेश रघुवंशी का 'एक कस्बे के नोट्स' और दूसरा नमिता सिंह का 'लेडीज क्लब'। एक उपन्यास में आम कस्बा है और साधारण ढाबा चलाने वाले एक पिता की आठ बेटियाँ हैं। दूसरे में एक टिपिकल शहर है और अभिजात स्त्रियाँ हैं। दोनों में 'स्थान' की महत्ता है, हर स्त्री के अपने सुख-दुख हैं। दोनों उपन्यासों में निजी टकरावों के बीच बहुत कुछ साझा है। 'एक कस्बे के नोट्स' में परिवार चलाने के लिए काम करते-करते जर्जर हो गए अपराजेय पिता हैं, भट्ठी के उस एक आखिरी कोयले की तरह, जिसमें 'अभी आग बची है'। वे बेटियों की वजह से लाँछित होकर भी आशा नहीं खोते, हिम्मत नहीं खोते। 'लेडीज क्लब' में शहनाज आपा हैं, जो तनावों को सुलझाने की कोशिश करते हुए टिमटिमाते चिराग की तरह हैं।

दोनों उपन्यास में दंगे हैं। नमिता सिंह के अलीगढ़ में हिन्दू-मुसलमान दिल विभाजित होने लगे हैं। नीलेश रघुवंशी के गंज बासौदा में दंगे के वक्त एक सिख उजड़ता है। कस्बे के सीधे-सादे लोग अचकचाये हुए हैं, "हमारे छोटे-से कस्बे में कभी हिन्दू-मुसलमान जैसी बात ही नहीं उठी। हम यह जानते ही नहीं थे कि एक साथ खा-पीकर, खेल-कूदकर, बिना लड़े-झगड़े हम कोई मिसाल कायम कर रहे हैं।" उपन्यास में कस्बे का एक सांस्कृतिक अर्थ है। यहाँ का जीवन धीमा होते हुए भी, हाशिये पर होते हुए भी जिजीविषा से भरा है। हम देखते हैं कि दोनों उपन्यासों में स्त्री प्रश्न का सम्बन्ध सार्वजनिक मुद्दों से भी है।

आम तौर पर आजकल पारिवारिक जीवन पर आधारित उपन्यास हीन नजरों से देखे जाते हैं, जबकि कथाओं के लिए परिवार एक महत्त्वपूर्ण जगह है। नीलेश रघुवंशी के 'एक कस्बे के नोट्स' में परिवार है, जहाँ घटनाएँ हैं और ये हाशिये पर फेंके जाने की घटनाएँ हैं। उपन्यास में पिता छत की तरह हैं। वे चिटकती-टूटती चीजों के बीच भी परिवार के अहसास को बचाना चाहते हैं, जबकि उनकी अलग-अलग जिन्दगी जी रही आठ बेटियों के बाद एक ही बेटा है, वह भी बिगड़ा हुआ। उनकी छठी बेटी रज्जो बचपन से हँसी-ठिठोली करते हुए पढ़ने की जिद और साहस के साथ अन्ततः सफल होती है। वह स्त्री के संकल्प के मायने बता देती है। आज कई जगहों पर स्त्री विमर्श पितृसत्ता के थोड़े-से रूपों को चुनौती देते हुए सत्ता-व्यूह में स्त्री के स्थान की आकांक्षा तक सीमित है और जैसे मान लिया गया है कि इसका सम्बन्ध गरीबी से संघर्ष से नहीं है। यह उपन्यास इस धारणा को तोड़कर स्त्री चेतना की एक नयी जमीन बनाता है।

साम्प्रदायिकता हर दौर में उपन्यास के लिए एक जिन्दा विषय है। नमिता सिंह के उपन्यास 'लेडीज क्लब' के केन्द्र में अलीगढ़ का शैक्षिक परिसर है, जो कभी सुधारवादी इस्लामी आन्दोलन, आधुनिक शिक्षा और प्रगतिशील चेतना का केन्द्र था। उपन्यास में अब बदला हुआ अलीगढ़ है। हिन्दुओं और मुसलमानों के इस मिली-जुली आबादी वाले शहर के जीवन पर 1992, गोमती एक्सप्रेस के डिब्बे में कत्ले-आम और 2002 के गुजरात दंगों का क्या असर पड़ा, इनका खासकर शिक्षित स्त्रियों पर क्या असर पड़ा, 'लेडीज क्लब' में उसी के बिम्ब हैं। दंगे स्त्रियों से पूछकर नहीं होते, पर वे इसका फल सबसे ज्यादा भोगती हैं। 2013 में मुजफ्फरनगर दंगों के नक्शे में आया, जहाँ 48 जानें गयीं। इतने विकास में भी दंगे! उपन्यास में दिखाया गया है कि एक समय दकियानूसी खयालात से लड़ने वाले आधुनिक और प्रगतिशील मिजाज के मुसलमान भी असुरक्षा में किस तरह सांस्कृतिक रूप से सिकुड़ने लगे हैं और उनमें कठमुल्लापन आ रहा है। शहर में किले बन गए हैं। एक तरफ अभिजात और आधुनिक जीवन, दूसरी तरफ मानसिक कूपमंडूकता। उन हिन्दुओं के मन में भी दीवारें उठने लगीं, जो उदारवादी थे। इनकी एक बातचीत है, "अरे, मैं तो समझी थी कि सभी मियाँ भाई गोश्त खाते हैं।" हँसी-हँसी में क्षतिपूर्ति होती है, "हाँ, कसाई होते हैं न मुसलमान।" भाईचारे की जगह ले लेता है भय, एक-दूसरे से भय!

मुस्लिम कट्टरवाद की सबसे ज्यादा शिकार वे मुस्लिम स्त्रियाँ होती हैं, जो खुले विचार अपनाये रहती हैं। उनकी जिन्दगी छीनी जाने लगती है। उनकी जिन्दगी के रंग छीने जाने लगते हैं। उन पर फतवे और बन्धन बढ़ते जाते हैं। 'लेडीज क्लब' में प्रधानता भले अभिजात माहौल की शिक्षित स्त्रियों की हो, लेकिन यह तल्खी से दिखाया जाता है कि उनके जीवन को कभी पश्चिमी आधुनिकता और कभी

कट्टरवाद किस तरह घेरता है। चाहे सलमा के स्वच्छन्द देसी मिजाज का मिटना हो, गजाला को खुले माहौल की आधुनिक शिक्षा से निकालकर ठेठ उर्दू स्कूल में भेजना हो, अजरा और कुल्सुम बेन का बन्द मजहबी जिन्दगी कुबूल करना हो या ड्रामा क्लब की लड़कियों को मंच पर आने से रोकना हो, ऐसे कई प्रसंग मुस्लिम स्त्रियों के दर्द को सामने लाते हैं। मुस्लिम बेटे के साथ एक व्यवहार, बेटियों के साथ दूसरा व्यवहार। मजहबी पुनरुत्थानावाद के माहौल में शहनाज आपा थक गयी हों, पर गजाला और फरहा जैसी विद्रोही मुस्लिम लड़कियाँ अपने तर्क, संघर्ष और तेज के साथ सामने आती हैं, जैसे उनके बीच से 'मलाला' नये संकल्प लेकर निकली हो। नमिता सिंह का 'लेडीज क्लब' स्त्री विमर्श की एक बँधी चौहद्दी से उपन्यास को बाहर निकालता है।

आज समाज के जोड़ खुल गए हैं, तो क्या उपन्यास में भी वे खुल और बिखर जाएँ? हम जब अतीत को भूलते हैं, तो जो अत्याचारी हैं उनकी जीत होती है और जब अतीत से ही चिपके होते हैं, तब भी।

आज के उपन्यासकारों में जीवन के वर्तमान संकट को लेकर तीखी विकलता है। वे तरह-तरह से इस संकट और नई सम्भावनाओं को व्यक्त कर रहे हैं। आज हिन्दी उपन्यास ऐसे दौर में लिखे जा रहे हैं, जब अँग्रेजी उपन्यास का एक ग्लोबल बाजार है। भारत के अधिक शिक्षित लोग, वे किसी भाषा के हों, अँग्रेजी उपन्यास ही पढ़ते हैं। हिन्दी उपन्यास पढ़ना आज भी बहुतों के लिए एक अपमानजनक मामला है।

रमेश उपाध्याय का कुछ पहले का एक उपन्यास है 'हरे फूल की खुशबू'। यह आज के भूमण्डलीय यथार्थ के सबसे प्रबल रूप बाजारवाद को सामने लाता है, जो मनुष्य को उपभोक्ता व्यक्ति में बदलकर अलग-थलग, एकाकी, स्वार्थी, कायर और कमजोर बना देता है। इस यथार्थ को सामने लाने के लिए रमेश उपाध्याय ने दिल्ली के कला-जगत को विषय बनाया है, जिसमें एक तरफ भारतीय चित्रकारों का व्यक्तिगत, पारिवारिक और सामाजिक जीवन है, तो दूसरी तरफ चित्रकला या अन्तरराष्ट्रीय बाजार और व्यापार है।

उपन्यास में हरा फूल कला है। वह अद्‌भुत रूप से सुन्दर और ऐसी सुगन्ध बिखेरने वाला फूल है कि एक ही सारे घर को महका दे। वह जंगली नागचम्पा का फूल है, जो जंगल में ही खिलता है। सभी लोग उसकी सुन्दरता और सुगन्ध का आनन्द ले सकें, कला के व्यापारियों और धनी उपभोक्ताओं को यह मंजूर नहीं है। वे कला को ही नहीं, कलाकारों को भी खरीदते हैं।

यह उपन्यास भी कला सम्बन्धी गहन और विस्तृत शोध पर आधारित है। इसका उद्देश्य न ज्ञान प्रदर्शन है, न सूचनाओं से पाठकों को चमत्कृत करना। कथा-रस के साथ-साथ भाषिक सौन्दर्य से भरपूर इस उपन्यास में दो परिवार हैं—अलका और

रमणीक लाल का परिवार तथा नसीम और जयन्त का परिवार। इन दोनों परिवारों में पति-पत्नी कलाकार हैं।

उपन्यास का मुख्य चरित्र रमणीक लाल कलाओं के भूमण्डलीकरण के सम्बन्ध में कहता है, "पिछले पाँच वर्षों से मैं इस देश के महान कलाकारों को देख रहा हूँ। पहले के जमाने में वे कलाकार रहे होंगे, पर आज वे सभी या तो कला के व्यापारी हैं या फिर कला के व्यापारियों के नौकर।" रमणीक समाज और कला के बीच एक सार्थक और नैतिक अन्तःसम्बन्ध की तलाश करना चाहता है, जबकि स्थितियाँ ऐसी होती जा रही हैं कि सांस्कृतिक गतिविधियाँ बड़ी पूँजी के खेल में बदलती जा रही हैं। इस कटु माहौल में मध्यवर्ग की कितनी बौद्धिक मृत्यु हो चुकी है और कितना वह बचा हुआ है, यह प्रश्न उभरता है।

चार

एक जमाने में प्रेमाश्रम, सेवासदन, महिला एसोसिएशन जैसे नागरिक संगठन थे। वह ऐसा समय था, जब सफेद को काले से, न्याय को अन्याय से अलग करना सम्भव था और समाज में बहसें थीं। लोग जनदरदी थे, वे तकलीफ उठाकर भी जनसेवा और सामाजिक जागरण का काम करते थे। वे आमतौर पर अपनी गाँठ से पैसे लगाते थे। भगवानदास मोरवाल के उपन्यास 'नरक मसीहा' (2014) में 'स्त्री अध्ययन संस्थान', 'ग्रासरूट फाउण्डेशन', 'अम्बेडकर दलित महिला उद्धार सभा', 'सर्वहारा फाउण्डेशन', 'राहत फाउण्डेशन', जैसे भिन्न ढंग के नागरिक संगठन हैं। ये धन्धे की जगहें हैं। ऐसे एनजीओ गरीबों, स्त्रियों और दलितों को भला करने के उद्देश्य से फोर्ड फाउण्डेशन, मेक आर्थर फाउग्डेशन जैसे अन्तर्राष्ट्रीय संगठनों या सरकारी संस्थानों से अनुदान लेते हैं, गरीबों के मसीहा बनकर विद्रोह भरी बातें करते हैं और लोकोपकार के लिए मिले अनुदान का एक बड़ा हिस्सा खुद हड़प कर ऐश करते हैं। कथाकार ऐसे संगठनों के बारे में कहता है, "यह एक एनजीओ संस्कृति है कि पहले संस्थानों और व्यवस्था पर दबाव बनाओ और बाद में उनमें अपनी हिस्सेदारी तय करो।" उपन्यास में पहले के उत्थानशील नागरिक समाज से भिन्न एक पतनशील नागरिक समाज का चित्र है।

लम्बे अरसे बाद 'नरक मसीहा' में दिल्ली की आबोहवा, सरगर्मियाँ और विडम्बनाएँ इस महानगर की चित्रात्मक अन्तर्ध्वनियों के साथ आयी हैं। अब तक उपन्यासकारों में महानगर से दूर के अपरिचित 'स्थान' विषय बनते आ रहे थे। खुद भगवानदास मोरवाल मेवात इलाके की कथाएँ लेकर आये थे। वहाँ की बोली और पानी की आवाज में उनके उपन्यास ने हमें कई अनकही व्यथाओं का सामना

कराया था। 'नरक मसीहा' का कथा परिवेश अलग है। यह लुटियन की दिल्ली, इसके जन्तर-मन्तर, इण्डिया गेट, और केन्द्रीय सरकार के बड़े दफ्तरों का परिवेश है। खासकर पिछले दशक से जन्तर-मन्तर, इण्डिया गेट पर विभिन्न सवालों को लेकर नागरिक समाज के असन्तोष प्रदर्शन बढ़े हैं। इन जगहों को 'सार्वजनिक संडास' कहते हुए भगवानदास मोरवाल 'नरक मसीहा' में लिखते हैं, "पिछले कुछ समय से अघाये लोकतन्त्र का प्रतीक बन चुका यह स्मारक इण्डिया गेट और स्थापत्य कला का अद्भुत उदाहरण यानी वेधशाला दोनों ऐसे वधस्थल बन चुके हैं, जहाँ से विषाद में डूबे व तिरंगों में लिपटे निहत्थे-निठल्ले देशभक्तों की धमनियों में बापू के झूठे वारिसों और चतुर-चालाक नरक मसीहाओं द्वारा सत्ता के खिलाफ अराजकता, असन्तोष और विद्रोह का रक्त संचारित किया जाता है। किसी को गरियाना हो तो चलो जन्तर-मन्तर। कोसना हो तो चलो इण्डिया गेट। मोमबत्ती जलानी हो तो चलो इण्डिया गेट।" कथाकार पूरे उपन्यास में यह नहीं बताता कि असन्तोष या प्रतिरोध के सच्चे रूप यदि यहाँ नहीं हैं, फिर कहाँ हैं। हो सकता है कि उसका लक्ष्य नव-गाँधीवादी तरीकों से चले 2012-13 के नागरिक आन्दोलनों का मखौल उड़ाना है। यदि इसके माध्यम से यह कहा जा रहा हो कि वैचारिक प्रतिबद्धताओं का राजनीतिक स्तर पर व्यापक क्षरण हुआ है तो भी यह सवाल उठ सकता है, क्या दुनिया में नयी सत्ताओं और उनकी नव-उदारवादी व्यवस्था के खिलाफ सारे असन्तोष प्रदर्शन ही पाखंड हैं और हाशिया निर्वाक है?

विश्व में विषमता और गरीबी इस बड़े पैमाने पर बढ़ी है कि 2014 के ऑक्सफेम के एक सर्वेक्षण के अनुसार सिर्फ 80 व्यक्तियों के पास पूरी दुनिया की आधी सम्पत्ति, साढ़े तीन अरब लोगों के बराबर सम्पत्ति है और 2016 तक दुनिया के 1 प्रतिशत लोगों के पास 44 से 48 प्रतिशत बढ़ कर ज्यादा सम्पत्ति हो जाएगी। कहना न होगा कि बढ़ती विषमता आर्थिक प्रगति को प्रभावित करती है। दूसरी तरफ, कुछ दशकों से राष्ट्रीय स्तर का कोई ऐसा संगठित जन-आन्दोलन नहीं है, जो विषमता को मुद्दा बनाए। निश्चय ही सिर्फ वामपन्थी संगठन की ही नहीं सम्पूर्ण राजनीतिक प्रतिपक्ष की अप्रत्याशित विफलताओं के कारण 'नागरिक समाज' की सक्रियता इधर बढ़ी है। 19वीं सदी में जब राजनीतिक दल नहीं थे, नागरिक समाज के लोग ही जनजागरण ला रहे थे। प्रेमचन्द ने 'गोदान' में मेहता और मालती का चित्र नागरिक समाज के एक अंग के रूप में ही खींचा था। उनकी सीमाओं को दिखाते हुए भी यह चित्र नकारात्मक न था। हमेशा ही जब राजनीतिक आन्दोलन ठहराव पर रहा है, आम नागरिकों के बीच से ही जनता के नायक बने हैं।

नागरिक समाज का हस्तक्षेप कितना क्षणभंगुर है और कितना गहरा असर डालने वाला, यह राज्य के कुकृत्यों का सही जवाब है, या नहीं, नये जमाने में यह

एक पूरक है या एकदम निरर्थक है इन प्रश्नों पर बहस होती है। कहा जाता है कि भ्रष्टाचार, पर्यावरण, जमीन अधिग्रहण आदि मुद्दों पर होने वाले जन-आन्दोलन बहुराष्ट्रीय कम्पनियों के अपने अन्तर्विरोधों के नतीजे हैं, रोजगार-विरोधी हैं और देश को पिछड़ा रखने की साजिशें हैं, जबकि ज्यादातर मामलों में लोग सच्चे हैं और उनकी आवाजें सही हैं। छोटी-छोटी लहरों जैसे जन-आलोड़न जीवित समाज के लक्षण हैं। उल्लेखनीय है कि नागरिक समाज एक सार्वजनिक स्पेस पैदा करता है। छोटे या बड़े रूप में, यह हर उस जगह अस्तित्त्व में आता है, जहाँ राज्य सत्ता के बढ़ते नियन्त्रण को लेकर जागरूकता है। नागरिक समाज थोड़ा अमूर्त भले हो, उसे अर्थहीन मानना कठिन है।

वैश्वीकरण द्वारा राज्य की भूमिका सीमित कर देने के बाद गरीबों, वंचितों और आक्रान्ताओं की नयी बाढ़ आ गयी है। दलितों, स्त्रियों और बुजुर्गों की असुरक्षा बढ़ गयी है। वस्तुतः अब भी कहीं स्वास्थ्यकर परिवेश नहीं है। चिकित्सा महँगी है। अभी भी समाज के ज्यादातर लोग अपने हकों से अनजान हैं। ऐसे में गैर-सरकारी संगठनों की भूमिका नये सिरे से बढ़ी है। भले यह समस्या हो कि इनके आन्दोलन और सामाजिक कार्य गैर-राजनीतिक तेवर के होते हुए कई बार राजनीति द्वारा निगल लिये जाते हैं। यह भी बिल्कुल सम्भव है कि कई व्यक्तियों में पाखंड हो। अमेरिका की मशहूर सोशलाइट नॉओमी कैम्पबेल ने पशु-अधिकारों के लिए आवाज उठाते हुए कभी नग्न प्रदर्शन किया था, 'फर के कपड़े पहनने से अच्छा है हम नंगे रहें।' उसने 2014 की क्रिसमस में असली फर के कपड़े पहने! ऐसे पाखंड भारत में भी निश्चय ही जगह-जगह हैं। कई एनजीओ सेवा के नाम पर सेवन में लिप्त हो जाते हैं और वे इसी उद्देश्य से बनते हैं। भूमि अधिग्रहण के लिए 2014 में जारी किये जाने वाले अध्यादेश में 'निजी कम्पनी' की जगह 'निजी संस्था' (प्राइवेट इंटिटी) आ गई थी, अर्थात व्यापारिक कम्पनियों के लिए ही नहीं, एनजीओ के लिए भी भूमि अधिग्रहण किया जा सकता है! दुनिया की बड़ी बहुराष्ट्रीय कम्पनियाँ देश में लोकोपकार के लिए गैर-सरकारी संगठनों का विस्तार करेंगी, क्योंकि अब सरकार को लोक कल्याण की योजनाओं से धीरे-धीरे पल्ला झाड़ लेना है। यही वजह है कि कुकुरमुत्तों की तरह गैर-सरकारी संगठन उभर आये हैं। 'नरक मसीहा' में इनका बड़ा रोचक वर्णन है, पर यह उपन्यास इससे आगे बढ़कर सभी असन्तोष प्रदर्शन का अन्धाधुन्ध मखौल उड़ाता है और अन्ततः निराशा का चित्र देता है।

दरअसल नयी स्थितियों में नागरिक समाज के प्रबुद्ध लोग शान्त नहीं देखे जा रहे हैं, न पस्त और न राजनीतिक रूप से अचेत। इन कुछ दशकों में सामाजिक गतिशीलता बढ़ी है, लोग जागरूक हुए हैं। यह एक विडम्बना है कि 'नागरिक समाज' या इसके सभी संगठनों को ही 'गैर-सरकारी संगठन' या 'एनजीओ' कहकर पुकारा

जाता है। यह वस्तुतः बहुराष्ट्रीय कम्पनियों का सम्बोधन है। इसके नामकरण में ही कारपोरेट घरानों और सरकार से पैसा पाने की योजना छिपी दिखती है, जबकि सभी नागरिक संगठन ऐसे नहीं हैं। नागरिक समाज, इसके प्रबुद्ध लोगों का आक्रोश, इनके भय और आन्दोलनों को तथाकथित एनजीओ संस्कृति में सीमाबद्ध नहीं किया जा सकता, क्योंकि आज के दमघोंटू माहौल में अपनी सीमाओं के बावजूद ऐसी ज्यादातार गतिविधियाँ आन्दोलित समाज के चिह्न हैं। यह भी उल्लेखनीय है कि गरीबों और वंचितों के लिए आन्दोलन खड़ा करने वाले स्थानीय नागरिक संगठन दरअसल जाति, धर्म और ऐसी दूसरी संकीर्णताओं से ऊपर उठ कर एक व्यापक सार्वजनिक जगह बनते हैं। हमारे समाज में फिर कॉमन प्लेस का अभाव दिखने लगा है, क्योंकि राजनीति की रूढ़ियाँ धार्मिक रूढ़ियों की तरह ही मजबूत हैं। निश्चय ही 'नागरिक' शब्द एक मानव भाव पैदा करता है। यह एक सार्वजनिक चेतना का चिह्न है। फिर यह लक्षित किया जा सकता है कि उदारीकरण के सन्दर्भ में राज्य अपना नियन्त्रण ढीला कर रहा हो, पर नागरिकों की गतिविधियों पर उसका रुख उदार होने की जगह आमतौर पर दमनात्मक और कठोर नियन्त्रण का है। सत्ता पक्ष से यहाँ तक कहा जाता है कि नागरिक समाज राज्य के कुकृत्यों का जवाब नहीं है और यह लोकतन्त्र का दुश्मन है।

फिर भी हमने देखा है कि खास दिल्ली में स्त्रियों ने यौन-अत्याचार और हिंसा के खिलाफ आक्रोश व्यक्त किया, मौत पर मोमबत्तियाँ जलायीं--दामिनियाँ गरजीं। नागरिक संगठन और बिना संगठन के भी कई प्रबुद्ध लोग स्वतःस्फूर्त भाव से भ्रष्टाचार के विरुद्ध सड़कों पर उतर आये। वे नागरिक अधिकारों के लिए लड़े। गाँवों में जबर्दस्ती भूमि-अधिग्रहण, ऊँचे बाँध और डूब, विस्थापन, किसानों की बदहाली, रेडियोधर्मिता, पर्यावरण आदि मुद्दों पर सिर्फ दिल्ली में नहीं, देश भर में नागरिक आन्दोलन हुए हैं और होते रहते हैं। एक खास समय में जब लोकतन्त्र दोषों से भर जाए, राजनीति निश्चल या महज चुनावकेन्द्रिक हो, यह बिल्कुल सम्भव है कि ऐसे निराशामय माहौल में कुछ नागरिकों में मुखर संवेदनशीलता हो। नागरिक समाज संगठित-असंगठित दोनों रूपों में असन्तोष व्यक्त करें। वे आन्दोलनों को मुखर करें और इनके भीतर से राजनीतक ठहराव दूर हो और लोकतन्त्र में एक नयी ऊर्जा का संचार हो।

आधुनिक सामन्ती व्यवस्था, औपनिवेशिक काल के पिछड़ेपन और वैश्वीकरण ने जिन करोड़ों लोगों के जीवन को आज भी नरक बना रखा है, उनके बीच काम करने के लिए बने एनजीओ को बहुराष्ट्रीय कम्पनियाँ और सरकार पैसे देती है। 'नरक मसीहा' में वन्दना राव, सानिया पटेल, सुमन भारती, कबीर और असीना खान ऐसे ही लोग हैं, जिनके जरिये कथाकार ने एनजीओ संस्कृति का यथार्थ चेहरा

उघाड़ा है। इनकी जमात में एक बहुराष्ट्रीय कम्पनी की सीईओ टीना डालमिया भी अपने लटके-झटके के साथ शामिल होती है। इन सभी के गैर-सरकारी संगठन छल, लूट और भोग के साधन हैं, लोकोपकार महज दिखावा है। सभी अपनी जुगाड़-बुद्धि से धरना, प्रदर्शन, प्रचार और वंचितों के दुख को विन-विन खेल में बदल देते हैं।

बहुराष्ट्रीय कम्पनियाँ और सरकारें अपने 'मानवीय चेहरे' के लिए नागरिक संगठनों को पैसा बाँटती हैं, जबकि इससे वास्तविक लोकोपकार की जगह एक खास मलाईदार नव-मध्यवर्गीय तबका अस्तित्त्व में आता है। कुछ लोगों के लिए एनजीओ एक धन्धा है। भगवानदास मोरवाल ने गैर-सरकारी संगठन के कर्त्ताधर्त्ताओं की आपसी स्पर्धा, साँठगाँठ और उनके पाखंड का 'नरक मसीहा' में जीवित व्यंग्यात्मक चित्र खींचा है, जो उद्वेगपूर्ण है। उपन्यास में कई नरक मसीहा हैं, जो पहचाने जा सकते हैं। चिन्ताजनक यह है कि कहीं-कहीं इनका खासतौर पर स्त्रियों और दलितों के रूप में मखौल उड़ाया गया है और जिस साम्राज्यवाद के विरोध का दावा कथाकार करता है, उसकी कोई तस्वीर उपन्यास में कहीं दिखाई नहीं देती।

यह एक अद्‌भुत मामला है कि 'नरक मसीहा' में स्त्री पात्र अधिक हैं और मुख्यतः वे ही खल हैं। यह तो नहीं होना चाहिए था कि मार्था एक्का जैसी आदिवासी लड़की घरेलू नौकरानी के रूप में सिर्फ सामान की तरह दिखे—आवाजहीन! बलात्कार की शिकार भँवरी देवी जैसी स्त्रियाँ भी आवाजहीन वस्तु या सिलेब्रेटी से ज्यादा दिखाई न दें। जुलूस में बस से आने वाली स्त्रियाँ भी आलू की बोरी सरीखी दिखती हैं। ये सभी आवाजहीन हैं, जबकि आज के उपन्यास को मुख्य रूप से आवाजहीन की आवाज होना चाहिए। दूसरी तरफ, सभी की सभी खल स्त्रियाँ हैं। ये बाल एवं महिला कल्याण परिषद की अध्यक्ष भाग्यवती के साथ साँठगाँठ करती हैं। उपन्यास में पुरुषों के चरित्र को छिपाने की कोशिश है। खासकर गाँधीवादी गंगाधर आचार्य और मार्क्सवादी प्रचण्ड की बदली स्थितियों में बौद्धिक उदासी दिखा कर इन्हें सहानुभूति दी गयी है, हालाँकि दोनों में हल्का-सा सेल्फ-डिकंस्ट्रशन है, जो आशा की एक क्षणिक कौंध देता है। प्रचण्ड दुख में अपने 'जर्जर तख्त' को तोड़ डालता है, जिस पर वह सालों से बैठता आया था।

सवाल पैदा होता है कि समाज में क्या कुछ भी अच्छा नहीं बचा है, कहीं कोई संघर्ष नहीं है। निश्चय ही सिर्फ खलनायकों से कोई अच्छा उपन्यास नहीं बन सकता। ऐसे चरित्रों से भी कोई अच्छा उपन्यास नहीं बन सकता, जो आदि से अन्त तक एक जैसे या इकहरे होते हैं। उपन्यास का जन्म सन्देह से होता है और आशा से भी, अधिकतर दोनों के मेल से। वह यथार्थ की फोटोग्राफी नहीं है। दुनिया के बड़े उपन्यास गवाह हैं कि कहीं आग नहीं मिली तो कथाकार ने एक किसी पतित चरित्र के भीतर ही इसकी कुछ चिनगारियाँ छिपा कर रख दीं। एक 'निगेटिव' के

रूप में उपन्यास जितने यथार्थों से भरा हो, असम्पूर्ण है।

'नरक मसीहा' की एक बड़ी सीमा है कि यह अंश को सम्पूर्ण स्थिति बनाकर उपस्थित करता है। भगवानदास मोरवाल के पहले के उपन्यासों में अंश को सम्पूर्ण स्थिति बनाने वाली बात न थी। उनमें 'स्थान' को इकहरे सार्वभौम यथार्थ के रूप में उपस्थित नहीं किया गया था, बल्कि सामान्यीकरण की जगह विलक्षणता पर जोर था। 'नरक मसीहा' की दूसरी सीमा यह है कि एनजीओ संस्कृति के काले पक्ष को एक बड़े सांस्कृतिक पतन के हिस्से के रूप में न देखकर अलगाव में उभारा गया है। इसमें नागरिक समाज के असन्तोषों और आन्दोलनों को बिल्कुल नकारते हुए केन्द्रीय सत्ता पर आरूढ़ एक खास राजनीतिक पार्टी की जिस महिला अध्यक्ष का महिमामण्डन है, उसे आसानी से पहचाना जा सकता है। लगता है, मानो उसी में वंचित स्त्रियों और देश को लेकर सबसे गहरी चिन्ता हो। यह आर्थिक सुधारों पर चलने वाली एक खास राजनीति को अधिक आशा से देखना है, जबकि नागरिक समाज की मुख्य खूबी है, यह न राज्य सत्ता के असर से घिरता है और न किसी राजनीतिक दल का अनुगमन करता है।

नागरिक समाज के सभी आन्दोलनों को पैसा कमाने की मशीन नहीं कहा जा सकता। सूचना का अधिकार, खाद्य सुरक्षा, शिक्षा और रोजगार के अधिकार, स्त्री-उत्पीड़न पर विशेष कानून आदि नागरिक समाज की ही लिखा-पढ़ी या आन्दोलनों की देन हैं। ये अधिक से अधिक नागरिकों को हाशिये से उठा कर राष्ट्र से जोड़ने के आन्दोलन हैं। ये राष्ट्र से संवाद के लिए हैं। ऐसे ही आन्दोलनों की वजह से विकास के नाम पर आदिवासियों को उजाड़ना कठिन हुआ और पर्यावरण मुद्दा बना। राजनीतिक साँठगाँठ से बहुराष्ट्रीय कम्पनियों की सुनियोजित लूट मुद्दा बनी। हालाँकि ऐसे नागरिक आन्दोलनों पर आरोप लगते हैं कि ये दुनिया के बड़े कारपोरेट घरानों की अन्दरूनी लड़ाइयों के अंग हैं। यह बिल्कुल सम्भव है कि कुछ बड़े एनजीओ बहुराष्ट्रीय कम्पनियों के मानवीय मुखौटे हों। कुछ झोलाछाप नागरिक एक्टिविस्ट सरकार और बहुराष्ट्रीय कम्पनियों के विशेष कृपा पात्र हों। पर उनकी वजह से सभी नागरिकों को ही आवाजहीन, इनके असन्तोष प्रदर्शन के स्थलों को 'राजनीतिक संडास' और सभी सामाजिक कर्मियों को 'बेजुबान परिन्दों का शिकार करने वाले बहेलिये' नहीं कहा जा सकता। लुटियंस दिल्ली को महज लुटेरे जनों की दिल्ली में सीमाबद्ध करना सही नहीं है, यदि हम 'स्थान' को ही लें। नागरिक समाज के आन्दोलनों की आर्थिक सुधार और वैश्वीकरण के जमाने में एक बड़ी भूमिका गरीबों और वंचितों के मामलों को राजनीतिक चिन्ता के केन्द्र में लाना है, इसका एक हल्का-सा चित्र भी 'नरक मसीहा' में नहीं है।

इन प्रश्नों पर विचार किया जाना चाहिए कि क्यों कोई उपन्यास रोचक होकर

भी असफल होता है, आज का हिन्दी उपन्यास अँग्रेजी में लिखे गए भारतीय उपन्यासों की तुलना में क्या बहुमूल्य दे पा रहा है और कितनी जल्दबाजी में है। इसकी अपनी पहचान क्या है, यह अपने जातीय क्षेत्र की सामाजिक जड़ों के आसपास होकर कितना वैश्विक है, यह कितना उन्मुक्त है और कितना सिद्धान्तीकरण का शिकार है? उपन्यास यथार्थ से हमेशा कुछ अधिक होता है, उड़ानों से भरा गल्प होकर भी विश्वसनीय!

किसी देश की संस्कृति जब कृत्रिमता, नाटकीयता और भौतिक वैभव प्रदर्शन में सीमित हो जाती है तो मान लेना चाहिए कि वह बूढ़ी हो गयी है। आज की विडम्बना है कि झूठ इतने जोर से कहा जा रहा है कि वह सच लगता है, ताकत का सच। क्या सच को भी उतने ही जोर से कहा जा सकता है? क्या शत्रुता से भरे माहौल को सद्भावनाओं के माहौल में बदला जा सकता है? क्या 'मजा' के बगल में थोड़ा मूल्यबोध बैठ सकता है? क्या उपन्यास को महज एक कला से जिन्दगी की छिपी आग के आईने में बदला जा सकेगा? आज उपन्यास अपने लिए एक नये अर्थ की तलाश में है। हिन्दी उपन्यास भी दुनिया के उपन्यासों से संवाद करते हुए अपनी एक स्वतन्त्र पहचान बनाने के लिए संघर्ष कर रहा है। इसमें 'हम' और 'वे' के रिश्ते पुनःपरिभाषित हो रहे हैं।

उपन्यास की मृत्यु नहीं हुई है, क्योंकि बाजार में जब तक समाज थोड़ा भी बचा रहेगा, कथाओं की मौत नहीं होगी।

दरअसल उपन्यास अनसुनी आवाजें हैं

आज का भारत प्रेमचन्द के भारत से काफी बदला है, यह बात कुछ इस तरह कही जाती है, मानो प्रेमचन्द का भारत बदल नहीं रहा था। प्रेमचन्द का भारत भी बदल रहा था और आज का भारत भी बदल रहा है। दोनों की प्रेरणाएँ भले अलग हैं। भारत बदल रहा है, उपन्यास क्यों नहीं बदलेगा? इसमें सन्देह नहीं कि आज के उपन्यास के बारे में उन दृष्टियों से सोचना सम्भव नहीं है, जो 20वीं सदी में 70-75 साल तक उपन्यास की प्रेरणाएँ थीं। मोटे तौर पर उस कालखण्ड के उपन्यास राष्ट्रवाद, रोमांटिसिज्म, यथार्थवाद, आधुनिकतावाद और साठोत्तरी सर्वनिषेधवाद से प्रेरित थे। आजकल के उपन्यासों को उपर्युक्त कोटियों या दो-चार प्रवृत्तियों में सीमित करके नहीं समझा जा सकता और न इन्हें महाकाव्यात्मक समूचेपन की रोशनी में देखना उचित होगा।

20वीं सदी उथलपुथल से भरी रही है। वह एक टूटे स्वप्न की तरह दिखती है। इस सदी में भारतीय राष्ट्र एक स्वप्न से यथार्थ बना था। निश्चय ही हर बड़े स्वप्न के साथ कुछ निराशाएँ जुड़ जाती हैं, हालाँकि उस स्वप्न को बचाने की कोशिशें खत्म नहीं होतीं हैं। उस दौर में प्रेमचन्द ने एक तरफ हाशिये के विमर्शों की नींव रखी। दूसरी तरफ, केन्द्रीय अन्तर्विरोध को भी प्रमुखता से उठाया, उपनिवेशवाद के समक्ष 'राष्ट्र' का प्रश्न रखा। उन्होंने यह विश्वास पैदा किया कि जनजीवन के यथार्थ से भी साहित्य बन सकता है। उनकी परम्परा बहुरेखीय है, जिसे आगे बढ़ाने का मतलब उसे दुहराना नहीं हो सकता। देखा जा सकता है कि भारत के प्रायः सभी बड़े उपन्यासकारों ने धार्मिक निर्बुद्धिपरकता से लड़ाई की है, राष्ट्रीय प्रश्नों का सामना किया है और आधुनिक वैयक्तिक सचेतनता के साथ-साथ राष्ट्र और आधुनिक विकास के सीमान्त पर जो हैं, उनके प्रश्नों को भी भरसक उठाया है। उपन्यास ऐसी जगह है, जहाँ सदा वे बोलते हैं जो इतिहास में दबाये गए हैं। उपन्यास में वह उद्घाटित होता है, जो दूसरी जगहों पर अनुद्घाटित है। इसलिए सबसे पहले इस धारणा का खण्डन जरूरी है कि राष्ट्र से उपन्यास का कोई कठोर रिश्ता है।

अभी तीन-चार दशक पहले तक कविता और नाटक को प्रभावशाली विधाओं

के रूप में देखा जाता था। अब से विधाएँ कोने में हैं। उपन्यास की मृत्यु की सैद्धान्तिक चर्चाओं के बावजूद आज यह दुनिया भर में सर्वाधिक चर्चित विधा है, क्योंकि इस दौर के उपन्यासों में एकजैसापन नहीं है। ये गिने-चुने सन्दर्भों तक सीमित नहीं हैं, बल्कि इतिहास की एकरेखीयता को चुनौती देते हुए अतीत और समकालीनता का कई 'स्थानों' से सामना कर रहे हैं और अपने ढंग से इतिहास कह रहे हैं। इनमें अनुभव का जितना बहुरंगापन है, दूसरी किसी विधा में नहीं है। इसके अलावा, अच्छे उपन्यास राजनीतिक होते हुए भी राजनीतिक तर्क से ऊपर हैं, ये हरेक सत्ता के पाखंड और झूठ के निर्मम 'क्रिटीक' हैं। कथाओं से भरे देश भारत में उपन्यास का विविधतापूर्ण होना एक स्वाभाविक मामला है। निश्चय ही उपन्यास को इधर तेजी से बाजार का बल मिला है, जो कविता और नाटक को नहीं मिला। कई प्रकाशन घरानों को उपन्यास ने ही थाम रखा है। फिर भी अँग्रेजी में जैसी उत्साहवर्द्धक स्थिति है और उपन्यासकार 'सेलेब्रिटी' होते हैं, हिन्दी में यह स्थिति नहीं है, क्योंकि हिन्दी पाठकों पर घटिया मनोरंजन उद्योग और फेसबुक जैसी चीजों की मार जबर्दस्त है, कुछ साहित्यिक वजहें भी हैं।

वैश्वीकरण के समय, 1990 के बाद हिन्दी उपन्यास में एक खास मोड़ आता है, एक नयी पीढ़ी उभर कर आती है। उपन्यास की विषयवस्तु ही नहीं बदलती, इसकी पूरी बुनावट काफी वक्र, तीखी और पर्याप्त प्रहारात्मक हो जाती है। राष्ट्र, इतिहास और यथार्थवाद प्रश्नों से घिर जाते हैं। किसी एक मुख्य अन्तर्विरोध या द्वन्द्व की प्रधानता नहीं रह जाती। देखा जा सकता है कि आपातकाल के दिनों में लोकतन्त्र के लिए जबर्दस्त संग्राम के बाद जब अपेक्षित फल नहीं निकला, राष्ट्रीय केन्द्रवाद में दरारें पड़नी शुरू हो गयीं। इसी समय सामन्ती वर्चस्वों को चुनौती देते हुए एक तरफ दलित और पिछ़डे वर्गों में मुखरता आयी थी, दूसरी तरफ स्त्रियों ने अपने अधिकारों के लिए आवाज उठानी शुरू कर दी थी। राष्ट्र के उपेक्षित स्थानों में सुगबुगाहट का यही समय था। देश में हर तरफ जन अधिकारों के प्रति सजगता का एक नतीजा इस रूप में आया कि सामन्ती भेदभाव और बर्बरता में भी अचानक इजाफा हुआ, क्योंकि नये दौर के धार्मिक पुनरुत्थानवाद से ऐसे भेदभाव और बर्बरता को बल मिल रहा था। वैश्वीकरण की मुक्त बाजार-व्यवस्था और सोवियत रूस के विघटन ने जब दुनिया को एकध्रुवीय बना दिया, संकट अधिक गहराया। अब पहले जैसे राष्ट्रीय स्तर के जन-आन्दोलन नहीं रह गए। नव-साम्राज्यवादी विकास ही सबकुछ हो गया। इसकी छत्रछाया में सामन्ती भेदभाव निरन्तर बढ़ता गया। केन्द्रीकरण के नये रूपों के साथ धर्म, जातिवाद, वंशवाद और पितृसत्ता के नये रूप सामने आये, सामुदायिक असिहष्णुता बढ़ती गयी। आज राजनीति ही नहीं किन्हीं भी दो व्यक्तियों की दोस्ती या चाय की टेबुल तक पर अमानवीय चीजों की गहरी

छाया है। उल्लेखनीय है कि इन समस्याओं को गम्भीरता से विषयवस्तु बनाने और नजरअन्दाज कर दिये गए सत्ताव्यूहों को प्रश्नांकित करने की वजह से ही इन लगभग ढाई दशकों के उपन्यास ऐसे ज्ञान के स्रोत हैं, जो अन्यत्र नहीं मिलता।

हिन्दी उपन्यास में इस समय अनन्त विविधता है। वहाँ-वहाँ से कथाएँ आ रही हैं, जहाँ पहले कोई झाँकने नहीं जाता था। उन जगहों से कथाकार आ रहे हैं, जहाँ पहले सन्नाटा था। प्रायः हर अच्छा उपन्यास अपने विशिष्ट 'लोकेल' के साथ है, जो प्रेमचन्द या रेणु के गाँव जैसा नहीं है। यह कृष्णा सोबती के उपन्यास 'जिन्दगीनामा' के रागमय सामन्ती परिवेश से भी भिन्न है। यह 'लोकेल' शहर हो सकता है और शहरी विकास का पिछवाड़ा भी। तीखे विमर्शवादी उपन्यासों में विकास का पिछवाड़ा है, जबकि उदारवाद के ढाँचे में लिखे गए उपन्यासों में शहर में घुलामिला लोकेल है। यह लक्षित करना मुश्किल नहीं है कि जहाँ तीखा विमर्शवाद है, वहाँ 'लोकेल' की बेचैनी है और जहाँ हँसोड़ उदारवाद है, वहाँ 'लोकेल' का रोमांस है, कहीं-कहीं 'चटखार देशजता'!

आज स्थान, समुदाय और लोक का महत्त्व बढ़ा है, क्योंकि नव-औपनिवेशिक विकास ने विस्थापन बढ़ाया है। वंचना, भेदभाव और उत्पीड़न ही चरम पर नहीं हैं, जीवन के अर्थ पर भी गहरा संकट है। एक बौद्धिक चुनौती यह है कि वैश्वीकरण के दौर में उत्तर-औपनिवेशिक को हम कितना उत्तर-औपनिवेशिक कह सकते हैं। क्या वैश्वीकरण के युग में उपेक्षित स्थान, समुदाय और आम लोक चौथी दुनिया के निर्माण में लगे हैं?

देखा जा सकता है कि स्थानीयता का, लोकेल की प्रधानता विनोद कुमार शुक्ल के उदारवादी किस्म के उपन्यासों में एक तरह से है। काशीनाथ सिंह अलग तरह से अपना 'लोकेल' लेकर आते हैं, इसी तरह अखिलेश भी अपनी तरह से 'स्थान' को देखते हैं। मैत्रेयी पुष्पा, भगवानदास मोरवाल, अनामिका आदि के विमर्शवादी उपन्यासों में एक अन्य तरह से 'स्थान' है। ओमप्रकाश वाल्मीकि की आत्मकथा में लोकेल एक तरह से है तो तुलसीराम की आत्मकथाओं में एक अलग तरह से है।

इसी तरह चित्रा मुद्गल (आवाँ) को देखा जाए तो वह अपनी तरह से स्त्री जीवन के संघर्ष और प्रेम को देखती हैं और मृदुला गर्ग (कठगुलाब) अपनी तरह से। ममता कालिया (दौड़) स्त्री जीवन को नैतिक और बाजारीकरण के प्रश्नों के साथ उठाती हैं। अलका सरावगी (कलिकथा वाया बाईपास) स्त्री प्रश्न से न टकरा कर वैश्वीकरण के संकट के बरक्स एक नये शिल्प में 'स्थान' को उठाती हैं, पर मुख्यतः व्यक्तियों के मन में झाँकती हैं—व्यक्तिगत ही महत्त्वपूर्ण है। अनामिका अपनी खास भाषा में 'लोकेल' निर्मित करती हैं, उनका रास्ता स्त्री विमर्श का है। मधु कांकरिया (सेज पर संस्कृत) स्त्री के 'व्यक्तित्त्व और स्वाभिमान को ठिकाने लगाने के लिए' बनी

संकीर्ण हिदू विधियों पर प्रहार करती हैं और 'स्थान' को रैशनल दृष्टि से उपन्यास में लाती हैं। मनीषा कुलश्रेष्ठ (पंचकन्या) भी अपना लोकेल चुनती हैं, जहाँ स्त्रियों की सामाजिक हलचलों के बीच मुख्य खोज मानवीय संवेदना है। ये सभी कथाकार महिला लेखन की एकसुरता को तोड़ती हैं और स्त्री की धारणा में एक बड़ा बदलाव लाती हैं। पहले के उपन्यासकारों की कतार में स्त्री कथाकारों के एक नये दल के शामिल होने से पाठकों का भी एक नया संसार उभरा है।

यह जरूर चिन्ताजनक है कि कई उपन्यासकार काफी पहले अपना श्रेष्ठ उपन्यास दे आये होते हैं और बाद में अपने बँधे-बँधाये अनुभव और शिल्प को तोड़कर विकास करने की जगह सिर्फ उपन्यास की गिनती बढ़ाते हैं। यह दुर्लभ है, निरन्तरता और अर्थवत्ता दोनों एकसाथ!

आज उपन्यास को कहन शैली, लोकोक्तियों, इतिहास, सांस्कृतिक स्मृतियों, रिपोर्ताज, जादुई यथार्थवादी वर्णन और अन्य कई तरह से सजागुछाकर प्रस्तुत किया जा रहा है। यह यथार्थवाद का अपने प्रचलित घिसेपिटे रूपों को छोड़ कर नयी वास्तविकताओं की रोशनी में आगे बढ़ना है, उसका विघटित होना नहीं। कुछ उपन्यास गहन शोध करके लिखे जा रहे हैं। वे इतने सुन्दर, पठनीय और अनोखे बनाये जा रहे हैं कि लोकप्रिय हो सकें। उपन्यास एक 'पब्लिक फार्म' है, पाठकों से आदान-प्रदान पर निर्भर। हो सकता है कि कुछ कथाकारों के लिए लोकप्रियता और बिक्री एक मुख्य मानदण्ड हो। इस दृष्टि से चेतन भगत भारत के सबसे बड़े उपन्याकार कहे जाएँगे, भले उनके उपन्यास पाठकों का सिर्फ मनोरंजन करते हों। वे किसी भी तरह से गति, संघर्ष और बेचैनी पैदा न करते हों और बदलते भारत को देखने के हमारे आलोचनात्मक विजन में कोई विस्तार न लाते हों। कहना न होगा कि सुन्दरता यदि गति, संघर्ष और बेचैनी न पैदा करे तो वह सुन्दरता नहीं है।

एक

उपन्यास कभी शब्द-कौशल अधिक होता है और कभी मोटे ढंग से कोई समस्या उठाकर एक सपाट बयान होकर रहा जाता है। यह कभी शब्द कौशल और सपाट बयान से अधिक समाज के झूठ-सच का मार्मिक आख्यान होता है। उपन्यास निश्चय ही एक निजी जगह है, जहाँ लेखक और पाठक दोनों ही समाज या समुदाय से अपना नैतिक रिश्ता एक गैर-परम्परागत जमीन पर बनाते हैं। यह रिश्ता नया जीवनबोध देता है, भले निश्चित समाधान तक न पहुँचाए। उपन्यास समस्या-बहुल समाज में एक ही तरह का नहीं हो सकता, क्योंकि खुद पाठक-संसार में विविधता है। आज के उपन्यास में पाठक घुसा है। फिर भी पाठक से दोस्ताने सम्बन्ध या

उपन्यास के 'रीडर्स फ्रेंडली' होने का अर्थ पाठक की रुचि में बह जाना नहीं है। हम यहाँ कुछ उपन्यासों पर चर्चा करते हैं, जो 'स्थान' को खास तौर से चुनते हैं और ताकतवर राष्ट्र के सत्ताव्यूहों को प्रश्नांकित करते हैं। वर्तमान दौर के उपन्यासों में कोई 'समानान्तर सार्वभौम अपील' न हो, पर ये अपनी पहचान दर्ज करने भर के मामले नहीं हैं, बल्कि जीवन की एक भिन्न परिभाषा देने और वर्तमान सभ्यता से असहमतियों के आख्यान हैं। इन्हीं असहमतियों की मिट्टी से एक दिन 'समानान्तर सार्वभौम अपील' आकार लेगी।

उपन्यास में शान्त ढंग से भी जीवन का कोई संकट और आशा व्यक्त की जा सकती है। 1994 में जब विनोद कुमार शुक्ल की 'नौकर की कमीज' छपी, एक दशक के भीतर भारत के दो प्रधान मन्त्रियों की हत्या, वैश्वीकरण के साथ मुक्त बाजार अर्थव्यवस्था के आगमन, अयोध्या में मस्जिद ध्वंस जैसी बड़ी घटनाएँ घट चुकी थीं। मनुष्य का एक-दूसरे पर विश्वास टूटना शुरू हो चुका था। इसके अलावा, हाशियाकरण भी तीव्र हो चुका था। बाजार मुक्त होकर भी साधारण इंसान की पहुँच से दूर था। कृषक आत्महत्या कर रहे थे, एक जीवन-विरोधी माहौल बनने लगा था। इन स्थितियों के बीच उपर्युक्त उपन्यास जीवन के उत्सव के रूप में सामने आता है। यह एक निम्न मध्यवर्गीय घर के सरल यथार्थों की जटिल बुनावट वाली कथा है। उपन्यास में दफ्तर में किरानी का काम करने वाले छोटे बाबू सन्तू का घर, पत्नी से उसका प्रेम, कस्बे के स्थानीय जीवन, प्रकृति की सुषमा और छोटे-से दफ्तर की छोटी-छोटी सच्चाइयाँ हैं, जिन्हें प्रत्यक्षतः आदर देते हुए कथाकार ने कुछ बड़े संकेत किये है। उपन्यास प्रतीकात्मक न होकर वस्तुतः जीवन के किसी बड़े संकट को उजागर करनेवाली एक रोचक संकेत-शृंखला है।

नौकर की 'कमीज' खुद एक संकेत है एक ऐसी निर्मम नौकरशाही व्यवस्था का, जिसमें ढलना नियति है। कस्बे का छोटा-सा दफ्तर जैसे देश का हेडक्वार्टर हो। साहब के बँगले में नौकर की कमीज रखी हुई है। यह उतरन नहीं है, अलग से बनी एक खास साइज की कमीज है। नौकरीपेशा लोग दुबले हों या मोटे उन्हें उसी साइज के हिसाब से अपने शरीर (मन) को बना लेना होगा। यह 'अन्धेर नगरी' के फाँसी के फन्दे की साइज की याद दिलाती है। नये बाजार में कुछ वैसा ही संकट है। साहब के बँगले पर कायदा है कि नौकर को 'अच्छा खाना' नहीं, 'पेट भर खाना' दो। अच्छा और स्वादिष्ट खाना चख लेने से गरीब लड़कों की जीभ पर स्वाद चढ़ जाता है। फिर चोरी, गुण्डागर्दी या हक की माँग होने लगती है। कमीज व्यवस्था के अदब और कायदे का संकेत है, उनको सीख लेने के बाद नौकरीपेश लोग कायर और पालतू बन जाते हैं।

सन्तू बाबू को जबर्दस्ती नौकर की कमीज पहना दी जाती है जिसे वह घृणा,

शर्म, झिझक और थोड़े अदब से पहन लेता है। एक बार यह भी महसूस करता है कि उसके भीतर ताकत आ गयी है, क्योंकि साहब का अजीज नौकर है। फिर भी न उसका अभाव कम होता है और न जीवन का उत्सव खत्म होता है। वह थोड़ी सकुचाहट और थोड़ी फक्कड़ता से जीवन के अभावों के बीच भी छोटी-छोटी खुशियाँ पैदा कर लेता है। विनोद कुमार शुक्ल ने ऐसी आध्यात्मिक खुशियों का वर्णन बड़ी रोचकता से किया है और इस काम में कल्पनाशीलता का पूरा इस्तेमाल किया है। सन्तू को अपने घर, पत्नी, पड़ोस और चारों तरफ के प्राकृतिक पर्यावरण से गहरा लगाव है। वह संकट में भी अपनी खुशियों और आशाओं को बचाकर रखता है। वह अभावों के बीच भावों से भरा हुआ है। यह अद्भुत है, जब मानवीय सम्बन्ध टूट रहे हों और पुरुष प्रभुत्व स्त्रीवाद के कठोर निशाने पर हो, सन्तू जैसा चरित्र गढ़ा जाता है। वह अपनी पत्नी से प्रेम, उसकी खुशी और गरिमा के लिए हमेशा मीठी चिन्ता से भरा रहता है। वह संरक्षक नहीं सहयात्री होना चाहता है। बाजार करने के लिए उसे पैसे देता है, हालाँकि वह कुछ खरीद नहीं पाती। वह बरसात की वजह से चूते घर में पत्नी को बचाने के लिए जो करता है, वह कौतुक ही है। वह थोड़ा बौड़म है, निश्चय ही एक 'फिक्शनल' चरित्र—आजकल के धूर्त्त पुरुषों का प्रति-ध्रुव! 'नौकर की कमीज' कौतुकों से भरा उपन्यास है। यह खुशी और दर्द से भरा एक 'ह्यूमन कामेडी' है, जो जीवन के संकट की ओर इशारा करता है और इससे जूझने की छोटी-छोटी कोशिशों की छवियाँ देता है।

जीवन का एक बड़ा संकट है वैश्वीकरण के दौर में बढ़ती मानवीय निराशा। सन्तू के न घर की हालत बदल रही है और न दफ्तर में कोई कार्य संस्कृति या पारदर्शिता है। नये जमाने में दुनिया के एक हिस्से की चिन्ता यदि आर्थिक विकास के ऊँचे शिखरों तक पहुँचना है, एक दूसरे बड़े हिस्से में जीवन को किसी तरह बचाये रखने की जद्दोजहद है। वे जो दौड़ में शामिल नहीं हो पा रहे हैं उनके लिए सलाह है, "तुम्हारी सारी कोशिश यह होनी चाहिए कि जो हालत तुम्हारी है, उससे खराब न हो। इससे तुम्हारे जीवन में शान्ति रहेगी। तुम्हें अपने काम को ठीक से करना है। दुनिया का काम अपने आप ठीक चलता है। जैसा चल रहा है, चलने दो। उतनी ही आग और लकड़ी इकट्ठी करो, जितनी खाना बनाने के लिए जरूरी है। दुनिया में आग लगाने की माचिस सात समुद्र नीचे है और वह भीग कर सैकड़ों बरस पहले खराब हो चुकी है।" सन्तू किसी दौड़ में नहीं है। उसके घर में आटा-चावल की किल्लत है। वह अकेले बदलाव के लिए आवाज उठाएगा तो बुरी मौत मरेगा, पर वह हारना नहीं चाहता। यह जो उसका जीवन से प्रेम है, घर से प्रेम है, यह पराजय के खिलाफ एक बड़ा दुर्ग है। वैश्वीकरण जिनके लिए गरीबी का वैश्वीकरण है, वे कैसे जिएँ कि उनका साहस बना रहे?

देश में आत्महत्याएँ क्यों होती हैं, आदमी क्यों हार जाता है? विनोद कुमार शुक्ल कहते हैं, "किसी दुख के परिणाम से कोई जहर नहीं खा सकता। यह तो षड्यन्त्र होता है। आदमी को बुरी तरह हराने के बाद जहर का विकल्प सुझाया जाता है। आदमी को भूखा रखकर जहर खाने के लिए मजबूर नहीं किया जा सकता। भूखा रहना किसी को हराना नहीं था। यदि ऐसा होता तो हराने का काम आसान हो जाता।" उपन्यासकार कहीं नहीं दिखाता कि आत्महत्या किस तरह हत्या का षड्यन्त्र है। वह न 'अदृश्य हाथ' दिखाता है, न प्रत्यक्ष दमन और न घरेलू वर्चस्व का खेल। वह बस हाशिये के एक साधारण इंसान को कस्बे से उठा कर उपन्यास में रख देता है और उसके कौतुक भरे जीवन को अति मुग्ध भाव से देखता रहता है। एक अदने कमजोर आदमी के जीवन के साधारण प्रसंगों को शब्द चातुरी से अद्वितीय दृश्य बनाते हुए—यथार्थ से थोड़ी दूर ले जाकर। 'खिलेगा तो देखेंगे' और 'दीवार में खिड़की रहती है' में भी घर ही दुनिया है, क्योंकि वैश्वीकरण के बावजूद दुनिया घर नहीं है। दुनियावी चरित्र अपनी भोली कल्पनाओं से आकांक्षाओं का एक सुन्दर मायालोक बनाकर आन्तरिक साहस से जीते हैं। वे कठोरता का सामना कोमलता से करते हैं, यह भी एक तरीका है।

लोक परम्पराओं से निकला जीवन रस साहस का एक मुख्य स्रोत है, अन्यथा पूरी व्यवस्था कायर, पिछलग्गू और पालतू बनाने में लगी हुई है। विनोद कुमार शुक्ल के उपन्यास की अलग दुनिया को देखकर लग सकता है कि यह सब न खिलेगा न देखेंगे। घर, परिवार, पड़ोस, पर्यावरण, सहयात्रा जैसी चीजें महानगरों में संकटग्रस्त हैं। चारों तरफ दीवारें ही दीवारें हैं, खिड़कियाँ नदारद। इसके अलावा, अब समाज खलनायकों से भरा है, नायकविहीन है। इन स्थितियों में विनोद कुमार शुक्ल के उपन्यास चीख-नारों से हट कर शान्त ढंग से मानवीय साहस के नये स्रोतों की तलाश करते हैं। ये उपन्यास उस समय लिखे गए, जब विमर्श छा रहे थे। इसमें अलग ढंग से हाशिए का मनुष्य है, जो अदना और कमजोर हैं और चालाक नहीं है।

सन्तू के जीवन में जो घटता दिखाया जाता है, वह औपनिवेशिक से ज्यादा काव्यात्मक है। वह यथार्थ से ज्यादा कल्पना है, लेकिन उसमें मानवता की स्मृतियाँ और आशाएँ पंख फड़फड़ाती हैं। कहा जा सकता है कि विनोद कुमार शुक्ल के उपन्यास काव्यात्मक बिम्बों की माला हैं, जिसमें कथा का एक सूत्र है। उनके उपन्यास पढ़े ही नहीं, देखे भी जा सकते हैं। इनकी एक बड़ी सीमा है उन ठोस यथार्थों से विच्छिन्नता जो आज बेचैन और विचलित करते हैं। इनकी दूसरी सीमा है, एक स्वायत्त दुनिया में आत्मविमुग्धता। 'नौकर की कमीज' में विद्रोह भी जैसे एक जश्न है। आलमारी से नौकर की कमीज निकाली जाती है। मैदान में उस पर दारू ढाल कर हँसते-खेलते आग लगा दी जाती है और क्या बड़े-क्या छोटे सभी बाबू एक

अतीन्द्रिय सुख से भर जाते हैं, मानो व्यवस्था भस्म हो गयी। इससे अधिक सच्चा चित्र है उपन्यास के अन्त में अपनी गर्भवती पत्नी की चिन्ता करते हुए सन्तू के घर लौटने का। आँधी-पानी में घर की छत उड़ सकती है। इस मौके पर अभाव, गरीबी और प्रेम समूह नृत्य कर उठते हैं। सन्तू ने पत्नी से कहा, घबराहट हो रही हो तो जोर से साँस लो। आखिरी दृश्य है, 'वह ज्यादा से ज्यादा जीवन देनेवाली हवा खींच रही थी।' यह कठिन समय में जीवन की आकांक्षा है। यह भी गौर करने की चीज है, 'नौकर की कमीज' में सन्तू की पत्नी का कोई नाम नहीं है!

आज के नये तेवर के उपन्यास, जिनमें 'लोकेल की बेचैनी' है, निःसन्देह 'समग्र भारतीय यथार्थ' उपस्थित नहीं करते, पर वे भारतीय यथार्थ उपस्थित करते हैं—भारत के वंचितों और उत्पीड़ितों का यथार्थ। इनमें भले प्रेमचनद के उपन्यासों की तरह भारतीय समाज का पूरा चित्र न हो, पर इन उपन्यासों का सौन्दर्य 'गति, संघर्ष और बेचैनी' पैदा करता है, जो प्रेमचन्द चाहते थे। एक दूसरी उल्लेखनीय बात है, निर्मल वर्मा और कृष्णा सोबती से लेकर काशीनाथ सिंह तक हिन्दी उपन्यास में आधुनिकतावादी उन्माद में 'परिवार' प्रायः गायब हो चुका था। स्त्री, दलित, आदिवासी विमर्श और अन्य किस्म के विमर्श 'परिवार' को उपन्यास में पुनर्स्थापित करते हैं। 'परिवार' स्त्री कथाकारों का पितृसत्तात्मक सन्दर्भ में एक बड़ा विषय है। आज दलित, किसान या आदिवासी औपन्यासिक चरित्र भी 'परिवार' लेकर ही अपने 'लोकेल' में हैं। समकालीन कथा साहित्य में आये इस परिवर्तन को रेखांकित किया जाना चाहिए। ऐसे उपन्यासों में न एलीट सम्मोहन है और न ग्रामीण आत्मसम्मोहन। उनमें आत्मविमुग्धता नहीं है, आवाजें हैं। वे विश्व में न छा पाएँ, पर इन उपन्यासों में एक विश्व है, एक नये विश्व की छटपटाहट है और एक भिन्न तरह के 'राष्ट्र' की प्रसवपीड़ा है।

विनोद कुमार शुक्ल के उपन्यास में एक कस्बे की कहानी है। संजीव के 'सूत्रधार' में भिखारी ठाकुर की जिन्दगी है। तुलसीराम की आत्मकथा 'मुर्दहिया' में जाति विषमता और अपमान की पीड़ा के बीच से एक दलित का उच्च शिक्षा पाने के लिए कठिन संघर्ष है। ये सब हाशिये के लोगों की इतिहास में शामिल होने की लड़ाइयाँ हैं। ये उनका किवाड़ पीटना है, जो दरवाजे के बाहर हैं। दरअसल ये सभी बड़े छलावे भरे शब्द हैं, जैसे 'बुनियादी दुख', 'मूल प्रश्न', 'राष्ट्रीय हित'। यह अब नहीं छिपा है कि बुनियादी दुख दिखाते-दिखाते कई लोग कितने सुखवादी हो गए। वे मूल प्रश्न पर चर्चा करते-करते परिवार के भीतर के प्रश्नों को, समाज के हाशिये के प्रश्नों को ही किस तरह गोल कर गए और राष्ट्रीय हित साधते-साधते किस तरह अन्ततः अपना वंशहित और निजी हित साधने लगे। दरअसल 'बुनियादी दुख' के आसपास कई गहरे दुख हैं, सदियों के दुख हैं। यह अलग बात है कि ये दुख महज राजनीतिक खिलौने बना दिये जाएँ।

दो

पिछले दस-पन्द्रह सालों में साम्प्रदायिक प्रश्न पर कई मोटे-मोटे उपन्यास आये हैं–'कितने पाकिस्तान' (कमलेश्वर), 'आखिरी कलाम' (दूधनाथ सिंह), 'कैसी आगी लगायी' (असगर वजाहत)। यह एक खौफनाक प्रश्न है। मुझे लगता है, उपर्युक्त उपन्यासों से ज्यादा गहरी चमक भीष्म साहनी, स्वयंप्रकाश और उदय प्रकाश की इस प्रश्न पर लिखी गयी कहानियों में है। इनकी कहानियों में अनुभव का तनाव ज्यादा गहरा है, संकेत ज्यादा गहरे हैं और इनमें उपर्युक्त उपन्यासों की तरह 'एलीट अहंवाद' नहीं रेंगता। साम्प्रदायिकता के खिलाफ बोल देने या लिख देने से कोई धर्मनिरपेक्ष नहीं हो जाता। व्यक्ति के दूसरे सरोकार उसकी धर्मनिरपेक्षता के चरित्र-निर्धारण में महत्त्वपूर्ण भूमिका निभाते हैं। दरअसल, साम्प्रदायिक तत्त्वों को नये सिरे से उभरने का अवसर इसलिए मिला कि धर्मनिरपेक्षता ने अपनी ज्यादा ताकत बन्दरबाँट, अन्तर्कलह, हिन्दी पर हिन्दू राष्ट्रवाद के आरोप और अपनी उत्तर-औपनिवेशिक एलिट चमक में लगा दी।

इधर जो साम्प्रदायिक उफान आया है, उसे लाने में एलीट धर्मनिरपेक्ष बुद्धिजीवियों की एक बड़ी भूमिका है। ऐसे बुद्धिजीवियों और नेताओं की वजह से ही धर्मनिरपेक्षता राजनीतिक और निजी फायदा उठाने के एक बौद्धिक औजार में सीमित होती गयी। उसका ईमानदारी, वास्तविक जनतन्त्र की आकांक्षा और न्याय से सैकड़ों साल का सम्बन्ध छिन्न-भिन्न हो गया।

देखा जा सकता है कि भारत में पश्चिम से प्रभावित होकर व्यक्तिकेन्द्रिक उपन्यास भी लिखे गए, पर सामाजिक यथार्थवादी उपन्यासों की हमेशा प्रधानता रही है। इधर विमर्शों के युग के उपन्यासों में व्यक्ति है तो वह अपनी 'सामुदायिक पहचान' और 'स्थान' के साथ है। इनमें समाज में मौजूद सामन्ती भेदभावों पर चोट है। इनमें साम्राज्यवाद-विरोधी आयाम फिलहाल गायब है। दरअसल धर्मनिरपेक्षता की लड़ाई हो, यथार्थवाद का मामला हो या कोई विमर्श, यह जब अपना एक 'क्लिशे' बना लेता है और दगे हुए कारतूस-सा होता है, तब बेअसर हो जाता है।

गौर किया जाना चाहिए कि आज के विमर्शों के सामने फिलहाल नया साम्राज्यवाद या अमेरिकी सांस्कृतिक आक्रमण कोई समस्या नहीं है, अभी आत्मसजगता में व्यापकता नहीं आयी है। कोई 'स्थान' हो या 'सामुदायिक जीवन', यह कभी एक अलग-थलग मामला नहीं हो सकता। हर जगह के जीवन पर चारों तरफ का तीखा असर पड़ रहा है। किसी एक खास वर्चस्व के सन्दर्भ में सीमित करके किसी भी 'स्थान' के जीवन को न अच्छी तरह समझा जा सकता है और न बदला जा सकता है। उपन्यास सिर्फ एक खास 'स्थान' के जीवन को ही नहीं, बल्कि राष्ट्र और विश्व

को देखने का वैकल्पिक रास्ता है। उसमें रोज दिखाई पड़ने वाले वास्तविक जीवन से कुछ अधिक होता है। इसलिए इस दृष्टिकोण का पनपना ठीक नहीं है कि एक विशिष्ट 'स्थान' के बाहर कुछ नहीं है, जिस तरह यह दृष्टि सही नहीं है कि 'स्थान' को हाशिये पर रखकर कोई विश्वदृष्टि बन सकती है।

इधर गाँव शहरी निगाह से एक असहनीय जगह के रूप में दिखाई देने लगे हैं, जबकि आज भी वे बसे हुए हैं और उनकी भले दबी ही सही पर एक आवाज है। वहाँ सामन्ती भेदभाव, नौजवानों की आवारागर्दी, खुदगर्जी और हिंसा के अलावा भी बहुत कुछ है। शहर में भी सामन्ती भेदभाव, लूट-खसोट और हिंसा है। शहरों में गाँव के लोग लगातार आते रहे हैं, जिस तरह गाँवों में आधुनिकता लगातार पहुँचती रही है। वैश्वीकरण के जमाने में 'लोकेल' मुखर हुआ है और 'स्थान' का आकर्षण बढ़ा है, जो स्वाभाविक है। इसलिए बदली स्थितियों में उपन्यासकार एक पर्यवेक्षक (आब्जर्वर) के रूप में अतीत की वस्तु बन चुका है, क्योंकि बाहर से देखनेवाला अब खुद निगाह में है। अब देखेनवाला ही देखा जा रहा है। उपन्यासकार बाहर से देखनेवाले के रूप में चुनौतियों से घिरी सत्ता है। अब कोई देखा जाना काफी नहीं समझता, खुद देखना चाहता है। निराला की कविता 'तोड़ती पत्थर' में देखी जाती हुई स्त्री एक जगह खुद देखने लगती हैं, 'देखते देखा जो उसने एक बार/उस भवन की ओर देखा छिन्न तार!' अब एक बार नहीं बार-बार पर्यवेक्षक ही देखा जा रहा है।

तीन

आज का एक बड़ा यथार्थ यह है कि किसी का एकाकी बच पाना मुश्किल है, निश्चय ही उपन्यास का भी। उपन्यास सामाजिक यथार्थ होते हुए भी अब मिक्स्ड वेजिटेबल है, खिच्चड़ है। यह कभी इतिहास के मिश्रण से रचा जा रहा है, कभी भू-संस्कृति और नृतत्त्व के मिश्रण से। यह कभी किसी लोकप्रिय व्यक्तित्त्व तो कभी किसी उत्तर-आधुनिक विमर्श से घुलमिल कर लिखा जा रहा है। हिन्दी उपन्यास बहुपर्त्तदार हैं। यह स्थान और विश्व दोनों से आज किन रूपों में इंटरैक्ट कर रहा है, यह देखने की जरूरत है। खासकर जहाँ उपन्यास को इतिहास की तरह एकमात्र सत्य बना देने की जिद नहीं है, वहाँ जीवन के अनगिनत दबे सच झलकते हैं। आज उपन्यास विधा की लोकप्रियता इसका सबूत है कि नैरेटर है, कथा पढ़ने-सुनने वाले लोग हैं। यह अलग बात है कि हिन्दी उपन्यास में यथार्थवाद और आधुनिकतावाद दोनों से एक विराट प्रस्थान स्पष्ट हो गया है। आज इसमें वैश्वीकरण के बाद की सच्चाइयाँ हैं, जो एक न एक विशिष्ट स्थान पर खड़ा होकर देखी जा रही हैं। बल्कि उपन्यास का अर्थ ही इसमें निहित है कि किस 'स्थान' से सच्चाइयाँ देखी जा रही हैं।

हिन्दी उपन्यास में नैरेटर की एक नयी भंगिमा के साथ आया है और रचयिता का कायाकल्प हो गया है। इस मामले में काशीनाथ सिंह, संजीव और उदयप्रकाश ने अपने-अपने ढंग से प्रयोग किये हैं। नैरेटर न रखकर रचनाकार की जीवित उपस्थिति में काशीनाथ सिंह एक अन्य रास्ते से पुराने औपन्यासिक शिल्प को तोड़ते हैं—उपन्यास और संस्मरण का मिश्रण करके। उपर्युक्त तीनों ही उपन्याकार सामाजिक समस्याओं को उठाते हुए अपना साहित्यिक खिलन्दड़ापन नहीं छोड़ते। उदयप्रकाश में आभिजात्य ज्यादा है और काशीनाथ सिंह में देशजता ज्यादा है। उल्लेखनीय है कि तीनों उपन्यासकार सामुदायिक विमर्श से भिन्न तेवर के हैं। फिर भी वे हिन्दी कथा साहित्य में बहुत कुछ जोड़ते हैं। उनका कथा साहित्य अपने ढंग का मेल्टिंग पॉट है, मध्यवर्गीय उदारवाद का गलनघट!

काशीनाथ सिंह का 'काशी का अस्सी' (2002) कुछ संस्मरण, कुछ रेखाचित्र, कुछ आत्मकथा और बहुत ज्यादा उपन्यास है। इसकी भाषिक कारीगरी बेमिसाल है। आज सच कहने के लिए कोई जरिया बचा नहीं है, झूठ बोलकर ही सच कहा जा सकता है। हालाँकि 'काशी पर अस्सी' पढ़ते हुए लगता है, सच के सिवाय कुछ नहीं बोला जा रहा है। काशी पर कबीर से लेकर भारतेन्दु हरिश्चन्द्र और इधर के दूसरे लेखकों ने भी जो टिप्पणी की है, वह व्यंग्यपरक है। सबसे पुराने सांस्कृतिक केन्द्र पर ही सबसे तीखी चोट की गयी है। सैकड़ों साल की पवित्र नगरी एक आत्मव्यंग्य बन जाती है। वह अब इतनी बदल चुकी है कि आदमी अपने घर में जहाँ मन्दिर है, वहाँ टायलेट बनाने के लिए राजी है—बस कमाई हो। तन्नी गुरु जैसे व्यक्ति काशी का प्रतिनिधित्व करते हैं। 'काशी का अस्सी' में कई चेहरे हैं, जिनके बीच से इस खास शहर के वास्तविक चेहरे दिखाये जा सकते हैं। ये विद्रूपता को प्रतिबिम्बित करते मिल सकते हैं। ये चरित्र कई जगहों पर बताते हैं कि सांस्कृतिक क्षय हमें कहाँ ले आया है।

फिर भी 'काशी का अस्सी' में स्थान का रोमांस इतना ज्यादा है कि सोचना पड़ सकता है, 'राग दरबारी' के युग से हिन्दी उपन्यास में कुछ फर्क आया है या नहीं। कहीं साठोत्तरी निषेधवाद की छाया तो पीछे नहीं पड़ गयी है।

उपन्यास में स्थान आते ही विशिष्टता का उभरना स्वाभाविक है। काशी के मामले में भदेस को सुन्दर बना कर उपस्थित किया गया है, जैसे जीवन्तता इसी में है। उपन्यास से भी भारी है उसके भीतर का भदेस। मुख्य बात यह नहीं है कि उपन्यास में भदेस का सौन्दर्य है, बोल्ड होकर गालियाँ मन्त्रोच्चार की तरह आयी हैं। भदेसपन या जिसे हम अश्लीलता कहते हैं, वह कई बार प्रतिरोध का हथियार बना है। मुख्य सवाल है, 'अस्सी' के बाहर भी काशी कुछ है या नहीं और क्या अब काशी वही है, जहाँ गोरे पश्चिमी लोग किसी सम्मोहन में फँसे आते थे? काशी का

स्थानीय रेजिमेंटेशन अन्ततः मनोरंजन के अलावा क्या देता है, "अस्सी का अपना 'शब्द-कल्पद्रुम' है—दुनिया जानती है।" क्या काशी में मुसलमान नहीं हैं? स्त्रियाँ नहीं हैं? अगर ये बोलते, क्या काशी का 'शब्द-कल्पद्रुम' यही होता?

उपन्यास आपबीती से आगे बढ़कर जितना जगबीती होता है, उतना श्रेष्ठ होता है, उतना ही वह तरह-तरह से ढकी जा रही दुनिया को नये कलात्मक प्रयोगों के साथ खोलता है। अन्यथा उपन्यास शोर मचाते आते हैं, चुपचाप खो जाते हैं। आज के उपन्यास में 'स्थान' का बड़ा महत्त्व है, पर न सिर्फ स्थान से कोई अच्छा उपन्यास बन सकता है और न 'विश्व' से। इन दोनों में हम जहाँ भी खड़े हों, अपने को अतिक्रमित करने वाला एक विजन चाहिए, जो राष्ट्र और हाशिया, विश्व और स्थान के सम्बन्ध और अन्ततः मनुष्य को पुनःपरिभाषित करता चले।

21वीं सदी में उपन्यास की जो मुख्य प्रेरणाएँ हैं, उनमें राष्ट्र की कठोरता से जन्मा हाशिये का आक्रोश प्रधान है। निश्चय ही स्त्री की स्वतन्त्रता और गरिमा, सामाजिक भेदभाव का विरोध, वैश्वीकरण और नये विकास को लेकर दुविधा, विश्व में नयी सोच को लेकर उत्सुकता, वर्तमान की विडम्बनाओं और सम्भावनाओं की अतीत में खोज जैसी चीजें भी मुख्य हैं। देखा जा सकता है कि आज का जीवन परिदृश्य बहुत विविधता-भरा है और इतना ही कठिन है आभासी यथार्थ की दुनिया में जीवन के अर्थ की खोज। उपन्यासकार और करता क्या है सिवा इसके कि वह कुछ चरित्रों को साथ लेकर इस अर्थ की खोज में बेरहमी और उतनी ही जिन्दादिली से निकल पड़ता है। उसकी यात्रा ही है उपन्यास का अर्थ।

उपन्यास समाज में संकट और आशाओं को ज्यादा स्पष्टता से सामने लाता है। इस विधा में बहुत तरह से जीवन की सच्चाइयाँ सामने आती हैं। इसलिए उपन्यास का आज एक ही अर्थ नहीं है। इस दृष्टि से 'काशी का अस्सी' भी एक उपन्यास है, जिसमें 'मखौल का आनन्द' ही परम मूल्य है। इसकी सबसे बड़ी खूबी है अड्डा-संस्कृति की उत्तर-आधुनिक पतनशीलता को दिखाना। आधुनिक जमाने के अड्डे काफी हाउस के हों या चाय दुकान के, वे नये सिद्धान्तों की खोज और बौद्धिक बहस के केन्द्र होते थे। खुद काशी में बड़े-बड़े शास्त्रार्थ हुए थे। लेकिन उत्तर-आधुनिक जमाने में ऐसे अड्डे अबौद्धिक और निठल्ली जुगाली के खटाल हो गए। काशी पर भूमण्डलीकरण से ज्यादा असर सामन्तवाद के विस्तार का दिखता है। उपन्यास में संकट स्पष्ट दिखता है, पर आशा का कोई चिह्न कहीं नजर नहीं आता। इसमें कोई स्पेस नहीं है, हर तरफ मखौल ही मखौल और मखौल का आनन्द है।

कई बार 'स्थान' ग्लोबल यथार्थ से बड़ा यथार्थ सामने लाता है। इसलिए कोई आश्चर्य नहीं है कि दुनिया के अधिकांश बड़े उपन्यास स्थान और विस्थापन से जुड़े हैं। आज के उपन्यासकार के साथ खास बात यह है कि वह नयी कलात्मक प्रक्रिया

में अपने को 'पर्यवेक्षक की स्थिति' से मुक्त कर चुका है। उसकी कृति में स्थान खुद बोलता है। समुदाय खुद अपनी कथा सुनाता है और वह राष्ट्र या विश्व से अपने रिश्ते को खुद पहचानना चाहता है। यह कुछ और गहरें जाकर उपन्यास को जीवन की सच्चाइयों और स्वप्नों से जोड़ने के अलावा कोई अन्य मामला नहीं है।

बुजुर्ग की पीड़ा 'सुजान भगत' और 'गोदान' (प्रेमचन्द) से चलकर 'वापसी' (उषा प्रियंवदा), 'हरिहर काका' (मिथिलेश्वर), 'छप्पन तोले का करधन' (उदय प्रकाश), 'ऐ लड़की' (कृष्णा सोबती) आदि तक एक लम्बा सफर तय करके 'रेहन पर रग्घू' (2008) के आत्मपरायेपन तक पहुँची है। काशीनाथ सिंह ने अपनी एक कहानी 'अपना रास्ता लो बाबा' में मार्मिक ढंग से दिखाया था कि नयी पीढ़ी के लोगों का बुजुर्ग के प्रति रुख किस तरह बदल रहा है। 'रेहन का रग्घू' में आकस्मिक घटनाओं की भरमार है। ये उछलती, कूदती और रँभाती चलती हैं। 'काशी का अस्सी' की तरह इसमें भी घटनाओं की शृंखलाहीन कड़ियाँ हैं। इसमें अतिनाटकीयताओं के बावजूद एक ठसपन भी घुस गया है, जो पहले नहीं था और जीवन्तता मर गयी है। इसमें एक अच्छी विषयवस्तु के साथ काफी चलताऊ सलूक है।

'रेहन का रग्घू' में खीझ भरी उदासी रघुनाथ के चेहरे पर हमेशा पसरी रहती है। उसके बेटे, बेटी यहाँ तक कि पत्नी भी उसकी भावनाओं का साथ नहीं देती। भतीजा जमीन हड़पने के लिए अलग से पिटाई करता है। यह चीज उभरती है कि किसी राजनीतिक पार्टी के आश्रय में न रहो तो आदमी आज कितना असहाय होता है, थोड़ी-सी इज्जत भी बचा नहीं पाता। रिटायर रघुनाथ थक-हारकर अपनी प्रोफेसर बहू के पास आ जाता है जिसे उसके बेटे ने छल से छोड़कर अमेरिका में दूसरी शादी कर ली थी। बहू यह बात अपने बीमार पिता से छिपाती है, पर श्वसुर रघुनाथ को बता देती है। रघुनाथ के बेटे और बेटी अपने-अपने ढंग से उच्छृंखलतापूर्वक जी रहे थे। रघुनाथ के भीतर एक नैतिक दुनिया के विघटित होते जाने का दर्द है। वह महसूस करते हैं कि भारतीय शहरों से लेकर अमेरिका तक फैल कर भी जैसे वह एक निर्जन टापू में कैद हैं। यह टापू धीरे-धीरे समुद्र में धँसता जा रहा है। जितना भी बड़ा है उनका संसार, उतने ही हो चुके हैं वह अकेले।

रघुनाथ सिर्फ बुजुर्ग नहीं है। वह एक ऐसे परम्परागत नैतिक पहरुआ के रूप में सामने आता है, जिसको आरक्षण और दलित नहीं सुहाते, लड़कियों का प्रेम करना अच्छा नहीं लगता। वह नहीं चाहता कि नयी पीढ़ी अपनी तरह से जिए। उसे हर तरफ क्षय ही क्षय नजर आता है। सारे नौजवान बिगड़े हुए लगते हैं और पूरी राजनीति सड़ी दिखती है। 'रेहन पर रग्घू' की नये युग की बदलती दुनिया के प्रति एक बिल्कुल नकारात्मक सोच है। इसमें पीढ़ियों का संघर्ष है। उसकी बेटी कहती है, "आप 'अतीत' और 'वर्तमान' से आगे नहीं देख रहे थे, हाँ मैं 'भविष्य' देख रही

हूँ जहाँ 'स्पेस' ही स्पेस है।" रघुनाथ की नैतिक दुनिया का संकेत उसकी इस सोच में है, "न होता आरक्षण तो यही भारती किसी न किसी का हल जोत रहा होता या पढ़ने-लिखने के बावजूद नगर में रिक्शा खींच रहा होता।" उसका यह दर्द नैतिक जड़ता से भरा है। गाँव बदल रहे हैं, अब यहाँ बिजली, केबुल की लाइनें, अखबार, टीवी, फैन, फोन, पक्के मकाल सब देखने को मिल रहे हैं। ऐसे सारे बदलावों से सिर्फ विकृतियाँ और विद्रूपताएँ पैदा हुई हैं और वंचितों के लिए कोई स्पेस नहीं बना है, यह समझ में आना मुश्किल है। यदि सचमुच आजिज ही आना है तो क्या गाँव और क्या शहर आदमी हर जगह उखड़ा महसूस कर सकता है। पर नहीं, गाँव में खेंड़ी गड़ी है, जो किसी नैतिक अहं और पाखंड की हो सकती है।

यह यथार्थ है कि नये विकास ने बाप-बेटे के बीच खाई बढ़ा दी है, बुजुर्ग उत्पीड़ित हैं। उनकी सम्पत्ति हथियाने के लिए कई बार उनके अपने उन्हें मार डाल रहे हैं। रघुनाथ हैं कि अभी तक इस सपने में अटके हैं, "उनकी बाँहें इतनी लम्बी क्यों नहीं हो जातीं कि वे उसमें सारी धरती समेट लें और मरें या जिएँ तो सबके साथ।" एक तरफ उनका एक छोटे से गाँव से लेकर अमेरिका तक फैलता परिवारिक संसार, दूसरी तरफ भीषण आत्मपरायापन। काशीनाथ सिंह ने रघुनाथ के जरिये एक यथार्थ रखा है। कथाकार कई बार ऐसा करता है कि जब कथा आगे नहीं बढ़ पाती, वहाँ भेदस या अतिरिक्त रूप से सेक्सुअलिटी घुसाकर क्षतिपूर्ति करता है। यही बात काशीनाथ सिंह की लम्बी कहानी 'महुआ चरित' में है। पुरानी दुनिया से चिपके रहने पर नयी दुनिया में कथा आगे नहीं बढ़ सकती। इसी का नतीजा है कि जानते हुए भी कि उसकी सन्तानें कैसी हैं और कितनी लगावहीन हैं, रघुनाथ अति-नाटकीय ढंग से गुण्डों द्वारा अपना मजेदार अपहरण कराता है, सिर्फ यह परीक्षा लेने के लिए कि फिरौती देकर उसका कोई बेटा उन्हें मुक्त करने के लिए आता है या नहीं! यही हुआ रेहन पर रग्घू। रघुनाथ वस्तुतः एक कामिक दर्द से भरा चरित्र है, दर्द जिस पर हँसी आये!

चार

उपन्यास में जब स्थान, दलित और स्त्री की आवाजें छायी हुई हों, वह लेखक क्या करे जो स्थान से उखड़ चुका है और न वह दलित है न स्त्री। अँग्रेजी में लिखे भारतीय उपन्यास में कुछ दूसरी समस्याएँ उठायी जा रही हैं, जिनमें एक है विस्थापन का दर्द झेलते हुए पूर्वजों की भूमि की सैर। कभी इतिहास से जिरह तो कभी पुराने टिपिकल चरित्रों में उतरते हुए एक आत्मीय दूरी से भारतीय जीवन के अनोखे चित्र। विदेश जाकर बस गए भारतवंशी लोगों में अपने पूर्वजों की स्मृति और अपने जीवन के किसी

मोड़ पर मूल भूमि को देखने की बेचैनी कई रूपों में हो सकती है। गाँव से बिछुड़ कर लम्बे समय से अपने ही देश के शहर में बसे व्यक्तियों में भी अपने सामाजिक उद्गम के प्रति नास्टेलेजिया और विस्थापन का दर्द संभव है।

अखिलेश का 'निर्वासन' (2014) ऐसे समय का उपन्यास है, जब विस्थापन एक दर्द ही नहीं बल्कि होड़ भी है और उसके कई चेहरे हैं। यही वजह है कि सुल्तानपुर से कलकत्ता फिर जबर्दस्ती सूरीनाम ले जाये गए अपने पूर्वज बाबा की स्मृति में डूबे भारतवंशी अमरीकी राम अजोर पाण्डे के विस्थापन का दर्द एक तरह का है। उपन्यास के नायक सूर्यकान्त का प्रेम विवाह के बाद अपने नाराज माता-पिता के परिवार और फिर सरकारी नौकरी से मतभेद की वजह से विस्थापन एक दूसरी तरह का है। उसके चाचा जी एक अलग ढंग से विस्थापित हैं। वह एसएमएस और ई-मेल के संसार में खो चुकी चीज चिट्ठी में अपना दर्द कहते हैं, "मैं पाण्डे के बाबा या पाण्डे की तरह विस्थापित बिल्कुल नहीं हूँ। मैं जिस सुल्तानपुर में बचपन में धूल मिट्टी खाता रहा, वहीं हूँ लेकिन मैं बिछुड़ने की तकलीफ कम नहीं सह रहा हूँ। मेरा पूरा समय ही लोप हो गया है। मेरे सारे अपने, मेरा हर परिचय मुझसे दूर छिटक कर बहुत दूर जा गिरा है या मैं उनसे बेदखल पाताल में पटक दिया गया हूँ। हर विस्थापन में वापसी होती है, लौटने की गुँजाइश या उसका सपना रहता है मगर मैं जो विस्थापन भुगत रहा हूँ उसमें लौटना बिल्कुल नहीं है, लगातार दूर होते जाना है।" वह एक कल्पित समय में अपने ही मकान के पिछवाड़े एक अलग छोटा-सा घर बनाकर प्राकृतिक चीजों, ज्यादातर अपने ही उगाये फल-सब्जियों के बीच जीने लगते हैं, बहुत कुछ 'हिन्द स्वराज' के मिजाज के साथ!

श्रीलाल शुक्ल और काशीनाथ सिंह की भाषा के भदेसपन में निर्मल वर्मा के आत्मनिर्वासन के मिश्रण से जो चीज बनेगी, वह बहुत कुछ अखिलेश के 'निर्वासन' उपन्यास जैसी होगी। इसमें अपनी जमीन से बेदखल किसानों और आदिवासियों का विस्थापन नहीं है, बल्कि मध्यवर्गीय आत्मनिर्वासन है। यह जैसे एक सार्वभौम मानवीय नियति के रूप में उपस्थिति है। रामअजोर पांडेय, सूर्यकान्त और चाचाजी ही नहीं, सूर्यकान्त की पत्नी भी इस कतार में शामिल हो जाती है, जब जानती है कि उसका पति पिछला अपमान भूलकर अपने माता-पिता से मिलकर आया है। उसे गुस्से में अपने पति से उबकाई आने लगती है। उपन्यास अन्ततः अस्तित्ववाद की एक दार्शनिक बिम्बमाला बन जाता है, जिसका रिश्ता मृत्युबोध से है और एक अनोखे सार्वभौम भय से है। इसमें वैयक्तिक स्वतन्त्रता के लिए विद्रोह के मानसिक भू-दृश्य हैं—विराग, पियक्कड़ी, सनकीपन और प्रकृति में वापसी से लेकर उबकाई (नौसिया) तक विविध रूपों में। सूर्यकान्त अन्त में अपनी अकेली दुनिया में है, "कैसा अभिशाप है कि नये और पुराने दोनों से ही उसका मन उचाट हो गया है और दोनों

ही बरदाश्त के बाहर हो गए हैं।" एक तरफ हिन्दुत्ववाद के रास्ते पर ढकेलने वाले सम्पूर्णानन्द बृहस्पति हैं, दूसरी तरफ वर्तमान जमाने के सैकड़ों नौजवान की तरह ही उसके भाई-बहनोई हैं, जो अमेरिका जाने के लिए मचल रहे हैं और 'अमरीका पाण्डे' से उसके सम्पर्क का इस्तेमाल करना चाहते हैं।

सौ-डेढ़ सौ साल पहले गिरमिटिया मजदूर विदेश जबर्दस्ती ले जाये गए थे। अब महत्वाकांक्षावश कमाने के लिए स्वेच्छया विदेश जाना सम्मान, विकास और खुशहाली का लक्षण है। अमेरिकीकरण और हिन्दुत्ववाद के बीच सैंडविच होती जा रही है यह नयी सभ्यता, जिसका खुला बयान खुद अमेरिका में बस चुके अमीर भारतवंशी रामअजोर पाण्डे का पाखंड भरा जीवन है। इन स्थितियों में सूर्यकान्त भी वस्तु बनने लगता है—मेटामार्फेसिस! वह मेफेयर रजिस्टर लेकर भी कुछ लिख नहीं पाता और अन्ततः भीषण तहसनहस से गुजरते हुए मानवीय अन्तःकरण से बेदखली का आख्यान बन जाता है। उसे इतिहास और नया समय दोनों ही बकवास लगने लगते हैं। इस चरित्र को काफी छूट देते हुए उपन्यास के बाकी सभी चरित्र, यहाँ तक कि गोसाईंगंज 'स्थान' भी सौ साल के अनोखे बुजुर्ग जगदम्बा के जरिये उपहासास्पद बना कर सामने लाया जाता है, मानो यह एक राजनीतिक कार्रवाई हो।

ऐसा नहीं है कि जब हाशिये के बेजुबान लोग अपने अस्तित्त्व के लिए आवाज उठा रहे हों—वर्चस्व, भ्रष्टाचार और अनिश्चितता से टकराते हुए जी भर कर खुली साँस लेना चाहते हों, कोई कलाकार स्थान, वर्ग, जेंडर आदि से ऊपर उठकर देख नहीं सकता। कथाकार लिखता इसलिए है कि वह जीवन की कोई बात कहना चाहता है। उपन्यास लोकतन्त्र की सन्तान है, इसके जरिये कथाकार एक भिन्न दुनिया दिखा सकता है। यह दुनिया सिर्फ इसलिए महत्त्वहीन नहीं हो जाती कि दलित पर केन्द्रित नहीं है, स्त्री मुक्ति पर केन्द्रित नही है या किसी लोकेल पर केन्द्रित नहीं है। उपन्यास लिखते या पढ़ते समय दूसरे के अनुभव में जाना पड़ता है, 'दूसरे' को चिन्ता का विषय बनाना पड़ता है और कल्पना की जरूरत पड़ती है, क्योंकि हर तरफ एक जैसा यथार्थ नहीं है। इन दिनों 'सामाजिक भिन्नता' के साथ 'सांस्कृतिक एकरूपता' या 'धार्मिक समतलीकरण' भी बढ़ रहा है और आर्थिक होड़ हिंसक हो उठी है। अपरिचित होती जा रही इस दुनिया में अपने भीतर के मनुष्य और निज की खोज का भी निश्चय ही एक अर्थ है। हाशिये की आवाज और मानवीय भावनाओं या निज की खोज के बीच वस्तुतः कोई अन्तर्विरोध नहीं है, क्योंकि बाजार अर्थव्यवस्था द्वारा तरह-तरह से सांस्कृतिक समतलीकरण एक न एक प्रभुत्व का ही विस्तार है। मुख्य सवाल है, यह खोज आखिरकार किस मकसद से हो रही है और लेखक आक्रमण कहाँ से कर रहा है। क्या जीवन की आशा कहीं बची नहीं है, क्या कहीं कोई परिवर्तनकारी मानस नहीं है और सब कुछ उपहासास्पद है?

इतिहास में सब कुछ नकारात्मक, नफरत-भरा और वर्तमान को लहूलुहान करने वाला है, यह इस पौर्वात्यवादी सोच का ही नव-सिद्धान्तीकरण है कि भारत सदा पिछड़ा और असभ्य था और उपनिवेशवाद ने ही इसे सभ्यता की तमीज दी। अखिलेश पर मुख्यतः ऐसी ही निषेधवादी सोच का प्रभाव है, जबकि भारतीय परम्पराओं में ऐसा बहुत कुछ है जो वर्तमान की नयी सम्भावनाओं के लिए प्रेरक हो सकता है। निश्चय ही पूरे इतिहास पर गर्व नहीं किया जा सकता, पर इतनी ग्लानि भी नहीं होनी चाहिए कि 'मैं कौन हूँ' यह सवाल एक अन्धेरी बन्द गली में ले जाकर अकेला छोड़ दे।

यह उपन्यास का नया युग है। इस युग का सैद्धान्तिक क्लिशे है, "एक खास सत्य के निर्माण में अनेक छोटी-छोटी सच्चाइयों का खून-पसीना रहता है। इसलिए किसी इंसान, स्थान अथवा घटना का यथार्थ जानने की जरूरत आन पड़े तो उसे महायथार्थ के रूप में नहीं छोटे-छोटे खण्डों में बाँट कर देखना चाहिए।... यथार्थ को पहचानना नहीं जानना है तो उसको मुकम्मिल में नहीं उसके अनगिनत टुकड़ों में बारीकी से देखो।" (निर्वासन)।

20वीं सदी के अन्तिम दशकों से ही फूको आदि के साथ यह चिन्तन जोर पकड़ चुका था कि वर्ग का सत्य, विश्वदृष्टि, राष्ट्रीय जागरण ये सभी अधिनायकवादी विमर्श हैं, जिन्हें खारिज करके स्थानीय स्तर के छोटे-छोटे संघर्षों को महासंघर्षों के मुकाबले तर्कसंगत बनाया जाए। इस तरह के चिन्तन ने सभी राष्ट्रीय परम्पराओं और साम्राज्यवाद-विरोधी संघर्षों की भर्त्सना शुरू की। जबकि उदाहरण के तौर पर कहा जा सकता है, हिन्दी क्षेत्र में स्वाधीनता आन्दोलन और अवध क्षेत्र में बाबा रामचन्द्र के किसान संघर्ष दोनों में अन्तर्विरोध का डंका पीटना जरूरी नहीं है, उनकी सीमाएँ जितनी उजागर की जाएँ। निःसन्देह जन-साधारण किसी बने-बनाये सिद्धान्त की जगह अनुभव और जीवन संघर्षों के भीतर से ही ज्यादा सोचता है। यह यथार्थ नहीं है कि वह छोटे संघर्षों का अतिक्रमण करके बड़े संघर्ष के बारे में कभी सोच नहीं सकता।

'निर्वासन' उपन्यास में वस्तुतः किसी 'छोटे खण्ड' का—स्त्री, दलित या स्थान का यथार्थ नहीं है, बल्कि उसका मखौल उड़ाते हुए एक सार्वभौम आत्मनिर्वासान का प्रत्यारोपण है। यह एक नये रूप में एक पुराना पाठ है। इसमें क्या सन्देह कि उपन्यास कुछ यथार्थ और कुछ कल्पना के मिश्रण से गढ़े गए चरित्रों के आपसी संवाद, उनके बैठने-उठने, चलने-फिरने, प्रेम करने, हँसने-रोने के बीच से ही गढ़ा जाता है। उनकी छोटी-छोटी सच्चाइयों में भी बड़ी सच्चाइयाँ छिपी रहती हैं, यदि उपन्यास लिखना महज एक राजनीतिक या व्यापारिक कार्रवाई न हो।

'निर्वासन' नयी सभ्यता में विस्थापित मनुष्य के आत्मनिर्वासन की कथा है, जिसमें कहीं नैरेटर हस्तक्षेप करता है और कहीं खुद चरित्र आकर कहन शैली का

परिचय देने लगता है। हर तरफ कुछ दरकने, खोने और एकाकी हो जाने की गमगीन आवाजें हैं, भले उपन्यास हास्य-कौतुक से भरा हुआ है। इसमें अकाल के समय सूरीनाम ले जाये गए पिछड़ी जातियों के गरीब गिरमिटिया मजदूरों की यन्त्रणा, अवध में बाबा रामचन्द्र के किसान आन्दोलन और आपातकाल के कुछ इतिहास-प्रसंग हैं, पर ये कथाकार की कलात्मक निपुणता की वजह से उपन्यास के विन्यास में इस तरह घुलमिल गए हैं कि शब्दों से झिलमिल गतिशील चित्र की तरह उभरते हैं, ऊपर सवार नहीं दिखते। उपन्यास इतनी उदार विधा है कि यह अपने भीतर बहुत कुछ समा लेती है। फिर भी मुख्य मामला है, उपन्यास प्रचलित सैद्धान्तिक क्लिशे से मुक्त होकर खुद क्या कहता है।

पाँच

आत्मकथा कथा है या नहीं, इस पर विवाद हो सकता है, क्योंकि आत्मकथा 'नॉन-फिक्शन' मानी जाती है। इधर हमारे देश के कई ऊँचे व्यक्तियों ने अपनी आत्मकथा लिखी है। खासकर सत्ता केन्द्र से हाशिये पर आने के बाद लोकप्रिय व्यक्तियों को आत्मकथा लिखने की बात सूझती है और वे लिखते हैं। कई की भण्डाफोड़ आत्मकथाएँ बेस्ट सेलर हो जाती हैं। पाठक को आत्मकथा में उपन्यास से ज्यादा रस मिलता है। उसमें बड़ी घटनाओं या सिलेब्रिटी की अन्तःकथा जानने की भूख होती है। वह आत्मकथा लपक कर पढ़ता है, भले यह बुरे उपन्यास जैसी हो। ऊँचे व्यक्तियों द्वारा ऊँची स्थिति से लिखी गयी आत्मकथा से आम जीवन के बुद्धिजीवी या लेखक की आत्मकथा भिन्न होती है। ऊँचे ओहदे के व्यक्तियों की आत्मकथा में उनके स्तर की अन्दरूनी लड़ाइयाँ, संवेदनशीलता और खरापन होता है, साधारण ओहदे के या वंचित व्यक्तियों की आत्मकथा में उनके अपने स्तर की। लेखक अपनी आत्मकथा में अक्सर दूसरों की पोल खोलकर अपने कद से ऊँची अपनी नायकमूर्ति गढ़ना चाहता है। कई बार खुद ही अपनी नायक मूर्ति को माला पहनाता दिखाई देता है।

प्रेमचन्द ने जब 1932 में हंस का आत्मकथा अंक निकाला था, उनका इरादा राष्ट्रीय आत्मसाक्षात्कार का था। उन्होंने प्रसाद की काव्यात्मक आत्मकथा कवर पर छापी थी। प्रसाद ने इसमें लिखा था, "छोटे से जीवन की कैसे बड़ी कथा मैं आज कहूँ/क्या यह अच्छा नहीं कि औरों की सुनता मैं मौन रहूँ।" वह छायावादी मिजाज था। अब छोटे जीवन से ही बड़ी आत्मकथाएँ निकल रही हैं।

राजनीति के इलाके से गाँधी ने अपनी आत्मकथा लिखी और सत्य के अपने प्रयोग बताये। उन्होंने कहा था, "कहने योग्य एक बात भी मैं छिपाऊँगा नहीं।" आखिरकार आत्मकथा लिखने वाला ही तय करता है कि क्या कहने योग्य है और

क्या छिपाना है। इसलिए हर आत्मकथा कुछ कहती है तो कुछ ढकती है। कई बार ढकती ज्यादा है। उपन्यास कुछ भी ढकता नहीं है। फिर भी आत्मकथा की एक सामाजिक जरूरत है। प्रेमचन्द कहते हैं, "एक आदमी अपने जीवन के तत्त्व आपके सामने रखता है, अपनी आत्मा के संशय और संघर्ष लिखता है, आपसे अपनी बीती बात कहकर अपने चित्त को शान्त करना चाहता है, आपसे अपील करके अपने उद्योगों के औचित्य पर राय लेना चाहता है।" जब हम अपने युग की आत्मकथाओं को देखते हैं, इनमें जो चीज दिखाई नहीं देती, वह है आत्मसंशय। फिर भी आज की आत्मकथाओं में अपमान और वंचना के खिलाफ संघर्ष के जो आख्यान हैं, वे अपील करते हैं। दरअसल एक लम्बी चुप्पी के बाद दलितों और स्त्रियों ने ही आत्मकथा विधा का वास्तविक पुनरुद्धार किया है, पर किसी बिन्दु पर इसे आत्मपूजा और किसी बिन्दु पर होमोजीनियस भी बनाया है।

आत्मकथा और उपन्यास के बीच कई बार एक झीनी-सी ही लकीर होती है। आत्मकथा कभी अतीत के जीवन की फोटोग्राफी नहीं होती। यह अपनी स्मृतियों की पुनर्रचना है, जिसमें बाद की सोच, कल्पना और कौशल भी शामिल हो जाते हैं। आत्मकथा में स्मृति एक दुबारा जिये गए अनुभव के रूप में आकर तथ्य को कथा में ढाल देती है। उसमें बाद की कल्पना, ज्ञान और कौशल कितनी मात्रा में मिश्रित हैं, यह जानने का उपाय किसी के पास नहीं होता। इसके बावजूद, विमर्श रूप वाली आत्मकथा में स्मृति जितनी भी कल्पना मिश्रित हो, यह सामुदायिक जीवन की अनकही पीड़ाओं का साहित्यिक आईना है, आत्मकथा होते हुए भी एक सामाजिक सच। ऐसी आत्मकथा ऊँची जगहों के ऊँचे व्यक्तियों के लेखन जैसा न होकर जमीन का दर्द है।

तुलसीराम की आत्मकथा 'मुर्दहिया' (2010) पूर्वी हिन्दी पट्टी, आजमगढ़-बनारस की तरफ के एक दलित विद्वान की ऐसी आत्मकथा है, जिसमें जमीन का दर्द है। 'मुर्दहिया' आजमगढ़ का और 'मणिकर्णिका' (2014) बनारस का स्थान है। अभी तक शायद ही किसी लेखक की आत्मकथा 'स्थान' का नाम देकर लिखी गयी हो और स्थान केन्द्र में हो। 'मुर्दहिया' में आत्मकथाकार के साथ 'लोकेल' भी अपनी विशिष्टता के साथ चमकता है, जबकि 'मणिकर्णिका' में राजनीति के आगे 'लोकेल' छिप जाता है। दरअसल पहली बार लिखी गयी आत्मकथा जीवन्त स्मृतियों का मार्मिक दस्तावेज होती है, जबकि दूसरी बार वह पैरोडी बन जाती है। ऊँची जगहों से लिखी गयी आत्मकथाओं और 'मुर्दहिया' में एक समानता है। तुलसीराम की आत्मकथा भी उनकी पहली साहित्यिक पुस्तक है। यह अँग्रेजी में कुछ ग्रन्थ लिखने के बाद उनके जीवन की उत्तरवेला में आयी है। इसमें अन्य दलित आत्मकथाओं की तरह आक्रोश और प्रहार कम है, विनोद के साथ खोजपूर्ण ब्यौरे ज्यादा हैं।

'मुर्दहिया' में लेखक की शिक्षा पाने की बलवती इच्छाओं, उसके अपमानों और

संघर्षों के वृत्तान्त हैं। ओमप्रकाश वाल्मीकि, मोहनदास नेमिशराय जैसे पश्चिमी हिन्दी क्षेत्र के दलित लेखकों की आत्मकथा से दो मामलों में तुसलीराम की आत्मकथा भिन्न है। अधिक शिक्षित, अध्ययनप्रिय और जेएनयू जैसी जगह से जुड़े होने की वजह से 'मुर्दहिया' किसी भी अन्य हिन्दी दलित आत्मकथा से अधिक सुगठित और कलात्मक है। इसके कई बिम्ब बहुत सुन्दर हैं। जैसे, "सबसे रोचक तथ्य यह है कि मुर्दहिया मानव और पशु में कोई फर्क नहीं करती थी। वह दोनों की मुक्तिदाता थी। विशेष रूप से मरे हुए पशुओ के मांसपिंड पर जूझते सैकड़ों गिद्धों के साथ कुत्ते और सियार मुर्दहिया को एक कला-स्थली के रूप में बदल देते थे।" आत्मकथा में सिंघा बजाता या तूर्यनाद करता बंकिया डोन, पंच परमेश्वर जैसे चौधरी चाचा, प्रतिरोध में दाढ़ी-मूँछ बढ़ाते रहने की कसम खाये जेदी चाचा, नाचनेवाली नटिनिया, लंठ नवयुवक लालबहादुर सिंह जैसे थोड़ी या ज्यादा देर के लिये आये चरित्र मुर्दहिया जैसी जगह पर भी जीवन का सौन्दर्य दिखाते हैं।

पछाँह के दलित लेखकों से दूसरा फर्क यह है कि 'मुर्दहिया' में सवर्णों पर उनके जैसा घृणा से भरा करारा आघात नहीं है। इस आत्मकथा में कई सवर्ण व्यक्ति लेखक से मित्रवत व्यवहार करते और उसे दुलारते दिखाये गए हैं। इस तरह यह आत्मकथा नेहरू युग के विकास और सामाजिक समावेशिकता के दृश्य सामने लाती है। तुलसीराम ने अपने स्कूल की एक घटना का चित्र खींचा है, "हेडमास्टर साहब प्रायः सवर्ण छात्रों से कहते : ठीक से सवाल पढ़िके ना अइबा त ये ही चमरै से रोज पिटवाइब। यह सुनकर मैं बहुत खुश होता और इससे मुझे गहन अध्ययन की बहुत प्रेरणा मिलती।" निश्चय ही ऐसी घटनाओं की भी चर्चा चलते-चलते है, जिनसे दलितों से सवर्णों के भेदभावपूर्ण और अपमानजनक व्यवहार का यथार्थ सामने आता है। शिक्षा से दलित बच्चों के अन्दर पैदा हुए साहस पर सवर्ण ऐसी उक्तियाँ रखते हैं, 'घोड़वा के देखि के मेढकिया नाल मरायी त का ऊ जिन्दा रही!' दलित विकसित हो रहे थे, इससे सवर्णों की चिन्ता बढ़ गयी थी। आत्मकथा में घृणा की चिंगारियाँ न हों, पर सवर्ण मानसिकता पर चोट है। फिर भी तुलसीराम अपना 'आइडेंटिफिकेशन' दलितों की तुलना में बुद्ध, चे-गुवेआरा जैसी हस्तियों से करते ज्यादा नजर आते हैं। उनमें विशिष्टता की आकांक्षा है। मुर्दहिया उनके लिए दलित-उत्पीड़न के स्थान से ज्यादा एक 'कला-स्थल' है।

यदि 'मुर्दहिया' को एक समय के भोजपुरी भाषाई क्षेत्र की दलित आत्मकथा के रूप में पढ़ा जाए, तो इसमें अतीत में समा चुके कई अनोखे जीवन-दृश्य मिलेंगे। तुलसीराम अपने बचपन से जुड़ी कई खोयी-बिसरी चीजें सामने लाते हैं। बचपन के 'अक्का बक्का तीन चलक्का, लउवा लाठी, चन्ना काठी' जैसे खेल हों, गाँववालों के लिए शहर से आई चिट्ठी बाँचने की घटना हो, लकड़सुँघवा की अफवाह हो, चेचक से सम्बन्धित रिचुअल हों, बैल की सींग में हींग और खरबिरिया दवाएँ रखने जैसी

दादी की अद्‌भुत बातें हों, अपशकुन और दूसरे अन्धविश्वास हों, 'सोने की थारी में जेवना परोसों' जैसे लोकगीत हों, गाँव में यज्ञ और भोज की तैयारियाँ हों, ऐसी ढेर सारी स्मृतियाँ आत्मकथा से भरी हुई हैं। इनके वर्णन में नास्टेल्जिया है, पर इसे लेखक का विनोद कुछ जगहों पर विखण्डित भी करता है। मुर्दहिया की रोचक दृश्यावलियों के बावजूद लेखक को अन्ततः चारों तरफ सिर्फ मरी हुई चीजें दिखती हैं। 'मुर्दहिया' से 'मणिकर्णिका' को जाती गाड़ी का नाम 'स्वर्गवासी मेल' है। इस तरह कई जगहों पर धार्मिक पाखंड और अन्धविश्वास को एक्सपोज किया गया है। मुर्दहिया से तुलसीराम का जितना लगाव है, उतना ही विद्रोह भी है, वह ऊँची शिक्षा के लिए वहाँ से भागते हैं।

तुलसीराम ने अपने स्थान के जिस दलित जीवन का चित्र खींचा है, वह काफी समावेशी और शान्त है। इस इलाके में एक तरफ शिवनारायण पन्थ है। दूसरी तरफ चमरिया माई है, देवियाँ हैं, बाबा हैं और हनुमान चालीसा है। तीसरी तरफ अकाल है, भूख है। कभी चूहे और साही मार कर खाने के तो भी कभी मरे जानवरों के गोश्त सुखा कर रखने के दलित जीवन को सजीव करते दृश्य हैं। फिर भी 'मुर्दहिया' एक बहुरंगे दलित जीवन की गाथा है, जिसमें गाँव का बाकी समाज भी अपनी उदारवादी संवेदना के साथ झाँकता है।

उल्लेखनीय है कि आत्मकथाकार का नेहरू के प्रति एक खास आकषर्ण है। 'मणिकर्णिका' में भारतीय कम्युनिस्ट पार्टी में उसकी सक्रियता के ब्यौरे हैं। तुलसीराम मोहभंग की जगह विकास दिखाते हैं, "इन सब क्रियाकलापों से नेहरू जी की छवि ग्रामीण इलाकों में काफी निखरने लगी थी। लोग अकाल से उत्पन्न दुख-दर्द भूल गए थे।" जाहिर है, तुलसीराम की आत्मकथा-दृष्टि पर नेहरू और सीपीआई की मिलीजुली राजनीति का व्यापक असर है, जिसकी अन्तिम परिणति आपातकाल के समर्थन में होती है। इस राजनीति में रहते हुए लेखक ने अपने राजनीतिक हाशियेकरण को एक दलित की आँख से देखा है। इस मामले में वह काफी 'व्यक्तिगत' हो उठा है। आमतौर पर काँग्रेस और वामपन्थी आन्दोलन दोनों जगहों पर दलित हाशिये पर थे, इस बात को तुलसीराम ने अपनी दूसरी आत्मकथा 'मणिकर्णिका' में बीएचयू के कुछ राजनीतिक ब्यौरों से उद्‌घाटित किया है। दरअसल 'मुर्दहिया' की तुलना में 'मणिकर्णिका' एक काफी कमजोर कृति है, दोनों की भाषा में भी भिन्नता है।

हर आत्मकथा लिखने वाले के सामने यह सवाल होना चाहिए कि आखिरकार वह इस विधा को क्यों चुन रहा है और क्या उसे साहित्यिक स्तर पर सिर्फ आत्मकथा तक सीमित रह जाना है।

छह

आज राष्ट्र की धरती स्त्रियों के आँसू और उसकी देह से निकले खून से ज्यादा भीगी हुई है। शहरों में बलात्कार बढ़े हैं, स्त्री पर पुरुष की हिंसा में इजाफा हुआ है। गाँवों में भी ऐसी घटनाएँ कम नहीं होतीं, भले खबर न बनें। अब एक अलग तरह की 'राजनीति' आ चुकी है, एक अलग किस्म का 'ज्ञान' छा गया है जिसमें जवान स्त्री देह, दूसरे घर की बहू-बेटियाँ हर महान कार्रवाई के बाद उपभोग के लिए जरूरी आइटम हैं। यह भी गौर करने की बात है, स्त्री को देखने की युवकों की दृष्टि में इतना पतन पहले कभी नहीं आया था। वे इतने वहशी न थे। कहना न होगा कि यह राजनीतिज्ञों और ज्ञानियों में इधर बढ़ी कामातुरता का असर है। मैत्रेयी पुष्पा के उपन्यास 'फरिश्ते निकले' (2014) में नये ढंग की ऐसी ही सर्वग्रासी राजनीति, सभ्यता और ज्ञान से मुठभेड़ है, जिसमें फरिश्ते ही डकैत की तरह शिकार के लिए निकलते हैं और डकैत फरिश्ते बन जाते हैं और पिछड़े इलाके में स्वयंसेवी प्रयास से शिक्षालय खोलते हैं। भय और निराशा के माहौल में उपन्यास का अन्त अब्राहम लिंकन के मशहूर 'प्रधानाध्यापक के नाम पत्र' से होता है। इसमें प्रधानाध्यापक से कहा जाता है कि मेरे बच्चे को बाकी सब पढ़ाते हुए यह भी सिखाइए कि सभी आदमी न्यायप्रिय नहीं होते, पर दुनिया में बदमाशों की तरह साधुचरित पुरुष भी हैं। बड़ी-बड़ी पुस्तकें पढ़ाते हुए उसे इतनी फुरसत दीजिए कि चिड़ियों की गगन उड़ान, हरी पहाड़ी ढलान पर झूमते नन्हें फूलों जैसी सृष्टि की सुन्दरताएँ भी देख सके।

मैत्रेयी पुष्पा 'फरिश्ते निकले' में पुरुष-वर्चस्व से आगे बढ़कर व्यापक तौर पर फैली हुई पुरुष-हिंसा के चित्र रखती हैं। यह भी दिखाती हैं कि समाज में वीर जैसे निष्कलंक युवक हैं और अजय सिंह जैसे बुरे से अच्छा बना आदमी भी है और बेला बहू जैसी स्त्री भी है, जो अपनी मुहब्बत और एकता से सभी को जोड़ती है, यहाँ तक कि कथाकार को भी। वह अत्याचार से पीड़ित लोगों को साथ लेकर मनुष्यता की एक नयी तस्वीर गढ़ती है। लग सकता है, बेला बहू का पिछड़े इलाके में एक अनोखा स्कूल खोलना प्रेमचन्द के जमाने जैसा ही 'सेवा सदन' या 'प्रेमाश्रम' बनाना है या बहुत कुछ 'हृदय परिवर्तन' जैसी चीज है। वस्तुतः यह है प्रेम और स्वतन्त्रता के लिए मायूसी भरे माहौल में बीहड़ों तक जाकर एक नयी मानवीय आशा की खोज करना। इसमें सन्देह नहीं कि आज प्रेम और स्वतन्त्रता ये दोनों चीजें बड़े पैमाने पर मिटाई जा रही हैं।

'फरिश्ते निकले' में अन्धविश्वास और पुरानी प्रथाओं में डूबे गाँवों से लेकर बीहड़ तक फैली कई कथाएँ हैं, "ऐसी न जाने कितनी हजार, कितनी लाख और कितनी करोड़ कहानियाँ गुजर जाती हैं जो दर्ज नहीं होतीं, जो ओझल हो जाती हैं।" ये कहानियाँ स्त्रियों पर हुए अत्याचारों की हैं, जो स्त्रियाँ अजनबी होने के बावजूद

अपनेपन के साथ स्त्रियों को सुनाती हैं। मैत्रेयी पुष्पा उन्हीं से कथा सुनकर उनका जीवन उपन्यास के रूप में लिखती हैं। उपन्यास स्त्रियों पर लगायी जाने वाली लांछनाओं को नकारते हुए मर्दवाद के भयंकरतम रूपों को सामने लाता है और गाँव की स्त्रियों पर होते ऐसे अत्याचारों को दर्ज करता है जो इतिहास में नहीं आ पाते। इसमें स्थान कोई एक नहीं है, स्थान बहुलता की वजह से उपन्यास में कई रंगध्वनियों वाले सामाजिक परिवेश हैं। ये उतने ही जीवन्त हैं जितने अनजाने। इसमें राजस्थान और इससे लगे उत्तर प्रदेश की पिछड़ी जातियों का जीवन अपनी विविधता के साथ है। इस क्षेत्र की स्त्रियों का मर्दों की दरिन्दगी का शिकार होना उनके जीवन की आम घटना है।

स्त्री प्रतिरोध करती है। बेला बहू प्रेम के बदले भोग के लिए राजनीतिक नेताओं को सौंपे जाने पर भारत सिंह के सभी भाइयों को लाक्षागृह की कथा दुहरा कर मार डालती है। उसे जेल होती है, पर बचपन का स्नेही सहपाठी जो अब वकील बन चुका था, उसे छुड़ाता है। बेला बहू शिक्षा न पा सकने की गहरी पीड़ा है। ऐसी ही एक दूसरी स्त्री बसन्ती है, जो निर्भय होकर डाकुओं को खाना पहुँचाती है और गाँव के शख्स जुझार से प्रेम करती है। एक खानाबदोश लोहापीट की लड़की उजाला है, जो शिक्षामित्र वीर से पढ़ती है और उससे प्रेम करने लगती है। ये सभी चरित्र के रूप में जितनी अनोखी हैं, स्त्री जमात की बुरी दशा का, आपबीती का उतनी ही मार्मिकता से बयान करती हैं। मैत्रेयी पुष्पा के 'फरिश्ते निकले' में स्त्रियों का प्रेम, अपना एक साथी खोज पाने की उनकी आकुलता मुख्य विषय है। स्त्री खोजती भले हो साथी, पर उसे मिलते हैं शिकारी। मर्दों की जमात ने स्त्रियों के भरोसे को हिला कर रख दिया है। इन्हीं दहशत भरी स्थितियों में स्त्रियाँ अपनी दुर्द्धर्ष जिन्दगियों के भीतर से सन्देश देती हैं कि प्रेम और आजादी अभी भी जीवित मूल्य हैं, भले ये बीहड़ों और गाँवों में बचे हों। यह उन लेखकों से एक अलग सोच है, जो गाँवों को असभ्य कहते हैं, जैसे शहर बड़े सभ्य हों!

आज के उपन्यास वैकल्पिक इतिहासों के रूप में देखे जा सकते हैं। यह सत्ता केन्द्रों को चुनौती देना है, क्योंकि हर सत्ता अपना एक अलग इतिहास चुनती है। उपन्यास लोक का, लोक द्वारा और लोक के लिए लिखा गया इतिहास है। ऐसे उपन्यास मध्ययुगीन मानसिकतावाले कट्टरपन्थियों के लिए ही असहनीय नहीं होते। ये मिथ्या आधुनिकता और राष्ट्रीय केन्द्रवाद के लिए भी खतरे की घण्टी हैं, क्योंकि आधुनिकता, राष्ट्रीय केन्द्रवाद और विकास की धारणाओं से कुचले गए समुदायों की कथा कहते हैं। इस तरह के सभी लोग उपन्यास से बौखलाते हैं और जाहिर है, कहीं आशा पैदा हो रही होती हैं इसलिए कई घोषणाओं के बावजूद आख्यान का अन्त नहीं हो पाया है।

यह कम बड़ा परिवर्तन नहीं है कि समाकलीन कथा-साहित्य में नयी प्रयोगशीलता की तरफ रुझान के साथ सामाजिक अन्तर्वस्तु का महत्त्व बढ़ा है। इस तरह

आधुनिकतावाद और यथार्थवाद दोनों क्षेत्रों के दुराग्रह मिटे हैं। आज के उपन्यासों में जो भी रूप-सम्बन्धी परिवर्तन आया है, उसके पीछे ताजा सामाजिक बदलाव हैं।

एक तरफ देश में तेज विकास दर पर बहस होती है, 8 प्रतिशत है या 5 प्रतिशत, शेयर में उछाल है या गिरावट। हम पाते हैं कि अधिक आमदनी और सम्पत्ति के लिए भीषण स्पर्धा है। दूसरी तरफ, इसी देश में एक व्यापक सामाजिक उजाड़, विस्थापन और हत्याएँ हैं।

'फरिश्ते निकले' में अपने को राणाप्रताप का वंशज माननेवाला लौहमानव अब खानाबदोश लोहापीटा है। उजाला का लोहापीटा पिता बेजमीन था, अपनी पीतल की बैलगाड़ी और पूरी पारिवारिक विरासत लेकर एक जगह से दूसरी जगह जाकर लोहे का सामान बेचता था। राजस्थान के राजमहल जब फाइव स्टार होटलों में बदलने लगे, वहाँ की सजावट के लिए यह विरासत छीन ली गयी, "ये लोग गाड़ी लेने आये हैं। फिर मर्द और औरतों के गहने उतरवाएँगे और हमारे कपड़े-लत्ते... बोली सभी चीजों की लगेगी। बोली हमारे ऊपर ही टूटेगी।" विदेशी पर्यटकों को लुभाने के लिए लोक विरासत खरीद कर नुमाइश की चीज बनायी जा रही है। यह एक सांस्कृतिक विस्थापन है, "हे देव कोई धरती हमारे लिए उभर आये, भले वह पहाड़ की चढ़ाई के बाद मिले या समुद्र के बीच निकल आये।" लोगों को 'अपने पाँव टिकाने के लिए मुकम्मल मिट्टी' कहाँ से मिलेगी, यहाँ तो जो सांस्कृतिक विरासत है, उससे भी ये वंचित हो रहे हैं।

वैश्वीकरण का राजनीतिक जाल 'नीचे' तक आ गया है। मैत्रेयी पुष्पा के रूपकात्मक उपन्यास 'फरिश्ते निकले' में आज की राजनीति का बीहड़ अपने पूरे सामाजिक प्रभाव के साथ उजागर होता है। दमनात्मक स्थितियों में लोक परम्पराओं के बीच से भी सहज मनवाले जुझारू व्यक्ति निकलते हैं। वे ही असल फरिश्ते हैं। स्त्री और पुरुष दोनों ओर 'आशा' जन्म लेती है। निःसन्देह इधर राजनीति की झूठी आशा से उपन्यास में दिखती आशा भिन्न है और सच्ची है, क्योंकि जमीनी है। आज हर तरफ क्षमतावान व्यक्तियों की दबंगई है। ऐसे माहौल में जो साधारण है, अपमानित और तिरस्कृत है, क्या वह बोल सकता है? उसका प्रेम यदि विश्वासघात के बाद प्रतिशोध में कभी विध्वंसक हो उठा हो, क्या वह नवनिर्माण का रूप ले सकता है? इसका जवाब 'फरिश्ते निकले' की बेला बहू है। हम पाते हैं कि छोटे स्तर पर समाज में प्रतिरोध हकीकतन बचे हुए हैं, भले बिखरे हों। जरूरत इन्हें इकट्ठा करने की है, 'प्रतिरोध के पुनर्निर्माण' की है। उपर्युक्त उपन्यास में परम्परागत स्कूल के बाहर एक ऐसी शिक्षा के लिए सामूहिक संकल्प है, जो सिखाती है कि सृष्टि की सुन्दरताओं को कैसे देखें, जो सत्य एवं न्यायोचित जान पड़े उसके लिए जमीन पर पाँव टिका कर कैसे लड़ें और हमेशा स्त्री के भरोसे को कैसे बरकरार रखें और यह सिखाती है इस धरती के सारे बच्चे बहुत प्यारे हैं। स्त्रियों ने आज तक दुनिया में

कहीं बच्चों का जनसंहार नहीं किया, इन्होंने हमेशा बच्चों से प्यार किया।

उपन्यास में कई बार कृत्रिम समस्या उठाकर कृत्रिम समाधान दिखाये जाते हैं। कई बार वास्तविक समस्याएँ उठाकर कृत्रिम समाधान दिये जाते हैं। कुछ उपन्यासों में समस्याएँ ही समस्याएँ होती हैं और प्रश्न ही प्रश्न होते हैं। कुछ में वास्तविक समस्याएँ उठाकर समाधान थोड़ा वास्तविक और थोड़ा स्वप्निल होता है। ऐसे उपन्यास बताते हैं कि उपन्यास वर्तमान ही नहीं भविष्य का भी इतिहास है। उपन्यास और है ही क्या सिवा स्वप्न देखने, प्रेम करने, कुछ सुनने और कभी पागल कभी सन्त की तरह आकर कान में दो-चार बातें कह जाने के!

इससे कम फर्क नहीं पड़ता कि आप उपन्यास के लिए 'स्थान' कहाँ से चुनते हैं, बड़ी धार्मिक जगहों से, महानगरों से या एक अनजाना-छिपा 'स्थान' आकर पाठक को उसके एक किसी दुख से बड़ी आत्मीयता से, बिना दर्पोक्ति के चुपचाप भेंट करा देता है!

आज के समय में गाँव और शहर का झगड़ा नहीं है, जो नयी कहानी के जमाने में था—निर्मल वर्मा या रेणु? आज की मुख्य बात यह है कि हर उपन्यास एक 'स्थान' लेकर आता है। कहीं उदारवादी दृष्टिकोण है और कहीं विमर्शवादी। उदारवादी ढाँचे के उपन्यास में वैश्वीकरण युग की बढ़ती मानवीय क्रूरताएँ हैं और विमर्शवादी उपन्यासों में स्त्री, दलित या आदिवासी पर हो रहे सामन्ती अत्याचार हैं। दोनों ढंग के उपन्यास एक ही नदी के दो किनारों की तरह हैं।

प्रश्न उठ सकता है, क्या उपन्यास में प्रामाणिकता के लिए 'सांस्कृतिक भिन्नता' को बढ़ा-चढ़ाकर दिखाना जरूरी है। हम जब पहले से ज्यादा सांस्कृतिक अन्तर्मिश्रण की स्थितियों में जी रहे हैं, ऐसी भिन्नता का क्या अर्थ है? यह तर्क बनता है कि 'पहचान' के लिए 'सांस्कृतिक भिन्नता' कई बार सैद्धान्तिक रूप से जरूरी हो जाती है। इसके उलट कई उपन्यास ऐसे हैं, जिनमें ग्लोबल दृश्य हैं, वहाँ पृथक पहचानें नहीं हैं। वहाँ एक-से चेहरे हैं। एक ही उपन्यास में समान संकट का सामना करते कई देशों के चरित्र हैं। आज के जमाने में कई औपन्यासिक परिवेश नजर आते हैं। गाँवों का भारत ही 'असली भारत' है, निश्चय ही इस धारणा में तानाशाही है। इसकी जगह सोचने की जरूरत है कि वैश्वीकरण के असर में 'पहचान' का खोना, 'चेहराविहीनता' एक उद्विग्न करनेवाली घटना है। इसलिए उपन्यास में 'स्थान' कई बार अपने विशिष्ट सांस्कृतिक चिह्नों के साथ आता है। यह सब अच्छा है, यदि ये चिह्न पृथकतावाद के हथियार नहीं बनते और किसी निर्बुद्धिपरकता का पोषण नहीं करते।

यह कहना जरूरी है कि परम्पराओं के प्रति 'आब्सेशन' या देशजता से चिपक जाना कई बार फासीवाद की तरफ ले जाता है। यह सामुदायिक संकीर्णता पनपाता है, जिसका इस समय देश में बोलबाला है। इसलिए 'पहचान' और 'दिमागी खुलापन' दोनों जरूरी हैं, खासकर जब हम एक सांस्कृतिक चौमुहाने पर खड़े हैं। स्पष्ट हो

जाना चाहिए कि हम 'स्थान' को 'राष्ट्र' और 'सार्वभौम' से अलग करके नहीं समझ सकते। यह विभिन्न संस्कृतियों के बीच ऐसे संवाद का समय है, जो व्यापक मानवीय चिन्ताओं को सामने लाए और छोटी-छोटी सच्चाइयों के बीच पुल बनाए। आदमी न अन्तर्शत्रुता पैदा करने वाली 'भिन्नता' में बहे और न आत्मविसर्जन की ओर ले जानेवाली 'एकरूपता' में। इसे ही कहते हैं मनुष्य का सचमुच स्वाधीन होना, क्योंकि तभी वह खुद को बेहतर ढंग से समझ सकता है और सीमाओं को तोड़कर 'दूसरे' को भी। उपन्यास अन्ततः स्वाधीनता के ही मानवीय रूपक हैं।

इस खास फर्क पर नजर जानी चाहिए कि हिन्दी उपन्यासों पर अब पश्चिमी उपन्यासकारों का नहीं, उन लैटिन अमरीकी और अफ्रीकी उपन्यासकारों का असर है, जो नव-उपनिवेशवाद के प्रतिरोध में स्थानीय जीवन, कहन शैली और लोक परम्पराओं को तरजीह देते रहे हैं। हिन्दी में इस ढंग के कई कथाकार हैं, जो एलीट आभिजात्य की ओर आकर्षित नहीं हैं। वे साठोत्तरी सर्वनिषेधवाद को, जो आज भी कई हिन्दी कथाकारों का पीछा नहीं छोड़ रहा है, जमींदोज कर चुके हैं। वे किसी से कम बौद्धिक नहीं हैं, पर अन्ध-बुद्धिवादी नहीं हैं। उत्तर-आधुनिक परिदृध्य में उनके आख्यान एकरेखीय नहीं है, बल्कि इनमें 'स्थानीयता' और 'सार्वभौम' दोनों की गूँज है। कई जगहों पर विमर्शरंजन चल रहा है, विमर्शरंजन ने विचार विमर्श का स्थान ले लिया है, पर नये साम्राज्यवादी दबावों की वजह से उनके विमर्श में इधर 'स्पेस' बना है। यही वजह है कि ऐसे उपन्यास सामुदायिक या स्थानकेन्द्रिक होकर भी अपने भीतर बन्द उपन्यास नहीं हैं।

हिन्दी उपन्यास में 'लोक' को, 'लोक परम्पराओं' को व्यापक स्वीकृति मिल रही है और अभिजात बौद्धिकता का किला ध्वस्त हो रहा है। उपन्यास में एक बार फिर भारतीय अन्तःकरण की आवाजें सुनाई दे रही हैं। उपन्यास आवाजें ही तो हैं, वे अनसुनी आवाजें हैं।

इस दौर में उपन्यास में तात्कालिक घटनाएँ तेजी से विषय बन रही हैं। फिर भी वही उपन्यास श्रेष्ठ हो पाता है, जिसमें तात्कालिक घटना के साथ पूरे समय की पीड़ा है और उपन्यास जीवन का कोई बड़ा सच कहता है। यह गहरे सामाजिक सरोकार और कलात्मक क्षमता के बगैर सम्भव नहीं है। तात्कालिकता उपन्यास में फेन के रूप में आकर उसे अन्ततः क्षणजीवी बना डालती है। ऐसे उपन्यास बुझी राख होते हैं। इसलिए यह महत्त्वपूर्ण नहीं है कि कितनी बड़ी घटना को उपन्यास का विषय बनाया गया है, क्योंकि उपन्यासकार कई बार बड़ी ऐतिहासिक घटनाओं को व्यावसायिक शोषण के उद्देश्य से उठाता है। महत्त्वपूर्ण यह है कि उपन्यास में कैसी अनुगूँजें हैं, कौन-सी उद्वेलनकारी मानवीय अन्तर्ध्वनियाँ हैं।

❑❑